Hintergründe & Infos

① Cardiff

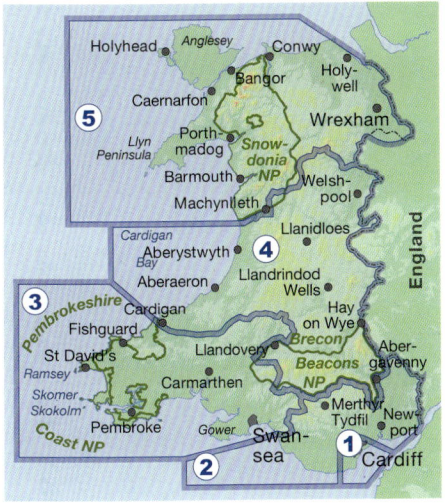

② Südostwales

③ Südwestwales

④ Mittelwales

⑤ Nordwales

Kleiner Wanderführer

UNTERWEGS MIT ANDREAS BECHMANN

Mit den Walisern ist es ein bisschen so wie mit den Bewohnern des gallischen Dorfes von Asterix und Obelix. Seit Langem wehrt sich das Völkchen gegen die englische Vorherrschaft. Statt eines Zaubertranks bedient man sich hier anderer Mittel: Die Waliser haben einen bescheidenen Stolz und eine Herzlichkeit entwickelt, die entwaffnet.

Während der Recherchen zu diesem Buch war ich unterwegs in den Bergen, um einen bekannten Walesexperten und Buchautor kennenzulernen. Mein einziger Anhaltspunkt zu seinem Aufenthaltsort war der Name eines winzigen Dorfes in der Nähe. Auf gut Glück begab ich mich dorthin und fragte den Besitzer der Dorfkneipe. Dieser lieh mir ohne Umschweife eine Karte, auf der er vorher das Haus des Schriftstellers mit einem Kreuz mitten im Nirgendwo markierte. Tatsächlich fand ich es, und der Autor lud mich, einen völlig Fremden, in ein lauschiges Café ein, wo wir wie alte Bekannte plauderten. Er gab mir unzählige Hinweise und Tipps. Abends wollte ich in einer von Hippies betriebenen Jugendherberge unterkommen. Niemand war da, aber alles stand offen. Ich suchte mir ein Bett aus und begann in der Küche zu kochen. Als es dämmerte, kamen die Betreiber zurück – sie hatten den ganzen Tag im Wald meditiert. „Ah, du hast dich schon eingerichtet", begrüßten sie mich, „fühl dich wie zu Hause." Und das tat ich. So sind sie, die Waliser und ihr kleines Land: sympathisch, unkompliziert und überaus gastfreundlich.

Für Raik

Text und Recherche: Andreas Bechmann **Lektorat:** Horst Christoph, Ute Fuchs **Redaktion:** Annette Melber **Layout:** Oliver Kiesow, Anja Krapat/Bintang Buchservice GmbH **Karten:** Janina Baumbauer, Carlos Borrell, Hana Gundel, Judit Ladik, Annette Seraphim, Gábor Sztrecska **GIS-Consulting:** Rolf Kastner **Fotonachweis:** siehe S. 383 **Grafik S. 10/11:** Johannes Blendinger **Covergestaltung:** Karl Serwotka **Covermotive:** oben: Coast Path bei Strumble (www.visitpembrokeshire.com), unten: Caerphilly Castle (VisitBritain.com), gegenüberliegende Seite: St Govans Head (www.visitpembrokeshire.com)

2. KOMPLETT ÜBERARBEITETE UND AKTUALISIERTE AUFLAGE 2016

WALES

ANDREAS BECHMANN

Wales – Die Vorschau ... 10

Wales – Hintergründe & Infos ... 16

Land und Leute ... 18

Geografie und Landschaft	19	Kleiner Sprachführer	30
Flora und Fauna	22	Kultur und Tradition	31
Staat und Verwaltung	27	Geschichte	37
Wirtschaft	28		

Klima und Reisezeit ... 44

Anreise ... 46

Unterwegs in Wales ... 52

Übernachten ... 58

Essen und Trinken ... 62

Sport und Aktivitäten ... 68

Aktiv in Wales	68	Reiten	72
Angeln	68	Segeln	72
Baden und Strände	69	Surfen	73
Bogenschießen	70	Wandern	
Birdwatching	70	und Bergsteigen	73
Coasteering	70	**Zuschauersport**	74
Golf	71	Rugby	74
Hausbooturlaub	71	Fußball	75
Kanufahren und Rafting	71	Cricket	75
Radfahren und Mountainbiking	72		

Wales von A bis Z ... 76

Ärztliche Versorgung	76	Karten	77
Behinderte	76	Maße und Gewichte	78
Diplomatische Vertretungen	76	Notruf	78
Dokumente	76	Öffnungszeiten	78
Ermäßigungen	76	Post	78
Feiertage	76	Rauchen	78
Geld	77	Strom	78
Haustiere	77	Telefonieren	78
Information		Uhrzeit	79
im Internet	77	Zeitungen	79
Internet & WLAN	77	Zollbestimmungen	79

Wales – Reiseziele 80

Cardiff 82

Sehenswertes 87

Die Innenstadt –
  Cardiff City Centre 87
Cathays Park und
  Civic Centre 89
Bute Park 93
Cardiff Bay 94
Butetown 97
Cardiff Castle 98
Llandaff 103

Umgebung von Cardiff 121

Saint Fagan's (Sain Ffagan) 121
Castell Coch 123
Penarth 123
Barry 125
Tinkinswood und
  St Lythan's Burial Chamber 125
Dyffryn Gardens 126
Cosmeston Medieval Village 127
Flat Holm 127
Caerphilly 127
Llancaiach Fawr Manor 129

Südostwales 130

Newport (Casnewydd-ar-Wysg) 130

Umgebung von Newport 136
Tredegar House 136
Caerleon 137
Caerwent 137
Usk (Brynbuga) 138

Wye Valley 138

Chepstow (Cas-Gwent) 138
Tintern Abbey (Abaty Tyndyrn) 141
Monmouth 142
The Three Castles 145
Raglan Castle (Castell Rhaglan) 146

South Wales Valleys 146

Blaenavon (Blaenafon) 147
Merthyr Tydfil (Merthyr Tudful) 150
Rhondda Valley (Cwm Rhondda) 151

Südwestwales 152

Swansea (Abertawe) 153

Sehenswertes in
  der Innenstadt 156
Sehenswertes im Maritime
  Quarter (Hafenviertel) 157
Sehenswertes
  westlich des Zentrums 158
Mumbles 162

Gower-Halbinsel 163

Von Mumbles zur
  Three Cliffs Bay 163
Three Cliffs Bay 164
Parc le Breos (Parc le Bruce) 164
Von Parkmill nach Oxwich 166
Horton und Port Eynon 166
Rhossili Bay 167
King Arthur's Stone (Maen Ceti) 168
Weobley Castle 168

Carmarthenshire 168

Kidwelly Castle (Castell Cydweli) 168
Llansteffan Castle 169
Laugharne (Talacharn) 169
Carmarthen 171
Llandeilo 172
Umgebung von Llandeilo 174

Llandovery (Lanymddyfri)	179	Von Dale nach Solva	192
Umgebung von Llandovery	180	Pembrokeshire – der Norden	196
Pembrokeshire – der Süden	180	St David's (Tyddewi)	196
Tenby (Dinbych-y-Pysgod)	181	Ramsey Island	201
Caldey Island	184	Küste zwischen St David's und Fishguard	201
Manorbier Castle	185	Fishguard (Abergwaun)	203
Carew Castle (Castell Caeriw)	185	Preseli Mountains (Mynydd Preseli)	205
Pembroke (Penfro)	186	Dinas Island	205
Küste südlich von Pembroke	188	Newport (Trefdraeth)	205
Angle	189	Nevern (Nanhyfer)	207
Haverfordwest (Hwlffordd)	190	Umgebung von Nevern	207
Umgebung von Haverfordwest	191		

Mittelwales 208

Brecon-Beacons-Nationalpark	208	Knighton (Tref-y-Clawdd)	246
Black Mountain (Y Mynydd Du) und Fforest Fawr	212	Montgomeryshire	248
		Llanidloes	248
Brecon (Aberhonddu)	214	Newtown (Y Drenewydd)	248
Usk Valley	217	Welshpool (Y Trallwng)	249
Abergavenny (Y Fenni)	219	Umgebung von Welshpool	251
Black Mountains (Y Mynyddoedd Duon)	226	Cardigan Bay (Bae Ceredigion)	252
		Cardigan (Aberteifi)	252
Hay-on-Wye (Y Gelli Gandryll)	231	Umgebung von Cardigan	254
Radnorshire – die vier Wells	236	Aberaeron	255
Builth Wells (Llanfair-ym-Muallt)	236	Llanerchaeron	257
		Aberystwyth	257
Llandrindod Wells (Llandrindod)	237	Llanbadarn Fawr	266
Llanwrtyd Wells (Llanwrtud)	240	Vale of Rheidol	266
Umgebung von Llanwrtyd Wells	242	Devil's Bridge (Pontarfynach)	267
		Bwlch Nant yr Arian	267
Radnorshire – der Norden und Osten	244	Strata Florida Abbey	267
Rhayader (Rhayadr Gwy)	244	An der Dyfi-Mündung	268
Elan Valley	245	Dyfi National Nature Reserve	268
Abbeycwmhir (Abaty Cwm Hir)	245	Dyfi Furnace	268
Presteigne (Llanandras)	245	Ynys-hir	269
		Cors Dyfi	269

Nordwales — 270

Snowdonia	270
Machynlleth	271
Corris	279
Cadair-Idris-Massiv	281
Dolgellau	283
Umgebung von Dolgellau	287
Bala	288
Umgebung von Bala	289
Barmouth (Abermaw)	290
Rhinog-Berge	292
Harlech	293
Blaenau Ffestiniog	294
Betws-y-Coed	296
Umgebung von Betws-y-Coed	300
Penmachno	302
Capel Curig	303
Llanrwst	303
Llanberis	304
Mount Snowdon	307
Beddgelert	308
Rhyd Ddu	309
Porthmadog	310
Portmeirion	315
Halbinsel Llŷn	316
Criccieth	317
Llanystumdwy	317
Pwllheli	318
Llanbedrog	318
Abersoch	318
Plas yn Rhiw	319
Aberdaron	319
Bardsey Island (Ynys Enlli)	320
Porth Dinllaen	321
Nant Gwrtheyrn	321
Die Nordküste zwischen Caernarfon und Bangor	322
Caernarfon	322
Bangor	325
Umgebung von Bangor	327
Anglesey (Ynys Môn)	328
Beaumaris (Biwmares)	328
Puffin Island und Penmon Priory	330
Llanfairpwllgwyngyllgogerychwyrndrobwllllantysiliogogogoch	331
Llangefni	331
Plas Newydd	331
Anglesey Sea Zoo	332
Newborough Warren und Llanddwyn Island	332
Holyhead (Caergybi)	332
Der Nordosten	334
Conwy	334
Bodnant Garden	341
Llandudno	342
Great Orme (Y Gogarth)	344
Bodelwyddan Castle	344
Rhuddlan Castle	344
Ruthin (Rhuthun)	345
Holywell (Treffynnon)	347
Llangollen	347
Umgebung von Llangollen	349

Kleiner Wanderführer für Wales — 350

Wanderung 1	Rund um Carreg Cennen	354
Wanderung 2	Zum prähistorischen Fort Garn Goch	355
Wanderung 3	An der Nordküste von Caerhafod nach Abereiddy	357
Wanderung 4	Auf den Pen y Fan, den höchsten Berg der Brecon Beacons	358
Wanderung 5	Rund um Llanthony Priory	360
Wanderung 6	Steil über den Minffordd Path auf den Penygadair	362

Wanderung 7	Klassischer Aufstieg über den Pony Path auf den Penygadair	364
Wanderung 8	An der Mündung des Mawddach-Flusses	366
Wanderung 9	Von Nantmor durch das Aberglaslyn Valley	368
Wanderung 10	Von Rhyd Ddu auf den Mount Snowdon	369
	Abstiegsvariante: Über den Watkin Path zurück nach Rhyd Ddu	370

Alle Wanderkarten sind mittels GPS kartiert. Waypoint-Dateien zum Downloaden unter: www.michael-mueller-verlag.de/gps

Register 378

Alles im Kasten

Die Artussage	34
Berühmte Waliser	42
Aus für Luftkissenboote	49
Hinweise für Autofahrer	53
Great Little Trains of Wales	56
Ales from Wales – Biere und Brauereien in Wales	67
Die Familie Bute	86
Cardiff Sports	112
Weinbau in Wales	222
Die Schlacht an der Orewin Bridge	237
Cwm Einion – Wandern im Künstlertal	269
The Iron Ring – königliche Festungskette im Feindesland	340

Was haben Sie entdeckt? Haben Sie einen gemütlichen Pub, neue interessante Sehenswürdigkeiten oder ein nettes Hotel entdeckt? Wenn Sie Ergänzungen, Verbesserungen oder Tipps zum Buch haben, lassen Sie es uns wissen!
Schreiben Sie an: Andreas Bechmann, Stichwort „Wales" c/o Michael Müller Verlag GmbH | Gerberei 19, D – 91054 Erlangen | andreas.bechmann@michael-mueller-verlag.de

Kartenverzeichnis

Wales — vordere Umschlagklappe

Ort	Seite	Ort	Seite
Abergavenny	224	Nordwales	272/273
Aberystwyth	264/265	St Davids	200
Betws-y-Coed	298	Südostwales	133
Brecon	216	Südwestwales	154/155
Caernarfon	324	Swansea	160/161
Cardiff	85	Tenby	183
Cardiff Bay	115	Wanderübersicht	352
Cardiff Zentrum	108/109	Wanderung 1	354
Cardiff Zentrum Übersicht	107	Wanderung 2	356
Cardigan	254	Wanderung 3	358
Chepstow	140	Wanderung 4	359
Conwy	338	Wanderung 5	360
Dolgellau	286	Wanderung 6	363
Hay-on-Wye	233	Wanderung 7	364
Llandrindod Wells	239	Wanderung 8	366
Llandudno	342/343	Wanderung 9	368
Machynlleth	277	Wanderung 10	369
Mittelwales	210/211		

Zeichenerklärung für die Karten und Pläne

Übersichtspläne
- Autobahn
- Fernstraße
- Hauptstraße
- Nebenstraße
- Eisenbahn
- Fußweg

- Flughafen

Stadtpläne
- Gewässerfläche
- Strand

- Bebaute Fläche
- Grünfläche
- Fußgängerzone
- Information
- Museum
- Schloss/Burg
- Kirche
- Parkplatz
- Bushaltestelle
- Wasserfall
- Fahrradverleih
- Golfplatz

Wanderkarten
- Sehenswürdigkeit
- Campingplatz
- Kloster
- Berggipfel
- Mauer
- Hafen
- Badestrand
- Bushaltestelle
- Schloss/Burg
- Fels
- Aussicht
- Schild

- Steinbruch/Mine
- Gatter/Tor
- Gebäude
- Ruine
- Parkplatz
- Wandersepp (Wanderrichtung)
- Wanderung (mit GPS-Punkt)

 Mit dem grünen Blatt haben unsere Autoren Betriebe hervorgehoben, die sich bemühen, regionalen und nachhaltig erzeugten Produkten den Vorzug zu geben.

Wohin in Wales?

① Cardiff → S. 82
Stolz weht der rote Drache über Cardiff Castle, dessen älteste Teile aus der Römerzeit stammen. Viktorianische Einkaufspassagen und Bauten prägen die Stadt. Dennoch wirkt Cardiff – erst seit 1952 Hauptstadt von Wales – jung und dynamisch, nicht zuletzt wegen der vielen Studenten. Ruhepunkte zwischen den zahlreichen Sehenswürdigkeiten, Kulturangeboten und Einkaufsmöglichkeiten sind die vielen Parks. Und am Stadtrand kann man im National History Museum über 60 wertvolle historische Gebäude aus ganz Wales besichtigen.

② Südostwales → S. 130
Romantische Flusstäler, denkmalgeschützte Bauten sowie die traditionelle Bergbauregion der South Wales Valleys mit ihren Industriedenkmälern und berühmten Männerchören charakterisieren die Region. Mit Caerleon und Caerwent finden sich bedeutende Spuren römischer Besiedlung. Tredegar House zählt zu den schönsten britischen Herrenhäusern des 17. Jahrhunderts. In den grünen Tälern des Wye und Usk liegen architektonische Kleinode wie die berühmte Klosterruine Tintern Abbey.

③ Südwestwales → S. 152
Der Pembrokeshire Coast National Park bietet die abwechslungsreichste Küstenlandschaft des Landes: Kleine Buchten und breite Sandstrände verstecken sich zwischen Steilklippen, vor der Küste liegen felsige Inseln mit großen Vogelbrutkolonien. Die Preseli Mountains sind übersät mit prähistorischen Monumenten. Das pittoreske St David's ist mit seinem markanten Dom das religiöse Zentrum des Landes. Direkt hinter Swansea, der zweitgrößten Stadt von Wales, liegt mit der Halbinsel Gower ein Paradies für Natururlauber und Surfer.

④ Mittelwales → S. 208

Die dünn besiedelte und bäuerlich geprägte Landesmitte gilt als das wahre, unverfälschte Wales: wunderbar einsame Landstriche, kleine Marktstädte und historische Kurorte. Und mit dem Bücherdorf Hay-on-Wye besitzt die Gegend quasi das größte Antiquariat der Welt. Dominiert wird Mittelwales von den Cambrian Mountains und dem Brecon Beacons National Park. Im Westen liegt die quirlige Universitätsstadt Aberystwyth am Meer; entlang der Cardigan Bay ziehen sich lange, teilweise menschenleere Sandstrände.

⑤ Nordwales → S. 270

Der Norden ist die abwechslungsreichste und schönste Ecke des Landes. Mit 641 Burgen hat Wales die höchste Burgendichte der Welt. Und nirgendwo reihen sich so viele Festungen aneinander wie in Nordwales. Beaumaris, Harlech, Conwy und Caernarfon sind Höhepunkte im „eisernen Ring" mittelalterlicher Burgen. Im Snowdonia-Gebirge gibt es wunderschöne Wandergebiete. Anglesey und die Halbinsel Llyn bieten unberührte Strände und Natur pur. Viele Great Little Trains dampfen durch die majestätischen Landschaften. Und Portmeirion ist ein mediterranes Märchendorf.

Wales: Die Vorschau

Typisch Wales

Wales ist mehr als nur ein Teil des Vereinigten Königreichs von Großbritannien – das kleine Land blickt stolz auf seine keltische Vergangenheit zurück und kämpft seit Langem für Anerkennung und Erhalt der walisischen Sprache und Identität.

In Sachen Kulturleben hat Wales ohnehin ganz eigene Highlights zu bieten: Barden, weltberühmte Männerchöre oder (Kultur-)Festivals wie die Eisteddfodau zum Beispiel. Und mit Hay-on-Wye existiert in Wales das weltweit erste und bis heute größte Bücherdorf: Knapp 40 Antiquariate befinden sich in dem 1500-Einwohner-Örtchen, in dem jedes Jahr eines der bekanntesten Literaturfestivals der Welt stattfindet.

Von Burgen und Briten

Kulturen hat Wales übrigens schon einige kommen und (unter-)gehen sehen. Kelten, Römer, Sachsen, Wikinger und Normannen hinterließen im Lauf der Jahrhunderte ihre Spuren. Am augenfälligsten sind wohl die sage und schreibe 641 Burgen – und das in einem Land, das gerade einmal so groß ist wie Hessen. Die Befestigungen Conwy, Harlech, Caernarfon und Beaumaris entstammen einem der ambitioniertesten Burgenbauprogramme des Mittelalters – heute sind sie Weltkulturerbe. Sie dienten den Normannen zum langfristigen In-Schach-Halten der walisischen Stämme. Touristen verdanken diesem Bestreben viele sehenswerte und geschichtsträchtige Monumente; bei Cardiff steht mit Caerphilly Castle immerhin die größte mittelalterliche Burganlage Großbritanniens.

Natur- und Vogelparadiese

Überhaupt kann sich Wales landschaftlich sehen lassen – es bietet auf engstem Raum äußerst abwechslungsreiche Natur- und Lebensräume: 1200 Kilometer Küste mit breiten Sandstränden, spektakulären

„breite Sandstrände, spektakuläre Steilklippen"

Steilklippen und mehreren vorgelagerten Inseln. Dahinter erheben sich einige der höchsten Berge Großbritanniens sowie burgenbesetzte Hügel, durchzogen von romantischen Flusstälern.

Dicht besiedelt sind nicht viele Ecken in Wales – zumindest nicht von Menschen. Manche Landstriche werden dafür umso zahlreicher von Tieren bewohnt, insbesondere von Vögeln. Auf den Inseln und an den Küsten leben riesige Populationen von Seevögeln: Die Insel Grassholm ist das zweitgrößte Habitat der Basstölpel weltweit; die Hälfte der Weltpopulation von Schwarzschnabel-Sturmtauchern brütet auf den Inseln Skomer, Skokholm, Bardsey und Ramsey. Kein Wunder, dass Birdwatching zu den Lieblingsbeschäftigungen der Waliser zählt.

Und weil so viel Schönes und Schützenswertes entsprechend betreut werden will, gibt es in Wales drei große Nationalparks: den Pembrokeshire Coast National Park im Südwesten, den Brecon Beacons National Park im Süden und den Snowdonia National Park im Norden. Darüber hinaus hat Wales fünf Gebiete von „außerordentlicher Naturschönheit" (Areas of Outstanding Natural Beauty) zu bieten. Diesen Titel erhalten in Großbritannien besonders schöne und schützenswerte Landschaften. Sie warten nur darauf, von Wanderern und Naturliebhabern entdeckt zu werden.

Ziel für Aktivurlauber

Apropos Wanderer und Naturliebhaber – Aktivurlauber haben in Wales schier unendliche Möglichkeiten. Das Wanderwegenetz ist so umfassend, dass Wales das erste Land der Welt ist, welches man an seinen Grenzen vollständig umwandern kann. In Snowdonia finden Kletterer und Bergwanderer die dramatischsten Landschaften, aber auch die Täler und einfach zu gehenden Küstenpfade wie der Pembrokeshire

Wales: Die Vorschau

Coast Path sind reizvoll. Mountainbiker und Radfahrer kommen dank 1926 Kilometern Streckennetz samt spektakulären Singletrails ebenfalls auf ihre Kosten, und Golfer finden wunderschöne Plätze direkt am Meer oder in bezaubernden Landschaften mit herrlichen Ausblicken.

Auch für Wassersportler ist Wales mit seiner langen Küstenlinie ein Eldorado: Surfer, Segler und Kajakfahrer, Taucher und Fans des Abenteuer-Wassersports Coasteering sowie Strandurlauber werden hier gleichermaßen glücklich. Das große Kanal- und Flussnetz eignet sich außerdem hervorragend zum Hausbootfahren. Ein Höhepunkt hierbei ist das Weltkulturerbe Pontcysyllte, ein schiffbares Aquädukt, das in fast 40 Metern Höhe über den Fluss Dee führt.

Sportnation Wales

Zuschauersportarten sind in Wales sehr populär. 2009 wurde Cardiff sogar zur „European City of Sport" gekürt, und das Millennium Stadium in Cardiff ist laut UEFA immerhin eines der europäischen Fünf-Sterne-Stadien. Während die walisische Nationalmannschaft im Fußball eher bescheidene Ergebnisse erzielt, ist Wales in Sachen Rugby eine Weltmacht. Und seit 2010 der Ryder Cup hier ausgetragen wurde, ist das Land auch für Golf eine erste Adresse. Sehr beliebt sind zudem die mehrere Tage dauernden Cricket-Spiele, die auch für Laien durchaus unterhaltsam sein können. Die Gelegenheit, sich eine Sportveranstaltung live anzusehen, sollte man nicht verpassen.

Große kleine Züge

Ebenso wenig darf man eine Fahrt mit einer der vielen Schmalspur- und Museumsbahnen versäumen. Die sog. Great Little Trains sind ein besonders charmantes Überbleibsel des Bergbaus.

„dichtestes Netz an Museumsbahnen weltweit"

Über 15 Bahnstrecken sind derzeit in Betrieb, jede hat ihren eigenen Reiz. Die pittoresken Lokomotiven dampfen durch Berglandschaften und malerische Flusstäler, an der Küste entlang und vorbei an Seen.

Tausende Freiwillige aller Altersgruppen verbringen ihre Freizeit mit dem Erhalt sowie dem Auf- und Ausbau der Bahnen. Die Ffestiniog Railway Company, die älteste private Eisenbahngesellschaft der Welt, betreibt mit der knapp 65 Kilometer langen Welsh Highland Railway die längste Museumsbahnstrecke Großbritanniens. Die Talyllyn Railway beansprucht den Titel der ältesten Museumsbahn der Welt für sich und zählt mit ihrer sich von der Küste in die Berge hinauf windenden Trasse zu den schönsten Schmalspurbahnen Großbritanniens. Und mit der Snowdon Mountain Railway gelangt man sogar bis auf den 1085 Meter hohen Mount Snowdon.

Made in Wales: Regionalküche

Die britische Küche hat ihren schlechten Ruf durch manch berühmten Fernsehkoch in den letzten Jahren abschütteln können. Walisische Lebensmittel sind aufgrund ihrer hohen Qualität inzwischen sogar über die Landesgrenzen hinaus begehrt und meist nachhaltig erzeugt.

Fast jeder Ort auf dem Land hat einen wöchentlich stattfindenden Bauernmarkt, auf dem regionale Produkte feilgeboten werden. Hier verkaufen die Erzeuger meist noch selbst und haben alle Informationen für den interessierten Kunden parat.

Zu einem regelrechten Gourmet-Zentrum hat sich die Stadt Abergavenny entwickelt, in der sich neben einer großen historischen Markthalle auch einige Sternerestaurants finden. Das Genießerangebot gipfelt jedes Jahr im Abergavenny Food Festival Ende September.

Souvenirladen in Cardiff gegenüber dem Castle

Hintergründe & Infos

Land und Leute	→ S. 18	Klima und Reisezeit	→ S. 44
Geografie und Landschaft	→ S. 19	Anreise	→ S. 46
Flora und Fauna	→ S. 22	Unterwegs in Wales	→ S. 52
Staat und Verwaltung	→ S. 27	Übernachten	→ S. 58
Wirtschaft	→ S. 28	Essen und Trinken	→ S. 62
Kleiner Sprachführer	→ S. 30	Sport und Aktivitäten	→ S. 68
Kultur und Tradition	→ S. 31	Wales von A bis Z	→ S. 76
Geschichte	→ S. 37		

Einsame Bergkette in Snowdonia: die Rhinogs

Land und Leute

Sattgrüne Wiesen und Weiden mit Millionen von Schafen, nebelverhangene, schroffe Berge, verwunschene Seenlandschaften und über 1000 Kilometer wunderschöne Küste, raue Industriegebiete und Kohlereviere prägen das Land – und nicht zuletzt der Kampf der Waliser um ihre Sprache, Kultur und Identität.

Wohl das Erste, was bei der Ankunft in Wales auffällt, sind die zweisprachigen Straßenschilder. Direkt hinter der Grenze wird man mit „Welcome to Wales" und „Croeso i Cymru" begrüßt, der weitere Weg führt nicht mehr nur nach Newport, Cardiff und Swansea, sondern auch nach Casnewydd, Caerdydd und Abertawe. Die walisische Sprache ist nach langem Kampf um ihren Erhalt heute wieder eine ungemein starke identitätsstiftende Kraft für die Bevölkerung. Obwohl nur etwa 600.000 der drei Millionen Waliser Kymrisch sprechen, ist dieser Anteil weitaus größer als bei den verwandten keltischen Sprachen in Irland und Schottland. Nirgendwo steht dort die Sprache so im Mittelpunkt der nationalen Bewegung, wird deren Bedeutung für das Nationalgefühl als so groß empfunden wie in Wales.

Gleichzeitig ist Wales vollständig in das politische, wirtschaftliche und Bildungssystem des Vereinigten Königreichs eingebunden und durch seine lange Zugehörigkeit zu diesem sowie durch die Nähe zu London und anderen englischen Großstädten wie Liverpool und Birmingham entsprechend kulturell geprägt.

Die Waliser sind ein herzliches Volk und offen für Fremde und Touristen. Ihrem sympathischen Nationalstolz fehlt die Radikalität und Aggressivität, wie man sie teilweise in Irland und Schottland vorfindet. Hier gilt noch: „Welshness is part of

Die Glamorgan Heritage Coast bei Nash Point

being British." Dass für Deutsche die Insel Großbritannien oft unter dem Sammelbegriff „England" läuft, kommt bei der walisischen Bevölkerung nicht besonders gut an. Die Waliser freut es, wenn man sie auch als solche anspricht. Gedankt wird dies meist mit großer Freundlichkeit und Gastfreundschaft. Und wenn man auch noch ein paar Worte auf Walisisch sagen kann, macht man sich sehr beliebt.

Geografie und Landschaft

Wales liegt im Westen der Insel Großbritannien und umfasst eine Fläche von 20.779 km². Im Westen, Norden und Süden grenzt es an den Atlantik und die Irische See, im Osten an England. Die Nord-Süd-Ausdehnung beträgt 274 und die Ost-West-Ausdehnung 97 km. Bei knapp drei Millionen Einwohnern ergibt sich eine Bevölkerungsdichte von 140 Personen pro Quadratkilometer. Die Mehrheit der Einwohner konzentriert sich auf die Industriezentren im Südosten um Newport, Cardiff und Swansea und die Küste im Norden. Die meisten Gebiete in Wales sind nach europäischen Maßstäben recht dünn besiedelt.

Die unterschiedlich starke Erosion von weichem und hartem Gestein formte die kontrastreichen und dramatischen Landschaften des Landes. Die im Süden flache und sandige Küste geht allmählich in Hügelland über, das nach Norden immer bergiger wird und von tiefen Tälern durchzogen ist. Die **Cambrian Mountains** ziehen sich von Süden bis in den Norden des Landes. Die Bergkette der **Brecon Beacons** im Südosten mit dem 886 m hohen *Pen y Fan* bildet die höchste Erhebung in Südwales. Die höchsten Gipfel des Landes finden sich in den spektakulären Bergmassiven von **Snowdonia** im Nordwesten. Von den fünf Gipfeln über 1000 m ist der 1085 m hohe *Mount Snowdon* (Yr Wyddfa) der höchste Berg in Wales. Er gehört zu den „Welsh 3000s", zu den 15 Bergen, deren Höhe 3000 Fuß (ca. 914 m) oder mehr

Glasklares Wasser bei St Non's auf der St-David's-Halbinsel

beträgt. Sie befinden sich alle auf der relativ kleinen Fläche des Snowdonia-Nationalparks. Die für diese Region typischen U-förmigen Täler entstanden durch Gletscher während der Eiszeit.

Die das walisische Festland formenden Gesteine haben eine lange Geschichte: Mindestens 700 Millionen Jahre alte Felsformationen verdeutlichen anschaulich die Entstehung der Erdoberfläche. Bei der Entwicklung der Geologie zur eigenständigen Wissenschaft spielte Wales eine bedeutende Rolle. Dank dortiger Funde hat das Kambrium seinen Namen von Cambria (der alten lateinischen Bezeichnung für Nordwales), sind Ordovizium und Silur nach alten walisischen Stämmen benannt.

Wales verfügt über etwa **1200 km Küste.** Felsige Steilküsten und teilweise riesige Strände mit feinem Sand wechseln sich ab. Große Überschwemmungen und Abtragungen bis ins späte 14. Jahrhundert hinterließen enorme Sandablagerungen wie z. B. in Rhossili auf der Halbinsel Gower oder die Sanddünen von Newborough Warren auf der Insel Anglesey, eines der bedeutendsten Dünensysteme in Großbritannien. Auch die Kenfig Dunes in der Nähe von Porthcawl, eines der größten und höchsten Dünensysteme des europäischen Kontinents, sind so entstanden. Viele Küstenabschnitte tragen das Label „Heritage Coast", was sie als besonders schönes und erhaltenswertes Stück Natur auszeichnet. Über 40 Strände sind zudem aufgrund ihrer hohen Wasserqualität als sog. Blue Flag Beaches eingestuft (www.blueflag.org). Dem Festland vorgelagert liegen etwa **50 Inseln,** von denen *Anglesey* im Nordwesten die größte ist. Regelmäßige Atlantikstürme haben für die zerklüftete Küstenstruktur mit vielen Buchten und Aushöhlungen gesorgt. Nebeneffekt der Stürme ist eine große Anzahl an Schiffswracks vor der walisischen Küste. Mit dem *Milford Haven Waterway* besitzt Wales einen der schönsten Naturhäfen der Welt.

Geografie und Landschaft 21

Den Reiz der walisischen Landschaft machen auch die aufgrund des feuchten Klimas und des Gefälles vom Hochland zum Meer hin zahlreichen Bäche, Flüsse und Seen aus. Das walisische **Gewässernetz** ist eines der dichtesten in Europa. Abgesehen von den Küstendünen im Süden ist keine Gegend des Landes mehr als einige Meter von irgendeiner Art von Fließgewässer entfernt. Das *walisische Hochland* ist nicht nur Quelle aller Flüsse des Landes. Hier entspringen auch *Severn* und *Wye*, die bedeutendsten Flüsse der West Midlands. Der Severn ist mit einer Länge von 354 km sogar der längste Fluss Großbritanniens. Mit Ausnahme des Dee, der in die Liverpool Bay fließt, münden alle vom zentralen Hochland nach Osten fließenden Flüsse schließlich in die sog. Severn Sea, den Bristolkanal im Süden. Die Flüsse, die – auf kürzerem Weg – nach Westen fließen, münden in die Cardigan Bay. In den Brecon Beacons formten die südwärts fließenden Flüsse die engen Täler der Kohlesiedlungen in den South West Valleys. Dank des Wasserreichtums entstanden viele Wasserreservoirs in den Bergen. Größter See in Wales ist übrigens der Llyn Tegid (Bala Lake). Das viele Wasser hatte auf das Leben der vorchristlichen Einwohner in Wales einen so starken Einfluss, dass zu Ehren der Wassergötter überall an Quellen, Wasserfällen, Flüssen und Seen Kultstätten errichtet wurden. Viele dieser Orte gelten noch heute als heilig.

> ### „Außerordentlich schön" – Nationalparks und andere Schutzgebiete
> Wales hat drei Nationalparks – den **Snowdonia-Nationalpark** (www.eryri-npa.gov.uk), den **Pembrokeshire-Coast-Nationalpark** (www.pembrokeshirecoast.org.uk) und den **Brecon-Beacons-Nationalpark** (www.breconbeacons.org). Außerdem gibt es in Wales fünf sog. „Gebiete von außerordentlicher Naturschönheit" (Areas of Outstanding Natural Beauty). Diesen Titel erhalten in Großbritannien besonders schöne und schützenswerte Landschaften. Es handelt sich um die Insel **Anglesey**, die Halbinsel **Gower**, die **Clwydian Range**, die Halbinsel **Llyn** und das **Wye Valley** (liegt teilweise in England).

Wie überall auf den Britischen Inseln bestimmen auch in Wales vorwiegend grüne, **waldlose Landschaften** das Bild. Vor den seit dem Neolithikum stattfindenden Abholzungen durch die Bewohner war Wales überwiegend bewaldet. Verschiedene Faktoren wie das sich verändernde Klima, Rodungen für Weideland und Ackerbau, militärisch motivierte Abholzung während der Feldzüge von Edward I, industrielle und nicht nachhaltige Nutzung führten zu einer dramatischen *Dezimierung der Waldbestände* von ursprünglich bis zu 90 % der Fläche auf nur 4 % im 19. Jahrhundert. Laubmischwald mit Eiche als dominanter Baumart machte den Großteil der natürlichen Bestände aus. Im Südosten waren die Wälder auch stark von Buchen durchsetzt. Die einzige Nadelbaumart des Landes war die in mittelalterlichen Schriften erwähnte Eibe. Die Zerstörung der ursprünglichen Laubwälder ging mit der Einführung nicht einheimischer Baumarten einher. Ab Mitte des 18. Jahrhunderts wurde vorwiegend mit Nadelbäumen aufgeforstet. Heute wendet man sich auch in Wales zunehmend von der intensiven Forstwirtschaft mit dicht gepflanzten Monokulturen ab und berücksichtigt Aspekte der Nachhaltigkeit, Artenvielfalt sowie der naturnahen Waldwirtschaft. Auch die Politik investiert inzwischen Geld, um die noch knapp über 20.000 Hektar walisischen Urwaldes Stück für Stück wieder in ihren ursprünglichen Zustand zu versetzen.

Der weite Strand von Newport Parrog im nördlichen Pembrokeshire

Flora und Fauna

Obwohl Wales nicht sehr groß ist, beherbergt es aufgrund seiner geografischen Lage, den abwechslungsreichen Habitaten und geologischen Strukturen eine Fülle von Pflanzen- und Tierarten. In Wales treffen die Verbreitungsgrenzen nördlicher und südlicher Spezies aufeinander: Die Brecon Beacons sind der südlichste Außenposten verschiedener arktisch-alpiner Pflanzen, gleichzeitig sind die Sanddünen von Anglesey das nördlichste Verbreitungsgebiet einiger Arten von Wirbellosen. Das Land beheimatet 175 geschützte Tier- und Pflanzenarten, die meisten davon stehen auf der Roten Liste. Die etwa 1500 verschiedenen Pflanzenarten in Wales entsprechen 70 % der in ganz Großbritannien vorkommenden Arten.

Pflanzen

Die dichten Wälder, die Großbritannien jahrtausendelang bedeckten, fielen nach und nach umfassenden Rodungen zum Opfer, die der Weide- und Ackerlandgewinnung dienten. Deshalb dominieren heute weite, baumlose Landschaften, **Gräser** besetzen 80 % der landwirtschaftlich genutzten Fläche. In höheren, für Weidetiere unattraktiven Lagen wachsen vor allem **Farne**, Moose, Flechten, Schilf und Heidekraut. In den Gebirgsregionen, vor allem in Snowdonia, gedeihen zahlreiche entsprechend angepasste Arten. Hier findet man Leimkräuter, Alpensäuerling, Färberscharte, Zwergweide, Grasnelke und Steinbrechgewächse. Andere arktisch-alpine Pflanzen dort sind die Snowdon Lily (Späte Faltenlilie), Sandkräuter, Silberwurz, Weidenröschen, Alpen-Fingerkraut, Rosenwurz und Alpen-Wiesenraute.

Ebenfalls nur scheinbar lebensfeindlich sind die Salzmarschen. Eine Pionierpflanze dort ist das Kali-Salzkraut, das auch Glasschmelze genannt wird, da es in Form von

Asche früher bei der Glasherstellung verwendet wurde. In den Marschen kommen darüber hinaus Strandastern und Strandlavendel vor. Und natürlich gibt es hier auch Bodden-Binsen und Röhricht. Unweit von Salzmarschen findet man in Wales häufig Dünenformationen. Diese sind vorwiegend von Gräsern wie Strandhafer bewachsen. In den Dünenniederungen gedeiht aber auch **Alpenenzian**, den man nirgendwo sonst in Großbritannien findet.

Die Dünen der südlichen Küsten sind zudem Heimat für seltene **Orchideenarten**, etwa das Sumpf-Glanzkraut und den Sumpf-Stendelwurz. Eine der schönsten walisischen Orchideenarten, der Bienen-Ragwurz, kommt im Land fast flächendeckend vor. Ähnlich weit verbreitet ist auch das Männliche oder Große Knabenkraut. Rar ist dagegen der Vogel-Nestwurz. Er wächst in Wales meist im Schatten von Buchen auf feuchtem Boden.

Apropos rar: Die Mispel **Wild Cotoneaster** *(Cotoneaster cambricus)* gehört zu den seltensten Pflanzen der Welt. Nur noch sechs Büsche soll es in der Wildnis geben, alle befinden sich auf der Halbinsel Great Orme in Llandudno. Und der zierliche **Felsen-Gelbstern** hat auf dem Gebiet der Stanner Rocks in Old Radnorshire, einem äußerst artenreichen Areal, seinen letzten Lebensraum in ganz Großbritannien. In tiefem Gelb lassen auch Osterglocken bzw. **Tenby Daffodils** die Landschaft im April erstrahlen, sie sind die Nationalblume des Landes. Auch der Wald-Scheinmohn oder **Welsh Poppy** blüht gelb und ist in ganz Wales verbreitet. 2006 erkor Plaid Cymru die Blume zu ihrem Parteisymbol.

Neben dem Wacholder ist die **Eibe** *(yew)* die einzige einheimische Konifere in Wales. Im späten Mittelalter wurde das Holz für den Bau der walisischen Langbögen genutzt. Der älteste Baum in Wales ist eine 4000 Jahre alte Eibe auf dem Friedhof von Llangernyw.

Übrigens: Die seltenste **Apfelsorte** der Welt wurde im Jahr 2000 auf Bardsey Island (wieder-)entdeckt. Der Afal Enlli (auch Bardsey-Apfel) wächst lediglich an einem einzigen Baum, der wohl ein Überbleibsel der früher hier gelegenen Klostergärten ist. Inzwischen wird die Sorte auch wieder vermarktet. Andere walisische Apfelsorten sind z. B. Monmouthshire Green oder Lord Grosvenor.

Als weiteres in Mitteleuropa recht seltenes Obst sind die sehr leckeren, orangefarbenen **Molteberen** zu nennen. In Wales wachsen sie unter anderem in den Berwyn Mountains und Pumlumon. Der walisische Name ist Mwyaren y Berwyn, also Berwyn-Brombeere.

Tierwelt

Neben den augenfälligen Schafen gibt es in Wales eine ganze Reihe weiterer Tiere zu entdecken. Viele sind von den zahlreichen Süß- und Salzwasserlebensräumen in Wales abhängig. Neben typischen Wasser- und Ufervögeln (siehe auch „Vögel und Birdwatching") leben in Wales einige nirgendwo sonst in Großbritannien vorkommende **Insekten** wie die gelbe Eintags- oder die Steinfliege. In den Gewässern auf und um Wales tummeln sich zahlreiche **Fischarten, Muscheln und Krebstiere** wie Hummer, Krabben und Garnelen. Einzigartig sind Fische wie der Gwyniad oder der Arktische Saibling. Säugetiere wie **Otter, Robben** und verschiedene **Delfinarten** sowie **Zwergwale** bringen an und in den walisischen Gewässern ihre Jungen zur Welt. Weiter draußen leben **Rochen** und **Haie**. Ein besonderer Gast an Wales' Küsten ist die **Lederrückenschildkröte**. Das weltweit größte Exemplar einer Meeresschildkröte

Die Landschaften von Wales sind Lebensraum für eine Vielzahl von Tierarten

wurde 1988 in Wales entdeckt. Die Schildkröte hatte eine Panzerlänge von nahezu 2,5 Metern und wog 961 Kilo.

Darüber hinaus leben 15 verschiedene **Fledermausarten** in Wales, zudem sind drei **Schlangenarten** hier heimisch – Glattnatter, Ringelnatter und Kreuzotter. Dazu kommen andere Reptilien wie Eidechsen und Blindschleichen, sowie Amphibien wie Frösche, Kröten und Molche.

Eine Bedrohung für die heimische Natur geht übrigens nicht nur vom Menschen aus, der durch Besiedelung und Landgewinnung bereits großflächig Lebensräume zerstört hat, sondern auch von invasiven Arten: Haus- und Wanderratten breiteten sich als von Schiffen entflohene blinde Passagiere auf der Insel aus. Nerze entkamen aus Pelzfarmen und konkurrieren mit Ottern um Lebensräume. Der Nerz soll unter anderem für den starken Rückgang der Großen Wühlmaus verantwortlich sein. Noch nicht geklärt ist die Herkunft der **Skomer-Wühlmaus**, einer nur auf dieser Insel vorkommenden, isolierten Art, die einige Modifikationen gegenüber ihren Verwandten vom Festland aufweist.

Nichtsdestotrotz haben sich einheimische Arten wie der **Fuchs** hervorragend angepasst und wieder stark ausgebreitet. Auch Gelbhalsmaus, Siebenschläfer, Hermelin, Igel und Maulwurf fühlen sich in den neuen, vom Menschen geschaffenen Landschaften wohl. Sogar der **Dachs** kehrt dank strenger Schutzmaßnahmen langsam wieder zurück.

Denn mittlerweile hat Wales 66 Areale als National Nature Reserves ausgewiesen. Diese umfassen besonders schützenswerte Lebensräume. Um die Insel Skomer und die Halbinsel Marloes Sands herum liegt das 1324 Hektar große einzige *Marine Nature Reserve* des Landes. Über 1000 „Sites of Special Scientific Interest" (SSSI) bedecken insge-

Tierwelt 25

samt 12 % der Landesfläche. Diese „Gebiete von besonderem wissenschaftlichen Interesse" dienen dem Schutz von Artenvielfalt, Lebensräumen und besonderen geologischen Räumen.

Vögel und Birdwatching

Wales ist ein wahres Vogelparadies – überall im Land gibt es Vogelschutzgebiete, Beobachtungsstationen, und ganze Inseln sind als Naturschutzgebiete ausgewiesen. Besonders vogelreich sind Skokholm, Ramsey, Bardsey, Grassholm und Skomer vor der Küste von Pembrokeshire. Auch in Ynyshir an der Mündung des Dyfi-Flusses gibt es ein großes Schutzgebiet. Auf den Inseln und an den Küsten leben riesige Populationen von Basstölpeln und Schwarzschnabel-Sturmtauchern. Außerdem findet man hier bedeutende Brutreviere von Möwen, Kormoranen und Vertretern der Familie der Alkenvögel wie Papageientaucher, Trottellummen oder Tordalke. Auf Anglesey gibt es einige Brutreviere der Rosenseeschwalbe, des seltensten der in Europa nistenden Seevögel.

Gänsesäger, Eisvögel und Enten bevorzugen die vielen Flüsse und Seen. Wasseramseln leben an schnell fließenden Flüssen und Bächen. Die Salzmarschen und Flussdeltas sind ein wichtiger Lebensraum für die Dohle, Großbritanniens seltensten Rabenvogel. An den Flussmündungen leben auch zahlreiche Watvögel und Wildhühner. Östlich von Newport befinden sich am Severn-Fluss die größten Rastplätze von Brachvögeln in Großbritannien. Über 100.000 Vögel versammeln sich im Winter an der Mündung des Dee, unter ihnen große Schwärme von Spießenten. Im Naturschutzgebiet Traeth Lafan östlich von Bangor halten sich jeden Herbst bis zu 500 Haubentaucher auf.

Über 60 % der walisischen Landfläche liegen mehr als 150 m über dem Meeresspiegel. Im Hochland lebt eine Vielzahl von Wasserdrosseln (als Sommergäste) und Raben. Besonders interessant sind die seltenen Vertreter der Greifvögel. In Wales sind dies vor allem Rotmilan, Kornweihe und Zwergfalke. Es gibt auch große Populationen von Bussarden, Wanderfalken und Eulen. Der Hühnerhabicht kommt erst seit den 1960ern in Wales vor, und der Wespenbussard lebt seit 1991 hier. In den Heide-, Moor- und Gebirgsregionen wohnen Birk- und Moorhühner. Die Eichenwälder sind im Sommer Lebensraum für Trauerschnäpper, Waldlaubsänger und Rotschwanz. In den Hecken leben Braunkehlchen, Schmätzer und die seit 1998 in Wales nistende Grasmücke. In der kalten Jahreszeit überwintern in Wales riesige Schwärme von Staren aus Osteuropa und Russland.

Die RSPB, die Royal Society for the Protection of Birds, ist die älteste Naturschutzorganisation der Welt und setzt sich seit 1889 für Vogel- und Umweltschutz in Großbritannien ein. **Birdwatching** ist hier ein regelrechter Volkssport. Mit Fernglas im Garten sitzen und registrieren, welche Piepmätze durch die eigene Hecke fliegen, ist eine beliebte Freizeitbeschäftigung.

Die wichtigsten Vogelarten in Wales

Rotmilan (engl. *Red Kite*): Der Rotmilan ist Wales' inoffizielles Wappentier und eine Erfolgsgeschichte in Sachen Arterhaltung. Der prachtvolle Vogel erlebte eine dramatische Dezimierung seiner Population ab dem 19. Jahrhundert, als ihm vor allem Nesträuber und Trophäenjäger arg zusetz- ten. Anfang des 20. Jh. hielt sich nur noch im Tywi Valley eine nennenswerte Population, im Rest des Landes war der Vogel ausgestorben. Seit er ganz oben auf der Naturschützeragenda steht, haben sich die Bestände erholt. Zu Beginn des 21. Jahrhunderts gab es wieder über 300 Brutpaare in Wales, und die Population breitet sich von hier langsam über ganz Großbritannien aus. Bewundern lässt sich der Rotmilan am besten an einer der vielen Fütterungsstationen → Kastentext „Red Kite Feeding".

Fischadler (engl. *Osprey*): Manch einer wird überrascht sein über das Aufheben, das um die etwa sechs walisischen Fischadler-Brutpaare gemacht wird. Tag und Nacht werden die Nester bewacht, und an den Beobachtungsstationen der Projekte Glaslyn Osprey und Dyfi Osprey in Mittel- und Nordwales tummeln sich die in Bus- und Zugladungen herbeigebrachten Vogelliebhaber vor den Fernrohren. Mit Blick auf die Geschichte wird die Sache verständlicher: Der Fischadler war 1916 in Großbritannien vollständig ausgestorben. Erst 1959 wurde mit Unterstützung der RSPB in Schottland wieder eine Brut erfolgreich aufgezogen. In Wales haben seit etwa 400 Jahren keine Fischadler mehr genistet, erst 2004 entdeckte man in Nordwales wieder ein Pärchen. Somit ist verständlich, warum jeder Vogel und jedes Ei dort wie ein Schatz gehütet werden.

Eulen: In Wales gibt es fünf Arten – Schleiereule, Wald- und Steinkauz, Waldohreule und Sumpfohreule. Letztere ist recht selten und kommt hauptsächlich auf der Insel Skomer vor. In den Sagen und Mythen der Waliser spielen Eulen eine wichtige Rolle. Der Bestand an Eulen in Wales gilt als stabil und nimmt inzwischen wieder leicht zu.

Kolkrabe (engl. *Common Raven*): Die Populationsdichte des Kolkraben in Wales sucht im nördlichen Europa ihresgleichen. Nicht selten kommt es vor, dass man sich Jungraben in freier Natur bis auf wenige Meter nähern kann. Die größte Ansammlung dieser sehr intelligenten Vögel findet man an ihren Überwinterungsplätzen von Newborough Warren, in Rosyr auf Anglesey. Alljährlich finden sich hier bis zu 2000 Tiere ein. Kolkraben sind äußerst standorttreu, und Wales hat sich zu einem beliebten Quartier für die Tiere entwickelt.

Dohle (engl. *Western Jackdaw*): Der einst weitverbreitete Vogel ist heute Großbritanniens seltenster Rabenvogel und kommt in Wales nur noch im äußersten Westen vor. Über die Hälfte der britischen Population lebt in Wales. Besonders an den Küsten von Pembrokeshire, Ceredigion, Gwynedd, Anglesey und in Snowdonia sieht man Dohlen häufiger.

Basstölpel (engl. *Northern Gannet*): Vor allem auf den walisischen Inseln befinden sich riesige Brutkolonien dieser Seevögel. Die Insel Grassholm ist das drittgrößte Habitat der Basstölpel weltweit und wird von 39.000 Brutpaaren bewohnt. Zu der ca. 18 km vom Festland entfernten Insel werden Bootstouren organisiert (→ S. 194).

Schwarzschnabel-Sturmtaucher (engl. *Manx Shearwater*): Die Hälfte der Weltpopulation, über 200.000 Paare, brüten auf den Inseln Skomer, Skokholm, Bardsey und Ramsey. Die kleinen Zugvögel überwinden enorme Distanzen und verbringen den Winter an den Küsten Südamerikas. Es sind die einzigen Vögel Europas, die regelmäßig dorthin migrieren.

Red Kite Feeding

Fans der faszinierenden Rotmilane finden in Wales eine Reihe von Fütterungsstationen vor, u. a. in den Brecon Beacons. Auf der Farm von Peter Faulkner in Llanddeusant z. B. versammeln sich an der Red Kite Feeding Station täglich zwischen 50 und 100 Rotmilane. Zwar leben allein in Deutschland mehr als 50 % der gesamten weltweiten Population (insgesamt 23.000 Paare). Doch eine so hohe Konzentration von ihnen an einem so kleinen Ort ist europaweit einzigartig. Auf der Gigrin Farm der Powells bei Rhayader betreibt der Welsh Kite Trust ebenfalls eine Feeding Station sowie ein Rehabilitation Centre.

Red Kite Feeding Station, Llanddeusant, Llangadog, Carmarthenshire, ✆ 01550-740617, www.redkiteswales.co.uk. Fütterung während der Winterzeit täglich um 14 Uhr, in der Sommerzeit um 15 Uhr.

Red Kite Feeding Station and Rehabilitation Centre, Chris und Lena Powell, Gigrin Farm, South Street, Rhayader, Powys, ✆ 01597-810243, www.gigrin.co.uk. Fütterung während der Winterzeit täglich um 14 Uhr, in der Sommerzeit um 15 Uhr.

Das walisische Parlamentsgebäude in Cardiff Bay (Detail in der Eingangshalle)

Staat und Verwaltung

Wales ist ein Teil des **Vereinigten Königreichs von Großbritannien und Nordirland** (United Kingdom of Great Britain and Northern Ireland), zu dem auch Schottland, England und Nordirland gehören. Innerhalb dieses zentralistisch verwalteten Königreichs haben die einzelnen Länder unterschiedliche Kompetenzen, die ihnen im Zuge der Dezentralisierungspolitik Tony Blairs übertragen wurden.

Der Status von Wales, Schottland, England und zu einem gewissen Grad auch der von Nordirland geht über den von Bundesländern oder Kantonen hinaus. Und zwar nicht nur auf verwaltungspolitischer Ebene, auch gefühlt: Die britischen Länder definieren sich viel mehr als Nationen, als individuelle Völker mit jeweils eigener Sprache, Kultur und Geschichte.

Das United Kingdom ist eine **parlamentarische Erbmonarchie.** Die Rolle des königlichen Staatsoberhaupts, derzeit Elisabeth II., ist überwiegend repräsentativ. Das Zentrum der Macht ist London, wo das britische Parlament seinen Sitz hat. Es besteht aus zwei Kammern, dem *House of Commons* oder Unterhaus und dem *House of Lords*, dem Oberhaus. Premierminister wird der Vorsitzende der Mehrheitspartei im Unterhaus, das wiederum nach dem Mehrheitswahlsystem gewählt wird. Das House of Lords hat gegenwärtig 781 Mitglieder. Bis 1999 wurden alle Sitze von den Inhabern weitervererbt. Inzwischen setzt sich das Oberhaus aus gewählten Mitgliedern mit erblichem Titel, Bischöfen und von der Regierung vorgeschlagenen Mitgliedern auf Lebenszeit zusammen.

Wales besteht aus 40 Wahlkreisen und entsendet 40 gewählte Abgeordnete ins Unterhaus nach Westminster. Insgesamt gibt es 650 Parlamentssitze. Eine geplante Reform soll das Parlament auf 600 und die Zahl der walisischen Sitze auf 30 verkleinern. Darüber hinaus sitzt der Secretary of State for Wales als Repräsentant des Landes im britischen Kabinett.

1998 wurde nach einem Referendum im Vorjahr die **National Assembly for Wales** (Cynulliad Cenedlaethol Cymru) eingerichtet. Dabei wurden die meisten der bisher beim Welsh Office und Secretary of State angesiedelten Kompetenzen dieser Nationalversammlung übertragen. Sie tritt seit 1999 in einem Neubau an der Cardiff Bay zusammen und besteht aus 60 gewählten Abgeordneten. Somit hat Wales nach

600 Jahren erstmals wieder ein eigenes Parlament. Anfangs ohne Befugnisse zur Primärgesetzgebung ausgestattet, wurde die Nationalversammlung nach der Verabschiedung des Government of Wales Act 2006 aufgewertet. Die Assembly hatte nun die Möglichkeit, in einigen Bereichen Anordnungen zu erlassen, unterlag allerdings nach wie vor dem Vetorecht des Secretary of State sowie des Parlaments des Vereinigten Königreichs. Ein großer Schritt in Richtung vollwertiges Parlament wurde bei der Volksabstimmung von 2011 getan. Die National Assembly darf nun in 20 Politikbereichen eigene Gesetze erlassen, ohne sich vorher die Erlaubnis des House of Commons einholen zu müssen. Mit der Abstimmung über die Unabhängigkeit Schottlands und Camerons anschließender Ankündigung eines umfassenden Kompetenztransfers nach Edinburgh wurde ein Prozess in Gang gesetzt, der für die Neugestaltung des Vereinigten Königreiches noch enorme Konsequenzen haben wird. Denn nun fordert auch Wales mehr Rechte, eine weitere Dezentralisierung und Föderalisierung des Landes.

Seit 1996 ist Wales in 22 Counties (Grafschaften) beziehungsweise County Boroughs (Grafschaftsbezirke) unterteilt. Dies löste die bis dahin existierende Struktur aus acht Counties und 37 Distrikten ab. Neben den bedeutendsten britischen Parteien *Tories* (Conservative party), *Labour* und *Liberal Democrats* und seit einiger Zeit auch die *UKIP* (United Kingdom Independence Party) hat Wales mit der *Plaid Cymru*, der „Partei von Wales", eine Nationalpartei, die einen unabhängigen walisischen Staat anstrebt.

Wirtschaft

Wales war ursprünglich ein Agrarland. Mit Beginn der von Großbritannien ausgehenden **Industrialisierung** in der zweiten Hälfte des 18. Jahrhunderts befand sich die Region plötzlich in deren Epizentrum, und Wales wurde eine der ersten Industrienationen der Welt. Als Lieferant für Kohle, den wichtigsten Treibstoff, erlebte das Land große Veränderungen in seiner Wirtschaftsstruktur. Dem enormen Ausbau der Kohleindustrie ab 1850 folgte nach 1921 ein schneller Zusammenbruch der Branche. Heute spielt die Kohleförderung keine Rolle mehr. Beschäftigte die Kohleindustrie in ihrer Hochzeit 1920 noch über 250.000 Menschen, waren es im Jahr 2000 nur noch 1300. Eine ähnliche Entwicklung nahmen die Kupfer-, Eisen- und Stahlindustrie. Die an Bodenschätzen reiche Region war während der Industrialisierung zu einem Zentrum der Metallindustrie geworden. Hier wurden das Bessemer- und das Thomasverfahren zur Stahlerzeugung entwickelt. Durch die schwere Wirtschaftskrise in den frühen 1980ern, die Wales besonders stark traf, verloren allein in der Metallindustrie Zehntausende ihre Arbeit. Das Stahlwerk in Port Talbot bei Swansea ist heute einer der letzten Zeugen der walisischen Schwerindustrie. Die Schieferindustrie, einst Hauptarbeitgeber und einziger Industriezweig ganzer Regionen, brach in den 1940er-Jahren zusammen.

Die verlorengegangenen Arbeitsplätze in der Kohle-, Schiefer- und Stahlindustrie wurden ab Mitte des 20. Jahrhunderts durch Stellen im Dienstleistungsgewerbe ersetzt. Dabei handelte es sich allerdings oft um unqualifizierte und schlechter bezahlte Jobs. Auch in der Industrie wurden nach dem Zweiten Weltkrieg neue Fertigungsstätten gebaut, die jedoch ebenfalls unter der schweren Krise ab 1979 litten. Die in den folgenden Jahren von Margaret Thatcher eingeleiteten harten Reformen führten unter anderem 1984–85 zu dem berühmten Miners' Strike in Wales (→ S. 41). Ab 1986 begannen besonders ausländische Unternehmen neue Produk-

Wirtschaft 29

tionsanlagen der Elektrotechnik- und Elektronikindustrie zu errichten. Die Branche ist allerdings aufgrund der starken Währung und Billigkonkurrenz recht anfällig. Die Beschäftigung im industriellen Sektor macht heute nur noch etwa 12 % aus; auf den Servicesektor entfallen mittlerweile fast 80 % der in Wales verfügbaren Stellen.

Die Veränderung der industriellen Struktur des Landes ging mit **demografischen Verschiebungen** einher. Die zweite Hälfte des 19. Jahrhunderts war in Wales vor allem durch den Massenexodus der Landbevölkerung in die südwalisischen Kohleregionen gekennzeichnet. Gleichzeitig kamen viele Arbeiter aus anderen britischen Regionen hinzu. Mit dem Zusammenbruch dieser Industrie verließen ab 1921 fast 400.000 Menschen das Land. Die Geschichte der walisischen Wirtschaft ist somit auch eine der Aus- und Einwanderung. Engländer zogen in die Industriezentren nach Südwales, Waliser verstreute es in die ganze Welt. Spuren der walisischen Auswanderung findet man überall: So heißt etwa in Australien ein Bundesstaat New South Wales, der schöne Milford Sound in Neuseeland wurde nach dem Milford Haven Waterway benannt, und in Patagonien befindet sich die einzige walisische Überseekolonie – deren Bewohner sprechen noch heute ein leicht antiquiertes, aber perfektes Kymrisch. Besonders unter der jungen und hochqualifizierten Bevölkerung setzt sich die Abwanderung bis heute fort. Das Auf und Ab der Wirtschaft stabilisierte jedoch die lange Zeit konstant schrumpfende Landbevölkerung. Seit 1970 wird der Bevölkerungsverlust durch eine erhöhte Zuwanderung nämlich mehr als kompensiert. Diese „Neuwaliser" sind auf der Suche nach einem Alterswohnsitz oder werden von der Landschaft und den für britische Verhältnisse recht niedrigen walisischen Immobilienpreisen (abgesehen von einigen Zentren wie Cardiff) angezogen. Der Verlust von jungen qualifizierten Leuten wird durch die Zugezogenen allerdings nur zahlenmäßig ausgeglichen. 50 % aller Berufstätigen in Wales sind Frauen. Dieser relativ hohe Anteil ist auch den Teilzeitjobs zuzuschreiben, die mittlerweile ein Drittel aller Stellen ausmachen.

Wales ist heute eine der wirtschaftlich schwächsten Regionen im Vereinigten Königreich. Nur Nordirland und Nordostengland haben eine geringere Wertschöpfung. Dies sieht man den allerorten herausgeputzten Dörfern und Städten glücklicherweise kaum an. Doch vom Tourismus allein wird das Land nicht leben können. Die **Wirtschaftsleistung** verteilt sich nicht gleichmäßig über das Land – Cardiff und Vale of Glamorgan sowie die benachbarten Regionen Newport, Monmouthshire und Swansea sind die stärksten Landesteile. Die Wirtschaftsleistung pro Kopf ist in Cardiff teilweise mehr als doppelt so hoch wie anderswo in Wales.

Auf dem Land ist Wales stark von der Viehwirtschaft und dabei vor allem von der **Schafzucht** geprägt: Etwa 11 Millionen Schafe soll es geben. Nur 12 % der gesamten Landwirtschaftsfläche werden für den **Ackerbau** genutzt. Früher war Ackerbau ein integraler Bestandteil der kleinteiligen Landwirtschaft. Die Farmen produzierten Lebensmittel für den Eigenbedarf und die Versorgung der Tiere. Davon zeugen heute noch die ausgedienten Windmühlen auf Anglesey und die Getreidescheunen in den Brecon Beacons. Die zwar an Mineralien reichen, aber meist steinigen, feuchten und wenig fruchtbaren Böden machen das Land für den intensiven modernen Ackerbau ungeeignet. Lediglich in einigen ebenen Landstrichen von Süd- und Nordostwales erlauben fruchtbarere Böden und das Klima den Feldbau. Angebaut werden vorwiegend Gerste und Kartoffeln. Die Bedingungen sind jedoch nicht ideal, da sich im Frühjahr die Aussaat durch Regen häufig verzögert und im Herbst rechtzeitig vor Einsetzen der Niederschläge geerntet werden muss. Da ist ein Schaf dann doch robuster und besser für das walisische Klima geeignet.

Kleiner Sprachführer Walisisch

Alltagskonversation

Hallo	*shw mae* (schu mei)	Keine Ursache	(kreuso)
Guten Morgen	*bore da* (boh-reh dah)	Bitte (um etwas bitten)	*os gwelch chi'n dda* (oos gweluch chin tha)
Guten Tag/ Nachmittag	*prynhawn da* (prin-haun da)	Danke	*diolch* (djolch)
Gute Nacht	*nos da* (nos dah)	Bitte (beim Überreichen)	*dyma chi* (döma chi)
Auf Wiedersehen/ Tschüss	*hwyl fawr* (hu-il waur)	Sehr gut	*da iawn* (dah ee-aw-n)
Bitte sehr/Willkommen	*croeso*	Prost	*iechyd da* (jeh-chid dah)

Geografisches Glossar

aber	Mündung, Zusammenfluss	*gwaun*	Moor, Heide
afon	Fluss	*gwyn*	weiß
bach (auch: *fach*)	klein	*gwynt*	Wind
bedd	Grab	*hafod*	Sommerquartier, meist im Gebirge
betws	Kapelle	*hen*	alt
blaen	Talschluss, Talspitze	*hendre*	Winterquartier, meist im Tal
bond (auch: *pont*)	Brücke	*hir*	lang
braich	Arm, Verzweigung	*isaf*	niedrigste, tiefste
bryn	Berg, Hügel	*llech*	flacher Stein
bwlch	Pass, Kluft	*llethr*	Abhang, Gefälle
caer	Fort, Festung	*llithrig*	rutschig, glatt
capel	Kapelle	*llyn*	See
carn (auch: *carnedd*)	Steinhügel, Cairn	*maen*	Stein
carreg	Stein	*mawr* (auch: *fawr*)	groß
castell	Burg, Festung	*moel*	kahl
cau	tief, hohl	*mynnydd*	Berg
cefn	Bergrücken	*nant*	Bach, Strom
clogwyn	Kliff, Klippe	*newydd*	neu
coch (auch: *goch*)	rot	*ogof*	Höhle
coed	Wald	*pant*	Senke, Mulde, Niederung
craig	Felsen	*pen*	Gipfel, Bergspitze
crib	Gebirgskamm	*pistyll*	Sturzbach, Springbrunnen
cwm	enges Tal	*porth*	Tor
dinas	Burganlage, Stadt	*pwll*	Teich, Wasserbecken, Pool
du (auch: *ddu*)	schwarz	*rhaeadr*	Wasserfall
dwr	Wasser	*rhyd*	Furt
dyffryn	Tal	*saeth*	Pfeil
eglwys	Kirche	*sarn*	Straßendamm, aufgeschütteter Feldweg
esgair	Berggrat	*sych*	trocken
ffordd	Straße, Weg	*tref*	Ort, Stadt
fforest	Wald	*twll*	Loch
ffynnon	Brunnen, Quelle	*ty*	Haus
glas	blau-grün	*y* (auch: *yr*)	der, die, das
glyn	Tal	*ynys*	Insel

Kultur und Tradition

Walisisch

Walisisch oder **Kymrisch** (walisisch Cymraeg) ist eine der ältesten gesprochenen Sprachen in Europa und umfasst das Alt-, Mittel- und das moderne Kymrisch. Es gehört zu den keltischen Sprachen, ein Zweig der indogermanischen Sprachfamilie. Modernes Kymrisch ist ein direkter Nachfolger der Sprache, die von der keltischen Bevölkerung Britanniens bereits zur Zeit der römischen Besetzung gesprochen wurde. Mehr als 1500 Jahre lässt es sich zurückverfolgen. Wer die Sprache zum ersten Mal hört, den könnte sie an das Klingonische aus Star Trek erinnern. Es heißt auch, J. R. R. Tolkien wurde stark von der walisischen Sprache und Literatur beeinflusst, als er die Elben und das Elbische für seine Romane erschuf.

Nach Britannien kam das Kymrische vermutlich während der Eisenzeit und wurde auf der gesamten Insel südlich des Firth of Forth, also in der Gegend bis zum heutigen Edinburgh hinauf, gesprochen. Im Frühmittelalter begann sich die Sprache in die verschiedenen britannischen Sprachen (eine Untergruppe der keltischen Sprachen) auszudifferenzieren. Walisisch ist eng mit dem Bretonischen und dem in Cornwall gesprochenen Kornischen verwandt. Zu den **keltischen Sprachen** gehören zudem das Irische, das Schottisch-Gälische, das Manx-Gälische von der Isle of Man sowie das ausgestorbene Kumbrisch aus Cumbria in England.

Der rote Drache – Nationalsymbol von Wales

Die kymrische Sprache wurde zum wichtigsten nationalen Symbol und Abgrenzungsmerkmal der seit dem 16. Jahrhundert in das englische Herrschaftssystem eingegliederten Waliser. Walisisch wird zurzeit von etwa 610.000 Menschen in Wales (etwa 21,7 % der Gesamtbevölkerung – mit leicht steigender Tendenz), 115.000 in England und 5000 in Chubut, Patagonien, Wales' einziger Kolonie, als Muttersprache gesprochen. Damit ist es die am häufigsten gesprochene keltische Sprache. Bis dorthin war es jedoch ein langer Weg. Noch Mitte des 20. Jahrhunderts kämpfte die walisische Bevölkerung für eine Gleichstellung des Walisischen mit dem Englischen – englischsprachige Straßenschilder wurden übersprüht, und viele Waliser weigerten sich, englischsprachige Rechnungen und Behördenbriefe zur Kenntnis zu nehmen. Erst der Welsh Language Act 1993 und der Government of Wales Act 1998 beendeten den langen Kampf der Bevölkerung und gewährten endlich die formale **Gleichstellung des Walisischen mit dem Englischen**. Das augenfälligste Resultat dieser Erlasse sind die immer zweisprachig verfassten Schilder im Land. Zweisprachig sind auch offizielle Dokumente und Gerichtsprozesse. An allen walisischen Schulen ist die Sprache bis zum 16. Lebensjahr inzwischen Pflichtfach.

Walisischsprachige Zeitungen, Radio- und Fernsehsender tragen enorm zur Wiederbelebung und Manifestation der Sprache im Alltag bei. Bis heute hat die BBC in Cardiff ihren zweitgrößten Medienstandort in ganz Großbritannien. Mit BBC Cymru produziert sie ein Radioprogramm auf Walisisch. Darüber hinaus gibt es weitere Radiosender, die auf Kymrisch senden. Auch ITV hat ein großes Rundfunkhaus in Cardiff und produziert unter anderem regionale Fensterprogramme für Wales. Mit S4C gibt es auch einen rein walisischsprachigen Fernsehsender.

Geschichtlich und wirtschaftlich bedingt wird **Walisisch als Muttersprache** vorwiegend in Nord- und Westwales gesprochen. In einigen Gegenden ist das Kymrische für fast 90 % der Bevölkerung die Muttersprache. Hier befinden sich auch die Ortschaften mit den am schwersten auszusprechenden Namen – der berühmteste ist Llanfairpwllgwyngyllgogerychwyrndrobwllllantysiliogogogoch, klangvoller Name einer Gemeinde auf Anglesey, die kurz Llanfair oder Llanfairpwll genannt wird.

Jeder Waliser spricht perfekt Englisch. Für Touristen ist es also ganz unproblematisch, sich auf Englisch zu verständigen. Walisischsprachige Leute freuen sich jedoch sehr, wenn man wenigstens versucht, auf Walisisch „danke" oder „Guten Tag" zu sagen. Der wachsende Nationalstolz der Waliser und zunehmende Bestrebungen, innerhalb des Vereinigten Königreichs unabhängiger, ja sogar ein komplett eigenes Land zu werden, verstärken diesen Trend in Zukunft wohl noch.

Musik und Tanz

Wales ist „the land of song". Es heißt, die Musik sei hier die Hauptkommunikationsform. Sie spielt eine wichtige Rolle in der kymrischen Kultur, ist im Alltag tief verwurzelt und überall präsent. Die Tradition der Barden und des *Eisteddfod*, eines keltischen Festivals der Musik und Literatur, ist jahrhundertealt. Tatsächlich wird in Wales oft und gerne gesungen. Glaubt man Erzählungen der Einheimischen, zogen beispielsweise in den 1950er-Jahren die jungen Männer in Caenarfon nachts um die Burg und sangen dabei am liebsten das Lied „Muss i denn, muss i denn zum Städtele hinaus", das zu dieser Zeit durch Elvis bekannt geworden war.

Popmusik: In den 1960er-Jahren entwickelte sich aus der Protestbewegung für mehr Anerkennung der walisischen Sprache eine walisische Popmusikbewegung. Die Texte waren daher oft politischer Natur. Wichtig in dieser Szene waren *Dafydd Iwan*, *Huw Jones* und *Meic Stevens*. Daraus erwuchs letztlich eine breite Musikbewegung mit einer vielseitigen Szene und einer großen Bandbreite an Musikstilen. Entsprechend viele Bands, Sänger und Chöre hat das Land hervorgebracht. Weltberühmt sind neben *Tom Jones*, *Shirley Bassey* und *Bryn Terfel* z. B. auch *Bonnie Tyler* und *Duffy*. Unter den walisischen Bands sind *Catatonia*, die *Stereophonics*, *Manic Street Preachers*, *Super Furry Animals* und *Gorky's Zygotic Monkey* die wohl bekanntesten. *Gruff Rhys*, Sänger von letztgenannter Band, ist oft auch allein oder

Kultur und Tradition

Musik ist im „Land of Song" allgegenwärtig

im Rahmen anderer Projekte unterwegs. Und die wunderbar kratzige Stimme der Ex-Frontfrau von Catatonia, *Cerys Matthews*, kann man seit dem Auseinandergehen der Band 2001 solo hören.

Sehr populär in Wales war auch *Aled Jones*, bis der Stimmbruch seine Karriere als Sänger vorerst unterbrach. Das Wunderkind *Charlotte Church* hat es zur Popdiva gebracht und ist in Großbritannien sehr bekannt. Ihre Eltern betreiben übrigens in Cardiff ein Bed and Breakfast in der Cathedral Road. Frühstücks- und Aufenthaltsraum hängen voll mit Fotos der Tochter. Auch **Katherine Jenkins** feiert mit ihrem Klassik-Pop-Crossover große Erfolge.

Die zeitgenössische walisische Musikszene ist jedenfalls sehr vital. Viele Musiker und Bands singen auf Walisisch. Gesang gehört ohnehin seit langem zum festen Bestandteil der Kultur. Im 19. Jahrhundert waren die Chapels, die unabhängigen protestantischen Kirchen, die einflussreichste kulturelle Instanz im Land und Kirchenlieder eine beliebte Musikform. Die Waliser störte es nicht, dass sich diese Kirchen deutlich gegen Alkohol und Wirtshäuser aussprachen, und sangen ihre Kirchenlieder auch in den Pubs.

Chöre: Walisische Männerchöre sind weithin berühmt. Ihre Ursprünge haben sie in den industriellen Gebieten, vor allem den Kohle- und Stahlrevieren im südlichen Wales. Hier sind sie auch heute noch am stärksten verbreitet; es gibt jedoch in ganz Wales unzählige „Male Voice Choirs". Die Chöre entwickelten sich, wie auch die Blechblasorchester, als musischer Ausgleich zum harten Leben als Arbeiter. Weitere Chöre gründeten sich aus Kirchengemeinden, Sportvereinen oder Jugendgruppen heraus. Sogar in den ehemaligen Kolonien des Empires wie Australien und Kanada gibt es walisische Männerchöre.

Walisische Instrumente: Das traditionelle Musikinstrument der Waliser ist die *Harfe*. Sie wird mindestens seit dem 11. Jahrhundert in der walisischen Folkmusik eingesetzt. Mit dem gestiegenen Interesse an traditioneller walisischer Musik haben auch alte keltische Instrumente eine Renaissance erfahren. Das *Crwth* ist ein walisisches Musikinstrument mit sechs Saiten, das gezupft oder mit einem Bogen wie eine Geige gestrichen wird. Dann gibt es da noch das *Pibgorn*, eine Hornpfeife, ähnlich der baskischen Alboka, wie sie auch bei Dudelsäcken verwendet wird. Der walisische Dudelsack heißt *Pibau cwd* oder *Tibhae*. Während der eine auf einer Wiederbestückung des Pibgorns mit einem Blasebalg beruht, ähnelt der andere sehr der bretonischen Veuze.

Musikfestivals und Barden: Musikfestivals gehören in Wales zum festen Bestandteil des Kulturlebens und ziehen Besucher aller Altersgruppen an. Nicht nur Enthusiasten sind dort anzutreffen, sondern ganze Dörfer und Regionen versammeln sich zu den Veranstaltungen. Aus der Vielzahl sind hier das *Small Nations Festival* (Anfang Juli), das *Swansea Maritime and Shanty Festival* (Mitte Juni) und das *Gwyl Pontardawe International Festival* (Mitte August) hervorzuheben. Diese sog. Folk Festivals (walisisch Gŵyl Werin) bieten über Folkmusik hinaus eine große Bandbreite an Musikstilen.

Die Artussage
Von Marcus X. Schmid

Jede Sage rankt sich um einen möglicherweise wahren Kern. Den sucht man natürlich auch in der Artus-Forschung. So hat *Geoffrey Ashe* die Vermutung geäußert, das historische Vorbild des Vorsitzenden der Tafelrunde könne der Keltenkönig *Riothamus* aus dem 5. Jahrhundert sein, der die Sachsen nicht nur auf britischem Boden erfolgreich zurückschlug, sondern sie mit seinem Heer auch in Frankreich belästigte. Nach Ashe besiegt Riothamus-Artus zwar die Sachsen in Gallien, wird aber in der folgenden Schlacht von den Westgoten vernichtend geschlagen, woraufhin er sich nach Burgund zurückzieht und dort vermutlich stirbt.

Es ehrt die Verlierer, dass sie ihre historische Niederlage in die vielleicht tiefgründigste Geschichte des christlichen Kulturkreises umgedichtet haben. Die ursprünglich keltische Regionalsage von Kampf und Niederlage gegen die übermächtigen Sachsen wurde in Großbritannien, Frankreich und Deutschland zu einem immer weiter wachsenden höfischen Epos gestaltet, in dem keltisch-heidnische Elemente durch christliche ersetzt sind und Ritter ohne Fehl und Tadel phantastische Abenteuer in ihrem täglichen Kampf gegen das Böse auf der Welt erleben.

Der Erste, der den unbedeutenden Lokalherrscher Artus zum glanzvollen Monarchen hochstilisiert, ist *Geoffrey von Monmouth* um 1135 in seiner „Historia Regnum Britanniae". Der normannische Dichter *Wace* übersetzt das Werk des Engländers ins Französische und fügt ihm zahlreiche eigene Motive hinzu, die vermutlich auf bretonisches Erzählgut zurückgehen. Die so weitergesponnene Artussage wird für die höfischen Dichter des Mittelalters immer interessanter, in ihr finden sie den Rahmen, eigene Geschichten zu erzählen oder bislang eigenständige Sagen zu integrieren. *Chrétien de Troyes* (1135–1190) schließlich führt den Sagenkreis um König Artus zu seiner Vollendung. Spätere Dichter wie *Wolfram von Eschenbach* (um 1200) verändern nur noch Nuancen. Der Kern der Sage liest sich so:

Mithilfe des Magiers *Merlin* besteigt der junge *Artus*, Sohn des Königs *Uther*, den englischen Thron. Als Einzigem der vielen Thronanwärter des zerrissenen,

Kultur und Tradition 35

Höhepunkt im Festivalkalender sind die *Eisteddfodau* (Singular: Eisteddfod) – eine walisische Institution. In diesen Kulturwettbewerbsfestivals, die es für alle Altersklassen gibt, treten Sänger, Barden, Chöre, Instrumentenspieler, Dichter und Tänzer gegeneinander an. Alle Wettbewerbe werden auf Walisisch ausgetragen. Das erste Eisteddfod fand bereits 1176 in Cardigan statt. Die Feste erfreuten sich großer Beliebtheit, und walisische Aristokraten ließen unter ihrer Schirmherrschaft regelmäßig professionelle Künstler gegeneinander antreten. In den folgenden Jahrhunderten ging das Interesse an den Eisteddfodau jedoch stark zurück. Im 18. Jahrhundert erfuhr die Tradition glücklicherweise eine Renaissance und erlangte nationale Bedeutung. 1880 wurde sogar die National Eisteddfod Society gegründet.

Inzwischen gibt es neben den vielen kleinen alljährlich drei große Veranstaltungen: Das *National Eisteddfod of Wales* (Eisteddfod Cenedlaethol Cymru), die größte Veranstaltung, findet in der ersten Augustwoche statt. Ein Publikum von über 150.000 verfolgt die Darbietungen mehrerer Tausend Künstler. Beim *Urdd National Eisteddfod* (Eisteddfod yr Urdd) Anfang Mai treten Kinder und junge Erwachsene zwischen 7 und 24 Jahren gegeneinander an. Das National Eisteddfod und das Urdd Eisteddfod finden abwechselnd in Nord- und Südwales statt. Wie für

äußeren Feinden bedrohten Landes gelingt es ihm, das Zauberschwert Excalibur aus einem Amboss zu ziehen, was ihn zum rechtmäßigen König macht. Artus zieht gegen die Feinde los, und nicht zuletzt durch Excalibur erlebt England darauf eine Zeit des friedlichen Aufschwungs. Von Merlin, Drahtzieher der Geschicke und Ratgeber des Königs, erhält Artus einen kreisrunden Tisch – Symbol der Gleichheit. Hier soll er die würdigsten Ritter um sich versammeln, die ihm im Kampf gegen das Unrecht und das Böse helfen sollen.

Artus regiert als anerkannter König auf Camelot, ist glücklich mit *Guinevra* verheiratet und versammelt bald zahlreiche Recken um sich, darunter so bekannte wie *Gawein, Lancelot, Eric, Iwein* und *Parzival*. In den zahllosen Abenteuern der „Ritter der Tafelrunde" retten sie Jungfrauen, erschlagen ehrlose Ritter und Feuer speiende Drachen oder kämpfen mit ihrer eigenen Tugend. Nebenbei suchen die Helden erfolglos die Gralsburg, in der der Gral aufbewahrt wird. Der Platz neben dem König, der „gefährliche Platz", bleibt lange leer. Er ist dem reinsten Ritter aller Zeiten bestimmt, und von Merlin weiß man, dass das Ende der Tafelrunde nah ist, wenn Artus einen neuen Tischnachbarn hat. So kommt es auch. *Galahad*, der später den Gral finden wird, stößt als letzter Ritter zur Runde, und schon eskalieren die Ereignisse: Lancelot, im unlösbaren Konflikt zwischen seiner Liebe zu Guinevra und seiner Treue zu seinem Herrn, setzt sich ab, die Gemeinschaft beginnt zu zerfallen. Während eines Feldzugs des Königs, der einige Tafelritter das Leben kostet, bemächtigt sich sein widerlicher Neffe *Mordred* mithilfe der eigensüchtigen Herzöge Englands des Throns und auch gleich der Königin. König Artus und sein angeschlagenes Heer kehren in Eilmärschen zurück und stellen sich trotzig einer weit überlegenen Streitmacht. Die Ritter schlagen ihre letzte Schlacht.

Ein Hoffnungsschimmer bleibt: Der sterbende Artus wird nach Avalon gebracht. Auf der Insel der Seligen darf er unter den Apfelbäumen so lange sorglos und glücklich verweilen, bis die Zeit gekommen ist, in der er wieder auf die Welt zurückkehrt, um endgültig Ordnung zu schaffen.

die Olympischen Spiele bewerben sich die Städte um das Privileg, Austragungsort zu sein. Für die ausgewählte Stadt ist die Ausrichtung eine große Ehre und ein wichtiger Wirtschaftsfaktor. Jedes Jahr im Juli findet darüber hinaus in Llangollen das *International Eisteddfod* (Eisteddfod Rhyngwladol) statt (→ S. 348). Begleitet werden die Festivals von Ausstellungen, Ständen und Schaustellerbuden. Preisträgern wird von Druiden die Krone aufgesetzt, und überall trifft man auf Barden in historischen Kostümen. Wer die Gelegenheit hat, sollte unbedingt ein Eisteddfod besuchen – nirgendwo sonst erfährt man so viel über die walisische Kultur.

Eine wichtige Rolle spielen in diesem Zusammenhang auch die *Bardenvereinigungen* (Gorsedd). Die berühmteste ist die Gorsedd Beirdd Ynys Prydain. Was übersetzt so viel bedeutet wie „Thron der Barden von der Britischen Insel", ist eine Vereinigung von bedeutenden Personen, die sich in besonderem Maße um die walisische Kultur, Sprache, Kunst und Literatur verdient gemacht haben.

Tänze: Walisische Tänze finden vor allem in Form von Kreis- und Stepptänzen mit Holzschuhen *(clogs)* statt. Diese werden überwiegend von Volkstanzgruppen einstudiert und bei den Eisteddfodau aufgeführt. In walisischen Ortschaften werden auch häufig Tanzabende in Pubs und Kulturzentren organisiert. Bei so einem „Twmpath" herrscht ausgelassene Stimmung, und jeder kann mitmachen – es ist vollkommen egal, wie ausgefallen man tanzt. Jeder Beitrag wird einem hoch angerechnet. Vor allem als Tourist kann man sich anschließend großer Sympathien am Tresen erfreuen.

Konzerte: einfach die Augen offen halten – in Wales finden immer irgendwo Konzerte statt. Die meisten sind klein, doch treten richtig gute Musiker auf. Viele solcher Veranstaltungen werden allerdings nur mäßig oder nur per Mundpropaganda beworben. Das Beste, um an entsprechende Informationen zu kommen, ist daher, nach Postern Ausschau zu halten oder sich in Cafés und Musikgeschäften umzuhören. Die Leute dort können meist Auskunft über die nächsten Gigs geben. Wer im Internet nach Angeboten sucht und auf Flyer achtet, kann ebenfalls fündig werden.

Sagen und Legenden

Wales verfügt über einen reichen Schatz an Sagen und Legenden. Das **Mabinogion** ist eine berühmte, auf keltischen und bardischen Überlieferungen basierende Geschichtensammlung, in der sich unter anderem Hinweise auf den legendären **König Artus** (King Arthur) und den Zauberer Merlin finden. Viele Orte in Wales tragen die Namen der Helden der Tafelrunde und werden mit ihnen in Verbindung gebracht. Überhaupt spielt King Arthur in der walisischen Sagenwelt eine besondere Rolle (→ Kastentext „Die Artussage").

In vielen walisischen Geschichten kommen zudem Riesen vor, auch das Mabinogion ist voll von ihnen. In seiner Historia Regnum Britanniae behauptet Geoffrey of Monmouth, dass Britannien vor der Ankunft von Brutus und den Römern ausschließlich von Riesen bewohnt gewesen sei. Im späten 16. Jahrhundert trug Siôn Dafydd Rhys die walisischen Märchen von Riesen zusammen und kam auf 72. Das 1993 erschienene Buch **The Giants of Wales** des US-Amerikaners Chris Grooms ist eine lesenswerte wissenschaftliche Auseinandersetzung mit der Thematik.

Die Römer kommen – heute als furchterregende Schauspieler ...

Geschichte

Frühgeschichte

Man geht davon aus, dass keltischsprachige Stämme seit der späten Bronzezeit auf dem Gebiet des heutigen Wales siedelten – aus vorgeschichtlicher Zeit gibt es keine eindeutigen Belege. Mit dem Beginn der Invasion Britanniens durch die **Römer** ab dem Jahr 43 n. Chr. werden die Waliser jedenfalls in die Geschichtsschreibung aufgenommen. So berichtet Tacitus in seinen Aufzeichnungen von den Widerständlern, auf die die römischen Truppen bei der Eroberung von Südengland und Wales stießen. In diesem Zusammenhang fällt der Name *Caratacus*, ein mächtiger König im südlichen Britannien. Er bereitete den Römern arge Schwierigkeiten und machte ihnen in Schlachten schwer zu schaffen. 51 n. Chr. taucht Caratacus erneut in den römischen Quellen auf, diesmal im Westen als Führer des walisischen Stammes der Silurer. Der Guerillakrieg gegen die Römer hält an und erst gegen Ende des 1. Jahrhunderts sind die walisischen Stämme der Deceangli, Demetae, Ordovicer, Cornovii und Silurer endgültig befriedet.

Ganz Wales und England sind nun von den Römern besetzt. Zur Sicherung des Reichs überzieht das Imperium Wales mit zahlreichen Befestigungsanlagen, darunter das Hauptfort Caerleon (→ S. 137) und an die 30 Nebenanlagen. Schnell arrangieren sich die Einheimischen mit den neuen Machthabern. Nur die Ordovicer scheinen weiterhin eigene Wege gegangen zu sein: Auf einem großen Mosaik im Forum in Rom ist die Karte an der Stelle ihres Siedlungsgebiets in Snowdonia und im nördlichen Powys weiß. Im restlichen Wales vermischt sich römische Kultur mit der der Kelten; die Wirtschaft floriert. Knapp 20 km östlich von Caerleon gründen die Römer Caerwent, mit 3000 Einwohnern die erste walisische „Stadt". Über 300 Jahre wird das Land von Rom beherrscht. Im Gegensatz zu vielen anderen besetzten Regionen behalten die Waliser jedoch ihre Sprache.

Mittelalter

In der Zeit nach dem Zusammenbruch der römischen Herrschaft in Britannien ab dem Jahr 410 bilden sich kleine, regionale Königreiche heraus. Trotz eines einheitlichen administrativen und politischen Systems gelingt es im Gegensatz zu England und Schottland nur wenigen walisischen Anführern, das Land unter einer gemeinsamen Herrschaft zu vereinen. Das Gebiet ist ständigen Angriffen von Sachsen, Angeln und später von Wikingern und Nordmännern ausgesetzt. Bis heute ist das walisische Wort für die Engländer „Saesneg" – Sachsen. Innerhalb eines Jahrhunderts nach dem Einfall der Normannen in England ab 1066 bringen diese den größten Teil von Süd- und Westwales unter ihre Kontrolle. Eine bedeutende Rolle spielen dabei die Marcher Lords. Das Wort March ist mit Mark verwandt und bezeichnet eine Grenzregion. Im 11. und 12. Jahrhundert, vor allem unter der Herrschaft von **Henry I** (1100 bis 1135), etablieren die Normannen sogenannte Marcher Lordships, also Herrschaftsgebiete im östlichen und südlichen Wales bis nach Pembrokeshire. Von ihnen aus sichert man die Kontrolle über die besetzten Gebiete. Dieses Territorium wird als Marchia Wallia bezeichnet, im Gegensatz zu Pura Wallia, den nicht besetzten Gebieten von Wales. Abgesehen vom Gefolgschafts- und Treueeid, der dem englischen König geschworen werden muss, sind die dort herrschenden Marcher Lords unabhängig und gehören offiziell auch nicht zu England. Als Machtzentren errichten sie Burgen, um die herum sich in der Regel Städte entwickeln. Brecon, Abergavenny und Montgomery gehen beispielsweise auf solche Marcher-Gründungen zurück.

Die Expansion der **Normannen** ab 1066 ist ein Paradebeispiel für eine Machtübernahme, bei der lediglich die herrschende Klasse auf Grundlage der vorherigen Landaufteilung ausgetauscht wird. Eine Verdrängung oder gar Vernichtung der Bevölkerung findet nicht statt. Das letzte noch verbliebene walisische Königreich erstreckt sich über Powys, Gwynedd und Deheubarth und wird 1267 von Henry III anerkannt. Der dortige Herrscher Llywelyn ap Gruffydd, auch bekannt als Llywelyn the Last, wird fortan von England als Oberhaupt aller walisischen Fürsten und Anführer akzeptiert. Eine Reihe von Ereignissen und Zwistigkeiten führt allerdings zur vollständigen Eroberung von Wales durch **Edward I** bis 1283. Llywelyn ap Gruffydd, der letzte walisische „Prince of Wales", gerät 1282 bei Cilmeri in einen Hinterhalt und fällt. Wales wird dem englischen Königreich vollständig angeschlossen. Edward teilt mit dem Statute of Rhuddlan das Land neu auf und führt das englische Common Law in Wales ein. Gleichzeitig wird zur Sicherung der Macht ein großangelegtes Burgenbauprogramm in die Wege geleitet. 1301 erklärt König Edward I seinen erstgeborenen Sohn Edward II zum neuen Prince of Wales. Die Tradition, dass dieser Titel an den erstgeborenen Sohn der englischen Königsfamilie geht, ist bis heute in Kraft.

Dauerkonflikt England – Wales

1349 wütet in Wales die Pest, der 40 % der Bevölkerung zum Opfer fallen. Eine letzte große Revolte unter dem walisischen Nationalhelden **Owain Glyndŵr** (1349 bis um 1416) zwischen 1400 und 1415 gegen die englische Vorherrschaft endet mit deren Niederschlagung. Was als Streit um Ländereien mit einem normannischen Marcher Lord begonnen hat, entwickelt sich schnell zu einer Revolte für die Unabhängigkeit von Wales. Owain Glyndŵr entstammt dem walisischen Adel und erhielt ab den 1380ern eine Ausbildung zum Ritter. Unter anderem sammelte er militärische Erfahrungen während des Krieges von King Richard II gegen die Schotten. Die Guerillakriegsführung der Schotten übernimmt er später in seinem Krieg gegen die Engländer. Es wird behauptet, dass sich Glyndŵr nach seiner Niederlage bis an sein Lebensende in Herfordshire in England (damals von vielen Walisern bewohnt) bei seiner Tochter versteckt hielt, die in den englischen Adel eingeheiratet hatte.

Beaumaris gilt als eine architektonisch perfekt angelegte Burg

1485 gewinnt der aus Wales stammende Henry Tudor mithilfe walisischer Truppen die Schlacht von Bosworth gegen Richard III. Er besteigt als **Henry VII** am 22. August 1485 den Thron von England. Dieses Ereignis markiert das Ende der Rosenkriege zwischen den Herrscherfamilien Lancaster und York. Unter Henrys Herrschaft kommt es zu großen sozialen und kulturellen Veränderungen. So sorgt er etwa für die Abspaltung der Church of England von der römisch-katholischen Kirche und erhebt sich selbst zu deren Oberhaupt – unter anderem mit dem Ziel, sich scheiden lassen zu können. Seine sechs Ehen sind weithin berühmt. Das Grün-Weiß der Tudors findet sich übrigens in der walisischen Flagge wieder, während der walisische Drache auf ein römisches Legionszeichen zurückgeht.

Vereinigtes Königreich

1536 und 1543 erlässt Henry VIII die **Acts of Union** (auch *Laws in Wales Acts*) und macht Wales zu einem integralen Bestandteil des entstehenden englischen Zentralstaates. Die Waliser sind nun den Engländern gleichgestellt; das englische Verwaltungs- und Rechtssystem wird als einzig geltendes in Wales eingeführt. Im Zusammenhang mit dem ersten Act of Union 1536 werden außerdem die Marcher Lords entmachtet und ihre Territorien neu gegliedert. Nahezu unbeachtet bleiben bei dieser „Union" allerdings die walisische Kultur und Sprache. Englisch wird zur einzigen offiziellen Sprache. Die meisten Waliser betrachten die Acts of Union deshalb noch heute als große Ungerechtigkeit, obwohl die Herrschaft der Tudors (reg. 1485–1603) dem Land insgesamt keineswegs schadete: Wales entsandte nun sogar Repräsentanten ins Parlament nach Westminster.

Der Umstand, dass sich das Englische aufgrund der hohen Zahl ausschließlich walisischsprachiger Mitarbeiter in der Administration in der Praxis nicht hundertprozentig durchsetzen ließ, und die Übersetzung der Bibel ins Walisische durch Bischof William Morgan 1588 verhindern das Verschwinden der Sprache. Ab Mitte des 16. Jahrhunderts wird in den Kirchen des Landes vorwiegend Walisisch verwendet. Und ab 1718 wird in Wales die Druckerpresse eingeführt – Bücher in der Landessprache haben nun Hochkonjunktur.

Industriezeitalter

1797 erfolgt die letzte Invasion des Landes – die **Last Invasion of Britain**. Ein zusammengewürfelter, revolutionär angehauchter Söldnerhaufen von 1400 Mann (hauptsächlich Franzosen, aber auch Iren) landet in Carregwastad Point nördlich von Fishguard. Die ursprüngliche Landung sollte eigentlich in Bristol erfolgen. Von der britischen Landbevölkerung erhoffte man sich Unterstützung für die eigene Sache. Die unter dem Kommando eines Irisch-Amerikaners stehende Armee wollte die Französische Revolution auch in Großbritannien umsetzen. Leider findet die undisziplinierte Truppe nach ihrem Landgang allzu viel Alkohol vor und setzt sich damit selbst außer Gefecht. Nach nur zwei Tagen ergeben sich die Invasoren am 24. Februar in einem Pub in Fishguard einer kleinen Truppe Einheimischer.

Die ab 1770 einsetzende **Industrialisierung** führt zu enormen wirtschaftlichen und demografischen Veränderungen in Wales (siehe auch „Wirtschaft"). In Süd- und Nordostwales beginnt man mit dem Abbau von Kohle. Es entstehen Eisen und Metall verarbeitende Betriebe. Wales wird zu einem Kerngebiet der ersten Industrienation der Welt. Die benötigten Arbeitskräfte strömen aus dem ländlichen Teil des Landes in die Industriezentren; sie sprechen überwiegend Walisisch, und so entstehen urbane walisischsprachige Kommunen. Der zunehmende Bedarf an Arbeitskräften in der Kohle-, Eisen- und Schieferindustrie kann allerdings durch die einheimische Bevölkerung nicht gedeckt werden. Ab den 1880ern übertrifft die Zahl der vorwiegend englischen, aber auch irischen und schottischen Immigranten die der walisischen Arbeitskräfte um ein Vielfaches. Vor allem die bereits historisch stark von England beeinflussten Industriegebiete im Süden des Landes werden so weiter anglisiert.

Es entstehen erste **nationalistische Strömungen** in Wales. 1872 wird in Aberystwyth die erste walisische Hochschule gegründet. Kurz darauf folgen Bangor, Cardiff und Swansea. 1800 kommt es zur Vereinigung des Königreichs Großbritannien mit Irland. Aufgrund seiner geografischen Lage als Bindeglied zwischen London und Irland wird in Wales ein umfangreiches Straßen- und Schienenbauprogramm realisiert. So etabliert sich z. B. Holyhead als Hauptverbindungshafen des Vereinigten Königreichs.

Weltkriege und Zwischenkriegszeit

1916 wird der Waliser David Lloyd George zum britischen Premierminister ernannt. Er regiert bis 1922. Die Rüstungsindustrie verschafft dem Land im Ersten Weltkrieg einen wirtschaftlichen Boom, der allerdings nur kurz anhält. Die Abnahme der Nachfrage nach Kohle und Eisen nach dem Krieg bringt die walisische Wirtschaft an den Rand des Zusammenbruchs. Die Arbeitslosigkeit steigt und mit ihr die sozialen Spannungen; die Radikalisierung der Arbeiterschaft nimmt zu. In den 1930er-Jahren liegt die Arbeitslosenquote in Wales bei über 30 %, doppelt so hoch wie im Rest von Großbritannien. Im Zusammenhang mit dieser Entwicklung wird das Land zu einer Hochburg der Labour Party. Der Zweite Weltkrieg führt nochmals zu einer Erhöhung der Nachfrage nach einheimischen Rohstoffen. Aber der Großteil der Industrie liegt zu dieser Zeit bereits am Boden und erholt sich auch durch diesen kleinen Boom nicht mehr.

Geschichte

Nachkriegszeit und Gegenwart

Die anhaltend schlechte wirtschaftliche Lage im Land führt ab den 1960ern zu einer breit aufgestellten nationalen Bewegung und Zugewinnen für die walisische Nationalpartei Plaid Cymru. Cardiff wird 1955 zur Hauptstadt des Landes gewählt, 1964 wird endlich auch der Posten eines Secretary of State for Wales geschaffen.

Ab 1979 steht Margaret Thatcher mit ihrer konservativen Regierung vor schweren Aufgaben im krisengebeutelten Großbritannien. Ihr rigoroser Kurs führt zu einer Verschärfung der ohnehin angespannten wirtschaftlichen Situation in Wales und 1984/85 zum **Miners' Strike:** Die Spannungen zwischen der linken Bergbaugewerkschaft National Union of Miners und der konservativen Regierung unter Thatcher beginnen mit der Ankündigung Letzterer, landesweit 20 Kohleminen schließen zu wollen, wodurch 20.000 Jobs verloren gehen würden. Vor allem in Südwales wird dagegen erbittert gekämpft, der Konflikt gipfelt in dem einjährigen Streik – der letztendlich erfolglos ist. In den Folgejahren wird ein Bergwerk nach dem anderen stillgelegt. Darunter leiden viele walisische Landesteile wie die Valleys noch heute.

Den zunehmenden Autonomiebestrebungen in Großbritannien trägt Tony Blair mit seiner Dezentralisierungspolitik (Devolution) Rechnung. In einer Volksabstimmung spricht sich 1997 eine – im Gegensatz zu Schottland nur kleine – Mehrheit der walisischen Wähler für eine eigene Landesvertretung aus. Das Parlament **National Assembly for Wales** (Cynulliad Cenedlaethol Cymru) wird im Jahr darauf etabliert. Mit der Verabschiedung des Government of Wales Act 2006 erhält das Parlament zusätzliche Kompetenzen und ist seit einem Referendum im Jahr 2011 bei der Gesetzgebung nicht mehr vollständig auf das britische Parlament in London angewiesen. Nun müssen die Parlamentarier zeigen, dass sie das Land regieren und seine Probleme bewältigen können.

„Heroes of Wales" im Rathaus Cardiff

Der Nationalstolz äußert sich bei manchen Walisern in dem Wunsch, ein vom Vereinigten Königreich vollständig unabhängiger Staat zu werden. Gleichzeitig ist Wales eine der wirtschaftlich schwächsten Regionen in ganz Großbritannien und von Zuwendungen aus London abhängig. Während einige Regionen bzw. Städte wie Cardiff boomen, sind andere vom Niedergang der Industrie, ihrer Existenzgrundlage, gezeichnet. Das Land steht also vor großen Herausforderungen und Zerreißproben – man darf auf die Zukunft gespannt sein.

Berühmte Waliser

Laura Ashley (* 7. Sept. 1925 in Dowlais, Merthyr Tydfil; † 17. Sept. 1985 in Coventry): Die als Laura Mountney geborene Modedesignerin begann ihre Karriere mit dem Gestalten von Tischtüchern, Stoffservietten und Kopftüchern. Mit ihren viktorianischen Blümchenmustern schufen Laura und ihr Mann Bernhard Ashley eine Weltmarke. Gedenktafeln an den Gebäuden, in denen sie ihre ersten Läden eröffnete (Machynlleth und Llanidloes) oder wo ihre erste Fabrik in Betrieb ging (Carno), erinnern an die walisische Modeschöpferin.

Christian Bale (* 30. Jan. 1974 in Haverfordwest): Wer hätte geahnt, dass Batman ein Waliser ist? Der facettenreiche Schauspieler verbindet Talent mit gutem Aussehen und wird bestimmt noch oft auf sich aufmerksam machen. Der Oscar, den er 2011 als bester Nebendarsteller in „The Fighter" erhielt, war wohl nur der Anfang.

Shirley Bassey (* 8. Jan. 1937 in Cardiff): Die in der legendären Tiger Bay von Cardiff aufgewachsene Sängerin ist vor allem durch ihre Titellieder „Goldfinger", „Diamonds are forever" und „Moonraker" für die James-Bond-Filme bekannt.

Richard Burton (* 10. Nov. 1925 in Pontrhydyfen; † 5. Aug. 1984 in Genf): Der herausragende Bühnenschauspieler tat sich zunächst als Shakespeare-Darsteller hervor, bevor er den Weg nach Hollywood fand und dort an der Seite von Liz Taylor zum Superstar aufstieg. Zu den Höhepunkten seiner endlosen Filmografie zählen „Cleopatra", „Wer hat Angst vor Virginia Woolf", „Steiner – Das Eiserne Kreuz" und „Unter dem Milchwald", eine Adaption des Romans von Dylan Thomas.

Roald Dahl (* 13. Sept. 1916 in Llandaff, Cardiff; † 13. Nov. 1990 in Great Missenden): Der Sohn norwegischer Eltern verbrachte seine Kindheit in Wales und gehört zu den berühmtesten Kinderbuchautoren der Welt. Bekannt sind vor allem „Charlie und die Schokoladenfabrik", „Die Gremlins", „Matilda" und „Hexen hexen". Aber auch seine Romane und Geschichten für Erwachsene erfreuen sich größter Beliebtheit und wurden vielfach in Filmen und Serien verarbeitet.

Timothy Dalton (* 21. März 1946 in Cowlyn Bay): Was Bale heute als Batman kann, konnte Dalton schon lange. In den 1980ern kämpfte er als James Bond in „The Living Daylights" und „License to Kill" im Auftrag Ihrer Majestät gegen das Böse.

Barti Ddu (* 17. Mai 1682 in Littlenewcastle, Pembrokeshire; † 10. Febr. 1722 auf hoher See): Tollkühner Pirat, der in der Karibik und in Afrika die Spanier und Portugiesen das Fürchten lehrte. Auch vor englischen Schiffen machte er nicht halt, was ihn 1722 beim Angriff der Royal Navy vor Guinea in Westafrika das Leben kostete. Dem immer knallbunte Kleidung tragenden Piratenkapitän hat die Seefahrts- und Weltgeschichte den Totenkopf mit den gekreuzten Knochen zu verdanken.

George Everest (* 4. Juli 1790 in Tremadog; † 1. Dez. 1866 in London): Der Vermessungsingenieur ging als junger Mann nach Indien und vermaß mit seinen Teams das ganze Land, zu dem damals auch der Himalaja gehörte. Nach ihm wurde 1885 der Mount Everest benannt. Sir Everest selbst war übrigens dagegen und der Meinung, der Berg solle seinen einheimischen Namen behalten. Er wurde überstimmt.

Ryan Giggs (* 29. Nov. 1973 in Cardiff): Der Held des englischen Traditionsvereins Manchester United ist zugleich der berühmteste walisische Fußballspieler. Zur Trophäensammlung des linken Flügelspielers gehören zwei Champions-League-Titel (1999, 2008) sowie zwölf englische Meistertitel, vier FA Cups und drei Ligapokale. Inzwischen hat Giggs über 900 Pflichtspiele für Manchester United absolviert.

Anthony Hopkins (* 31. Dez. 1937 in Port Talbot): Der vielseitige Schauspieler blickt auf eine lange, erfolgreiche Karriere zurück. Zu seinen bekanntesten Filmen gehören „Das Schweigen der Lämmer" und dessen Fortsetzungen, außerdem „Was vom Tage übrig blieb", „Nixon", „Amistad" und die „Maske des Zorro". 1993 wurde der Oscar-Preisträger für seine Verdienste um die Kunst von der britischen Königin zum Ritter geschlagen.

Colin Jackson (* 18. Febr. 1967 in Cardiff): Der Sprinter und Hürdenläufer gehört mit drei Weltmeister- und vier Europameistertiteln sowie einer olympischen Silbermedaille zu den weltweit erfolgreichsten Leichtathleten.

Terry Jones (* 1. Febr. 1942 in Cowlyn Bay): Was wäre Monty Python ohne Terry Jones? Das Multitalent war Autor und Schauspieler bei der berühmtesten britischen Komikergruppe und führte in allen drei Spielfilmen („Die Ritter der Kokosnuss", „Das Leben des Brian" und „Der Sinn des Lebens") Regie. Nach dem Ende von Monty Python schrieb er Drehbücher, Theaterstücke und Bücher, entwickelte Fernsehserien und führte Regie bei Filmen wie „Erik der Wikinger".

Tom Jones (* 7. Juni 1940 in Pontypridd): Der als Thomas John Woodward geborene Sänger bedient sich gekonnt verschiedener Musikstile und blieb dadurch immer modern. Inzwischen wurden von seinen Alben über 100 Millionen Stück verkauft. Die Liste der Hits und Auszeichnungen des seit 1963 auf der Bühne stehenden Performers ist unendlich lang. Er hat einen Stern auf dem Hollywood Walk of Fame.

Thomas Edward Lawrence (* 16. Aug. 1888 in Tremadog; † 19. Mai 1935 in Clouds Hill): T. E. Lawrence, besser bekannt als Lawrence von Arabien, war Geheimagent, Offizier, Archäologe und Schriftsteller. Weltberühmt wurde er durch seine Teilnahme an dem vom Empire unterstützten Aufstand der Araber gegen die Osmanen im Ersten Weltkrieg. Lawrence wurde in den Medien regelrecht heroisiert und schon zu Lebzeiten zum Mythos. David Lean lieferte er den Stoff für den Filmklassiker „Lawrence von Arabien".

Bertrand Russell (* 18. Mai 1872 in Trellech; † 2. Febr. 1970 in Penrhyndeudraeth) war ein bedeutender Mathematiker und Philosoph. Er gilt als einer der Begründer der analytischen Philosophie und erhielt 1950 in Anerkennung seiner vielfältigen und bedeutenden Schriften, in denen die humanitären Ideale und die Freiheit des Denkens im Mittelpunkt stehen, den Nobelpreis für Literatur.

Bryn Terfel (* 9. Nov. 1965 in Pant Glas): Der Opern-Superstar ist einer der besten Bassbariton-Sänger der Welt. Nach seiner Opernpremiere an der Welsh National Opera verlief seine Karriere steil bergauf. Er ist ein großer Förderer der walisischen Kultur und Sprache. Terfels Engagement ist es zu verdanken, dass die Welsh Highland Railway an seinem Wohnort Bontnewydd einen Bahnhof eingerichtet hat.

Dylan Thomas (* 27. Okt. 1914 in Swansea; † 9. Nov. 1953 in New York): Thomas ist der wohl berühmteste walisische Schriftsteller. Seine Texte, darunter zahlreiche Gedichte, verfasste er allerdings nie auf Walisisch, sondern auf Englisch. Das fürs Radio geschriebene Hörspiel „Unter dem Milchwald" gilt als sein berühmtestes Werk.

Catherine Zeta-Jones (* 25. Sept. 1962 in Swansea): Die Schauspielerin wuchs in Mumbles auf und wollte eigentlich Sängerin und Tänzerin werden. Ihr internationaler Durchbruch gelang durch Filme wie „Die Maske des Zorro" und „Traffic". 2003 bekam sie für ihre Rolle im Film „Chicago" den Oscar als beste Nebendarstellerin. Inzwischen gehört Catherine Zeta-Jones in Hollywood zu den ganz Großen. 2010 wurde sie von der Queen zum „Commander of the British Empire" ernannt.

Mal Regen und mal Sonnenschein, dann fängt es wieder an zu schnei'n ...
Das Wetter macht in Wales was es will – nicht nur im April

Klima und Reisezeit

Klimatisch liegt Wales in der gemäßigten Zone. Der Einfluss des Nordatlantikstroms, eines Golfstrom-Ausläufers, lässt die Temperaturen im Sommer selten über 30 Grad Celsius steigen und im Winter kaum unter minus 10 Grad Celsius sinken. Das vor allem an den Küsten von Pembrokeshire, Llyn und Südostwales milde Klima kontrastiert mit den rauen Wetterlagen in den Höhen von Snowdonia bis zu den Brecon Beacons. Schnee ist abseits der höchsten Gipfel (Snowdonia hat seinen Namen nicht von ungefähr!) eine Seltenheit.

Bestimmt wird das Klima in Wales von atlantischen Tiefdruckgebieten. Nirgendwo regnet es häufiger als in Großbritannien – und nirgendwo in Großbritannien regnet es öfter als in Wales. Wales ist eines der niederschlagsreichsten Länder in Europa, und alle Vorurteile über das britische Wetter treffen vor allem auf diesen Landstrich zu. Dies spiegelt sich auch in den zahlreichen Worten für die verschiedenen Arten von Regen in der walisischen Sprache wider.

Die gute Nachricht: Das viele Wasser macht die Region zur wahren „Grünen Insel" – die satten Farben nehmen es mit denen in Irland locker auf. Der **Regen** verteilt sich recht gleichmäßig über das gesamte Jahr, im Frühsommer und Frühherbst gibt es jedoch relativ trockene Perioden. Die vorwiegend vom Atlantik kommenden Luftmassen treffen auf die sich von Nord nach Süd ziehende Bergfront und regnen sich vor ihr ab. Im Westen von Wales regnet es daher bis zu 40 % häufiger als im Osten. Während der Gipfel des Snowdon etwa 5000 mm Niederschlag im Jahr abbekommt, sind es in Flintshire lediglich 630 mm. In Flintshire, Pembrokeshire und auf Anglesey kann man mit stolzen 200 regenfreien Tagen im Jahr rechnen, in den höheren Lagen sind es nicht mehr als 130.

Klima und Reisezeit 45

Wanderern und Fotografen sei übrigens versichert: In den meisten Gegenden von Wales ist die Sicht hervorragend. Die Industriezentren des Landes liegen vorwiegend an den Küsten, wo die Winde den Rauch schnell auflösen. Im Frühling und Frühsommer gibt es jedoch häufiger Nebel an der Küste und im Gebirge, der das Wandern dann ernsthaft problematisch macht.

Die **Jahresdurchschnittstemperatur** liegt bei etwa 10 Grad Celsius. Der Februar ist der kälteste, der Juli der wärmste Monat. Im Winter, wenn die Temperaturen stark von denen der Wasseroberfläche beeinflusst sind, liegt die Durchschnittstemperatur immer noch bei milden 8 Grad. Etwas niedrigere Temperaturen herrschen zu dieser Jahreszeit in den vom Meer weniger beeinflussten Tälern im Inland. Im Sommer sind die Temperaturen mit durchschnittlich 21 Grad Celsius in Monmouthshire am höchsten. Am kühlsten ist es an der Westküste mit rund 18 Grad. Die Sommer bringen selten Temperaturen von über 30 Grad und sind daher sehr angenehm.

Der sonnigste Abschnitt von Wales ist die Südwestküste mit einer jährlichen **Sonnenscheindauer** von 1700 Stunden und täglich etwa viereinhalb Stunden strahlendem Sonnenschein. Tenby ist Wales' sonnigste Stadt. Weniger oft scheint die Sonne dagegen in den Bergen mit unter 1100 Stunden im Jahr oder dreieinhalb Stunden pro Tag. Mai und Juni sind die sonnenreichsten Monate, im Dezember scheint die Sonne am seltensten.

	Cardiff (9 m)			Capel Curig (216 m)		
	Ø Lufttemperatur (Min./Max. in °C)		Ø Niederschlag (in mm), Ø Tage mit Niederschlag ≧ 1 mm	Ø Lufttemperatur (Min./Max. in °C)		Ø Niederschlag (in mm), Ø Tage mit Niederschlag ≧ 1 mm
Jan.	2,3	8,3	122 16	1,8	6,8	290 20
Febr	2,1	8,6	85 11	1,1	6,6	224 16
Mär	4,0	11,1	90 13	2,8	8,5	244 18
April	5,2	13,8	69 11	4,0	10,8	152 15
Mai	8,3	17,1	72 11	6,3	14,1	133 14
Juni	11,0	19,8	67 10	9,2	16,1	134 14
Juli	13,1	21,7	78 11	11,3	18,1	143 14
Aug.	12,8	21,5	93 11	11,2	17,8	181 16
Sept	10,5	18,8	94 11	9,2	15,8	210 15
Okt.	7,7	14,9	134 16	6,9	12,5	299 19
Nov.	4,6	11,3	123 14	4,2	9,4	293 20
Dez.	2,6	8,7	125 14	1,9	7,2	309 19
Jahr	7,0	14,7	1152 149	5,9	12,0	2612 200

UK Met Office, Periode 1981 bis 2010

Der **Wind** weht meist aus südwestlicher Richtung und führt feuchte Luftmassen vom Atlantik mit sich. Was man so oder so ähnlich aus deutschen Wetterberichten kennt, passiert in Wales sehr häufig und macht es nicht nur zu einer sehr feuchten, sondern auch windigen Region. Im Winter können Nordwinde Kälte und Schnee bringen. Stürme kommen am häufigsten im Winter vor. In einem durchschnittlichen Jahr gibt es 15 bis 20 stürmische Tage.

Das walisische Wetter ist jedenfalls alles andere als beständig. Scheint am Morgen noch die Sonne, kann es innerhalb kürzester Zeit zuziehen und kräftig anfangen zu regnen.

Die beste **Reisezeit** ist Geschmackssache: Im Sommer ist es am wärmsten, doch dann ist Wales auch am besten besucht. Wer die Hochsaison und Sommerferienzeit meiden möchte, findet zwischen April und Mitte Juni sowie im September und Oktober meist angenehmes Wetter ohne große Touristenscharen vor. In der Nebensaison sind zudem die für unsere Maßstäbe recht hohen Übernachtungskosten etwas niedriger.

Anreise

Wales liegt am südwestlichen Rand von Großbritannien. Wer nicht per Flugzeug auf die Insel reist, muss durch bzw. über den Ärmelkanal – entweder mit dem Schiff oder mit dem Zug durch den Eurotunnel.

Mit dem Flugzeug

Cardiff ist ein kleiner Flughafen. Aus Deutschland gibt es mit *Flybe* Direktflüge von Düsseldorf und München nach **Cardiff**, zum einzigen internationalen Flughafen von Wales. Flybe hat auch eine Route von Genf nach Cardiff im Programm. Direkte Flüge von Österreich nach Wales gibt es derzeit nicht. Von Deutschland, Österreich und der Schweiz aus fliegen beispielsweise Air France/KLM, Air Lingus und Flybe mit Zwischenstopp über Amsterdam, Dublin oder Paris in die walisische Hauptstadt.

Eine gute Alternative ist der Flughafen **Bristol,** der nur knapp 80 km und damit etwa eine Stunde Fahrzeit von Cardiff entfernt ist. Von hier bieten die Fluggesellschaften *easyJet* und *bmi* zahlreiche Direktflüge an, etwa von Berlin, Düsseldorf, Frankfurt, Hamburg, München, Wien oder Basel.

Recht unkompliziert und aufgrund der großen Auswahl auch günstig ist der Landweg ab England: Für **Südwales** fliegt man am besten einen der fünf *Londoner Flughäfen* an (u. a. mit Air Berlin, Lufthansa, British Airways, Swiss, Austrian Airlines, KLM sowie zahlreichen Billigfliegern); von London aus ist man durch die hervorragende Anbindung an Autobahn, Zug- und Busnetz in weniger als vier Stunden in Südwales. Will man nach **Mittel- und Nordwales**, fliegt man besser gleich nach *Liverpool* (täglich außer samstags gibt es einen Direktflug von Berlin mit easyJet), *Birmingham* oder *Manchester* (u. a. mit Lufthansa, British Airways, Air Berlin) und reist von dort in zwei bis knapp drei Stunden per Zug, Bus oder Mietwagen weiter.

Fluggesellschaften: www.airberlin.de, www.lufthansa.de, www.britishairways.com, www.flybe.com, www.swiss.com, www.austrian.com, www.aerlingus.com, www.klm.com, www.easyjet.com, www.ryanair.com, www.bmiregional.com, www.germanwings.com.

Die wichtigsten Flughäfen: Der kleine internationale Flughafen **Cardiff Airport** (www.tbicardiffairport.com) liegt 19 km südwestlich der Innenstadt in Rhoose. Dorthin gelangt man in 20 bis 30 Minuten mit dem Zug (bis zu 18-mal täglich) über die Rhoose Cardiff International Airport Railway Station (Mo–Sa stündlich, So zweistündlich), die man vom Flughafen per Shuttlebus in etwa fünf Minuten erreicht. Zudem verkehren Busse zwischen Flughafen und Cardiff Central Station täglich alle zwei Stunden (Fahrzeit 35 Min. mit Bus X91, am So auch Bus X5, www.cardiffbus.com). Ein Taxi in die Innenstadt kostet etwa 26 £ (z. B. Checker Cars, ✆ 01446-711747). Infos rund um den Airport gibt es auf www.cardiff-airport-guide.co.uk und www.cardiffairportinformation.co.uk.

Der Flughafen **Bristol Airport** (www.bristolairport.co.uk) liegt 13 km südlich der Innenstadt. Der Busservice Airport Flyer Express Link verbindet den Flughafen mit der Bristol Bus Station und der Bristol Temple Meads Railway Station (einfach ca. 6 £). Zur Hauptverkehrszeit fährt er alle 10 Minuten, Fahrzeit 25 Minuten. Mit National Express hat man von der Bristol Bus Station Anschluss nach Südwest-Wales. Oder man nimmt von Temple Meads den Zug, der tagsüber zweimal pro Stunde nach Cardiff und stündlich nach Swansea fährt. Es gibt auch eine Reihe von Taxi- und anderen Transfermöglichkeiten nach Wales (ab 55 £), die Anbieter sind unter anderem auf www.bristol-airport-guide.co.uk gelistet.

Weitere Flughäfen in England: www.liverpoolairport.com, www.birminghamairport.co.uk, www.manchesterairport.co.uk, www.heathrow.com, www.gatwickairport.com, www.stanstedairport.com, www.londoncityairport.com, www.london-luton.co.uk.

Mit dem Auto

So komfortabel die Anreise mit dem eigenen Fahrzeug auf den ersten Blick auch scheinen mag – der Zeitaufwand und die Tatsache, dass man das Lenkrad auf der Insel im britischen **Linksverkehr** stets auf der „falschen" Seite hat, sind eine gründliche Überlegung wert. Besonders das Überholen wird mit kontinentaleuropäischen Autos zum schwierigen und nicht unriskanten Manöver. Und die nicht unerhebliche Anreisezeit dürfte besonders Reisende aus der Schweiz, Österreich, Süd- und Ostdeutschland abschrecken, für die die Strecke an einem Tag kaum zu bewältigen ist. Man muss also abwägen: Die Anreise mit dem eigenen Fahrzeug kommt zwar oft etwas billiger als die Kombination aus Flug oder Zug und Mietwagen vor Ort, dauert aber deutlich länger.

Auf dem Land gibt es die schönsten Campingplätze

Wer von der Fähre oder dem Eurotunnel, beispielsweise von Dover oder Folkestone, kommt, gelangt in knapp vier Stunden – über die M 20 auf den Londoner Autobahnring M 25 und von dort über die M 4 oder die M 48 – in den *Südosten von Wales*, nach Newport, Cardiff oder Swansea. Wer direkt in den *Norden oder die Landesmitte* will, fährt von London aus besser über die M 40 nach Birmingham und weiter nach Wales. Reisende aus Newhaven fahren über die A 23 und die M 2 auf den Londoner Ring. Alternativ kann man auch über die A 27 an der Küste nach Portsmouth und Southampton fahren. Von dort besteht über die M 3 und die A 34 Anschluss an die M 4 nach Südwales oder über Oxford nach Mittel- und Nordwales. Aus dieser Ecke kommend, sollte man London und die M 25 meiden – dort herrscht praktisch immer Stau, und während der Ferien und im Berufsverkehr geht teilweise gar nichts mehr.

Fährverbindungen

Wie Perlen an einer Schnur sind die **Fährhäfen** zu beiden Seiten des Kanals aufgereiht. Die bekannteste und kürzeste Fährverbindung zwischen dem europäischen Festland und Großbritannien ist die von Calais nach Dover (ca. 1½ Std.). Das in der Nähe von Calais gelegene Dunkerque (Dünkirchen) bedient ebenfalls die Route nach Dover (ca. 2 Std.). Vom belgischen Ostende fahren Schiffe in ca. 4½ Stunden nach Ramsgate; von dort sind es noch mal etwa vier Autostunden nach Cardiff. Die längere Fährstrecke in den Ort am östlichen Zipfel Südenglands hinter Canterbury ist allerdings nicht so attraktiv wie die Kurzstrecken nach Dover. Dies gilt auch für das nordöstlich von London gelegene Harwich, das von Hoek van Holland aus angefahren wird (ca. 5½ Std.); von dort aus erreicht man Cardiff über die Autobahn in knapp 4 Stunden.

Entfernungen bis Calais

Berlin	931 km	Köln	415 km
Bern	851 km	München	935 km
Dresden	955 km	Nürnberg	818 km
Frankfurt	600 km	Salzburg	1230 km
Graz	1314 km	Stuttgart	723 km
Hamburg	758 km	Wien	1334 km
Hannover	646 km	Zürich	843 km

Für Reisen in den Norden von Wales ist eine Fähre von Rotterdam oder Zeebrügge nach Hull eine Möglichkeit, allerdings mit über 10 Stunden reiner Überfahrt die längere Variante. Von Hull gelangt man über die Autobahn M 62 via Manchester und Liverpool in ca. 4 Stunden nach Nordwales.

> **Einchecken auf der Fähre**: Denken Sie daran, vor Abfahrt der Fähre rechtzeitig vor Ort zu sein. Für das Einchecken mindestens eine Stunde einplanen.

Alternative Fährhäfen in Großbritannien sind Portsmouth oder Southampton, die Fähren von Caen, Cherbourg oder Le Havre aus ansteuern. Diese Verbindungen sind aber wohl nur interessant, wenn man vorher noch etwas Zeit in der Normandie oder Bretagne verbringen möchte. Zwischen Le Havre und Calais liegt zudem Dieppe. Von hier aus fahren Schiffe nach Newhaven bei Brighton.

Mit dem Auto 49

Die **Preise** der zahlreichen Reedereien variieren stark: Je nach Saison, Zeitspanne zwischen Hin- und Rückreise, Tageszeit oder Art des Fahrzeugs gibt es die unterschiedlichsten Tarife. Abgerechnet wird fast immer nach Auto, unabhängig von der Anzahl der Passagiere. Günstiger ist es oft, wenn man Hin- und Rückfahrt auf einmal bucht. Dies ist bei vielen Spezialtarifen sogar Voraussetzung. Vor allem während der Hauptsaison empfiehlt sich eine frühzeitige Buchung. Die Fähren am Abend nach 21 Uhr oder in der Frühe vor 7 Uhr sind häufig günstiger als die zu den Hauptreisezeiten.

Aus für Luftkissenboote

Die spannendste oberirdische Überquerung des Ärmelkanals hat leider nicht überlebt. Die Rede ist nicht vom berühmten Durchschwimmen des Kanals, sondern von den legendären Luftkissenbooten oder Hovercrafts. Ab 1966 beförderten diese Amphibienfahrzeuge, regelrechte Hybriden aus Schiff und Flugzeug, Passagiere über das Wasser – sogar Autos, Busse und Lkw wurden transportiert. Mit der Zeit wurden die Boote immer größer, konnten mehr als 300 Passagiere und etwa 50 Autos aufnehmen. Mit über 100 km/h sausten die Boote quasi im Tiefflug in 30 Minuten über das Wasser. Da es bei rauer See schnell holprig wurde, waren die Passagiere während der Überfahrt immer angeschnallt. Im Jahr 2000, 34 Jahre nach Beginn der zivilen Luftkissenbootfahrt über den Kanal, wurde der Verkehr eingestellt. Hohe Betriebs- und Treibstoffkosten sowie die Anfälligkeit der Boote bei unruhiger See spielten genauso eine Rolle wie die Konkurrenz durch die reguläre Schifffahrt und den Eurotunnel.

Aktuelle Preise findet man auf den Webseiten der Fährgesellschaft oder im Reisebüro. Detaillierte **Informationen** zu Verbindungen, Tarifen und Reservierungen erhält man auch auf Buchungsportalen wie www.aferry.de und www.directferries.de.

P & O Ferries: Tägl. bis zu 23-mal Calais–Dover, Fahrzeit 1½ Std. P & O bedient auch die Routen von Zeebrügge und Rotterdam nach Hull. ✆ 0621-37909035, www.poferries.com.

Stena Line: Tägl. 2-mal Hoek van Holland–Harwich, Fahrzeit 5½ Std. ✆ 0180-5916666, www.stenaline.de.

DFDS Seaways/Norfolkline: Tägl. 10-mal Dunkerque–Dover, Fahrzeit ca. 2 Std. Tägl. 10-mal Calais–Dover, Fahrzeit 1½ Std. Tägl. 2-mal Dieppe–Newhaven, Fahrzeit 4 Std. ✆ 040-3890371. Für Fähren zwischen Dieppe und Newhaven ✆ 0033 800650100, www.dfdsseaways.de.

Brittany Ferries: Tägl. von Caen nach Portsmouth (Fahrzeit ca. 5¾ Std.) sowie von Cherbourg nach Portsmouth (3 Std.) und Poole (4½ Std.) Weitere Fahrten von Le Havre, Saint Malo, und Roscoff. ✆ 0044 870-3665333, www.brittany-ferries.co.uk.

LD Lines: von Calais und Dunkirk nach Dover, Fahrzeit 5½ Std. LD Lines operieren in einem Netzwerk mit DFDS Seaways. ✆ 0033 232145209 (in Englisch und Französisch), www.ldlines.com.

Fahrt durch den Eurotunnel

Die schnellste Reisemöglichkeit mit dem eigenen Gefährt ist nicht die Über-, sondern die Unterquerung des Ärmelkanals in einem der **Eurotunnel-Shuttlezüge** (35 Min. Fahrzeit). Auf einer Länge von 50 km verbindet der Eurotunnel (ausgeschildert als „Tunnel sous la Manche") seit 1994 die französische Autobahn A 16 bei Calais mit dem Motorway M 20 in Folkestone. In Spitzenzeiten fahren die Züge alle

15 Minuten. Die Fahrkarten kauft man im Internet oder per Telefon. Ein Ticket gilt für ein Fahrzeug und bis zu neun Passagiere. Check-in ist frühestens zwei Std. vor Abfahrt möglich. Fahrgäste ohne Auto können den Zug natürlich auch benutzen. Informationen unter ✆ 0180-5000248, www.eurotunnel.com.

Mit der Bahn

Um mit dem Zug nach Wales zu gelangen, gibt es mehrere Möglichkeiten; in jedem Fall führt der Weg über London. Den Ärmelkanal unterquert man dabei immer in den Eurostar-Hochgeschwindigkeitszügen.

Vom Festland nach Großbritannien ...

Von Deutschland und der Schweiz fährt man mit Thalys, ICE oder TGV nach **Paris** oder **Brüssel** und steigt dort in den Eurostar um. Von Köln über Aachen nach Brüssel (Bruxelles Midi) und von dort weiter bis zur Eurostar-Endhaltestelle **London** St Pancras International Station mitten im Zentrum dauert es mit der schnellsten Verbindung derzeit knapp 5 Stunden, im Schnitt um die 6½ Stunden.

Leider verzögert sich die Eröffnung einer durchgehenden Strecke von **Frankfurt** über Köln nach **London** weiter. Das liegt u. a. an der verspäteten Zulassung der neuen ICE-Reihe der Deutschen Bahn; die ICEs müssen auch in Belgien und Frankreich eine Lizenz erhalten. Zudem haben sich die Gebühren für die Schienennutzung erhöht, so dass die DB wieder von vorne beginnt, alles zu kalkulieren. Mit einer verkürzten Reisezeit (5 Std. ab Frankfurt, unter 4 Std. ab Köln) wird es wohl vorerst nichts werden.

Von *Frankfurt/Main, Saarbrücken oder Süddeutschland und der Schweiz* empfiehlt sich auch die Strecke über **Paris** nach **London**. Das Eurostar-Terminal befindet sich in Paris am Gare du Nord; ICE und TGV fahren von Frankfurt/M. oder Saarbrücken direkt nach Paris Est, eine Metrostation vom Eurostar-Terminal entfernt. Die kürzeste Reisezeit von Saarbrücken nach London beträgt 5½ Stunden. Der TGV von Basel dagegen fährt über den Gare de Lyon in Paris, sodass man mehr Umsteigezeit einplanen muss. Die schnellste Reisezeit liegt hier bei 7 Std.

Im Vergleich zum Flugzeug (zusätzlicher Zeitaufwand für die Fahrt vom/zum Flughafen, für Einchecken und Warten auf das Gepäck) kommt man mit der Bahn fast genau so schnell und günstig auf die Insel. Stressfreier und umweltfreundlicher ist das allemal.

Mit der Einführung des „**London Spezial**"-Tickets hat sich der Tarifdschungel der Deutschen Bahn für Zugreisende nach Großbritannien gelichtet. Ab 59 € (einfache Fahrt) ist es zu haben und kann frühestens 91 Tage vor Reiseantritt gekauft werden. Die Sparangebote sind kontingentiert, daher lohnt sich die rechtzeitige Buchung.

Anbieter und Bahngesellschaften Deutsche Bahn: ✆ 0180-6996633, www.bahn.de. Die Zentrale für die Planung von barrierefreiem Reisen erreicht man unter der Rufnummer ✆ 0180-6512512.

Thalys Store/RailEurope: Verkaufsbüro am Kölner Hauptbahnhof, Mo–Fr 9.30–18.30 Uhr. Bahnhofsvorplatz 1, http://deutschland.voyages-sncf.eu, verkauf@raileurope.de.

Thalys Store/RailEurope: Verkaufsbüro im Reisezentrum DB Aachen, Mo–Fr 6.45–10.45 und 12.45–19.45, Sa 9–18 Uhr. Hauptbahnhof Aachen, http://deutschland.voyages-sncf.eu, verkauf@raileurope.de.

SNCF: ✆ 0180-5191219 oder +33-9706099701.

Thalys: ✆ 0180-5191219, www.thalys.com.

Eurostar: Kundendienst ✆ 0044 1233-617575, www.eurostar.com.

Weitere Bahn-Websites: www.oebb.at, www.sbb.ch, www.sncf.fr, www.tgv-europe.de, www.b-europe.com, www.interrailnet.com.

Fahrrad- und Gepäckmitnahme Im Eurostar-Terminal ist wie an Flughäfen

Pass-, Taschen- und Personenkontrolle angesagt sowie Einchecken mindestens 30 Min. vor Abfahrt des Zuges. Die Mitnahme von brennbarem Material, explosiven Gegenständen, Waffen und Messern über Taschenmessergröße (Klingen über 75 mm) ist untersagt. Dinge, die man zwar mitnehmen, auf der Fahrt aber nicht bei sich führen darf, kann man an den Bahnhöfen in Brüssel oder Paris bzw. London beim Euro Despatch Centre abgeben. Egal, ob es sich um einen Koffer oder nur ein größeres Messer handelt – pro Gepäckstück kostet das 18 £, pro Fahrrad 30 £.

Bei der **Deutschen Bahn** ist es möglich, ein Fahrrad in einer handelsüblichen Fahrradtasche oder ein Klappfahrrad mit in den Zug zu nehmen. Einen speziellen Gepäckwaggon gibt es nicht. Nähere Informationen erhält man im Reisezentrum.

Auch im **Thalys** kann man sein Fahrrad mitnehmen, verstaut in einer Hülle von 120 x 90 cm (mit abmontiertem Vorderrad) im Gepäckraum direkt beim Eingang eines jeden Wagens. Weitere Auskünfte zum Gepäck und eventuell anfallenden Zusatzkosten erhält man an den Verkaufsstellen und unter www.thalys.com.

… und weiter nach Wales

In **London** geht es von der Station London Paddington (von St Pancras International am besten mit der U-Bahn zu erreichen) mit der Bahngesellschaft First Great Western nach **Cardiff** (ca. 2¼ Std.) oder **Swansea** (3 Std.). Virgin Trains bedient die Strecke von London Euston nach **Nordwales** (ca. 4 Std. bis zur Endstation Holyhead, über Rhyl, Cowlyn, Llandudno und Bangor).

Bahngesellschaften in Großbritannien: www.firstgreatwestern.co.uk, ✆ 0345-7000125. www.virgintrains.co.uk, ✆ 03331-031031. www.arrivatrainswales.co.uk, ✆ 03333-211202. **Übergreifende Infos und Buchung:** www.nationalrail.co.uk, ✆ 0871-2004950. www.traveline-cymru.info, ✆ 0871-2002233. www.thetrainline.com, ✆ 0333-2022222.

Ländertickets für Großbritannien: www.britrail.net bietet verschiedene BritRail-Pässe für Vielfahrer, die außerhalb Großbritanniens nur an Personen verkauft werden, die ihren festen Wohnsitz nicht auf der Insel haben (bei Reiseveranstaltern und Reisebüros).

Mit dem Bus

Die Anreise mit dem Bus ist die wohl preisgünstigste, aber auch strapaziöseste Möglichkeit, um nach Wales zu gelangen. Hat man kein Schnäppchen bei der Bahn oder zum Fliegen ergattert, lohnt sich diese Option bei kleinem Budget auf alle Fälle – Tickets kosten in der Regel unter 100 €. Durch offen ausgestellte Rückfahrscheine ist man außerdem flexibler als bei den meisten Flug- oder Zugtickets.

Die Deutsche Touring etwa bietet als deutsches Partnerunternehmen im Eurolines-Verbund von allen größeren deutschen Städten aus Busfahrten zur **London Victoria Station** an. Von dort gibt es viele Anschlüsse nach Wales. Die größten Anbieter auf der Insel sind National Express und der Billiganbieter Megabus, eine Tochter der schottischen Stagecoach Gruppe. Von Berlin, Frankfurt/M., Dortmund, Hamburg, Köln und München fahren mehrmals täglich Busse direkt nach London. Beginnt die Reise von anderen Städten aus, muss man manchmal umsteigen. Mit der Freigabe des Busfernverkehrs in Deutschland expandieren die Unternehmen zunehmend auch ins Ausland – das Angebot wird immer umfangreicher. Das Reisen in den modernen Bussen ist recht angenehm; allerdings ist man, je nach Abreiseort, bis zu zwanzig Stunden unterwegs.

Deutsche Touring GmbH, Servicehotlines in verschiedenen Sprachen. Deutsch: ✆ 06196-2078501, www.eurolines.de. **Britische Busunternehmen:** www.nationalexpress.com, ✆ 0871-7818181. www.megabus.com, ✆ 0900-1600900. www.stagecoachbus.com.

Wenn man etwas Zeit hat, bringt der Bus einen fast überall hin

Unterwegs in Wales

Viele abgelegene Orte und Gegenden im Land lassen sich mit öffentlichen Verkehrsmitteln oft nur schwer erreichen, vor allem in der Nebensaison. Wenn man viel in kurzer Zeit sehen will, empfiehlt sich ein eigenes Fahrzeug.

Mit dem Auto

Das Autobahnnetz in Großbritannien ist nicht so stark ausgebaut wie etwa das in Deutschland. Und in Wales kann man von einem Netz schon gar nicht sprechen. Denn die M 4 nach Cardiff und Swansea ist die einzige Autobahn im ganzen Land, kurz hinter Swansea endet sie. Einige A Class Roads erinnern aber durchaus an Autobahnen. Diese Bundesstraßen gibt es als vierspurige und als zweispurige Variante; sie verbinden die größeren Orte des Landes miteinander. Die Ost-West-Verbindungen im Süden und im Norden des Landes sind die Hauptverkehrsstrecken. Die Nord-Süd-Verbindungen sind in Wales traditionell unterentwickelt, und man kommt teilweise durchaus einfacher über England zur jeweils anderen Seite des Landes.

Die meisten Straßen in Wales, wie winzig sie auch sein mögen, befinden sich in gutem Zustand. Auf den engen und kurvigen Straßen in den ländlichen Gegenden können Autos oft nur an Haltebuchten *(lay-by)* aneinander vorbeifahren; kommuniziert wird dabei meist durch freundliches Winken und Gestikulieren. Vorsichtig fahren sollte man immer, denn hinter jeder Kurve kann plötzlich eine Schaf- oder Kuhherde auf der Straße stehen. In diesem Fall bleibt einem nichts übrig, als anzuhalten und zu warten, bis alle Tierchen den Weg wieder frei gemacht haben.

Hinweise für Autofahrer

Das „Keep left"-Schild ist eines der ersten Verkehrsschilder, dem man bei der Ankunft in Großbritannien begegnet. Fahrer mit kontinentaleuropäischem Auto dürften im **Linksverkehr** die größeren Schwierigkeiten haben, da man dadurch quasi auf der „falschen" Seite sitzt, beim Überholen oder Einfädeln eine schlechtere Sicht hat. Ein assistierender Beifahrer ist hilfreich. Wie in Deutschland gilt aber: **rechts vor links.** Ausnahmen sind ausgeschildert.

Alkohol am Steuer: In Großbritannien sind 0,8 ‰ erlaubt. Vorsicht: Die Strafen bei Trunkenheit am Steuer sind mit bis zu mehreren Tausend Euro die höchsten in Europa.

Benzin: Sprit ist in Großbritannien teurer als in Deutschland oder Österreich. Der Preis hängt natürlich auch vom aktuellen Pfundkurs ab. Diesel *(diesel)* ist wiederum teurer als Benzin *(petrol)*. Benzin gibt es als Super/Regular (95 Oktan) oder Super Plus/Super Unleaded (97 Oktan, mitunter 99 Oktan). An zahlreichen Supermarkttankstellen ist der Sprit 2–3 p pro Liter günstiger als an regulären Zapfstellen.

Beschilderung: Die Beschilderung auf britischen Straßen ist hervorragend. In Wales sind die Straßenschilder zweisprachig. Autobahnschilder sind blau mit weißer Schrift, Hauptstraßenschilder grün mit weißer Schrift. Weiße Tafeln mit schwarzem Rand und schwarzer Schrift markieren Nebenstraßen.

Fahrzeugpapiere: Der nationale Führerschein und der Fahrzeugschein sind Pflicht; auch die internationale grüne Versicherungskarte sollte man dabeihaben, ist aber nicht obligatorisch.

Gurtpflicht: Für alle Insassen besteht Anschnallpflicht. Die Strafe bei Missachtung liegt bei bis zu 500 £. Kinder bis 3 Jahre müssen einen Kindersitz benutzen.

Kreisverkehr: In Großbritannien gibt es unzählige Kreisverkehre *(roundabouts)*, die im Uhrzeigersinn befahren werden. Das Fahrzeug, das sich im Kreisverkehr befindet, hat Vorfahrt. Es gibt auch ampelgesteuerte oder speziell beschilderte Varianten, bei denen dies nicht zutrifft. Das Herausfahren aus dem Kreisverkehr wird wie in Deutschland durch Blinken angezeigt. Bei mehrspurigen Kreisverkehren ist die äußere Spur für Fahrzeuge gedacht, die an der nächsten Ausfahrt wieder herausfahren.

Licht: Bei vielen Autos lassen sich die Scheinwerfer von Rechts- auf Linksverkehr umstellen. Dies ist v. a. beim Standlicht nützlich.

Maut: Straßen und Autobahnen in Großbritannien sind mautfrei. Für die Benutzung von Tunneln und Brücken können jedoch Gebühren anfallen. In Wales betrifft dies die Severn Bridge und die Second Severn Crossing (6,50 £ für Pkw und Wohnmobile). www.severnbridge.co.uk.

Pannenhilfe: Bei Unfällen ist die grüne Versicherungskarte hilfreich. Wer über einen Auslandsschutzbrief verfügt, sollte diesen mitnehmen. Der britische Automobilclub The Automobile Association (AA) ist ADAC-Partnerclub, The Royal Automobile Club (RAC) Partner des AvD. Deren Leistungen können von den jeweiligen Mitgliedern kostenlos in Anspruch genommen werden. Die Pannendienste sind rund um die Uhr gebührenfrei unter ☎ 0800-887766 (AA) und ☎ 0800-828282 (RAC) erreichbar. Darüber hinaus gibt es reine Pannendienste wie Green Flag: ☎ 0345-2462766.

Parken: Gelbe und rote Linien am Straßenrand signalisieren eingeschränktes Halte- und Parkverbot, doppelt gezogene gelbe Linien bedeuten absolutes Halteverbot. Zuwiderhandlungen werden mit hohen Bußgeldern oder Parkkrallen *(wheel-clamps)* geahndet. Kostenlose Parkplätze sind selten, in den meisten Orten benötigt man einen Parkschein vom „Pay & Display"-Automaten.

Tempolimit: In geschlossenen Ortschaften sind 30 mph (48 km/h), auf zweispurigen Landstraßen 60 mph (96 km/h), auf vierspurigen Landstraßen und auf der Autobahn 70 mph (112 km/h) erlaubt.

Versicherung: Aufgrund der in Großbritannien geringeren Mindestdeckung empfiehlt sich vor allem für neue, neuwertige oder teure Autos der Abschluss einer Vollkasko- und Insassenunfallversicherung.

Vorfahrt: Die Vorfahrt wird an Straßenkreuzungen und Einmündungen mit Schildern oder Linien bzw. Dreiecken auf der Fahrbahn gekennzeichnet. Durchgezogene Linien bedeuten: Vorfahrt achten. Einige Kreuzungen sind im Innern mit einem gelben, diagonalen Raster ausgefüllt *(box junction)*. Man darf nur dann in die Box hineinfahren, wenn die Spur hinter ihr frei ist. Bei unmarkierten Kreuzungen gilt auch in Großbritannien rechts vor links.

Entlegene Ecken wie die Black Mountains erreicht man nur mit dem Auto

Mietfahrzeuge

An Flughäfen, Bahnhöfen und in Ballungszentren findet man zahlreiche Büros der üblichen Leihwagenfirmen. Günstiger kann es sein, das Auto noch im Heimatland zu buchen. Reisebüros bieten oft gute Pakete in Kombination mit anderen Reservierungen an. Im Internet findet man auch eine große Zahl an Billig- und Vergleichsportalen (www.holidayautos.de, www.billiger-mietwagen.de, www.cardelmar.de) – die Autos sind dort mit umfassenden Versicherungen und Zusatzleistungen oft weit günstiger als bei den großen Anbietern. In Wales kennen die Tourist Offices preiswerte Anbieter. Ein Vergleich der Angebote ist ratsam, die Preisunterschiede sind groß. Der günstigste Tarif für Kurzleihe liegt bei etwa 30 £ pro Tag. Bei Vorlage einer **Kreditkarte** muss man keine Kaution hinterlegen. Die meisten Firmen verleihen Autos sogar nur an Kreditkartenbesitzer.

Wegen der engen Straßen auf dem Land sollte man eine **Versicherung** ohne Selbstbeteiligung abschließen. Eine Felge hat man in Wales schnell zerkratzt, und dann langen die Mietwagenfirmen richtig hin. Wer ganz Wales erkunden will, wird früher oder später auch auf den sog. Other Roads landen, der kleinsten Straßenkategorie. Diese sind teilweise nur geschottert oder haben gar keinen festen Straßenbelag. In der Versicherung sollte daher neben Vollkasko und unbegrenzten Meilen auch eine **Deckung von Schäden** an Dach, Glas und Reifen enthalten sein. Auch Schadensdeckung an Unterboden und Ölwanne wird von einigen Unternehmen angeboten. Achtung: Bei vielen Policen erlischt beim Befahren unbefestigter Straßen der Versicherungsschutz. Die Nutzung solcher Wege wird sich aber nicht immer vermeiden lassen – einige Sehenswürdigkeiten und Unterkünfte liegen nun einmal mitten im Nirgendwo und sind nur so erreichbar.

Konditionen: Bei den meisten Autovermietungen muss der Fahrer mindestens 21 Jahre alt sein und seit mindestens einem Jahr den Führerschein besitzen. Manchmal gibt es einen Aufpreis für Fahrer unter 25 Jahren. Bei Senioren wird gelegentlich ein Aufschlag berechnet, einige Firmen verleihen generell keine Autos an über 78-jährige Fahrer. Ein neben dem Hauptfahrer zusätzlich registrierter zweiter Fahrer kostet nur einige Pfund mehr pro Tag.

Mit der Bahn

Großbritannien gilt zwar als das Mutterland der Eisenbahn, in Wales ist davon jedoch nicht viel zu merken. Das Schienennetz des Landes wird von Arriva Trains Wales betrieben. Es ist dünn und lückenhaft, viele ländliche Gebiete sind gar nicht angeschlossen. Die Trassen verlaufen vorwiegend in Ost-West-Richtung entlang der Nord- und Südküste bis zu den wichtigen Fährhäfen nach Irland. Die einzige Nord-Süd-Route im Land ist die „Heart of Wales"-Bahn. Sie führt vom englischen Shrewsbury entlang der Wells Towns in Richtung Swansea. Von Newport aus gibt es eine weitere Verbindung über die englischen Städte Hereford und Shrewsbury nach Chester, von wo aus man auf die Nordküstenroute gelangt. Von Shrewsbury zieht sich eine Trasse durch Snowdonia nach Machynlleth und teilt sich dort in Richtung Aberystwyth und Porthmadog. Besonders außerhalb der städtischen Zentren ist das Reisen allein mit dem Zug schwierig.

Information: www.arrivatrainswales.co.uk, ✆ 03333-211202. www.firstgreatwestern.co.uk, ✆ 0345-7000125. www.nationalrail.co.uk, ✆ 0871-2004950. www.thetrainline.com, ✆ 0333-2022 222. www.traveline-cymru.info, ✆ 0871-2002 233. www.virgintrains.co.uk, ✆ 03331-031031.

Fahrradmitnahme: Außerhalb der Spitzenverkehrszeiten darf man sein Fahrrad meist kostenlos mit in den Zug nehmen. In IC-Zügen zahlt man ca. 9 £. Man sollte sich wegen der begrenzten Kapazitäten trotzdem vorher informieren.

Gepäckaufbewahrungsmöglichkeiten sucht man auf britischen (Bus-)Bahnhöfen – wie auch an anderen öffentlichen Orten – vergebens. Genau wie Mülleimer wurden sie als potenzielle Ablageplätze für Bomben aus dem Stadtbild entfernt.

Mit dem Bus

Das Busnetz übernimmt aufgrund des spärlichen Eisenbahnnetzes eine fast flächendeckende Versorgung im Land. Fernstrecken innerhalb von Wales und in andere Landesteile werden von *National Express, Megabus, Stagecoach* sowie einigen kleineren Busunternehmen bedient. Eine Fahrt mit dem Bus ist in jedem Falle billiger als mit der Bahn, vor allem wenn man übers Internet bucht.

Studenten mit internationalem Studentenausweis (ISIC) und Jugendliche bis 25 Jahre können zudem mit der „Young Persons Coachcard" von National Express günstiger reisen. Auch für Senioren und Familien gibt es über Coachcards Ermäßigungen. Und der „Brit Xplorer" von National Express bietet für 7, 14 oder 28 Tage unbegrenzte Nutzung der Busse. Ob es sich lohnt und man entsprechend viele der über 1000 möglichen Fahrtziele ansteuert, hängt von der persönlichen Reiseplanung ab.

www.nationalexpress.com, ✆ 0871-7818181. www.megabus.com, ✆ 0900-1600900. www.stagecoachbus.com.

Great Little Trains of Wales

Was dem Deutschen die Modelleisenbahn, ist dem Briten die Schmalspurbahn. Wales besitzt eine ganze Reihe Schmalspurbahnen oder Narrow Gauge Trains. Zurückzuführen ist dies wohl auch auf seine Geschichte als Bergbauregion: Förderbahnen der Schiefer-, Kohle- und Erzminen waren in der regulären Spurgröße und bei der Beschaffenheit des walisischen Geländes denkbar ungeeignet, Schmalspurbahnen dagegen praktischer und kostengünstiger. Nirgendwo sonst auf der Welt findet man auf einem so kleinen Gebiet so viele „groß(artig)e kleine Züge". Dazu gehören auch einige Normalspur-Museumsbahnen. Liebhaber widmen sich am Wochenende ihren Zügen, verlegen Gleise, pflegen Trassen, restaurieren alte Dampflokomotiven und Waggons und fahren voller Begeisterung Touristen durch die wunderschöne Landschaft. Dabei schließen die Enthusiasten sich in sogenannten Railway Preservation Societies zusammen. Die größte dieser Gesellschaften ist die Ffestiniog Railway Company mit 8000 Mitgliedern. Sie ist die älteste noch aktive Eisenbahngesellschaft der Welt.

Wer mehrere der Schmalspurstrecken abfahren möchte, kann sich für die im Verbund „Great Little Trains" zusammengeschlossenen Bahnen eine Discount Card kaufen. Damit gibt es 20 % Rabatt auf das Zugticket. Die Card ist 12 Monate gültig und kostet 10 £. Mehr Infos unter Great Little Trains, Wharf Station, Tywyn, Gwynedd, ✆ 01654-710472, www.greatlittletrainsofwales.co.uk. Hier kann man die Discount Card auch online bestellen.

Bala Lake Railway: Schöne Trasse entlang eines Sees im Snowdonia-Nationalpark. Hier wurde eine Normalspurstrecke in eine Schmalspurstrecke umgewandelt. ✆ 01678-540666, www.bala-lake-railway.co.uk.

Brecon Mountain Railway: Der aus Lokomotiven und Waggons aus der ganzen Welt bunt zusammengewürfelte Fuhrpark ist hochinteressant. Die Bahn fährt von Merthyr Tydfil aus in die Brecon Beacons. Auf der Strecke befindet sich auch der höchstgelegene Eisenbahntunnel Großbritanniens. ✆ 01685-722988, www.breconmountainrailway.co.uk.

Wales ist ein Paradies für Eisenbahnenthusiasten

Corris Railway: die erste Schmalspurbahn in Mittelwales. Trotz der verhältnismäßig kurzen Strecke interessant durch die Möglichkeit, die Lokschuppen und Werkstätten zu besichtigen. www.corris.co.uk.

Fairbourne Railway: Die Route verläuft entlang der Küste von Mittelwales südlich von Barmouth. Die Heritage-Bahn verfügt über einen ansehnlichen Fuhrpark aus Dampf- und Diesellokomotiven. ✆ 01341-250362, www.fairbournerailway.com.

Ffestiniog Railway: Die pittoreske Route führt von Porthmadog am Meer nach Blaenau Ffestiniog in Snowdonia. Ursprünglich diente die Bahn dem Transport von Schiefer. ✆ 01766-516000, www.festrail.co.uk.

Great Orme Tramway: Historische Straßenbahnlinie von 1902 von Llandudno zum Ausflugsziel Great Orme. Sie ist die einzige noch auf öffentlichen Straßen fahrende Zugseil-Straßenbahn in Großbritannien. ✆ 01492-577877, www.greatormetramway.co.uk.

Gwili Railway: Diese Museumsbahn, eine Normalspurbahn, verkehrt auf der alten Strecke von Carmarthen nach Aberystwyth, die Stück für Stück erweitert wird. ✆ 01267-238213, www.gwili-railway.co.uk.

Llanberis Lake Railway: Die einstündige Rundfahrt führt am Llanberis-See entlang. Unter anderem hat man einen schönen Blick auf den Mount Snowdon in der Ferne. ✆ 01286-870549, www.lake-railway.co.uk.

Llangollen Railway: Die längste Normalspur-Museumsbahn in Wales schlängelt sich flussaufwärts entlang des Dee zum Dorf Carrog. ✆ 01978-860979, www.llangollen-railway.co.uk.

Snowdon Mountain Railway: eine der bekanntesten und die wohl touristischste Bahn in Wales. Alle wollen auf den Mount Snowdon, aber nur wenige trauen sich zu Fuß auf Wales' höchsten Berg. Also nimmt man die Snowdon Railway, die einen gemütlich von Llanberis bis unter den Gipfel bringt. Man kann natürlich auch nur eine Strecke fahren und die andere laufen. Ist günstiger und spannender. ✆ 0844-4938120, www.snowdonrailway.co.uk.

Talyllyn Railway: Eine der schönsten Schmalspurbahnen in Wales und die älteste Museumsbahn der Welt fährt 11,8 km durch eine wundervolle Landschaft entlang des Fathew Valley in Mittelwales. ✆ 01654-710472, www.talyllyn.co.uk.

No 10 der Ffestinog Railway beim Wassertanken

Teifi Valley Railway: Die Route führt entlang des Teifi-Flusstals mit wunderschönen Wäldern und Wasserfällen. ✆ 01559-371077, www.teifivalleyrailway.org.

Vale of Rheidol Railway: Die Eisenbahn dampft seit 1902 durch das gleichnamige Tal von Aberystwyth hinauf zur Devil's Bridge mit dem Wasserfall. ✆ 01970-625819, www.rheidolrailway.co.uk.

Welsh Highland Heritage Railway: Ein Verein in Porthmadog betreibt die kurze, eine Meile lange Eisenbahnstrecke. ✆ 01766-513402, www.whr.co.uk.

Welsh Highland Railway: Die mit ca. 65 km längste Strecke in Wales wird von der Ffestiniog Railway betrieben. Nach aufwendigen Bauarbeiten führt die seit 2011 durchgängig befahrbare spektakuläre Trasse von Porthmadog über Beddgelert nach Caernarfon an der Nordküste. ✆ 01766-516000, www.festrail.co.uk.

Welshpool and Llanfair Railway: Die Linie verbindet die beiden Orte miteinander und führt durch schöne und abwechslungsreiche mittelwalisische Landschaft. ✆ 01938-810441, www.wllr.org.uk.

Die Übernachtungsmöglichkeiten sind vielfältig – Bed and Breakfast in Aberaeron

Übernachten

Von Zeltplätzen und einfachen Mehrbettzimmern in Scheunen über Bed & Breakfast bis zum 5-Sterne-Hotel – die touristische Infrastruktur in Wales ist ausgezeichnet, selbst in den abgelegensten Ecken findet man meist eine Unterkunft. Wermutstropfen sind die teilweise sehr hohen Preise.

Finden lässt sich immer und fast überall ein Schlafplatz, nur zur Hochsaison muss man vielleicht etwas länger Ausschau halten und Abstriche machen. Fast jeder Ort verfügt über eine Touristinformation, die über B & Bs, Hostels und Hotels vor Ort informiert. Meist gibt es auch eine Adressenliste mit Kontaktdaten und Preisen, oder die Mitarbeiter helfen und rufen selbst an. Eventuell wird dafür eine kleine Vermittlungsgebühr erhoben. Die Touristbüros sind meist nur bis 17 oder 18 Uhr geöffnet. Einige haben daher Übernachtungslisten im Schaufenster aushängen. In vielen Orten konzentrieren sich die Schlafmöglichkeiten auf ein kleines Gebiet im Zentrum. Man kann sie recht schnell abklappern und sich durchfragen. Schilder mit „Vacancies" oder „vacant" verweisen auf verfügbare Zimmer. Sollte nichts frei sein, geben die Herbergsbetreiber gern Tipps, wo man noch fragen könnte, oder telefonieren kurz herum.

In abgelegenen Gegenden sollte man sich auf jeden Fall vorher über die Kapazitäten informieren. In dünn besiedelten, aber touristisch beliebten Regionen wie Snowdonia oder an der Pembrokeshire Coast sind die wenigen Übernachtungsmöglichkeiten an Feiertagen und während der Hochsaison meist sehr begehrt.

Übernachten 59

Die **Preise** für Unterkünfte sind – wie überall in Großbritannien – nicht gerade günstig. Vor allem die touristischen Zentren und größeren Städte sind gut mit Hotels aller Kategorien und Preisklassen ausgestattet. Die Bandbreite reicht von Billighotelketten (Etap, Travelodge usw.) über sehr günstige Budget-Hotels bis zu 5-Sterne-Häusern. B & Bs liegen im Schnitt bei 50 £ und mehr für zwei Personen. Am günstigsten sind (meist nach Geschlechtern getrennte) Mehrbettzimmer für rund 15 £ pro Person. Die Steuer ist normalerweise im Preis enthalten, allerdings kommt es oft vor, dass die 17,5 % Mehrwertsteuer (VAT = Value Added Tax) erst später dazugerechnet werden. Durch Preisvergleich und rechtzeitige Buchung kann man in Städten mit größerer Auswahl viel sparen. Nicht nur die üblichen Buchungsportale im Internet sind hilfreich, sondern auch Seiten, die auf Last Minute spezialisiert sind (z. B. www.laterooms.com). Grundsätzlich gilt: Nachfragen, ob man bei den Preisen noch etwas machen kann, sind durchaus üblich und lohnen sich oft. Erfahrungsgemäß gehen die Herbergsbetreiber mit dem Preis lieber etwas runter, bevor das Zimmer leer bleibt – natürlich nur, wenn nicht gerade Hochbetrieb ist.

Alleinreisende haben es mit dem Sparen schwerer: Die Briten gehen bei ihrer Preiskalkulation immer von einer Belegung von Double Rooms (Doppelzimmern) aus. Fragt man nach einem (günstigeren) Einzelzimmer, wird der verwunderte Herbergsbetreiber Sie im Gegenzug auch überraschen – mit dem Preis. Dieser ist in Großbritannien für einen Single Room fast immer genauso hoch wie für ein Doppelzimmer. Oder man bekommt einen kleinen Verschlag für ein paar Pfund weniger. Verstehen muss man das nicht.

Bed & Breakfast (B & B)

B & B – „Bed and Breakfast" – ist eine britische Institution. In Wales trifft man auch auf die kymrische Variante GaB, was „Gwely a Brecwast" bedeutet. Ursprünglich stand die Bezeichnung für das Übernachten in der Privatunterkunft einer Familie, die Zimmer an Reisende vermietete. Am Morgen saß man dann mit dem Hausherrn am Frühstückstisch in dessen Wohnzimmer und bekam so einen Einblick in das Leben der Einheimischen. Solche traditionellen Herbergen findet man nur noch selten, am ehesten auf dem Land. Die meisten walisischen B & Bs sind heute eher mit Pensionen oder privat geführten Hotels zu vergleichen. Diese Häuser werden auch als „Bed and Breakfast Inns" bezeichnet. Hier beherbergt das Gästehaus ausschließlich die Besucher und den Frühstücksraum, während die Inhaber einen Seitentrakt oder das Nebengebäude bewohnen. Durch die gewachsenen Ansprüche der Touristen haben die B & Bs heutzutage zunehmend ein ins Zimmer integriertes Bad *(en suite)*. Mehr als zehn Zimmer haben die Häuser aber so gut wie nie, und so ist der familiäre Charakter erhalten geblieben. Die Gastgeber können einem eine Fülle an Tipps und Informationen zu ihrer Region geben.

B & Bs heißen in Wales auch GaB (Gwely a Brecwast)

Die Zimmer sind meist modern und gemütlich eingerichtet, nur noch teilweise schlicht oder rustikal. Die durchschnittlichen Preise pro Person liegen zwischen 25 £ und 30 £. Dafür bekommt man das leichte *continental breakfast* oder das reichhaltige *full breakfast* mit Eiern, gebratenem Schinken, Würstchen und Bohnen.

Erwarten sie als **Vegetarier** nicht allzu viel: Die fleischfreie Option besteht bei vielen B & B vornehmlich aus dem Weglassen von Schinken und Würstchen. Allerdings wächst auch in Großbritannien die Fraktion der Vegetarier, und immer mehr Häuser bieten Alternativen zu Ei und Bohnen an. Oft gibt es Pancakes, fast immer auch Müsli sowie Toast mit Marmeladen und anderen Aufstrichen. Für Leute, die sich nicht nur fleischlos ernähren, sondern auch auf Milch, Honig oder Eier verzichten, ist es schwer. Da hilft nur, bei der entsprechenden Unterkunft im Voraus anzufragen.

Der Frühstücksraum kann in der Regel während des Tages als Aufenthaltsraum genutzt werden. Viele B & Bs haben auch separate Fernseh- und Wohnzimmer. Zum Standard gehört inzwischen auch der Wasserkocher *(kettle)* mit löslichem Kaffee und einer Auswahl an Teesorten zur Selbstbedienung.

Im Internet findet man zahlreiche B & B-Angebote, z. B. auf www.stayinwales.co.uk (✆ 029-21251009) oder auf der offiziellen Tourismusseite des Landes: www.visitwales.co.uk unter „accommodation" (✆ 0333-0063001).

Hostels und Jugendherbergen

Die Youth Hostel Association (YHA), Mitglied von Hostelling International, betreibt in Wales 24 Jugendherbergen und ist mit drei weiteren assoziiert. Zudem gibt es eine Reihe privat geführter Backpacker-Hostels und einige ehemalige YHA-Häuser, die außerhalb der Organisation betrieben werden.

Die Übernachtung in einem **Youth Hostel** setzt in Wales keine Mitgliedschaft in der YHA voraus. Man kann bei der Buchung im Internet oder vor Ort entscheiden, ob man beitreten möchte, und erhält dann eine kleine Ermäßigung. Eine Altersbegrenzung für Gäste existiert nicht. Grundsätzlich sind die großen Gruppenschlafräume nach Geschlechtern getrennt. In einigen Häusern gibt es Familienzimmer und Räumlichkeiten mit kleinerer Bettenzahl. Bettwäsche erhält man in fast allen Youth Hostels kostenlos. Viele bieten ihren Gästen gegen Aufpreis Frühstück, oft ist außerdem eine voll ausgestattete Gemeinschaftsküche vorhanden. Einige Herbergen werden tagsüber zwischen 10 und 17 Uhr für Gäste geschlossen. Teilweise rigorose Nachtruhezeiten (ab 23 Uhr) beschränken den Ausflug ins Nachtleben.

Von wegen „Old School" – walisische Hostels sind fast immer modern

In den unabhängigen **Hostels** und **Backpacker-Hostels** geht es meist weniger streng zu. Einige haben Clubs und tolle Bars. Ehemals eher triste YHA-Hostels wie etwa die alten Schulen von Corris und Trefin wurden in ansprechende Übernachtungsstätten umgewandelt. Und auch einige Farmer haben tolle Hostels aufgebaut.

In **Bunkhouses** geht es in der Regel recht spartanisch zu. Bunkbed bedeutet Doppelstockbett, und von denen gibt es dann meist recht viele in einem Raum. Dafür bieten diese sehr günstigen Herbergen oft eine nette Atmosphäre und verfügen über gemütliche Aufenthaltsräume.

Youth Hostel Association, ☎ 0044-800-0191700 oder ☎ 0044-1629-592700, www.yha.org.uk (Übersicht aller YHA-Hostels in Wales, Online-Reservierung).

Information zu unabhängigen Hostels: Verzeichnis unabhängiger Hostelbetreiber: www.independenthostelguide.co.uk (nur online). Verzeichnis der Association of Bunkhouse Operators: www.bunkhousesinwales.

co.uk (nur online). www.hostelworld.com, ☎ 00353-15245800. www.hostelbookers.com (nur online).

Auch beim **Deutschen Jugendherbergswerk** oder **Hostelling International**, dem weltweiten Netzwerk von Jugendherbergsverbänden, kann man sich über walisische Hostels informieren: ☎ 05231-74010, www.jugendherberge.de, www.hihostels.com (nur online).

Farmstay – Urlaub auf dem Bauernhof

Urlaub auf dem Bauernhof ist auch in Wales sehr beliebt. Die Angebote für einen *farmstay* auf dem Land reichen von der einfachen Behausung mit Selbstversorgung bis hin zu Country Cottages und alten Herrensitzen mit Vollverpflegung und umfangreichen Freizeitangeboten wie Reiten, Wandern, Kinderbetreuung und organisierten Ausflügen. Das größte Angebot gibt es unter www.farmstay.co.uk (☎ 024-76696909). Weitere Websites sind www.stayinwales.co.uk (☎ 029-21251009), www.countrycottagesonline.com und regionale Internetseiten wie www.pembrokeshirefarmstay.co.uk (Letztere nur online).

Ferienhäuser, Ferienwohnungen

Das Angebot an Ferienhäusern und Ferienwohnungen in Wales ist vielfältig. Es gibt Selbstversorger-Cottages *(self-catering)* und Unterkünfte in Burgen und Schlössern, moderne oder traditionelle Häuser. Die Vermietung erfolgt fast immer wochenweise, in der Nebensaison sind Ausnahmen möglich. Auf der Website des walisischen Tourismusverbands www.visitwales.org.uk findet man eine Datenbank für Self-catering-Cottages. Wales in Style bietet stilvolle Übernachtungsmöglichkeiten an, u. a. Self-catering-Cottages (www.walesinstyle.com). Und Wales Cottages ist die Vereinigung der walisischen Ferienhausanbieter (www.walescottages.co.uk).

Camping

In Wales gibt es zahlreiche Campingplätze. Diese liegen entweder separat oder direkt neben einer Herberge. Einige Jugendherbergen und Hostels erlauben es sogar, für wenig Geld auf der Wiese neben den Gebäuden zu zelten und sanitäre Anlagen sowie Versorgungseinrichtungen zu nutzen. Geöffnet sind Campingplätze in jedem Fall zur Hochsaison von Juni bis Ende September, manche sogar das ganze Jahr über. Besonders im Juli und August können die Wiesen richtig voll werden, man sollte daher rechtzeitig reservieren. Für ein Zelt bezahlt man etwa 6 £, das gilt normalerweise für ein bis zwei Personen. Viele Campingplätze in Wales sind eher Caravanparks als Zeltplätze. Besonders die Küsten sind teilweise kilometerweit mit Wohnmobilen zugeparkt. Für Zelte ist dort oft nicht mal ein Platz vorgesehen.

In abgelegenen Gegenden kann man zur Not auch einfach wild zelten. Das wird in der Regel toleriert, kann jedoch im unglücklichsten Fall als Landfriedensbruch ausgelegt werden (→ „Right of Way" S. 74). Besser, man fragt einen Bauern, ob man auf seiner Wiese übernachten darf. Aufs Lagerfeuer sollte man aber generell verzichten.

Durch die britische Gastroszene weht ein frischer Wind

Essen und Trinken

Schon seit Jahren ist Großbritanniens Küche dabei, ihren schlechten Ruf abzuschütteln. Während in den Städten Gourmetköche experimentieren, setzt man im ländlichen Raum vor allem auf lokale, nachhaltige Küche und kombiniert Traditionelles mit Neuem auf das Feinste.

Um das typische britische **Frühstück** wird man auch in Wales nicht herumkommen, es gehört einfach dazu. Dabei wird man auf den Begriff *English Breakfast* wie auch auf *Welsh Breakfast* stoßen. Die englische Version kann aus Eiern, Bacon, Schweine- und Rinderwürstchen, gegrillten Tomaten, Pilzen, Kartoffelröstis, Toast, frittiertem Brot, Black Pudding sowie Tee und Kaffee bestehen – in jedem Fall handelt es sich um eine warme Mahlzeit. Das Welsh Breakfast besteht meist aus denselben Zutaten, nur dass walisische Butter, Milch und das traditionelle Laverbread dazu angeboten werden. Bei Letztgenanntem handelt es sich um kleine Küchlein aus Meeresalgen und Hafermehl. Das erstarkte walisische Nationalbewusstsein veranlasst Gastronomen zunehmend, das walisische Frühstück mehr vom English Breakfast abzusetzen. So bekommt man ab und an auch eine meeresbasierte Variation aus Muscheln und verschiedenen Fischsorten auf Toast serviert. Für festlandseuropäische Mägen gibt es auch das sogenannte Continental Breakfast, meist bestehend aus Brötchen, Butter und Marmelade. Vielerorts gehören auch andere Brotaufstriche, Säfte, Müsli *(cereals)*, Joghurt, Haferbrei *(porridge)* und Obst zum Angebot.

Sollte nach so einem Frühstück dennoch um die **Mittagszeit** (wie in Deutschland zwischen 12 und 15 Uhr) wieder der Magen knurren, hat man die Qual der Wahl. Eine günstige und äußerst beliebte Einrichtung, um das Mittagessen einzunehmen, ist der Pub. Neben Klassikern der britischen Küche werden in einigen Häusern

Hochgenüsse wie Reh, Frischfisch oder Hase serviert. Mittagsangebote *(set-price menus)* locken hier und da mit dreigängigen Menüs für 15 £. Natürlich gibt es auch Pizzerien, Burgerbuden und vor allem **Fish and Chips** in fast jeder Stadt: Fischfilet (meist Kabeljau, *cod*) in Backteig frittiert, dazu traditionell dick geschnittene Chips (also Pommes) und Essigsoße sollte man auf jeden Fall mal probiert haben. Und wenn es ganz schnell gehen soll: Viele Kaufhausketten und Supermärkte haben ein teils recht umfangreiches Sortiment an Fertiggerichten wie Salaten und Sandwiches. Die Lebensmittelabteilung von Marks & Spencer verfügt über ein besonders großes Angebot an lecker belegten Brötchen und Bioprodukten (Organic Food).

Wales für Vegetarier

Auch in Wales gibt es mehr und mehr fleischfreie Alternativen. In den meisten Pubs wird man zwar nach wie vor Probleme haben, auf der recht kleinen Karte Vegetarisches zu finden, von Veganem zu schweigen, und auch in den meisten Imbissen und Fish-&-Chips-Shops wird man kaum fündig. Dagegen ist die vegetarische und vegane Restaurantkultur in Wales viel ausgeprägter als in Deutschland. Kleine feine Lokale bedienen hier vorwiegend die vegetarische Klientel, und auch in regulären Restaurants werden die fleischlosen Angebote besser. Vor allem aber: Als ehemalige Kolonialmacht ist Großbritannien Heimat vieler Inder und Pakistani. Deren Cuisine ist überwiegend vegetarisch – und obendrein um Welten authentischer als die ihrer kontinentalen Ableger.

Junge ambitionierte Gourmetköche, die die angestaubte britische Gastronomie mächtig auffrischen, gibt es inzwischen viele im Land. Vor allem in Cardiff und Abergavenny findet man eine breite Palette an Feinschmeckerrestaurants. Zum **Abendessen** auswärts geht man ab 19 oder 20 Uhr. In Restaurants kann man sich meist aus mehreren Vor-, Haupt- und Nachspeisen ein zwei- bis dreigängiges Menü zusammenstellen. Das Preisniveau britischer Restaurants ist vergleichsweise hoch: In edleren Restaurants sollte man ohne Getränke mindestens 20 £ pro Person veranschlagen. Pubketten dagegen bieten Kampfpreise von teils nur 7 £ pro Essen.

In Restaurants ist es üblich, je nach Zufriedenheit **Trinkgeld** *(tip)* zu geben. Dazu lässt man in der Regel Geld auf dem Teller oder in der Mappe zurück, in der nach dem Bezahlen das Wechselgeld gebracht wurde. In einigen Lokalen wird auf die angegebenen Preise automatisch eine *service charge* von 10 bis 15 % aufgeschlagen – meist ist dies auf der Speisekarte angegeben. In Pubs können die Barkeeper jedoch grundsätzlich nichts mit Trinkgeld anfangen.

Tee und Tea Time

Schwarzer Tee hat in Großbritannien einen hohen kulturellen Stellenwert. Es gibt Tee zum Frühstück, Afternoon Tea, High Tea, Reception Tea und, und, und. Getrunken wird er traditionell mit Milch, nicht mit Sahne. Jeder Arbeiter und Angestellte in Großbritannien hat das Recht auf eine Teepause täglich.

Eingeführt wurde der Tee im 17. Jahrhundert. Er war zunächst unglaublich teuer, nur die Oberschicht konnte ihn sich leisten. Die Einfuhr war streng reglementiert. Durch ein gut organisiertes Schmugglernetzwerk wurde Tee günstiger und somit auch anderen Bevölkerungsgruppen zugänglich. Ende des 18. Jahrhunderts war mehr geschmuggelter Tee im Umlauf als legaler. Die Regierung reagierte und senkte 1785 die hohen Steuern. Große Debatten wurden um das Getränk geführt. Ob

Tee nun gesund sei, ob man den Ärmeren erlauben sollte, Tee zu trinken, oder ob das ein Privileg der Reichen bleiben sollte. Ab dem frühen 19. Jahrhundert wurde, initiiert von der methodistischen Kirche, das Getränk als Alternative zu Alkohol in Arbeiterkreisen propagiert.

Heute ist der Tee in der gesamten britischen Bevölkerung ein integraler Bestandteil der Trinkkultur. Je nach Tageszeit gibt es dazu verschiedene Kekse, Gebäck wie z. B. *scones* oder Kuchen. In den meisten Teehäusern ist Tea Time zwischen 15 und 17 Uhr. In einigen Gegenden des Vereinigten Königreichs hat Tea oder Tea Time übrigens noch eine andere Bedeutung: Unter anderem in Südwales ist damit das Abendessen gemeint.

Pub-Kultur

Public House, kurz Pub, ist eine kulturelle und soziale Institution in Großbritannien. Soziale Grenzen verwischen, am Tresen hocken Geschäftsleute, Punks und Arbeiter einträchtig beieinander. Die Atmosphäre ist entspannt, und man kommt leicht mit anderen ins Gespräch. Am Wochenende kann es beim Sportgucken schon mal emotionaler zugehen, abends trifft man sich zum Trinken oder hört Livemusik. Nach der Arbeit ist es üblich, mit Kollegen noch auf ein paar Pints vorbeizuschauen oder sich dort mit Freunden zu treffen.

In Pubs werden Getränke und Essen an der Theke bestellt und sofort bezahlt, es gibt keine Bedienung am Tisch. Die **Öffnungszeiten** oder sog. *licensing hours* sind in der Regel 11 bis 23 Uhr. Ab 22.30 Uhr hört man den Barkeeper die Glocke läuten und *Last orders!* rufen, was bedeutet, dass man sich ein letztes Getränk bestellen kann. Ist dann kurz darauf Schankschluss, erklingt noch mal die Glocke oder es wird *Time at the bar* oder *Bar closed* ausgerufen. In der nächsten halben Stunde wird man dann ggf. mit *Drink up*-Rufen daran erinnert, dass man sich mit dem Austrinken beeilen muss. Änderungen im Gaststättengesetz haben die Öffnungszeiten und die „drinking-up time" eigentlich gelockert, doch die meisten Einrich-

Der beliebteste Treffpunkt der Waliser ist und bleibt der Pub

tungen in Wales halten an den alten Gewohnheiten fest. Einige Pubs haben auch länger geöffnet, bis 0.30 oder 1 Uhr hält der eine oder andere Besitzer seinen Laden schon offen. Musik ist jedoch nur bis Mitternacht erlaubt.

> **Personen unter 18 Jahren** sind tagsüber in vielen Pubs zugelassen, doch abends wird ihnen der Zutritt verweigert.

Der Pub ist zwar erster Linie ein Ort zum Trinken, viele Pubs haben sich jedoch auf Mittag- und Abendessen eingestellt und bieten eine umfangreiche Speisekarte mit oft unschlagbar günstigen Preisen im Vergleich zu Restaurants. **Pub Food** ist meist sehr deftig, typischerweise gehören zum Angebot Burger, Steaks oder Fischfilet mit Pommes, ebenso Würstchen, Kartoffeln und Sandwiches. Auch traditionelle Gerichte wie *pasties* (Teigtaschen mit diversen Füllungen) oder den *Ploughman's Lunch* findet man auf der Karte. Bei Letzterem handelt es sich um Weißbrottoast, dicke Stücke (Cheddar-)Käse, eingelegte Zwiebeln, Butter, Kochschinken und eventuell noch etwas Gemüse. Sehr beliebt sind auch *Pies*, eine Art Pastete aus mehreren Schichten. Der klassische *Shepherd's Pie* besteht aus einer Schicht Lammhackfleisch und Kartoffeln oben drauf und erinnert an ein Stück Kuchen. Weitere Klassiker sind Bratengerichte wie das traditionelle walisische *Roast Lamb*, *Roast Beef* und das sonntägliche *Sunday Roast*; es besteht aus gebratenem Fleisch in Soße mit Bratkartoffeln oder Kartoffelbrei und Gemüse.

Die gängigstenen Biersorten

Bitter	dunkles Fassbier *(draught)*, bitterer Geschmack
Lager	helles Bier
Stout	Starkbier wie Guinness (bitter) oder Mackeson (süß)
Barley Wine	extra starkes Bier
Pale Ale	starkes Bier mit hohem Hopfen- und Alkoholgehalt
Brown Ale	dunkel, kräftig, süß
Light Ale	hell, schäumend
Mild Ale	meist dunkel, geschmackvoll, schwach gehopft
Real Ale	Fassbier ohne Kohlensäure, bis zu 8 % Alkoholgehalt
Porter	sehr dunkles, stark malziges, herbes Bier

Jeder Pub hat – neben den üblichen alkoholfreien Getränken, Wein oder manchmal auch Cocktails – vor allem eine oft beachtliche Auswahl an **Biersorten.** Zum Standardrepertoire gehören Lager, Stout, Bitter und Ale. Wobei Ale hier die obergärig gebraute, nur schwach kohlensäurehaltige Biersorte meint (umgangssprachlich wird der Begriff Ale ab und zu als Synonym für Bier verwendet). Pubs, die im Besitz von Brauereien sind, schenken nur deren Produkte aus, einige unabhängige Pubs bieten dagegen mehrere Dutzend Biere an.

Historisch: das Black Boy Inn in Caernarfon

Traditionelle walisische Biersorten haben in den letzten Jahrzehnten eine Renaissance erlebt. Unter anderem sorgte die Campaign for Real Ale (CAMRA – www.camra.org.uk) für die heute vor allem durch Kleinbrauereien (Microbreweries) gebotene Vielfalt (→ Kastentext „Ales from Wales"). Die in Newport ansässige „Tiny Rebel Brewing Company" gewann 2015 auf dem Great British Beer Festival in London für ihr ‚Cwtch' Welsh Red Ale den Titel „Best Beer in Britain". Bier bestellt man als Half Pint (0,284 Liter), Pint (0,568 Liter) oder im Pitcher (etwa drei Pints). Traditionell trinkt man es in Großbritannien etwas wärmer, inzwischen werden aber auch „Extra cold"-Sorten angeboten, die die in Deutschland übliche Temperatur haben.

Großer Beliebtheit erfreut sich außerdem **Cider** (walisisch *seidr*), ein Apfelschaumwein. Alle Cider-Sorten basieren auf fermentierten Äpfeln. Viele erhalten anschließend durch Zugabe von Aromen Geschmacksrichtungen wie Waldbeere, Birne oder Cranberry. Seit einiger Zeit sind die walisischen Marken stark im Kommen. Die lange Tradition der Cider-Herstellung war im Land so gut wie ausgestorben, und nur noch wenige Leute stellten das Getränk für den Privatgebrauch her. Einen großen Beitrag zur Wiederbelebung der Produktion in Wales haben die CAMRA und die Welsh Perry and Cider Society geleistet (www.welshcider.co.uk). **Perry** ist eine besondere Spezialität: Im Gegensatz zu Birnen-Cider *(Pear Cider)*, der auf Apfel-Cider basiert und mit Birnen-Aroma verfeinert ist, wird Perry ausschließlich aus fermentierten Birnen hergestellt. Perry wird in Südwales, Gloucestershire, Worcestershire und Herefordshire hergestellt, aber auch in der Normandie.

Weitere Infos zu britischen Biersorten, walisischem Cider und Perry sowie zu Bier- und Cider-Festivals in Wales finden sich unter www.greatbritishbeer.co.uk, www.welshcider.co.uk und www.camra.org.uk.

Ales from Wales – Biere und Brauereien in Wales

Bier ist das walisische Nationalgetränk. Dass walisische Biere auf internationaler Ebene im Vergleich etwa zu irischen Biersorten wie Guinness eher unbekannt sind, rührt daher, dass nur wenige walisische Brauereien für den Export produzieren. Nichtsdestotrotz kann sich Wales einer großen Zahl von Klein(st)brauereien und einer Vielfalt an Biersorten rühmen.

Das frühe walisische Ale hieß *bragawd* und war ein starkes Gebräu, welches mit Gewürzen und oft auch mit Honig versetzt wurde. Das mildere Tafelbier für den täglichen Genuss hieß *cwrw bach* und wurde in vielen Haushalten und Gasthäusern gebraut. Auf Farmen und in den Bergwerken diente den Arbeitern Bier als Erfrischungsgetränk; es war fester Bestandteil des Arbeitslebens. Während der industriellen Revolution konnten die kleinen Brauereien den großen Bedarf der Leute nicht mehr decken. Brauereigroßbetriebe sprangen ein und versorgten auch die vielen neuen Pubs, die ab dem Inkrafttreten des Beer House Act 1830 überall aufmachten. Viele Unternehmen gingen zudem selbst in die Bierproduktion und versorgten so ihre Arbeiterschaft.

Gleichzeitig entstand in Wales eine starke Anti-Alkohol-Bewegung (Temperance Movement), unterstützt von der Kirche. Dies führte unter anderem dazu, dass sich walisische Brauereien eher unauffällig verhielten, nicht national oder gar international expandierten, als Kompromiss ihre starken Ales abschwächten und ein relativ leichtes Bier brauten. Die 1881 von sächsischen Auswanderern gegründete Wrexham Lager Bier Company, die erste Lagerbierbrauerei in Großbritannien, traf mit ihrem Pils genau den Geschmack der Zeit. Stärkere Biere und Premium Ales entstanden aber weiterhin, und zwar in Pembrokeshire und Cardiff. Die Felinfoel Brewery wurde zur ersten Brauerei in Europa, die Bier in Dosen abfüllte – um der heimischen Aluminiumindustrie unter die Arme zu greifen.

Ende des 20. Jahrhunderts gab es mit Felinfoel und Brain's nur noch zwei unabhängige Brauereien in Wales. Englische Brauereien hatten in den 1960ern den größten Teil der walisischen Braubetriebe aufgekauft. Heute gibt es wieder über 40 Brauereien im Land. Ab den 1980ern begann eine Reihe von neuen walisischen Brauereien, traditionelle Ales herzustellen. Mit Ausnahme der größten einheimischen Brauerei Brain's in Cardiff und einer riesigen Brauerei in Magor, die internationale Marken wie Heineken und Stella Artois braut, handelt es sich überwiegend um Kleinbetriebe und Brauhäuser, sog. Microbreweries.

Diese Microbreweries bieten eine facettenreiche Palette an Bieren an. Vor allem die Welsh Real Ales – also Biere nach Ale-Brauart – erfreuen sich wieder größter Beliebtheit. Der Trend in Wales geht weg vom massenproduzierten „Lager" hin zu besonderen, lokalen Biersorten. Davon profitieren die walisischen Brauereien genau so wie die unabhängigen Pubs als größte Abnehmer. Erwähnenswert sind z. B. die regelmäßig ausgezeichneten Biere der Purple Moose Brewery in Porthmadog, die Bullmastiff Brewery in Cardiff mit ihren erfrischend modernen Sorten oder die äußerst kreative Tomos Watkin Brewery aus Swansea.

Übrigens soll das irische Guinness eine walisische Erfindung sein: Angeblich stahl Arthur Guinness in den 1750er Jahren das Rezept aus einer Taverne in Llanfairfechan in der Nähe von Bangor. Das dort gebraute *gwyn du* (walisisch für „schwarzer Wein") nahm er als Vorbild für das ab 1759 gebraute und mittlerweile wohl weltweit bekannte bittere Stout. Dies ist nur eine von vielen Mutmaßungen über den walisischen Ursprung des irischen Nationalgetränks, bestätigt wurde bisher keine.

Die Möglichkeiten für Sportler und Aktive sind vielfältig

Sport und Aktivitäten

Die Waliser sind eine sportverrückte Nation. Die Region bietet zahllose Möglichkeiten, sich sportlich zu betätigen. Die abwechslungsreiche Landschaft macht Wales zu einem Paradies für Wasser- und Bergsportler, die Golfplätze sind wunderschön, und zahlreiche Sportveranstaltungen bescheren Wales regelmäßig internationale Aufmerksamkeit.

Aktiv in Wales

Angeln

Die 1200 km lange Küste, zahlreiche Seen und Wasserreservoire in den Bergen machen Wales zu einem beliebten Angelrevier. Regelmäßig finden internationale Wettbewerbe statt. Zu den häufigsten Fischarten zählen Aal, Saibling, Forelle, Neunauge, Maifisch, Barsch, Hecht und verschiedene Lachsarten. Ein besonderer Fisch ist der Gwyniad (auf Deutsch heißt die Gattung Renke oder Felche), ein Verwandter von Lachs und Saibling, der nur im Llyn Tegid (Bala Lake) vorkommt. An den Küsten findet man neben zahlreichen Muscheln, Hummern und Krabben auch Makrele, Hering, Scholle, Pollack, Seehecht, Kabeljau und Schellfisch. Viele Unternehmen bieten Bootscharter für Küsten- und Hochseeangeln an. Einige Anbieter sind sogar auf das Jagen von Haien spezialisiert.

Jeder Angler über 12 Jahre benötigt für das Angeln auf Lachs, Stint, Forelle und andere Süßwasserfische mit Angel und Leine einen **Angelschein** (Rod Fishing Licence). Beim Fischen mit drei oder vier Angeln (maximal vier Angeln sind pro Person erlaubt) braucht man zwei Angelscheine. Diese erhält man in den örtlichen Postämtern oder direkt bei der Environment Agency (☏ 03708-506506, www.

Sport und Aktivitäten 69

environment-agency.gov.uk). Hier bekommt man auch Informationen zu den Gewässern und Schonzeiten. Beim Kauf des Angelscheins vor Ort muss man die Adresse des Aufenthaltsorts im Reiseland angeben.

Informationen und Links rund um das Thema Angeln in Wales findet man auf www.fishing.visitwales.com sowie auf den Websites der Welsh Salmon and Trout Angling Association (www.wstaa.org) und der Welsh Federation of Sea Anglers (www.wfsa.org.uk, ✆ 01437-563552).

Anbieter für Küsten- und Hochseeangeln: Im Internet findet man zahlreiche Bootsverleiher sowie Anbieter von Angeltouren.

Baden und Strände

Breite Strände und tiefblaues oder türkisfarbenes Wasser – kaum zu glauben, dass die Irische See ähnlich wie die Ostsee einst eine maritime Müllkippe war. Alles Mögliche wurde hier eingeleitet und verklappt. Besonders die Nutzung als Endlager für ungefiltertes und mit diversen radioaktiven Stoffen belastetes Kühlwasser rund um die berüchtigte nordwestenglische Nuklearanlage in Sellafield hat der See jahrzehntelang zugesetzt. Mit der Einführung von Filteranlagen Ende der 1970er-Jahre und durch massive Proteste verbesserte sich die Lage. Die Menge an eingeleiteten Industrieabfällen, Baggergut und Klärschlamm hat stark abgenommen, Organisationen wie Greenpeace, Surfers Against Sewage, Campaign to Protect Rural England (CPRE), Keep Britain Tidy und die Marine Conservation Society (MCS) setzen sich mit Erfolg für die Erhaltung von Stränden und Meer ein.

Inzwischen gibt es in Wales 43 **Blue Flag Beaches** sowie 5 Blue Flag Marinas. Diese Labels werden nach einem strengen Kriterienkatalog an Strände und Segelhäfen mit sehr guter Wasserqualität vergeben. Sie verteilen sich über die gesamte Küste. Traumstrände findet man auf Gower, Anglesey, Llyn und in Pembrokeshire.

Man kann also wieder einigermaßen entspannt baden – vorausgesetzt, man verträgt die Wassertemperaturen: Golfstrom hin oder her, sie klettern auch im Sommer kaum über 17 Grad Celsius. Besonders an wilden Stränden sollte man vorsichtig sein wegen stellenweise starker Strömungen sowie schwankender Wasserstände aufgrund der Gezeiten. Der Tidenhub ist vor allem in Südwales groß, Badebuchten und -strände können komplett überflutet werden. Hinweisschilder und Warnungen sind unbedingt zu beachten.

Eine Übersicht der Strände sowie aktuelle Informationen über deren Qualität und Sauberkeit bieten Blue Flag (www.blueflag.org, der Partner in Wales ist „Keep Wales Tidy": ✆ 1646-694800, www.keepwalestidy.org) sowie der Good Beach Guide von der Marine Conservation Society (✆ 01989-566017, www.goodbeachguide.co.uk).

Textilfrei in Wales

Die Briten sind nicht gerade für ihre Freizügigkeit bekannt, deshalb sind FKK-Strände nicht breit gesät. Selbst an den abgelegensten Stränden wird man naserümpfend oder entsetzt angeschaut, wenn man die Hüllen fallen lässt. Einer der wenigen Nacktbadestrände ist beispielsweise Morfa Dyffryn in Snowdonia zwischen Barmouth und Porthmadog (www.morfadyffryn.co.uk). Beim *Saunabesuch* verhält es sich übrigens genauso: Textilfrei ist unüblich, entweder lässt man es also darauf ankommen oder passt sich den örtlichen Gewohnheiten an und schwitzt in Badehose, Badeanzug oder Bikini.

Bogenschießen

Der walisische Bogen war bis zum Einsatz von Schießpulver eine der wirkungsvollsten Fernwaffen. Die Anglonormannen waren bei ihren Eroberungszügen derart von den walisischen Bogenschützen beeindruckt, dass diese bereits kurz nach dem erfolgreichen Abschluss der Feldzüge als Söldner im englischen Heer eingesetzt wurden. Auch während des Hundertjährigen Kriegs gegen die Franzosen spielten die Waliser mit ihren Langbögen eine tragende Rolle. Ein Beispiel für den Einsatz der walisischen Bögen gegen die Engländer selbst ist die Schlacht bei Bryn Glas, die Owain Glyndŵr 1402 vor allem wegen seiner Bogenschützen gewann.

Heute dient Bogenschießen in Wales nicht mehr der Verteidigung des Landes und ist auch kein exklusives Freizeitvergnügen für Aristokraten, sondern ein durchaus populärer Sport für jedermann. In Wales und seinen Bogensportvereinen wie der Welsh Archery Association gibt es 1000 aktive Mitglieder in 45 Klubs.

Infos zu Lehrgängen, Anbietern und Parcours sowie Aktivpakete gibt es z. B. unter ✆ 01437-766888, www.activitywales.com oder www.touristnetuk.com. Auskünfte erteilen auch die Verbände wie www.welsharchery association.com oder www.wfaa-archery.co.uk (nur online).

Birdwatching

Birdwatching gehört zu den beliebtesten Freizeitvergnügen der Briten und gilt tatsächlich als eine Art (Volks-)Sport. Mit Fernglas und Kamera drängen sich Hobbyornithologen in den Unterständen der zahlreichen Vogelbeobachtungsstationen des Landes. Näheres zu den Beobachtungsmöglichkeiten und Vogelarten in Wales siehe bei „Vögel und Birdwatching" S. 25.

Coasteering

Sich von Klippen ins Wasser werfen, an der Felsenküste entlang- und in Höhlen hineinschwimmen – das ist Coasteering. Bei dem in Wales erfundenen Abenteuersport geht es darum, sich – überwiegend im Wasser – irgendwie an der Küste entlangzuarbeiten. Dazu gehört es, durch tosende Wellen zu schwimmen, zu tauchen, zu klettern und von Klippen zu springen. Dabei trägt man einen Neoprenanzug, Helm, Schwimmweste und hat selbstverständlich erfahrene Aufpasser dabei. Das Ganze kostet sicherlich etwas Überwindung, ist aber für fast jeden machbar und absolut empfehlenswert. An der Küste von Pembrokeshire, z. B. in St David's, auf Gower, Angelsey und Llyn macht Coasteering wegen der bizarren Felsenküsten besonders großen Spaß.

Ein halber Tag kostet um die 50 £ pro Person. Der Anbieter TYF (01437-721611, www.tyf.com) hat diesen Sport angeblich erfunden. Eine Liste aller qualifizierten Anbieter findet man auf www.visitwales.co.uk (0333-0063001).

Golf

Über 200 Golfplätze gibt es in Wales. Seit hier 2010 der renommierte Ryder Cup ausgetragen wurde, ist die hohe Qualität der Plätze auch international bekannt. Bei vielen Clubs gibt es kein Handicap, man kann also auch als Anfänger ohne Vorkenntnisse auf den Platz. Und wer für Deutschland und andere Länder noch kein Handicap hat, kann dies in Wales problemlos nachholen. Golfspielen ist in Wales keineswegs elitärer Sport und teures Freizeitvergnügen, sondern in der Regel für jeden erschwinglich. Natürlich gibt es auch besondere Plätze, die ihren Preis haben. Aber in der Regel kostet ein Tag auf dem Green nicht mehr als ein Schwimmbadbesuch. Die günstigsten Green Fees liegen bei 10–20 £ pro Runde, auf den „besseren" Plätzen ist der Preis durchaus zwei- bis fünfmal so hoch.

Im Internet bietet die Themenwebsite www.golfasitshouldbe.com von Visit Wales umfangreiche Informationen zu Golfplätzen, Paketen, Kursen und Preisen (0333-0063001). Zahlreiche weitere Websites informieren über den Sport in Wales, z. B. www.golfeurope.com/clubs/wales-golf-courses.htm und www.welshgolfcourses.com.

Hausbooturlaub

Der Monmouthshire and Brecon Canal, ein kleines Kanalnetz im Süden des Landes, sowie der Llangolen Canal im Norden eignen sich hervorragend für Hausboottouren. Insgesamt bieten Wales und England zusammen ein über 3000 km langes schiffbares Kanal- und Flussnetz. So kann man vom Llangolen Canal problemlos bis nach London, Birmingham oder Manchester schippern. Teils sogar auf einem Aquädukt: Das Pontcysyllte Aqueduct führt den Kanal in beeindruckender Höhe über das Flusstal des Dee.

Auf der Seite www.german.visitwales.de (0333-0063001) findet man unter „Aktivitäten" alles zum Thema Hausbooturlaub: von Verleihern und Buchungsmöglichkeiten über Routenvorschläge bis zu weiterführenden Links. Auch www.canalrivertrust.org.uk (0303-0404040) bietet Informationen für Hausbootkapitäne.

Kanufahren und Rafting

Dass Wales mit seinem dichten Gewässernetz viele Paddelmöglichkeiten bietet, wundert nicht. In Orten wie Cardiff oder Bala gibt es sogar künstlich angelegte Rafting- und Wildwasserstrecken, und einige der renommiertesten britischen Paddelsportzentren befinden sich in Wales. Besonders gut gefüllt sind die Gewässer im Winter und frühen Frühjahr, also zu einer Zeit, in der es noch recht kühl ist. Im Sommer sind die kleinen, spektakuläreren Flüsse meist leer. Beachten sollte man auch, dass Wasserwege unterhalb von Stauseen sehr gefährlich werden können, wenn man von plötzlich abgelassenem Wasser überrascht wird. Man sollte sich in jedem Fall vorher über die ideale Zeit und den richtigen Ort genau informieren, je nachdem, was man unternehmen will.

Infos zu allen Wassersportarten sowie eine Kanuschulen-Datenbank bietet www.wales watersports.co.uk. Auch die Website des nationalen Paddelsportverbands www.canoe wales.com hilft weiter (✆ 01678-521199). Die Seite www.welsh-rivers.co.uk informiert über die Wasserstände der wichtigsten walisischen Flüsse.

Radfahren und Mountainbiking

Viel Energie wurde in den letzten Jahrzehnten in den Aufbau von Radwander- und Mountainbikestrecken in Wales investiert. Inzwischen verfügt das Land über Kurz- und Fernstrecken in den Bergen, Routen von Küste zu Küste, schwierige Strecken und solche für die ganze Familie. Das National Cycle Network umfasst 1926 km Radwege, davon 533 km auf verkehrsfreien Strecken und drei Langstrecken-Radwege – die man natürlich auch nur abschnittsweise befahren kann. Zudem bietet Wales elf Cycle Break Centres für Fahrradurlauber, in denen man übernachten, Räder ausleihen und sich mit Informationen und Kartenmaterial versorgen kann. Alle Zentren sind gleichzeitig Ausgangspunkte für Tagestouren. Vielfältig sind auch die Angebote für Extremradler. Spektakuläre Single-Track-Trails findet man in den gebirgigen Landschaften von Wales.

Information: Tipps, Broschüren und nützliche Informationen, u. a. zu Familien-Fahrradurlaub oder Mountainbike-Zentren, findet man unter www.cyclebreakswales.com, www.sustrans.org.uk, www.visitwales.com/things-to-do/activities/biking und www.ctc.org.uk. Eine sehr gute Webseite zum Thema Mountainbiking ist www.mbwales.com (✆ 08701-211256).
Langstrecken-Radwege: The Celtic Trail: von Fishguard nach Chepstow (ca. 354 km); Lôn Las Cymru: von Holyhead nach Cardiff/Chepstow (ca. 400 km); Lôn Cambria: von Fishguard nach Shrewbury (ca. 157 km).

Reiten

Die walisische Landschaft eignet sich hervorragend zum Reiten. Breite Strände, große offene Grünflächen, langgestreckte Täler und sanfte Hügel sind für Anfänger wie Profis gleichermaßen ideale Reitreviere. Überall im Land gibt es Reitzentren und -pfade. Es gibt Pony-Trekking, wo man auch die berühmten Welsh Ponies reiten kann. Im ländlichen Raum spielen Pferde in Wales noch heute eine bedeutende Rolle. Das spiegelt sich auch in den unzähligen Pferdesportveranstaltungen wider.

Information: Website der Welsh Trekking and Riding Association (WTRA): www.ridingwales.com. Reiterurlaub, Pferdeshows und Pferderennen in Wales: www.localriding.com. Datenbank mit akkreditierten Veranstaltern von Reiterurlauben sowie Links zu weiteren guten Seiten: www.visitwales.com/things-to-do/activities/horse-riding (✆ 0333-0063001).
Auskünfte erteilt auch die **British Horse Society**, ✆ 02476-840500, www.bhs.org.uk.
Informationen zum **Welsh Pony** bekommt man bei der Welsh Pony and Cob Society: ✆ 01570-471754, www.wpcs.uk.com.

Segeln

Über 100.000 km² Segelgebiet liegen vor Wales – die Inseln, Buchten und kleinen schnuckeligen Küstenorte garantieren ein einmaliges Segelerlebnis. 14 Marinas und zahlreiche kleine Häfen bieten ausreichend Platz für Boote. In den Gewässern gibt es Wale, Delphine und Haie, Robben und jede Menge Vögel. Segeln hat in Großbri-

Wandern und Bergsteigen 73

tannien eine große Tradition: Das British Empire verdankte Entstehung und Machterhalt der Marine, britische Piraten waren allerorts gefürchtet. Seemänner und Piraten im Herzen sind die Leute hier auch heute noch ein wenig ...

Infos zu Segelschulen, Häfen, Bootsverleih usw.: ✆ 00353-1-2846002, www.irishsea.org.

Surfen

Die gesamte walisische Küste ist ideal zum Wellenreiten, Wind- und Kitesurfen. Der außerordentliche Tidenhub mag für Schwimmer problematisch sein – Surfer zieht er magisch an. Vor allem die südwalisischen Strände macht er zu einem Surferparadies. Hier gibt es die höchsten Wellen, die besten Riffs und eine stetige steife Brise. Auch weniger Geübte kommen an den abwechslungsreichen Küsten auf ihre Kosten. Zahlreiche Surfzentren bieten Lehrgänge an und verleihen Ausrüstung. Der Surfsport hat sich an der gesamten walisischen Küste etabliert, einen ganzen Wirtschaftszweig und eine eigene Subkultur geschaffen.

Auf www.visitwales.com (✆ 0333-0063001) findet sich eine Übersicht von Zentren für Surfen, Kiteboarding und Windsurfen sowie eine Liste besonders schöner Strände.

Wandern und Bergsteigen

Nationalparks, Naturschutzgebiete, Küsten- und Flusswanderwege – Wales ist wie geschaffen fürs Wandern. Es locken Fernwanderwege und Kurzstrecken gleichermaßen. In der Hochsaison kann es auf den populären und einfacheren Routen zu regelrechten Staus kommen; in Pulks schieben sich die Leute dann den Berg hinauf. Zum Glück gibt es Tausende von Kilometern Wegenetz, und man findet immer auch ruhigere Wandergegenden.

Durch Wales verlaufen mehrere **Fernwanderwege**. Wales ist auch das erste Land der Welt, das man vollständig auf Wanderwegen umrunden kann. 1658 km (1030 Meilen) lang ist der 2012 eröffnete Wales Coast Path in Verbindung mit dem über Land verlaufenden Offa's Dyke Path. Ein weiterer Fernwanderweg ist der Glyndŵr's Way, eine 217 km lange Route in Mittelwales. Der Pembrokeshire Coast Path verbindet herrliche Küstenabschnitte in Südwestwales miteinander.

Surfer lieben Wales

Die höchsten **Berge** von England und Wales stehen in Snowdonia, dem beliebtesten Wandergebiet in Wales. Neben dem 1085 m hohen Mount Snowdon (Yr Wyddfa) gibt es auf der relativ kleinen Fläche des Nationalparks noch 14 weitere Welsh 3000s (Berge ab 3000 Fuß bzw. ab ca. 914 m Höhe). Die Cambrian Mountains ziehen sich von Snowdonia bis in den Süden des Landes, wo die Bergkette Brecon Beacons den Kern des gleichnamigen Nationalparks bildet. Entlang der vielen Flusstäler und überall an den Küsten, z. B. auf Llyn, Gower oder Anglesey, existieren ebenfalls zahlreiche Wanderrouten.

Das **Wetter** sollte man immer im Auge behalten. Besonders in den Bergen schlägt es ziemlich schnell um. Es kann plötzlich abkühlen, anfangen zu regnen oder sogar schneien. Und was besonders gefährlich werden kann, ist rasch aufziehender Nebel. Knöchelhohe Wanderschuhe sind dringend zu empfehlen, zur richtigen **Ausrüstung** gehört außerdem immer auch eine Regenjacke. Ein GPS-Gerät oder Wanderkarten (→ „Karten" S. 77) sind ebenfalls hilfreich.

Das traditionelle **Right of Way,** das Wegerecht, erlaubt Wanderern, sich auch auf Privatgelände frei zu bewegen, solange sie sich an ausgeschilderte Pfade („Public Footpath") halten. Ob man in Wales auf Privatgrund auch übernachten darf, ist nicht klar geregelt und wird in der Praxis unterschiedlich gehandhabt (→ „Camping" S. 61).

www.walkingworld.com, www. national trail. co.uk und www.walescoastpath. gov.uk nur online. www.visitwales.com/things-to-do/activities/walking-hiking, ✆ 0333-0063001. Eine ausgezeichnete Seite des Snowdonia-Nationalparks mit sämtlichen Routen in der Region: www.eryri-npa.gov.uk (✆ 01766-770274). Website des Pembrokeshire-Coast-Nationalparks: www.pcnpa.org.uk (✆ 0845-3457275). Gute Wanderführer gibt es von Cicerone Guide und Rother.

> **Kleiner Wanderführer** → S. 350
> In diesem Reiseführer finden Sie neben Kurzbeschreibungen von Wanderungen bzw. Spaziergängen auch zehn ausführlich beschriebene Touren samt Kartenskizzen.

Zuschauersport

Rugby

Rugby ist der walisische Nationalsport und die mit Abstand beliebteste Sportart im Land – quer durch alle Bevölkerungsschichten. Um 1850 wurde es am College von Lampeter eingeführt und wird seitdem in Wales gespielt. Bis 1892 gab es einen Boom an Klubgründungen, die Spieler wurden neben der Studentenschaft zunehmend aus der Arbeiterklasse rekrutiert. Rugby wurde schnell zu einem Sport des Volkes und der Massen; die Waliser konnten durch die sich seit Mitte des 19. Jahrhunderts verbessernden Arbeitsbedingungen (mehr Lohn, mehr Freizeit) häufiger Sportveranstaltungen besuchen und dank neuer Eisenbahnstrecken sogar zu Auswärtsspielen fahren.

1881 trat das erste offizielle walisische Nationalteam gegen die bereits seit 10 Jahren existierende Mannschaft aus England an. Das Spiel endete mit einer „knappen" 0:82-Niederlage. Noch im selben Jahr wurde die Welsh Rugby Union (WRU) gegründet. Bereits einige Jahre später konnte walisisches Rugby international gut mithalten – 1891 wurde der erste Triple-Sieg erzielt. Anfang des 20. Jahrhunderts gewann Wales sogar einen Grand Slam nach dem anderen. Auf das Hoch folgte eine fast 40 Jahre andauernde Durststrecke, die erst 1905 mit dem erneuten Grand-Slam-Gewinn endete. In den 1970er-Jahren betrat eine Nationalmannschaft den Rasen, die noch heute als stärkstes walisisches Team aller Zeiten betrachtet wird.

Die „Super Seventies" spielten alles in Grund und Boden. Bei der Premiere der Rugby-Weltmeisterschaft 1987 erreichte Wales mit der Bronzemedaille sein bestes Ergebnis auf internationaler Ebene.

Die Rugby-Nationalmannschaft von Wales zählt heute zu den besten Teams weltweit. Mit dem Millenium Stadium, dem größten Gebäude in Wales, ist dem Nationalsport ein unübersehbares Denkmal gesetzt.

Im Rugby ist Wales eine Weltmacht

Informationen zu Spielen und Tickets bekommt man auf der offiziellen Seite der Welsh Rugby Union www.wru.co.uk (℡ 08442-491999). Eine interessante Seite rund um die Sportart ist www.planetrugby.com.

Fußball

Fußball ist nach Rugby der populärste Mannschaftssport in Wales. Die Football Association of Wales (FAW) wurde bereits 1876 gegründet. Als erstes walisisches Team schaffte es der Fußballverein Swansea City 2011 sogar in die Premier League. Für die Fußballweltmeisterschaft konnte sich Wales bisher nur ein einziges Mal qualifizieren – 1958. Es hat lange gedauert, bis der aus den englischen Industriezentren nach Nordwales herübergeschwappte Sport sich in Wales etabliert hatte. Eine entscheidende Rolle spielte dabei Anfang des 20. Jahrhunderts die Zulassung walisischer Klubs in englischen Ligen. Besonders der Süden war eine Rugby-Hochburg. Heute spielen hier mit Swansea City und Cardiff City die bedeutendsten Vereine. Der berühmteste walisische Fußballer ist übrigens Ryan Giggs (→ S. 42), Rekordspieler bei Manchester United.

Spielpläne, Vereinsinformationen und Tickets gibt es auf den Webseiten der Ligen www.premierleague.com und www.football-league.co.uk.

Cricket

Wales ist Mitglied im England and Wales Cricket Board (ECB), und die besten walisischen Cricketer spielen in der englischen Nationalmannschaft des ECB. Einige Waliser vermissen allerdings das W für Wales im Namen des ECB. Wales hat auch eine eigene Mannschaft. Diese besteht vollständig aus walisischen Spielern, hat allerdings nur den Status eines Repräsentations-Teams, nicht einer vollwertigen Nationalmannschaft.

Viele Europäer können die Beliebtheit des Spiels auf den Britischen Inseln und im gesamten Commonwealth nicht so recht nachvollziehen. Ein Cricket-Match kann sich über Tage hinziehen, die Teams erzielen dabei mehrere Hundert Punkte – und bis zuletzt ist nichts entschieden. Vergleichbar ist das Spiel mit seinen komplexen Regeln mit dem amerikanischen Baseball, die beiden Sportarten sind verwandt. Wer Zeit hat (nicht jedes Spiel dauert 5 Tage), der sollte sich durchaus ein Cricket-Spiel in einem der vielen walisischen Stadien ansehen. Die modernste walisische Cricket-Arena ist das Swalec Stadium (Sophia Gardens) in Cardiff.

Informationen zu Cricket in Wales, Spielplänen und Tickets findet man auf www.ecb.co.uk (℡ 020-74321200), www.wales.play-cricket.com, www.cricketwales.org.uk oder auf der Seite der besten walisischen Mannschaft, des Glamorgan Cricket Club: www.glamorgancricket.com, ℡ 029-20419315.

Wales von A bis Z

Ärztliche Versorgung

Für Staatsangehörige aus EU-Ländern und der Schweiz ist die Notfallbehandlung in Ambulanzen, Krankenhäusern sowie bei Ärzten des staatlichen Gesundheitswesens (National Health Service – NHS) kostenlos. Ebenso verhält es sich mit einer Notbehandlung beim Zahnarzt. Als Anspruchsnachweis reicht normalerweise die Vorlage des Reisepasses oder des Personalausweises. Dennoch ist es ratsam, die Europäische Versicherungskarte (EHIC) dabeizuhaben sowie vor Reisebeginn eine Auslandsreise-Krankenversicherung zwecks (evtl. teurer) Folgebehandlung und Rücktransport abzuschließen.

Sogenannte **Health Centres** sind das Pendant zu Polikliniken und Ärztehäusern, in denen mehrere NHS-Ärzte praktizieren. Es gibt sie in jedem größeren Ort.

Behinderte

Großbritannien ist sehr behindertenfreundlich – dies gilt im Wesentlichen auch für Wales. Vor allem in größeren Orten existiert eine entsprechende Infrastruktur. In abgelegenen Gegenden und kleinen Orten darf man allerdings nicht darauf vertrauen.

Auf den Webseiten von VisitBritain (www.visitbritain.de, ✆ 08708-300306) finden sich Informationen zur An- und Weiterreise sowie Übernachtungsmöglichkeiten für Gäste mit Behinderung (einige nur auf Englisch). Eine informative englischsprachige Webseite bietet auch der Holiday Care Service (www.holidaycare.co.uk, ✆ 0800-694 4555).

Diplomatische Vertretungen

Konsulate in Wales Consulate of Germany, Haywood House, Dumfries Place, Cardiff, ✆ 029-20345511.

Consulate of Switzerland, c/o Capital Law, Capital Building, Tyndall Street, ✆ 01792-423504, cardiff@honrep.ch.

Botschaften in England German Embassy, 1-6 Chesham Place, London SW1X 8PZ, ✆ 020-78241300, www.london.diplo.de.

Austrian Embassy, 18 Belgrave Mews West, London SW1X 8HU, ✆ 020-73443250, www.bmaa.gv.at/london.

Swiss Embassy, 16–18 Montague Place, London W1H 2BQ, ✆ 020-76166000, www.eda.admin.ch/london.

Britische Botschaften im Ausland
Deutschland: Wilhelmstr. 70–71, 10117 Berlin, ✆ 030-204570, www.gov.uk.

Österreich: Jauresgasse 10, 1030 Wien, ✆ 01-716130, www.gov.uk.

Schweiz: Thunstr. 50, 3005 Bern, ✆ 031-3597700, www.gov.uk.

Dokumente

Für die Einreise nach Großbritannien genügt für EU-Bürger ein gültiger Personalausweis. Schweizer benötigen einen Reisepass bzw. eine gültige Identitätskarte. Für Kinder unter 16 Jahren reicht ein Kinderpass bzw. der Eintrag im elterlichen Pass aus. Die Dokumente sollten während des Aufenthalts in Großbritannien ihre Gültigkeit behalten.

Ermäßigungen

Viele Sehenswürdigkeiten befinden sich im Besitz der britischen Denkmal- und Naturschutzorganisation **National Trust** (www.nationaltrust.org.uk) oder der **CADW** (www.cadw.gov.wales), dem walisischen Pendant dazu. Falls man mehrere dieser Sehenswürdigkeiten besuchen möchte, kann sich der Kauf eines speziellen Passes lohnen, evtl. sogar eine Mitgliedschaft. Damit erhält man in allen Einrichtungen der Organisationen vergünstigten oder kostenlosen Eintritt.

Eine weitere Option ist ein **Great British Heritage Pass**. Diesen erhält man beim VisitBritain Shop (www.visitbritainshop.com) oder in Deutschland bei der **Britain Direct GmbH**, Dorotheenstr. 54, 10117 Berlin, ✆ 030-31571974.

Studenten sollten einen **Internationalen Studentenausweis** (ISIC) mitnehmen, da die Leute an den Kassen mit den deutschen Ausweisen nicht viel anfangen können.

Feiertage

Banken, Büros, Geschäfte, aber auch die meisten Museen und Sehenswürdigkeiten haben an den beweglichen Feiertagen wie **Karfreitag** (Good Friday) und **Ostermontag**

(Easter Monday) sowie an folgenden Tagen geschlossen:

1. Januar **New Year's Day**

1. Montag im Mai **May Day**

letzter Montag **Spring Bank** im Mai **Holiday**

letzter Montag **Summer Bank** im August **Holiday**

25. Dezember **Christmas Day**

26. Dezember **Boxing Day**

Geld

Ein **britisches Pfund** (£) oder **Pound Sterling** sind 100 Pence (p). Es gibt Münzen zu 1 p, 2 p, 5 p, 10 p, 20 p und 50 p sowie zu 1 £ und 2 £. Scheine sind im Wert von 5 £, 10 £, 20 £ und 50 £ im Umlauf.

Mit einer **EC-Karte** kann man problemlos an jedem Geldautomaten abheben, die Gebühren sind im Vergleich zu denen in einer Wechselstube geringer. Da man nicht überall sofort auf einen Geldautomaten stößt, sollte man vor Reiseantritt ein paar Pfund tauschen. Mit **Kreditkarten** kann man fast überall im Land bezahlen, sogar in den Dorfpubs. Bei kleineren Tankstellen, Hotels oder Restaurants jedoch besser vorher fragen.

Sperr-Notruf für Bank- und Kreditkarten: ☏ 0049-116116 oder ☏ 0049-3040504050.

Haustiere

Seit 2011 ist für Hund, Katze, Frettchen (!), die nach Großbritannien reisen wollen, kein Tollwut-Bluttest mehr notwendig. Der Nachweis der **Tollwut-Impfung** im EU-Heimtierpass oder Pass des jeweiligen Landes genügt. Die größeren Tiere müssen mit **Microchip** gekennzeichnet sein. Nachgewiesen werden müssen eine maximal 120 Stunden vor Einreise erfolgte **Behandlung gegen Bandwürmer** und die regulären Impfungen. Diese Regelungen gelten übrigens auch für die Weiterreise nach Irland.

Hunde und Katzen dürfen nur von zugelassenen **Verkehrsunternehmen** ins Land eingeführt werden. Die Einreise auf privaten Flugzeugen und Booten ist strengstens verboten. Die **Hunderassen** Pitbull, Dogo Argentino, Japanese Tosa und Fila Brasileiro sind in Großbritannien als gefährlich eingestuft und dürfen nicht mitgebracht werden.

Die Bestimmungen und aktuelle Informationen zur Einfuhr von Tieren findet man auf der Website des Department for Environment, Food and Rural Affairs unter www.defra.gov.uk oder auf der Website der britischen Botschaft unter www.gov.uk/government/world/germany.de, ☏ 030-204570 (in Berlin).

Information im Internet

www.visitwales.com bzw. www.visitwales.de: umfangreiche Website des walisischen Tourismusverbands mit Informationen zu Sehenswürdigkeiten, Anreise, Übernachtung etc. – viel Wissenswertes zum Land und zu den einzelnen Regionen.

www.visitbritain.com bzw. www.visitbritain.de: Tourismus-Homepage des Vereinigten Königreichs, die mehr als 40.000 Seiten umfasst; auf der interaktiven Karte kann man sich bis ins kleinste Dorf klicken und nach Unterkünften und Veranstaltungen suchen.

www.walesdirectory.co.uk: aufschlussreiche Website für Besucher des Landes mit Informationen zu Geschichte, Übernachten u. v. m.

www.enjoywales.com: unabhängige Website mit zahlreichen nützlichen Informationen für Wales-Besucher.

www.gonorthwales.co.uk: Tourismus-Website rund um Nordwales.

www.artsfestivals.co.uk: Hinweise zu aktuellen Ausstellungen und Konzerten.

Internet & WLAN

In der Regel bietet jede Unterkunft Internetnutzung an, viele sogar kostenfrei. Manchmal werden Computer zur Verfügung gestellt, manchmal nur WiFi (Wireless Fidelity, also WLAN). Internetcafés gibt es in fast jedem Ort, auch Lokale, Touristbüros oder Bibliotheken bieten häufig (kostenfreie) Internetnutzung. Die Netzabdeckung für mobiles Surfen ist in Wales sehr gut, nur im Gebirge und in abgelegenen Gebieten muss man mit Funklöchern rechnen.

Karten

Für Fahrten entlang der Hauptrouten genügt ein konventioneller **Straßenatlas**, z. B. der „Great Britain Road Atlas" oder der „Great Britain Super Scale Road Atlas" vom Verlag A–Z (www.az.co.uk). Der Verlag hat zudem hervorragende **Übersichtskarten** zu den einzelnen Regionen des Landes. Auch für die größeren **Städte** wie Cardiff und Swansea sind die A–Z-Pläne empfehlenswert.

Die amtlichen Karten von Ordnance Survey (www.ordnancesurvey.co.uk/leisure) bilden das Land in zwei Übersichtskarten im Maßstab 1:175.000 ab (North and Mid Wales, South and Mid Wales).

Die besten Karten zum **Wandern, Radfahren** oder **Reiten** kommen ebenfalls von Ordnance Survey, z. B. die Landranger Maps mit pinkfarbenem Umschlag (1:50.000) oder die Explorer Maps mit orangefarbener Hülle (1:25.000). Auf ihnen sind sämtliche Landmarken wie Aussichtspunkte oder Pubs eingezeichnet; es gibt sie auch als sogenannte Active Maps mit outdoortauglicher Plastikbeschichtung.

Ordnance Survey bietet zudem **personalisierte Karten** (Custom Made Maps) in den Landranger- und Explorer-Formaten an, bei denen man den Kartenausschnitt selbst festlegen kann.

Tipp: Karten sind in Großbritannien meist billiger als im deutschen Buchhandel.

Maße und Gewichte

Obwohl in Großbritannien offiziell im metrischen System gemessen wird, ist im Alltag der sogenannte „Imperial Standard" allgegenwärtig:

Längenmaße: 1 Inch = 2,54 cm. 1 Foot = 30,48 cm. 1 Yard = 91,44 cm. 1 Mile = 1,609 km.

Geschwindigkeit: 30 mph *(miles per hour)* = 48 km/h. 60 mph = 96 km/h. 70 mph = 112 km/h.

Volumenmaße: 1 Pint = 0,5683 l. 1 Gallon = 4,5459 l.

Flächenmaße: 1 Square foot = 0,929 m². 1 Acre = 0,40465 ha, 40,465 a oder 4046,5 m². 1 Square Mile = 258,99 ha oder 2,5899 km².

Gewichte: 1 Ounce = 28,35 g. 1 Pound = 453,59 g. 1 Stone = 6,36 kg.

Notruf

Polizei, Feuerwehr und Krankenwagen erreicht man unter ✆ 999 oder ✆ 112.

Öffnungszeiten

In Großbritannien gibt es kein Ladenschlussgesetz, die Geschäfte können prinzipiell 24 Stunden geöffnet sein. In der Regel sind **Läden** Montag bis Samstag zwischen 10 und 18 Uhr geöffnet, Donnerstag oft bis 20 Uhr. Filialisten und größere Lebensmittelgeschäfte schließen erst gegen 20 oder 22 Uhr. Einige Supermärkte sind von Montag bis Samstag rund um die Uhr geöffnet. Für Sonntage gelten eingeschränkte Öffnungszeiten.

Banken haben normalerweise von Montag bis Freitag ab 9/9.30 bis 16/16.30 Uhr auf. In kleineren Orten schließen sie während der Mittagszeit. **Postämter** sind in der Regel Montag bis Freitag von 9 bis 17 Uhr sowie Samstag von 9 bis 12.30 Uhr geöffnet.

Post

Das Porto für Postkarten sowie Briefe bis 20 g beträgt innerhalb Europas 85 p. Innerhalb Großbritanniens kosten Briefe und Postkarten bis 100 g 63 p (Auslieferung als „First Class Mail" innerhalb von 24 Std.) oder 54 p als „Second Class Mail" (Auslieferung innerhalb von 72 Std.). Infos auch auf www.royalmail.com.

Rauchen

Großbritannien war eines der ersten Länder in Europa, die ein strenges Rauchverbot an öffentlichen Orten einführten. In öffentlichen Gebäuden, Restaurants, Kinos, Hotels und Kneipen darf generell nicht geraucht werden, es sei denn, es ist ausdrücklich erlaubt. Die Strafe für Missachtung des Verbots liegt bei mindestens 50 £.

Strom

Aus den britischen Steckdosen kommen 230–240 Volt Wechselstrom bei 50 Hertz. Man benötigt einen Adapter, denn britische Stecker sind dreipolig und flach. Übrigens lässt sich jede britische Steckdose an- und ausschalten und hat dafür neben den Steckerlöchern einen Schalter.

Telefonieren

Die roten Telefonzellen mit den Initialen des gegenwärtig herrschenden Regenten sind auch in Wales allerorten zu finden. Sie werden meist von der British Telecom (BT) betrieben. Die historischen Fernsprechkabinen sind innen mit modernen Münz- bzw. Kartenapparaten ausgestattet: „Telephone" verweist auf ein Münztelefon, „Phonecard" steht für Kartentelefon, „Coins & Card" bedeutet, dass beides genutzt werden kann. Einige Telefone akzeptieren auch Kreditkarten. Telefonkarten gibt es bei Postämtern, Telefonläden oder an Kiosken.

Ländervorwahlen: Wales (Großbritannien) ✆ 0044, Deutschland ✆ 0049, Österreich

✆ 0043, Schweiz ✆ 0041. Für alle gilt, dass bei der anschließenden Ortsvorwahl die Null weggelassen werden muss.

Auskunft: Auskunft für Großbritannien ✆ 192; Auslandsauskunft ✆ 153.

Uhrzeit

In Großbritannien gilt die GMT (Greenwich Mean Time), das heißt, in Wales ist es eine Stunde früher als auf dem mitteleuropäischen Festland. Es gibt auch hier eine Sommerzeit, bei der die Uhren im Frühjahr eine Stunde vorgestellt werden.

Uhrzeiten werden immer mit Zahlen von 0 bis 12 angegeben: Zeiten zwischen 0 und 12 Uhr sind mit dem Zusatz a.m. (ante meridiem – vormittags) versehen, zwischen 13 und 24 Uhr mit p.m. (post meridiem – nachmittags).

Zeitungen

Die Mehrheit der landesweit verkauften britischen Zeitungen wird in London publiziert. Neben den bekannten Boulevardblättern wie Sun und Daily Mirror gibt es die traditionsreiche und konservative Times (www.thetimes.co.uk) und Sunday Times (www.thesundaytimes.co.uk), den Daily Telegraph (www.telegraph.co.uk), den linksliberalen Guardian (www.guardian.co.uk) oder den permanent ums Überleben kämpfenden liberalen Independent (www.independent.co.uk).

In Wales wird neben vielen kleinen Lokalzeitungen nur ein nationales Blatt aufgelegt – die Western Mail (www.walesonline.co.uk). Sonntags erscheint die Wales on Sunday. Die populärsten und auflagenstärksten Lokalzeitungen sind der South Wales Echo aus Cardiff und die South Wales Evening Post aus Swansea. Erwähnenswerte walisischsprachige Zeitungen sucht man vergebens.

Wer auch im Urlaub auf deutschsprachige Zeitungen nicht verzichten möchte, wird es in Wales schwer haben. In gut ausgestatteten Zeitungs- und Buchläden in Cardiff und Swansea wird man sicherlich noch am ehesten fündig, auf dem Land wohl kaum.

Zollbestimmungen

Genussmittel und andere Waren, die innerhalb der EU erworben wurden und ausschließlich für den privaten, nichtkommerziellen Gebrauch bestimmt sind, können zollfrei und ohne Formalitäten in ein ande-

Eine Telefonzelle findet man fast überall

res EU-Land eingeführt werden. Aktuelle Informationen und Übersichten gibt es auf www.zoll.de und www.auswaertiges-amt.de.

Richtmengen Tabak und Spirituosen: EU-Bürger dürfen 800 Zigaretten bzw. 400 Zigarillos, 200 Zigarren oder 1 kg Tabak, 10 l Spirituosen bzw. 20 l Produkte mit mittlerem Alkoholgehalt (Sherry, Port, Likör) sowie 60 l Sekt und 110 l Bier einführen.

Für Schweizer Bürger gilt: 50 ml Parfüm oder 250 ml Eau de Toilette, 2 l alkoholische Getränke bis 15 % Vol. und 1 l über 15 % Vol., 200 Zigaretten oder 100 Zigarillos oder 50 Zigarren oder 250 g Tabak.

Personen unter 17 Jahren dürfen grundsätzlich weder Alkohol noch Tabakartikel einführen.

Medikamente: Besucher, die für bis zu drei Monate nach Großbritannien einreisen, benötigen für rezeptpflichtige Medikamente keine Erlaubnis mehr. Man sollte allerdings einen Begleitbrief des verschreibenden Arztes bei sich haben, der neben einer Liste mit Angaben zu Menge und Dosierung der Medikamente Name, Anschrift und Geburtsdatum der Person enthält, die die Medikamente mitführt, sowie Angaben zur Reisedauer.

Waffen: In Deutschland erworbene Waffen wie Messer mit Klingen über 7 cm, Schreckschusspistolen oder CS-Gas-Sprühdosen sind in Großbritannien verboten.

Chirk Castle in Nordostwales

Wales – Reiseziele

Cardiff	→ S. 82
Südostwales	→ S. 130
Südwestwales	→ S. 152
Mittelwales	→ S. 208
Nordwales	→ S. 270

Civic Centre: der Verwaltungsbezirk der Stadt mit dem markanten Rathausturm

Cardiff

Cardiff ist das Zentrum von Wales – und eine wunderbare kleine Großstadt: abwechslungsreich, entspannend und zugleich spannend. In Sachen Kultur, Ausgehen, Einkaufen und Freizeit ist die Hauptstadt vor allen anderen die Nummer eins in Wales. Von London ist Cardiff gerade einmal drei Autostunden entfernt und bestens angebunden.

Als größte Stadt und bevölkerungsreichster County ist Cardiff der kommerzielle und industrielle Mittelpunkt der Region – und nach London die größte Medienstadt in Großbritannien. Die BBC errichtete bis 2013 in Cardiff Bay ein riesiges Studioareal und verlagerte die Produktion von Serien überwiegend hierher. Zudem besitzt Cardiff die mit über 30.000 Studenten größte Universität in Wales, ist Kulturhauptstadt und seit 1998 mit der **National Assembly for Wales** (Cynulliad Cenedlaethol Cymru) auch sein politischer Mittelpunkt (→ Kapitel Geschichte).

Cardiff ist eine übersichtliche und grüne Stadt. Früher mit dem Ruf der schmutzigen Industriestadt behaftet und touristisch links liegengelassen, hat sich Cardiff seit den späten 1990er-Jahren gewaltig gewandelt und putzt die Tristesse der 1970er- und 1980er-Jahre allmählich aus dem Stadtbild. In der mit Hochhäusern bisher noch spärlich bestückten City prägen seit dem Boom inzwischen aber auch einige weniger schöne Vertreter der Architektur die Silhouette.

Mit knapp eineinhalb Quadratkilometern Fläche ist die **Innenstadt** kompakt und gut zu erlaufen. Vom Umland ziehen sich **Bute Park** und **Cathays Park** bis ins

Cardiff

Zentrum hinein. An deren Ende thront mit Cardiff Castle das bedeutendste historische Gebäudeensemble der Stadt. Im Cathays Park erheben sich die weißen edwardianischen Kuppeln und Türme des historischen Verwaltungsbezirks. Hier befindet sich neben der **City Hall** und weiteren Verwaltungsgebäuden wie dem Rathaus auch das **National Museum** mit einer der bedeutendsten Impressionistensammlungen Europas.

Mitten im Stadtzentrum steht das wie ein riesiges geparktes UFO wirkende **Millennium Stadium**: 93 Meter ragen die vier Masten des 1999 zur Rugby-Weltmeisterschaft eröffneten, 74.600 Zuschauer fassenden Fünf-Sterne-Stadions in den Himmel. Es ist das höchste Gebäude und markanter Orientierungspunkt in der Stadt. Im Süden liegen das Meer und **Cardiff Bay**, der einst lebhafteste Kohlehafen der Welt, später Krisengebiet und seit einigen Jahren Zentrum einer dynamischen Revitalisierung und Wiederöffnung der Stadt zum Meer – neue Promenaden, Cafés, Kulturzentren und Hotels entstehen hier.

Auch das **Bahnhofsareal** zeigt, wie sich das neue Cardiff aus dem alten erhebt und die Spuren der industriellen Vergangenheit mit immer neuen Schichten überlagert. Eingeklemmt zwischen historischem Zentrum und moderner Architektur an der Bay wartet das von öden Nachkriegsbauten geprägte Gebiet auf neue Perspektiven. Unmittelbar hinter Haupt- und Busbahnhof erhebt sich als mächtiger Kontrast dazu bereits die Zukunft, an der die Stadt seit Jahren mit großer Dynamik arbeitet.

Cardiff in Kürze

Fläche: 140 Quadratkilometer

Bevölkerung: etwa 355.000 Einwohner, das entspricht einer Dichte von 2500 Einwohnern pro Quadratkilometer. Mit Umland kommt Cardiff etwa auf 890.000 Menschen. Die Metropolregion Cardiff-Newport zählt 1.1 Millionen Personen.

Walisisch als Erstsprache sprechen etwa 16 % der Bevölkerung.

Erste urkundliche Erwähnung: 1093

Stadtrecht: seit 1905

Hauptstadt von Wales: seit 1955

Tidenhub: bis zu 15 Meter – das ist der zweithöchste Tidenhub der Welt.

Geografische Koordinaten: 51° 29′ N, 3°10′ W, Greenwich Mean Time (GMT) oder Westeuropäische Zeit (WEZ). Hier ist es demnach eine Stunde früher als bei der Mitteleuropäischen Zeit (MEZ).

Vorwahl aus dem Ausland: +44-29

Heute ist Cardiff eine der attraktivsten Einkaufsstädte Großbritanniens – Cardiff ist die „City of Arcades", ihre vielen historischen **Arkaden** machen sie einzigartig. Aufwendig und mit Liebe zum Detail werden sie restauriert und durch neue Bauten ergänzt, wie das **St David's Centre**. Auch kulturell hat Cardiff viel zu bieten, das Zentrum ist übersät mit Bars, Pubs, Clubs und Veranstaltungsorten. Vor allem am Wochenende belebt feierfreudiges Publikum die Innenstadt. Und durch die Nähe zu London ist der Veranstaltungskalender sehr reichhaltig, denn für die berühmten DJs und Bands der britischen Metropole ist es leicht, mal schnell von einer Haupt-

Ein neues altes Zentrum entsteht: Cardiff Bay

Stadtgeschichte

stadt in die andere zu fahren und aufzutreten. Dies hat für die Gäste oft den schönen Effekt, dass sie in Cardiff die Stars vor weitaus kleinerem Publikum erleben können.

Stadtgeschichte: Die Ursprünge von Cardiff finden sich auf dem Gebiet des Cardiff Castle. Das Areal diente seit Jahrtausenden als Festung. Ursprünglich vom walisischen Stamm der Silurer besiedelt, bauten die Römer hier 55 n. Chr. ein Fort. Ab 75 siedelten sich mit dem Bau eines neuen Kastells auch Römer aus Isca dauerhaft an. Der Name Cardiff geht zurück auf das walisische *Caer Tâf* (Castrum am Taff-Fluss) oder auf *Caer Didi* (Castrum des Didi – das Fort des römischen Generals Aulius Didius). Nach dem Abzug der Römer aus Britannien um das Jahr 500 blieb das Gebiet bis zu den Eroberungsfeldzügen der Normannen weitgehend verlassen. 1093 n. Chr. ließ Robert Fitzhamon, Eroberer des Gebiets von Glamorgan und späterer Graf von Gloucester, die noch heute existierende normannische Festung errichten. Daneben entstand ein kleines, unbedeutendes Fischerdorf. Beide nahmen bei einer walisischen Revolte im Jahr 1183 Schaden. 1404 wurde Cardiff während der Rebellion von Owain Glyndŵr gegen die englische Vorherrschaft geplündert. Nach der Union zwischen England und Wales, dem ersten der *Tudor Acts of Union*, kehrte wieder Ruhe und Unbedeutsamkeit in den Marktflecken ein.

Die Geschichte Cardiffs und ihr Aufstieg zu einer bedeutenden Stadt sind untrennbar mit dem schottischen Adelsgeschlecht der Butes verbunden. Man könnte sogar sagen, dass die Stadt ohne die Butes nicht existieren würde: Im Zuge der industriellen Revolution erschufen sie die Stadt geradezu im Alleingang.

Die Familie Bute

Die Adelsfamilie der *Stuart of Bute* hat ihren Stammsitz auf der schottischen Insel Bute auf Mount Stuart bei Rothesay. Die berühmte Familie stammt von König Robert II. (Robert the Bruce) von Schottland ab, dessen Sohn, John Stuart, die Ländereien Bute, Arran und Cumbrae zugewiesen bekam. Aus der Familie stammt auch die schottische Königin Maria Stuart. Ab 1703 trugen die Baronets den Titel „Earl of Bute", 1796 wurde John Stuart, der 4. Earl, zum ersten Marquis von Bute ernannt. Ab 1766 kamen die Butes in Person von John, Lord Mount Stuart, unter König Georg I. auch kurzzeitig britischer Prime Minister, nach Cardiff und nannten sich von da an zusätzlich „Baron Cardiff of Cardiff Castle in the County of Glamorgan". Lord Mount Stuart hatte Charlotte Jane Windsor geheiratet, wodurch den Butes riesige Ländereien und das Recht, im Süden von Wales Erz abzubauen, zufielen. Die Familie war maßgeblich verantwortlich, dass aus dem verschlafenen Nest Namens Cardiff eine richtige Großstadt wurde. Mit dem Bau des Bute Docks durch den zweiten Marquis von Bute wurde der Grundstein für den größten Kohlehafen der Welt gelegt. Sein Sohn, *John Patrick Crichton-Stuart*, der dritte Marquis, war erst sechs Monate alt, als sein Vater starb. Dessen Erbe machte ihn zu einem der reichsten Menschen der damaligen Welt. Bute Park, Bute Library und Bute Building der Universität, Butetown, Bute Docks, Bute Street, Cardiff Castle, Castell Coch und andere Gebäude zeugen bis heute allgegenwärtig von dem überragenden Einfluss der Familie auf die Stadt.

Durch Einheiraten gehörten den Butes große Teile von Südwales inklusive des kleinen Hafens von Cardiff. Die exzessive Ausbeutung ihrer Eisen- und Kohlevorkommen in den südwalisischen Valleys machte die Butes zur reichsten Familie der Welt.

Für so viele Bodenschätze benötigte man einen Hafen, den passenden Ort hatte man ja schon. Zunächst wurde Cardiff 1794 durch den *Glamorganshire Canal* an das Bergbauzentrum und die damals größte walisische Stadt Merthyr Tydfil angeschlossen. Weitere von den Butes angestoßene Infrastrukturprojekte folgten, z. B. der systematische Ausbau des Hafens ab 1839. 1840 kamen die ersten Bahngüterverkehrsstrecken hinzu, und schon ab 1845 war Cardiff mit den meisten britischen Industriezentren per Eisenbahn verbunden. Als der immense Umfang der Vorräte an Eisen und Kohle erkennbar wurde und der unersättliche Bedarf der Industrialisierung einen wahren „Kohlerausch" auslöste, kam niemand mehr an Cardiff und seinem Hafen vorbei. Die Butes hatten mit ihren Investitionen vollendete Tatsachen geschaffen und etablierten Cardiff als Umschlagplatz für ihre Güter. Ohne Rücksicht wurden dabei auch Konkurrenten wie *John Batchelor* (sein Denkmal steht in der Nähe der Old Library) aus dem Geschäft gedrängt. Das Land, auf dem er am Taff-Fluss seine Schiffe baute, war das einzige Fleckchen in Cardiff, das nicht den Butes gehörte. Zudem war Batchelor ein Liberaler, Bute dagegen ein Tory. Innerhalb weniger Jahre wurde Batchelor systematisch ruiniert. So entwickelte sich die Stadt durch die reichste Familie der Welt zum größten Hafen der Welt. Die maximale Umschlagleistung war 1913 erreicht, als 26 Millionen Tonnen Kohle exportiert wurden. Kohle machte 97 % aller Exporte des Hafens aus. Innerhalb von nur knapp 100 Jahren war aus dem Fischerkaff mit weniger als 2000 Einwohnern um 1801 die größte Stadt in Wales geworden. Bis zum Jahre 1900 explodierte die Bevölkerung Cardiffs auf 170.000.

Das rasante Wachstum führte zu scharfen Kontrasten, die zum Teil heute noch im Stadtbild sichtbar sind: Hier die aus allen Landesteilen zusammengewürfelten Industrie- und Minenarbeiter in ihren ärmlichen Siedlungen, auf der anderen Seite unvorstellbarer Reichtum, der sich etwa in den Verwaltungsgebäuden im neuen Civic Centre in Cathays Park sowie in den Universitäts- und Hafenverwaltungsgebäuden spiegelte.

Erst 1905 erhielt Cardiff den Status einer Stadt. Bis 1931 wuchs die Bevölkerung nochmals auf 227.000 Einwohner. Mit der folgenden Depression kam der Niedergang, die Wirtschaft brach ein, die Arbeitslosenzahlen gingen dramatisch nach oben. Zusätzlich brachte der Zweite Weltkrieg die Stadt wie viele britische Industriezentren an den Rand des Untergangs. Die Verstaatlichung der Kohleindustrie ließ die Butes 1947 Cardiff und Wales endgültig den Rücken kehren. Alle Besitztümer wurden der Stadt geschenkt, auch weil die Familie große Schulden angehäuft hatte. Doch im Gegensatz zu anderen ehemaligen Industriestädten im Königreich rappelte sich die Stadt wieder auf. Auslöser für den erneuten Aufstieg war die Entscheidung, Cardiff 1955 zur Hauptstadt von Wales zu machen. Dies sorgte für Tausende neue Stellen und neues Selbstbewusstsein: Cardiff wurde die erste Hauptstadt, die die Waliser jemals hatten.

Sehenswertes

Die Innenstadt – Cardiff City Centre

Mit knapp eineinhalb Quadratkilometern Fläche ist die Innenstadt überschaubar und kompakt. Das Stadtzentrum umfasst etwa das Gebiet zwischen Millennium Stadium und River Taff im Westen, zwischen Cathays Park, Bute Park und Cardiff Castle im Norden sowie dem Hauptbahnhof mit den Gleisanlagen im Süden und Osten.

Die von Arkaden, Pubs und weitläufigen Fußgängerzonen durchzogene Stadt beeindruckt durch eine Mischung aus Moderne und klassischer Architektur. Hier spielt sich das Leben ab, hier finden sich Cardiff Castle, Bute Park, Cathays Park und die wichtigsten kulturellen und administrativen Einrichtungen der Stadt. Die **Queen Street** ist die Haupteinkaufsstraße von Cardiff. Hier und auf den ebenfalls als Fußgängerzonen gestalteten *Working Street* und *The Hayes* reihen sich fast alle großen Geschäfte und Filialisten.

Das Hauptgebäude der Cardiff University

Die „City of Arcades" ist berühmt für ihre in Großbritannien einzigartige Dichte an Einkaufspassagen – die **Queen's Arcade** und das neue **St David's Centre** sind die größten. 2009 wurde die Verkaufsfläche durch das 675 Millionen Pfund teure **St David's Centre 2** nochmals wesentlich erweitert. Mit dem Neubau der Bibliothek sowie der Umgestaltung des gesamten Straßenzuges drum herum wurde insgesamt eine Milliarde Pfund in das Bauvorhaben gesteckt. Cardiff stärkt damit seine Stellung als eine der beliebtesten Einkaufsstädte im Land.

Besonders schön und einzigartig sind jedoch die alten Passagen aus edwardianischer und viktorianischer Zeit, die sich durch eine Vielzahl von individuellen Läden und Cafés auszeichnen. Mit groem Aufwand wurden sie restauriert und zu neuem Leben erweckt. Die **Royal Arcade** von 1858, die älteste, befindet sich gegenüber von St David's Hall zwischen The Hayes und St Mary Street. Die **Morgan Arcade** von 1898 ist die am besten erhaltene Passage und liegt gleich nebenan in südlicher Richtung. Zu den insgesamt sieben historischen Passagen zählen noch die *Wyndham* (1887), *Castle* (1887), *High Street* (1886), *Dominion's* (1921) und die *Duke Street Arcades* (1902). Letztere befinden sich genau gegenüber vom Cardiff Castle und beherbergen einen der größten und umfangreichsten Souvenirläden der Stadt.

Central Market: Aus der gleichen Zeit wie die historischen Arkaden stammt auch der unter Denkmalschutz stehende Central Market von 1891. Den Eingang in der St Mary Street schmückt ein Phoenix, zur Erinnerung an den letzten großen Brand. Der Platz davor war früher der Hinrichtungsplatz. Neben seiner Architektur beeindruckt der Markt vor allem durch seine Atmosphäre und das beste Angebot an Obst, Gemüse, Käse, Fleisch und Fisch. Einige Händler wie Ashton's Fishmongers handeln seit über 100 Jahren an diesem Ort. 2012 wurde auch die parallel zur Working Street verlaufende High Street in eine schmucke Fußgängerzone umgestaltet.

G 39-Kunstgalerie: Die G 39 ist die führende, direkt von Künstlern betriebene Galerie für zeitgenössische Kunst in Wales. Trotz der geringen Größe hat sich die

Ausstellung in den über zehn Jahren ihrer Existenz zu einer vielbeachteten und respektierten Institution entwickelt. Die Galerie hat ihren alten, beengten Standort auf der Mill Lane neben The Hayes geschlossen und ein geräumiges ehemaliges Warehouse in einer Seitenstraße der Newport Road bezogen.

Mi–Sa 11–17 Uhr. Oxford Street, ℡ 029-20473633, post@g39.org, www.g39.org.

Martin Tinney Gallery: Größte private, kommerzielle Kunstgalerie, spezialisiert auf zeitgenössische und historische walisische Kunst. Über drei Etagen verteilt sind die ständig wechselnden Ausstellungen, und auch wenn man nichts kaufen möchte, lohnt ein Besuch auf jeden Fall.

18 St Andrew's Crescent, ℡ 029-20641411, www.artwales.com.

Cardiff Story: 2011 in der Old Library eröffnetes Museum zur Geschichte der Stadt – von der Zeit der Römer und Normannen bis zur Moderne. Das Museum ist interaktiv aufgebaut und kinderfreundlich. Überall gibt es Objekte zum Anfassen und Ausprobieren. Im Erdgeschoss befindet sich die Dauerausstellung *Cardiff in Context*, im Untergeschoss ist das Lern- und Forschungszentrum *City Lab* untergebracht, im ersten Obergeschoss sind Wechselausstellungen zu sehen. Höhepunkte des Museums sind ein *drehbares Puppenhaus*, das das Leben von 1890 bis 2010 darstellt, sowie ein großes *historisches Modell der Tiger Bay*, des Hafenviertels von Cardiff. Hier sieht man die gesamte Dimension der ehemaligen Hafenanlagen und Becken, von denen inzwischen viele zugeschüttet sind. Am Rand des Modells werden historische Gebäude beschrieben. Im Untergeschoss wechseln die Exponate häufig. Das Lernzentrum umfasst eine Büchersammlung zur Stadtgeschichte. Cardiff verfügt über eine Vielzahl von historischen und imposanten Gebäuden, über die man sich hier an den Computern informieren kann.

Mo–Sa 10–16 Uhr. Eintritt frei. The Old Library, The Hayes. ℡ 029-20788334, www.cardiffstory.com.

Cardiff Central Market: Ashton's

Cathays Park und Civic Centre

Cathays Park ist das historische Civic Centre, das Verwaltungszentrum der Stadt. Das 24 Hektar umfassende Gelände gehörte bis 1898 dem Marquis von Bute, der es dann für 159.000 £ an die Stadt verkaufte. Um eine rechteckige Parkanlage, die *Alexandra Gardens*, gruppieren sich eine Reihe von Museen und Verwaltungsgebäuden im edwardianischen Stil (frühes 20. Jahrhundert). Dieser Begriff steht für den neobarocken Stil vieler in der Regierungszeit von König Edward VII. (1901–10) errichteter öffentlicher Gebäude. Zentrales Element in der Mitte des Parks ist das **Welsh War Memorial**. Das von Säulen umgebene Denkmal mit einem schwerttragenden Hermes und Figuren, die Luftwaffe, Heer und Marine symbolisieren, wurde 1928 zu Ehren der im Ersten Weltkrieg gefallenen walisischen Soldaten eröffnet; heute ist es ein Denkmal für die in allen Kriegen Gefallenen. Um das Memorial herum gruppieren sich die **Cardiff City Hall**, Gebäude der Cardiff University, der Crown Court und das **National Museum**. Sämtliche Gebäude wurden aus Portland Limestone errichtet, ein auf der Insel Portland in Dorset geförderter weiß-grauer Kalkstein.

Welsh War Memorial in Alexandra Gardens

National Museum Cardiff: Das Museum im Verbund der derzeit acht National Museums of Wales ist das größte und bedeutendste in Cardiff. Der 1927 eröffnete Bau mit seiner Kuppel und der großen Halle ist in vier Bereiche unterteilt und beherbergt Ausstellungen zur Kunst, Geologie, Naturgeschichte und Archäologie.

Art Gallery: Die Kunstsammlungen mit ihren Zeichnungen, Gemälden, Skulpturen sowie Kunsthandwerk wie Silber und Keramikarbeiten zeigen Objekte aus etwa fünf Jahrhunderten, darunter eine der umfangreichsten Impressionistensammlungen Europas: Die *Davies Collection* ist die größte Sammlung impressionistischer und postimpressionistischer Meister außerhalb von Paris. Renoirs „La Parisienne", Claude Monets „Waterlilies", van Goghs „Rain – Auvers" und die „Two Sisters" von Cedric Maurice zählen zu den Glanzlichtern der Ausstellung.

Evolution of Wales: beeindruckende, neu gestaltete Ausstellung zur Naturgeschichte vom Urknall bis zu den frühen Menschen. Der Besucher wandert durch die Zeit und erlebt, wie sich vom Urknall, vorbei an sich bewegenden Dinosauriern und Mammuts, an Erdbeben und Vulkanausbrüchen, langsam unsere Erde formte. Eine sehr anschauliche und für Kinder wie Erwachsene ausgezeichnete Ausstellung.

Natural History in Wales: Zentrale Themen sind Flora und Fauna in Wales. Die Sammlung führt vom Meer in die Berge, sie zeigt einen Riesenhai, eine modellierte Steilküste mit brütenden Seevögeln und weitere Pflanzen und Tiere in ihren Lebensräumen. Abgerundet wird die Sammlung durch Tierpräparate aus aller Welt.

Cathays Park und Civic Centre 91

Das National Museum of Wales

Die durch den Umzug der Archäologie nach St. Fagan's frei gewordene Fläche wird für Wechselausstellungen genutzt.
Di–So 10–17 Uhr. Eintritt frei. Cathays Park, ℘ 029-20397951, www.museumwales.ac.uk/en/cardiff.

Cardiff City Hall: Schon bevor Cardiff 1905 das Stadtrecht verliehen bekam, begannen seine Bürger mit dem Bau eines einer Stadt würdigen, repräsentativen Verwaltungsgebäudes – man hatte wohl eine Vorahnung oder wollte einfach Tatsachen schaffen. Die Planungen für das Rathaus wurden zusammen mit denen für den Crown Court 1897 ausgeschrieben, die Gebäude 1904 eröffnet. Für die 1905 frisch gekürte Stadt war die Stadtrecht-Verleihung eine große Geste. Insbesondere, weil Cardiff als einzige unter einer Vielzahl von landesweiten Bewerbern zwischen 1897 und 1914 zudem die Lord Mayorality, die Bürgermeisterwürde, erhielt und sich von nun an als die „Metropolis of Wales" fühlen durfte.

Entsprechend patriotisch und überschwänglich fiel die Gestaltung des Gebäudes aus. Der Rathausturm ist 60 Meter hoch und die mit englischen und walisischen Sinnsprüchen versehenen Glocken schlagen selbstbewusst ihre Westminster-Big-Ben-Melodie. Auf der domartigen Kuppel thront ein großer walisischer Drachen. Oberhalb des Portikus wird das Hauptfenster des Ratssaals von einer monumentalen Figurengruppe flankiert, die die drei Flüsse Cardiffs – Taff, Rhymney und Ely – darstellen. Weitere Figurenensembles am Gebäude stellen „Wissenschaft und Bildung", „Musik und Poesie", „Industrie- und Handel" sowie „Einigkeit und Patriotismus" dar.

Im Inneren des Gebäudes führt eine großzügige Treppenanlage von der Entrance Hall mit dem Stadtwappen auf dem Teppich zur prächtig ausgestalteten **Marble Hall**. Diese ist geschmückt mit Skulpturen wichtiger Persönlichkeiten der walisischen Geschichte. Der **Assembly Room**, reich geschmückt mit ornamentierten Friesen, die

die Verbindung der Stadt mit dem Meer darstellen, kann für Veranstaltungen gebucht werden. Im **Chamber Room** tagen die Abgeordneten der Stadt.
Besichtigung zu den regulären Öffnungszeiten des Rathauses möglich. Eintritt frei. Cathays Park, ✆ 029-20871736, www.cardiffcityhall.com.

Temple of Peace ist Sitz des *Welsh Centre for International Affairs.* Der 1938 eröffnete Tempel war ein Geschenk von David Davies of Landinam an das walisische Volk. Nach seiner Teilnahme am Ersten Weltkrieg war Davies an der Gründung internationaler Friedensorgane wie des Völkerbunds maßgeblich beteiligt. Ganz im Sinne des Gründers ist es Ziel des Zentrums, Frieden, Menschenrechte und Völkerverständigung weltweit zu fördern; zugleich dient es als Anlauf- und Informationsstelle für die Vereinten Nationen, die europäischen Institutionen und den Commonwealth.
Cathays Park, ✆ 029-20228549, www.templeofpeaceandhealth.com.

Gebäude der Cardiff University: Um die Alexandra Gardens gruppieren sich eine Reihe historischer Universitätsgebäude, darunter das Main Building (Hauptgebäude), das Bute Building und das Glamorgan Building. Für die 1883 gegründete Universität bedurfte es entsprechender Gebäude, und so wurde im 19. Jahrhundert der Cathays Campus errichtet.
Cathays Park, Museum Avenue und King Edward VII Avenue.

Der Bau des **Main Building** begann nach Entwürfen des Architekten William Douglas Caroe im Jahr 1905. Inspiriert von den Colleges der Universitäten von Oxford und Cambridge wurde der erste Gebäudeabschnitt 1909 eröffnet. Die Fassade ziert reicher Fresken- und Skulpturenschmuck. Doch fehlte es dem Projekt ständig an Geld, und so wurden die Seitenflügel als letzter Bestandteil des Komplexes erst 1960 fertiggestellt. Die geplante große Halle und andere Gebäudeabschnitte wurden allerdings nie gebaut.

Das prächtige Hauptgebäude der Universität

Das **Glamorgan Building** wurde von der Universität erst 1997 erworben, bis dahin diente es als Sitz des Glamorgan County Council Offices. Das Gebäude aus dem Jahr 1911 ist heute ein Lehrgebäude der Social Sciences. Den Haupteingang flankieren zwei den Reichtum der Region symbolisierende Figurengruppen: Schifffahrt und Kohlebergbau.

Das neoklassizistische **Bute Building** mit seinen romanischen Säulen und dem großen roten walisischen Drachen über dem Eingang beherbergt die Institute für Architektur und Medien. Das ursprünglich für das Cardiff Technical College von Percy Edward Thomas und Ivor Jones entworfene Gebäude mit seiner klaren Formensprache wurde 1916 eingeweiht. Thomas ist auch Architekt der Swansea Guildhall, des Campus der Aberystwyth-Universität und des Welsh National Temple of Peace and Health direkt neben dem Bute Building.

Bute Park

Cardiff ist eine grüne Stadt. Bis ins Zentrum reichen die Parks und bilden mit **Bute Park** und **Cathays Park** ihre ästhetische und architektonische Vollendung. Der Bute Park beginnt direkt hinter dem Cardiff Castle und führt am Cathays Park vorbei, das Cardiff Castle fügt sich harmonisch in den Park ein. Das 56 Hektar große Areal erstreckt sich nach Norden hin entlang des Taff-Flusses. Auch Sophia Gardens und die Pontcanna Fields gehören zur weitläufigen Parklandschaft. Entlang des Flusses kann man im Grünen bis zur 4 km entfernten **Llandaff Cathedral**, zum **Castell Coch** und weiter aus der Stadt hinausspazieren oder radeln (→ „Spaziergang vom Cardiff Castle zur Llandaff Cathedral").

Das ursprünglich als Park dienende Areal wurde im 18. Jahrhundert von Capability Brown gestaltet. Im Zuge des Um- und Ausbaus von Cardiff Castle wurde der Bute Park zwischen 1873 und 1901 für den 3. Marquis von Bute zu dessen Privatgarten ausgebaut. Die aus dieser Zeit stammende viktorianische Landschaftsarchitektur ist noch erkennbar, wurde nach der Übergabe des Parks in den Besitz des Cardiff Councils ab 1947 durch die Anlage eines Arboretums allerdings weitgehend verändert. Heute stehen auf dem Areal etwa 2000 Bäume, darunter zahlreiche botanische Raritäten.

Überall stößt man auf Relikte aus der Zeit vor der Nutzung des Geländes als Park. Noch erkennbar ist im östlichen Teil der im Mittelalter als Mühlengraben angelegte und heute teilweise unterirdisch zu den Docks verlaufende **Dock Feeder Canal**. Er verhinderte das Versanden der Hafenanlagen weiter unten im Süden.

Unmittelbar hinter dem Haupteingang zum Park an der Animal Wall findet man den **Gorsedd Stone Circle**. Der Steinkreis wurde anlässlich des National Welsh Eisteddfod von 1978 errichtet, eines von Sängern, Musikern und Dichtern etablierten Wettstreits, der sich um die Förderung der walisischen Kultur und Sprache bemüht.

Rechts des Kanals befindet sich das **Royal Welsh College of Music and Drama**, eine unter anderen vom walisischen Hollywood-Star Anthony Hopkins unterstützte Hochschule für Schauspieler und Künstler. 2011 wurde der beeindruckende Neubau der Schule mit großem Saal eröffnet. Im College finden auch zahlreiche öffentliche Ausstellungen und Konzerte statt.
✆ 29-20391391, www.rwcmd.ac.uk.

Neueste Bauwerke im Park sind die *Millennium Footbridge*, gebaut für die Rugby-Weltmeisterschaft 1999, die den Bute Park mit den auf der anderen Seite des Taff liegenden Sophia Gardens verbindet. Eine weitere neue Brücke, die Blackfriars

Footbridge, entstand auf Höhe der Ruinen des Blackfriars Cottage. 2012 wurde der Bute Park für über fünf Millionen Pfund aufgefrischt.

An der Cowbridge am südwestlichen Ende des Parks befindet sich die Haltestelle des **AquaBus**, mit dem man nach Penarth, zur Cardiff Bay und zum Cardiff-Bay-Damm (Barrage) fahren kann.

Cardiff Bay

Einst war Cardiff eine pulsierende Industriestadt mit großem Hafen. Mit dem wirtschaftlichen Niedergang verwahrloste auch das Hafenviertel. Übrig blieben heruntergekommene Viertel, soziale Brennpunkte, unansehnliche Industriebrachen und der enorme Tidenhub, die Differenz von nahezu 14 Metern zwischen Flut und Ebbe. Dieser verwandelte Cardiff Bay täglich für 14 Stunden in ein schlammiges Loch, in dem die letzten verbliebenen Boote wie Fische auf dem Trockenen lagen. All das war vor allem für die Touristen keine ansehnliche Szenerie. Mit dem Ziel, das industrielle Erbe unbedingt hinter sich zu lassen, wurde in den 1990er-Jahren eines der größten und nicht unumstrittenen Bauprojekte Europas beschlossen: die Revitalisierung des gesamten Hafengeländes und, vor allem, des Cardiff-Bay-Viertels. Durch den Bau eines 1,1 km langen Damms sollte im Mündungsgebiet der Flüsse Taff und Ely ein zwei Quadratkilometer großer Süßwassersee entstehen und Investoren für das heruntergekommene, 1100 Hektar große Industrieland anlocken. Der Damm wurde 1999 vollendet und kostete 220 Millionen Pfund.

Mittlerweile hat sich Cardiff Bay zu einem lebendigen und attraktiven Stadtteil entwickelt. Der Damm erfüllte, wie erhofft, die zentrale Rolle in der Revitalisierung des Hafenviertels. Um historische Gebäude gruppieren sich heute Museen, Promenaden, Kultur- und Freizeiteinrichtungen. Mit *Mermaid Quai* entstand eine Promenade mit Pubs, Restaurants und Cafés. Und auch die Investoren haben ihr Ziel erreicht, ihre vielen vormals wertlosen Grundstücke am Wasser zu vergolden. Im Hafenbecken halten Waterbus, Aquabus und die Boote zur Flatholm-Insel. Wer möchte, kann eine Bootsfahrt mit dem Schnellboot machen (Bay Island Voyages).

The Pierhead Building: Der neugotische Backsteinbau, ursprünglich Hauptsitz der Cardiff Railway Company, beherbergte ab 1947 die Hafenverwaltung. 1897 von den Butes gebaut, symbolisiert das Gebäude das auf Wasser (Hafen) und Feuer (Kohle, Eisen) gegründete walisische Selbstbewusstsein. Der Turm wird auch „Walisischer Big Ben" genannt, obwohl dieser Name wohl eher eine Erfindung der Tourismusindustrie ist, den kaum ein Cardiffer je gehört hat (wenn es in Cardiff einen „Big Ben" gibt, dann wäre das wohl der Turm der City Hall, hat er doch das gleiche Glockenspiel wie sein Pendant in London). Unter Leitung der National Assembly wurde das Pierhead Building 2011 als Veranstaltungs- und Ausstellungsort wiedereröffnet und gewährt heute Einblick in seine Geschichte und die der Stadt. Die Wechselausstellung wird jeweils von einem anderen Abgeordneten der National Assembly organisiert und beschäftigt sich mit walisischen Themenfeldern.

Tägl. 10.30–16.30 Uhr. Eintritt frei. Pierhead, Cardiff Bay, ✆ 0845-0105500, www.pierhead.org.

Norwegian Church Arts Centre: Wie aus der Fremde angeschwemmt, steht die Norwegische Kirche an exponierter Stelle am Hafenbecken zwischen Docks und Cardiff Bay. 1868 wurde das Gotteshaus als eine der ersten norwegischen Seemanns-Kirchen außerhalb Norwegens erbaut und diente den skandinavischen Seglern auch als kulturelles und soziales Zentrum. Der 1916 in Llandaff geborene bekannte norwegische Schriftsteller Roald Dahl („Charlie und die Schokoladen-

Neues Wahrzeichen der Bay: das Millennium Centre

fabrik") verbrachte seine Kindheit in Cardiff und wurde in dieser Kirche getauft. Nach Säkularisierung und Schließung 1974 verfiel das Gebäude. Der norwegische Denkmalschutz und eine Initiative in Cardiffs Partnerstadt Bergen sammelten 250.000 Pfund und retteten die Kirche vor dem Abriss. Im Beisein der norwegischen Aristokratie wurde sie 1992 wiedereröffnet und ist heute ein außen historisches und innen vorwiegend modern gestaltetes Kulturzentrum mit Ausstellungen, Konzerten, Veranstaltungen und einem gemütlichen Café.
 Harbour Drive, Cardiff Bay, 029-20877959, www.norwegianchurchcardiff.com.

Goleulong 2000 Lightship: 22 Jahre lang lag das leuchtend-rote, ausrangierte Leuchtfeuerschiff im Roath Basin vor Anker und diente der Kirche als schwimmende Kapelle und Café. 2015 verließ es seinen Ankerplatz unweit der Norwegischen Kirche, nachdem die Unterstützerkirchen die Finanzierung nicht länger gewährleisten konnten, und schwamm den Severn hinunter in eine ungewisse Zukunft.

Senedd/National Assembly Building: Der neue Plenarsaal für die walisische Nationalversammlung, eine leichte und offene Konstruktion aus geschwungenem Holz, Aluminium und Glas direkt neben dem Pierhead Building, kann besichtigt werden. Es gibt öffentliche Bereiche, ein Café – und bei Sitzungen kann man von der Galerie den Parlamentariern zuschauen. Der federführende Architekt, Lord Richard Rogers, zeichnet u. a. auch für das Centre Pompidou in Paris sowie die Lloyd's Bank und den Millennium Dome in London verantwortlich.
 National Assembly, Cardiff Bay, 0300-2006565, www.assembly.wales.

Wales Millennium Centre: Der architektonische Höhepunkt und das Wahrzeichen der neuen Cardiff Bay. Das Ensemble steht am Bute Place, der unmittelbar nördlich an den *Roald Dahl Plass* angrenzt, ein ehemaliges Hafenbecken, das zugeschüttet wurde und heute als zentraler Platz in der Bay für Veranstaltungen genutzt wird.

Die Fassade aus walisischem Schiefer, ein Werk des walisischen Architekten Jonathan Adams, ist von einer bronzenen Hülle überzogen – je nach Tageszeit lässt die Sonne das Bauwerk in den unterschiedlichsten Facetten schimmern. Nachts, wenn das Gebäude angestrahlt ist, erscheinen die Verse der Dichterin Gwyneth Lewis an der Fassade besonders imposant. Das 2004 eröffnete Millennium Centre ist heute die zentrale Kultureinrichtung von Wales. Es ist Spielstätte der Welsh National Opera, der National Dance Company, des BBC National Orchestra of Wales; auch Literature Wales, die Organisation für walisische Literatur, sowie das Centre Ty Cerdd, eine Einrichtung für walisische Musik, die Urdd Gobaith Cymru, Wales' größte Jugendorganisation, sowie das Hijinx-Theater sind hier beheimatet. Kurz: In dem mächtigen Gebäudekomplex sind fast alle großen kulturellen walisischen Institutionen zuhause.
Bute Place, Cardiff Bay, ✆ 029-20636464, www.wmc.org.uk.

Techniquest: Das Wissenschaftsmuseum ist vor allem ein Entdeckungszentrum für Kinder – alles ist zum Anfassen und Ausprobieren. Die Exponate in Großbritanniens ältestem Wissenschaftszentrum erklären anschaulich, wie etwa ein Magnet- oder Luftkissenfeld funktioniert; man erlebt das Phänomen der optischen Täuschung oder kommuniziert mit Robotern. Hinter der neuen Fassade verbirgt sich übrigens eine historische Gebäudekonstruktion mit einem Gerüst aus Gusseisen.
Di–Fr 9.30–16.30, Sa–So 10–17 Uhr (während der Schulzeit), während der Schulferien und an Feiertagen Mo–So 10–17 Uhr. Eintritt 7,50 £, Kinder und ermäßigt 6 £. Stuart Street, ✆ 029-20475475, www.techniquest.org.

Red Dragon Centre: Das Freizeitzentrum mit IMAX-Kino, Bowling-Centre, Casino, Fitnessklub und Restaurants ist das größte der Stadt.
Zwischen Cardiff Bay Rail Station und Wales Millennium Centre. Atlantic Wharf Leisure Park, Hemingway Road, www.thereddragoncentre.co.uk.

Doctor Who Experience: Doctor Who ist kein britischer Ableger von Emergency Room oder Doctor House, sondern die „dienstälteste" Science-Fiction-Serie der Welt. Seit der Erstausstrahlung 1963 hat die BBC neben über 160 Folgen auch etliche

Kernprojekt der Hafenvitalisierung ist die Cardiff Bay Barrage

Filme und aus der Hauptserie hervorgegangene Serien wie Torchwood und The Sarah Jane Project produziert. Berühmtheiten wie Douglas Adams („Per Anhalter durch die Galaxis") schrieben Drehbücher für die Serie. Nach 16 Jahren Pause werden seit 2005 wieder neue Folgen gedreht. Der außerirdische Weltverbesserer Dr. Who reist durch die Zeit und erlebt dabei spannende Abenteuer, muss sich gegen Daleks, Cyberman und allerlei andere Herausforderungen behaupten. Zuhause ist Dr. Who mit seiner Telefon-Zeitreisekapsel in Cardiff. 2012 installierte die BBC, die ihre Studios nach Cardiff verlagert hatte, eine nagelneue interaktive Ausstellung.

Sept.–Okt. tägl. außer Di 10–17 Uhr; geschlossen von Nov. bis Febr. auch Mo. In den Ferien tägl. geöffnet. Für den Besuch muss ein bestimmtes Zeitfenster gebucht werden. Daher ist ein vorheriger Ticketkauf online oder telefonisch zu empfehlen. Eintritt an der Kasse 16 £, Kind 11,75 £, Familie 49 £. Discovery Quay, Porth Teigr, Cardiff Bay. Parkplatz Lock Keepers Cottage Car Park auf der Porth Teigr Private Road. ℡ 0844-8012279, www.doctorwhoexperience.com.

Cardiff Bay Barrage: Der Ausflug zu dieser Ingenieursleistung lohnt sich. Der umstrittene, 1,1 km lange und 220 Millionen Pfund teure Damm war das Kernstück des Cardiff-Bay-Projekts. Er trennt die Bucht vom Meer und schuf so den zwei Quadratkilometer großen künstlichen See mit einer Uferlänge von knapp 13 km. Mit dem Auto ist der Damm von *Penarth* aus erreichbar. Zu Fuß, per Rad oder Aquabus gibt es eine Anbindung ab *Cardiff Bay*. Auf dem Damm selbst befindet sich auch eines der interessantesten Kunstwerke der Stadt. Vom Parkplatz Penarth aus kommend, sind an den Wänden, von den Besuchern meist unbeachtet, auf den Kaimauern gelbe Linien zu sehen. Auf dem Boden findet man irgendwann ein gelbes Kreuz. Erst wenn man sich daraufstellt, versteht man die vom Schweizer Künstler Felice Varini geschaffenen „3 Ellipses for 3 Locks".

Butetown

Der Name irritiert, steht Butetown bei den Einheimischen doch für einen zersiedelten sozialen Brennpunkt westlich der Bute Street, rund um den Loudoun Square. Heute bezeichnet Butetown das nördlich von Cardiff Bay gelegene alte Herzstück des Hafenviertels rund um die *Coal Exchange*. Das Hafengebiet hieß früher Tiger Bay, doch wollte man sich mit der beginnenden Revitalisierung des Areals von diesem Namen trennen. Heute finden viele Einheimische den alten Namen inzwischen wieder attraktiver als den künstlichen Begriff Cardiff Bay.

Im 19. Jahrhundert ließ John Crichton-Stuart hier Wohnsiedlungen für die Hafenarbeiter anlegen. Schifffahrtsgesellschaften und Handelsunternehmen hatten in Tiger Bay ihre Niederlassungen, Seeleute aus aller Welt suchten hier Vergnügungen und Unterhaltung. Butetown entwickelte sich zu einer der ersten multikulturellen Gemeinden in Großbritannien mit Bewohnern aus über 50 Ländern. Shirley Bassey, berühmte Sängerin von drei James-Bond-Titelsongs, besang auch die Tiger Bay, wurde sie doch 1937 hier in der Adeline Street geboren. Doch von dem „walisischen Sankt Pauli" ist nicht viel geblieben. Der industrielle Verfall, die deutsche Bombardierung und vor allem Umbaumaßnahmen in den 1960ern ließen nur wenige architektonische Relikte von früher übrig: Die Spuren der industriellen Docklands sind heute weitgehend ausgelöscht, alte Handelpaläste wurden flächendeckend abgerissen und durch Bauten mit Schuhkarton-Ästhetik ersetzt (wer wissen will, wie es hier zu industriellen Glanzzeiten aussah, sollte die Cardiff-Story-Ausstellung in der Old Library besuchen – s. o. „Die Innenstadt"). Die verbliebenen historischen Reste allerdings sind wunderschön und unbedingt sehenswert. Man findet sie beispielsweise noch um den *Mount Stuart Square* und um die *West Bute Street*. Leider profitierte das Viertel bisher nicht, wie erhofft, von der Entwicklung der Cardiff Bay, hier entwickelt sich alles nur sehr langsam, viele Gebäude stehen noch immer leer. Vielleicht ist das eine Chance, sich ganz in Ruhe auf Butetown einzulassen.

The Coal Exchange: Die Kohlebörse ist das prächtigste noch erhaltene Gebäude des früheren Hafenviertels. Einst wurde in dieser Kathedrale des Industriezeitalters der Kohlepreis für die ganze Welt festgelegt, auch der weltweit erste Scheck über eine Million Pfund wurde hier ausgestellt. Jahrelang stand das Gebäude leer und verfiel. Auch heute noch fristet das glanzvolle Haus ein trauriges Dasein und wird nur gelegentlich für Veranstaltungen genutzt. Doch zum Glück sprießen hier inzwischen nicht nur die Birken. Langsam scheint man das Gebäude wiederzuentdecken, und es gibt einige interessante Konzepte für seine Zukunft, die inzwischen weit gediehen sind. Wer Glück hat, findet das Gebäude geöffnet vor, und die Herren vom Empfang gewähren einen Blick in den umwerfenden einstigen Börsensaal.
Mount Stuart Square, ✆ 079-71212535, www.coalexchange.co.uk.

Butetown History & Arts Centre: Das „Heimatmuseum" und Dokumentationszentrum zeigt die historische und gegenwärtige Entwicklung des Stadtteils anhand von Biografien seiner Einwohner. Kreatives und spannendes Museum.
Di–Fr 10–17, Sa–So 11–16.30 Uhr. Eintritt frei. 4 Dock Chambers, Bute Street, ✆ 029-20256757, www.bhac.org.

Bay Art Gallery: Ein neues kreatives Zentrum der wachsenden Cardiffer Kunstszene. Wechselnde Ausstellungen zeitgenössischer internationaler und walisischer Künstler.
Di–Sa 12–17 Uhr, nur bei Ausstellungen. Am besten vorher informieren. 54 Bute Street, ✆ 029-20650016, www.bayart.org.uk.

Das Areal zwischen Cardiff Bay und City entlang der Hauptachsen Bute Street und Lloyd George Avenue ist leider ein unwürdiges Verbindungsstück zwischen den beiden vitalen Zentren der Stadt. Die trostlose Bebauung und Reihenhausghettos, die an Stelle einstiger Vorzeigebauten aus wirtschaftlichen Glanzzeiten errichtet wurden (Übersicht der Prachtbauten im Cardiff-Story-Museum), sollte man so schnell wie möglich überspringen. Am einfachsten geht das mit Bus oder Bahn (z. B. von Cardiff Central zur Cardiff Bay Station).

Cardiff Castle

Als ältestes Gebäude der Stadt steht Cardiff Castle im Mittelpunkt des touristischen Interesses. Der Gebäudekomplex in seiner heutigen Form geht auf den 3. Marquis von Bute und dessen Architekten William Burges zurück. Seit etwa 2000 Jahren existierten an dieser Stelle Befestigungsanlagen. Das erste *Castellum* errichteten die Römer etwa um 55 n. Chr. als Handelsstützpunkt, zur Zeit der Unterwerfung des hier ansässigen Volksstammes der Silurer. Einem Neubau um 75 n. Chr. folgte um 250 der Bau eines dritten Kastells. Dieses wurde bis zum Abzug der Römer aus Britannien um das Jahr 500 genutzt.

Der älteste noch erhaltene Teil des „Burgensammelsuriums" Cardiff Castle ist der im Innenhof stehende sogenannte *Keep*, der Hauptturm einer mittelalterlichen normannischen Festung aus dem 11. Jahrhundert. Auf einer einfachen Erdhügelburg von Lord of Glouchester Robert Fitzhamon erbaut, diente der Keep von 1126 bis 1134 als Gefängnis für Robert II. Der Sohn von William dem Eroberer unterlag

Cardiff Castle vom Bute Park aus gesehen

seinem jüngeren Bruder Heinrich I. im Kampf um die englische Krone und das Herzogtum Normandie und war hier bis zu seinem Tode eingekerkert.

Nach häufigen Besitzerwechseln seit 1216 gelangte die Burg 1766 schließlich in den Besitz des Aristokratenclans der Butes. Die ließen die verfallene und stark zugewachsene Anlage Stück für Stück umgestalten, wobei der größte Anteil auf *John Crichton-Stuart*, den 3. Marquis von Bute, zurückgeht. Dieser beauftragte 1886 den schottischen Architekten *William Burges* mit dem Umbau des Castle im neugotischen Stil. Hier hatten sich zwei extravagante und schräge Gentlemen gefunden. Burges etwa hatte ein Faible für bunte mittelalterliche Kleidung. Dazu nannte er einen Papagei namens Polly sein Eigen, den er oft piratenartig auf der Schulter mit sich herumtrug. Beide Männer teilten die Leidenschaft für mittelalterlich-gotische Architektur und ließen ihrer Fantasie bei der Gestaltung von Cardiff Castle freien Lauf. So zählen einige der neu entstandenen Gebäude und Räumlichkeiten zu den herausragendsten Beispielen viktorianischer Kunst in Großbritannien. Mit Butes Geld, dem damals reichsten Mann des Empires, und Burges' Kreativität entstand eines der schönsten Märchenschlösser des 19. Jahrhunderts – jeder einzelne Raum ist eine Reise in eine andere Traumwelt. 1947 verkaufte der 5. Marquis von Bute die Burg und den die Anlage umgebenden Bute Park für ein symbolisches Pfund Sterling an die Stadt.

Cardiff Castle ist heute eine Touristenattraktion und beherbergt neben den Räumlichkeiten der Butes weitere Attraktionen, wie Luftschutzräume aus dem Zweiten Weltkrieg oder das **Regimentsmuseum** der 1st The Queen's Dragoon Guards, auch *Museum of the Welsh Soldier* genannt. Besonders sehenswert sind u. a. *Glockenturm, Tiermauer, Bibliothek* und *Arab Room* (siehe unten). Einige Zimmer des Schlosses können besichtigt werden. Einen ausführlicheren Einblick bekommt man bei den Führungen, die alle 20 Minuten stattfinden. Je nach Jahreszeit sind dabei verschiedene Zimmer zu sehen.

Clock Tower: Der 40 m hohe Glockenturm unterscheidet sich vor allem von außen durch seine ausgefallenen farbigen Verzierungen von den früheren Steinarbeiten des Castle. Die große goldene Uhr illustriert die Faszination des Marquis von Bute und seines Baumeisters Burges für die Themen Astrologie und „Zeit und Vergänglichkeit". Der Turm mit seinen Wappen und den die Himmelskörper des Sonnensystems symbolisierenden Figuren beherbergt im Innern einen ganzen Komplex von Zimmern für den Marquis, als er noch Junggeselle war: die Bachelor Rooms.

Winter Smoking Room: Wie außen am Turm setzt sich hier das Thema „Vergänglichkeit" fort. Tierkreiszeichen schmücken die Decke, Sonnensymbole dominieren die Wanddekoration. Fenster, Gemälde und Ornamente symbolisieren die Jahreszeiten, Tage und Monate. Beeindruckend sind die Schnitzereien und Schreinerarbeiten. Ein großer Kamin ist mit Szenen aus dem mittelalterlichen Leben dekoriert. In einem Schrank mit reichen Schnitzereien und Perlmuttverzierungen findet sich Platz für Zigarren, Zubehör – und für 40 Flaschen. Beim Betreten oder Verlassen des Raums lohnt ein Blick nach oben: Eine Monsterfigur an der Wand sollte neugierige Frauenzimmer vom Lauschen abhalten.

Nursery: Das Kinderzimmer ist an den Wänden rundum mit Märchenmotiven bemalt. So sieht man etwa Rotkäppchen auf dem Wolf reitend, Robinson Crusoe und viele andere bekannte Geschichten. Wer genau hinschaut, erkennt sogar den „unsichtbaren" Prinzen.

Arab Room: Dieses Zimmer diente als Aufenthaltsraum. Bei der Ausgestaltung ließ sich Bute von seinen Reisen nach Sizilien und Konstantinopel inspirieren. Die maurischen Elemente aus Holz an den Fenstern und aus Marmor an Kamin und Boden stehen für Butes Überzeugung von der Bedeutung der maurischen Kultur als Quelle der mittelalterlichen abendländischen Zivilisation. Das nach Vorlagen aus Palermo inszenierte Zimmer ist vor allem wegen seiner Decke atemberaubend. Für die Gestaltung der geometrischen, vergoldeten Muster wurden namhafte walisische Künstler verpflichtet. Wie oft behauptet, war das Zimmer keineswegs ein Frauen- oder Haremszimmer. Mit seinen üppigen Schnitzereien aus diversen Materialien gilt es als die Vollendung von Burges' Werk als Innenarchitekt und Designer. Bis zu seinem Tod arbeitete der Architekt an diesem Raum – und der Marquis zollte seinem Weggefährten Respekt, den er in die marmorne Umrandung des Kamins auf Lateinisch einmeißeln ließ: „John

Cardiff Castle: Clock Tower und Animal Wall

Der Arab Room ist einer der prächtigsten Räume von Cardiff Castle

Marques of Bute erbaute dies im Jahre 1881. William Burges gestaltete es." Die an den Fenstern angebrachten Kristalle verteilen das Licht bei entsprechender Sonneneinstrahlung wunderbar im Raum.

Banqueting Hall: Der Bankettsaal wirkt nach der Enge der vorangegangenen Räume und Flure wie eine Befreiung. Hauptattraktion ist die polygonale Dachkonstruktion mit ihren Hammerbalken, die einem Kirchenschiff entlehnt ist. Geschnitzte Engel mit Schildern schauen von oben herab in die Halle. Die Wandbilder gestaltete *H. W. Lonsdale*, den Burges von der gemeinsamen Arbeit an der Saint Fin Barre's Cathedral in Cork bereits kannte. Dargestellt sind etwa ein arbeitender Mönch, beobachtet von einer Eule, ein Tier aus dem walisischen Legendenbuch Mabinogion. In einer Ecke des Raums sind Dudelsack spielende Schweine und weitere merkwürdige Figuren zu sehen. Andere Motive stellen u. a. die dramatische Geschichte vom „Hund von Gelert" dar, der in Beddgelert in Snowdonia begraben sein soll (siehe dort). Ein weiterer langjähriger Mitarbeiter von Burges, *Thomas Nicholls*, auch verantwortlich für die ersten Tiere des *Animal Wall* (s. u.), schuf über dem Kamin eine weitere mittelalterliche Szene mit Robert the Consul beim Auszug zu seinen Expeditionen im Kampf um die englische Krone. Dieser soll für den Bau des im Zentrum des Castle stehenden normannischen Keep verantwortlich gewesen sein. Die Schnitzereien wurden erst nach dem Tod von Burges 1893 vollendet. Die Tatsache, dass der Architekt ein starkes Team von Handwerkern um sich geschart hatte, stellte sicher, dass die Arbeiten nach seinen Plänen und in seinem Sinne fortgesetzt wurden.

The Library: Die weiträumige Bibliothek beeindruckt durch ihre warmen Farben. Handgefertigte hölzerne Bücherregale mit Böden aus kalifornischem Marmor sorgen für eine weitgehend gleichbleibende Temperatur und schonen so den wertvollen Bestand. Der 3. Marquis von Bute war ein sehr gebildeter Mann. Er beherrschte 21 Sprachen, davon wohl elf Sprachen fließend. Das original erhaltene Heizungssystem ist gekonnt hinter Holz mit geschmiedeten Gittern versteckt und erwärmte sogar den Schreibtisch direkt. Besonders sehenswert sind die Affenfiguren am Eingang zur Bibliothek, ein künstlerischer Hinweis auf die damals die Gemüter aufwühlende Diskussion um Darwins Evolutionstheorie. Als zum Katholizismus konvertierter, aber liberaler Mann setzte sich Bute hier mit der Frage auseinander, ob der Mensch tatsächlich vom Affen abstammt.

Animal Wall: Die Tiermauer links vor dem Haupteingang des Castle, eine Begrenzung zum dahinterliegenden Park, ist eine weitere verrückte Kreation von William Burges. Über die Jahrhunderte wurde die Wand mehrmals versetzt und erweitert, bis heute setzen die Figuren zum Sprung auf Passanten auf der Castle Road an.

Cardiff Castle: März–Okt. tägl. 9–17 Uhr. Nov.–Febr. tägl. 9–16 Uhr. Erw. 12 £, Kind 9 £, Student/Senior 10,50 £. Ticket ermöglicht freien Rundgang auf dem Areal, Eintritt in die Museen sowie Zugang zu einigen Räumlichkeiten der Castle Appartments, inkl. Audioführer. Für 3 £ extra (Kind 2 £, erm. 2,50 £) bekommt man die House Tour inklusive einer 50-minütigen Führung. ✆ 029-20878100, www.cardiffcastle.com.

🚶 Spaziergang vom Cardiff Castle zur Llandaff Cathedral

Dieser leichte, kindertaugliche, ca. 4 km lange Spaziergang führt auf größtenteils asphaltierten Wegen und Straßen auf flachem Gelände vorwiegend durch Parks und Grünland inmitten der Stadt. Regelmäßig deuten Wegweiser auf den Taff Trail, nach Llandaff und Castell Coch hin. Unterwegs gibt es Pubs, Teehäuser und weitere Rast- und Einkehrmöglichkeiten, z. B. The Summerhouse oder The Secret Garden Café. Ein Cardiff-Stadtplan genügt als Karte.

Wir starten direkt vor **Cardiff Castle**. Links vom Castle in Richtung Animal Wall gehen wir durch das Haupteingangstor zum Bute Park. Der Taff-Fluss, an dem wir uns auf dem Spaziergang immer orientieren können, liegt zu unserer linken Seite. Nach etwa 10 Minuten passieren wir die **Millennium Bridge** mit dem Summerhouse-Teehaus. Auf der anderen Flussseite erhebt sich das SWALEC Cricket-Stadion. Beim Education Centre und der Baumschule des Bute Parks liegt das **Secret Garden Café**. Der Park wird lichter und geht hier und da auch einmal in Wiesen über. Auch wenn die Wege manchmal vom Wasser wegschlängeln, ist es aufgrund des Flusses einfach, immer wieder die Richtung zu finden. Wenn man also im Park etwas Interessantes sieht, muss man sich nicht streng an die Route halten – solange man sich den Weg bei Gelegenheit wieder einschlägt. Weiter hinten erstreckt sich ein Mammutbaumhain, kurz dahinter liegen ein Wehr und eine **Fußgängerhängebrücke**. Wir bleiben auf unserer Uferseite, kurz hinter der Brücke verengt sich der Park. Rechter Hand befinden sich mit Talybont der größte Studentenwohnheimkomplex und die Sportanlagen der Cardiff University.

Nach knapp 15 Min. kommen wir zu einem großen Tesco-Supermarkt und einer **Autobrücke**. Direkt nach dem Unterqueren der Brücke zeigt ein Wegweiser in Richtung Llandaff Cathedral auf die andere Uferseite. Unmittelbar nach dem Überqueren der Brücke biegt der Weg rechts ab und führt nun wieder am Taff entlang flussaufwärts. Nach kurzer Zeit sieht man linker Hand hinter einer Wiese **Llandaff Cathedral** aus den Bäumen ragen. Ein kleiner Pfad führt hinüber zur bedeutendsten Kirche der walisischen Hauptstadt mit ihrer imposanten Architektur und dem sehenswerten Friedhof. Eine Straße führt vom Dom zu den Ruinen des Bischofspalasts oben im **alten Ortskern** an der High Street. Hier gibt es auch Cafés und Pubs zum Einkehren.

An der High Street bei den Pubs Black Lion und Maltsters fahren Busse zurück ins Zentrum.

Llandaff

Llandaff, etwa 3,5 km nordwestlich der Innenstadt gelegen, ist ein ruhiger Stadtteil mit immer noch dörflichem Charakter und langer christlicher Geschichte. Llandaffs Hauptattraktion ist die Kathedrale. Aus dem Dorfkern kommend, sieht man die Kirche zunächst kaum. Versteckt steht sie in einem Tal und wird beim Näherkommen immer imposanter.

Llandaff Cathedral: Die Hauptkirche der Stadt ist die Heimatkirche der Diözese und des Bischofs von Llandaff. Eingebettet in eine Parklandschaft steht sie nordöstlich der Innenstadt, unweit des Taff-Flusses. Der Name des Gotteshauses lautet exakt „The Cathedral and Parish Church of Peter and Paul, Dyfrig, Teilo and Euddogwy". Die drei keltischen Heiligen Dyfrig, Teilo und Euddogwy gründeten vermutlich ab dem Jahr 560 an der Stelle einer römischen Brücke über den Taff eine christliche Gemeinde. Die Kathedrale steht somit an einem der ältesten christlichen Orte Großbritanniens.

Der gotische Bau geht auf das Jahr 1107 zurück, als der von den Normannen ernannte Bischof Urban mit dem Bau einer neuen Kirche beauftragt wurde. Über die nächsten Jahrhunderte wurde Llandaff Cathedral immer wieder erweitert. Dabei finanzierte sich das Gotteshaus vorwiegend durch Geschenke und Spenden von Pilgern zum Grab des heiligen Teilo. Teilo und Dyfrig liegen in der Kirche begraben. Mit dem Verbot solcher Zuwendungen im Zuge der Reformation und dem Versiegen auch anderer Einnahmequellen wurde der Unterhalt zunehmend schwierig, die Kirche verfiel – im 18. Jahrhundert war sie in einem fast ruinösen Zustand. In ihrer langen Geschichte brannte sie mehrmals, wurde vom Blitz getroffen, von Piraten aus Bristol geplündert, und Oliver Cromwells Truppen nutzten sie

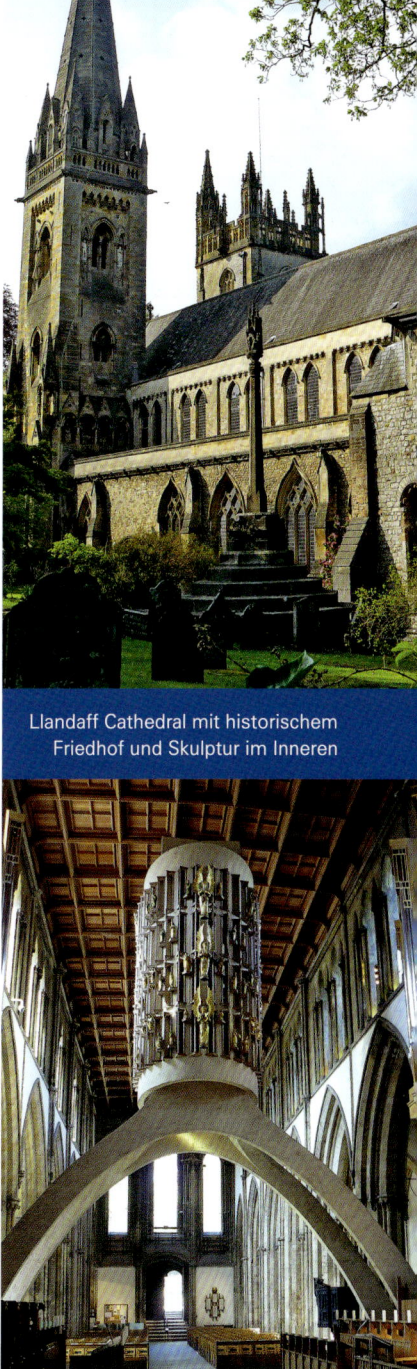

Llandaff Cathedral mit historischem Friedhof und Skulptur im Inneren

als Pub und Stall. Ab 1734 begann man mit der Restaurierung, die wieder abgebrochen wurde. Ein aus heutiger Sicht glücklicher Umstand, denn so blieb die originale Bausubstanz so gut wie unangetastet. Erst Ende des 19. Jahrhunderts kamen die Arbeiten wieder in Gang. Im Zweiten Weltkrieg schwer beschädigt (nach Coventry die am stärksten zerstörte Kirche Großbritanniens), präsentiert sich das Gotteshaus heute als Mischung aus Stilelementen vieler Jahrhunderte und moderner, dezenter Nachkriegsrestaurierung.

Schon von außen sind die unterschiedlichen Bauphasen gut zu erkennen. Der zentrale Teil und die Westfront sind aus dem Jahr 1220 und somit die ältesten Teile. Um die gesamte Kirche herum sind die Köpfe aller britischen Könige und Königinnen angebracht. Ganz vorne beim Abstieg zum Haupteingang sieht man König Edward VIII. Er trägt keine Krone, da er eine mehrfach geschiedene Bürgerliche ehelichen wollte und abdankte, bevor er gekrönt wurde. Die Geschichte seines Nachfolgers, George VI., wurde 2010 in „The King's Speech" verfilmt.

Das Kircheninnere dominiert die auf einem Bogen thronende Skulptur „Christ in Majesty", in der die Pfeifen der alten Orgel untergebracht sind. Links und rechts davon steht die 2010 vollendete neue Orgel. In der **Welsh Regiment-Kapelle** hängen Regimentsflaggen aus verschiedenen Epochen, einige davon angebrannt, andere zerrissen. Kein Wunder, handelt es sich doch um im Kampf mitgeführte Flaggen, die teilweise aus dem amerikanischen Unabhängigkeitskrieg stammen. Im Hauptschiff steht mit einem *keltischen Kreuz* aus der Ursprungskirche des 6. Jahrhunderts das älteste Stück. Kulturhistorisch interessant ist auch eine deutsche Holzschnitzerei der *Jungfrau Maria auf dem Sterbebett* aus dem Jahr 1430. Einer der sie umgebenden 11 Apostel trägt erstaunlicherweise eine Brille. Eine über australische Auswanderer nach Generationen wieder in die Kirche zurückgekehrte Sehenswürdigkeit ist die *Schädelreliquie des heiligen Teilo*; sie wurde zu einem Kelch umgearbeitet und wird der Öffentlichkeit eigentlich nicht gezeigt. Wenn man ganz nett fragt, darf man sie sich allerdings meist ansehen.

Sehenswert ist auch der teilweise verwilderte **Llandaff Cemetery**, der romantische Friedhof hinter der Kathedrale.

Im alten Ortskern von Llandaff am Ende der High Street. Infos zu Öffnungszeiten (normalerweise tägl. ab 9 Uhr), Gottesdiensten und Veranstaltungen unter ✆ 029-20564554, www.llandaffcathedral.org.uk.

Zurück auf der High Street, wo es auch sehr nette Pubs und Restaurants gibt, lohnt ein kurzer Besuch des **Bishop's Palace** und des **Walled Garden**. Der Palast wurde 1400 bei der Revolte von Owain Glyndŵr zerstört. Der Walled Garden im Inneren beherbergt heute einen nach mittelalterlichem Vorbild gestalteten Kräutergarten.

James Harvey Insole Court: Knapp 1 km westlich der Kathedrale, über die Fairwater Road zu erreichen. Das viktorianische Anwesen einer durch Kohle reich gewordenen Bürgerfamilie zeigt sich dem Besucher heute im englischen Renaissance-Stil. Es wird heute als Gemeinde- und Bildungseinrichtung genutzt, Garten und Gebäude sind allgemein zugänglich.

Fairwater Road, ✆ 029-20562757, www.insolecourt.org.uk.

Die **Cathedral Road** verbindet Llandaff Cathedral mit der Innenstadt, sie ist die schönste und besterhaltene viktorianische Straße in Cardiff. Hier reiht sich ein Hotel und B & B ans andere – und hier sowie in den Nebenstraßen gibt es auch sehr gute Pubs.

Die besterhaltene viktorianische Straße von Cardiff: Cathedral Road

Basis-Infos

Einwohner 355.000

Information Cardiff Tourist Information Centre, die zentrale touristische Anlaufstelle für Cardiff und ganz Wales befindet sich in der Cardiff Bay. Warum das Büro in der Old Library im Zentrum geschlossen wurde, verstehen wohl nicht einmal mehr die Verantwortlichen für diese Aktion. Modern gestaltet und unterteilt in eine Abteilung für Cardiff sowie eine weitere für alle Regionen in Wales. Umfangreiches Informationsmaterial und großer Laden. Wales Millennium Centre, Bute Place, Cardiff Bay. Mo–So 10–18, bei Abendvorstellungen im Millenium Centre bis 19.30 Uhr. ✆ 029-20873573, visitorcentrecardiffbay@cardiff.gov.uk.

Visit Wales (Wales Tourist Board), der Dachverband des Wales-Tourismus und Betreiber der Webseiten mit Sitz in Cardiff, allerdings ohne eigenes Besucherzentrum. Broschüren von „Visit Wales" gibt es in der Touristinformation im Zentrum (s. o.). www.visitwales.de, www.visitwales.com.

Stadtpläne/Karten Kostenlose Stadtpläne bekommt man in den Touristinfos, Straßenkarten in fast jedem Buchladen, ebenso die Großraumkarten des Ordnance Survey Verlags.

Apotheke Boots, 5–7 Wood Street. Mo–Fr 8–18.30, Sa 9–18, So 11–15 Uhr. ✆ 029-20377043.

Superdrug, Queens West, Queen Street. Mo–Sa 8–18.30, Do bis 19, So 11–17 Uhr. Queen Street, ✆ 029-20231282.

Bibliothek Die Central Library, Cardiffs neue Bibliothek, steht gegenüber der Old Library am anderen Ende von The Hayes. 2009 im Beisein der walisischen Band „The Manic Street Preachers" eröffnet, gibt es hier auch umfangreiche Infos für Wales- und Cardiff-Besucher. Mo–Mi 9–18, Do 9–19, Fr 9–18, Sa 9–17.30 Uhr. ✆ 029-20382116, www.cardiff.gov.uk/libraries.

Einkaufen Siehe unten.

Fahrradverleih → Stadtverkehr

Fundbüro Cardiff Central Station, Cardiff Airport, Cardiff Bus Station.

Konsulate Deutsches Konsulat (German Consulate), c/o Berry Smith Solicitors,

Haywood House, Dumfries Place. ℡ 029-20345511.

Schweizerisches Konsulat (Consulate of Switzerland), c/o Capital Law, Capital Building, Tyndall Street. ℡ 01792-423504, cardiff@honrep.ch.

Krankenhaus NHS Wales, der nationale Gesundheitsdienst, ℡ 0845-4647.

University Hospital of Wales, Heath Park, ℡ 029-20747747, ℻ 20743838.

Polizei, Feuerwehr, Ambulanz ℡ 999

South Wales Police Headquarters, Cowbridge Road, Bridgend, ℡ 01656-869366.

Zentrale Polizeistationen: *Cardiff Central Police Station.* King Edward VII Avenue, Cathays Park, ℡ 029-20222111. *Cardiff Bay Police Station* James Street, ℡ 029-20222111. Beide Stationen sind rund um die Uhr geöffnet. „Police" heißt auf Walisisch übrigens „Heddlu".

Post Mo–Sa 9–17.30 Uhr, 45–46 Queen's Arcade.

Sport Siehe unten.

Stadtrundfahrten Cardiff City Sightseeing Bus, starten am Cardiff Castle. Man kann jederzeit aus- und wieder einsteigen. Dauer ca. 50 Min. 9 £.

Dr. Who Location Bus Tour, Treffpunkt ist das Wales Millenium Centre. Dauer ca. 4 Std. 26 £/Pers. ℡ 0844-2471007, http://britmovietours.com/bookings/doctor-who-tour-of-locations.

Stadtführungen „The Llandaff Cardiff Ghost Walk", „Cardiff's Forgotten Past" oder „Creepy Cardiff Ghost Tour" sind Führungen von einer Stunde bis zu einem Tag Länge mit spannenden, unterschiedlichen Schwerpunkten zur Geschichte und der Stadt und Umgebung. Anspruch dieser Touren ist es, neben den bekannten touristischen Zielen auch weniger bekannte Personen und Orte vorzustellen. Nähere Infos zu den Führungen im Touristbüro oder auf den Seiten der Veranstalter www.cardiffhistory.co.uk, www.wherewhenwales.com, www.creepycardiff.com.

Cardiff Bay Tour organisiert Lauftouren zu den interessantesten Orten in Cardiff Bay und Butetown. www.cardiffbaytours.com.

Cardiff Water Bus: Die gelben Boote verkehren mit mehreren Zwischenstopps zwischen Marmaid Quai in Cardiff Bay und der Barrage in Penarth – die wohl beste Gelegenheit, die Bay zu erkunden. www.cardiffwaterbus.com.

Wer den Kick will, nimmt ein Schnellboot von **Bay Island Voyages** (www.bayislandvoyages.org.uk). Die Schnellboote befahren den Bristol Channel. Eine Tour um Flat Holm und Steep Holm dauert ca. 3 Std.

Veranstaltungen Cardiff Festival, eine Mischung aus Kultur-, Kunst- und Sportveranstaltungen. Eigentlich eine Zusammenfassung mehrerer Großveranstaltungen und vieler über den Sommer verteilter Events. Zu den Höhepunkten zählen The Big Weekend, Cardiff Carnival, Mardi Gras sowie das International Food & Drink Festival. ℡ 029-20872087, www.cardiff-events.com.

Zahnarzt Das University Dental Hospital, gehört zum University Hospital of Wales. Heath Park, ℡ 029-20747747, ℻ 20743838.

Hin und weg

Flugzeug Cardiff International Airport, 19 km südwestlich der Innenstadt in Rhoose, der einzige internationale Flughafen in Wales mit jährlich über einer Million Passagiere. Erreichbar ist der Flughafen mit dem Zug ab Rhoose Cardiff Airport Train Station, Torbay Terrace, Rhoose. Tägl. bis zu 18-mal; Mo–Sa stündl., So zweistündl. Fahrzeit 20–30 Min. Infos: ℡ 08457-484950, www.arrivatrainswales.co.uk.

Zwischen Cardiff Central Station und Flughafen verkehren tägl. alle 2 Std. *Busse* (Linie X91, www.cardiffbus.com). Estcoach Bus EST 9 fährt Mo–Sa abends (www.estcoachbus.com). Das *Taxi* kostet rund 26 £. Offizieller Flughafen-Taxipartner ist Checker Cars, ℡ 01446-711747, cardiff@checkercars.com.

Alle Informationen zur Anreise → Kapitel Anreise.

Internationale Flüge: Direktverbindungen von/nach Deutschland gibt es von Düsseldorf und München (Flybe). Zudem bietet Flybe Direktflüge von Genf an. Die meisten Flüge gehen allerdings über Amsterdam und Paris mit KLM, Air France oder Flybe. Von Wien fliegen KLM, Air France und

108 Cardiff

Flybe mit Zwischenstopp in die walisische Hauptstadt. Eine Alternative ist der nur 80 km entfernte Flughafen von Bristol. Dorthin gehen zahlreiche Direktflüge, etwa von Berlin, Düsseldorf, Frankfurt, Hamburg, München, Wien oder Basel (mit easy Jet und bmi). Von Cardiff gelangt man übrigens auch direkt nach Dublin und Cork.

Inlandsflüge: Direktverbindung nach Anglesey in Wales. Von den größeren britischen Städten werden Newcastle, Edinburgh, Glasgow, Aberdeen und Belfast angeflogen. Weitere Infos zu Cardiff Airport unter ✆ 01446-711111, www.cardiff-airport.com.

Bahn Cardiff Central Station, unmittelbar im Süden des Stadtzentrums. Der Zug ist meist die schnellere, aber auch fast immer teurere Reisemöglichkeit im Vergleich zum Bus. Aber auch hier gilt: Je früher man bucht, desto günstiger. Direktverbindungen nach Abergavenny (40 Min.), Bangor (4¼ Std.), Carmarthen (1¾ Std.), Fishguard (2¼ Std.), London–Paddington (2¾ Std.) und Swansea (1 Std.). Tickets, Fahrplan- und Preisauskünfte in Cardiff Central Station, National Rail Enquiries, ✆ 03457-484950 (www.nationalrail.co.uk und www.arrivatrainswales.co.uk), ✆ 0871-2441545 (www.thetrainline.com), ✆ 0871-2002233 (www.traveline.cymru).

Bus Cardiff Bus Terminal, der zentrale Busbahnhof, neben dem Hauptbahnhof im Zentrum. Fernlinien werden von *National Express* und *Megabus/Stagecoach* bedient. Weitere Routen nach Norden und Westwales betreibt *Arriva*. Das National Express-Büro ist direkt am Busbahnhof. Megabus-Bushaltestellen für den Fernverkehr z. B. nach London gibt es bei Kingsway Fford y Brenin beim Cardiff Hilton sowie vor der Student's Union am Park Place.

Für Strecken innerhalb von Wales zahlt man bei Stagecoach direkt im Bus bei Einstieg am Bus-Terminal. Infos zu Reisen in Wales unter ✆ 0871-2002233, www.travelinecymru.info. Tickets sind am günstigsten über das Internet erhältlich: www.nationalexpress.com (✆ 0871-7818181), www.megabus.co.uk (✆ 0871-2663333), www.stagecoachbus.co.uk (✆ 01633-485118).

Essen & Trinken
- 32 Città
- 33 Café Minuet
- 34 Cornish Bakehouse
- 35 The Potted Pig
- 38 10 Feet Tall
- 52 Old Brewery 1/4
- 56 Juboraj
- 57 Le Monde

Cafés
- 18 Gassy Jacks
- 21 Pen & Wig
- 22 Summerhouse
- 23 Buffalo
- 26 Garlands Eatery
- 28 Owain Glyndŵr
- 29 Goat Major
- 37 Coffee Barker
- 39 Gwdihŵ
- 40 The Old Arcade
- 41 The City Arms
- 45 The Queen's Vaults
- 46 The Plan
- 48 Tafarn Tâf
- 54 The Golden Cross
- 55 The Cambrian Tap

Nachtleben
- 19 Koko Gorilaz
- 20 Cardiff University Student's Union
- 31 Clwb Ifor Bach
- 38 undertone
- 49 Cafe Jazz

Einkaufen
- 27 The Wales Centre
- 36 Sports Direct
- 42 Cardiff Central Market
- 44 Cotswold
- 47 Spillers Records
- 58 Riverside Farmers' Market
- 61 Jacob's Antiques

Übernachten
- 24 Jolyon's at No 10
- 25 Hilton Cardiff
- 30 The Angel Hotel
- 43 Austins Guesthouse
- 48 NosDa Studio Hostel
- 50 The Bunkhouse
- 51 The River House Backpackers
- 53 The Big Sleep Hotel
- 59 Maldron Hotel
- 60 Sleeperz Hotel Cardiff

Stadtverkehr

Boot Der schönste Weg, um zur Cardiff Bay und nach Penarth zu gelangen, führt über das Wasser. Aquabus betreibt ein Netz von Haltestellen entlang des Taff und Marmaid Quai. Einzelfahrt 4 £. ✆ 029-20345163, www.aquabus.co.uk.

Bus Cardiff ist eine übersichtliche Stadt und eignet sich hervorragend zum Entdecken zu Fuß. Für längere Strecken oder wenn die Füße nicht mehr tragen, greift man auf den Bus zurück. Zuverlässiger Betreiber des öffentlichen Nahverkehrs ist *Cardiff Bus* (Bws

Caerdydd). Die Stadt, inklusive Penarth, ist eine Tarifzone. Preis für eine Einzelfahrt 1,30 £, für junge Leute 1,30 £. Das *Day to go-Ticket* gilt für einen Tag in Cardiff und Penarth und kostet 3,50 £. Das *Week to go-Ticket* ist in Cardiff und Penarth eine Woche lang gültig und kostet 15 £. Letzte Busse vom Zentrum bis 23.30 Uhr – danach Night Buses. Tickets im Bus erhältlich, passendes Geld bereithalten. Weitere Infos, auch zu Ausflügen in die Umgebung, im Cardiff Bus-Büro am Cardiff Bus-Terminal an der Wood Street.
℡ 029-20666444, www.cardiffbus.com.

Fahrrad Das Fahrrad gewinnt in der städtischen Verkehrsplanung immer mehr an Bedeutung, in den letzten Jahren wurde das Radwegenetz ausgebaut. Als eine der flachsten britischen Städte eignet sich Cardiff hervorragend fürs Radfahren.

Fahrradverleih Nachdem **Oybike** (funktionierte wie Call a Bike der DB) auch in Cardiff eingestellt wurde, gibt es derzeit kein großes Radverleihsystem mit mehreren Ausleihstationen. Wer sich die Stadt erradeln möchte, kann sich ein Bike und

Zubehör bei einem kleinen Anbieter mieten, zum Beispiel **Cardiff Pedal Power**. Es gibt zwei Verleihstationen. *Pontcanna Hire* befindet sich im Pontcanna Caravan Park am Ende der Dogo Street hinter dem Swales Stadium. *Cardiff Bay Hire* liegt hinter der Norwegischen Kirche. 7,5 £/ Std., 22.50 £/Tag. Auskünfte & Buchung unter ✆ 029-20390713, www.cardiffpedalpower.org.

Taxi Ein Taxi zu erwischen, sollte in Cardiff kein Problem sein. Die schwarzen Cabs kann man jederzeit und überall anhalten. Hotspots sind Bahnhof, Castle und Greyfriars Road. Zu den Betreibergesellschaften gehören *Capital Cabs* (✆ 029-20777777), *Dragon Taxis* (✆ 029-20333333) oder *Dragon Metro* (✆ 029-20666666).

Einkaufen
→ Karten S. 107, 108/109 und 115

Antiquitäten Jacob's Antiques 🔢, in der Nähe des Hauptbahnhofs, mit knapp 50 Händlern der größte Antiquitätenmarkt in Cardiff. Mi–Sa 9–17 Uhr, Mittwoch nur teilweise geöffnet. West Canal Wharf, am Ende der St Mary's Street auf der anderen Seite der Eisenbahnlinie. ✆ 029-20390939, www.jacobsmarket.co.uk.

🌿 **Bioladen** Fair Do's/Siopa Teg 🔢, größtes Angebot an nachhaltigen und fair gehandelten Produkten in ganz Wales. 10 Llandaff Road, ✆ 029-20222066, www.fairdos.com. ▪

Märkte Cardiff Central Market 🔢, sowohl architektonisch wie kulinarisch eine Attraktion und ein „Muss". Neben Drogerien, Weissagern und Souvenirständen findet man hier Fleischer, Delikatessen, Käse, Kuchen, Cafés, Snacks und frischen Fisch. Zum Beispiel bei Ashton's Fishmongers direkt am Haupteingang – eine Institution in Cardiff seit über 100 Jahren. Mo–Sa 8–17.30 Uhr. Cardiff Market St Mary Street. ✆ 029-20871214, www.cardiff-market.co.uk.

🌿 **Riverside Farmers' Market** 🔢, kleiner, überschaubarer Markt mit frischen Lebensmitteln, Tagesgerichten und Bioprodukten – von Wurst, Käse, Fleisch über Kuchen, Obst und Säfte bis zu Bier und köstlichen, selbst gebackenen Welsh Cakes. So 10–14 Uhr. Fitzhamon Embankment/Ecke Tudor Street, Gegenüber vom Millennium Stadium, www.riversidemarket.org.uk. ▪

Musik Spillers Records 🔢, laut Eigenwerbung der älteste Schallplattenladen der Welt – zumindest einer der interessantesten und umfangreichsten in Cardiff für Rock und Pop. 36 The Hayes, ✆ 029-20444905, www.spillersrecords.co.uk.

Souvenirs The Wales Centre 🔢, unübersehbar und wegen der vielen Schilder verwirrend, wie der Laden denn nun wirklich heißt, findet man direkt gegenüber von Cardiff Castle einen der bestsortierten Souvenirläden der Stadt vor. Von hochwertigen, modischen walisischen Tartans und Quilts über keltischen Schmuck und Sagenbücher wie dem Mabinogion bis Kitsch wie T-Shirts, Drachen und Burgen in allen Farben und Formen ist hier fast alles zu bekommen. Nebenbei kann man im Laden noch den größten walisischen Lovespoon besichtigen, geschnitzt aus einem einzigen Baumstamm. Die kleineren Liebeslöffel kann man kaufen und mitnehmen. 1–3 Castle Street, ✆ 029-20343038, www.castlewelshcrafts.co.uk.

Craft in the Bay 🔢, Galerie, Verkaufsausstellung und Café in Cardiff Bay; wird gemein-

Ein besonderes Einkaufserlebnis …

... sind die historischen Arkaden mit ihren Shops

nützig organisiert und von „The Makers Guild in Wales" betrieben, einem Verein zur Förderung walisischer Talente. Hier werden Produkte von Künstlern aus ganz Wales vermarktet, oft trifft man diese auch persönlich an. Der zweistöckige Pavillon liegt auf halbem Weg zwischen Bay und Cardiff Bay Train Station. Das Gebäude – „The D Shed" – steht unter Denkmalschutz und stammt aus den 1880ern; das einstige Lagerhaus stand bis 1999 hinter dem Pierhead Building und wurde hier wiederaufgebaut. The Flourish, Lloyd George Avenue, ✆ 029-20484611, www.makersguildinwales.org.uk.

Sport Sports Direct 36, der britische Filialist ist landesweit bekannt für seine günstigen Angebote an Sportgeräten und vor allem Trikots. Bis zu 90 % Rabatt gibt es auf Sportkleidung von walisischen, schottischen, englischen und internationalen Teams. St David's Centre.

Wandern Cotswold 44, *der* Wanderladen in Cardiff. Große Auswahl an Wander- und Reisezubehör. Die perfekte Basis, um sich für das wilde Wales auszustatten. 11 Wharton Street, ✆ 029-20399796, www.cotswoldoutdoor.com.

Sport

Millennium Stadium Geführte Touren dauern ca. 1 Std. und beginnen im WRU-Shop, dem Laden der Welsh Rugby Union. Zu sehen sind Presse- und Umkleideraum der walisischen Nationalmannschaft inkl. simuliertem Einlaufen ins Stadion, die Ränge sowie VIP-Bereiche einschließlich der Präsidentenlounge. Preis 10,50 £. ✆ 029-20822228, www.millenniumstadium.com

Eisstadion Cardiff International Ice Rink, nachdem das alte Eisstadion in der Innenstadt der Abrissbirne und dem neuen St David's Centre zum Opfer fiel, wird im International Sports Village in Cardiff Bay ein neues Eisstadion unweit des jetzigen vorübergehenden Standorts entstehen. Mo/Di und Do 10–16, Mi und Fr 10–18, Sa/So 11–16 Uhr. Preis abhängig von Uhrzeit. International Sports Village, Empire Way, Cardiff Bay. ✆ 029-20382001, www.planet-ice.co.uk/arena/Cardiff.

Schwimmbäder Cardiff International Pool, brandneues Schwimmbad im International Sports Village. 50-m-Wettkampfbecken mit 1000 Zuschauerplätzen. Großes Freizeitbad mit vier insgesamt 200 m langen Rutschen, Spaßbad, riesigem Fitnesszentrum, Kursen, Café und allem, was das Herz begehrt. Internationals Sports Village, Olympian Drive.

Cardiff Sports

Die Waliser sind verrückt nach Sport, und Cardiff ist das Zentrum dieser Versessenheit. 2009 wurde Cardiff zur „European City of Sport" gekürt. Wichtigste Sportart in Wales ist das Rugby, unübersehbar manifestiert durch das **Millennium Stadium** im Herzen der Stadt. Der 74.600 Zuschauer fassende Bau ist das Heimstadion der walisischen Nationalmannschaft. Für den Neubau wurden das alte Nationalstadion von 1969 und eine Reihe weiterer Gebäude wie der inzwischen schmerzlich vermisste Empire Pool aus dem Jahre 1958 (hatte sogar ein Geburts-Wasserbecken) abgerissen. Der Bau ging für ein solch umfangreiches Projekt recht zügig voran, befand sich Wales doch in der einmaligen Situation, die Austragung der Rugby-Weltmeisterschaft 1999 ohne passendes Stadion zugesprochen bekommen zu haben. Zur Zeit seiner Eröffnung war das Millennium Stadium das größte Stadion im Vereinigten Königreich. Heute rangiert es auf Platz vier. Es verfügt über das zweitgrößte fahrbare Stadiondach der Welt und war einer der Austragungsorte der Olympischen Spiele 2012 in London. Seit 2000 trägt auch die walisische Fußball-Nationalmannschaft ihre Heimspiele hier aus, allerdings vor sichtbar weniger vollen Rängen.

Im Schatten des Millennium Stadiums verkümmert an dessen nördlichem Ende der **Cardiff Arms Park,** die einstige Spielstätte der *Cardiff Blues* und des *Cardiff Rugby Football Club.* Seinen Namen verdankt das Areal dem Cardiff Arms Hotel, hinter dem sich eine Sumpfwiese namens Great Park erstreckte. Das Hotel der Familie Bute wurde 1878 abgerissen. Der 3. Marquis von Bute überließ das Areal daraufhin der Stadt und verfügte die bis heute geltende Regel, dass das Gelände ausschließlich für Freizeitzwecke genutzt werden darf. Und so wurden hier Sportstätten errichtet.

Die Zukunft des Cardiff Arms Parks ist ungewiss. So zogen 2009 die Rugby-Spieler in das neue **Cardiff City Stadium** zu den Fußballspielern des *Cardiff City Football Club,* kehrten aber nach ein paar Jahren wieder an ihre alte Spielstätte zurück. Die

Im Millennium Stadium finden wichtige Fußballspiele und Rugbyspiele statt

Spitzenlage im Zentrum neben dem Millennium Stadium wird aber weiterhin die Phantasie der Stadtentwickler anregen. Das Cardiff City Stadium der Fußballer von Cardiff City, mit einer Kapazität von 26.800 Plätzen das zweitgrößte Stadion von Wales, ist Teil des Großprojekts „Leckwith development". 3 km südwestlich der Innenstadt entsteht neben einem 44.000 Quadratmeter großen Gewerbegebiet und Wohnungen auf dem Gelände des alten Ninian-Park-Stadions u. a. das Leichtathletikstadion **Cardiff International Sports Stadium.** Darüber hinaus ist eine *Academy of Sport* geplant.

Wen es zum **Cricket** zieht, der ist in den **Sophia Gardens** – derzeit aufgrund eines Namenssponsors auch unter *Swalec Stadium* bekannt – genau richtig. Die internationale Arena, inmitten eines Parks am River Taff im Norden des Stadtzentrums gelegen, ist die Heimatstätte des *Glamorgan County Cricket Club, d*es einzigen in der höchsten englisch-walisischen Liga spielenden walisischen Klubs. Mehrfach gewann er die First-Class-Cricket Meisterschaft, viele berühmte Cricketers spielten für den Verein.

Wer hätte vermutet, dass man im Vereinigten Königreich auch **Eishockey** spielt. Die Stellung dieser Sportart entspricht etwa der von Rugby in Deutschland und erfreut sich wie dieses wachsender Beliebtheit. Die *Cardiff Devils* spielen in der höchsten Liga, der Elite IceHockey League. Der Meister- und Cupwinner trägt seine Spiele derzeit im 2500 Zuschauer fassenden **Cardiff International Ice Rink** aus, von den Fans auch als großes blaues Zelt bezeichnet. Im Zuge eines „International Sports Village" plant die Stadtverwaltung den Bau einer neuen Eisarena (nähere Infos unter www. cardiffdevils.com).

Im International Sports Village befinden sich auch der *Cardiff International Pool* (www.leisurecentre.com) sowie die neue *Cardiff-International-White-Water-Rafting-Anlage* (www.ciwm.com).

Schwimmbad im Stadtteil **Grangetown**, Mo–Fr 8–22, Sa 10.30–18, So 10.30–19 Uhr, Eintritt 4,50 £. Fitness- and Health-Centre Mo–Fr 6.15–22, Sa 7.30–18.30, So 8–20.30 Uhr. Eintritt jeweils 6,60 £. ☏ 029-20729090, www.leisurecentre.com.

Klettern Boulders, Wales' größte Kletterhalle am Stadtrand von Cardiff. Mo–Fr 10–22, Sa–So 10–18 Uhr. Eintritt pro Tag 8,50 £. St Catherine's Park Pengam Road, ☏ 029-20484880, www.bouldersuk.com.

Rafting Rafting- und Kanubahn im **Cardiff International White Water**. Hier kann man sich unter professioneller Anleitung im Wildwasserfahren versuchen. Beliebt auch bei Junggesellenabschieden. Wer nur zuschauen möchte, kann dies vom Balkon des wunderbaren kleinen Cafés im Obergeschoss tun. Raftingbahn Mo–So 9–17, Mi und Fr bis 20.15 Uhr. Vorherige Buchung notwendig. Die Anlage läuft nicht ununterbrochen und wird für die gebuchten Zeiten vorher eingeschaltet. Eintritt ab 25 £. International Sports Village, Watkiss Way, ☏ 029-20829970, www.ciww.com.

GoKart TeamSport Indoor Karting, 400 m Gokart-Bahn südlich des Hauptbahnhofs. Eintritt ab 24,95 £. 14–15 Curran Road, ☏ 0844-9980000, www.team-sport.co.uk.

Übernachten → Karten S. 107, 108/109 und 115

Hilton Cardiff 25, in bester Lage in der Nähe des Castles und Civic Centres. Das wohl gemütlichste 5-Sterne-Hotel der Stadt präsentiert sich in historischer Hülle, innen ist es großzügig und vorwiegend modern gestaltet. Spa, Fitnessraum und 20-m-Pool. Zimmer ab 74 £. Kingsway, ☏ 029-20646300, www.hilton.co.uk/cardiff.

Maldron Hotel 59, nagelneues Hotel der Best Western Plus-Kette mitten im Zentrum, am Ende der St Mary Street. Das Haus ist nur einen Steinwurf vom Bus- und Hauptbahnhof entfernt und bietet mit seinen 3 Sternen erstaunlichen Komfort und Service. Zimmer ab 90 £. St Mary Street, ☏ 02920-668866, ✉ 02920-574657, www.maldronhotelcardiffcity.com.

》》》 Mein Tipp: The Angel Hotel 30, mitten im Zentrum, in unschlagbarer Lage schräg gegenüber vom Castle. Das 4-Sterne-Hotel strahlt historischen Charme aus, die Zimmer sind aber auf dem neuesten Stand. Im Preis ist die Benutzung des Fitnessclubs um die Ecke enthalten. WiFi kostenlos. Zimmer ab 55 £. Castle Street, ☏ 029-20649200, ✉ 20396212, www.thehotelcollection.co.uk. 《《《

Sleeperz Hotel Cardiff 60, brandneues Hotel direkt am Hauptbahnhof. Internet und Telefonieren ins britische Festnetz kostenlos, gratis Tee und Kaffee im Zimmer, netter Service und annehmbare Preise. Die schallisolierten Fenster machen den Aufenthalt mitten in der Stadt angenehm. Zimmer ab 50 £ inkl. WiFi. Saunders Road, ☏ 029-20478747, ✉ 029-20478750, www.sleeperz.com.

The Big Sleep Hotel 53, modernes Designhotel in zentraler Lage mit 81 Zimmern. Das Hotel ist eine gute Mischung aus günstigem Preis und gutem Service. Die Zeitschrift *Elle* beschrieb es 2010 als „super cheep but sexy chic". WiFi, Tee und Kaffee auf dem Zimmer. Zimmer ab 29 £. Bute Terrace, ☏ 029-20636363, www.thebigsleephotel.com.

》》》 Mein Tipp: NosDa Studio Hostel 48, Mitglied bei Europe's Famous Hostels und 2009 zu einem der besten Hostels auf den britischen Inseln gewählt; das NosDa (walisisch „Gute Nacht") bietet Räumlichkeiten für Gruppen und Individualreisende. Die Ausstattung mit Bar und Terrasse direkt am Fluss mit Blick auf das Millennium Stadium ist hervorragend. Billard, DVD-Verleih, Frühstück, Küche, gratis Internet und kostenlose Parkplätze. Bett ab 22 £. 53–59 Despenser Street, ☏ 029-20378866, www.nosda.co.uk. 《《《

Nomad Backpackers 14, das wohl günstigste Hostel liegt etwas östlich der Innenstadt, versteckt in einer ruhigen Seitenstraße. Ausgestattet ist das Haus mit Bar, kleinem Garten mit Grillplätzen usw. WiFi. Die Preise sind für hiesige Verhältnisse fast spektakulär, die durchgelegenen Matratzen und das fade Frühstück allerdings nichts für sensible Gemüter. Bett ab 12 £, Zimmer ab 15 £ pro Person. 11 Howard Gardens, ☏ 029-20256826, www.nomadcardiff.co.uk.

The River House Backpackers 51, ebenfalls in Riverside am Taff-Fluss gelegen, in unmittelbarer Nähe zum Stadtzentrum. Kleines Boutique-Hostel mit familiärer Atmosphäre und 12 Zimmern, voll ausgestatteter Küche

Übernachten
57 Jolyon's

Essen & Trinken
58 Punk Panda
59 Bill's Cardiff Bay

Einkaufen
66 Craft in the Bay

Cafés
67 Cwtch
70 Terra Nova
71 Norwegian Church Arts Centre

und gemütlichen Aufenthaltsräumen. Bett im Gemeinschaftsschlafraum oder privatem Zimmer ab 15 £/Pers. 59 Fitzhamon Embankment, Riverside, ℡ 029-20399810, www.riverhousebackpackers.com.

The Bunkhouse 50, ein brandneues Hostel direkt in der neu entstandenen Fußgängerzone von Highstreet und St Mary Street. Alles ist auf dem neuesten Stand. Das Personal ist freundlich, die Atmosphäre gut. Man kann in der faszinierend eingerichteten Bar sogar Klapprechner ausleihen und damit surfen. Unten im Keller befindet sich ein Club. Zimmerbelegung ab 6 Pers. ab 14 £. 93–94 St Mary Street, ℡ 029-20222587, www.bunkhousecardiff.co.uk.

Austins Guesthouse 43, angenehmes, privates B & B nur 300 m von Cardiff Castle entfernt, mit Blick auf den Taff-Fluss. Alle Zimmer haben TV, Tee und Kaffee kostenlos. EZ ab 27 £, DZ ab 36 £, Frühstück 4 £ extra. 11 Coldstream Terrace, ℡ 029-20377148, www.hotelcardiff.com.

Church Guest House 10, 2012 renoviert, präsentieren sich die Zimmer dieses vorzüglichen 4-Sterne-B & B nun leger-modern. Vom Einzel- bis zum 4-Personen-Zimmer ist alles dabei. Das Frühstück bietet eine große und leckere Auswahl an Zutaten. Andrew und Claire führen das Haus freundlich und entspannt – und sind stolz auf ihre Tochter: Charlotte Church ist in Großbritannien ein

Musikstar. EZ ab 45 £, DZ ab 65 £. 109 Cathedral Road, ℡ 029-20340881, www.church guesthouse.co.uk.

Lincoln House Hotel 8, Gästehaus unweit des Zentrums, eine weitere Empfehlung an der Cathedral Road, einer der besterhaltenen viktorianischen Straßen in Europa. Das privat geführte Haus mit top Gästebewertungen ist elegant eingerichtet und wohl eine der besten Übernachtungsadressen in Cardiff. EZ ab 69,50 £, DZ ab 89,50 £. 118-120 Cathedral Road, ℡ 029-20395558, www.lincoln hotel.co.uk.

Das Cardiff Hilton

》》 Mein Tipp: Ty Rosa Boutique B & B **17**, nur 15 Min. vom Stadtzentrum entfernt; bezauberndes Boutique-Gästehaus mit stilvollen Zimmern und hervorragendem Frühstück. Das von Paul und Stuart geführte „Rosa Haus" könnte gastfreundlicher und gemütlicher kaum sein. Zimmer ab 42 £. 118 Clive Street, ℡ 0845-6439962, www.tyrosa.com. 《《

Number 62 11, im Stadtteil Pontcanna. Familiengeführtes Bed and Breakfast in viktorianischem Gebäude. Guter Service, praktisch eingerichtete Zimmer. Frühstück gibt's nebenan im Beverly. Zimmer ab 50 £ inkl. Frühstück und Internet. 62 Cathedral Road, Pontcanna, ℡ 029-20412765, www.number62.com.

》》 Mein Tipp: Jolyon's **67**, wunderbares Boutique-Hotel in historischem Gebäudeensemble direkt in Cardiff Bay. Das Haus war einst eine Seemannslodge, heute ist es ein Hotel mit herrlichem Ambiente. Die 7 Zimmer sind sehr gut ausgestattet. Die bei Einheimischen wie Gästen beliebte *Bar Cwtch* **67** und das Hotel haben seit 2011 auch einen Ableger in der Cathedral Road – *Cwtch Mawr* und *Jolyon's at No. 10* **24** (℡ 029-20091900, www.jolyons10.com). Zimmer ab 75 £. Bute Crescent, ℡/☎ 029-20488775, 《《

Cardiff Youth Hostel 1, Jugendherberge ca. 3 km vom Stadtzentrum entfernt, am Roath-Park in einem schönen und ruhigen Viertel. Mit öffentlichen Verkehrsmitteln ist die Innenstadt schnell erreicht. Bett für Erwachsene ab 16 £, für unter 18-Jährige 14,50 £, Zimmer ab 36 £. 2 Wedal Road, Roath Park; die YHA führt auch noch das Cardiff Central Haus in der East Tyndall Street. ℡ 0845-3719311, www.yha.org.uk.

Studentenunterkünfte Cardiff University Accommodation, wie überall in Großbritannien vermietet auch die Cardiff University seine im Sommer leer stehenden Studentenwohnheime zwischen Juni und September an Touristen. Die günstigen, meist zentral gelegenen Unterkünfte gibt es auch mit Frühstück oder mit Küche für Selbstversorger. ℡ 029-20874702, www.cardiff.ac.uk.

University Rooms, bietet ebenfalls Wohnheimzimmer an, je nach Verfügbarkeit auch das ganze Jahr über. Zimmer ab 30 £. www.universityrooms.com.

Liberty Living, eine weitere Agentur, über die man Studentenzimmer buchen kann. www.libertyliving.com.

Essen
→ Karten S. 107, 108/109 und 115

Cardiff hat eine dynamische Gastroszene, auch wenn man mitunter den Eindruck bekommen kann, jeder Pub der Stadt gehöre inzwischen der heimischen Brauerei Brains oder einer anderen Pubkette. Die Grenzen zwischen Essen und Trinken, Pubs und Bars, Tag- und Nachtleben sind fließend. Viele Trinklokale bieten auch

Essen 117

abwechslungsreiche Speisekarten. Ebenso kann man in fast jedem Pub gut essen. Livemusik, Karaoke oder offene Bühnen gibt es über die Woche verteilt fast überall. Kleine Cafés verwandeln sich abends zu Clubs und Discos. Die folgende Unterteilung ist daher nicht in Beton gegossen.

Restaurants Old Brewery ¼ (Quarter) 52, auf dem alten innerstädtischen Brauereigelände von Brains wurde eine völlig neue Plaza mit Restaurants, Bistros und Pubs geschaffen. Der Design-Pub **Yard** etwa wurde 2003 eröffnet und wartet mit gutem Preis-Leistungs-Verhältnis und schmackhaftem walisischem Essen auf. 42–43 St Mary Street, ✆ 029-20227577, www.yardbarkitchen.co.uk.

»› Mein Tipp: Café Minuet 33, man muss schon genau hinschauen, um dieses süße kleine italienische Café nicht zu übersehen. Nadine und Daniel Lodwick servieren hier wunderbares frisches Essen zu günstigen Preisen. Mo–Sa 9–16.30 Uhr. 42 Castle Arcade, ✆ 029-20341794, www.restaurantminuet.co.uk. **«**

Cittá 32, von außen recht unscheinbar, innen führt Adriano, ein Urgestein der Cardiffer Gastroszene, seit zwei Jahren sein eigenes kleines Restaurant, wo man für sein Geld richtig gutes italienisches Essen bekommt. Die Pizzas kommen aus dem Steinofen und gehören zu den besten der Stadt. 4 Church Street, ✆ 029-20224040.

Le Monde 57, edles Restaurant mit erlesener Speise- und Getränkekarte. Die Karte offeriert vor allem Fisch und Meeresfrüchte, das Ambiente ist elegant-kontinental. 60–62 St Mary Street, ✆ 029-20387376, www.le-monde.co.uk.

»› Mein Tipp: 10 Feet Tall 38, wirklich gutes Essen zu guten Preisen. Die Betreiber des Buffalo haben hier einen weiteren, von preisgekrönten Designern gestalteten Ort voller Atmosphäre kreiert. Zur Bar gehört der Club **undertone** 38 im Keller mit regelmäßigen Veranstaltungen. 11a–12 Church Street, ✆ 029-20228883, www.10feettall.co.uk. **«**

Punk Panda 68, nachdem das berühmte Mimosa 2015 den Eigentümer wechselte (vorher war Hollywood-Schauspieler Ioan Gruffudd Teilhaber), tritt das Lokal nun als Punk Panda an. Die vom Vorgänger hinterlassenen Fußstapfen sind riesig. Man wird sehen, wie das neue Lokal sie füllen wird. Zurzeit vor allem Angebote vom Grill und Burger. 9 Mermaid Quai, Cardiff Bay, ✆ 029-20491900, www.punkpanda.co.uk.

Bill's Cardiff Bay 69, angesagte Filiale einer Restaurantkette im New-Yoork-Deli-Stil mit viel Vintage – passt gut ins ehemalige Pilotage Building, das Lotsenhaus. Das Menu lehnt sich an amerikanische und mexikanische Diner an. Wer die alte Woods Brasserie an gleicher Stelle vermisst, dem sei gesagt, dass dessen Eigentümer, die „Knife and Fork Food Company", den New Conway in Pontcanna und das Pilot in Penarth betreiben. Stuart Street, ✆ 029-20499957, www.bills-websiteco.uk.

Juboraj 56, angesagtestes indisches und bangladeschisches Restaurant im Zentrum von Cardiff. Tom Jones und Eric Clapton haben hier schon gespeist. Die Kompositionen haben den Anspruch, den Gästen ein Erlebnis zu bieten; und das bestätigen sich mit Lobeshymnen. Die Juboraj-Gruppe hat in Cardiff übrigens 5 Lokale, z. B. 10 Mill Lane, ✆ 029-20377668, www.juborajgroup.com.

The Potted Pig 35, Restaurant mit Charakter, in einem alten Tresorkeller unter Zizzi's Restaurant gelegen; deliziöses und originelles britisches Speiseangebot. In seiner Art einzigartig, bekommt man hier doch eine große Bandbreite an ständig wechselndem Essen zu akzeptablen Preisen. Die Bar ist auf Gin spezialisiert. 27 High Street, ✆ 029-2022 4817, www.thepottedpig.com.

Fish at 85 6, ein neues Fischrestaurant im Stadtteil Pontcanna mit Frühstücks-, Mittags- und Abendangebot sowie Lieferservice. Im Mittelpunkt steht natürlich Fisch, unglaublich frischer Fisch. Die Meeresplatten sind beeindruckend, auch die Einheimischen sind von dieser Lokalität entzückt. 85 Pontcanna Street, ✆ 029-20235666, www.fishat85.co.uk.

Cornish Bakehouse 34, Filiale der berühmten Pasties-Kette, an der Ecke gegenüber der St Johns Church. Die mit Preisen überhäuften Pasties werden in Cornwall hergestellt, hier schmeckt wirklich alles, was man bestellt. 11 Church Street. ✆ 029-20665041, www.cornishkitchen.com

Cafés/Pubs/Bars & Nachtleben → Karten S. 107, 108/109 und 115

Cafés Norwegian Church Arts Centre **71**, schönes, entspanntes Ambiente in historischer Kirche mit Blick auf Cardiff Bay. Harbour Drive, Cardiff Bay, ℅ 029-20877959, www.norwegianchurchcardiff.com.

Summerhouse 22, ein kleiner, süßer Sommerpavillon im Bute Park bei Blackfriars Footbridge. Bestens geeignet für einen Zwischenstopp während eines Spaziergangs im Park.

Terra Nova 70, Pub mit großer Terrasse direkt am Marmaid Quai, benannt nach dem Schiff, mit dem Robert Scott von Cardiff aus in die Antarktis segelte. Die Plätze auf der Terrasse des Obergeschosses sind heißbegehrt. Auch innen verbreiten die vielen Dekorationen maritimes Klima. Besonders zur warmen Jahreszeit einen Besuch wert. Unit 9, Marmaid Quai, Cardiff Bay, ℅ 029-20450947, www.terranovacardiff.com.

››› Mein Tipp: **The Plan 46**, in der Morgan Arcade, seit Jahren eines der schönsten und besten Cafés der Stadt. Über zwei Etagen verteilt und mit großen Fensterfronten, kann man hier köstlichen Kaffee und jeden Tag einen anderen speziellen Espresso genießen. Trevor Hyam, der Chef, liebt Kaffee und hat dazu sogar einen eigenen Blog (www.thebeanvagrant.com). Bei der UK Barista Championship 2010 wurde Trevor übrigens Vierter. Sein Café gehört zu den 50 besten unabhängigen britischen Coffee Shops. 28–29 Morgan Arcade, ℅ 029-20398764. ‹‹‹

››› Mein Tipp: **Coffee Barker 37**, wunderbares Café mit urigen Ledersesseln und guter Auswahl an Kaffee, Tee, Kuchen, Brötchen und Panini. Der Klamottenladen Barker nebenan erzielte damit einen Durchbruch, im wahrsten Sinne des Wortes. Mo–Sa 8.30–17.30, So 11–17 Uhr. 1–13 Castle Arcades, Highstreet. ‹‹‹

››› Mein Tipp: **Garlands Eatery 26**, gemütliches, privat geführtes Arkaden-Café mit selbst gemachten Gerichten und Kuchen. Unter „Spezialitäten" kann man die Neukreationen von Betreiber Ian ausprobieren. Was am besten läuft, schafft es auf die reguläre Speisekarte. Die Rarebits und Suppen des Tages sind köstlich und preiswert. Mo–Fr 8.30–17, Sa 9–17, So 10–16 Uhr. 4 Duke Street Arcade, ℅ 029-20666914, www.facebook.com/garlandscoffee. ‹‹‹

Tea & Cake 2, eine Mischung aus Souvenir-, Süßigkeiten- und Teeladen, hier lässt es sich auch sehr nett Kaffee und Tee trinken. 36 Wellfield Road, Roath, ℅ 029-20218855, www.teaandcakecardiff.co.uk.

Bars & Pubs Tafarn Tâf **48**, Hostelbar des *NosDa Hostels* mit Terrasse direkt am Fluss und einmaligem Blick auf das Millennium Stadium. Inzwischen tummeln sich auch die Einheimischen hier. Pubessen. Regelmäßig Livemusik. 53–59 Despenser Road, ℅ 029-20378866.

››› Mein Tipp: **Gwdihŵ 39**, der kleine Pub unweit der Queen Street Train Station ist Bar, Café und Veranstaltungsort in einem. Viele Kunststudenten der nahen Hochschule kommen hierher und verbreiten erfrischend-kreative Atmosphäre. Im Innenraum mit der kleinen Bühne dominiert die Farbe Orange, auch einen kleinen Biergarten gibt es. Beeindruckendes Veranstaltungsprogramm. 6 Guildford Crescent, ℅ 029-20397933, www.gwdihw.co.uk. ‹‹‹

Goat Major 29, benannt nach dem Maskottchen des 41. Regiments of Wales. Im Krimkrieg hatten die Soldaten eine Ziege dabei. Typischer ruhiger Pub mit Sesseln, Kamin und umfangreichem Bierangebot. Wohl das beste Brain's SA Gold der Stadt. Sollte es mal voller werden, gibt es oben noch Räumlichkeiten. Hier trifft man oft lokale Berühmtheiten. Einfaches, günstiges Pub-Essen mit einer erwähnenswerten Auswahl an selbst gemachten Pies. Für den Pie namens Wye Valley gab es 2010 die Auszeichnung „Britain's best Pie". 33 High Street, ℅ 029-20337161, www.sabrain.com/goatmajor.

Gassy Jacks 18, ein Pub wie eine Lounge – mit großer Bühne und Empore in der zweiten Etage. Populäre Studentenkneipe. 39-41 Salisbury Road, Cathays, ℅ 029-20232608, www.screampubs.co.uk/gassy-jacks-cardiff.

The Cambrian Tap 55, das ehemalige Kitty Flynn's, benannt nach der wohl ältesten ehemaligen Betreiberin eines Pubs in Wales und einer der ältesten Pubs in Cardiff, wurde 2015 als brandneuer Brains Craft Beer Pub wiedereröffnet. In modernrustikalem Ambiente kann man nun nicht weniger als 18 Spezialbiere verkosten. 51 St Mary Street, ℅ 029-20644952, www.thecambriantap.com.

Cafés/Pubs/Bars & Nachtleben

Einer der schönsten Pubs der Stadt: The Golden Cross

The City Arms 41, der Pub für Einheimische in der Innenstadt. Frisch renoviert, gute Atmosphäre, gutes Essen, freundliches, aufmerksames Personal. Kann an Spieltagen richtig voll werden. 10–12 Quai Street, ℅ 029-20641913, www.thecityarms cardiff.com.

》》》 **Mein Tipp: Pen & Wig** 21, der tollste Studenten-Pub der Stadt mit einer hübschen Mischung aus Studenten, Stammgästen und Anzugträgern wie Anwälten und Ähnlichem. Daher der Name. Alter Steinboden, abgewetzte Teppiche und Dielen. Ein Sammelsurium an Stühlen und Tischen. Kultige Jugendstillampen mit Drachen. Großer Biergarten. Man kann auch Tischspiele ausleihen. 1 Park Grove, Cathays, ℅ 029-20371217, www.penandwig cardiff.co.uk. 《《《

The Queens Vaults 45, beeindruckende Rugby-Kneipe mit historischen Fließen an der Fassade. Innen öffnet sich der Raum nach hinten über zwei Etagen zu einer Art geräumiger Scheune. Dreht man sich von der riesigen Leinwand weg und schaut nach oben, sieht man dort die Bilder von Rugby-Nationalspielern, die den Grand Slam gewonnen haben. Phantastische Jukebox. 29 Westgate Street, ℅ 029-20227966, jwbassettpubs.com.

》》》 **Mein Tipp: Y Mochyn Du** 12, wunderschöner Pub. Früher war das Gebäude eine Lodge für das Castle. Der charaktervolle walisischsprachige Pub (englisch: The Black Pig) am Sophia Gardens Sports Centre ist ohne Brauereibindung, entsprechend gibt's an der geräumigen Bar eine riesige Auswahl an regionalen Ales. Der Außenbereich ist groß, das Publikum mit Stammgästen, Sportlern und Journalisten eine bunte Mischung. Sophia Close, Pontcanna, ℅ 029-20371599, www.ymochyndu.com. 《《《

The Cayo 13, ein weiterer toller walisischsprachiger Pub mit Außenbereich zur Straße und zum Innenhof, benannt nach William Julien Cayo-Evans, einem Gründer der Free Wales Army. An der langen Bar gibt's tolle Ales, auch B & B-Zimmer kann man buchen. 36 Cathedral Road, Pontcanna, ℅ 029-20232917, www.cayopub.co.uk.

The Vulcan Lounge 4, innen und außen lila, allüberall alte Lampen und urgemütliche Ledersofas. Das Etablissement gehört zur unabhängigen Chameleon Group, die in Cardiff verschiedene Lokalitäten betreibt. 2 Wyverne Road, Cathays, ℅ 029-20236363, www.chameleongroupcardiff.com.

》》》 **Mein Tipp: The Conway, Gastropub** 5, tolle Mischung aus traditionellem Pub, Lounge und modernem Restaurant. Das

Essen, eine Mischung aus saisonaler und lokaler Küche, beeindruckt. Dazu ein großes Angebot an Wein und Bier. 58 Conway Street, ☏ 029-20224373, www.theconway.co.uk. **«**

The Cricketers 9, traditioneller, stilvoll eingerichteter Pub mit dem angeblich sonnigsten Biergarten der Stadt und allen Sorten Evan-Evans Beer. 66 Cathedral Road, ☏ 029-20345102, www.cricketerscardiff.co.uk.

Owain Glyndŵr 28, an diesem Ort wird seit 1731 Bier ausgeschenkt. Der Pub unterteilt sich in einen traditionellen und einen moderneren Bereich. Umfassendes Angebot an traditionellen, in Holzfässern gelagerten walisischen Ales. 10 St John's Square, ☏ 029-20221980, www.theowainglyndwr.co.uk.

The Old Arcade 40, traditioneller Pub in der Innenstadt mit vielen einheimischen Gästen und großer Auswahl an Brains-Bier. Stammkneipe des Rugby-Spielers Barry John und der erste Pub in Wales, der Fußball- und Rugby-Spiele in 3D zeigte. Brillen kann man kostenlos an der Bar ausleihen. Der Unterschied im Seherlebnis beeindruckt. 14 Church Street, ☏ 029-20217999, www.sabrain.com/oldarcade.

The Golden Cross 54, eigentlich ein Schwulenpub, doch mit der Verlagerung der Szene weiter nach Osten steht das Golden Cross ziemlich verloren da. Das Publikum ist gemischt, von Jung bis Alt, von schwul bis hetero. Einer der eindrucksvollsten Pubs der Stadt. Außen und innen mit Gründerzeitfliesen und -bildern übersät – und mit dem schönsten Tresen von Cardiff. Günstige Preise und Happy Hours. 282 Hayes Road, ☏ 029-20225270, www.sabrain.com/golden-cross.

The Royal Oak 7, einer der berühmtesten Pubs der Stadt mit spannender Geschichte, großem Biergarten und kosmopolitischem Publikum. In der oberen Etage befindet sich ein Boxring und Trainingssaal. 200 Broadway, Adamsdown, ☏ 029-20496628.

The Woodville 3, der bekannteste Studentenpub der Stadt und während des Semesters entsprechend voll. Auf drei Etagen und im Biergarten gibt es reichlich zu trinken und zu essen, inkl. Pool Billard und Livemusik. Günstiger und einfacher Service. 1–5 Woodville Road, Cathays, ☏ 029-20397859, www.screampubs.co.uk/thewoodvillecardiff.

Buffalo 23, stilvoll eingerichtete Bar mit dunklen Dielen und Fließen sowie Außenbereich. Überall alte Möbel, Karteikartenschränke, Designerstühle und -lampen. Die Wände zieren Vogelkäfige, Schreibmaschinen und andere Kuriositäten. Das rote Obergeschoss mit gestapelten alten Fernsehern an der Bar ist ein Ort für interessante Live-Veranstaltungen. 11 Windsor Place, ☏ 029-20310312, www.buffalocardiff.co.uk.

Nachtleben Wenn London so nah ist, wundert es nicht, dass sich in Cardiff die Großen der Szene tummeln. Und so ist die Stadt trotz der überschaubaren Zahl an Clubs eine der angesagtesten Adressen im Königreich, zu der jeder Club auf seine eigene besondere Weise beiträgt. Alle Termine findet man übrigens im Stadtmagazin *BUZZ* (www.buzzmag.co.uk).

››› Mein Tipp: Clwb Ifor Bach 31, auch bekannt als „The Welsh Club", ist eine Institution in Wales. Neben Veranstaltungen wie offene Bühne für Nachwuchs-DJs und Sänger die erste Adresse, wenn es um Veranstaltungen mit berühmten Namen im kleineren Rahmen geht. 11 Womanby Street, ☏ 029-20232199, www.clwb.net. **«**

Cafe Jazz 49, Jazz- und Blues-Pub unter dem Sandringham Hotel mit Livemusik fast jeden Tag, organisiert von der Welsh Jazz Society. Und das Essen ist auch gut. Sandringham Hotel, 21 St Mary Street, ☏ 029-20387026, www.cafejazzcardiff.com.

Koko Gorilaz 19, einer der populärsten Orte der Stadt für Musik. Berühmt für seine wirklich tollen Livebands. 7–9 Miskin Street, Cathays, ☏ 029-20341767, www.kokogorilaz.co.uk.

Cardiff University Student's Union 20, wo schon Neil Kinnock, der Ex-Vorsitzende der Labour-Partei, als Student Parties feierte, gibt es drei Veranstaltungsorte für Discos und regelmäßige Live-Veranstaltungen. Auch der Pub **The Taf** ist nicht zu verachten (am Haupteingang ganz oben die Treppen hinauf, dann links). Park Place, ☏ 029-20781400, www.cardiffstudents.com.

Chapter Arts Centre 15, eines der großen und dynamischsten Kulturzentren Großbritanniens mit Kinos, Theatern und diversen Ausstellungsräumlichkeiten, Ateliers, Cafés, Bar mit über 100 Biersorten. Market Road, Canton, ☏ 029-20311050. Für Tickets ☏ 029-20304400, www.chapter.org.

Umgebung von Cardiff

Saint Fagan's (Sain Ffagan)

St Fagan's, durch Wiesen und Wälder von Cardiff abgegrenzt, ist ein romantisches hübsches Dorf mit weißen Cottages, Reetdächern, Mauern und einer Kirche aus groben Bruchsteinen.

St Fagans National History Museum: Ein Freilichtmuseum und die meistbesuchte Attraktion in ganz Wales, jeder Waliser stattet ihm mindestens einmal im Leben einen Besuch ab – in Form einer Klassenfahrt. Zu den Höhepunkten gehören **St Fagans Castle**, ein um 1530 errichtetes Herrenhaus, und die **St Fagans Gardens** – beide wurden der Bevölkerung 1946 vom Earl of Plymouth gestiftet. Das Herrenhaus ist im Stil des späten 19. Jahrhunderts eingerichtet und zeigt einige der schönsten Exponate des Museums. Die Gärten mit dem Italian Garden, Thyme Garden, mit Rosarium, Cottage Gardens, Brunnen und Fischteichen wurden nach alten Plänen neu gestaltet. In den umliegenden Arealen sind inzwischen etwa 60 aus ganz Wales zusammengetragene einzigartige Gebäude aus allen Epochen zu besichtigen. Das Museum dokumentiert das Leben und die Geschichte des Landes. Die aus dem Nationalmuseum in Cardiff hierher verlagerte archäologische Sammlung vervollständigt die Ausstellung – sie präsentiert 250.000 Jahre Geschichte von den Anfängen der Besiedlung von Wales bis in die Neuzeit.

Zu weiteren Höhepukten des 40 Hektar großen, parkähnlichen Freigeländes zählt die **Saint Teilo's Church**, eine zwischen 1100 und 1520 immer wieder erweiterte Kirche. Beim Abbau vor dem Transport nach St Fagans fand man unter dem historischen Putz jahrhundertealte, für Wales äußerst seltene Wandmalereien. Diese wurden in der neu aufgebauten Kirche rekonstruiert und zeigen den Zustand von 1530. Die Originale der Wandmalereien sind derzeit im Museum eingelagert und können nach Voranmeldung besichtigt werden.

Die Saint Teilo's Church beherbergt im Innern einen wahren Schatz

Der Garten von Saint Fagan's wurde nach historischen Plänen wiederhergestellt

Auf dem Freigelände stehen eine Vielzahl verschiedener Farmhäuser, wie das **Kennixton Farmhouse** (die knallrote Wandfarbe sollte vor bösen Geistern schützen), das **Llwyn-yr-Eos**, ein im Stil der 1930er eingerichtetes Gehöft sowie ein aus Überresten rekonstruiertes **Celtic Village** aus der Steinzeit; mit den Methoden der Experimentalarchäologie wurde hier versucht, das Leben der Kelten nachzuvollziehen. Ein weiteres Highlight ist ein komplett eingerichtetes **Workmen's Institute**, ein Bildungs- und Kulturzentrum, wie es sie zur Zeit der Industrialisierung an vielen Orten in Wales gab. Beeindruckend sind auch das **Tollhouse**, ein altes Zollhaus von 1772, sowie das kleinste walisische **Post Office**. Einen Querschnitt durch die Zeit bietet eine aus Merthyr Tydfil stammende Siedlung, die **Rhyd-y-Car Ironworker's Houses**; die sechs Reihenhäuser inklusive Gärten zeigen den Wandel der Zeiten von 1805 bis 1985.

Bei den regelmäßig stattfindenden Vorführungen wird die Vergangenheit lebendig: Historisch gekleidete Leute erwecken Tannery (Gerberei), Pottery (Töpferei), Bake House (Bäckerei), Saddler's Workshop (Sattlerei) und die Mills (Mühlen) zu neuem Leben. In historischen Geschäften wie „Moss-Vernon's Photography Studio" oder den „Gwalia Stores" kann man sich mit Souvenirs eindecken. Ein Muss ist die voll funktionierende **Farm** mit Farmhaus, Ställen, Nebengebäuden sowie zahlreichen Tieren – von Bienen über Schweine bis hin zu allerlei Geflügel.

Tägl. 10–17 Uhr. Eintritt frei. Parken 3,50 £. St Fagans, ✆ 0300-1112333, www.museumwales.ac.uk/stfagans.

Übernachten/Essen **Plymouth Arms Pub**, direkt neben dem Old Post Office. Etwas einfacher und rustikaler. Der denkmalgeschützte Pub beeindruckt durch ländlichen Charme und einen großen Garten. Das Menu ist vielfältig, saisonal frisch, gut und preiswert. Dazu gibt es eine große Auswahl an Ales vom Fass sowie Wein. Crofft-y-Genau Road, ✆ 029-20569173.

>>> **Mein Tipp: The Old Post House**, in St Fagans – ein fabelhaftes Restaurant und Hotel, moderat teuer. Hier findet man eine Mischung aus traditioneller und moderner europäischer Küche. Drei-Gänge-Menü ab knapp über 30 £. In den stilsicher gestalteten Zimmern mit ihren weiß getünchten Wänden im Obergeschoss kann man ab 90 £ inkl. Frühstück übernachten. Greenwood Lane, ℅ 029-20565400, www.theoldposthouse cardiff.co.uk. «

Castell Coch

9 km nördlich von Cardiff Castle ragt im Örtchen **Tongwynlais** das aus rotem Sandstein erbaute Castell Coch aus einem bewaldeten Steilhang (coch = rot). Es steht auf den Resten einer Burg aus dem 13. Jahrhundert und wurde in den 1870ern von William Burges und dem 3. Marquis von Bute als Märchenschloss zu neuem Leben erweckt. Wie bei Cardiff Castle beeindruckt vor allem die Inneneinrichtung: Hier lebten Architekt und Bauherr ihre Mittelalterphantasien aus – die Ähnlichkeit zu Cardiff Castle ist unübersehbar. Castell Coch ist das bedeutendste Beispiel von Burges' Wandel weg von der Neugotik hin zum viktorianischen Baustil. Die **Hall**, der Drawing Room, Lord Bute's Bedroom und Lady Bute's Bedroom verkörpern die Höhepunkte dieses Baustils in Großbritannien. Wie in Cardiff Castle ist auch hier jeder Raum einem Thema gewidmet. So symbolisiert etwa der **Drawing Room** „die Fruchtbarkeit der Natur und die Zerbrechlichkeit des Lebens". Ein Kamin als weiteres Meisterwerk von Thomas Nicholls stellt die drei Parzen beim Spinnen, Abmessen und Zerschneiden des Lebensfadens dar. Neben der Hall liegt der **Windlass Room** (das Ankerwindenzimmer), wo sich Burges über den voll funktionsfähigen Mechanismus der Zugbrücke begeisterte. Höhepunkt ist zweifellos der **Lady Bute's Bedroom**. Ganz oben in einem der drei Türme gelegen, erhebt sich der Raum über die Arkadenbögen domartig nach oben. Umlaufend in der bemalten Kuppel sind 28 Paneele mit Affen und Weintrauben angebracht. Die Möbel des Schlosses, wie etwa Lady Butes' burgenartiger Waschtisch, sind einzigartig. Allerdings wurde Coch nach dem Tod von Burges (1881) und Lord Bute (1900) kaum mehr genutzt. Umso mehr erfreuen sich heute die Besucher an diesem glanzvollen Höhepunkt viktorianischer Architektur.

Anfahrtstipp: sich ein Fahrrad ausleihen und am Taff entlang durch Bute Park und Hailey Park nach Coch radeln; die 11 km lange Tour lässt sich auch hervorragend mit einem Besuch der Llandaff Cathedral (s. o.) verbinden, die auf dem Weg liegt.

Saisonal unterschiedlich geöffnet. Kernöffnungszeiten tägl. 10–16 Uhr, von Juli bis Okt. länger. Erw. 5,50 £, Familie 16,50 £. Castell Coch ist hervorragend mit den Buslinien 26, 26 und 132 ab Busbahnhof oder direkt von Cardiff Castle nach Tongwynlais angebunden. Von dort ist es ein 10-Minuten-Spaziergang zum Schloss. Fahrzeit 30 Min., hin und zurück ca. 3 £. ℅ 029-20810101, www.cadw.wales.gov.uk.

Penarth

Das alte Seebad beansprucht mit seiner neuen riesigen Marina einen Teil des entstandenen Süßwassersees und ist direkt an die *Barrage*, den 1,1 km langen Damm, an Cardiff angebunden. Penarth ist als Alterswohnsitz sehr beliebt; es verfügt über eine alte Seebrücke und eine Vielzahl außergewöhnlicher viktorianischer Häuser und Villen. Und auf dem Steilhang oberhalb der Küste breitet sich die kleine, schnuckelige Innenstadt aus.

Durch den vom Berg hinunter zum Meer führenden sehenswerten **Alexandra Park** gelangt man auf die **Esplanade**. Die viktorianischen und edwardianischen Prome-

Custom House und Marine Buildings an der Cardiff Bay Barrage

nadenhäuser, Cafés und Restaurants, bevölkert von Scharen von Rentnern, haben schon bessere Zeiten gesehen, verströmen jedoch einen angenehm verstaubten Charme. Der Pierhead Pavillon fristete lange ein trauriges Dasein, bevor man sich 2011 seiner endlich annahm.

Das **Holmhouse Hotel** ist ein klassisch-modernes 5-Sterne-Boutique-Hotel in einer alten viktorianischen Villa. Auch wer hier nicht übernachten möchte, sollte zumindest einen Blick hineinwerfen, wenn er Zeit hat.
Marine Parade, Penarth, Zimmer ab 120 £ ✆ 029-20706029, www.holmhousehotel.com.

Turner House Gallery: Das rote Gebäude direkt gegenüber dem Bahnhof wird von *Ffotogallery* betrieben, der nationalen Agentur für Fotografie in Wales; hervorragende Fotoausstellungen und Kurse.
Di-Sa 11–17 Uhr. Eintritt frei. Ffotogallery at Turner House, Plymouth Road, ✆ 029-20708870, www.ffotogallery.org.

Oriel Washington Gallery: laut Eigenwerbung die führende walisische Galerie für zeitgenössische Kunst am Meer. Die Ausstellung in einem ehemaligen Jugendstil-Kino wird als gemeinnütziges Projekt betrieben. Zu sehen sind internationale und walisische zeitgenössische Kunst und Kunsthandwerk – von Bildern, Schmuck, Keramik und Glas bis zu Textildesign.
Di-Sa 10–17 Uhr. Eintritt frei. 1–3 Washington Buildings, Stanwell Road, ✆ 029-20712100, www.washingtongallery.co.uk.

Information Penarth Tourist Office, am Pier. Ostern bis Sept. tägl. 10–17.30 Uhr. penarthtic@valeofglamorgan.gov.uk.

Hin und weg Alle 30 Min. **Zug** ab Cardiff. Zufahrt mit dem **Auto** zum Damm (Barrage) nur über Penarth. Schöner ist allerdings eine Überfahrt mit dem **Waterbus**. Er hält an Barrage South direkt vor dem Old Custom House.

Schiffsausflüge Von Juni bis Sept. startet ab der Seebrücke **Waverly**, der größte hochseetaugliche Schaufelraddampfer der Welt, sowie sein Schwesterschiff **Balmoral** zu Ausflügen in den Bristol Channel. Infos unter Waverly Excursions, ✆ 0845-1304647, www.waverleyexcursions.co.uk.

Wandern Der Küstenwanderweg um Northcliffe herum ist Teil des um ganz Wales führenden Wales Coast und Offa's Dyke Path und verbindet Pier und Barrage direkt miteinander.

Essen El Puerto (✆ 029-20705551) und La Marina (✆ 029-20705544) sind zwei exzellente Restaurants an der Barrage South, beide im *Old Custom House*. www.theoldcustom housepenarth.co.uk.

》》 Mein Tipp: The Fig Tree, in nur drei Jahren haben die Betreiber Sandy und Mike das Lokal zu einem angesagten Restaurant in der Region gemacht. Der Ort an der Promenade ist perfekt, das Gebäude einzigartig – nicht viele restaurierte ehemalige viktorianische Toilettenhäuser haben es in die Herzen der Gourmets geschafft. Interessantes und überraschendes Menu mit saisonaler Küche und hervorragendem Service. Auf dem Dach gibt es eine Grillzone, regelmäßig finden Kochveranstaltungen mit berühmten Küchenchefs statt. The Esplanade, ✆ 029 2070 2512, www.thefig treepenarth.co.uk. **《《**

Barry

Einst war Barry Cardiffs direkter Konkurrent um den bedeutendsten Kohlehafen, im späten 19. Jahrhundert entwickelte es sich ähnlich wie der große Nachbar. Der Hafen von Barry war 1899 der größte geschützte Hafen der Welt, und die in den 1890ern gebauten Barry Docks verluden zu ihrer Blütezeit um 1913 alljährlich um die 10 Millionen Tonnen Kohle. Zwischen 1881 und 1920 stieg die Bevölkerungszahl von Barry von 490 auf etwas über 40.000 – und dort steht sie noch heute. Vom Niedergang der Kohle hat sich die Stadt im Gegensatz zu Cardiff nicht mehr erholt.

Als Kontrastprogramm zum gemächlichen und entspannten Penarth ist Barry ein lautes Seebad mit Attraktionen, Vergnügungspark, Frittenbuden und Pubs mit feierwütigem Publikum – in gewisser Weise ist Barry der Ballermann von Cardiff. Allerdings hat Barry schöne Sandstrände und ist trotz und abseits des Massentrubels sehenswert. Am besten erkundet man den Ort zu Fuß, nachdem man in Barry Town oder an der Barry Docks Train Station angekommen ist. Das **Dock Office-Gebäude** neben dem Bahnhof ist einen kurzen Besuch wert. 1899 für die Barry Railway Company gebaut, war hier der Kalender Leitmotiv. 365 Fenster symbolisieren die Tage im Jahr, die vier Etagen die Jahreszeiten, die 31 Stufen der Haupttreppe die Tage im Monat und so weiter. **Barry Castle** ist eine Ruine aus dem 14. Jahrhundert und zutreffender als fortifiziertes Gut denn als Burg zu beschreiben.

Barry Island, die heute keine Insel mehr ist, ist das Zentrum der Vergnügungen. Der Rummel konzentriert sich auf der Promenade und im *Barry Island Pleasure Park*. Ein Spaziergang zum *Lighthouse* und am Strand entlang über Nell's Point und Friars Point führt zu *The Knapp*, einer ruhigeren Klippe im Ort mit Kiesstrand.

Bekannt ist Barry vor allem durch die komödiantische Fernsehserie „Gavin und Stacey". Touren zu den Drehorten organisiert Brit Movie Tours, ✆ 0844-2471007, www.britmovie tours.com.

Tinkinswood und St Lythan's Burial Chamber

Westlich von Cardiff und nördlich von Barry stehen die urzeitlichen Megalithen von Tinkingswood und St Lythan's. Obwohl es in Wales Hunderte solcher steinzeitlicher Stätten gibt, sind diese beiden nicht nur wegen ihrer Nähe zur Hauptstadt interessant. Allerdings benötigt man einen fahrbaren Untersatz und sollte eine gute Karte dabeihaben.

Tinkingswood: Die Grabkammer ist die größte Anlage ihrer Art in Großbritannien. Sie wird von einem 50 Tonnen schweren Abschlussstein bedeckt. Bei archäologischen Grabungen 1914 fand man hier die Gebeine von 50 Menschen sowie zahlreiche Grabbeigaben. Dabei wurde auch der Erdhügel entfernt, und so liegt die Anlage heute nahezu frei. Tinkingswood wurde bis etwa 2000 v. Chr. als Begräbnisstätte genutzt und ist etwa 6000 Jahre alt.

St Lythan's: Die neolithische Grabkammer steht auf einem von den Anwohnern „Accursed Field" („verfluchtes Feld") genannten Acker – angeblich kann hier nichts wachsen. Ein großer Stein ruht auf drei hochgestellten Felsen und fungiert als Dach. Am Abend der Mittsommernacht soll dieser sich angeblich dreimal um die eigene Achse drehen, anschließend gehen alle Steine im nahe liegenden Fluss baden; auch soll jeder Wunsch in Erfüllung gehen, den man den Steinen an Halloween zuflüstert …

Tägl. 10–16 Uhr. Eintritt frei. Die Stätten befinden sich südlich von St Nicholas (A 48), 10 km südwestlich von Cardiff. ✆ 01443-336000, www.cadw.gov.wales.

Dyffryn Gardens

Etwa 10 Minuten Fahrzeit liegen zwischen Cardiff und den westlich gelegenen Dyffryn Gardens, einem herausragenden Beispiel edwardianischer Landschaftsarchitektur. Die 22 Hektar großen Gärten rund um ein großes Herrenhaus (Dyffryn House – nur teilweise zugänglich) sind in unterschiedliche Landschaftsräume unterteilt und zählen zu den schönsten in Wales. Es gibt über 30 thematische Areale. Im schönen, riesigen **Arboretum** wachsen viele seltene Bäume und Champion Trees (Bäume mit botanischen Rekorden: höher, älter, größer…). Neben dem Arboretum beeindrucken vor allem die **Garden Rooms**. Inzwischen sind auch Glanzpunkte wie der lange geschlossene **Pompeian Garden** wieder zugänglich, nachdem er nach Originalplänen des Landschaftsarchitekten Thomas Mawson aus dem Jahre 1906 rekonstruiert worden war. Café, ein Laden, der auch Pflanzen verkauft, sowie großer Kinderspielplatz vorhanden.

Feinste edwardianische Gartenbaukunst: Dyffryn Gardens

März–Ende Sept. 10–18 Uhr. Ende Sept.–Okt. 10–17 Uhr. Nov.–Febr. 10–16 Uhr. In der Hauptsaison Erw. 7,40 £, Kind 3,70 £. Parkplatz kostenlos. St Nicholas, Vale of Glamorgan, ☏ 029-20593328, www.nationaltrust.org.uk/dyffryn-gardens.

Cosmeston Medieval Village

Das Mittelalterdorf ist eine Kreation der Experimentalarchäologie. 1978 entdeckte man bei der Gestaltung des Cosmeston Lakes Country Park die Überreste einer 600 Jahre alten Siedlung. Die Archäologen beschlossen, das Dorf und das dörfliche Leben zu rekonstruieren. Cosmeston mit seinen in historische Kostüme gekleideten Anwohnern, die eine Lebensweise wiederbeleben, wie sie um 1350 typisch war, inklusive der Pflege alter Haustierrassen und Kulturpflanzen, ist einen kleinen Ausflug wert.

Tägl. 10–17 Uhr. Eintritt bis 12 Uhr frei, danach Besuch nur im Rahmen einer Tour oder mit Audioguide; Erw. 4 £, erm. 3 £. Cosmeston und die Cosmeston Lakes liegen etwa 8 km westl. von Cardiff; Haupteingang gut 2 km südlich der Innenstadt von Penarth an der Lavernock Road nach Sully (B 4267). ☏ 029-20701678, www.valeofglamorgan.gov.uk.

Flat Holm

Die 8 km vor Cardiff gelegene Insel im Bristol Channel mit ihrem 30 m hohen weißen Leuchtturm und der Nebelhornstation ist der südlichste Punkt von Wales. Flat Holm ist ein Naturreservat und „Ort von besonderem wissenschaftlichen Interesse" – hier leben Rostgänse und Schildkröten, eine der größten walisischen Möwenkolonien, hier ist auch eine außergewöhnliche Pflanzenwelt zu entdecken. Schon die Anreise ist ein Abenteuer, nicht nur für Seekranke. Die vom Flatholm Island Project betriebenen Boote starten direkt von Cardiff Bay oder von den Docks in Barry aus.

Die Geschichte der Insel bietet alle Facetten von der Bronzezeit-Besiedlung über Angelsachsen, Wikinger, Schmuggler, Cholerapatienten und Befestigungsanlagen aus viktorianischer Zeit bis zum Zweiten Weltkrieg. Am bekanntesten ist die Insel aber wegen ihrer Bedeutung in der Technikgeschichte. Am 13. Mai 1897 waren hier andere Wellen als nur die des Meeres zu hören. Der italienische Erfinder *Guglielmo Marconi* schickte seinem Assistenten George Kemp vom Festland den außergewöhnlich kreativen Satz „Are you ready?" per Radiowellen – und realisierte so die erste kabellose Übertragung über Wasser.

Wer hier länger bleiben will, kann diverse Kurse oder ein „Überlebenswochenende" buchen. Auf Flat Holm gibt es auch eine Herberge zum Übernachten und einen Campingplatz. Übernachtungsmöglichkeiten werden in der Regel allerdings nur für Gruppen angeboten. Bootstouren und Übernachtungen sollten so früh wie möglich gebucht werden – die Nachfrage ist groß.

Geführte Touren (ca. 3 Std.) von März bis Okt. Abfahrt vom Channel View Waterbus Stop. Infos und Tickets unter Flatholm Booking Office, Cardiff Harbour Authority, Queen Alexandra House, Cargo Road, Cardiff Bay, ☏ 029-20877904/-20877912, www.flatholmisland.com.

Caerphilly

Caerphilly zählt zu den beeindruckendsten mittelalterlichen Burgen in Europa. Ein Monstrum von Burg ist sie schon durch ihre bebaute Fläche von 12 Hektar. Nach Schloss Windsor ist Caerphilly Großbritanniens zweitgrößte Burg, zudem ist sie die erste Burg im Land, die konzentrisch um einen Mittelpunkt gebaut wurde. Zur

Caerphilly Castle ist die mächtigste walisische Burg

Zeit ihres Baus im 13. Jahrhundert durch Baron Gilbert de Clare, genannt „The Red", war sie ein Meisterwerk militärischer Baukunst. Ein weiterer Punkt für den Ruf als revolutionäres Militärbauwerk ist die extensive Nutzung des Wassers. Das gesamte Bollwerk ist großräumig von Wasser umgeben und kombiniert in einer vorher nicht gekannten Weise Land- und Wasserbefestigungsanlagen. Gilbert de Clare, der auch das ursprüngliche Castell Coch und weitere Burgen errichten ließ, war ein direkter Gegenspieler des walisischen Prinzen Llywelyn ap Gruffydd. Dieser beherrschte große Teile von Nord- und Mittelwales. Eine Kette von Burgen mit Caerphilly im Zentrum diente der Sicherung des südwalisischen Flachlands. Die Gefahr erkennend, versuchte Llywelyn den Bau der Burg durch Angriffe zu verhindern, scheiterte jedoch. Nach seinen Attacken wurde der Bau einfach wieder aufgenommen, diesmal ohne Störung bis zur Fertigstellung, und erfüllte seine Aufgabe anschließend hervorragend. Die Waliser zogen sich aus der Gegend zurück.

Im 19. Jahrhundert zeigte sich die Burg nur noch als Ruine. Und wieder war die Rettung einem Bute, dem 4. Marquis, zu verdanken, der Caerphilly sorgfältig restaurieren ließ. Da nach dem Bau der Festung bis auf die Große Halle und einige Wohnbereiche über die Jahrhunderte kaum bauliche Veränderungen stattfanden, kann man heute ein vollkommenes Beispiel einer Burg des ausgehenden 13. Jahrhunderts besichtigen. In Caerphilly Castle befindet sich auch ein originalgetreues funktionstüchtiges Modell eines **Trebuchet**. Dieses Katapult mit Gegengewicht war im Mittelalter eine gefürchtete Waffe, die zum Zerstören von Burgmauern und Gebäuden eingesetzt wurde; das Trebuchet kam beispielsweise bei der Belagerung von Crac des Chevaliers zum Einsatz.

März–Juni und Sept.–Okt. tägl. 9.30–17 Uhr. Juli–Aug. bis 18 Uhr. Nov.–Febr. Mo–Sa 10–16, So 11–16 Uhr. Erw. 5,50 £, erm. 4,10 £. ✆ 029-20883143, www.cadw.gov.wales.

The Cottage Guest House, geschmackvoll gestaltetes Gästehaus in einer ehemaligen Mädchenschule aus dem 17. Jahrhundert. Die Lage unweit der Innenstadt von Caerphilly ist für touristische Ausflüge günstig. Der Aufenthalt in den originell eingerichteten Zimmern und Gemeinschaftsräumen verspricht ein Erlebnis. EZ ab 25 £, DZ ab 50 £, inkl. WiFi. Mountain View, Pwll y Pant, ✆ 029-20869160, cottageguesthouse@tiscali.co.uk.

Llancaiach Fawr Manor

Das teilweise befestigte Herrenhaus von Colonel Pritchard befindet sich etwas nördlich von Caerphilly. Als Kostümschau gestaltet, wird man hier ins Jahr 1645 zurückversetzt: Der Colonel, seine Familie und die Angestellten geben Führungen durch das über 350 Jahre alte Anwesen. Die historische Authentizität ist gelungen und gut recherchiert, die Touren im Englisch des 17. Jahrhunderts werden um spannende Geschichten und Anekdoten bereichert. So erfährt man unter anderem, wieso der Hausherr und sein Gefolge, leidenschaftliche Anhänger der Royals, im Bürgerkrieg zwischen Parlament und König plötzlich den Parlamentariern die Treue schworen. Zusätzlich zu den regulären Führungen werden Sonderveranstaltungen angeboten, etwa die unterhaltsamen „Mörder- und Mitternachtstouren" oder Mittelalterabende.

Jan. bis Weihnachten Di–So 10–17 Uhr. Eintritt Erw. 7,95 £, erm. 6,50 £. Llancaiach Fawr Manor, Gelligaer Road, Nelson, Trecharris. Anreise mit Auto oder Bus von Cardiff und Pontypridd. ✆ 01443-412248, www.caerphilly.gov.uk/llancaiachfawr.

Die Transporter Bridge über den Usk in Newport

Südostwales

Die Region rund um die walisische Hauptstadt ist die am dichtesten besiedelte Ecke von Wales – doch auch hier gibt es wunderschöne romantische Landstriche. Flusstäler mit kleinen historischen Ortschaften im sattgrünen Land verraten nichts mehr von den jahrhundertelangen kriegerischen Auseinandersetzungen an der walisisch-englischen Grenze. Allein die vielen Burgen zeugen von der einst strategisch großen Bedeutung der Region. Diese hatten auch die Römer erkannt, als sie sich im ersten Jahrhundert n. Chr. hier niederließen und unter anderem Caerleon und Caerwent gründeten.

In Südostwales wurde aber auch Industriegeschichte geschrieben. Die **South Wales Valleys** zählten zu den ersten vollständig industrialisierten Gegenden der Welt, sie waren der Motor des Fortschritts. Zahlreiche Industriedenkmäler aus dieser Zeit sind heute UNESCO-Weltkulturerbe.

Unmittelbar neben der schillernden modernen Hauptstadt Cardiff gibt es mit **Newport** noch eine echte Industriestadt. Obwohl, so richtig von Industriestadt kann man eigentlich nicht mehr reden.

Newport (Casnewydd-ar-Wysg)

Fast jede Beschreibung der drittgrößten Stadt in Wales erinnert an die Geschichte vom hässlichen Entlein. Newport war einst der größte Hafen und das Industriezentrum des Landes, heute ist es durch wirtschaftlichen

Südostwales

Niedergang und verfehlte Stadtplanung für Touristen ziemlich unattraktiv. Aber das hässliche Entlein könnte sich vielleicht doch noch zum Schwan mausern, und besonders die Umgebung hat einiges zu bieten.

Newport ist eine Stadt mit 2000-jähriger Geschichte. Schon vor Ankunft der Römer siedelten hier die Kelten. Im späten 1. Jahrhundert errichtete das Imperium in einer seiner abgelegensten Grenzregionen das *Legionärslager Caerleon*. Etwas weiter westlich entstand mit *Caerwent* die erste Stadt in Wales.

Im 12. Jahrhundert errichteten die Normannen auf ihrer Expansion nach Westen am Usk-Fluss eine Burg. Casnewydd-ar-Wysg, der walisische Name von Newport, bedeutet „Neue Burg am Usk". Ob es sich dabei allerdings um *Newport Castle* handelt, ist historisch nicht sicher. Die heute erhaltene Burg aus dem 14. Jahrhundert besteht aus deren östlichen Überresten und liegt eingezwängt zwischen Kreisverkehr, Eisenbahn und den Mudflats des Usk, der Wattenmeerzone. Wer von der Eisenbahn- oder der Autobrücke auf die drei Türme schaut, hat eigentlich schon alles gesehen.

Stadtgeschichte: Als Cardiff noch keine Rolle spielte, entwickelte sich Newport zu einem führenden Zentrum Großbritanniens für die Stahlproduktion und den Export von Kohle. Neue Hafenanlagen entstanden. Erst in den 1850er-Jahren lief die spätere Hauptstadt Cardiff Newport den Rang als größter Kohlehafen ab. 1914 exportierte man in Newport aber immer noch jährlich sechs Millionen Tonnen Kohle. Am 4. November 1839 fand mit dem „Chartist Uprising" die letzte blutige Revolte in der Geschichte Großbritanniens statt. Britische Soldaten versteckten sich im Westgate Hotel und schossen von hier aus auf die Demonstranten und umgekehrt.

Die riesige Gondel der Transporter Bridge

Die Chartisten waren eine radikale Arbeiterreformbewegung und wollten mit ihrer Revolte eine landesweite Revolution auslösen. Dabei wurden 22 Menschen getötet. Die bei der Erstürmung entstandenen Einschusslöcher sind noch heute am Gebäude zu sehen.

Im 20. Jahrhundert folgte ein langer wirtschaftlicher Niedergang, verbunden mit grandioser städtebaulicher Inkompetenz. Als die Busse zwischen London und Cardiff noch obligatorisch in Newport haltmachten, traute man sich bei Dunkelheit während der kurzen Pausen kaum aus dem Bus – Newport war jahrzehntelang ein sozialer Brennpunkt des Landes. Heute wird viel Geld und Energie in die Wiederbelebung der Innenstadt um den Usk-Fluss herum am Newport Market, an der High Street und Riverfront gesteckt. Weithin sichtbares Zeichen dieser Multimillionen Pfund schweren Reurbanisierung war die 2006 eröffnete *Newport City Footbridge*. 2010 fand im *Celtic Manor Resort* vor den Toren der Stadt das berühmte Golfturnier *Ryder Cup* statt.

Sehenswertes

St Woolos Cathedral: Die bedeutendste Kirche der Stadt; vom Hauptbahnhof 1 km nach Süden die High Street und Stow Hill hinauf. Die ältesten erhaltenen Teile der aus verschiedensten Architekturstilen zusammengewürfelten Kirche stammen aus dem 9. Jahrhundert. Besonders sehenswert ist der kapitellgeschmückte normannische Torbogen zur St-Marys-Kapelle. Die Grundstruktur des Schiffs der Hauptkirche stammt überwiegend aus dem 12. Jahrhundert, die Außenmauern aus dem 13. Jahr-

hundert, der Kirchturm aus dem späten 15. Jahrhundert. Die Kirche wurde in ihrer Bedeutung nach dem Zweiten Weltkrieg stark aufgewertet, als sie Sitz des Bischofs von Monmouth wurde. Bekannt ist St Woolos auch für seinen Kirchenchor.
 Stow Hill, ✆ 01633-212077, www.newportcathedral.com, www.newportcathedralchoir.org.

Newport Museum & Art Gallery: Schwerpunkte der Dauerausstellung sind die Naturgeschichte, die Stadtentwicklung von Newport und eine archäologische Abteilung mit römischen Funden aus Caerleon und Caerwent, darunter einige besonders schöne römische Mosaike. Wikinger und Normannen haben ebenfalls ihre Spuren hinterlassen. Ein Teil der Ausstellung dokumentiert die Chartist-Revolte, die im November 1839 in Newport eskalierte. Absoluter Höhepunkt des Museums ist das

2002 bei den Bauarbeiten des Riverfront Theatres entdeckte Newport Ship. Dabei handelt es sich um einen vollständig erhaltenen Schiffstyp aus dem 15. Jahrhundert, der bis dahin völlig unbekannt war und von dem weltweit kein zweiter existiert. Derzeit wird das Schiff konserviert und wird hoffentlich in wenigen Jahren wieder zu besichtigen sein.

Di–Fr 9.30–17, Sa 9.30–16 Uhr. Eintritt frei. John Frost Square, ✆ 01633-656656.

Riverfront Theatre & Arts Centre: Das neue Kulturzentrum wurde als das Herzstück der ambitionierten innerstädtischen Revitalisierungspläne errichtet. Hier konzentriert sich alles, was in Newport an Kultur geboten wird: Theater, Oper, Zirkus und Kino, Workshops, Komödie und, und, und.

Mo–Fr 11–19, Sa 11–17 Uhr, bei Veranstaltungen länger. Kingsway, ✆ 01633-656757, www.newport.gov.uk/riverfront.

Transporter Bridge: Das weithin sichtbare Bauwerk von 1906 ist eine schwebende Fähre, ein Werk des französischen Architekten Ferdinand Arnodin. Die weltweit größte Schwebefähre war die beste Lösung, um an dieser Stelle des Flusses eine Querung für den Straßenverkehr zu schaffen, die den Schiffsverkehr mit seinen hohen Segelmasten nicht behinderte. Weltweit gibt es nur noch acht dieser Exemplare. Das Bauwerk spannt sich fast 200 Meter über den Usk. In einer Gondel schweben Autos und Fußgänger über die heute nicht mehr so zahlreichen Boote und Schiffe hinweg.

Unregelmäßig geöffnet. Infos unter www.newport.gov.uk/transporterbridge.

Newport Market: Die Markthalle der Stadt, der sog. Newport Provision Market, ist eine der größten in Wales, ihr ältester Teil stammt von 1864. Der markante Eingang mit dem Turm hin zur Upper Dock Street entstand bis 1899. Hier gibt es den besten Fleischer und den einzigen Fischhändler der Stadt, ansonsten das gesamte Sammelsurium von Äpfeln bis hin zum Computer.

Mo–Sa 9–17 Uhr. High Street, Upper Dock Street. www.newport.gov.uk/market.

St Woolos Cathedral

Civic Centre: Verlässt man Newport mit dem Zug in Richtung Cardiff, passiert man rechter Hand das Civic Centre, den Sitz der Stadtverwaltung, des Bürgermeisters und des Gerichts. Der beeindruckende Komplex an der Godfrey Road mit großem Uhrenturm wurde im Zweiten Weltkrieg im Art-déco-Stil errichtet. Im Innern stellen 12 große Wandmalereien die Geschichte von Newport dar, ein Werk des deutschen Künstlers Hans Feibusch.

Eine merkwürdige Attraktion steht inzwischen beim Kreisverkehr in Llanwern im östlichen Newport – die *Newport Clock*. Die überdimensionale Uhr im Stil eines antiken Tempeleingangs sieht im Ruhezustand recht kitschig aus, doch zur vollen Stunde lieferte sie

Newport 135

eine eindrucksvolle Show: Ein Teufel und Skelette mit Sanduhren erschienen. Dann brach die gesamte Szenerie in sich zusammen, bis ein Engel und ein gigantischer Kuckuck den ursprünglichen Zustand wiederherstellten. Die Uhr stand bis 2008 auf dem John Frost Square und lag danach eingemottet in einem Lager. Inzwischen zeigt sie wieder die Uhrzeit an, zur vollen Stunde öffnet sie sich aber (vorerst) nicht.

Celtic Manor Resort: So viele Golfplätze es um Newport auch gibt, der Twenty Ten Course im Celtic Manor Resort verdient besondere Aufmerksamkeit. Es ist die erste ausschließlich für den Ryder Cup 2010 gebaute Golfanlage der Welt. Bei dem alle zwei Jahre stattfindenden Turnier treten die besten Golfer aus Europa gegen ihre besten Kollegen aus den USA an. Zu dem Ressort zählen eine Golfakademie, mehrere Golfplätze und zahlreiche Beherbergungsmöglichkeiten (siehe oben).
www.celtic-manor.com.

Basis-Infos

Einwohner 137.000

Information Newport Tourist Information Centre im Museum am John Frost Square. Mo–Fr 9–18, Sa 9–16 Uhr. ✆ 01633-656656, www.newport.gov.uk.

Hin und weg Newport ist die wohl am besten angebundene Stadt in ganz Wales.

Auto: Die M 4 führt direkt an der Stadt vorbei. Im Zentrum gibt es genügend Parkmöglichkeiten.

Bus: Der zentrale Busbahnhof liegt am Kingsway. Nach Cardiff sind es etwa 50 Min., nach London 2 Std. 40 Min. Weitere Buslinien fahren in alle Ecken der Region. Infos zum Stadtverkehr unter ✆ 01633-670563, www.newportbus.co.uk.

Bahn: Bahnhof inmitten der Stadt am Queensway. Verbindung nach London (2 Std.), Cardiff (20 Min.), Swansea (80 Min.), Bristol (40 Min.) und Abergavenny (25 Min.).

Übernachten

Queen's Hotel, 300 m südlich des Hauptbahnhofs – eines der traditionellen Hotels der Stadt, das von einer Schließung verschont blieb. Das zur Wetherspoon-Kette gehörende Haus von 1863 wurde restauriert und ist heute modern eingerichtet. Unten im Gebäude befindet sich ein quirliger Pub. Zimmer ab 39 £. Sonderangebote. 19 Bridge Street, ✆ 01633-844900, www.jdwetherspoon.co.uk.

Manor House Hotel, das elegante Hotel aus dem 19. Jh. gehört inzwischen zum Celtic–Manor-Komplex. Dieser liegt in einer großen Parklandschaft rund um den Ryder-Cup-Golfplatz. 70 historisch eingerichtete Zimmer. Restaurant, Bars und Lounge – das passende Ambiente für anspruchsvolle Gäste und Golfer. EZ ab 67 £, DZ ab 134 £. The Celtic Manor - Resort, Coldra Woods, The Usk Valley, ✆ 01633-410262, ✆ 412910, www.celtic-manor.com.

》》》 **Mein Tipp:** Newbridge on Usk, direkt am Usk-Fluss, knapp 10 km flussaufwärts von Celtic Manor im Örtchen Tredunnock. Erstklassiges Haus mit zwangloser Atmosphäre – walisische Gastfreundlichkeit und Gastronomie vom Feinsten; von der Automobile Association (der britische ADAC) mit fünf Sternen fürs Hotel und zwei Rosetten für das Restaurant bewertet. Zimmer ab 146 £. Newbridge on Usk, Tredunnock, ✆ 01633-410262, www.newbridgeonusk.co.uk. 《《《

Pendragon House, im Zentrum von Caerleon, einem Stadtteil von Newport. Erfrischende, freundliche Pension, die Zimmer sind hell und angenehm, beim Frühstücken kommt man leicht mit den anderen Gästen ins Gespräch. DZ 70 £. 18 Cross Street, Caerleon, ✆ 01633-430871, www.pendragonhouse.co.uk.

The Old Rectory, im schönen Christchurch, in unmittelbarer Nähe von Caerleon. Das mehrfach ausgezeichnete Gästehaus ist eine Adresse für Leute, die unterwegs wie zu Hause leben möchten. Leider gibt es nur zwei Zimmer. Daher rechtzeitig reservieren, um eines dieser Prachtstücke zu ergattern.

DZ 75 £. Christchurch, ℅ 01633-430700, www.the-oldrectory.co.uk.

West Usk Lighthouse, 8 km südlich von Newport, an der alten Küstenstraße von Cardiff, unterhalb der Alexandra Docks. Wirklich originelle Unterkunft in einem ehemaligen Leuchtturm mit Aussicht über die Mündungen von Severn und Usk sowie den Bristolkanal. Jurten gibt es neuerdings auch. Floating-Becken und Whirlpool inklusive. DZ ab 150 £. St Brides Wentloog, ℅ 01633-810126, www.westusklighthouse.co.uk.

Old Barn Inn, in Llanmartin, im Osten von Newport, nördlich der M 4. Die äußerlich recht unscheinbare Scheune aus dem 18. Jahrhundert ist heute ein beliebter Country Pub und Restaurant. Neben der genussvollen Gastronomie gibt es auch luxuriöse Zimmer. Zusammen mit der schönen Umgebung ist das Haus richtig zum Wohlfühlen. DZ ab 79 £. Magor Road, Llanmartin, ℅ 01633-413382, ℅ 412804, www.theoldbarninn.com.

Umgebung von Newport

Tredegar House

Das Herrenhaus ca. 3 km südwestlich von Newport wurde im 17. Jahrhundert erbaut, der älteste Teil des Gebäudes stammt aus dem 15. Jahrhundert. Zwischen 1664 und 1672 wurde der Nordostflügel des Hauses komplett neu errichtet und um einen Flügel erweitert. Seit 1402 ist das Anwesen der Sitz der Morgan-Familie. Ende des 18. Jahrhunderts gehörten dem Clan über 16.000 Hektar Land in der Gegend. Zum Tredegar House gehört auch ein großer Park mit weiteren Gebäuden wie Orangerie, Stallgebäuden und Brauhaus.

Park ganzjährig geöffnet von Sonnenaufgang bis Sonnenuntergang. Eintritt frei. Haus und Garten: Febr. 11–16.30 Uhr, März–Okt. 11–17 Uhr, im Winter nur an Wochenenden geöffnet oder komplett zu. Führungen (ca. 75 Min.) Mi–So stündlich zwischen 11 und 16 Uhr. Erw. 7,20 £, Kind 4 £. Parken frei. Südwestl. von Newport, Abfahrt 28 auf der M 4. ℅ 01633-815880, www.nationaltrust.org.uk/tredegar-house.

Tredegar House: Herrensitz eines einst mächtigen Familienclans

Caerleon

Das kleine Caerleon, heute ein Stadtteil von Newport, hat mehr Atmosphäre als Newport selbst. Der historische Ort mit seinen historischen und modernen Gebäuden entlang kleiner Straßen, eingerahmt von den Flüssen Usk und Llwyd und sattem Grün, präsentiert sich ganz anders als der große Nachbar. Hier befand sich das römische **Legionärslager** *Isca*, einer der drei ständigen Militärstandorte der Römer in Britannien. Die hier stationierte 2. Augusteische Legion umfasste 5000 Soldaten. Das Lager besaß allen damals erdenklichen Komfort, inklusive Amphitheater für 6000 Besucher, Badehäuser, Läden, Handwerkerdorf und Tempel. Die Überreste zählen zu den am besten erhaltenen römischen Militärstätten in Großbritannien – die „Legionary Barracks" sind sogar die einzigen erhaltenen in Europa.

Caerleon wird auch mit der Sage von König Arthus in Verbindung gebracht. In den Schilderungen des Mabinogion und Geoffrey of Monmouth's „History of the Kings of Britain" gibt es zahlreiche Hinweise auf Caerleon – so soll Arthus hier seinen Palast gehabt haben und das Amphitheater der Ort der legendären Tafelrunde gewesen sein (→ Kasten „Die Artussage", S. 34).
Römisches Lager, Amphitheater, Bäder: tägl. 9.30–17 Uhr. Nov.–März Mo–Sa 9.30–17, So 11–16 Uhr. Eintritt frei. Amphitheater: Broadway Lane; Roman Fortress und Bäder: High Street. www.cadw.gov.wales.

National Roman Legion Museum: Das Museum zeigt eine Vielzahl von in Caerleon ausgegrabenen Fundstücken; zu sehen sind u. a. das älteste Schriftstück von Wales aus dem 1. Jahrhundert sowie eine große Edelsteinkollektion. Anschaulich werden Leben, Alltag und Militärgeschichte der Römer anhand von Originalexponaten und Repliken wie dem *Barrack Room* in Szene gesetzt. Zudem gibt es einen herrlichen *Roman Garden*, der zeigt, wie ein typischer römischer Garten in Großbritannien aussah und bepflanzt war.
Mo–Sa 10–17, So 14–17 Uhr. Eintritt frei. High Street, ✆ 0300-1112333, www.museumwales.ac.uk/roman.

Übernachtungsmöglichkeiten in Caerleon → Newport/Übernachten

Caerwent

Knapp 20 km östlich von Newport, an der alten römischen Straße, gründeten die Römer um 75 n. Chr. das Handels- und Verwaltungszentrum *Venta Silurum* – die wohl erste richtige Stadt in Wales. Der Name der Hauptstadt des von den Römern gerade unterworfenen Stammes der Silurer bedeutet „Marktstadt der Silurer". Und es gibt hier einiges zu sehen. Innerhalb und um die bis zu fünf Meter hohen Mauern wurden die Überreste von Häusern, Geschäften, der Basilika und eines Tempels ausgegraben. Die römische Stadtmauer zählt zu den besterhaltenen in Großbritannien. Und auch in der Dorfkirche von Caerwent sind einige archäologische Funde ausgestellt.
Ausgrabungsstätte: tägl. 10–16 Uhr, Eintritt frei. Geführte Touren u. a. Di und Do. Von Newport aus 20 km entlang der A 48 nach Osten. ✆ 01443-336000, www.cadw.wales.gov.uk.

Usk
(Brynbuga)

Das bunte und blühende Städtchen mit der Ruine von **Usk Castle** geht auf ein altes römisches Legionärslager zurück. Durch den Ort fließt der gleichnamige Fluss. Usk wird bei nationalen Blumenwettbewerben regelmäßig ausgezeichnet. Ein Besuch lohnt vor allem wegen der Blütenpracht, den Pubs und Restaurants sowie des Bauernmuseums.

Usk & Rural Life Museum: Das Museum in einer früheren Malzscheune aus dem 16. Jahrhundert sowie in umliegenden Gebäuden hat das ländliche Leben in Monmouthshire zum Thema. 5000 Ausstellungsstücke illustrieren den Alltag der Bauern und einfachen Arbeiter zwischen 1850 und 1950. Zu sehen sind u. a. eine historische Schuhmacherwerkstatt, eine Kutschen- und Traktorensammlung und jede Menge Landwirtschaftsgeräte.
März–Okt. Di–Sa 10.30–17 Uhr. Eintritt frei. Kostenlose Parkplätze an der Maryport Street. The Malt Barn, New Market Street, ✆ 01291-673777, www.uskmuseum.org.

Wye Valley

Unsere Tour durch das Wye Valley führt von Chepstow über die Tintern Abbey und Monmouth zu den Three Castles.

Das an der südöstlichen Grenze von Wales zu England gelegene Tal ist eine wunderschöne Naturlandschaft. Lange Zeit war nicht klar, wohin das Wye Valley und Monmouthshire insgesamt politisch gehören sollen. Ständig wechselte die Grenzregion zwischen Wales und England hin und her. Erst 1974 wurde das Shire offiziell Teil von Wales. Entsprechend englisch gibt man sich rund um die mächtige **Burg von Chepstow**, den historischen Verwaltungssitz **Monmouth** und das Kloster **Tintern Abbey**. Der 218 km lange *Wye Valley Walk* entlang der romantischen Flusslandschaft verbindet Chepstow im Süden mit der Bücherstadt **Hay-on-Wye** in Mittelwales und führt über Builth Wells und Rhayader weiter nach Norden bis zu den Quellen des Wye und des Severn in den Cambrian Mountains am Llyn Clywedog-Stausee, 12 km westlich von Llanidloes (www.wyevalleywalk.org).

Chepstow
(Cas-Gwent)

Die historische Grenzstadt wartet mit Stadtmauern und einer mächtigen Festung auf, die sich spektakulär auf einem Massiv direkt über der Schleife des Wye-Flusses erhebt. Vor allem die Burg und die Geschichte der ursprünglich normannischen Grenz- und Hafenstadt sind es, die den Ort besuchenswert machen. Auf der örtlichen Pferderennbahn werden berühmte Turniere ausgetragen. Und je nachdem, wie man's nimmt, beginnt oder endet in Chepstow der *Offa's Dyke-Fernwanderweg* (→ Kastentext „Offa's Dyke Path", Kapitel Mittelwales).

Chepstow Castle: Die vom Normannen William dem Eroberer 1067 gebaute Burg liegt strategisch wichtig auf einer Anhöhe am hier S-förmig fließenden Wye-Fluss, unweit seiner Mündung – hier befand sich einer der wichtigsten Flussübergänge zwischen England und Wales. Der Große Bergfried (Great Keep) stand ursprünglich frei und ist der älteste gemauerte Bergfried in Großbritannien. Im Türbogen zum Great Keep wurden auch Ziegel eines römischen Forts verbaut, höchstwahrscheinlich aus Caerwent. Ein weiterer kleiner Superlativ sind die mit 800 Jahren ältesten Türen Europas. Das Haupttor ist von zwei massiven runden Türmen eingefasst. Die Festung wurde im Lauf der Jahrhunderte Stück für Stück ausgebaut und dabei der Topografie der Gegend angepasst – so entstand eine in ihrer Form einzigartige terrassenförmige Anlage. Historisch ist Chepstow Castle fast ebenso bedeutend wie die Burg in Harlech (→ Harlech). Der gerade zum König gekrönte William sicherte mit der Festung die wichtige Grenzregion zu Wales ab. Von hier aus wurden zahlreiche Strafexpeditionen gegen die walisische Bevölkerung organisiert. Abgerundet wird der Besuch von informativen Tafeln, Ausstellungsstücken und Kartenmaterial in der beeindruckenden Great Hall.

Chepstow im Wye Valley

März–Okt. tägl. 9.30–17 Uhr. Juli–Aug. tägl. bis 18 Uhr. Nov.–Febr. Mo–Sa 10–16, So ab 11 Uhr. Erw. 4,50 £, erm. 3,40 £, Familie 13,50 £, körperlich Behinderte und Begleitung frei. ℡ 01291-624065, www.cadw.gov.wales.

Port Wall: Die Stadtmauer um Chepstow wurde 1270 gebaut – mit 1097 Metern ist sie nach Conwy die längste Stadtmauer in Wales. Der Mauerring ist noch fast vollständig erhalten und nach wie vor beeindruckend. Das *West Gate*, das Tor quer über die High Street, ist eingerahmt von knuffigen Häusern und etwas jünger als die Mauer.

St Mary's Church: Das Gotteshaus, die älteste romanische Kirche des Landes, geht auf die Normannenzeit zurück. Das reich geschmückte normannische Hauptportal stammt aus dem 11. Jahrhundert. Im Innern finden sich einige sehenswerte Gräber, u. a. das von Henry Marten. Er war einer der Richter im Prozess von King Charles I., der infolge des englischen Bürgerkriegs und eben dieses Prozesses 1649 geköpft wurde.

Upper Church Street. www.chepstowpriory.org.

Chepstow-Museum: Interessantes Heimatmuseum in einem eleganten Town House aus dem 18. Jahrhundert. Exponate, Bilder und Fotografien dokumentieren die Geschichte der Stadt als wichtiger Handelsplatz und Hafen für Wein und Holz. Dazu gibt es Wechselausstellungen.

Tägl. geöffnet; Zeiten saisonal abhängig, im Wesentlichen Mo–Sa 11–16, So 14–16 Uhr, Juli bis Febr. früher. Eintritt frei. ℡ 01291-625981, Bridge Street, www.chepstowmuseum.co.uk.

Pferderennbahn: Einer der renommiertesten Racecourses Britanniens; hier wird u. a. das bekannte walisische Rennen „The Welsh National" ausgetragen. Die Galopprennbahn liegt inmitten einer historischen Parklandschaft.

Chepstow Race Course ❹, nördlich von Chepstow an der A 466 nach Monmouth. Tickets ab 10 £. www.chepstow-racecourse.co.uk.

Basis-Infos

Information Chepstow Tourist Information Centre, April–Okt. tägl. 10–17.30 Uhr. Nov.–März tägl. 10–15.30 Uhr. An der Bridge Street, am Parkplatz gegenüber vom Castle. Kartenmaterial, Broschüren, Auskünfte zum Übernachten. ☎ 01291-623772, chepstow.tic @monmouthshire.gov.uk.

Hin und weg Bus: Busbahnhof an der Thomas Street, außerhalb der Stadtmauern am West Gate. Zahlreiche Verbindungen nach Newport, mehrmals täglich auch nach Monmouth und Tintern.

Bahn: Der Ort liegt an der Strecke von Cardiff nach Birmingham und ist somit gut angebunden. Bahnhof an der Station Road südlich eines großen Supermarkts, unweit der Mount Plesant Street (A 48).

Übernachten/Essen & Trinken

Castle View Hotel ❷, direkt gegenüber dem Castle. Das historische Haus zeigt in den 13 Zimmern schlichten Komfort. Empfehlenswertes *Restaurant*. EZ ab 45 £, DZ ab 60 £. 16 Bridge Street, ☎ 01291-620349, 620397, www.hotelchepstow.co.uk.

» **Mein Tipp:** St Pierre Hotel & Country Club ❾, inmitten einer Parkanlage mit Golfplatz südwestlich der Stadt, die edelste Übernachtungsmöglichkeit in Chepstow. Das zur Marriott-Kette gehörende Manor-Haus aus dem 14. Jahrhundert besitzt alle Annehmlichkeiten, die in dieser Kategorie zu erwarten sind. Zimmer ab 99 £. St Pierre Park, ☎ 01291-625261, www.marriott.co.uk. «

Beaufort Hotel 8, traditionelles, familiengeführtes Hotel. Wie es für ein Gebäude aus dem 16. Jahrhundert gehört, gleicht kein Zimmer dem anderen. Das Beaufort ist das am längsten betriebene Hotel in Südwales – seit dem 17. Jahrhundert dient es als Herberge. Drinnen geht es freundlich und ruhig zu. Das *Restaurant* serviert leckeres Essen. EZ ab 55 £, DZ ab 75 £. Beaufort Square, ✆ 01291-622497, ✉ 627389, www.beauforthotelchepstow.com.

First Hurdle Guesthouse 5, großes, zentral gelegenes B & B mit fairen Preisen. Alle Zimmer mit Bad. Für Biker und Wanderer gibt es spezielle Schließfächer, Trockenraum etc. EZ 40 £, DZ 65 £. 9–10 Upper Church Street, ✆ 01291-622189, www.thefirsthurdle.co.uk.

》》》 Mein Tipp: Hidden Valley Yurts 3, Jurtencamp in einem kleinen grünen Tal direkt am Fluss – man muss also nicht in die Mongolei fahren, um in einem echten Ger zu übernachten. Die Einrichtung ist allerdings schon fast luxuriös. Preise abhängig von Jahreszeit, Aufenthaltsdauer und Zahl der Gäste (siehe Webseite). Auf halbem Weg (14,5 km) zwischen Chepstow und Monmouth bei Llanishen an der B4293. Auf klitzekleinen Straßen mit schönem Ausblick geht es bis zur Lower Glyn Farm, hinter der das Camp liegt. Ganz billig ist das Ganze allerdings nicht. Lower Glyn Farm, Llanishen, ✆ 01600-860723, www.hiddenvalleyyurts.co.uk. 《《

Essen & Trinken Boat Inn 1, idyllischer und regelmäßig gesellig gefüllter Pub (fast) am Wasser mit lockerer Atmosphäre und gutem Essen. The Back, ✆ 01291-628192.

Castle View Hotel 2, das Restaurant des Hotels hat einen guten Ruf, bekannt sind u. a. die Muschel- und Fischgerichte. 16 Bridge Street, ✆ 01291-620349.

Mugal Spice 7, ungewöhnliches, tolles indisches Restaurant, eine Mischung aus Weinbar und traditionellem Inder. Das Essen ist gut und recht günstig. 13-14 Nelson Street, ✆ 01291-623222.

Lime Tree 6, Café-Bar mit tollem Frühstück, Kaffee und WiFi, entsprechend viele Laptop-Gäste. Das Bistro ist auch sehr babyfreundlich – insgesamt also eine interessante Gästemischung. 24 St Mary's Street Arcade, ✆ 01291-620959, www.sabrain.com/limetree.

Tintern Abbey (Abaty Tyndyrn)

Das Örtchen Tintern liegt auf dem Weg von Chepstow nach Monmouth. Hier dreht sich alles um die eine große Sehenswürdigkeit – die Klosteranlage von Tintern Abbey.

Das 1131 von Zisterziensermönchen gegründete Kloster, am Wye-Fluss und inmitten von Wäldern und Bergen gelegen, zählt zu den romantischsten Plätzen im Land. Die einst mächtige und wohlhabende Abbey blickte bis zu ihrer Auflösung im Jahr 1536 bereits auf 400 Jahre Geschichte zurück; seitdem verfiel das Kloster. Die meisten der beeindruckenden Überreste stammen aus dem 14. Jahrhundert, der Blütezeit des Stifts. Ab dem 18. Jahrhundert zog der Ort Schriftsteller, Maler und Reisende an, Tintern mit seiner gotischen Kirche im Mittelpunkt wurde zu einer touristischen Pilgerstätte. Das Schicksal als Steinbruch teilte Tintern wie viele andere Klöster zum Glück nicht, und so findet man heute eine fast vollständig erhaltene mittelalterliche Anlage vor – was in der Hochsaison leider oft dazu führt, dass es, ganz unromantisch, vor Touristen nur so wimmelt. Am besten ist es, man besucht Tintern Abbey außerhalb der Stoßzeiten – also sehr früh, am Abend oder außerhalb der Saison, dann lohnt sich ein Spaziergang um das Kloster herum besonders.
März–Okt. tägl. 9.30–17 Uhr. Juli–Aug. tägl. bis 18 Uhr. Nov.–Febr. Mo-Sa 10–16, So ab 11 Uhr. Erw. 5,50 £, erm. 4,10 £, Familie 16,50 £. körperlich Behinderte und Begleitung kostenlos. ✆ 01291-689251, www.cadw.gov.wales.

Information Tintern Tourist Information Centre, April–Okt. tägl. 10.30–17.30 Uhr. In der Old Station nördlich der Abbey an der A 466. Hier gibt es eine kleine Ausstellung zur alten *Wye Valley Railway*, Wanderbroschüren und Auskünfte zum Übernachten. ✆ 01291-689566.

Übernachten Old Rectory, klasse Bed & Breakfast; die Räume sind komfortabel eingerichtet, das gemütliche Aufenthaltszimmer ist neben einem Kamin auch mit Reise- und Wanderliteratur zur Gegend ausgestattet. Der Garten ist für Gäste nutzbar. Hunde sind in diesem B & B willkommen. DZ ab 70 £. Main Road (A 466), ✆ 01291-689920, www.tintern-oldrectory.co.uk.

Parva Farmhouse, wunderbares Gästehaus knapp 1 km nördlich von Tintern Abbey, direkt am Fluss, der Wye Valley Path führt fast durch den Garten. Gemütlich eingerichtet in ländlichem Stil, in der Lounge stehen urige Sofas, und man hat richtig Lust, ewig am Kamin zu sitzen. EZ ab 65 £ (begrenzt verfügbar, besser anfragen), DZ ab 80 £. Am nördlichen Ortsausgang von Tintern, in der Nähe der Michaels-Kirche, ✆ 01291-689411, www.parvafarmhouse.co.uk.

Essen & Trinken   Kingstone Brewery, hier wird echtes, unfiltriertes Ale gebraut. Bei Führungen und im Laden nebenan kann man die Produkte der Mikrobrauerei verkosten. Meadow Farm, ✆ 01291-680111, www.kingstonebrewery.co.uk.

Monmouth

Drei Flüsse – Wye, Trothy und Monnow – fließen in Monmouth zusammen, der Stadt, die der Grafschaft ihren Namen gab. Mittelalterliche normannische Architektur vermischt sich hier mit dem jüngeren georgianischen Baustil und einer reichen, bis in die Römerzeit zurückgehenden Geschichte.

Tintern Abbey

Monmouth ist die Geburtsstadt von Geoffrey of Monmouth, Autor der im 12. Jahrhundert erschienenen „Historia Regnum Britanniae", dem Ursprung aller Artus-Romane. Monmouth ist auch Geburtsort von Heinrich V. – und die weltweit erste Wikipedia-Stadt: Scannt man mit dem Smartphone einen der an bedeutenden Orten verteilten QR-Codes ein, gelangt man direkt zur Wikipedia-Seite mit Informationen zum Wahrzeichen. Dafür sorgt das kostenlose ortsweite WLAN-Netz. Weil zu den Sehenswürdigkeiten bereits Hunderte Artikel auf Wikipedia verfasst wurden, bekam die Stadt den Beinamen Monmouthpedia.

Sehenswertes

Monmouth Castle, Regimental Museum: Am westlichen Rand, am höchsten Punkt des Stadtzentrums steht die Ruine der Burg. Die erste Veste wurde um 1068 von den Normannen erbaut. Von der einst mächtigen Anlage ist nicht mehr viel er-

Monmouth 143

halten, nur Fragmente des Great Tower, die Hall sowie die Mauern stehen noch. Auf Monmouth Castle wurde 1387 Heinrich V. geboren, aller Wahrscheinlichkeit nach im Great Tower. Das Ende der Burg kam mit den Bürgerkriegen Mitte des 17. Jahrhunderts, als die Burg mehrfach von Parlamentariern und Royalisten belagert wurde. 1647 schließlich begann der Abriss. Das direkt nebenan ab 1673 aus den Steinen der Festung errichtete **Great Castle House** beherbergt heute das Regimentsmuseum zur Geschichte der Monmouthshire Royal Engineers, dem einzigen bis heute aktiven Regiment der britischen Arme, das aus einer Miliz hervorgegangen ist.

April–Okt. und Ostern tägl. 14–17 Uhr. Abweichende Öffnungszeiten auf Anfrage. Eintritt frei. The Castle Monmouth, ✆ 01600-772175, www.monmouthcastlemuseum.org.uk.

Nelson Museum, Local History Centre: Das sehenswerte, auch als Monmouth-Museum bekannte Haus widmet sich einem der größten und bekanntesten britischen Seefahrer: Horatio Nelson, obwohl der Admiral mit der Stadt historisch nur wenig zu tun hat. Die Kollektion entstammt der Sammelleidenschaft lokaler Aristokraten. Zu sehen sind Nelsons Schwert von Trafalgar, Briefe, Schiffsmodelle sowie diverse Stücke rund um den Helden der Meere. Zudem gibt es eine Ausstellung zur Stadtgeschichte und Archäologie.

Mo–Sa 11–13 und 14–17, So 14–17 Uhr, Nov.–Febr. bis 16 Uhr. Eintritt frei. Priory Street, ✆ 01600-710630.

Monnow Bridge: Das um das Jahr 1270 errichtete Bauwerk ist die einzige befestigte mittelalterliche Brücke im Land mit einem Tor darauf. Bei Hochwasserschutzarbeiten wurden unter den Fundamenten Reste des hölzernen Vorgängers entdeckt. Im 14. Jahrhundert wurde die Brücke mit dem Tor bewehrt, um die Sicherheit vor Angriffen zu erhöhen. Ab 1705 wurde das als Stadt- und Zolltor genutzte Bauwerk erweitert – es wurde aufgestockt, um es auch als Wohnhaus nutzen zu können. In der Folgezeit wurde die Brücke mehrfach umgebaut, um des zunehmenden Verkehrs Herr zu werden. Seit 2004 ist die Brücke mit der Eröffnung einer neuen Flussquerung eine reine Fußgängerbrücke.

An der Monnow Street, in der Nähe des Gatehouse Pubs und des Monnow Bridge-Campingplatzes.

Shire Hall: Das 1724 errichtete Gebäude, bis 1992 Gericht, beeindruckt durch seine Arkaden und die reich verzierte Hauptfront. Im noch erhaltenen historischen Gerichtssaal fanden 1839/40 die berühmten *Chartist Trials* statt, in denen die Anführer des Aufstandes von Newport um John Frost verurteilt wurden. Die beiden Gerichtssäle können besichtigt werden. Vor der Hall beobachtet Heinrich V von der Fassade aus den Agincourt Square; der Platz ist nach dem französischen Ort Azincourt benannt, wo Heinrich V. im Hundertjährigen Krieg eine der größten Schlachten der Engländer gegen die Franzosen gewann. Direkt vor ihm steht das Denkmal für einen anderen Sohn der Stadt – Charles Rolls. Der Flugpionier machte mit dem längsten Alleinflug in einem Heißluftballon und dem weltweit ersten Nonstop-Hin- und Rückflug über den Ärmelkanal Furore. 1910 stürzte er in der Nähe von Bournemouth ab – Rolls war der erste Brite, der bei einem Flugzeugunglück ums Leben kam. Die Statue hält ein Modell des havarierten Flugzeugs der Gebrüder Wright in den Händen; das „Rolls" in Rolls-Royce kommt übrigens von diesem Herrn.

Tägl. 10–16 Uhr. Audiovisuelle Guides stellen den Chartist-Prozess von 1840 dar. Agincourt Square, ✆ 01600-775257, www.shirehallmonmouth.org.uk.

The Kymin: Von diesem Hügel hat man nicht nur eine gute Sicht auf die Stadt, hier oben befindet sich auch der 1800 erbaute *Naval Temple* zu Ehren der Britischen Marine sowie das *Round House*, ein historischer privater Dining Club.

Südostwales → Karte S. 133

1802 stattete Lord Nelson in Begleitung von Lady Hamilton dem Round House einen Besuch ab.

Park tägl. geöffnet und kostenfrei. Round House Mo, Sa, So 11–16 Uhr. Erw. 3 £, Kinder 1,50 £, Familie 6,75 £. ✆ 01600-719241, www.nationaltrust.org.uk/kymin.

Basis-Infos

Information Tourist Information Centre Mo–So 10–16 Uhr. Shire Hall, Agincourt Square, ✆ 01600-775257, www.monmouth.org.uk.

Hin und weg Bus: Busbahnhof in der Monnow Street. Verbindung nach Abergavenny (50 Min.), Chepstow (50 Min.), Newport (1 Std.), Tintern (40 Min.) und Ross on Wye (30 Min.).

Kanu Monmouth Canoe & Activity Centre, bei einer Stadt, durch die so viele Flüsse fließen, lohnt sich eine Kanustation. Hier kann man Boote ausleihen, Kurse belegen, Touren buchen. Castle Yard, Old Dixton Road, ✆ 01600-716083, www.monmouthcanoe.co.uk.

Übernachten/Essen & Trinken

The Whitebrook, das preisgekrönte Restaurant punktet mit einem der wenigen Michelin-Sterne in Wales. Diese Exklusivität setzt sich in den 8 Luxuszimmern fort und hat ihren Preis. Die ruhige, waldbestandene Lage am Wye-Fluss sucht ihresgleichen. EZ 110 £, DZ 140 £. Whitebrook, ✆ 01600-860254, ✉ 860607, www.crownatwhitebrook.co.uk.

Riverside Hotel, die einzige Herberge in Monmouth mit dem Wort „Hotel" im Namen. Schlicht, innen recht modern eingerichtet. Wegen der Lage mitten in der Stadt kann es manchmal etwas laut werden. Zimmer ab 69 £. Cinderhill Street, ✆ 01600-715577, ✉ 712668, www.riversidehotelmonmouth.co.uk.

The Coach House, familiengeführtes *Restaurant* in einem Gebäude aus dem 16. Jahrhundert – und die einzige von Cymru Wales mit vier Sternen ausgezeichnete Unterkunft in Monmouth. Entsprechend begehrt sind die drei Zimmer. EZ ab 45 £, DZ ab 60 £. St John's Street, ✆ 01600-775517, www.thecoachhousemonmouth.co.uk.

Punch House, die Zimmer in diesem beliebten historischen Pub sind in Ordnung und günstig. Ohrstöpsel sollte man sich für alle Fälle mitnehmen – der Pub ist wirklich sehr beliebt. EZ ab 55 £, DZ ab 70 £. 4 Agincourt Square, ✆ 01600-713855, www.sabrain.com/punchhouse.

»» Mein Tipp: The Bell at Skenfrith, an der B 4521 im Ort, gegenüber der Burg, am Flüsschen Monnow. Vorbildlich restaurierte Postkutschenstation aus dem 17. Jahrhundert mit hervorragendem Restaurant, dazu 11 tolle Zimmer – eines der besten Restaurants mit Zimmern in Wales. EZ ab 75 £, DZ ab 130 £, jeweils inkl. Frühstück. Am Wochenende Mindestaufenthalt 2 Tage. Skenfrith, Monmouthshire, ✆ 01600-750235, ✉ 750525, www.skenfrith.co.uk. «««

Camping Monnow Bridge Campsite, zentral und am Fluss gelegener schöner Zelt-, Wohnmobil- und Wohnwagenplatz. Stellplatz ab 11 £. Drybridge Street, direkt hinter der Monnow-Brücke nach rechts. Der Eingang ist zwischen zwei Häusern versteckt, eines davon ist der Horseshoes Pub. Durchgehend geöffnet. ✆ 01600-714004.

Essen & Trinken Gate House, in konkurrenzloser Lage direkt an der Monnow-Brücke. Bei gutem Wetter ist der Außenbereich am Wasser ein äußerst begehrtes Plätzchen. Old Monnow Bridge, ✆ 01600-713890, www.the-gate-house.com.

Misbah Tandoori, das preisgekrönte Bangladeschi-Restaurant gehört zu den Top-100-Restaurants in Britannien, 2007/08 wurde es vom Good Curry Guide zum besten Lokal in Wales gewählt. 9 Priory Street, ✆ 01600-714940, www.themisbah.com.

Robin Hood, das mittelalterliche Gasthaus ist der älteste Pub im Ort. Schon Shakespeare soll die tolle Atmosphäre bei ein paar Pints genossen haben. 126 Monnow Street, ✆ 01600-715423.

Punch House, historischer, charaktervoller Brains Pub am Agincourt Square, direkt neben der Shire Hall – die wohl beliebteste Kneipe der Stadt. 4 Agincourt Square, ✆ 01600-713855.

The Three Castles

Das nördliche Monmouthshire, das Grenzland zwischen den normannischen Territorien und den walisischen Königreichen, ist von Festungsbauten übersät, die ursprünglich „drei Burgen" wurden im 11. Jahrhundert zu einem Zweck errichtet: das Königreich Gwent zu zerstören und die Region und die Handelswege um die Flüsse Wye und Monnow zu sichern. Zu diesem Zweck wurden neben *Monmouth Castle* am Zusammenfluss der beiden Ströme auch *Grosmont Castle* und *Skenfrith Castle* im Monnow-Tal errichtet. *White Castle* wurde auf der das Flusstal säumenden westlichen Hügelkette gebaut. Die Castles waren in den folgenden Jahrhunderten ein wichtiger Baustein zur Sicherung der englischen Vormachtstellung. Ab 1201 ersetzte Hubert de Burgh, ein mächtiger Marcher Lord und 1. Earl of Kent, die alten Burgen und ließ sie Stück für Stück in Stein neu aufbauen. Mit dem zunehmenden Zusammenwachsen von England und Wales verloren sie allmählich ihre militärische Bedeutung. 1902 verkaufte die Besitzerfamilie Beaufort ihre drei Burganlagen. Damit endete eine seit 1138 andauernde, über 750-jährige Epoche, in der die Castles immer in der Hand eines einzigen Eigentümers waren. Die Burgen sind heute durch einen 32 km langen Wanderweg miteinander verbunden.

Grosmont Castle

Grosmont Castle (Castell y Grysmwnt)

Die Burg wurde wohl 1070 von Earl William Fitz Osbern während seiner Invasion in Südwales gegründet. Ursprünglich diente Grosmont weniger als Festung denn als administrative Burg. Erst Hubert de Burgh ließ sie zwischen 1224 und 1226 in eine Festung umbauen – Grosmont Castle erhielt im Wesentlichen seine heutige Gestalt. 1267 übergab König Heinrich III. die Burg seinem zweiten Sohn Prince Edmund, der sie von einer Festung wieder in eine Residenz umgestalten ließ. Markantestes noch sichtbares Zeichen dieses Umbaus ist der stattliche Schornstein. Der Großteil der heute vorhandenen Gebäudeteile stammt allerdings aus der Zeit von Hubert de Burgh.

Ganzjährig tägl. 10–16 Uhr. Eintritt frei. ✆ 01443-336000, www.cadw.gov.wales.

Skenfrith Castle (Ynysgynwraidd)

Knapp 9 km nordwestlich von Monmouth steht im malerischen Örtchen Skenfrith und direkt am Fluss Monnow die gleichnamige Burg. Anders als die anderen Burgen wurde sie ebenerdig errichtet. Die heutige Veste geht wie Grosmont Castle auf

Hubert de Burgh zurück, der die Burg 1219 in Stein aufbauen ließ. In der Mitte der aus rotem Sandstein errichteten unregelmäßigen viereckigen Mauer steht der große Burgfried. Im Burghof finden sich die bei Ausgrabungen wiederentdeckten Überreste der Halle des ersten Castles.

Ganzjährig von Sonnenauf- bis Sonnenuntergang geöffnet. Eintritt frei. ℡ 01874-625515, www.nationaltrust.org.uk/skenfrith-castle.

White Castle (Castell Gwyn)

Die Burg bei Llantilio Crossenny thront majestätisch auf einem Hügel; sie ist von einem großen Wassergraben umgeben und teilt sich in eine Außen- und eine Innenburg. Von allen drei Castles ist sie die am besten erhaltene Festung. Der Name geht auf die ursprünglich weiß getünchten Wände des äußeren Mauerrings zurück, was an einigen Stellen noch sichtbar ist. Als westlichste aller Burgen war White Castle den Angriffen der Waliser am häufigsten ausgesetzt. Deshalb wurden um 1260 u. a. die Mauern mit Türmen verstärkt und das neue Torhaus errichtet. Anders als Grosmont und Skenfrith wurde White Castle nie als Residenz, sondern stets nur militärisch genutzt.

Über eine hölzerne Brücke gelangt man durch das doppeltürmige Tor aus dem späten 13. Jahrhundert in die Innenburg. Vom Turm des Torhauses hat man einen herrlichen Ausblick auf die Umgebung und kann sich einen Eindruck vom Aufbau der Festungsanlage verschaffen. Im Burghof sind noch die Fundamente der Wohngebäude und des mächtigen Burgfrieds zu erkennen, der 1260 abgerissen wurde.

April–Nov. Mi–So 10–17 Uhr. Erw. 3 £, erm. 2,25 £, Familie 9 £. ℡ 01600-780380, www.cadw.gov.wales.

Raglan Castle (Castell Rhaglan)

Die Burg ist einzigartig in Wales, denn sie wurde aus verschiedenen Sandstein-Sorten errichtet. Obwohl sie an die Festungsbauten von Edward I. erinnert, stammt sie aus dem 15. Jahrhundert, erbaut wurde sie ab etwa 1430. Raglan Castle ist eigentlich auch mehr befestigter Palast als Burg und diente Henry Tudor, dem späteren König Heinrich VII, sozusagen als Kinderstube. Anlagen wie der sechseckige Great Tower und die Doppelzugbrücke finden sich in dieser Form nirgendwo sonst in Großbritannien, ihre Vorbilder haben sie wohl in Frankreich. Der große Turm ist auch als *Yellow Tower of Gwent* bekannt. Von allen Räumlichkeiten am besten erhalten ist die Halle. Trotz der Zerstörung durch Cromwells Truppen weist die Burg heute noch einen faszinierenden Detailreichtum auf. So finden sich allerorten Überreste alter Kamine, Fenster und Wappenschilder. Neben informativen Erklärungstafeln kann man sich vor Ort auch Audiogeschichten zu Raglan Castle aufs Smartphone laden.

März–Juni und Sept.–Okt. tägl. 9.30–17 Uhr. Juli–Aug. tägl. 9.30–18 Uhr. Nov.–Febr. Mo–Sa 10–16, So 11–16 Uhr. Erw. 4,50 £, erm. 3,40 £. Regelmäßig Busse von Usk und Monmouth. ℡ 01291-690228, www.cadw.gov.wales.

South Wales Valleys

Nördlich von Cardiff und Newport liegen die *Valleys*, die Südwalisischen Täler. In keiner anderen Region von Wales ist die weltberühmte Tradition der *Male Voice Choirs*, der walisischen Männerchöre, so verwurzelt wie hier. Die Ortschaften zwängen sich hier in die engen, aus den Brecon Beacons kommenden Täler; sie waren einst das Kernland der britischen Industrialisierung. Kohle, Eisen und Stahl bestimmten lange das Leben in den grauen, schmutzigen Orten und den aufgewühlten Landschaften, deren Wunden nur teilweise vernarbt sind. Und obwohl die Valleys mit all ihren Umweltschäden und Strukturproblemen nach dem wirtschaftlichen Niedergang kein traditionelles touristisches Ziel sind, erfährt man nirgendwo sonst so viel über die walisische Seele und ihre Befindlichkeiten, ihre Stimmungen und die Geschichte der Industrialisierung.

Blaenavon (Blaenafon)

Der Ort, an dem seit dem 16. Jahrhundert Eisenerz gefördert und der Stahl erfunden wurde, präsentiert sich heute als ein großes Freilichtmuseum mit Weltkulturerbetitel. Die Lage in der Nähe von Abergavenny und dem Brecon-Beacons-Nationalpark verspricht eine touristische Zukunft.

Das 5700-Einwohner-Städtchen hat einiges zu bieten. Seit 1570 wurde hier Eisen gefördert, später kam die Kohle hinzu. In Forgeside, dem nur 1 km entfernten Örtchen, entdeckten die Industriechemiker Sidney Gilchrist Thomas und sein Cousin Percy Carlyle Gilchrist, wie man aus phosphorhaltigem Eisenerz Stahl herstellt – heute bekannt als das Thomas-Verfahren. Der durchschlagende Erfolg führte zur Verlagerung der Verhüttung nach Forgeside und zur fast vollständigen Aufgabe der alten Produktionsstätten in Blaenavon. Ein aus heutiger Sicht glücklicher Umstand, dem wir die weltweit am vollständigsten erhaltene Metallverarbeitungsstätte aus dem späten 18. Jahrhundert verdanken: die **Blaenavon Iron Works**.

Die Überreste des wasserbetriebenen Fahrstuhls der Blaenavon Ironworks

Blaenavon verdankt seine Existenz allein dem Eisenerz und der Kohle und ist heute ein herausragendes Beispiel einer viktorianischen eisenproduzierenden Stadt. Dies brachte Blaenavon im Jahr 2000 den UNESCO-Weltkulturerbetitel ein. Überall in der Stadt spiegelt sich die Zeit der Industrialisierung wider. In der **Saint Peter's Church** beispielsweise sind Taufstein, Säulen zur Unterstützung der ursprünglich hölzernen Konstruktion sowie die Deckplatten einiger Grabstätten aus Eisen. Die 1895 erbaute **Blaenavon Workmen's Hall** gegenüber der Kirche zählt zu den beeindruckendsten und mächtigsten Gebäuden der Stadt und ist mit Kino und Billardraum bis heute das kommunale Zentrum. Die **Broad Street** ist wie Mitte des 19. Jahrhunderts heute noch die Einkaufsstraße des Orts. Versuche ab 2003, Blaenavon als Bücherstadt à la Hay-on-Wye zu etablieren, sind allerdings weitgehend gescheitert. Eine Zahl respektabler Buchläden haben sie dennoch hinterlassen.

Sehenswertes

Blaenavon World Heritage Centre: Das Informationszentrum in der ehemaligen St Peter's School ist ein guter Ort, um sich über Blaenavon und seine Sehenswürdigkeiten zu informieren. Touristinformation, Stadtmuseum, Galerie, Souvenirladen und das „Fresh! The Heritage Tea Rooms"-Café mit WiFi-Anschluss befinden sich alle unter einem Dach; hier gibt es auch eine Broschüre, mit der man zu Fuß die Attraktionen auf eigene Faust erkunden kann.

Okt. bis 30. März 9–16 Uhr, Mo geschlossen. April–Sept. 9–17 Uhr, Mo geschlossen. Church Road, ✆ 01495-742333, www.visitblaenavon.co.uk.

Big Pit National Coal Museum: Die historische Zeche, die bis 1980 in Betrieb war, wurde mithilfe multimedialer Technik zu einem modernen Museum umgestaltet. In der alten Waschkaue (Pithead Baths) präsentiert eine Ausstellung zur Geschichte des Kohlebergbaus in Wales zahlreiche Exponate. Über der Erde sind die Schmiede, das Sprengstofflager und weitere Zechengebäude zu besichtigen; hier sind u. a. originale Anlagen wie historische Fördermaschinen zu sehen. Höhepunkt ist die Untergrund-Tour in den 90 Meter tiefen Förderstollen. Die Führer sind einstige Mitarbeiter der Mine. Das Museum ist ein National Museum of Wales, der Eintritt ist somit frei.

Tägl. 9.30–17 Uhr, letzter Einlass 16 Uhr. Underground-Tour regelmäßig zwischen 10 und 15.30 Uhr. Im Dez./Jan. abweichende Öffnungszeiten. Eintritt frei. 1 km westlich der Innenstadt von Blaenavon. ✆ 0300-1112333, www.museumwales.ac.uk/bigpit.

Blaenavon Ironworks: Während der Big Pit, die alte Zeche, die populärste Sehenswürdigkeit in Blaenavon ist, sind die Ironworks die historisch bedeutendsten. Der zwischen 1789 und 1904 betriebene Hochofenkomplex ist weltweit der besterhaltene seiner Art und ein einzigartiges Industriedenkmal aus der Frühzeit der industriellen Revolution. Vergleicht man die Anlage mit heutigen Werken, ist schwer vorstellbar, dass die Ironworks im frühen 19. Jahrhundert zu den größten und modernsten Eisenverhüttungsanlagen der Welt zählten. In den erhaltenen Werksgebäuden, Gießereien (Casting Houses) und einer begleitenden Ausstellung kann man den Produktionsprozess nachvollziehen. Der Alltag der Arbeiter wird in einem rekonstruierten Fabrikladen und in den historischen Arbeiterhäusern erlebbar. Eindrucksvoll sind auch die Überreste des mächtigen wasserbetriebenen Fahrstuhls, mit dem die Kohlewaggons hinauf- und hintergehoben wurden. Landesweit bekannt wurden die Blaenavon Ironworks u. a. durch die BBC-Serie „Coal House", die hier gedreht wurde. Äußerst interessant ist auch die Umgebung mit ihren alten Gleisanlagen und Erzminen – alles war auf die Eisengewinnung ausgerichtet, alles wurde von ihr geprägt.

April–Okt. tägl. 10–17 Uhr. Nov.–März Di–Do 10–16 Uhr. Eintritt frei. 300 m nördlich des World Heritage Centres, die Hauptstraße entlang. ✆ 01495-792615, cadw.gov.wales.

Pontypool & Blaenavon Railway: Wie fast alle Schmalspurbahnen in Wales wurde auch diese Linie für den Transport der Kohle gebaut. 1941 fuhren die letzten Passagiere, 1964 wurde auch der Güterbetrieb eingestellt. Der Streckenabschnitt zwischen Blaenavon und Pontypool wurde für „Big Pit" und andere Minen der Umgebung allerdings noch bis 1980 betrieben. Und wie überall in Wales ist es die große

Schar an Freiwilligen und Bahnenthusiasten, die den Bahnbetrieb bis heute am Leben erhalten. Am Haupthaltepunkt der PB Railway „Furnace Sidings" befinden sich auch Laden, Tea Room und die Lockdepots. Bis zum Big Pit ist es nur eine Station, und die Parkplätze vor dem Bahnhof sind kostenlos. Die „Blaenavon High Level Station" ist 15 Minuten Fußweg von der Innenstadt entfernt und mit Sicherheit der schönste Weg zum Big-Pit-Museum. Einen kurzen Fußweg entfernt von der Station wurden ehemalige Tagebaugruben geflutet – so entstanden die **Garn Lakes**, inzwischen ein kleines Naturparadies. Der Haltepunkt „Whistle Inn" ist mit 396 Metern der höchstgelegene Bahnhof der Strecke. Hier befindet sich auch der Whistle Inn Pub. Der „Railway Shop" in der Broad Street (Nr. 13 a) ist ein Muss für Schmalspur- und Modellbahnfans.

Die Bahnlinie wird von April bis August sowie an den Dezember-Wochenenden betrieben; darüber hinaus ist an speziellen Tagen geöffnet. Am besten vorher im Internet informieren oder anrufen. 13a Broad Street, Hin/zurück Erw. 8 £, Senior 9 £, Kind unter 15 J. 5 £. ✆ 01495-792263, www.pontypool-and-blaenavon.co.uk.

The Blaenavon Cheddar Company: Der Laden vertreibt die von der Company vor Ort hergestellten Cheddars und Ziegenkäse (derzeit 11 Cheddars und vier Sorten Ziegenkäse). Interessant ist auch, dass u. a. einige Stollen des Big Pit heute als Reifekeller für den Käse dienen; die Produkte werden mit walisischem Wein, Whiskey oder Bier aromatisiert.

Man bemüht sich sichtlich um die Kunden – und wenn man sie schon einmal im Laden hat: Das Team der Käsekompanie organisiert auch einen Fahrradverleih sowie geführte Wandertouren.

80 Broad Street, ✆ 01495-793123, www.chunkofcheese.co.uk, www.chunkofwales.co.uk.

Information Tourist Information Centre im Blaenavon World Heritage Centre (s. u.).

Hin und weg Bus: Die meisten Busse halten an der High Street im Zentrum. Die Busse X 24 und 30 brauchen von Newport etwa 50 Min. Von Cardiff aus nimmt man den Stagecoach X 2 und steigt in Cwmbran oder Pontypool in Bus X 24 um. Von Abergavenny fährt Stagecoach Bus X 4 nach Brynmawr. Von hier geht es weiter mit der Linie 30. Mehr Infos unter ✆ 0871-2002233, www.traveline.cymru.

Bahn: Die Stadt hat keinen Bahnanschluss. Nächste Bahnhöfe in Abergavenny, Pontypool und Cwmbran. Für die letzten Meilen nimmt man den Bus.

Parken In der Stadt und direkt an den Weltkulturerbestätten stehen eine Reihe gut ausgeschilderter Parkplätze zur Verfügung – größtenteils kostenlos.

Übernachten Das nur 11 km entfernte Abergavenny bietet einige gute Unterkünfte. Die Pubs in Blaenavon bieten z. T. auch B & B an (s. u.).

Essen & Trinken Fresh! The Heritage Tea Rooms, das Café mit Internetanschluss im World Heritage Centre serviert Getränke, Mittagessen und Kuchen (auch zum Mitnehmen) in hoher Qualität. Mo Ruhetag. Church Road, ✆ 01495-742339.

Rifleman's Arms, einer der bekanntesten und ältesten Pubs; hat nach Renovierung noch ein Restaurant und Gästezimmer bekommen. Mo Ruhetag. Rifle Street, ✆ 01495-792297.

Red Rooster Cafe, eine der besten Adressen für Mittagessen und auch eine Übernachtungsmöglichkeit. Die wenigen Zimmer sind behaglich eingerichtet. 23 Broad Street, ✆ 01495-791840.

The Whistle Inn, einsam gelegener traditioneller Pub am Ende der Pontypool & Blaenavon Railway Station; eben das sichert sein Überleben, wenn die Gästehorden vor der Rückfahrt durstig und hungrig hier auftauchen. Der Pub ist berühmt für seine große Kollektion an Grubenlampen. Mo Ruhetag. Garn Yr Erw Road, ✆ 01495-790403.

… Südostwales

Merthyr Tydfil (Merthyr Tudful)

Kaum ein Ort eignete sich besser, um die Industrialisierung in Großbritannien anzustoßen: Merthyr lag günstig inmitten großer Eisenerz-, Kohle- und Kalksteinvorkommen und verfügte über große natürliche Wasserreserven. Der Ort entwickelte sich zur Hauptstadt der Industrialisierung und war schließlich größer als Cardiff, Swansea und Newport zusammengenommen.

Im 19. Jahrhundert war Merthyr die Welthauptstadt der Eisenherstellung, auch die erste dampfbetriebene Lokomotive der Welt wurde hier gebaut. Diese Zeiten sind lange vorbei, Merthyr ist heute ein Dauerproblemkind mit hoher Arbeitslosenquote. Und auch die Suche nach der großen Geschichte der Stadt gestaltet sich schwierig, die Spuren der Vergangenheit sind verwischt.

Die Stadt erhielt ihren Namen von Tydfil, einer walisischen Prinzessin, die 480 wegen ihres christlichen Glaubens den Märtyrertod starb; sie wurde heiliggesprochen und zu Tydfil, der Märtyrerin – Merthyr Tydfil.

Sehenswertes

Joseph Parry's Cottage: Die historische Reihenhaussiedlung am Taf-Fluss, 1,5 km nördlich des Bahnhofs an der Bethesda Street (A 4102), wurde in den 1820ern für Arbeiter der Cyfarthfa Ironworks gebaut. Das Haus Nr. 4 ist der Geburtsort des bekanntesten walisischen Komponisten und Texters Joseph Parry (1841–1903). Die Räume sind im Stil der 1840er-Jahre eingerichtet und machen die Lebensbedingungen der etwas bessergestellten Arbeiter dieser Jahre erfahrbar, als Parry noch ein kleiner Junge war. Sein landesweit berühmtes Lied „Myfanwy" tönt durch die Zimmer. Die oberen Räume sind dem Leben und Werk des Musikers gewidmet und zeigen auch Exponate zur industriellen Geschichte Merthyr Tydfils.

April–Sept. Sa/So 14–17 Uhr. Eintritt frei. Okt.–März nur auf Anfrage: Eintritt 1 £. 4 Chapel Row – Chapel Banks, ✆ 01685-727371, www.visitmerthyr.co.uk.

Brecon Mountain Railway: Die Schmalspurbahn verkehrt zwischen Pant Station (nordöstlich von Merthyr; A 465 oder A 470), vorbei an Pontsticill bis zum nördlichen Ende des Taf-Fechan-Stausees. Die nur ein paar Meilen kurze Strecke führt größtenteils auf den alten Gleisen der von 1859 bis 1964 betriebenen Strecke zwischen Merthyr in den Valleys und Brecon im Brecon-Beacons-Nationalpark entlang. An den Stationen gibt es Imbisse und ein Restaurant.

Pant Station liegt etwa 5 km nordöstlich von Merthyr und ist von der A 465 und A 470 ausgeschildert. Bus Nr. 35 fährt von Merthyr Tydfil aus in der Nähe vorbei. Von April bis Okt. (fast) täglich mehrere Fahrten, außerhalb der Saison weniger (siehe Webseite). Fahrzeit 90 Min., inkl. eines 20-minütigen Zwischenstopps in Pontsticill. Erw. 13 £, Senior 11,75 £, Kind unter 15 J. 6,50 £. ✆ 01685-722988, www.breconmountainrailway.co.uk.

Cyfarthfa Castle: Das Gebäude 2 km nördlich von Merthyr Tydfil, 1824 als Familiensitz des Eisenbarons William Crawshay im neugotischen Stil erbaut, steht direkt gegenüber der alten Eisenhütte mit ihren Hochöfen – oder was davon noch übrig ist. Heute ist das Anwesen teilweise Schule und die Heimstätte des **Cyfarthfa Castle Museum & Art Gallery**. Zu sehen sind Kunstobjekte, Porzellan, Gemälde, Kleider von Lauren Ashley sowie eine Antikensammlung. Besonders interessant ist die Ausstellung zur Geschichte von Merthyr Tydfil; die anschaulich gestalteten Räume machen die Historie der Stadt erlebbar. U. a. erfährt man hier etwas über die *Merthyr Radicals*, radikale Arbeiter, die 1831 gegen die drückende Rezession rebellierten, die gesamte Stadt unter ihre Kontrolle brachten, plünderten und nur mit Hilfe des Militärs niedergeschlagen werden konnten. Cyfarthfa Castle ist umgeben von einem großen Landschaftsgarten mit einer beliebten Modelleisenbahnanlage. April–Sept. Mo–Fr 10–17.30, Sa–So 12–17.30 Uhr. Okt.–März Di–Fr 10–16.30, Sa–So 12–16.30 Uhr. Brecon Road, 2 km nördlich des Bahnhofs von Merthyr Tydfil, unweit der A 4054. ✆ 01685-727371, www.visitmerthyr.co.uk.

Einwohner 55.000

Information Tourisbüro, Mo–Sa 9.30–16 Uhr. Hinter dem Busbahnhof, 14a Glebeland Street. ✆ 01685-727474, www.visitmerthyr.co.uk.

Hin und weg Bus: Busstation im Zentrum an der Victoria Street/Wheatsheaf Lane. Verbindung nach Abergavenny (90 Min.), Brecon (40 Min.), Cardiff (50 Min.), Crickhowell (90 Min.), London (4½ Std.), Swansea (75 Min.)

Bahn: Bahnhof an der Tramroad Side östlich der High Street. Häufig Verbindung nach Cardiff (1 Std.) und Pontypridd (30 Min.)

Rhondda Valley (Cwm Rhondda)

Knapp 25 km lang sind die weltberühmten, parallel verlaufenden Täler des Rhondda Valley, des Rhondda Fawr (Great Rhondda) und des Rhondda Fach (Little Rhondda). Das Doppeltal liegt zwischen Porth und Aberdare beziehungsweise Rhonndda, etwa 25 km nordwestlich von Cardiff an der A 4061 und der A 4233. Hier befand sich das Epizentrum der walisischen Kohleindustrie, nirgendwo auf der Welt gab es auf so kleinem Raum so viele Kohleminen. Schon zu Beginn des 19. Jahrhunderts, als die erste Kohlegrube bei Dinas eröffnete, wurde hier abgebaut. Zu Hochzeiten förderten 66 Zechen 9,5 Millionen Tonnen jährlich. Über 160.000 Menschen zwängten sich in den meist nur eineinhalb Kilometer breiten Tälern in endlosen Reihenhausketten neben Straße, Eisenbahn und Fluss die Berghänge hinauf – die meist grauen und ärmlichen Häuschen der Kohlekumpel versetzen in Erstaunen. Bis 1990 wurde im Tal Kohle abgebaut, dann machte auch der letzte Pit dicht. Heute bietet das Rhondda Valley dem Gast eine Mischung aus Spuren der Industriegeschichte und leichten Hangwanderwegen – eine Einstimmung auf die direkt nördlich anschließenden Brecon Beacons.

Rhondda Heritage Park: Die Zeche *Lewis Merthyr Colliery* in Trehafod zwischen Pontypridd und Porth ist heute ein Kohlemuseum. William Thomas Lewis beutete ab 1880 die Mine aus und ließ zwei Schächte graben, die er nach seinen Söhnen Berti und Trefor benannte. 1890 förderten hier 5000 Arbeiter jährlich eine Million Tonnen Kohle, 1983 wurde der Abbau nach fast 100 Jahren eingestellt. Die historische Zeche ist noch vollständig erhalten. Um alles zu sehen, benötigt man etwa zwei Stunden. Im Visitor Centre wurde eine Dorfstraße aus den 1950ern mit drei Geschäften und einem Cottage nachgebaut. Auf dem Areal gibt es auch einen großen Kinderspielplatz und die **Level One Art Gallery** mit interessanten Wechselausstellungen (Öffnungszeiten wie Museum, s. u.).

Museum Tägl. 10.30–16.30 Uhr. Geschlossen Okt. bis Ostern am Mo. Erw. 3,50 £, erm. 2,50 £, Senior 3 £. ✆ 01443-682036, www.rhonddaheritagepark.com.

Führungen Tägl. 11.15 und 13.30 Uhr. Ehemalige Minenarbeiter führen durch die Gebäude der alten Zeche. Als Höhepunkt geht die Tour (40 Min.) unterirdisch weiter und zeigt anschaulich, unter welchen Bedingungen die Kohlekumpel arbeiten mussten. Am besten im Voraus buchen.

Hin und weg Trehafod, 5 km nördl. von Pontypridd. Die Trehafod Train Station ist nur wenige Minuten vom Heritage-Park entfernt.

Marloes Sands bietet herrliche Ausblicke auf die Inseln Gateholm und Skokholm

Südwestwales

Der Südwesten von Wales ist berühmt für seine reichen Küstenlandschaften mit kilometerlangen Stränden, Steilküsten, Buchten – und für seine Inseln, die Abertausende von Vögeln bewohnen. Das Naturspektakel beginnt gleich hinter **Swansea**, der zweitgrößten Stadt des Landes, die mit einer bunten Kulturszene lockt. Von hier stammt der bedeutendste walisische Dichter Dylon Thomas.

Die **Halbinsel Gower** schließt westlich an das Stadtgebiet an – wegen ihrer Schönheit wurde sie als erste britische Region unter besonderen Schutz gestellt. 55 km Küste und annähernd 50 Strände sowie große und kleine Buchten machten Gower zu einem Naturparadies nicht nur für Surfer.

Carmarthenshire und Pembrokeshire bilden den äußersten Südwesten von Wales. Das County **Pembrokeshire** ganz im Westen ist der Inbegriff einer Küstenregion; seine Uferlandschaften sind durch den 300 km langen Pembrokeshire Coast Path verbunden. Im Norden liegt mit den **Preseli Mountains** ein kleines, einsames Hochland mit zahlreichen prähistorischen Stätten. Auch das im Osten anschließende County **Carmarthenshire** wartet mit den westlichen Ausläufern der **Brecon Beacons** und den südlichen **Cambrian Mountains** neben Stränden und Buchten mit Bergen auf. Überall im Südwesten finden sich malerische Ortschaften und Flusstäler – und natürlich eine Vielzahl von Burgen.

Südwestwales

Swansea (Abertawe)

Die Dauerrivalin von Cardiff und Wales' zweitgrößte Stadt setzt sich mit ihrem großen Kultur- und Veranstaltungsprogramm in Szene. Die Großstadt am Meer ist als Heimat des berühmten Poeten Dylan Thomas bekannt. Direkt am Stadtrand beginnt das Naturparadies der Gower-Halbinsel.

Als Cardiff noch ein Fischerdorf war, war Swansea bereits eine mächtige Stadt. Ab dem 16. Jahrhundert entwickelte sich Swansea wegen seines günstig gelegenen Hafens zu einem Zentrum der Schwerindustrie. Die Arbeits- und die Lebensbedingungen der Arbeiter zeugten von beispielloser Profitgier, ohne Rücksicht auf Mensch und Umwelt wurden die Gewinne maximiert. *Dylan Thomas* nannte seine Stadt „ugly, lovely town".

Diese industrielle Vergangenheit kann Swansea bis heute nicht verbergen. Mit **Port Talbot** findet sich zwischen Swansea Bay und Autobahn eines der größten britischen Stahlwerke direkt um die Ecke. Spätestens seit Cardiffs Aufstieg zur Hauptstadt von Wales hegt man in Swansea Neid und Minderwertigkeitsgefühle. Nicht nur politisch, auch wirtschaftlich, kulturell und sportlich fühlte man sich vom großen Bruder betrogen. Zumindest in Sachen Fußball können die Swanseaer den Hauptstädtern erhobenen Hauptes entgegentreten. Seit dem Aufstieg des Swansea City A.F.C. in die Premier League ist man auf diesem Gebiet die Nummer eins in Wales.

154 Südwestwales

Historische und sehenswerte Architektur wird man in Swansea kaum finden. Im Zweiten Weltkrieg war die Stadt Ziel deutscher Bomberverbände. Und obwohl vorwiegend Hafen und Industrieanlagen für die Attacken aus der Luft relevant waren, wurde aufgrund der räumlichen Nähe fast die gesamte Innenstadt zerstört. Was dann ab den 1950ern neu entstand, erregt wohl kaum das Interesse von Touristen. Doch seit einigen Jahren gibt es städtebauliche Projekte, die aufhorchen lassen – etwa das **Maritime Quarter** und weitere Entwicklungsmaßnahmen entlang der **Swansea Bay** bis hinüber zum Seeresort von **Mumbles**. Vor allem aber punktet Swansea mit seinem Kultur- und Freizeitangebot, das Nachtleben konzentriert sich rund um die **Wind Street**. Und mit seiner Lage am westlichen Rand des südwalisischen Industriegürtels ist es Ausgangspunkt und Durchgangsstation für das direkt

Südwestwales — 8,5 km

Swansea

hinter der Stadtgrenze beginnende „wilde Wales". Hier endet die Autobahn, und mit der Halbinsel Gower und ihren langen Küstenstreifen beginnen die Glanzlichter des Südwestens.

Stadtgeschichte: Swansea geht vermutlich auf eine wikingische Handelssiedlung zurück. Der englische Name der Stadt leitet sich angeblich ab aus dem altnordischen *Sveinnsey* („Sveinn's Insel"). Der walisische Name *Abertawe* deutet auf eine Siedlung an der Mündung des Tawe-Flusses hin und taucht erstmals im 13. Jahrhundert auf. Die frühesten gesicherten Zeugnisse von der Existenz der Stadt kamen mit der Eroberung durch die Normannen. Diese errichteten das Lordship Gower mit Swansea als Zentrum. 1116 wird **Swansea Castle** erstmals im Zusammenhang mit einem Angriff der Waliser erwähnt.

Die Lage am Tawe-Fluss und die Nähe zu den südwalisischen Kohlerevieren begünstigten ab dem 16. Jahrhundert den Aufstieg von Swansea zu einem Zentrum der Schwerindustrie. Im Mittelpunkt standen die Kohleindustrie und der Schiffsbau. Schon um 1700 war Swansea der größte Kohlehafen von Wales. Ab dem frühen 18. Jahrhundert entwickelte sich die Kupferverhüttung zum wichtigsten Industriezweig, überall schossen Kupferhütten aus dem Boden – die nötige Anthrazitkohle gab es direkt um die Ecke, Swansea wurde zu „Copperopolis". Mit dem **Stadtteil Trevivian** verfügt die Stadt sogar über ein noch vollständig erhaltenes Arbeiterviertel aus viktorianischer Zeit. Stadt und Hafen wuchsen rasant, weitere Branchen siedelten sich an. Siemens begründete ab 1870 die Zinnblechindustrie in der Gegend, hinzu kamen die Stahlproduktion und Chemiebetriebe, 1918 eröffnete die erste britische Erdölraffinerie. Und der gigantische Energiehunger all dieser Industrien wurde vor allem mit Kohle gestillt. Über der Stadt lag stets eine Wolke aus Kohleruß, Kupferdampf und anderen Düften. Industrieabfälle wurden in die Landschaft gekippt und vergifteten Wasser und Böden – Swansea steht wie kaum eine andere Stadt für den ungehemmten, jahrhundertelangen Raubbau an Mensch und Natur.

Bis in die Zwischenkriegsjahre wuchs Swansea mit allen weltwirtschaftlichen Höhen und Tiefen weiter. Im Zweiten Weltkrieg erlangte die heimische Kohleindustrie aufgrund von England-Blockade und U-Boot-Krieg neue Bedeutung, wofür die Stadt bluten musste: Vor allem 1941 flog die deutsche Luftwaffe zahllose Angriffe, das alte Swansea fiel zu großen Teilen in Trümmer. Übrig blieb eine industriell und ökologisch leidende Stadt, deren Wunden nur langsam vernarbten. Von den großen Industrien spielen heute nur noch die Stahl- und die petrochemische Produktion eine Rolle. Swansea entwickelte sich in den letzten Jahrzehnten zu einem Dienstleistungs- und Kulturzentrum mit einem lebendigen Kulturleben. Und wie vielerorts in Großbritannien versucht man auch in Swansea eifrig, städtebauliche Wunden und Bausünden der letzten Jahrzehnte zu beseitigen.

Sehenswertes in der Innenstadt

Die meisten Sehenswürdigkeiten der Stadt liegen dicht beieinander und sind zu Fuß gut erreichbar.

Castle: Die Überreste am Castle Square inmitten der Stadt stammen von der letzten Burg aus dem 13. Jahrhundert und sind im Wortsinn nur ein Bruchteil der einstigen Anlage. Sie sind heute dermaßen von modernen Gebäuden und Straßen eingeklemmt, dass sich die ursprünglichen Ausmaße und die Lage des Befestigungskomplexes kaum noch erahnen lassen. Die Burg stand strategisch bedeutend auf einer Anhöhe direkt oberhalb des damals hier fließenden Tawe-Flusses und kontrollierte eine wichtige Furt der Ost-West-Haupthandelsroute in Südwales sowie den Hafen.

Swansea Indoor Market: an der *Oxford Street*, der Haupteinkaufsstraße. Die größte Markthalle in Wales beeindruckt durch ihre Vielzahl an Verkaufsständen und den entsprechend lebhaften Handel. Die herrliche Atmosphäre macht den Markt zu einem touristischen Höhepunkt. Hier gibt es u. a. die frischesten Fische und Meerestiere der Stadt. Die Rotunde in der Marktmitte wartet mit einem besonderen Angebot auf: Hier gibt es allmorgendlich Herzmuscheln *(cockles)*, angeliefert von der Halbinsel Gower, gekocht und gewürzt aus der Tüte. Auch das *laverbread* schmeckt hier besonders gut.

Mo–Fr 8–17.30, Sa 7.30–17.30 Uhr. Oxford Street, www.swanseaindoormarket.co.uk.

Glynn Vivian Art Gallery: Gegenwärtig steckt das Kunstmuseum in einer umfassenden, Millionen Pfund teuren Sanierung. Doch bald sollen das Originalgebäude von 1911 und der Erweiterungsbau von 1974 in neuem Glanz erstrahlen, so die Planung. Die Sammlung (bis zur Neueröffnung Ausstellungen an verschiedenen anderen Orten) bietet einen umfassenden Überblick über alte und neue Meister. Stark vertreten sind walisische Künstler, u. a. die bekannten Maler *Augustus John* und *Gwen John*, *Ceri Richards* und *Alfred Janes*. Swansea war auch ein bedeutender Standort der Porzellanproduktion, das Museum zeigt eine entsprechend große Sammlung regionaler und internationaler Keramikkunst.
Di–So 10–17 Uhr. Eintritt frei. Alexandra Road, 01792-516900, www.swansea.gov.uk/glynnvivian.

Plantasia: Großes Tropenhaus und eine Art Familienzoo für Swansea. Unter der gigantischen Glaskuppel fühlen sich neben einer Vielzahl von Pflanzen Papageien, Tamarine, alle möglichen Echsen, Schlangen, Chamäleons und andere Reptilien wohl. Dazu gibt es ein Aquarium und eine Spinnen- und Insektensammlung.
Tägl. 10–17 Uhr. Erw. 3,95 £, Kind und erm. 2,95 £. Parc Tawe, 01792-474555, www.swansea.gov.uk/plantasia.

Sehenswertes im Maritime Quarter (Hafenviertel)

Keine andere Stadt in Wales ist dem Wasser so zugewandt wie Swansea: Über rund fünf Meilen erstreckt sich die „Waterfront" – Swansea trägt den Beinamen „Wales' city by the sea" zu Recht. Im Hafenviertel konzentrieren sich die städtebaulichen Entwicklungsmaßnahmen, die das Gebiet von *Oystermouth Road*, *Victoria Road*, *Quay Parade* und den Mündungsbereich des Tawe-Flusses umfassen, hier wurden auf einem Teil des alten Hafenareals moderne Wohnungen, Büros, Cafés und Geschäfte hochgezogen. Am spannendsten sind bisher die Museen.

Swansea, von Mumbles aus gesehen

National Waterfront Museum: Das aus dem Swansea Maritime & Industrial Museum hervorgegangene Museum dokumentiert die walisische Industrie- und Sozialgeschichte der letzten drei Jahrhunderte. Die Architektur des neuen, von Wilkinson Eyre Architects geplanten Baus schließt das alte Museumsgebäude und das historische Speicherhaus mit ein. Großbritannien war die erste Industrienation der Welt und Wales einer ihrer wichtigsten Standorte. In thematisch gegliederten Räumen erfährt man alles rund um die Wirtschaftsgeschichte des Landes. Zu sehen sind etwa der Nachbau der weltweit ersten Dampflokomotive oder *Robin Goch*, eines der ersten britischen Flugzeuge. Alles wird multimedial und auf dem neuesten Stand der Museumstechnik präsentiert – für einen spannenden Besuch ist gesorgt. Tägl. 10–17 Uhr. Eintritt frei. Oystermouth Road, ✆ 0300-1112333, www.museumwales.ac.uk/swansea.

Swansea Museum: Sehenswertes Heimatmuseum, zugleich das älteste öffentliche Museum in Wales. Hier sind verschiedenste Alltagsgegenstände und Exponate zur Geschichte von Swansea und Wales zu sehen, darüber hinaus natürlich alles Mögliche aus Übersee, was da in einer Hafenstadt zusammenkommt, darunter – berühmtestes Ausstellungsstück des Hauses – eine ägyptische Mumie. Zum Museum gehören drei Außenstellen: das Depot *Boats* für Museumsboote, *The Tramshed* für Straßenbahnen und Züge sowie das *Collections Centre*, der Fundus des Museums.

Museum: Di–So 10–17 Uhr. **Collections Centre:** Mi 10–16 Uhr. Cross Valley Link Road. **Boats:** Juni–Aug. **Tramshed:** Geöffnet an Feiertagen und zu speziellen Anlässen. Genaue Zeiten bitte telefonisch erfragen. Dylan Thomas Square. Eintritt frei. Victoria Road, ✆ 01792-653763, www.swansea.gov.uk/swanseamuseum.

Dylan Thomas Centre: *Dylan Thomas* (1914–1953) ist der Stadt größter Sohn. Seit seiner Schulzeit verfasste der berühmte Literat Kurzgeschichten, Hörspiele und Romane, am bekanntesten jedoch sind seine Gedichte. Schon das Gebäude verweist auf die große Bedeutung des Dichters, handelt es sich doch um die alte *Guildhall*, das Rathaus von 1825. Neben einer einzigartigen Ausstellung zum Leben und Schaffen des Dichters beherbergt das Dylan Thomas Centre auch das nationale **Literaturzentrum Ty Llen**, das übers Jahr eine Vielzahl an Literaturveranstaltungen sowie das **Dylan-Thomas-Festival** organisiert: alljährlich zwischen 27. Oktober und 9. November, dem Geburts- und dem Todestag des Dichters. Im Museum befinden sich auch ein Restaurant und ein schönes Büchercafé.
Tägl. 10–16.30 Uhr. Eintritt zur Dauerausstellung frei. 1 Somerset Place, ✆ 01792-463980, www.dylanthomas.com.

LC 2: LC steht für *Leisure Centre*, die 2 weist auf dessen Neubau hin. Entstanden ist ein Multimillionen Pfund teures, riesiges Freizeitzentrum mit Wasserpark und stehender Welle zum Surfen, das größte Fitnesszentrum in Wales mit Kletterwand und interaktiver Fitnesszone. Wer sich sportlich mal austoben will, ist hier genau richtig.
Informationen zu den Öffnungszeiten und Preisen der einzelnen Sportstätten im Internet. Parken direkt am LC ab 2 £. Oystermouth Road, ✆ 01792-466500, www.the-lc.co.uk.

Sehenswertes westlich des Zentrums

Dylan Thomas-Geburtshaus und Cwmdonkin-Park: Im Stadtteil Uplands westlich der Innenstadt ziehen sich die typischen kleinen britischen Reihenhäuser die grünen Hügel hinauf, hier oben steht das Geburtshaus des größten walisischen Dichters. Das Haus Nr. 5 am Cwmdonkin Drive präsentiert sich so, wie es 1914 von der Familie Thomas gekauft wurde. Bis 1937 wohnte Dylan Thomas hier, der Großteil

Swansea 159

seines Gesamtwerks entstand in diesem kleinen Gebäude. Das Geburtshaus kann man besichtigen und dort sogar übernachten. Die Zimmer sind nach den Familienmitgliedern benannt.

Im Cwmdonkin-Park gleich um die Ecke verbrachte Thomas als Kind viel Zeit, der Park war sein zweites Zuhause. Einige seiner größten Werke wurden von diesem Park inspiriert. Hier erinnern heute die Skulptur „Dylan's Pencil", ein riesiger Bleistift aus einem Baumstamm, sowie ein Gedenkstein mit Versen des Gedichtes „Fern Hill" an den großen Literaten.

Geburtshaus: Führungen tägl. 11, 13 und 15 Uhr. Bitte Verfügbarkeit prüfen und telefonisch buchen. Erw. 8 £, Kind und ermäßigt 6 £. Cwmdonkin Drive, ✆ 01792-472555, www. dylanthomasbirthplace.com, www.5cwmdonkindrive.com.

Taliesin Arts Centre und Egypt Centre: Auf dem Campus der Universität zwischen Innenstadt und dem Nachbarort Mumbles liegt das Kunst- und Kulturzentrum Taliesin, in dem übers Jahr zahlreiche Veranstaltungen stattfinden: Livevorstellungen aller Art, Kino, Ausstellungen und mehr. Die **Ceri Richards Gallery** präsentiert meist Wechselausstellungen zeitgenössischer Künstler. Überraschenderweise beherbergt die Swansea-Universität auch die größte Ägyptensammlung Großbritanniens außerhalb des British Museums; Grundstock dafür war die Privatsammlung von *Sir Henry Wellcome* – mit seiner Pharmaziefirma verdiente er Geld genug, um seiner Sammelleidenschaft exzessiv nachzugehen. Die Kollektion gelangte 1971 von London nach Swansea, wurde seitdem um zahlreiche Objekte erweitert und umfasst mittlerweile über 5000 Stücke.

Arts Centre: Tickets unter ✆ 01792-602060, www.taliesinartscentre.co.uk.

Egypt Centre: Di–Sa 10–16 Uhr, im Aug. 10–17 Uhr. Eintritt frei.

Ceri Richards Gallery: Di–Sa 10–16, im Aug. bis 17 Uhr, Eintritt frei. Taliesin Building, Swansea University Campus, Singleton Park, Mumbles Road, ✆ 01792-295960, www.egypt.swansea.ac.uk.

Basis-Infos

Einwohner 241.000

Information Touristbüro, Mo–Sa 9.30–17.30 Uhr. Plymouth Street, hinter dem Grand Theatre, unweit des Busbahnhofs. ✆ 01792-468321, tourism@swansea.gov.uk, www.visitswanseabay.com.

Hin und weg Swansea ist an das walisische Verkehrsnetz bestens angebunden.

Auto: Swansea ist an die Autobahn M 4 angebunden. Diese verbindet die Stadt mit dem Südosten und geht im Westen kurz hinter der Stadt in Fernverkehrsstraßen über. *Parken:* In der Innenstadt abseits der großen Geschäftsstraßen zahlreiche kostenlose Parkmöglichkeiten.

Bus: Brandneue City-Bus-Station mitten im Stadtzentrum, am Quadrant Centre, Plymouth Street. *Nahverkehr:* Verbindung nach Mumbles (20 Min.), Port Eynon (50 Min.), Rhossili (1 Std.). Infos zum Angebot bei Traveline unter ✆ 0871-2002233, www.traveline-cymru.info oder www.firstcymru.co.uk. *Fernverkehr:* Verbindung nach Aberystwyth (3 Std.), Birmingham (2¾ Std.), Brecon (1:40 Std.), Cardiff (1 Std.), Llandeilo (1½ Std.), Pembroke (1¾ Std.) und Tenby (1½ Std.).

Bahn: Hauptbahnhof am nördlichen Ende der High Street. Verbindung nach Birmingham (3 Std.), Cardiff (1 Std.), Carmarthen (45 Min.), Fishguard (1¾ Std.), Knighton (3 Std.), Llandeilo (1 Std.), London (3 Std.), Pembroke (2¼ Std.), Tenby (1½ Std.).

Fähre: Vom King's Dock an der Ostseite des Tawe verkehren Fähren nach Ilfracombe in Devon, www.severnlink.com. Leider gibt es keine Fähren mehr nach Cork in Irland.

Fahrrad Lohnt sich v. a. für Ausflüge nach Mumbles und Gower. **Action Bikes Swansea** in der Innenstadt am Quadrant Centre verleiht Räder ab einem halben Tag. ✆ 01792-464640, www.actionbikesswansea.co.uk.

Südwestwales

Festivals Eine Übersicht über Festivals und Veranstaltungen findet man unter www.enjoyswanseabay.com/events.

Xstatic in the Park schließt an die Tradition des größten Tanzmusikfestival in Wales an, dem „Escape into the Park". 2015 fand es erstmals im Singleton Park statt.

Dylan-Thomas-Festival, jedes Jahr zwischen dem 27. Okt. und 9. Nov., dem Geburts- und dem Todestag des Dichters. www.dylanthomas.com.

Swansea International Festival, im Okt. Vielfältiges Programm mit Musik, Theater, Tanz, Ausstellungen und Vorträgen auf verschiedenen Bühnen der Stadt. www.swanseafestival.org.

Konzert & Theater Brangwyn Hall, die u. a. für Konzerte während des Swansea Festivals genutzte Halle befindet sich im Jugendstil-Rathaus der Stadt. Bis 2014 wurde die Guildhall aufwendig saniert. Guildhall Road South, ☎ 01792-635432, www.swansea.gov.uk/brangwynevents.

Dylan Thomas Theatre, das kleine Haus der Stadt. Dylan Thomas gehörte dem Ensemble in den 1930ern als Schauspieler an. Neben neuen frischen Stücken stehen die Klassiker von Thomas regelmäßig auf dem Programm. Gloucester Place, ☎ 01792-473238, www.dylanthomastheatre.org.uk.

Grand Theatre, wie der Namen sagt, das wichtigste Haus der Stadt. Sehr umfangreicher, vielseitiger Spielplan. Singleton Street, ☎ 01792-475715, www.swanseagrand.co.uk.

Taliesin Arts Centre, im Kunst- und Kulturzentrum auf dem Campus der Universität zwischen Innenstadt und Mumbles finden zahlreiche Veranstaltungen wie Livekonzerte, Theater, Kino und Ausstellungen statt (siehe auch **Egypt Centre**, Sehenswertes westlich des Zentrums). Swansea University, Singleton Park, ☎ 01792-602060, www.taliesinartscentre.co.uk.

Übernachten

Alexander Hotel 12, im Stadtteil Uplands; nennt sich zwar Hotel, ist aber eher ein B & B – und ein gutes dazu. Gastfreundlichkeit auf hohem Niveau, die Zimmer sind zeitgemäß, zurückhaltend dekoriert und sehr komfortabel. EZ ab 35 £, DZ ab 75 £. 3 Sketty Road, ☎ 01792-470045, ☏ 476012, www.alexander-hotel.co.uk.

Crescent Guesthouse 15, nur 15 Min. Fußweg zum Zentrum, in exponierter Lage mit hervorragendem Ausblick. In dem quietschblauen Haus kann man sich in gemütlich eingerichteten Zimmern von der Stadtbesichtigung erholen, bevor es abends zum Feiern wieder rausgeht. EZ ab 35 £, DZ ab 65 £. 132 Eaton Crescent, ☎ 01792-465782, www.thecrescentswansea.co.uk.

»› Mein Tipp: Dragon Hotel 1, 4-Sterne-Hotel im Zentrum mit einem der besten Sport- und Spa-Angebote der ganzen Stadt – inklusive 18-m-Schwimmbad und Sauna. Die „Brasserie" wurde von der AA für ihr Essen ausgezeichnet. Die 106 Räume präsentieren sich frisch renoviert in schicken, modernen Rottönen. EZ und DZ ab 95 £. The Kingsway, ☎ 01792-657100, www.dragon-hotel.co.uk. ‹‹‹

Premier Inn Swansea Waterfront 3, die Lage beeindruckt: Das Hotel liegt direkt an der Swansea Waterfront neben der Marina mit Blick aufs Wasser, die Innenstadt ist

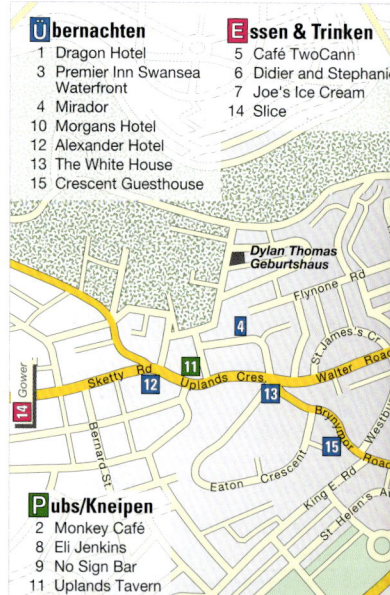

Übernachten
1 Dragon Hotel
3 Premier Inn Swansea Waterfront
4 Mirador
10 Morgans Hotel
12 Alexander Hotel
13 The White House
15 Crescent Guesthouse

Essen & Trinken
5 Café TwoCann
6 Didier and Stephanie
7 Joe's Ice Cream
14 Slice

Pubs/Kneipen
2 Monkey Café
8 Eli Jenkins
9 No Sign Bar
11 Uplands Tavern

Swansea

gleich um die Ecke. Bei Tripadvisor liegt das Hotel in der Gästegunst auf Platz eins. Zimmer ab 29 £. Langdon Road, ☏ 0871-5279212, ✆ 5279213, www.premierinn.com.

Mirador 4, einzigartige exotische Unterkunft mit nach Regionen gestalteten Räumen. Das „African" schmückt eine Wandtapete mit Elefanten, von der Decke des „Mediterranean" schauen Engel herab, in ähnlicher Gestaltung präsentieren sich das „spanische", „ägyptische", „asiatische" und „französische" Zimmer. EZ ab 59 £, DZ ab 79 £. 14 Mirador Crescent, ☏ 01792-466976, www.themirador.co.uk.

》》 **Mein Tipp: Morgans Hotel 10**, Swanseas einziges Boutique-Hotel residiert in dem beeindruckenden Gebäude der einstigen Hafenverwaltung von 1903. Der Speisesaal in der großen Halle schafft eine elegante Atmosphäre, und die Bar ist der Ort der Stadt, um zu sehen und gesehen zu werden. Das Morgans hat übrigens ein tolles Schwesterhotel in Llandeilo bei den Brecon Beacons. DZ ab 65 £. Sommerset Place, ☏ 01792-484848, ✆ 484849, www.morganshotel.co.uk. 《《

The White House 13, recht zentral gelegen, zur Innenstadt sind es nur 1,5 km. Reizendes Boutique-Hotel in einer stilvoll eingerichteten viktorianischen Villa, das Personal ist freundlich und hilfsbereit. EZ 49 £, DZ 79 £. 4 Nyanza Terrace, ☏ 01792-473856, ✆ 455300, www.thewhitehousehotel.co.uk.

Essen & Trinken/Nachtleben

Restaurants/Cafés Joe's Ice Cream 7, legendär und bei den Einheimischen ein Muss. Der Italiener Joe Cascarini verführte seit 1922 die Waliser mit seinem heimatlichen Geheimrezept für Eiscreme. Ständig wird an neuen Geschmackssorten gebastelt. Es gibt mehrere Verkaufsstellen. In der St Helen's Road im Zentrum befindet sich das Originalcafé. Auch im Supermarkt ist das Eis inzwischen zu haben. 85 St Helen's Road, ☏ 01792-653880, www.joes-icecream.com.

》》 **Mein Tipp: Didier and Stephanie 6**, das kleine, gemütliche Restaurant setzt in Swansea seit über 10 Jahren Maßstäbe in Sachen Cuisine française. Das Etablissement in einem viktorianischen Haus wirkt mit dem Kiefernholzboden, den cremefarbenen

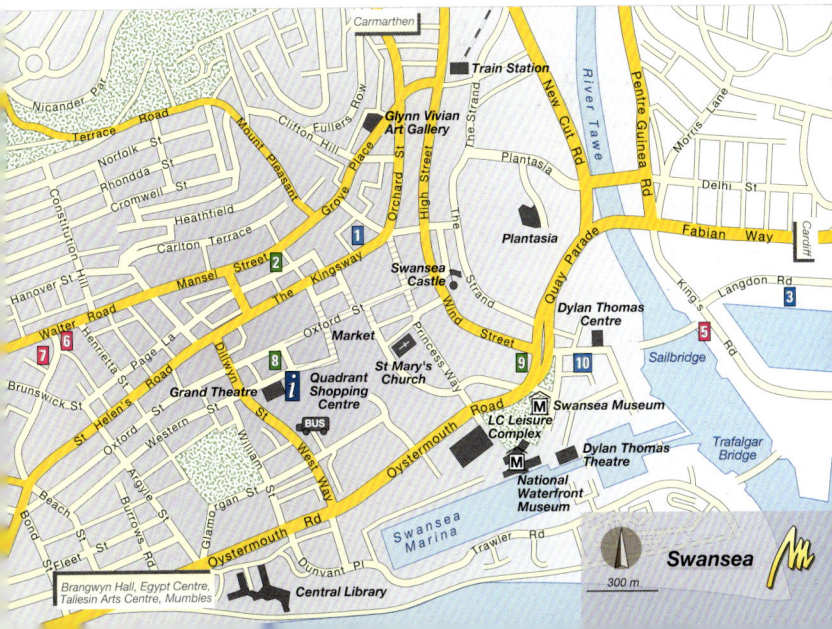

Wänden und den grünen Tischdecken äußerst attraktiv. Mo Ruhetag. 56 St Helen's Road, ☏ 01792-655603. «

Café TwoCann 5, Café in einem alten Kornspeicher der ehemaligen Docks am Ostufer des Tawe. Der gute Kaffee kommt mit einem selbstgemachten walisischen Keks, dazu tolle Blicke übers Wasser. Abends wird die Lokalität zum Restaurant. Tägl. ab 11, Mi–Sa bis 21.30 Uhr. Unit 2, J Shed, Kings Road, ☏ 01792-458000, www.cafetwocann.com.

»» **Mein Tipp: Slice** 14, seit der Eröffnung 2007 hat sich das Slice durch Mundpropaganda schnell einen Ruf als exzellentes Lokal mit vorbildlichem Service erworben. Die Lehrmeister des Kochpärchens waren allesamt Michelin-Stern-Inhaber, und das schmeckt man. Do–So 18.30–21 Uhr. 73-75 Eversley Road, ☏ 01792-290929, www.sliceswansea.co.uk. «

Kneipen & Clubs Eli Jenkins 8, ein Pub der Stonegate-Kette mit großer und preisgünstiger Auswahl an Barmeals und Getränken. Aufgrund der Lage gut geeignet für ein Päuschen vom Einkaufen und Stadtbesichtigen. 24 Oxford Street, ☏ 01792-641067, www.elijenkinsswansea.co.uk.

🍃 **Monkey Café** 2, gute Burgerbar, dazu ein sehr empfehlenswertes Kulturzentrum mit einer Fülle spannender Veranstaltungen von Livemusik, DJ-Sessions bis hin zu Parties in allen Musikstilen. 13-14 Castle Street, ☏ 01792-480822, www.themonkeycafe.co.uk. ∎

No Sign Bar 9, die Wein- und Ale-Bar gibt es schon seit über 300 Jahren. Dylan Thomas arbeitete um die Ecke, verbrachte hier viel Zeit und verewigte das Etablissement literarisch in „The Followers". Eine Cocktailbar gibt es auch. Unten im Vault steppt am Wochenende bei Livemusik regelmäßig der Bär. 56 Wind Street, ☏ 01792-465300, www.nosignwinebar.co.uk.

Uplands Tavern 11, gibt es einen Pub in Swansea, in dem Dylan Thomas nicht Stammgast war? Seine Stammecke erkennt man an den vielen Fotos. Der Pub ist heute für seine Livemusik-Veranstaltungen bekannt, Billard spielen kann man hier auch. 42 Uplands Crescent, ☏ 01792-458242.

Mumbles

Das historische Seebad mit dem in den Bristol Channel ragenden Fels *Mumbles Head* ist seit 1807 Swanseas Badewanne – bei gutem Wetter und in der Hochsaison trifft man hier fast die ganze Stadt. Die Hollywood-Schauspielerin *Catherine Zeta-Jones* ist in diesem Örtchen geboren, ihre Eltern leben noch heute in Mumbles. An der berühmten und belebten **Mumbles Mile of Pubs** reihen sich die Restaurants, Kneipen und Eisdielen, und die Masse der Übernachtungsangebote auf der Halbinsel Gower findet man hier. Schöner ist es allerdings auf der Halbinsel selbst. Zwar gehört Mumbles geografisch zu Gower, doch das eigentliche Gower ist von Mumbles gefühlt so weit entfernt wie Finnland von Vietnam. Hinter dem Rummel am historischen *Mumbles Pier* steht auf der Gezeiteninsel **Mumbles Head** auf einem erhöhten Felsen ein weißer Leuchtturm. Bei Ebbe kann man die Felsen betreten. Am einfachsten ist es, einen Einheimischen, z. B. den Kellner im Pub am Pierhead, nach den Zeiten für Flut und Ebbe zu fragen.

Oystermouth Castle: Die Burg steht in exponierter Lage auf einem kleinen Berg an der Swansea Bay. Allein die Aussicht von hier ist den Besuch wert. Das Castle wurde im 12. Jahrhundert von den Normannen errichtet und später zur Residenz der *de Breos, Lords of Gower*. Diese bauten die Festung ab dem 13. Jahrhundert aus, um sie gegen die ständigen Angriffe der Waliser besser zu schützen. Die Burg wurde für drei Millionen Pfund umgestaltet und zieht jetzt als Kultur- und Veranstaltungszentrum die Besucher an.

April–Sept. tägl. 11–17 Uhr. Erw. 2,50 £, erm. 1,50 £. Castle Avenue, Mumbles, ☏ 01792-361302, www.swansea.gov.uk/oystermouthcastle.

Reiterin am Fluss Pennard Pill – auf den Dünen dahinter thront Pennard Castle

Gower-Halbinsel

Unsere Tour über die Gower-Halbinsel führt im Uhrzeigersinn an der Südküste entlang nach Rhossili und im Norden über kleine verträumte Ortschaften wieder zurück.

Wer dem Trubel und Tourismuskitsch in Mumbles und Oystermouth entgehen will, muss nicht weit fahren. Je weiter man auf die Halbinsel hinauskommt, desto einsamer und wilder werden die Strände und Landschaften.

Von Mumbles zur Three Cliffs Bay

Im Süden und Westen kilometerlange Strände, Buchten mit Klippen, Steilküsten und Höhlen; im Norden Salzmarschen, Wattland und Herzmuschelbänke – und im Inneren grünes Farmland mit wunderschönen kleinen Orten und gleichmäßig verstreuten prähistorischen Stätten, Burgruinen und Kirchen. Die rund 180 km² große und 20 km lange Gower-Halbinsel direkt westlich von Swansea ist eine der Hauptattraktionen in Wales. Entsprechend belebt kann die Landzunge in der Saison sein, vor allem im Süden. Abseits der bekanntesten Strände und außerhalb der Hauptferienzeit ist sie umso schöner. Gower beginnt unmittelbar hinter den westlichen Ausläufern der Stadt – und fühlt sich dennoch wie eine andere Welt an. Besonders bei Wanderern und Wassersportlern (vor allem Surfern) ist die Halbinsel sehr beliebt. Seit 1956 schmückt sich Gower als erste Region auf den britischen Inseln mit dem Titel „Region von außergewöhnlicher Naturschönheit".

Hinter Mumbles ist die Nähe von Swansea noch zu spüren. An der Südküste von Gower liegen die beliebten Strände von *Langland Bay*, *Caswell Bay* und *Pwlldu Bay* – hier tummeln sich die Surfer. Auf der B 4436 von Mumbles Richtung Westen passiert man das Örtchen **Kittle**, wo man im *Beaufort Arms Pub* (✆ 01792-2234447, www.sabrain.com/beaufort-arms) gut einkehren kann.

Landschaftlicher Höhepunkt auf Gower ist die Three Cliffs Bay

Three Cliffs Bay

Die Hauptattraktion der Halbinsel ist nur zu Fuß zu erreichen, der weite Strand mit den markanten Klippen ist daher nie wirklich überlaufen. Am schönsten ist der Weg ab dem *Gower Heritage Centre* (s. u.) in **Parkmill** (Parkplatz am Centre 3 £, kostenfrei dagegen vor dem Dorfladen und vor dem Café 50 m weiter): In einem schmalen Tal wandert man durch sandige Dünen und am Pennard-Pill-Fluss entlang zu den Klippen. Man muss den Flusslauf auf dieser Route zweimal durchqueren, um an den Strand und die drei Klippen zu gelangen. Wahlweise kann man auch direkt durch die Klippen laufen – hier gibt es einen mit Meerwasser gefüllten Durchgang. Auf halbem Weg thront oben am Steilhang neben dem bezaubernden *Pennard Golf Club* die Ruine von **Pennard Castle**. Die Gegend um das in den Sandstrand der Oxwich Bay mündende Flüsschen ist wunderschön.

Alternative zur oben beschriebenen Route: Der einfachste Abstieg zu den Three Cliffs beginnt am Parkplatz in **Southgate**; ein dritter Weg beginnt in **Penmaen** beim Three Cliffs Bay Holiday Park.

Gower Heritage Centre: Ein sehr sehenswertes, vom National Trust betriebenes Museumszentrum mit alter Korn- und Sägemühle, Streichelzoo mit seltenen Haustierrassen, Teestube, Puppentheater und vielem mehr. Hier kann man durchaus einige Stunden zubringen. Das *La Charette Cinema* (frz. „Der Wagen") ist mit 23 Sitzplätzen das kleinste Kino in Wales.
Tägl. 10–17.30 Uhr. Erw 6,75 £, Kind und erm. 5,75 £. ✆ 01792-371206, www.gowerheritage centre.co.uk.

Parc le Breos (Parc le Bruce)

Der Ort von „nationaler archäologischer Bedeutung" liegt recht versteckt und ist nicht ganz einfach zu finden. Folgt man der kleinen Straße in Parkmill durch eine Furt am Heritage Centre vorbei den Berg hinauf, gelangt man zu einem großen

Parc le Breos 165

Pfadfinderzeltplatz zu beiden Seiten der Straße. Auf der linken Seite befindet sich ein Parkplatz. Betritt man den Scout-Zeltplatz an der rechten Seite der Straße, sieht man bereits die erste Informationstafel; sie zeigt anschaulich das einstige Aussehen des Long Cairn (s. u.). Im unteren rechten Teil ist zudem die Lage der anderen archäologischen Stätten eingezeichnet. Die Beschreibungstexte zu den Höhlen bitten: „Please do not enter the cave." Dies ist angesichts der ausgiebigen Nutzung durch die Pfadfinder allerdings eher als Sicherheitshinweis denn als Bitte um Rücksichtnahme vor der Archäologie zu verstehen.

Als Erstes stößt man auf den **Long Cairn**. Die Begräbnisstätte aus dem Neolithikum (zwischen 3000 und 1900 v. Chr.) war Bestattungsort für die umliegenden Siedlungen. Ursprünglich vollständig bedeckt, erkennt man an den heute freiliegenden und in der Neuzeit teilweise restaurierten Resten den Verlauf der früheren unterirdischen Gänge.

Schräg gegenüber, auf der anderen Seite des Wegs, befinden sich an einer gemauerten Wand die Überreste der **Limekiln**, eines Limestone-Ofens aus dem 19. Jahrhundert Die Steine aus der Mine oberhalb des Kilns wurden zusammen mit dem Brennstoff in den Trog gelegt, gebrannt und an der noch erkennbaren Öffnung in der Ziegelwand entnommen.

Wer dem Weg weiter folgt, sieht auf der rechten Seite irgendwann eine Felswand durch die Bäume hervorschauen. Bei genauem Hinsehen erkennt man auch den recht breiten Trampelpfad, der zur **Cathole Cave** und von dort ein Stück an der Felswand weiter zu einem noch größeren Eingang der Höhle führt. Im günstigsten Fall trifft man auf Pfadfinder, die einem den Weg beschreiben können. Verlassen sollte man sich darauf nicht, da sie oft gar nichts von den Höhlen wissen, eher noch deren Leiter, die schon oft im Parc le Breos waren. Die Cathole-Höhle ist eine Naturhöhle und wurde von Jägern und Sammlern vor 10.000 bis 20.000 Jahren genutzt. Zu den ältesten Funden gehören Knochen von Hyänen, Bären, Wollnashorn, Mammut und dem ausgestorbenen Irischen Hirsch. Heute wird die Höhle vorwiegend von Fledermäusen bewohnt – und gelegentlich von Pfadfindern.

Etwas weiter entfernt im Tal, der Weggabelung nach rechts folgend, befindet sich die **Llethrid Toothe Cave**. Diese Höhle wurde in der Bronzezeit (ca. 2000 v. Chr.) vermutlich teils als Unterkunft, vorwiegend aber als Begräbnisort genutzt. Archäologen fanden dort die Überreste von mindestens acht Menschen sowie Keramik und Feuersteinwerkzeuge.

Fährt man die Straße am Parc le Breos vorbei weiter den Berg hinauf, erreicht man an deren Ende das wundervolle *Parc-Le-Breos Guest House* (s. u.).

Übernachten/Essen 》》 **Mein Tipp: Park-Le-Breos Guest House**, wunderschönes 4-Sterne-B & B. Zu dem stattlichen, museal eingerichteten einstigen Jagdschloss gehört das *Pony Trekking Centre*, dessen Reittouren auch zu den Three Cliffs führen. Die schöne Atmosphäre und das schmackhafte Essen (auch für Nichtgäste) lassen einen fast wie zuhause fühlen. Die Speisen werden vorwiegend mit Produkten aus dem Garten und von Farmen aus der Umgebung zubereitet, dazu gibt es (auch) Weine aus Wales. DZ ab 85 £, inkl. Frühstück. Parkmill. Die Straße am Parc le Breos vorbei weiterfahren bis zum Ende. ✆ 01792-371636, www.parc-le-breos.co.uk. 《《

Camping/Cottages Three Cliffs Bay Holiday Park, kleiner Platz oberhalb der Three Cliffs in herrlicher Lage. Auch Farm Cottages werden vermietet. Die Aussicht wurde 2006 vom „Independent" zum „number one view from a campsite in the world" gekürt. Gute Sanitäranlagen, Kochgelegenheiten, Waschmaschine und kleiner Laden. Caravan 26 £, Zelt ab 14 £. North Hills Farm, Penmaen, ✆ 01792-371218, www.threecliffsbay.com.

Südwestwales → Karte S. 154/155

Von Parkmill nach Oxwich

Fährt man von Parkmill die Hauptstraße (A 4418) weiter in Richtung Port Eynon und Rhossili, kommt hinter Nicholaston auf der linken Seite ein altes Torhaus, von dem ein Weg zu Penrice Mansion und zum **Penrice Castle** – oder dem, was davon übrig ist – abzweigt.

Hinter dem großen Grundstück von Penrice Castle befindet sich eine Ansammlung von Häusern. Gegenüber von einem verfallenen Farmhaus auf der rechten Seite führt auf der linken Seite eine kleine Straße in Richtung Oxwich. Wer sich inzwischen an die schmalen Straßen auf dem walisischen Land gewöhnt hat, erlebt hier, dass es noch schmaler geht. Zum Glück ist kaum Verkehr. Unten im Tal angelangt, befindet sich rechter Hand die Ruine von **Penrice Mill**. Die 1785 erbaute Mühle war bis 1891 in Betrieb. Von hier aus kann man schöne kurze Spaziergänge unternehmen, der kürzeste dauert etwa 20 Minuten und führt entlang des Bachs an der Mühle vorbei zum *Millwood Pond*, einem Mühlenteich im Wald, und als Rundwanderweg wieder zurück zum Parkplatz. Nach Belieben kann man die Wandertouren bis zur Küste und nach **Horton** ausdehnen. Auf der anderen Straßenseite bei der Mühle führt der Wanderweg über das Gelände von Penrice Manor und Penrice Castle.

Oxwich: Das Dorf mit der wunderschön gelegenen *Saint Illtud Church* verteilt sich über die Hügel bis hinunter zur *Oxwich Bay*. Das Gebiet mit seinen Ufern und Marschen ist ein Naturreservat. Der Strand, obwohl nur eine Bucht weiter, ist der vollkommene Kontrast zur Three Cliffs Bay: Die weite Küste, als „Blue Flag Beach" in die höchste Qualitätskategorie eingestuft, zählt wegen der guten Verkehrsanbindung zu den beliebtesten Ecken auf Gower und ist zur Saison voll wie am Mittelmeer. Zudem gibt es hier eine größere Auswahl an sonst auf der Halbinsel eher spärlich gesäten Unterkünften.

Oxwich Castle: Durch den Ort hindurch und den Hügel hinauf führt eine Straße zum Castle. Die Familie Mansel baute hier im 16. Jahrhundert ihr wehrhaftes Tudorhaus. Über dem mächtigen Eingangstor prangt das Wappen der Mansels. Das Castle wurde im damals modernsten Standard eingerichtet und mit einer über zwei Stockwerke reichenden Langgalerie sowie mit Innentoiletten ausgestattet. Doch die Hausherren verließen Oxwich Castle schon nach wenigen Jahrzehnten. Während der Ostteil verfiel, wurden die westlichen Trakte als Farmgebäude genutzt. 1949 wurde das Anwesen vor dem Abriss gerettet, heute kümmert sich der walisische Denkmalschutz CADW um das Bauwerk.

Oxwich Castle: April–Okt. Mi–So 10–17 Uhr. Erw. 3 £, erm. 2,25 £, Familie 9 £. www.cadw.gov.wales.

Oxwich Bay Hotel, direkt am Strand von Oxwich Bay und eingebettet in eine Gartenlandschaft. Moderne, minimalistisch eingerichtete Zimmer. Unweit des Hotels werden im Ort auch Cottages angeboten. DZ ab 149 £, inkl. Frühstück. The Oxwich Bay, Oxwich, ✆ 01792-390329, www.oxwichbayhotel.co.uk.

Horton und Port Eynon

Die beiden Ortschaften teilen sich eine Bucht und sind wegen ihrer weiten Strände beliebt. Hier, an der *Port Eynon Bay*, gibt es auch viele Zelt- und Campingplätze. In Port Eynon liegt am südlichen Ende der Bucht das recht schwer zu findende **Culver Hole**, eine von Menschenhand in den schmalen Steilfelsen gebaute Höhle. Sie wurde ursprünglich zur Haltung von Tauben errichtet, einer wichtigen Nahrungsquelle im Mittelalter. Westlich in Richtung Rhossili schließt sich der wohl schönste Küstenwanderabschnitt von Gower an. An der knapp 8 km langen Küste liegt auch die **Paviland Cave**. Hier wurde 1823 das Skelett eines Steinzeitmenschen entdeckt, das der „Red Lady of Paviland".

Übernachten Culver House, am Rande der Sanddünen von Port Eynon. Acht voll ausgestattete Appartements mit eigener Lounge und Küche. Zimmer ab 83 £. ☏ 01792-720300, ☏ 720900, www.culverhousehotel.co.uk.

YHA Port Eynon, moderne Jugendherberge in einer alten Rettungsbootsstation direkt am Strand. Es gibt Gemeinschaftsduschen und eine ordentliche Küche. In der Lounge sorgt an kälteren Tagen ein Kamin für wohlige Wärme. Bett ab 24 £, Zimmer ab 42 £. Geöffnet März–Sept. Old Lifeboat House, Port Eynon, ☏ 0845-3719135, www.yha.org.uk.

Camping Carreglwyd Camping & Caravan Park, geräumiger Platz direkt am Strand. Hinter dem Campingplatz erhebt sich die Steilküste. Großer Sanitärblock, Waschsalon und Laden. Zelt um 20 £, Wohnmobil 22 £. The Seafront, Port Eynon, ☏ 01792-390795, www.carreglwyd.com.

Rhossili Bay

Die Bucht erstreckt sich über die halbe Länge der Westseite von Gower und ist mit ihrem kilometerlangen Strand ein Paradies für Surfer und Wassersportler, mehr noch: Rhossili gilt als der schönste Strand der gesamten Halbinsel und wird regelmäßig zum besten Strand und „Picnic Spot" in Großbritannien gewählt. Vor dem südlichen Ende der Bucht liegt **Worm's Head**, ein schmaler, felsiger Inselrücken. Und obwohl er wie ein Wurm aussieht, bedeutet der altenglische Name doch „Drachen" – es handelt sich also um einen halb abgetauchten riesigen walisischen Drachen. Worm's Head kann man bei Ebbe zu Fuß erreichen. Den Gezeitenkalender findet man im *Rhossili Visitor Centre* des National Trust. Die Strömungen vor Ort sind sehr tückisch, man sollte sich also genauestens an die Zeiten und Hinweise halten!

Rhossili Bay mit dem vorgelagerten Worm's Head

Direkt hinter dem Strand erhebt sich der bis zu 193 m aufragende **Rhossili Down**. Der ca. 8 km lange Berg- und Strandrundwanderweg hier zählt laut National Trust und der Zeitung Guardian zu den besten Kurzwanderungen in Großbritannien.

Information Rhossili Shop and Visitor Centre des National Trust, im nördlichen Teil von Rhossili. Kernöffnungszeiten 10.30–16 Uhr. Gutes Angebot an Urlaubsliteratur und Wanderinfos für die Gegend, u. a. für die Rhossili-Down-Tour. Coastguard Cottages, ✆ 01792-390707, rhossili.shop@nationaltrust.org.uk.

Übernachten Rhossili Bunkhouse, in Middleton an der Village Hall, knapp 2 km vom Strand weg. Moderne Herberge mit sieben Zimmern für jeweils 2–4 Personen. Zum Gebäude gehören Küche, Lounge und Versammlungsräume. WiFi. Zimmer ab 40 £. Mindestaufenthalt 2 Nächte. Middleton, Rhossili, ✆ 01792-391509, www.rhossilibunkhouse.com.

》》 **Mein Tipp**: The King's Head Hotel, in Llangennith. Das beliebteste B & B am Rhossili Beach – allerdings eher ein Sterne-Hotel als ein B & B. Die von der AA mit 4 Sternen bewerteten Zimmer haben hohen Standard und sind auf mehrere Gebäude verteilt. Im Pub werden u. a. Ales der lokalen Gower Brewery ausgeschenkt. DZ ab 99 £. ✆ 01792-386212, 📠 386477, www.kingsheadgower.co.uk. 《《

King Arthur's Stone (Maen Ceti)

Das neolithische Steingrab aus der Zeit um 2500 v. Chr. liegt an der Straße zwischen Cilibion und Reynoldston. Die Halbinsel Gower ist übersät mit Hinkelsteinen, Dolmen und anderen prähistorischen Stätten, King Arthur's Stone jedoch ist das bekannteste Steingrab auf Gower, der große Abschlussstein wiegt 25 Tonnen. Wahrscheinlich gelangte der Stein durch die Eiszeit auf den Höhenrücken *Cefyn Bryn* und wurde anschließend für die Nutzung als Bestattungsstätte untergraben.

An der kleinen Straße von Reynoldston nach Cilibion, etwas nördlich von Reynoldston. Von einem Parkplatz führt ein gut sichtbarer Pfad zum Steingrab.

Weobley Castle

Eines der letzten erhaltenen befestigten Herrenhäuser in Wales aus dem späten 13. Jahrhundert, in den naturbelassenen Marsch- und Wattengebieten des fast untouristischen Nordens von Gower gelegen. Obwohl alle Besitzer der Residenz ihren Stempel aufgedrückt haben, stammt der Großteil der Bausubstanz aus der Zeit der Familie *De la Bere*, die bis zum 15. Jahrhundert hier lebte. Auch die Mansels waren zeitweise Hausherren. Das edle Interieur ist umfassend erhalten.

April–Okt. tägl. 9.30–18 Uhr. Nov.–März 9.30–17 Uhr. Erw. 2.80 £, erm. 2,10 £, Familie 8,40 £. Zwischen Llanrhidian Village und Landimore, ✆ 01792-390012, www.cadw.gov.wales.

Carmarthenshire

Kidwelly Castle (Castell Cydweli)

Auf dem Weg von der Gower-Halbinsel entlang der Küstenstraße A 484 nach Carmarthen passiert man mit Kidwelly Castle eine der besterhaltenen walisischen Burgen. Schon im frühen 12. Jahrhundert wurde der strategisch wichtige Punkt am Gwendraeth-Fluss mit einer Festung gesichert. Das normannische Bauwerk wurde zunächst aus Holz und Erde gebaut. Heiß umkämpft, errichteten die Engländer die Burg im 13. Jahrhundert neu – aus Stein und auf dem modernsten Stand der Militärtechnik: Kidwelly erhielt einen konzentrischen Grundriss mit einem äußeren und einem inneren Befestigungsring. Die Burg war übrigens Drehort von Monty Pythons „Ritter der Kokosnuss" und taucht als Außenaufnahme in der ersten Sequenz des Films auf.

April–Juni und Sept.–Okt. tägl. 9.30–17 Uhr. Juli und Aug. 9.30–18 Uhr. Nov.–Febr. Mo–Sa 10–16, So ab 11 Uhr, März (siehe Internet). Erw. 4 £, erm. 3 £. Nordwestlich von Llanelli. Erreichbar über die A 484 oder B 4308. ✆ 01554-890104, www.cadw.gov.wales.

Llansteffan Castle

An exponierter Stelle mit weiten Blicken über die Mündungen der Flüsse Tywi, Taf, Cywyn und Gwendraeth steht Llansteffan Castle an der Steilküste an einem Ort, der bereits seit der Eisenzeit für Befestigungsanlagen genutzt wurde. An Romantik ist Llansteffan Castle schwer zu überbieten. Die Burg war zeit ihrer Existenz immer wieder den Angriffen der Waliser und, wenn diese Llansteffan hielten, denen der Engländer ausgesetzt. Jede Seite wollte diesen strategisch herausragenden Punkt mit Meeresblick kontrollieren. Die heutige Burg wurde im 12. und 13. Jahrhundert gebaut. Danach fanden Um- und Ausbauten zu Wohnzwecken statt.

Llansteffan Castle Ganzjährig tägl. 10–16 Uhr. Eintritt frei. ✆ 01443-336000 (zentrale CADW-Nummer), www.cadw.gov.wales.

Übernachten The Boat House B & B, in Laugharne. Unterkunft mit großzügigen Zimmern und Blick auf das Castle. Die Betreiber sind auf einen perfekten Service bedacht. Gute Auswahl beim Frühstück. Die Wände schmücken Bilder lokaler Künstler. DZ ab 80 £, EZ günstiger und auf Anfrage. 1 Gosport Street, ✆ 01994-427263, www.theboathousebnb.co.uk.

》》 Mein Tipp: Coedllys Country House, in Llangynin. Diese hochklassige Unterkunft mit drei Zimmern trägt ihre Auszeichnungen zu Recht. Sie ist geschmackvoll klassisch eingerichtet und besticht durch viele spannende Details. Auch das Essen ist großartig. Umgeben ist das Landhaus von einem Tiersanktuarium und dem bezaubernden Paradise Valley. Vermietet wird auch ein Cottage. EZ ab 75 £, DZ ab 90 £. Coedllys Uchaf, Llangynin, St Clears, ✆ 01994-231455, www.coedllyscountryhouse.co.uk. 《《

Laugharne (Talacharn)

Auf der westlichen Uferseite, gegenüber von Kidwelly, liegt an den gewaltigen Mündungstrichtern mehrerer Flüsse das kleine, malerische Dorf. Bekannt ist Laugharne vor allem im Zusammenhang mit dem walisischen Dichter *Dylan Thomas*, an vielen Stellen stößt man hier auf seine Spuren. Im *Brown's Hotel* zechte er durch, im *Eros* in der Gosport Street und im *Sea View* wohnte er, bevor er ins *Boathouse* zog. Ein Castle gibt es in Laugharne natürlich auch. Die schönste Festung liegt allerdings mit Llansteffan etwas weiter östlich.

Llansteffan mit dem dahinterliegenden Laugharne

Dylan Thomas Boathouse: In diesem Haus verbrachte Wales' berühmtester Poet die letzten vier Jahre seines Lebens. Von 1949 bis 1953 lebte er hier mit seiner Frau Caitlin und den drei Kindern Colm, Aeronwy und Llewelyn, bevor er in den USA, wohl an den Folgen übermäßigen Alkoholkonsums, starb. Thomas verfasste im Boathouse einige seiner berühmtesten Werke, genauer gesagt schrieb er sie in einer grün gestrichenen Garage um die Ecke, seinem „Work Shed". Audiovisuelle Präsentationen, die Originaleinrichtung und viele Erinnerungsstücke geben Einblicke in das Leben, Wesen und die Befindlichkeiten von Thomas und seiner Familie. Es gibt auch einen Buchladen sowie einen Tearoom mit Terrasse.

Auf dem **Friedhof** an der Clifton Street, einige hundert Meter nördlich der Ortsmitte, liegen Dylan und Caitlin begraben (Caitlin starb 1991). Einfache weiße Kreuze markieren die Stelle.
Bootshaus: Mai–Okt. einschließlich Ostern tägl. 10–17.30 Uhr. Nov.–April 10.30–15.30 Uhr. Erw. 4,20 £, erm. 3,20 £, Kind ab 7 J. 2 £. Das Bootshaus ist über einen kleinen Pfad erreichbar. ✆ 01994-427420, www.dylanthomasboathouse.com.

Laugharne Castle: Die in eine Tudor Mansion umgestaltete Burganlage steht direkt am Ufer des Taf im Ortskern von Laugharne. Sir John Perrot ließ die Festung ab 1575 in ein stattliches, komfortables Herrenhaus umgestalten. Der noble und mächtige Gönner fiel am königlichen Hofe in Ungnade, wurde 1592 wegen Hochverrats verurteilt und starb noch im selben Jahr in Gefangenschaft. Eine Begehung der Burg ließ Experten zu dem Schluss kommen, dass Laugharne Castle von minderer Bauqualität sei und in den nächsten Jahren mit Sicherheit einstürzen werde. Und so steht die Burg über 400 Jahre nach diesem „Gutachten" immer noch.
April–Okt. tägl. 10–17 Uhr. Erw. 3,80 £, erm. 2,85 £. ✆ 01994-427906, www.cadw.wales.org.uk.

Im Boathouse mit Blick auf den Taf lebte und arbeitete Dylan Thomas 1949–1953

Carmarthen

Die Hauptstadt des Countys Carmarthenshire zählt zu den ältesten Städten in Wales und ist nach Swansea die erste richtige Stadt in Westwales. Schon die Römer unterhielten in Carmarthen ein Fort, und irgendwann um diese Zeit soll auch Merlin hier geboren sein, dessen walisischer Name Myrddin lautet. Er soll im Merlin's Hill (Bryn Myrddin) etwas nördlich von Abergwili im Berg schlafen.

Über ihre Funktion als Marktstadt, Einkaufs- und Verkehrszentrum hinaus hält der Ort für Touristen nicht viel parat. Es gibt eine **Market Hall** (Market Way) sowie einige sehenswerte Galerien für regionale Kunst und Kunsthandwerk (*Oriel Myrddin* in der Church Lane, *Oriel Kingstreet*, 30 King Street, und *Origin Dyfed Gallery*, 26 Blue Street). Die wesentliche Sehenswürdigkeit von Carmarthen ist das County Museum.

Carmarthen County Museum: Das Museum ist im ehemaligen Bischofspalast von Abergwili zuhause – ein passendes Umfeld für die umfangreiche Sammlung an Keramik, komplett möblierten Zimmern, Gemälden, archäologischen Funden und Informationen zur Geschichte der Region. Hier liegt auch ein Stück von *Merlins Eiche*, einem Baum, der mit dem Magier verbunden sein soll und bis vor wenigen Jahren in Carmarthens Innenstadt stand. Zur Sammlung gehören ein originales viktorianisches Klassenzimmer sowie zahlreiche keltische Menhire. Das Gebäude diente bis 1974 als Bischofspalast; unter anderem blieben die Kapelle und die Bibliothek erhalten. Im ehemaligen Schlafzimmer des Bischofs ist heute allerdings die Inneneinrichtung des Penrhiwbeili-Farmhauses zu sehen.

Ganzjährig Di–Sa 10–16.30 Uhr. Eintritt frei. The Old Palace, Abergwili, 3 km östl. von Carmarthen, ✆ 01267-228696, www.carmarthenshire.gov.uk.

Einwohner 15.000

Information Tourist Information Centre, April–Juni, Sept. und Okt. Mo–Sa 10–17 Uhr. Juli/Aug. tägl. 10–17 Uhr. Nov.–März Mo–Sa 10–16 Uhr. 113 Lammas Street, ✆ 01267-231557, carmarthentic@carmarthenshire.gov.uk.

Hin und weg Bus: Busbahnhof an der Blue Street. Verbindung nach Aberaeron (1¾ Std.), Aberystwyth (2:20 Std.), Cardigan (1½ Std.), Haverfordwest (1 Std.), Kidwelly (30 Min.), Laugharne (30 Min.), Llandeilo (45 Min.), Llandovery (1½ Std.), Llansteffan (20 Min.), Swansea (1½ Std.) und Tenby (70 Min.). Infos bei TravelineCymru: ✆ 0871-2002233, www.traveline-cymru.info.

Bahn: Bahnhof an der Pensarn Road direkt südlich des Tywi-Flusses. Verbindung nach Cardiff (1¾ Std.), Fishguard (1 Std.), Haverfordwest (45 Min.), Kidwelly (15 Min.), Milford Haven (1 Std.), Pembroke (1¼ Std.), Swansea (1 Std.) und Tenby (1 Std.). Infos bei TravelineCymru: ✆ 0871-2002233, www.traveline-cymru.info.

Übernachten Capel Dewi Uchaf Country House, einzigartige Übernachtungsmöglichkeit in einem über 500 Jahre alten Bau mit eigenem riesigem Grundstück und Angelevier für Lachs und Sewin am Tywi-Fluss. Die Inneneinrichtung ist stilvoll, warm und elegant, das Frühstücksbüfett wirklich überzeugend. Ab 40 £/Pers. Capel Dewi, Carmarthen, ✆ 01267-290799, capel-dewi-uchaf-country-house.wales.info.

Ivy Bush Royal Hotel, mitten in der Innenstadt. Hier fühlte sich schon Admiral Nelson wohl. Zwischenzeitlich hat es das Hotel geschafft, seinen alten Charme mit der Moderne zu kombinieren. DZ ab 100 £ inkl. Frühstück. Spilman Street, ✆ 01267-235111, ℻ 234914, www.ivybushroyal.co.uk.

Sarnau Mansion, ca. 5 km westlich von Carmarthen an der A 40, zwischen Carmarthen und Saint Clears. Das denkmalgeschützte Etablissement in grüner Landschaft mit Teich besticht durch Eleganz und geräumige Zimmer, hohen Komfort und ein überzeugendes Restaurant. EZ ab 55 £, DZ ab 80 £. Llysonnen Road, Banc y Fellin, Carmarthen, ✆ 01267-211404, www.ceinewydd.com/sarnaumansion.

Allt Y Golau Farmhouse, 1 km hinter Felingwm Uchaf; übernachten im Landhausstil mit hervorragendem Frühstück. Das bezaubernde Gebäude wurde liebevoll restauriert, viele originale Elemente wurden bewahrt, das Innere ist ansprechend und heimelig gestaltet. Umgeben von einem Garten, bieten sich Panoramablicke auf die Black Mountains und das Tywi Valley. EZ 45 £, DZ 70 £. Anfahrt: Von Carmarthen entlang der A 40 Richtung Llandeilo. Bei Nantgaredig auf die B 4310 nach Norden. 1 km hinter dem Dorf Felingwm Uchaf befindet sich bei der Felingwm Pottery die Einfahrt zum Farmhaus. Allt Y Golau Uchaf, Felingwm Uchaf, ✆ 01267-290455, www.alltygolau.com.

Essen & Trinken Café at 4 Queen Street, in einer kleinen Seitenstraße. Hier bekommt man den besten Kaffee, Tee und hervorragend zusammengestellte Gerichte sowie tolle Desserts. 4 Queen Street, ✆ 01267-220461, www.cafeno4.com.

»› Mein Tipp: Y Polyn, bei Capel Dewi, 8 km östlich von Carmarthen. Was hier auf den Tisch kommt, gehört zum Besten in der Region. Das Y Polyn beherrscht die Kunst, verschiedenste Zutaten harmonisch zusammenzustellen in der unaufdringlichen Atmosphäre eines Pubs. 2 km östlich von Capel Dewi an der B 4310. ✆ 01267-290000, www.ypolynrestaurant.co.uk. ‹‹‹

Llandeilo

Der geschichtsträchtige Ort am westlichen Rande der Black Mountain, 24 km östlich von Carmarthen, wird von Touristen meist links liegengelassen. Schuld daran ist die Schnellstraße, die mitten durch das kleine Llandeilo führt – kaum hat man sich umgedreht, ist man schon durch; dabei gibt es einiges zu sehen.

Llandeilo liegt zwar in Carmarthenshire, gehört aber eher zu den Brecon Beacons. Sie befinden sich direkt vor dem Ort und machen ihn zu einer guten Basis für Touren zu dem im Westen des Nationalparks gelegenen Black Mountain und zahlreichen anderen Sehenswürdigkeiten in der nahen Umgebung, wie die Burgen und Gärten. Llandeilo selbst besteht aus ein paar Straßen mit vorwiegend viktorianischer und georgianischer Architektur rund um die Hauptstraße *Rhosmaen Street*. Hier befinden sich auch die Pubs, Restaurants und Unterkünfte. Zum Essen gehen die Einheimischen vor allem ins *Angel Inn* und ins *Cawdor*, am Wochenende zieht es sie ins *White Horse Inn*, einen urigen, von der örtlichen Familienbrauerei Evan Evans Brewery betriebenen Pub. Der Eigentümer ist oft anwesend und erzählt gern spannende Geschichten. Dabei trinkt er sein international preisgekröntes Ale, und man sieht ihm an, dass es schmeckt.

Für einen so kleinen Ort wie Llandeilo gibt es eine ganze Reihe hochwertiger Läden und Touristengeschäfte. Das liegt auch daran, dass Swansea und die südlichen Industriegebiete durch die A 483 und die direkte Bahnverbindung quasi um die Ecke liegen. Viele Einheimische arbeiten dort und bringen Geld ins Dorf. So haben sich in der *Market Street* einige Design- und Delikatessengeschäfte (z. B. Olive Branch Delicatessen) niedergelassen, die man hier nicht vermuten würde.

Die Lage hoch über dem Tal des Towy (walisisch Tywi, der längste ausschließlich durch Wales fließende Fluss) machte Llandeilo einst zu einem strategisch wichtigen und gut zu verteidigenden Ort. Schon früh befand sich hier ein Flussübergang.

Die **Saint Teilo Church** von 1850 besitzt einen mächtigen, spätmittelalterlichen Turm. Dieser diente den Anwohnern bei Angriffen als Schutz. Llandeilo ist nach dem heiligen Teilo benannt, einem der bedeutendsten Missionare aus dem 6. Jahrhundert. St Teilo soll hier gelebt haben, vielleicht liegt er auch in Llandeilo begraben. Genau weiß das niemand, aber es ranken sich viele Legenden um seine Person. Unterhalb des am Hang gelegenen Friedhofs der Saint Teilo Church, der weitaus

Llandeilo 173

älter ist als die Kirche selbst, befindet sich, versteckt in einer Mauernische in der Church Street, die **Quelle des St Teilo**. Das aus der Tiefe sprudelnde Wasser ist bei den Einheimischen sehr beliebt. So kommt der Ortsapotheker auch schon mal mit Kanistern vorbei, um Wasser für seinen Garten abzufüllen, damit der Rasen besser wächst. Die Anwohner der Church Street haben den wohl schönsten Ausblick im Ort. Etwas weiter die Straße hoch bieten sich an einer mit Bänken gestalteten Freistelle wunderschöne Fernblicke ins Flusstal mit den dahinter liegenden Hügeln.

Nach Süden fällt die Hauptstraße entlang bunt bemalter Häuser zum Fluss hin ab. Hier überspannt die steinerne **Llandeilo Bridge** den Fluss. Quer durch das Tal verläuft die **Heart of Wales Railway**. Die 120 Meilen lange Eisenbahnstrecke von Swansea nach Shrewsbury verläuft quer durch Wales und zählt zu den schönsten im Land. Sie ist vor allem bei amerikanischen Touristen beliebt. Anders als viele andere Strecken in Wales wurde sie nicht stillgelegt – und so besitzt ein so ländlicher Ort wie Llandeilo noch heute einen Bahnanschluss. Die **Railway Bridge** von 1852 ist ein seltenes Beispiel einer mit Fachwerkgitterträgern gebauten Brücke.

Einwohner 1700

Information Kleines Tourist Information Centre in der Crescent Road neben dem Parkplatz. Zwischen Ostern und Sept. unregelmäßig geöffnet. ✆ 01558-824226, ℻ 824226, llandeilotic@carmarthenshire.gov.uk, www.llandeilo.org.

Hin und weg Bus: Haltestelle an der New Road. Verbindung nach Swansea (80 Min.), Carmarthen (40 Min.), Llandovery (40 Min.).
Bahn: Die Heart of Wales Line von Swansea (70 Min.) nach Shrewsbury in England (3 Std.) macht in Llandeilo Station. Verbindung nach Llandovery (20 Min.), Llandrindod Wells (1½ Std.) und Llanelli (45 Min.).

Parken Von der Crescent Road führt gegenüber der Llandeilo Civic Hall eine Stichstraße zu einem großen Parkplatz.

Übernachten The Plough Inn, Boutique-Hotel kurz hinter dem Ort in Richtung Llandovery. Zimmer mit schönen Ausblicken auf die Umgebung. Das Haus hat eine Sauna und einen Fitnessraum. Das Restaurant wurde von AA mehrfach ausgezeichnet. EZ ab 75 £, DZ ab 95 £. Oft Paketpreise, etwa in Verbindung mit Golf oder dem Besuch der umliegenden Gärten. Rhosmaen, Llandeilo, ✆ 01558-823431, ℻ 823969, www.ploughrhosmaen.com.

》》 Mein Tipp: Cawdor, elegantes, komplett auf Vordermann gebrachtes historisches Boutique-Hotel von 1796, die weit und breit beste Übernachtungsadresse. Zimmer und Appartements, dazu ein von den Einheimischen gern besuchtes Restaurant und ein Pub, den historische Fotos von Llandeilo schmücken. DZ ab 65 £. 72 Rhosmaen Street, Llandeilo, ✆ 01558-823500, ℻ 822399, www.thecawdor.com. 《《

Glynhir Mansion, am Rande der Black Mountain in Glynhir, ca. 1,5 km nördlich von Ammanford, führt kurz vor dem Dorf Llandybie eine kleine Straße von der A 483 nach Osten zur Mansion. Ruhige, idyllische Unterkunft in einem Gebäude aus dem 17. Jahrhundert mit vier geräumigen Zimmern, Lounge und Speisesaal mit offener Feuerstelle. Auf dem Areal am Loughor-Fluss kann man auch historische Cottages mieten. Die lange Liste der angebotenen Aktivitäten umfasst Fischen, Reiten, Golfen und Birdwatching. EZ 55 £, DZ 85 £. Glynhir Mansion, Glynhir Road, Llandybie, ✆ 01269-850438, www.theglynhirestate.com.

Essen & Trinken The Angel, geräumiger Pub mit dem wohl besten Preis-Leistungs-Verhältnis vor Ort. Jeden Donnerstagabend gibt es ein regionales Themenbüfett für wenig Geld. 62 Rhosmaen Street, Llandeilo, ✆ 01558-822765, www.angelbistro.co.uk.

》》 Mein Tipp: The White Horse Inn, Brauereipub der örtlichen Evan-Evans-Brauerei. In dem historischen Coaching Inn trifft sich der Ort. Die Atmosphäre ist locker, das Bier einfach klasse. 125 Rhosmaen Street, Llandeilo, ✆ 01558-822424, www.evanevansbrewery.com. 《《

Umgebung von Llandeilo

Dinefwr Castle

Läuft man von Llandeilo aus über die Bridge Street zum Tywi-Fluss und biegt vor der Brücke rechts ab, erreicht man nach einem schönen Spaziergang entlang des Flusses (etwa 2 km) Castle Wood mit der Burgruine von Dinefwr Castle (englisch: Dynevor). Die über dem Fluss auf einer Erhebung thronende Veste war im 12. Jahrhundert unter *Rhys ap Gruffydd* die wichtigste Residenz des walisischen Königreichs von Deheubarth. Nach dem Tod von Lord Rhys im Jahre 1197 stritt die Dynastie der Deuheubarths um dessen Nachfolge. Dinefwr wechselte nun häufig die Besitzer und erlangte nie wieder die Bedeutung, die sie unter Rhys ap Gruffydd hatte. Der überwiegende Teil der heutigen Ruine wurde im 13. und frühen 14. Jahrhundert errichtet. Das walisische und wichtige Zentrum fiel mit den Eroberungen Edwards I. Ende des 13. Jahrhunderts an die Engländer. In den folgenden Jahrhunderten wurde Dinefwr Castle größtenteils aufgegeben und nur noch sporadisch genutzt. Im 15. Jahrhundert orientierten sich die Bewohner bereits an anderen architektonischen Maßstäben, im 17. Jahrhundert erfolgten Umbauten zu einem Sommersitz. Die letzten großen Veränderungen gab es im 20. Jahrhundert, wobei auch ein Großteil der verfallenen mittelalterlichen Mauern wieder aufgebaut wurde. Der Wall-Walk, der Rundgang entlang der Außenmauern der Burg, bietet exzellente Ausblicke auf die Umgebung.

Tägl. 10–16 Uhr. Eintrittspreise fürs Gesamtareal s. u. Dinefwr-Park. ✆ 01558-824512, www.nationaltrust.org.uk.

Newton House und Dinefwr-Park

Knapp 1 km nördlich des Dinefwr Castle steht das Newton House. Vom ursprünglichen Bau findet man nur noch wenige Spuren. Der heutige Herrensitz wurde in den 1660er Jahren erbaut und 1856 im neugotischen Stil umgestaltet. Vom Tea Room blickt man hinaus in den **Deer Park**. Das Innere des Hauses zeigt überwiegend die Originaleinrichtung von 1912. Ein Raum ist der Geschichte von Dinefwr gewidmet. Schauspieler in historischen Kostümen helfen dem Besucher, sich in die Atmosphäre eines Herrschaftshauses aus dem frühen 20. Jahrhundert hineinzuversetzen.

Newton House steht inmitten des **Dinefwr-Parks**, in den auch Dinefwr Castle integriert ist. Der ab 1775 vom berühmten Gartenarchitekten *Capability Brown* gestaltete Landschaftspark zählt zu den schönsten Gärten in Großbritannien, darunter der *Fountain Garden* und ein mittelalterlicher *Damwildgarten* mit rund 100 Hirschen. Auch Rinder werden auf dem Areal gehalten. Eine Reihe von Spazierwegen, teils auch rollstuhlgeeignet, führt durch das weite Gelände. Hier steht im Wald versteckt die **Llandyfeisant Church**. Archäologische Grabungen förderten eine Reihe von römischen Funden zutage. Eines der beiden entdeckten **Roman Forts** ist das bisher größte jemals in Wales gefundene Kastell.

Newton House: Mitte Febr.–Okt. tägl. 11–17 Uhr. Juli/Aug. bis 18 Uhr. Nov. bis Mitte Febr. Fr–So 11–16 Uhr. Erw. 5,85 £, Kind 2,85 £. Zum Newton House führt eine Straße von Llandeilo. Parkplatz direkt am Newton House. ✆ 01558-824512, www.nationaltrust.org.uk.

Aberglasney Gardens

Nur wenige Kilometer weiter im Tywi Valley, westlich von Llandeilo, lockt ein weiterer Höhepunkt der Gartenbaukunst. Aberglasney Gardens ist malerisch zwischen zwei Hügeln in das Flusstal eingebettet. Der vier Hektar große Garten beeindruckt durch eine Vielzahl seltener und ungewöhnlicher Pflanzen. Es gibt einen restaurierten elisabethanisch-jakobinischen Klostergarten *(Cloister Garden)* und den *Parapet Walk*, den einzigen in Großbritannien noch erhaltenen Galerierundgang in einem Garten. Auf dem Gelände befinden sich zudem zwei *Walled Gardens*, ein auf 1600 datiertes *Gatehouse*, der *Pool Garden* sowie naturnah gestaltete Parkbereiche. Neu ist das *Ninfarium*, ein verglaster Garten, der in die Ruinen eines Teils der Gebäudeanlage eingebaut wurde. Beeindruckend sind auch die mehrere hundert Jahre alten, zu regelrechten Tunnels zusammengewachsenen Eibenbögen.

Anthony Rudd, Bischof von Saint Davids, kaufte das Land im Jahr 1600, ließ **Aberglasney House** als Familiensitz errichten und drumherum die Gärten anlegen. Im 18. und frühen 19. Jahrhundert wurde um- und angebaut. Aberglaslyn House hat 30 Schornsteine – da brachte eine auf der Anzahl der Kaminabzüge basierende Steuer ab 1670 die Hausbesitzer in arge finanzielle Bedrängnis. Wie das unweit gelegene Newton Haus (s. o.) hatte auch das Aberglasney House eine traurige jüngere Vergangenheit. Nach Verfall, Vandalismus und Diebstahl wurde das gesamte Areal vom Aberglasney Restoration Fund übernommen. Sogar die früheren Besitzer sich an der Ausschlachtung des Gebäudes beteiligt: Der Portikus tauchte plötzlich bei einer Auktion von Christie's auf. Die Versteigerung wurde verhindert, der Portikus steht heute wieder am Haus. 1999 wurden die Gärten für die Allgemeinheit geöffnet.

Wie es sich gehört, spukt es auch in Aberglasney House. Eine der zahlreichen Erscheinungen, Thomas Phillips, wohlhabender Chirurg und ehemaliger Besitzer der East India Company, starb hier 1824 – und erscheint seitdem immer wieder. Er soll für die hohe Säuglingssterblichkeitsrate in Aberglasney House verantwortlich sein, ebenso für die Kinderlosigkeit seiner Bewohner. Junge wie alte Bewohner starben plötzlich oder wurden vom Geist in den persönlichen und finanziellen Ruin getrieben. Bauarbeitern soll bei der Renovierung des Hauses oft eine Frau erschienen sein – sie stand in der Ecke und kochte. Spuken soll es übrigens auch im Garten, vor allem in Pigeon House Wood am Rande des Areals.

April bis Ende Okt.. tägl. 10–18 Uhr. Ende Okt. bis März 10.30–16 Uhr. Erw. 7,27 £, Kind 3,63 £, Familie 18,18 £. Llangathen. Von der A 40 bei Broad Oak nach Süden abbiegen. In den Gärten gibt es ein Café und ein kleines Gartenzentrum, wo man seltene Pflanzen kaufen kann. ✆ 01558-668998, www.aberglasney.org.

Dryslwyn Castle

Wer noch mehr vom Tywi Valley sehen will, findet knapp 5 km südwestlich im Örtchen Dryslwyn (an der B 4297, Abzweigung von der A 40) die nächste Burg. Von Touristenströmen weitgehend ungestört, steht hier ähnlich wie Dinefwr Castle eine Burg auf einer Erhebung über dem Fluss. Auch Dryslwyn Castle gehörte den Prinzen von Deheubarth, 1246 wird die Burg erstmals erwähnt. Mit ihrer Lage auf einer Bergspitze, dem mächtigen Bergfried und einem originellen Burghof ist sie eine typische walisische Festung. Ähnlichkeiten in der Bauweise von Dryslwyn und Dinefwr deuten darauf hin, dass beide Burgen etwa zur gleichen Zeit entstanden. Im 13. Jahrhundert wurde Dryslwyn durch den Anbau eines zweiten Hofes in seiner Größe fast verdoppelt, im Jahr 1287 war die Burg die größte von Walisern erbaute Festung im Land. Streitigkeiten zwischen dem Burgherren Rhys ap Maredudd und den Engländern eskalierten derart, dass diese mit einem 11.000 Mann starken Heer Dryslwyn Castle belagerten und es nach drei Wochen einnahmen. Für die Waliser hat die „Siege of Dryslwyn Castle" (1287) noch heute große Bedeutung, handelte es sich doch um einen der letzten großen Kämpfe für ein weitgehend eigenständiges Wales. Wie damals nicht unüblich, bauten die Eroberer das, was sie vorher zerstört hatten, wieder auf. Im Anschluss an die Besetzung durch Owain Glyndŵr 1403 wurde die Burg Anfang des 15. Jahrhundert zugemauert, dem Verfall preisgegeben und später ordentlich demoliert und angezündet – damit sie nicht mehr von anti-englischen Kräften genutzt werden konnte.

Tägl. 10–16 Uhr. Eintritt frei. www.cadw.gov.wales.

National Botanic Garden of Wales

Etwa auf halbem Wege zwischen Llandeilo und Carmarthen liegt nördlich der A 48 und südlich der A 40 bei Llanarthne der Botanische Garten von Wales. Die National Botanics sind eine junge Gartenanlage in historischem Umfeld. Die Neugründung im Jahr 2000 erfolgte auf der mittelalterlichen Anlage des *Middleton Regency Water Park*. Das riesige Areal gehörte dem Londoner Bankier William Paxton, der es 1789 erwarb und die Gärten anlegen ließ. Die Grundmauern der 1931 abgebrannten Middleton Hall, des Principality House (nicht zu besichtigen), des Staple Block, die Seen sowie der „Double Walled Garden" (hier wird Gemüse für das passable Restaurant angebaut) stammen aus der Originalanlage und wurden in die neue integriert. Bei der Neuanlage des Gartens gab man sich alle erdenkliche Mühe, an die große, in Vergessenheit geratene walisische Gartenbautradition anzuschließen und dem Besucher eine Vielzahl an Schönheiten zu bieten. Markantester Neubau ist wohl das riesige *Glashaus* des Architekten Norman Foster, neben dem Walled Garden eine der Hauptattraktionen. Der kleine, wundervolle *Japanische Garten* wurde von der Chelsea Flower Show 2011 im Originalzustand nach Wales verbracht. Sehenswert ist auch das 60 Hektar große *Waun-Las-Naturreservat*, das im Norden und Osten an den Botanischen Garten grenzt. Das als Organic Farm betriebene Reservat zeigt eine immense Artenvielfalt. Der gesamte Botanische Garten wird nach ökologischen und nachhaltigen Kriterien gepflegt. Und auch außerhalb des eigentlichen Geländes wurde umgestaltet und renaturiert, so dass der Garten heute das Zentrum einer herrlichen Landschaft ist.

Das Great Glasshouse von Norman Foster

April–Sept. tägl. 10–18 Uhr. Okt.–März 10–16.30 Uhr. Erw. 8,86 £, Kind 4,95 £, Familie 21,82 £. Llanarthne, Carmarthenshire, 01558-667149, www.gardenofwales.org.uk.

Carreg Cennen

Knapp 7 km südöstlich von Llandeilo wacht eine der spektakulärsten und bekanntesten Burgen von Wales einsam auf einem 100 m hohen Kalksteinfelsen über das Land – mit eindrucksvollen Ausblicken auf die ländlich-bäuerliche Umgebung und die Black Mountain.

ie Anlage geht wahrscheinlich auf Rhys, den walisischen Prinzen von Deheubarth im späten 12. Jahrhundert, zurück. Archäologische Funde deuten darauf hin, dass der Ort schon in prähistorischer und römischer Zeit genutzt wurde. Angeblich sollen Urien von Rheged und sein Sohn Owain, Ritter an König Artus' Tafelrunde (engl. King Arthur), hier die erste Burg gebaut haben. 1277 vertrieb König Edward I. die Waliser von Carreg Cennen, 1283 überantwortete er die Burg Lord John Giffard. Dieser baute sie im Rahmen des walisischen Burgenbauprogramms in den folgenden Jahrzehnten zu einem Stützpunkt der Engländer im südlichen Wales aus. Owain Glyndŵr erstürmte die Burg 1403 und richtete große Schäden an. Den heutigen ruinösen Zustand verdankt Carreg Cennen allerdings den englischen Rosenkriegen: 1462 rückte ein bezahlter Abrisstrupp von 500 Mann mit Brecheisen und Hacken an und zerstörte die Burg systematisch, vor allem im Inneren. Man wollte verhindern, dass die Burg ein Stützpunkt für Rebellen und Räuber würde.

Das einstige Aussehen der Burg ist anschaulich auf Bildtafeln dargestellt. Höhepunkt des Rundgangs ist neben den sensationellen Ausblicken sicherlich die **Höhle**. Nach dem Abstieg durch einen langen, schmalen Gang gelangt man an dessen Ende zum Eingang einer etwa 50 m langen Höhle. Wenn dort nicht gerade zu viele Besucher sind, sollte man sich diese auf jeden Fall anschauen; Taschenlampen

Eine der schönsten und bekanntesten walisischen Burgen

kann man vor Ort ausleihen. Zur Geschichte der Höhle gibt es diverse Erklärungsversuche. Der wohl zutreffendste ist, dass die Naturhöhle in die Burg integriert wurde, um einen Angriffspunkt zu beseitigen. Läge die Höhle außerhalb des geschützten Areals, hätten Feinde sie nutzen können, um die Burg zu untergraben und zum Einsturz zu bringen. Der Berg unter Carreg Cennen verfügt übrigens über einige solcher Höhlen, die bis auf jene in der Burg allerdings unzugänglich sind.

April–Okt. tägl. 9.30–18.30 Uhr. Nov.–März 9.30–16 Uhr. Erw. 4 £, erm. 3,50 £, Familie 12 £. Parkplatz vor Ort. Nächste Bahn- oder Busstation in Llandeilo. Im CADW-Haus auf der Carreg Cennen Farm ein guter Laden und netter Imbiss. ✆ 01558-822291, www.cadw.wales.gov.uk.

Nachdem Sie sich die Burg innen angesehen haben, schlagen wir eine Umrundung von Festung und Burgberg vor:

> **Wanderung 1: Rund um Carreg Cennen** → S. 354
> Leichte Tour rund um eine der schönsten walisischen Burgen

Garn Goch

Die riesige spätprähistorische Burgwallanlage befindet sich in der Nähe des Ortes Bethlehem, nordöstlich von Llandeilo. Garn Goch ist ab Bethlehem ausgeschildert. Die beiden Bergfestungen **Y Gaer Fach** (kleines Fort) und **Y Gaer Fawr** (großes Fort) sind heute noch durch die massiven Steinhaufenbänke erkennbar. Für sein Alter ist auf Garn Goch noch viel zu sehen, u. a. die Tore und meterhohe Mauerreste. Wie viele Menschen haben wohl wie lange gearbeitet, um all den Sandstein aufzuschichten und den Berg abzuflachen? Das kleine Fort hat eine Größe von 1,5 Hektar, das große Fort misst 11 Hektar – über eine Länge von 800 m erstrecken sich die Burgen auf dem Bergrücken. Auf dem Areal befinden sich auch einige bronzezeitliche Grabsteinfelder. Der Ort wurde von den Erbauern wegen der leichten Verfügbarkeit von Baumaterial und seiner exponierten Lage über dem Tywi gewählt – heute genießt der Besucher die wunderbaren Ausblicke auf das Flusstal.

Leider lassen die Erklärungen und Wegemarkierungen zu wünschen übrig – oder es gibt gar keine. So muss man sich mit Faltblättchen und anderweitigen Informationen begnügen und seiner eigenen Interpretation der Steinhaufen vertrauen.

Gedenkstein mit walisischer Symbolik

Garn Goch ist Teil des Forest Fawr (Großer Wald), des ersten Geologieparks in Wales. Der 763 Quadratkilometer große Park umfasst den westlichen Teil des Brecon-Beacons-Nationalparks, etwa von Merthyr Tydfil und Brecon bis östlich von Llandeilo und Llandovery.

✆ 01874-620415, www.fforestfawrgeopark.org.uk.

Direkt an dem kleinen Parkplatz beginnt unsere Wanderung durch und um Garn Goch.

 Wanderung 2: Zum prähistorischen Fort Garn Goch → S. 355
Durch abgeschiedenes Gelände am Rande des Tywi-Tals

Llandovery (Lanymddyfri)

Der Ort liegt am Zusammenfluss von Tywi, Gwydderig, Y Bawddwr und Bran. Das Stadtbild dominieren Gebäude aus dem 19. Jahrhundert. Nur selten, an Markttagen, erwacht der einst bedeutende Umschlagplatz für Tiere zum Leben. Die 1840 erbaute *Alte Markthalle* beherbergt heute das **Dinefwr Craft Centre**, ein Hort für Handwerkskunst und Souvenirs.

Llandovery Castle: Zu einem walisischen Ort gehört eine walisische Burg. Dem Walesbesucher stellt sich da irgendwann die Frage, ob im Mittelalter die gesamte Bevölkerung nur mit dem Bau von Festungen und Festungsmauern beschäftigt war. Oder gab es zu dieser Zeit Abermillionen von Walisern? Niemand scheint diese Fragen wirklich beantworten zu können.

Auf der kleinen Anhöhe südlich der King's Road an der Castle Street versteckt sich die Ruine von Llandovery Castle. Die 1116 von den Normannen erbaute Burg war ständiger Streitpunkt zwischen Eroberern und Einheimischen, u. a. zwischen Edward I. und Llywelyn the Last. Auch Glyndŵr und Cromwell machten sich an der Burg zu schaffen. Die heute sichtbaren Reste stammen überwiegend vom Ende des 13. Jahrhunderts. Eintritt frei.

Llandovery Heritage Centre: Die Ausstellung informiert über das kulturelle Erbe Llandoverys und seiner Umgebung. Dargestellt werden lokale Persönlichkeiten, die Geschichte der Black Ox Bank, der ersten walisischen Bank, sowie die Historie der Cattle Drover, der Viehtreiber. Das Heritage Centre befindet sich oberhalb der Touristinformation.

Ostern bis Okt. tägl. 10–17 Uhr. Im Winter geschlossen. Eintritt frei. ✆ 01550-720693.

Information Tourist Information and Heritage Centre, Ostern bis Okt. tägl. 10–17 Uhr. Viele Broschüren über die Black Mountains. Kings Road, ✆ 01550-720693, llandovery.tic@carmarthenshire.gov.uk.

Hin und weg Bus: Zentrale Haltestelle am Bahnhof. Fahrten nach Brecon (45 Min.), Carmarthen (80 Min.), Dolaucothi (25 Min.) und Llandeilo (40 Min.).

Bahn: Bahnhof an der A 40. Verbindung nach Llandeilo (20 Min.), Llandrindod Wells (1 Std.), Shrewsbury (2½ Std.) und Swansea (1½ Std.).

Parken Großer Parkplatz direkt unterhalb des Castles.

Übernachten Dan y Parc, knapp 5 km von Llandovery in Richtung Builth Wells an der A 483. Die Betreiber bieten in ihrem Farm-Gästehaus nicht nur Zweibeinern eine Unterkunft, zum Service gehören auch Pferdeschlafplätze – natürlich in einem separaten Raum. Die Hühner, Vögel, Schafe, die Bäume, die Natur, die stilvoll eingerichteten Gemeinschaftsräume im Haus – alles fügt sich zu einer überaus entspannten Atmosphäre zusammen. DZ ab 60 £ inkl. Frühstück. ✆ 0155-0720401, www.danyparcholidays.co.uk.

Henllys Estate, 3 km nördlich von Llandovery in Richtung Cilycwm. Ländliche Unterkunft mit alten Holzböden und Balkendecken. Das Haus ist von Wald und einem Teich umgeben und nach wie vor eine aktive Farm. Sehr gutes Preis-Leistungs-Verhältnis. DZ ab 70 £. ✆ 01550-721332, www.henllysestate.co.uk.

Essen & Trinken The Castle Hotel, das schicke Hotel ist auch kulinarisch eine gute Adresse. Das schmackhafte deftige Essen kann man im Restaurant oder in der traditionellen Bar genießen. Kings Road, ✆ 01550-720343, www.castle-hotel-llandovery.co.uk.

Umgebung von Llandovery

Dolaucothi Gold Mines: Das Cothi Valley liegt im bewaldeten Hügelland nördlich von Llandovery. Von der Römerzeit bis ins 20. Jahrhundert hinein wurde in der Dolaucothi-Mine Gold geschürft, erst 1938 wurde sie geschlossen. Die Untertagetour führt tief hinein in die historische Bergbaustätte. Oberirdisch gibt es eine Ausstellung und einen umfangreichen Maschinenpark. Und wer mag, kann sich im Goldwaschen versuchen.

Mitte März–Juni und Sept.–Okt. tägl. 11–17 Uhr. Juli/Aug. 10–18 Uhr. Untertagetour Erw. 7,25 £, Kind 3,60 £. Ca. 20 km nordwestl. von Llandovery in Pumsaint an der A 482. ✆ 01558-650177, www.nationaltrust.org.uk.

Pembrokeshire – der Süden

Unsere Tour durch das südliche Pembrokeshire führt von Tenby, Manorbier und Pembroke über Haverfordwest in Richtung Nordwesten nach St David's (→ Pembrokeshire – der Norden).

Romantisch: Manorbier Castle direkt am Meer

Tenby ist ein touristisches Zentrum mit südländischem Flair

Tenby (Dinbych-y-Pysgod)

Tenby mutet an wie ein bezauberndes Dorf auf Korsika oder in den Cinque Terre. Auf einer felsigen, strategisch wichtigen Landzunge inmitten fruchtbaren Landes gelegen, wurde Tenby wahrscheinlich im frühen Mittelalter von den Wikingern gegründet. Erstmals erwähnt wird es in einem Bardengedicht aus dem 9. Jahrhundert, im 11. Jahrhundert ließen sich die Normannen hier nieder. Das Städtchen mit knapp 5000 Einwohnern war in viktorianischer Zeit ein Seebad für die Reichen, eine Epoche, von der noch viele Gebäude zeugen. Dicht an dicht reihen sich die bunten Häuser auf dem Felsen, enge Straßen schlängeln sich zum Hafen und zum Strand hinunter. Über dessen schmalste Stelle, zur einen Seite vom gelben Sand des South Beach, zur anderen von Hafen und North Beach begrenzt, geht es hinüber zu dem ins Meer ragenden Felsen mit dem *Tenby Castle* und dem *Tenby Museum & Art Gallery*.

Bei Ebbe kann man zur *St Catherine's Island* spazieren, die direkt vor der Stadt liegt. Etwas weiter draußen ragt *Caldey Island* aus dem Meer. Ausflugsboote dorthin starten vom Hafen aus. Mit einer Fülle an Restaurants, Hotels, Geschäften, Pubs und Unterhaltungsmöglichkeiten ist Tenby ein angesagtes Seebad für alle Altersgruppen. Die Stadt ist auch eine Ausgangsbasis für Wanderungen im *Pembrokeshire Coast National Park* (siehe gleichnamigen Kastentext unten). Dieser beginnt unweit der Stadtgrenze – mit anderen Worten: Tenby liegt mittendrin.

Während der Saison im Juli und August ist die Stadt oft überlaufen, dagegen hat man außerhalb der Schulferien den Ort fast für sich. Wer sich die Zeit einteilen kann, sollte also im Mai, Juni, Ende August oder im September kommen. Als regionales Zentrum und Seebad verfügt Tenby über eine Vielzahl von Übernachtungsmöglichkeiten unterschiedlichster Kategorien und Preisklassen. In der Hauptsaison sind die Preise naturgemäß hoch und die Kapazitäten begrenzt, außerhalb der Saion findet man ohne Probleme eine günstige Übernachtungsmöglichkeit.

Tenby Museum and Art Gallery: Das älteste unabhängige Museum in Wales residiert in einem Überrest des mittelalterlichen **Tenby Castle** auf dem Castle Hill. Von hier bieten sich schöne Weitblicke auf Stadt, Hafen und Umgebung. Auf Castle Hill steht auch das *Prince Albert Memorial*. Im Museum findet man Sammlungen zur lokalen Archäologie und Geologie sowie Exponate zur maritimen Geschichte und Natur- und Sozialgeschichte von Pembrokeshire und Tenby. Die Gemäldegalerie zeigt u. a. Bilder von Gwen und Augustus John, die beide ihre Kindheit in Tenby verbrachten. Im Museumsladen gibt's Bücher (auch gebraucht), Postkarten und Souvenirs. Vom Museumscafé hat man einen wunderbaren Ausblick auf Caldey Island und die Carmarthen Bay.

Tägl. 10–17 Uhr, im Winter nur Mo–Fr. Erw. 4 £, Kind in Begleitung frei. Castle Hill, ✆ 01834-842809, www.tenbymuseum.org.uk.

Saint Mary's Church: Das Gotteshaus überragt ein etwa 700 Jahre alter Turm, der älteste Teil der Kirche und zugleich einer der ältesten in ganz Pembrokeshire. Von oben hat man einen tollen Blick auf Stadt und Meer. Die anderen Teile des Gotteshauses stammen überwiegend aus dem 15. Jahrhundert. Das innen offen gestaltete und durch große Fenster lichtdurchströmte Schiff schmückt eine Reihe interessanter Kapellen und Grabsteine, u. a. der von Thomas White. Bekannt wurde White dadurch, dass er den noch jungen Henry Tudor vor König Richard versteckte. Etwas weiter entfernt von der Kirche, ebenfalls an der High Street, steht die **Old Market Hall**. Hier werden regionale Lebensmittel und Souvenirs verkauft.

High Street. www.stmaryschurchtenby.co.uk.

Über dem Hafen reihen sich dicht an dicht die Häuser aus viktorianischer Zeit

Tudor Merchants House: Das Gebäude aus dem späten 15. Jahrhundert befindet sich in einer engen Nebenstraße zwischen Crackwell und High Street. Die Innenausstattung des Hauses gibt einen Eindruck vom Leben einer wohlhabenden mittelständischen Händlerfamilie um 1500. Zur Zeit der Tudors war Tenby einer der bedeutendsten Häfen an der britischen Westküste. Während das Erdgeschoss dem Handel und Verkauf diente, wohnte die Familie in der zweiten und dritten Etage darüber. Das Merchants House verfügt über eine Küche, farbenprächtige Wandbilder und originale oder reproduzierte Tudor-Möbel, die man größtenteils auch anfassen und auf denen man sogar Platz nehmen darf.

Erw. 4 £, Kind 2 £. Detaillierte Öffnungszeiten auf der Webseite. Quay Hill, neben der Bridge Street, ✆ 01834-842279, www.nationaltrust.org.uk.

Saint Catherine's Island: Der markante Felsen mit dem viktorianischen Fort liegt direkt vor Tenby. Die Festung wurde 1870 erbaut, um die Küste vor Invasoren zu schützen. Bei Ebbe kann man die 100 m zur Insel hinüberlaufen (Gezeitentabelle in der Touristinformation). Es gibt Pläne, das Fort wieder für Besucher zugänglich zu machen; gegenwärtig muss man sich mit einem Spaziergang begnügen.

Basis-Infos

Information Tenby Visitor Centre, Hauptbüro vor dem großen Parkhaus im Sainsbury's-Einkaufszentrum, Upper Park Road. Ostern bis Okt. Mo–Fr 9.30–17, Sa/So 10–16 Uhr. Nov. bis Ostern Mo–Sa 10–16 Uhr. ✆ 01834-842402, tenby.tic@pembrokeshire.gov.uk.

Broschüren und Informationen gibt es auch im Tenby-Museum im Castle.

Essen & Trinken
2 Caffe Vista
3 Plantagenet

Übernachten
1 YHA Manorbier
4 Grey Rock House
5 St Teresa's Hotel
6 Bay House

184 Südwestwales

National Park Centre, Infozentrum mit kleinem Museum des Pembrokeshire Coast National Park – für Unternehmungen in den Nationalpark ein unentbehrlicher Anlaufpunkt. Ostern bis Sept. tägl. 9.30–17 Uhr. Okt.–März Mo–Sa 10.30–15.30 Uhr. South Parade, ✆ 01834-845040, www.pembrokeshirecoast.org.uk.

Hin und weg Bus: Coaches halten an der Upper Park Road unweit des TVC. Nach Carmarthen (1 Std.), Haverfordwest (1 Std.), Manorbier (25 Min.) und Pembroke (45 Min.).

Bahn: Bahnhof westlich der Innenstadt an der Station Road (die Upper Park Road oder Warren Street hinunter). Züge nach Carmarthen (45 Min.), Pembroke (30 Min.) und Swansea (1:50 Std.).

Parken Einen kostenfreien Parkplatz zu ergattern, ist schwierig, zudem ist in der Hochsaison die Innenstadt für Fahrzeuge größtenteils gesperrt, man muss dann auf den an der Southcliffe Street gelegenen zentralen Besucherparkplatz ausweichen. 4 £ pro Tag.

Übernachten/Essen & Trinken → Karte S. 183

Saint Teresa's Hotel 5, das zentral gelegene Gästehaus mit Restaurant, Bar und Teehaus in einem alten Konvent wurde 2009 vollständig renoviert. 8 moderne Zimmer mit Bad/WC. In der Hauptsaison EZ 60 £, DZ 85 £, sonst günstiger. Spezialangebote. The Old Convent, South Parade, ✆ 01834-849147, www.saintteresashotel.com.

»› Mein Tipp: Bay House 6, blaues viktorianisches Gebäude in einer ruhigen Seitenstraße, nur eine Minute zur Innenstadt. Tenbys erstes Fünf-Sterne-B & B vereint Tradition und Moderne auf gelungene Weise und bietet Komfort und Geschmack. Ab 75 £ pro Zimmer inkl. Frühstück. Geöffnet April–Okt. 5 Picton Road. ✆ 01834-849015, www.tenbybandb.co.uk. «‹

Grey Rock House 4, Pension direkt auf den Steilklippen über dem South Beach. Der Ausblick von der Terrasse ist herrlich, die Lage zentral und die Zimmer gemütlich. Das Haus hat eine eigene Treppe hinunter zum Strand. Je nach Saison und Zimmerkategorie 35–45 £ pro Person. St Julian's Street. ✆ 01834-843548, www.greyrockhouse.co.uk.

YHA Manorbier 1, 2 km östlich von Manorbier. Moderne Jugendherberge direkt an der Steilküste über dem Meer. Das Gebäude gehörte früher dem Verteidigungsministerium. Die Besucher kommen vor allem wegen der Strände und dem Coast Path hierher. Auf dem Gelände kann man auch campen. Bett ab 20 £, Zimmer ab 35 £. Manorbier, ✆ 0845-3719031, www.yha.org.uk.

Essen & Trinken Plantagenet **3**, in Quay Hill, neben dem Tudor Merchant's House, etwas versteckt. Alpenchalet-artiges Restaurant in historischem Gebäude mit Kerzenschein, Kamin und Natursteinwänden. Spezialität sind Meeresfrüchteplatten und aus lokalen Zutaten kreierte Gerichte. Quay Hill, ✆ 01834-842350, www.plantagenettenby.co.uk.

Caffe Vista 2, wunderschön gelegenes Café mit Blick über den North Beach und Carmarthen Bay. Legere Atmosphäre mit griechisch-mediterranem, leichtem Essen. Kaffee und sogar alkoholische Getränke kann man auf der Terrasse mit Blick auf Tenby Harbour genießen. Und oft gibt es dazu Livemusik. 3 Crackwell Street. ✆ 01834-849636.

Caldey Island

Die Insel knapp 5 km südlich von Tenby ist seit der Steinzeit bewohnt. Ab dem 6. Jahrhundert siedelten sich hier keltische Mönche an, die Benediktiner gründeten ein Kloster. Nach der Klosterauflösung 1536/37 kam die Insel erst Anfang des 20. Jahrhunderts wieder unter die Obhut von Mönchen. Heute gehört Caldey Island mit Caldey Priory und mehreren mittelalterlichen Kirchen den Zisterziensern, ein paar Mönche leben noch hier. Auf der Insel kann man Spaziergänge unternehmen; die Geschäfte im Inseldorf sind vorwiegend auf Touristen eingestellt.

Bootstouren von Ostern bis Okt. Mo–Fr zwischen 10.30 und 15 Uhr, Mai–Sept. auch Sa, Mitte Mai bis Mitte Sept. ab 10 Uhr. Erw. 12 £, Kind 6 £. ✆ 01834-844453, www.caldey-island.co.uk.

Manorbier Castle

Der kleine Ort etwas westlich von Tenby, am Coast Path (siehe Kastentext unten), liegt in Reichweite mehrerer schöner Strände. Hier befindet sich mit *Manorbier Castle* auch eine der wenigen Burgen in Wales, in der man übernachten kann. Die normannische Festung und ihre Mauern aus dem frühen 12. Jahrhundert sind gut erhalten. Manorbier Castle diente als Verteidigungsanlage und Residenz. Mit Gate House, Great Hall, Great Barn und späteren Bauten aus dem 19. Jahrhundert gibt es viel zu entdecken. Im begrünten Hof steht die Burgkapelle aus der Zeit um 1260. Gerald von Wales, der berühmte Schriftsteller und Geschichtsschreiber, wurde 1146 auf Manorbier geboren. Ihm verdanken wir u. a. schriftliche Aufzeichnungen zur Exhumierung von König Artus. Die Residenz mit ihren Walled Gardens bietet von vielen Stellen Ausblicke auf Manorbier, die *St James' Church*, die Dünen, den Strand und das Meer.

Tägl. 10–17 Uhr. Erw. 5,50 £, Kind 3 £, Senior 4 £. ☏ 01834-871394, www.manorbiercastle.co.uk.

Carew Castle (Castell Caeriw)

10 km westlich von Tenby und 7 km östlich von Pembroke – eine großartige Burg an einem aufgestauten Flussabschnitt des Carew, kurz bevor dieser in den Milford Haven Waterway mündet. Carew Castle entwickelte sich über die Jahrhunderte zu einer Mischung aus Festung und höchsten Ansprüchen genügendem Herrscherhaus. In der Nähe des Burgeingangs steht ein prächtiges **Celtic Cross**, eines der größten und schönsten in Wales – und eines der wenigen frühchristlichen Zeugnisse des Landes. Das Dekor zeigt keltische und skandinavische Einflüsse und gibt Einblick in die walisische Kunst des 11. Jahrhunderts. Besichtigen kann man auch die **Tidal Mill**, die einzige restaurierte walisische Gezeitenmühle. Das Original

Carew Castle ist Burg und repräsentatives Herrenhaus zugleich

stammt aus der Zeit um 1550. Um 1800 wurde die Mühle wieder aufgebaut und war bis 1937 in Betrieb. Ein Mühlrad trägt die Jahreszahl 1801. Die drei Sehenswürdigkeiten sowie die mittelalterliche **Carew Bridge** verbindet ein knapp 1,5 km langer Spazierweg.

April–Okt. tägl. 10–17 Uhr. Nov.–März 11–15 Uhr. Erw. 5 £, Kind 3,50 £, erm. 4,25 £. ✆ 01646-651782, www.pembrokeshirecoast.org.uk.

Pembrokeshire Coast National Park

Der Küstennationalpark im Südwesten von Wales umfasst 620 Quadratkilometer Küste, Inseln, Wildnis, Farmland sowie archäologische, kulturelle und touristische Stätten und Gemeinden. Der Park bietet die spektakulärsten Landschaften und artenreichsten Wildgebiete in Großbritannien. Die einzelnen nicht zusammenhängenden Teile des Nationalparks, der als einziger des Landes überwiegend an der Küste liegt, sind durch den 299 km langen **Pembrokeshire Coast Path National Trail** miteinander verbunden. Der Küstenweg nimmt jede noch so kleine Biegung der Küste mit und zieht sich von Amroth nördlich von Tenby nach St Dogmael's bei Cardigan. Der Wanderweg ist mit einem Eichel-Symbol markiert. Insgesamt stehen im Nationalpark 900 km Wanderwege zur Verfügung.

Information: www.nationaltrail.co.uk und auf der Webseite des Pembrokeshire Coast National Park: www.pembrokeshirecoast.org.uk, ✆ 0845-3457275.

Pembroke (Penfro)

Der Ort am Milford Haven Sound besteht aus nicht viel mehr als ein paar Reihen parallel verlaufender Straßen entlang der Küste – die *Main Street* zieht sich einmal quer durch den Ort. Mit 7200 Einwohnern zählt Pembroke allerdings schon zu den größeren Orten des County Pembrokeshire. Pembroke wurde im 11. Jahrhundert im Zuge der normannischen Ostexpansion um *Pembroke Castle* herum gegründet. 1171 stellte Richard Strongbow, der Earl of Pembroke, im Hafen der Stadt eine gigantische Flotte von angeblich mehreren Hundert Schiffen für die Invasion von Irland zusammen. Heinrich VII., der erste Tudorkönig, wurde 1457 in Pembroke Castle geboren. Oliver Cromwell ließ im Bürgerkrieg die Stadt heftig beschießen und zerstörte Burg und Stadtmauer weitgehend. Hier und dort findet man noch Überreste der Mauer, der **Mill Pond Walk** führt an einigen Relikten vorbei. Trotz schwerer Kriegsschäden ist die Burg noch heute eine beeindruckende Erscheinung. Das liegt vor allem an den umfangreichen Restaurierungsarbeiten im 19. und 20. Jahrhundert. Heute ist Pembroke vorwiegend Ziel für Reisende nach Irland. Der Fährhafen befindet sich in **Pembroke Dock**.

Pembroke Castle: Die ab 1093 von den Montgomerys errichtete Burg war der südwestlichste Außenposten der Normannen und später der englischen Krone. Die Bedeutung des Castles stieg mit den beginnenden Irlandexpeditionen massiv, wurde Pembroke doch zu deren Ausgangsbasis. Ab 1189 ließ man die Burg in rund dreißig Jahren in Stein aufbauen. Im britischen Bürgerkrieg unterstützte Pembroke die Parlamentarier. Allerdings fühlte sich die Stadtverwaltung dafür nicht angemessen honoriert und wechselte die Seite – mit dramatischen Konsequenzen. Oliver Cromwell persönlich marschierte auf und erzwang nach 48 Tagen die Übergabe von Castle und Stadt, nachdem er die Wasserversorgung gekappt hatte. Die bedeutendsten Bauten des Castles sind der runde *Great Tower* und das mächtige *Gatehouse*. Hier gibt es eine Ausstellung zur Burg, zu den Tudors und zum Bürgerkrieg zu sehen. Pembroke Castle rühmt sich übrigens, die einzige Festung zu sein, die nie in die Hände der Waliser fiel.

April–Aug. tägl. 9.30–17.30 Uhr. März und Sept./Okt. 10–17 Uhr. Nov.–Febr. 10–16 Uhr. Erw. 6 £, erm. 5 £. 01646-684585, www.pembrokecastle.co.uk.

Information Tourist Information Centre, April–Okt. tägl. 10–13 und 14–17 Uhr, Do bis 19 Uhr. Nov.–März Di–Sa 10–13 Uhr, Di/Fr zudem 14–17 Uhr, Do bis 19 Uhr. Commons Road, unweit des Pembroke Castle (Parallelstraße der Main Street), 01646-776499, pembroke.tic@pembrokeshire.gov.uk.

Hin und weg Bus: Busse halten an der Main Street in der Nähe des Castle. Buslinien nach Carew (20 Min.), Haverfordwest (1 Std.), Manorbier (20 Min.) und Milford Haven (50 Min.).

Fähre: Die Fähre nach Rosslare in Irland fährt von Pembroke Dock, 4,5 km nordwestlich von Pembroke (→ Kapitel Anreise).

Bahn: Bahnhof an der Station Road, der Verlängerung der Main Street, in entgegengesetzter Richtung zum Castle. Von hier aus u. a. nach Manorbier (15 Min.), Swansea (2¼ Std.) und Tenby (20 Min.).

Übernachten Beech House, in diesem Haus fühlt man sich wie in einem feinen Antiquitätengeschäft; es bietet geräumige Zimmer, einen Aufenthaltsraum und ein Billardzimmer. Hier zu nächtigen, ist eine Wonne – und der Preis ist für das, was man bekommt, richtig gut. EZ ab 25 £, DZ ab 45 £. 78 Main Street, 01646-683740, www.beechhousepembroke.com.

Tregenna, das andere tolle B & B der Stadt. Die Räume sind modern-frisch, die Betreiber helfen, wo sie können, und das Frühstück ist eher ein Brunch, nach dem man eigentlich kein Mittagessen mehr braucht. DZ ab 65 £. 7 Upper Lamphey Road, 01646-621525, www.tregennapembroke.co.uk.

Essen & Trinken Old King's Arms Hotel, zünftiges Haus mit gut komponierten Speisen und reicher Weinauswahl im historischen Restaurant; in der Bar gibt's traditionelles britisches Pubfood. 13 Main Street, 01646-683611, www.oldkingsarmshotel.co.uk.

》》 **Mein Tipp**: The Stackpole Inn, 7 km südlich von Pembroke in Richtung Küste. „Bester Gastropub in Wales 2011" bei den Great British Pub Awards – das sagt eigent-

Pembroke Castle vom Castle Pond aus gesehen

lich alles; und das betrifft das exzellente Essen ebenso wie das Real Ale und andere Getränke. *Zimmer* gibt es in dem mit 4 Sternen bewerteten, maritim angehauchten Haus auch (EZ ab 60 £, DZ ab 90 £, inkl. Frühstück). Jason's Corner, Stackpole, ✆ 01646-672324, www.stackpoleinn.co.uk. «

Küste südlich von Pembroke

Entlang der Landzunge südlich von Pembroke und dem Milford Haven Sound erstrecken sich einsame Strände und spektakuläre Steilküsten. Hier überwiegt die Stille – was auch daran liegt, dass sich hier ein großer Truppenübungsplatz der British Army befindet, der für die Öffentlichkeit größtenteils gesperrt ist.

Stackpole Estate

Barafundle Bay: Die leicht geschwungene Bucht mit tiefklarem, blauem Wasser und goldenem Strand mutet an wie eine Szenerie aus der Karibik. 2004 schaffte es Barafundle Bay auf die Liste der zwölf schönsten Strände der Welt. Die etwa 150 m lange Bucht liegt am **Stackpole Quay**, dem wahrscheinlich kleinsten und süßesten Hafen in ganz Wales – gerade mal ein Duzend Boote finden hier Platz. Am Quay gibt es auch eine Parkmöglichkeit, im nördlichen Teil der Bucht führen Stufen hinab zum Meer. Sie stammen noch aus der Zeit, als das Gelände ein Privatstrand der Cawdo-Familie war. Barafundle Bay ist heute Teil des vom National Trust betreuten *Stackpole Estate*.

Nördlich schließt sich hinter **Trewent Point** der Strand von **Freshwater West** an. So einladend er auch sein mag, wegen des Seegangs, der Strömungen und der unmarkierten Treibsandfelder ist er zum Baden nicht geeignet. Einige Surfer stören die vielen Warnschilder allerdings wenig (am besten vorher beim National Trust informieren).

Ein eindrucksvoller Wanderweg führt von Barafundle Bay nach Süden zum **Stackpole Head**, einem massiven, von Bögen durchzogenen, ins Meer hineinragenden Felsenplateau. Hier fühlen sich felsenbrütende Seevögel sehr wohl.

Dahinter schließt sich mit **Broad Haven** der nächste tolle Strand an. Ihm vorgelagert liegen im Wasser einige ausgehöhlte Felsen. Unmittelbar hinter den Dünen befinden sich die **Bosherston Lily Ponds**. Die Teiche wurden vor 200 Jahren angelegt und sind heute Lebensraum von Ottern, Libellen, Fischen und seltenen Pflanzen.

Winter an der Barafundle Bay

Eine Angellizenz bekommt man im *Ye Olde Worlde Café* in Bosherston. An den Seen befindet sich auch das *Stackpole Outdoor Learning Centre* des National Trust. Die *Eight Arches Bridge* steht in unmittelbarer Nähe.

Information Zufahrt zum Stackpole Estate knapp 7 km südlich von Pembroke über die B 4319 nach Stackpole und Bosherston. Die Busse von Pembroke nach Angle halten am Estate. ✆ 01646-661359, www.national trust.org.uk.

Wandertipp Das Auto auf dem Parkplatz in Bosherston stehenlassen und den 10 km langen Rundwanderweg zu den *Lily Ponds*, vorbei am *Stackpole Outdoor Learning Centre*, über die *Eight Arches Bridge* nach Stackpole Quay und anschließend am Meer entlang über *Stackpole Head* und *Broad Haven Beach* wieder zurückgehen.

St Govan's Chapel

Im Süden von Broad Haven findet sich weiter entlang an der Küste hinter **St Govan's Head** ein weitbekanntes walisisches Fotomotiv: St Govan's Chapel schmiegt sich unten am Wasser an die Felswand, steile Stufen führen hinunter. Die Eremitenstätte stammt vermutlich

Die Seerosenteiche von Bosherston

aus dem 13. Jahrhundert, sie kann aber auch schon im 6. Jahrhundert existiert haben, ganz klar ist das nicht. Der heilige Govan aus Irland soll auf der Flucht vor Piraten an dieser Stelle in Pembrokeshire gelandet sein. Wundersamerweise öffnete sich der Fels vor ihm und gab ihm die Möglichkeit, sich dort zu verstecken. Nachdem die Piraten verschwunden waren, beschloss St Govan, den Rest seines Lebens hier in einer Zelle zu leben. Die Verehrer des Heiligen bauten später an dieser Stelle St Govan's Chapel.

Castlemartin Ranges

Das Gebiet weiter westlich wird vom Militär genutzt und ist nur auf der Höhe des Coast Path geöffnet – und das auch nur, wenn auf den Ranges nicht gerade rumgeballert wird. Die Nationalparkverwaltung bietet spezielle Führungen auf das Militärgelände an. Die Steilküste hier bildet eine atemberaubende Szenerie. Die bekannteste Felsformation ist die **Green Bridge of Wales**, ein von der See ausgewaschenes natürliches Felsentor.

Angle

Das kleine Dorf liegt abgelegen ganz im Westen, erreichbar über die B 4320 von Pembroke. In der Umgebung gibt es einige schöne, wirklich einsame Strände. Die Gegend um die Mündung des Milford Haven Sound ist besonders bei Wattvögeln

The Green Bridge of Wales

beliebt, die hier kilometerweite, unberührte Reviere und Nahrung vorfinden. Nur die Öltanker und Raffinerien, die Öl- und Gaslager am östlichen Ende der **Angle Bay** und gegenüber in **Milford Haven** stören die Idylle ein wenig.

Haverfordwest (Hwlffordd)

Das wichtigste Verkehrskreuz von Pembrokeshire und der alte und neue Verwaltungssitz des Counties hat eigentlich eine reiche Vergangenheit. Die Stadt war ein bedeutender Handelsplatz mit großem Hafen (kurz hinter der Stadt mündet der Cleddau in den Milford Haven Waterway) und im Mittelalter einer der größten walisischen Orte. Zu sehen ist heute, abgesehen von den Überresten von *Haverfordwest Castle* und einigen anderen architektonischen Zeugnissen, allerdings wenig. Die Pest stoppte Mitte des 14. Jahrhunderts die weitere schnelle Entwicklung des Orts. Unter den Tudors erlebte Haverfordwest zwar eine neue Blüte, von Owain Glyndŵrs Verwüstungen, dem Bürgerkrieg und einigen weiteren dramatischen Ereignissen erholte sich die Stadt aber nie wieder.

Haverfordwest Castle: Die Burg wurde von flämischen Marcherlords gegründet, erstmals erwähnt wird sie im Jahr 1188. Der Großteil dessen, was heute von der Burg zu sehen ist, stammt aus der Zeit von Edward I. – wobei „Großteil" leicht übertrieben ist, denn außer ein paar Mauern steht davon nicht mehr viel. 1779 baute man in die Festungsüberreste ein Gefängnis, das 1820 durch einen Neubau ersetzt wurde.

Haverfordwest Town Museum: Das Museum befindet sich innerhalb des Castles im Old Prison Governor's House. Zu sehen sind Ausstellungen zur lokalen Kunst und Geschichte. So findet man hier unter anderem das Original des Befehls von

Oliver Cromwell aus dem Jahr 1648, in dem er anordnete, das Castle zu zerstören, sowie Exponate, die die spätere Geschichte der Burg als Gefängnis beleuchten. Ein Modell im Museum zeigt, wie Haverfordwest Castle im Jahr 1394 aussah.
Ostern bis Okt. Mo–Sa 10–16 Uhr. Erw. 2 £, erm. 1 £, Kind bis 16 J. in Begleitung frei.
✆ 01437-763087, www.haverfordwest-town-museum.org.uk.

Information Tourist Information Centre, April–Okt. Mo–Sa 10–13 und 14–17, Do bis 19 Uhr. Nov.–März Di–Sa 10–13, Di/Do auch 14–17, Do bis 19 Uhr. 19 Old Bridge, ✆ 01437-763110, www.pembrokeshire.gov.uk.

Hin und weg Bus: Busbahnhof an der Cartlett Road, auf der anderen Uferseite der Old Bridge, unweit des TIC. Verbindung nach Broad Haven (20 Min.), Cardigan (80 Min.), Carmarthen (1 Std.), Dale (1 Std.), Fishguard (40 Min.), Newgale (25 Min.), Pembroke (1 Std.), St David's (45 Min.), Tenby (1 Std.).

Bahn: Bahnhof in der Cartlett Road etwa 800 m östlich des Castle. Züge nach Cardiff (2½ Std.), Carmarthen (45 Min.), Fishguard (1½ Std.) und Swansea (1½ Std.).

Übernachten College Guest House, nur 5 Min. vom Stadtkern entfernt. Historisch angehauchtes B & B, alle Zimmer mit Bad, Wasserkocher, WiFi, TV/DVD. Das herzhafte Frühstück mit selbstgemachter Marmelade wird im bistroartigen Dining Room serviert. Das Leisure Centre mit Swimmingpool liegt direkt gegenüber. EZ ab 53 £, DZ ab 77 £. 93 Hill Street, St Thomas' Green. ✆ 01437-763710, www.collegeguesthouse.com.

》》 **Mein Tipp:** St David's Guest House, unweit des Zentrums im Norden. Das B & B wurde von „Tripadvisor" zur Nummer 1 in Haverfordwest gewählt, von „VisitWales" bekam es 4 Sterne. Das ehemalige Pfarrhaus verbindet viktorianische Eleganz mit modernen Annehmlichkeiten, die Atmosphäre ist entspannt und familiär. Das Frühstück bietet eine große Auswahl. EZ ab 65 £, DZ ab 85 £. Well Lane, Prendergast, Haverfordwest, ✆ 01437-766778, www.stdavidsguesthouse.com. 《《

Essen & Trinken The Georges, Gastronomie mit Leidenschaft in entspanntem Ambiente. Neben einer großen Auswahl an Gerichten mit Kräutern und Gemüse aus dem eigenen Garten verkauft The Georges auch allerlei ethnisch ansprechende Produkte wie Kleidung, Schmuck, Souvenirs und auch Kosmetik. 24 Market Street, ✆ 01437-766683, www.thegeorges.uk.com.

》》 **Mein Tipp:** Maria at Picton, nach dem Auszug aus der Casa Maria widmen sich Maria und ihr Team nun ganz und gar ihrem ehemals zweiten Standbein. Restaurant und Delikatessengeschäft im Castle sind spezialisiert auf spanisches, französisches und walisisches Essen. Bei gutem Wetter sitzt man im Burghof oder im umgebauten Weinkeller mit Kamin. Picton Castle, Haverfordwest, ✆ 01437-751346, www.pictoncastle.co.uk. 《《

Umgebung von Haverfordwest

Picton Castle: 6 km östlich von Haverfordwest. Was auf den ersten Blick aussieht wie eine wehrhafte Burg, erweist sich als komfortables, befestigtes Herrenhaus mit ungewöhnlichem Grundriss. Statt eines Burghofs mit Bergfried findet man im Inneren eine Ansammlung eleganter Wohnräumlichkeiten vor. Picton Castle wurde zwischen 1295 und 1313 erbaut und später immer wieder den Bedürfnissen seiner Bewohner angepasst. Die Innenausstattung ist original und zeugt von der Grandezza der Philipps-Familie, einer der einflussreichsten Familien im County Pembrokeshire im 17. und 18. Jahrhundert. Picton Castle ist umgeben von einem der prächtigsten Gärten in West-Wales.
April–Okt. tägl. 10–17 Uhr. Castle, Galerie und Garten Erw. 9,60 £, Senior 9 £, Kind 5 £. Nur Garten Erw. 6,60 £, Senior 6 £, Kind 5 £. Restaurant, Laden und Garten sind ganzjährig geöffnet. ✆ 01437-751326, www.pictoncastle.co.uk.

Scolton Manor: Etwa 8 km nördlich von Haverfordwest an der B 4329 in Richtung Cardigan. Das Pembrokeshire-County-Museum residiert in einem original eingerichteten viktorianischen Landhaus von 1842 inmitten eines Parks. In der Ausstel-

lungshalle, im Scheunengebäude und im Visitor Centre sind Gemälde, landwirtschaftliches Gerät und Dokumente zur regionalen Industriegeschichte zu sehen, dazu Exponate zu Flora, Fauna und Geologie des Landes. Im Country Park leben zahlreiche Tier- und Pflanzenarten. Weitere Informationen dazu im Visitor Centre.
Park: April–Okt. 9–18 Uhr, Nov.–März 9–16.30 Uhr. Museum: April–Okt. 11–17 Uhr. Erw. 3,50 £, Kind und erm. 2,35 £. ℡ 01437-731328, www.pembrokeshire.gov.uk.

Von Dale nach Solva

Je weiter man von dem durch die Erdölindustrie geprägten Milford Haven nach Westen fährt, desto einsamer wird es. Die Straßen werden schmaler, die Hecken links und rechts der Straße immer höher. Hinter einem Seitenarm des Fjords bei Robeston beginnt der *Pembrokeshire Coast National Park* – die Landschaft ähnelt der südlich von Pembroke.

Dale-Halbinsel

Die nördliche Landzunge mit dem kleinen Ort Dale am nördlichen Ende des Milford Sound ist das Pendant zum südlichen Teil der Wasserstraße um Angle. Im Ort gibt es einige Einkehr- und Unterkunftsmöglichkeiten. Südlich von Dale schließt sich die *Dale Peninsula* an. An dieser vorwiegend von Landwirtschaft geprägten kleinen Halbinsel befinden sich einige schöne Buchten und am äußeren Ende der Leuchtturm **St Ann's Head**. Der an der Küste von Dale bis zum St Ann's Head und auf der Westseite der Halbinsel wieder zum Ort zurück verlaufende Küstenweg ermöglicht eine Rundwanderung. Baden sollte man auf der Halbinsel wegen der gefährlichen Strömungen nicht unbedingt.

Marloes

Folgt man der Küste weiter Richtung Norden, gelangt man nach Marloes mit den **Marloes Sands** im Süden und den **Musselwick Sands** im Norden. Der Strand hier eignet sich im Gegensatz zu den gefährlichen Buchten der Dale Peninsula zum

Marloes Sands

Schwimmen und Surfen – und er ist nie überfüllt. Die breite, gewundene Bucht von Marloes Sands mit ihren Klippen und Felsformationen aus rotem Sandstein und grauem Schiefergestein stellt eine geologische Besonderheit dar. Vertikal geschichtetes Sandsteinsediment aus dem Silur formt hier die sogenannten **Three Chimneys**. Ganz im Westen liegt gegenüber von Skomer Island bei *Wooltack Point* der Ort **Martin's Haven**. Von hier aus fahren die Boote nach Skomer, Skokholm und Grassholm (s. u.).

Gateholm Island

Ein Stück entfernt von der Jugendherberge führt ein Weg von einem Parkplatz zum westlichen Ende von Marloes Sands. Gegenüber im Wasser liegt Gateholm. Die Insel kann man bei Ebbe zu Fuß erreichen, das 30 m hohe Felsplateau ist allerdings nicht so leicht zu erklimmen. Wer also vorhat, der Insel auf das Dach zu steigen, sollte sich vorher bei Kundigen informieren, wo das am besten geht. Bei archäologischen Grabungen entdeckte man die Grundmauern von etwa 130 Rundhäusern, wohl aus der Eisenzeit, sowie Relikte aus der Römerzeit. Höchstwahrscheinlich gab es auf Gateholm auch eine frühe christliche Kirchengemeinde. Auf Gateholm kann man übrigens auch hervorragend wild campen.

Skomer, Skokholm und Grassholm

Die drei Inseln liegen vor der Südwestküste von Pembrokeshire. Wie Gateholm Island erhielten alle ihren Namen von den Wikingern, die früher oft vor der walisischen Küste auftauchten. Bootstrips zu den Inseln gehören für alle, die nicht schnell seekrank werden, zu den Höhepunkten eines Walesbesuchs.

Skomer: Vor allem auf Skomer stößt man auf viele archäologische Fundstätten wie Rundhauskreise, Menhire („Standing Stones") und Überbleibsel von Siedlungen. Das 292 ha große Skomer ist allerdings die einzige Insel, an der man auch tatsächlich anlanden und aussteigen kann. Skomer und Skokholm sind von riesigen Sturmtaucherkolonien bevölkert – mit 120.000 bis 150.000 Tieren sind die Inseln Lebensraum für eine der größten Populationen der Welt. Die meiste Zeit ihres Lebens verbringen die Sturmtaucher auf dem offenen Meer, ihre dichtgedrängten Brutkolonien besuchen die Vögel nur nachts. Dann hört man weithin ihre bizarr quäkenden Rufe. Darüber hinaus leben auf den Inseln viele Sturmvögel, Papageientaucher und Möwen. Der Besuch der Inseln in einem der größten Vogelbrutgebiete Großbritanniens ist ein unvergessliches Erlebnis. Die Szenerie aus Meer, Klippen und umherfliegenden, brütenden und schreienden Vögeln ist herrlich. Besonders nachts, wenn Zehntausende von Sturmtauchern von der See zurückkehren, erlebt man eine einmalige Geräuschkulisse.

Skokholm: Die Insel – Großbritanniens erstes Vogelreservat – beherbergt neben großen Vogelpopulationen auch weitere interessante Tier- und Pflanzenarten. Auf Skokholm gibt es etwa 4500 Papageientaucher, Trottellummen, Tordalke und natürlich jede Menge Möwen. In den Gewässern um die 100 ha große Insel mit ihren roten Sandsteinfelsen und rund um Skomer leben auch Kegelrobben sowie verschiedene Delphin- und Walarten.

Bootstouren Skokholm und Skomer werden vom Welsh Wildlife Fund betreut. Der offizielle Anbieter von Bootsfahrten ist *Dale Sailing* (✆ 01646-603109, www.pembrokeshire-islands.co.uk). Touren nach Skomer mit Landung auf der Insel gibt es von April bis Sept.: Di–So um 10, 11 und 12 Uhr (an Feiertagen auch Mo); Rückfahrt ab 15 Uhr. Erw. 21 £, Student 16 £, Senior 20 £, Kind 7 £.

Die Boote starten am Martin's Haven westlich von Marloes, gegenüber von Skomer. Parkplatz 4 £. Man sollte Essen und Getränke mitnehmen. Hunde sind nicht erlaubt. Auch unterschiedlich lange Seetouren auf die beiden Inseln sowie eine Abendfahrt werden angeboten. Auf Skomer kann man auch übernachten. Auskünfte zur Buchung: ✆ 01239-621600, www.welshwildlife.org.

Grassholm: Die Insel ist der weltweit drittgrößte Lebensraum von Basstölpeln. Er wird von rund 39.000 Brutpaaren bewohnt und ist zugleich der einzige Lebensraum dieser Vögel in Wales. Die Insel ist knapp 18 km vom Festland entfernt und liegt somit von allen Inseln mit Abstand am weitesten im offenen Meer.

Bootstouren Grassholm wird von der RSPB betreut (www.rspb.org.uk). **Dale Sailing** organisiert Fahrten ab Martin's Haven. 3-Stunden-Fahrt für 35 £, „SeaSafari" (2½ Std.) Erw. 40 £, Kind unter 15 J. 25 £. Auskunft zu Fahrzeiten und Buchung: ✆ 01646-603109, www.pembrokeshire-islands.co.uk.

Thousand Islands bietet von St Justinian's bei St Davids Fahrten nach Grassholm an. Angeboten werden verschieden lange Touren ab 54 £ für Erw. Mehr Infos unter ✆ 01437-721721, www.thousandislands.co.uk.

Little Haven und Broad Haven

Mit ihren malerischen Buchten und Stränden setzt sich die Küste auf dem Weg nach Norden fort. Nördlich von St Brides liegen draußen im Meer die **Stack Rocks**. Die Felsen sind nur von Vögeln bevölkert. *Little Haven* ist ein kleines früheres Fischerdorf an einer Bucht. Etwas weiter nördlich, an der schmalen Straße, liegt das nicht ganz so pittoreske, touristischere *Broad Haven* mit seiner Strandpromenade. Bei Ebbe verbindet die beiden Orte ein großer Strand mit Steilküste und Höhlen. In Little und Broad Haven gibt es einige Sportgeschäfte, wo man sich Surf-, Kajak- und Tauchausrüstung ausleihen kann.

Aktivitäten Haven Sports verleiht Surfbretter, Kajaks, Waveboards und Zubehör. Marine Road, Broad Haven, ✆ 01437-781354, www.havensports.co.uk.

Broad Haven in der Saint Brides Bay

West Wales Dive Centre organisiert Tauch- und Schnorchelkurse sowie Schnorchelausflüge. 5 Holbrook Close, Broad Haven, ✆ 01437-781457, www.westwalesdivecompany.co.uk.

Übernachten Anchor Guest House, in Broad Haven. Knallblaues Haus direkt an der Sea Front mit 7 schlicht eingerichteten modernen Zimmern. Zum Gästehaus gehört auch *Eva's Café*. Zimmer ab 40 £/Pers. The Sea Front, Broad Haven, ✆ 01437-781476, www.anchorguesthouse.co.uk.

YHA Broad Haven, moderne Jugendherberge unweit des Meers, ruhig gelegen, hell und sauber. Das YHA verfügt über eine Küche, hat ein Café und einen gemütlichen Außenbereich. Bett ab 19 £, Zimmer ab 35 £. Broad Haven, ✆ 0845-3719008, www.yha.org.uk.

Druidston Haven

Noch ein schöner Strand mit Steilküste, ungefähr 3 km nördlich von Broad Haven. Der Strand ist nie überlaufen und am besten über einen Pfad vom Druidstone Hotel zu erreichen.

>>> Mein Tipp: Druidstone Hotel, beliebtes Küstenhaus mit urigen und kurios ausgestatteten Zimmern mit Bad, Gemeinschaftsräumen, Kellerbar, einer Farmersküche und großem Außengelände. Das Hotel erhebt sich auf einer Klippe direkt am Meer. Das Restaurant serviert leckere regelmäßig wechselnde Gerichte. Ab 50 £/Pers. inkl. Frühstück. Druidston, ✆ 01437-781221, www.druidstone.co.uk. «

Newgale

Von allen Stränden an St Brides Bay ist **Newgale Sands** der mit Abstand größte – über 4 km erstreckt er sich von Nord nach Süd. Während in der unmittelbaren Umgebung von Newgale noch recht viel los ist, wird der Strand immer einsamer, je weiter man nach Süden läuft. In Newgale ist *Newsurf* die Anlaufstelle für Surfausrüstung und Kurse. Im Norden von Newgale mündet ein kleiner Fluss ins Meer. Er kennzeichnet das Ende der *Landsker Line*. Diese Linie markiert die maximale

Winter in Newgale

Ausbreitung der englischen Expansion in Wales. Da die Anlage von Burgen auch immer mit der Kolonisation durch englische Siedler verbunden war, heißt der von den Engländern gehaltene südliche Teil von Wales auch „Little England beyond Wales". Die kulturellen Unterschiede sind heute noch in Sprache, Politik oder Wahlverhalten gegenwärtig. Hinter Newgale beginnt mit North Pembrokeshire das walisische Wales.

Newgale Camping Site, einfach ausgestatteter, schöner Campingplatz direkt hinter dem Strand. Familien scheint der Ort besonders zu gefallen. Hunde und Jugendgruppen sind nicht erlaubt. Ab 6 £/Pers. Wood Farm, Newgale, ✆ 01437-710253, www.newgalecampingsite.co.uk.

Solva

Der malerische kleine Ort mit seinen bunten Häusern gruppiert sich um eine hakenförmige, schmale Hafenbucht. Bei Ebbe liegt diese vollständig trocken. Solva ist vor allem bei Surfern und Wassersportlern beliebt, entsprechend viele Fachgeschäfte gibt es hier. Solva bietet auch einige gute Einkehrmöglichkeiten wie das *Cambrian Inn* oder die *Old Pharmacy*.

Pembrokeshire – der Norden

Unsere Tour durch das nördliche Pembrokeshire führt von St David's entlang der Küste nach Fishguard und weiter Richtung Cardigan (→ Mittelwales/Cardigan Bay).

St David's (Tyddewi)

Einer der bezauberndsten Orte von Wales ist zugleich sein religiöses und spirituelles Zentrum – Saint David ist der Schutzheilige von Wales. Ähnlich wie St Andrew in Schottland wird auch der heilige David an einem walisischen Nationalfeiertag ausgiebig gefeiert: am St David's Day, dem 1. März. Es gibt Bestrebungen, den Tag zu einem offiziellen Feiertag zu machen, an dem das ganze Land freibekommt. Der Postkartenort bekam von Queen Elizabeth II das Stadtrecht zugesprochen und ist mit gerade einmal 1600 Bewohnern die „Smallest City in Britain". Hauptattraktionen sind die **Cathedral** und der **Bishop's Palace**. Beide ziehen das gesamte Jahr über Touristen an, und so ist St David's mit seinen B & Bs, Geschäften und Galerien auch ganz auf diese Klientel eingestellt. Darüber hinaus kommen viele Naturliebhaber, Wanderer und Wassersportler, um die St-David's-Halbinsel zu erleben.

Die Einheimischen bezeichnen die Nordwaliser übrigens abwertend als „Gogs" (walisisch: „der Norden"), die Touristen nennen sie liebevoll „Croccles". Woher der letzte Begriff kommt, ist nicht ganz klar. Die naheliegendste Erklärung ist, dass es einmal einen schweizerischen Clown ähnlichen Namens gegeben hat, der durch die britischen Lande getourt ist.

Besonders in der Saison sind die Übernachtungspreise recht hoch. Dies gilt umso mehr für die Zeit der Schulferien im Juli und August, wenn tagsüber Horden von Touristen in den Ort einfallen. Außerhalb der Saison fallen die Preise teilweise entsprechend drastisch.

Whitesands mit der vorgelagerten Insel Ramsey Island

Sehenswertes

St David's Cathedral: Von der Stadt aus zunächst nicht sichtbar, versteckt sich der Dom in einem Tal an dem kleinen Flüsschen Alun. Die ungewöhnliche Lage hatte militärstrategische Gründe. In der unsicheren, von Piraten und Wikingern befahrenen See rund um St David's hätte ein weithin sichtbares Bauwerk das Risiko erhöht. Ganz aufgegangen ist das „Versteckspiel" trotzdem nicht, der Dom wurde einige Male geplündert. Vom **Tower Gate** läuft man 39 Stufen hinunter, das Kirchengebäude mit seinem mächtigen Turm immer im Blick. Der heilige David gründete im 6. Jahrhundert an dieser Stelle ein Kloster. Mit dem Bau des heutigen Gebäudes wurde um das Jahr 1180 begonnen. Es ist aus kambrischem Sandstein gebaut, über die Jahrhunderte folgten immer wieder An- und Umbauten. Das heutige Aussehen am stärksten beeinflusst haben Bischof Gower im 14. und Architekt Sir George Gilbert Scott im 19. Jahrhundert. Über die Jahrhunderte war der Dom immer wieder durch Bodenabsenkung, Verschiebungen, ja sogar durch Erdbeben gefährdet, wie an den schiefen Böden und Arkadenbögen überall am Gebäude zu sehen ist. Der Höhenunterschied zwischen dem westlichen und dem östlichen Ende des Bauwerks beträgt ganze vier Meter!

Im Inneren ist die außen eher spartanisch wirkende Kirche reich verziert, auffallend sind vor allem die Holzarbeiten. Das **Kirchenschiff** aus dem 12. Jahrhundert ist der älteste erhaltene Teil der Kirche; es ziert eine reich dekorierte Eichendecke aus dem 16. Jahrhundert. Besonders imposant ist die Decke im Tower mit zahlreichen Bemalungen und Wappen.

Den **Chor** aus dem späten 15. oder frühen 16. Jahrhundert schmücken reiche Schnitzereien. Interessant sind vor allem die Köpfe und Fabelwesen an den Stühlen. Die mittelalterlichen Bodenfliesen zeigen die Wappen des Adels. Entlang der seitlichen Gänge befinden sich zahlreiche Bildnisse und Gräber adeliger und religiöser Personen aus früheren Jahrhunderten.

St David's Cathedral ist die bedeutendste Kirche des Landes

Unweit des Chorraums steht in der Nähe des Hochaltars im Zentrum des Kirchenschiffs der 2012 restaurierte **Shrine of St David**, des Schutzpatrons von Wales, der seit dem 12. Jahrhundert das Ziel von Pilgern ist.

In der **Cathedral Library and Treasury** wird der Domschatz aufbewahrt, hier kann man Kleidungsstücke und Schmuck der Bischöfe und auch die Bischofsstäbe besichtigen. Das älteste Buch in St David's stammt von 1505. Unter den literarischen Schätzen befinden sich eine walisische Bibel von 1620 und die erste Karte von Wales aus dem Jahr 1610. Bedeutsam für die Stadtgeschichte ist der königliche Erlass von 1995, der St David's das Stadtrecht verleiht und der in der Bibliothek aufbewahrt wird.

Cathedral mit Treasury: Tägl. 9–17.30 Uhr, im Winter oft nur bis 16 Uhr. Eintritt frei. Die Library hat abweichende Öffnungszeiten, bitte erfragen. ✆ 01437-720202, www.stdavids cathedral.org.uk.

Bishop's Palace: Direkt neben dem Dom finden sich die beeindruckenden Überreste der bischöflichen Residenz. Selbst wer keinen Eintritt bezahlt hat, kann viel von der Anlage sehen, doch nur dem zahlenden Besucher ist das Umherstreifen zwischen den sehenswerten Ruinen erlaubt. Der größte Teil des Baus geht auf Bischof *Henry Gower* (1328–1347) zurück. Er kümmerte sich um den Dombau und ließ das aus dem Ende des 13. Jahrhunderts stammende Palastareal erweitern. Das Gebäudeensemble besteht aus zwei Teilen. Der eine diente den Bischöfen als Privatgemach, der andere war für offizielle Anlässe bestimmt. Beide waren durch einen Arkadengang miteinander verbunden. Die Hauptbauten des Palasts waren die **Bishop's Hall** und die **Great Hall**. Nach dem Tod des Bischofs wurde am Palast kaum mehr gebaut, Gowers Nachfolger hielten sich immer seltener in St David's auf – ab Mitte des 16. Jahrhunderts residierten die Bischöfe vornehmlich in Abergwili. Mit der Reformation verfielen die Gebäude endgültig. Die Palastruine wird heute u. a. für kulturelle Veranstaltungen genutzt.

St David's

Das gesamte Areal um Dom und Bishop's Palace mit seinen Neben- und Wirtschaftsgebäuden, dem guten **Shop** mit Literatur und Souvenirs, dem Fluss und dem Wäldchen ist einen längeren Spaziergang wert.
März–Juni und Sept.–Okt. tägl. 9.30–17 Uhr. Juli und Aug. 9.30–18 Uhr. Nov.–Febr. Mo–Sa 10–16, So 11–16 Uhr. Erw. 3,50 £, erm. 2,65 £. ✆ 01437-720517, www.cadw.gov.wales.

Non's Bay: Die idyllische Bucht südlich von St David's ist ein heiliger Ort. Die Stätte ist nach der Mutter von St David benannt und gilt als der Geburtsort des walisischen Schutzheiligen. Neben einem Parkplatz liegen die Überreste der wahrscheinlich aus dem 13. Jahrhundert stammenden *St Non's Chapel*. Unmittelbar neben der Kapelle zieht ein *Holy Well*, eine heilige Quelle, die Besucher an. Dem Wasser werden heilende Kräfte nachgesagt.

Whitesands Bay: Ganz im Westen der St-David's-Halbinsel liegt der Stadtstrand des Orts, direkt vor dem Strand befindet sich ein Parkplatz (ab 2 £). Der schöne Sandstrand ist bei Surfern beliebt und wird im Norden von den Felsen von *St David's Head* abgeschlossen, die sich um die Bucht ins Wasser ziehen.

Information Oriel y Park Gallery and Visitor Centre, ein großer, moderner Komplex an der High Street. März–Okt. tägl. 9.30–17 Uhr. Nov.–Febr. tägl. 10–16.30 Uhr. Das Visitor Centre wird von der Nationalparkverwaltung betrieben. Es gibt umfangreiche Infos, Kartenmaterial und Internet-Terminals. Angeschlossen ist eine Galerie, die auch Exponate des National Museum of Wales zeigt. Anfahrt: Kommt man auf der A 487 von Haverfordwest, liegt das Centre direkt vor dem Ort auf der linken Seite. High Street, ✆ 01437-720392, info@orielyparc.co.uk.

Hin und weg Bus: Die Bushaltestellen sind über den Ort verteilt (beim Visitor Centre erfragen). Linien nach Broad Haven (45 Min.), Fishguard (50 Min.), Haverfordwest (45 Min.), Marloes (1½ Std.), Porthgain (30 Min.), Solva (10 Min.), Whitesands (40 Min.).

》》 Mein Tipp: TYF 3, der Veranstalter organisierte als Erster „Coasteering" (das Vorankommen entlang einer Küste mit allen erdenklichen Mitteln wie Schwimmen, Klettern, Springen) und beansprucht für sich, diesen Sport erfunden zu haben. Auch Kajakverleih (ab 30 £/Tag). 1 High Street, ✆ 01437-721611, www.tyf.com. 《《

Übernachten Glendower Guest House 2, nettes, familiengeführtes Haus. Einige Zimmer sind recht klein, aber in Ordnung. Von manchen hat man einen genialen Ausblick auf St David's Cathedral. Zimmer ab 28 £/Person. 7 Nun Street, ✆ 01437-721650, www.glendowerguesthouse.co.uk.

》》 Mein Tipp: 5 Goat Street 8, ein echtes B & B – hier sitzt man mit dem Hausherrn noch an einem Tisch. Im ersten Obergeschoss befinden sich ein gemütliches Einzel- und ein DZ. Ian, der Besitzer, kann die besten Geschichten erzählen und steht frühmorgens persönlich am Herd. Und was liegt näher, als die Herberge einfach nach der Straße zu benennen, an der sie sich befindet? Ab 23 £ pro Person. 5 Goat Street, ✆ 01437-720614, www.5goatstreet.co.uk. 《《

The Coach House 5, das „City Centre Guest House" von Stephen und Kim Lawton ist ein superbes, kürzlich renoviertes Gästehaus direkt an der High Street mit familiärem Flair und gutem Service. EZ ab 45 £, DZ 65 £. 15 High Street, ✆ 01437-720632, www.thecoachhouse.biz.

》》 Mein Tipp: Ramsey House 10, das Gästehaus verbindet professionellen Hotelservice mit dem heimeligen Komfort eines luxuriösen Boutique-B & B. Die ruhige Lage, das gute Essen und der herzliche Service waren der „AA" und „VisitWales" 5 Sterne wert. DZ ab 110 £, EZ auf Anfrage. Lower Moor. ✆ 01437-720321, www.ramseyhouse.co.uk. 《《

The Square Gallery 7, über ihrer Kunstgalerie vermieten Bruce und Jia Downey ein kleines B & B mit einem Doppel- und einem Einzel-/Twinzimmer. Das Essen ist biologisch und hausgemacht, die Eier kommen von Freilandhühnern, und den Kaffee brüht eine echte Espressomaschine. EZ ab 65 £, DZ ab 80 £. Swyn-y-Don, ✆ 01437-720333, www.square-gallery.co.uk. ∎

》》 Mein Tipp: YHA St David's 1, 3 km nördlich von St David's, vor dem Berg Carn Lidi. Die herrliche Jugendherberge ist ein

Übernachten
1 YHA St David's
2 Glendower Guest House
5 The Coach House
7 The Square Gallery
8 5 Goat Street
10 Ramsey House
11 Caerfai Farm

Essen & Trinken
4 Bishops
6 Farmers Arms
9 Cwtch

Sonstiges
3 TYF

St David's
140 m

umgebautes Farmhaus. Während es hier früher mit weidenden Ziegen und einem großen, scheunenartigen Saal pro Geschlecht noch rustikal zuging, gibt es heute sogar DZ. Schön ist das Haus aber immer noch. Und der Coast Path führt direkt durchs Grundstück. Bett ab 24 £, Zimmer ab 40 £. Llaethdy, Whitesands. Bevor man den Strand erreicht, in Richtung Lleithyr Farm abbiegen und auf den Berg linker Hand zufahren. ✆ 0845-3719141, www.yha.org.uk. «

Camping Caerfai Farm 11, an einer Bucht im Süden von St David's an der Caerfai Bay. Schöner Campingplatz, die Biofarm produziert mit ihren Kühen vor allem Käse. Der Farmshop verkauft auch Milch, Brot und andere Waren für die Camper. Für Wohnmobile nicht geeignet. Ab 7 £/Person. Caerfai Farm, ✆ 01437-720548, www.cawscaerfai.co.uk.

Essen & Trinken Farmers Arms 6, der Pub mit netter Atmosphäre, Außenterrasse mit Blick auf den Dom und gutem Angebot an Bieren und Pubessen. 14–16 Goat Street, ✆ 01437-721666, www.farmersstdavids.co.uk.

» **Mein Tipp:** Cwtch 9, die beste Art zu essen, nicht nur rund um St David's, sondern auch die weitere Umgebung inbegriffen. Einfache und mit Fantasie zubereitete Gerichte, gutes Preis-Leistungs-Verhältnis. 22 High Street, ✆ 01437-720491, www.cwtchrestaurant.co.uk. «

Bishops 4, hierher kommt man wegen des Biers und der Stimmung. Die Lage direkt am Hauptplatz von St David's lockt vor allem Touristen – Pubfood etwas überteuert. 22–23 Cross Square, ✆ 01437-720422.

Ramsey Island

Ramsey ist die größte einer Ansammlung von steinigen Inseln vor St David's. Der vom Britischen Vogelschutzbund RSPB betreute Archipel ist ein Paradies für Vögel. Bis zu 120 Meter ragt Ramsey mit ihren zwei Spitzen aus dem Meer. Die Insel ist Lebensraum seltener Pflanzen, vor allem aber vieler Arten von Seevögeln wie Möwen, Sturmtaucher, Lummen, Tordalke und Papageientaucher. Auch Greif- und Krähenvögel fühlen sich hier wohl. Im Herbst bringen die Kegelrobben hier ihre Jungen zur Welt. Auf Ramsey gibt es einen kleinen Laden, der auch Snacks und Getränke verkauft.

Bootstouren Es gibt zahlreiche Anbieter, die Boote starten entweder bei Whitesands oder St Justinian's. Der einzige Betreiber mit dem Recht, auf der Insel anzulegen, ist **Thousand Islands Expedition** (Cross Square, ✆ 01437-721721, www.thousandislands.co.uk). Weitere Anbieter sind **Auqaphobia** (Grove Hotel, High Street, ✆ 01437-720471, www.aquaphobia-ramseyisland.co.uk), **Venture Jet** (✆ 01348-837764, www.venturejet.co.uk) und **Voyage of Discovery** (1 High Street, ✆ 01437-721911, www.ramseyisland.co.uk). Infos zu den unterschiedlichen Touren, Abfahrtszeiten und Preisen telefonisch oder auf der Webseite der Anbieter.

Allgemeine Infos zu Ramsey unter www.rspb.org.uk.

Küste zwischen St David's und Fishguard

Die Küste von Nordpembrokeshire steht der im Süden und Westen des Shires in nichts nach. Auch hier reihen sich goldene Strände und Buchten am Ufer entlang, eine schöner als die andere. Es gibt spektakuläre Steilküsten, Höhlen, kleine malerische Ortschaften und eine atemberaubende Tier- und Pflanzenwelt.

Porthgain

Ein schnuckeliger Hafenort am Pembrokeshire Coast Path zwischen St David's und Fishguard. Zu einer Bucht hin erstreckt sich die Ansammlung von Häusern mit einigen kleinen Kunstgalerien und Fischereibetrieben. Beeindruckend sind die Ziegelbauwerke der ehemaligen Schiefer- und Granitsteinbrüche, die wie die Überreste einer Burg zum Hafen hin abfallen. Die Steinbrüche und Ruinen hat die Natur längst zurückerobert – heute ein romantisches Bild.

> **Wanderung 3: An der Nordküste von Caerhafod nach Abereiddy** → S. 357
> Zwischen Steilklippen, romantischen Ruinen und Küstendörfern

Nur ein paar Kilometer östlich von Porthgain liegt kurz vor **Trefin** das wunderschöne *Caerhafod Lodge Hostel* (s. u.). Hier beginnt auch unsere Wanderung nach Porthgain und weiter an der Küste entlang zur *Blue Lagoon* bis **Abereiddy**.

Übernachten ≫ **Mein Tipp:** Caerhafod Lodge Hostel, etwa auf halbem Wege von Porthgain nach Trefin. Herrliches Hostel in einem Farmkomplex, die Betreiberin hat alles getan, damit man sich hier wohlfühlt. Es gibt 5 Zimmer mit 4, 5 und 6 Betten. Die große Küche ist perfekt ausgestattet, an den Wänden hängen Informationen und Fotos zur Region. Es gibt einen gemütlichen Aufenthaltsraum, einen Trockenraum und eine Waschmaschine. Draußen befindet sich ein Picknickareal. 18 £ pro Person. Llanrhian, knapp 1 km auf der Straße von Llanrhian nach Trefin, ✆ 01348-837859, www.caerhafod.co.uk. ≪

>>> **Mein Tipp: The Old School Hostel**, in der ehemaligen Dorfschule mitten in Trefin. Das frühere YHA ist inzwischen ein unabhängiges Hostel, innen gestaltet in knallbunten Farben, es gibt einen komfortablen Aufenthaltsraum mit viel Lesestoff und Tischspielen, dazu Mehrbettzimmer, Privat- oder Familienräume. Die Betreiber führen das Öko-Hostel mit Leidenschaft und bieten auch Frühstück und Lunchpakete an. Pro Person 22 £, Zimmer ab 36 £. Ffordd-yr-Afon, Trefin, ℅ 01348-831800, www.theoldschoolhostel.co.uk. ⋘

Essen & Trinken The Shed, dieser Fish & Chips bietet Frischfisch aus tagesaktuellem Fang. Es gibt auch Tee, Kuchen und belegte Brötchen. Llanrhian Road, Porthgain, ℅ 01348-831518, www.theshedporthgain.co.uk.

>>> **Mein Tipp: The Sloop Inn**, herrlicher Pub mit großer Theke und einer ordentlichen Auswahl an Getränken und Essen. Bei gutem Wetter kann man von der erhöhten Terrasse das Geschehen im Hafen beobachten. Drinnen vermitteln spannendes Inventar und Fotos einen Eindruck von der Vergangenheit des Hafenorts. Auch *Ferienwohnungen* direkt im Ort werden angeboten. Llanrhian Road, Porthgain, ℅ 01348-831449, www.sloop.co.uk. ⋘

Carreg Samson

In der Nähe des Hafenstädtchens **Abercastle** steht auf einer Anhöhe über der Irischen See der etwa 5000 Jahre alte Dolmen auf einer Tierweide. Der tonnenschwere Schlussstein balanciert heute nur noch auf einigen der sieben Stützsteine.
Carreg Samson ist an der Straße von Trefin nach Abercastle ausgeschildert.

Tregwynt Woolen Mill

Biegt man auf der A 487 von St David's nach Fishguard in Richtung Abermawr ab und folgt dann den Schildern nach Castlemorris, kann man sie kaum verfehlen. Inmitten des Pembrokeshire Coast National Park unweit wundervoller Strände und verwunschener Wäldchen liegt an kleinen Wasserläufen die Melin Tregwynt (Tregwynt Woolen Mill). Die seit 1912 von derselben Familie betriebene Mühle ist eine der letzten aus der großen walisischen Zeit der Wollmühlen. Die Mühle mit Wasserrad ist in Aktion zu sehen, fast alle Bereiche der Mühle sind zu besichtigen oder zu begehen. Gewoben werden Unikate und traditionelle walisische Designs, die man im Laden erwerben kann.
Mo–Fr 8.30–16.30 Uhr. Laden und Café Mo–Fr 9.30–17, Sa 10–17, So 11.30–16.30 Uhr. Eintritt frei. Tregwynt, ℅ 01348-891288, www.melintregwynt.co.uk.

Strumble Head

Nördlich von Tregwynt liegt mit der Strumble-Head-Halbinsel (walisisch „Pen Caer") einer der spektakulärsten und zum Wandern schönsten Küstenabschnitte der Pembrokeshire-Küste. Kein Wunder, dass die Gegend schon in der Eisenzeit besiedelt war. Felsplateaus türmen sich hinter kleinen Buchten auf, zum Beispiel bei **Abermawr**. Winzige Straßen schlängeln sich durch die steinige Landschaft mit verstreuten kleinen Farmen. Im Nordwesten steht steil über dem Meer das *YHA Pwll Deri* – schöner kann eine Jugendherberge kaum gelegen sein (→ Fishguard/Übernachten). Der Küstenabschnitt ist gesäumt von kleinen, felsigen Inseln. Ganz im Norden befindet sich auf der **Ynys Meicel** (St Michael's Island) an der **Carreg Onnen Bay** der *Leuchtturm von Strumble Head*. Der weiße Turm von 1908 ist durch eine kleine Brücke mit dem Festland verbunden, für die Öffentlichkeit allerdings nicht zugänglich. Strumble Head ist ein exzellenter Ort für Birdwatching, vielleicht sogar der beste in Wales, wenn es um Seevögel geht. Die Bedingungen sind ideal, die Stellen einfach erreichbar, und es herrschen starke Westwinde. Hier fühlen sich u. a. Sturmvögel, Trottellummen, Sturmtaucher und einige Arten von Raubmöwen wohl. Und nirgendwo sonst ist der Abstand zwischen Wales und Irland geringer als hier.

Auf St Michael's Island thront der Leuchtturm von Strumble Head

Knapp 5 km weiter östlich liegt an der Küste bei *Llanwnda* der **Carregwastad Point**. Es ist der Ort der „Last Invasion of Britain", der letzten Invasion Großbritanniens im Jahr 1797 (→ Kapitel Geschichte).

Fishguard (Abergwaun)

Für die meisten Reisenden ist Fishguard nur ein Hafen, von dem die Fähren nach Rosslare in Irland ablegen. Dabei befindet sich der Pier in **Goodwick** *(Wdig)*. Fishguard selbst erstreckt sich etwas weiter östlich an der Fishguard Bay über einer kleinen Bucht mit der romantischen **Lower Town** und den umliegenden Hügeln. Die Unterstadt mit dem sehenswerten Naturhafen, ihren engen Straßen und den teils bunt bemalten Häusern war Drehort für „Under Milk Wood" mit Elizabeth Taylor und Richard Burton sowie für den „Moby Dick"-Film mit Gregory Peck. Geschichtlich ist die Stadt vor allem durch die „Last Invasion of Britain" im Jahr 1797 bekannt (→ Kap. Geschichte). Der Ort bietet Einkehr- und Übernachtungsmöglichkeiten und in seiner Umgebung die Preseli Mountains und eine äußerst reizvolle Küste.

Town Hall: In diesem Gebäude spielt sich der Großteil des sozialen Lebens von Fishguard ab. Das Gebäude beherbergt die *Touristinformation*, die *Market Hall* (Donnerstag ist Markttag), die *Library* (Internet) und die *Last Invasion Gallery*. Anlässlich des 200. Jahrestages der Landung 1997 wurde der „Fishguard Tapestry" gewoben. Dargestellt sind Szenen aus dieser Begebenheit zwischen vorwiegend Franzosen auf der einen und Walisern und Engländern auf der anderen Seite. Die Franzosen versuchten 1797, die Ideen ihrer Revolution nach außen zu tragen. Im **Royal Oak Inn** im Zentrum von Fishguard wurde kurz nach der Landung die Kapitulation des unorganisierten Invasionshaufens unterzeichnet.

Information Touristinformation, Mo–Fr 9–17 Uhr; Juni–Aug. und an Feiertagen Sa 10–16 Uhr (im Sommer auch So). Nov.–März Mo–Sa 10–16 Uhr. In der Town Hall auf dem Market Square, ✆ 01347-776636, fishguard.tic @pembrokeshire.gov.uk.

Weitere Touristinfo in **Fishguard Harbour** in Goodwick. Ostern bis Okt. tägl. 9.30–17 Uhr. Nov.–März tägl. 10–16 Uhr. Ocean Lab, The Parrog ✆ 01348-874737, fishguard harbour.tic@pembrokeshire.gov.uk.

Hin und weg Bus: Haupthaltepunkte sind Market Square und The Parrog in Goodwick. Verbindung nach Cardigan (40 Min.), Newport/Pembrokeshire (15 Min.), St David's (45 Min.) und Trefin (30 Min.).

Bahn: Die Haupthaltepunkte *Fishguard Harbour Station* und *Fishguard and Goodwick Station* liegen an der Station Hill bzw. Quay Road in unmittelbarer Nähe des Fährpiers. Nach Cardiff 2¾ Std., Carmarthen 45 Min., Swansea 1¾ Std.

Übernachten Manor Town House, reizendes B & B in einem der ältesten Gebäude der Stadt mit allem, was für einen angenehmen Aufenthalt nötig ist. Die Räumlichkeiten sind gelungen modern und antik kombiniert. Das Frühstück bietet gute Alternativen zum English Breakfast. Bei gutem Wetter kann man auf der Gartenterrasse frühstücken. EZ ab 70 £, DZ ab 80 £. 11 Main Street, ✆ 01348-873260, www.manortownhouse.com.

》》 Mein Tipp: Pentower, zentral und ruhig gelegenes, gutes B & B. Das Haus wurde von dem Architekten geplant, der auch den Hafen gebaut hat. Für die Zimmer gab es vom „Wales Tourist Board" 4 Sterne. Der Frühstücksraum bietet Ausblicke auf Fishguard Bay, und man kann zuschauen, wie einem das Schiff davonfährt. Für Allergiker: Die Betreiber haben mehrere Katzen. EZ ab 50 £, DZ ab 85 £. Tower Hill, ✆ 01348-874462, www.pentower.co.uk. 《《

》》 Mein Tipp: YHA Pwll Deri, hoch oben an der Steilküste der Strumble Head-Halbinsel direkt am Meer – schöner kann eine Herberge kaum liegen! Vor einiger Zeit wurde das Haus vollständig renoviert. Bei schlechtem Wetter setzt man sich auf die Veranda mit Bar. Es gibt Gemeinschaftsschlafsäle und einige Privatzimmer. Bett ab 21,50 £, Zimmer ab 36,50 £. Anfahrt: Von Fishguard aus nach Goodwick fahren; ab dort ausgeschildert. Von St David's aus von der A 487 nach Norden durch St Nicholas fahren; ab dort ausgeschildert. Castell Mawr, Trefasser, ✆ 0845-3719536, www.yha.org.uk. 《《

Essen & Trinken Bar Five, modernes Restaurant mit stilvollem Esserlebnis. Die Bar Five verteilt sich über drei Etagen, die Terrasse bietet einen fantastischen Ausblick. Man kann einfach nur etwas trinken oder aus der inspirierenden Speisekarte wählen. Die Zutaten kommen hauptsächlich von den Feldern und dem Meer aus der Umgebung. 5 Main Street, ✆ 01348-875050, www.barfive.com.

Ship Inn, der historische Pub aus dem 18. Jahrhundert ist maritim angehaucht. Überall hängen Fotografien, Karten und Schnickschnack. Gutes Bier und leckeres Pubfood in entspannter Atmosphäre. Ein Ort zum Absacken. Regelmäßig Livemusik. Newport Road, Lower Town, ✆ 01348-874033.

Die Blausteine von Preseli sollen magische Kräfte haben

Preseli Mountains (Mynydd Preseli)

Inmitten des von grandiosen Küsten gesäumten Countys erhebt sich mit den Preseli Mountains ein kleiner Bergzug im Südenosten von Fishguard – das Gebiet ist Teil des Pembrokeshire Coast National Park. Mit durchschnittlich 300 m Höhe kann man sich streiten, ob es sich um Hügel oder eher doch um Berge handelt. Der *Foel Cwmcerwyn* ist mit 536 m die höchste Erhebung – bei gutem Wetter blickt man von hier bis nach Snowdonia und nach Irland. Die sanfte Hügellandschaft mit Hochmooren und stillgelegten Steinbrüchen, mit gemütlich grasenden Schafen, Kühen und Pferden ist zum Wandern und Reiten sehr gut geeignet. Die Mynydd Preseli sind übersät mit prähistorischen Zeugnissen. Hier finden sich Dolmen, bronzezeitliche Hünengräber, Monolithen, Steinkreise wie der **Gors Fawr Stone Circle** sowie eisenzeitliche Siedlungsreste. Geologen fanden heraus, dass der für den Bau des 240 km entfernten Stonehenge verwendete Bluestone von der Felsformation **Carn Menyn** im Südosten der Berge *(Carn Meini)* kam und über den Avon-Fluss und den Bristol Channel transportiert wurde. Die abgelegenen kleinen Ortschaften der Preseli Mountains strahlen einen Charme aus, als wären sie von der Zivilisation vergessen worden. Im malerischen **Cwm Gwaun** zwischen Fishguard und Pontfaen feiert man beispielsweise immer noch „Hen Galan", das alte Neujahr nach dem Julianischen Kalender: Am 13. Januar ziehen die Kinder am Gwaun River von Haus zu Haus, singen alte walisische Lieder und bekommen dafür kleine Geschenke.

Dinas Island

Nördlich von Dinas Cross, zwischen Fishguard und Newport, schiebt sich die Halbinsel Dinas Island ins Meer. An der südlichen und schmalsten Verbindung zum Festland liegt im Westen das Dorf **Pwllgwaelod**, im Osten **Cwm-yr-Eglwys** mit kleinen, schönen Stränden. Von hier aus kann man über die Nordspitze **Dinas Head** eine 5 km lange Rundwanderung an der Küste über hohe Klippen und durch eine reiche Tierwelt machen (ca. 2 Std.).

Newport (Trefdraeth)

Die attraktive, quirlige kleine Stadt ist ideal gelegen. Newport/Pembrokeshire (kurz: Newport Pembs) hat Charme, ein romantisch anmutendes **Castle** (privat) sowie Einkaufs-, Ausgeh- und Unterkunftsmöglichkeiten. Die Küste nach Osten und Westen bietet vielfältige Wandermöglichkeiten und schöne Strände. Im Süden liegen die Preseli Mountains. Der Hausberg **Carn Ingli** ragt 347 m über dem Meer auf – ein nicht zu unterschätzender Aufstieg, aber machbar und auf jeden Fall lohnenswert. Der walisische Name von Newport bedeutet „Town by the beach". Am Stadtstrand **Parrog** unterhalb von Newport mündet der Nevern (Nyfer) ins Meer. Sein Mündungsbereich ist Lebensraum für zahlreiche Vogelarten. Hier liegt auch das *Carreg Coetan Burial Chamber*, eine große prähistorische Steingrabanlage.

Information National Park Centre, April–Okt. Mo–Sa 10–17.30 Uhr, Nov.–März Mo, Mi, Fr 10.30–15.30 Uhr, am Sa bis 13.30 Uhr. Long Street, ✆ 01239-820912, newporttic@pembrokeshirecoast.org.uk.

Hin und weg Bus: Busse halten in der Bridge Street in der Stadtmitte. Linien nach Cardigan (25 Min.), Fishguard (15 Min.) und Haverfordwest (1 Std.).

Übernachten YHA Newport, Jugendherberge in einer ehemaligen Schule in Newport. Mit Gemeinschafts- und Privaträumen und nur für Selbstversorger. Bett ab 13 £, Zimmer ab 25 £. Lower St Mary Street, ✆ 0845-3719543, www.yha.org.uk.

Parrog – der Stadtstrand von Newport

»» Mein Tipp: **Llys Meddyg**, das „Restaurant with Rooms" auf 4-Sterne-Hotel-Niveau bietet modern eingerichtete, helle, farbenfrohe Zimmer sowie unglaublich komfortable Betten. Die Bäder sind großzügig ausgestattet, die Zimmer haben Flachbild-TV mit DVD. EZ ab 120 £, DZ ab 140 £. East Street, ✆ 01239-820008, www.llysmeddyg.com. «««

Erw-Lon Farm, 8 km südöstl. von Fishguard sowie 10 km von Newport aus in südwestlicher Richtung (der einspurigen Straße Ffordd Bedd Morris folgen), hinter dem Dorf Pontfaen an der B 4313, am Fuß der Preseli Mountains im Pembrokeshire Coast National Park. Die Zimmer der Tierfarm sind schlicht und überzeugend eingerichtet, im Mittelpunkt steht hier schließlich die Natur. Eine Minibrauerei gibt's mit der Gwaun Valley Brewery in Pontfaen um die Ecke. EZ ab 55 £, DZ ab 70 £. Pontfaen, Fishguard, 8 km südöstl. von Fishguard an der B 4313. ✆ 01348-881297, www.erwlonfarm.co.uk.

Essen & Trinken **Canteen**, legeres Café mit regelmäßig wechselnder Karte. Gutes Frühstück, Tapas, Burger sowie mediterran angehauchte Gerichte und Fisch. Besonders lecker sind die Desserts. 2 Market Street, ✆ 01239-820131, www.thecanteen newport.com.

Cnapan, das Lokal wirkt recht gediegen, überzeugt aber mit entspanntem Service. Aufgetischt werden Rind, Muscheln und Fisch aus der Region, Preseli-Lamm sowie vegetarische und vegane Gerichte. Auch Zimmer gibt es. East Street, ✆ 01239-820575, www.cnapan.co.uk.

Llys Meddyg, das fein dekorierte Restaurant bietet mit Cellar Bar, Dining Room und Kitchen Garden Room verschiedene atmosphärische Lokalitäten an. Das Essen ist exzellent, geradlinig und wird vorwiegend aus regionalen, teils unüblichen Zutaten zubereitet. East Street, ✆ 01239-820008, www.llysmeddyg.com.

Nevern (Nanhyfer)

Der kleine Ort, nur eine Meile östlich von Newport an der B 4582 Richtung St Dogmaels an der nördlichen Grenze von Pembrokeshire gelegen, besteht nur aus einigen Dutzend Häusern. Von einem Parkplatz läuft man über eine kleine Brücke in den Ort.

St Brynach Church: Die Kirche mit ihrem normannischen Turm aus der Zeit um 1100 wurde im 6. Jahrhundert vom heiligen Brynach gegründet. Den Kirchhof schmückt das *Nevern Cross*, ein fast 1000 Jahre altes, reich mit keltischen Ornamenten verziertes Steinkreuz. Hier steht unter den alten Eiben auch die *Bleeding Yew*, eine Eibe, deren Harz blutrot ist. Laut Legende wird der Baum erst aufhören zu bluten, wenn ein Waliser wieder Herr von **Nevern Castle** ist. Derzeit ist die Burg auf einem Hügel oberhalb der Kirche nicht viel mehr als eine überwachsene, kaum erkennbare Ansammlung von Haufen, Steinen, Gräben und Wällen.

Etwas weiter auf dem Kirchhof steht der *Vitalianus Stone* aus dem späten 5. oder frühen 6. Jahrhundert; den Stein zieren Inschriften in Latein und Ogham, dem altirischen Alphabet, in dem die Buchstaben die Namen von Bäumen tragen. In der Kirche selbst finden sich der *Maglocunus Stone*, ein weiterer Stein mit lateinischen und Ogham-Inschriften, sowie der *Cross Stone*. Beide Steine sind in die Fensterbänke der Kirche eingelassen.

Umgebung von Nevern

Pentre Ifan

Es gibt viele Dolmen und Grabstätten in Wales, vor allem in den Preseli Mountains, doch keiner ist bekannter als die Pentre Ifan. Die nur etwa 2 km von Nevern entfernte Grabkammer aus der Megalithkultur (um 3500 v. Chr.) ist die größte und am besten erhaltene in Wales; sie findet sich an einer exponierten Stelle über dem Nevern-Tal, mit weiten Ausblicken über die Landschaft der Preseli Mountains. Der Schlussstein wiegt 16 Tonnen, ist 5 m lang und balanciert in knapp 2,5 m Höhe; es handelt sich um die Überreste einer großen Grabkammer. Eine ausführliche Beschreibung und Zeichnungen, wie Pentre Ifan früher ausgesehen haben mag, liefert eine Informationstafel vor Ort.

Ganzjährig 10–16 Uhr, Eintritt frei. Anfahrt über kleine Straßen, aber gut ausgeschildert. Von Nevern über die B 4582 nach Süden und immer geradeaus, ausgeschildert. Von Newport aus nach Osten entlang der A 487; nachdem man Llwyngwair Manor auf der linken Seite passiert hat, ist Pentre Ifan ab der nächsten Ausfahrt rechts ausgeschildert. Von Süden her erreicht man den Dolmen vom Dorf Brynberian aus, an der B 4329. www.cadw.gov.wales.

Castell Henllys

Die rekonstruierte Siedlung mit Rundhäusern aus der Eisenzeit liegt etwa 10 km östlich von Nevern an der A 487. Sie gibt dem Besucher Einblick in das Leben vor 2600 Jahren – und den Experimentalarchäologen immer wieder neue Erkenntnisse.
April–Okt. 10.30–17 Uhr, Nov.–März 11–15 Uhr. Erw. 5 £, Kind 3,50 £, erm. 4,25 £. ✆ 01239-891319, www.castellhenllys.com.

Einsame Landstriche prägen die Region: Lake Vyrnwy

Mittelwales

Mittelwales umfasst die **Counties Ceredigion** und **Powys** mit dem **Brecon-Beacons-Nationalpark**. Das County Ceredigion mit der Küste von Cardigan Bay rund um die größte mittelwalisische Stadt **Aberystwyth** beeindruckt durch endlos lange, oft menschenleere Strände. Die walisische Kultur und Sprache sind hier besonders lebendig.

Das County Powys, Wales' größtes County, ist die am dünnsten besiedelte und ländlichste Gegend des Landes – nirgendwo in Wales geht es bäuerlicher, entspannter und untouristischer zu. Hier existiert mit **Hay-on-Wye** auch die Secondhand-Bücherhauptstadt der Welt. Als Nord-Süd-Gebirgszug bildens die **Cambrian Mountains** sozusagen das Rückgrat von Wales. Neben den Küsten ist der bergige Brecon-Beacons-Nationalpark im Landesinneren das interessanteste Reiseziel der Region.

Brecon-Beacons-Nationalpark

Die Brecon Beacons, einer der drei walisischen Nationalparks, erstrecken sich über eine Fläche von 1346 km² von Abergavenny und Hay-on-Wye im Osten bis kurz vor Llandeilo und Llandovery im Westen. Sie liegen größtenteils im County Powys, umfassen aber auch Teile von Monmouthshire, Glamorgan und Carmarthen. Von Abergavenny führt der 160 km lange **Brecons-Way-Wanderweg** bis nach Bethlehem am westlichen Ende des Nationalparks. Zwischen Sandsteinbergen liegen grüne Täler, Wasserfälle, Moore und archäologisch bedeutende Stätten. Die Gegend

Mittelwales

zeichnet sich durch weite, hügelige und kahle Landschaften aus – und sie ist fast menschenleer: Nur 33.000 Menschen leben hier. Im Gegensatz zum *Pembrokeshire-Coast-Nationalpark* und dem *Snowdonia-Nationalpark* findet man hier, bis auf wenige Zentren, kaum Touristen, absolute Stille und fast Einsamkeit vor. Vor allem der Westen und Osten des Brecon-Beacons-Nationalparks sind ein Paradies für ungestörte Wanderungen. Nicht ohne Grund absolvieren die britischen Militärspezialeinheiten des SAS in den Beacons ihr Überlebenstraining.

Die Brecon Beacons unterteilen sich in *Black Mountain* und *Fforest Fawr* im Westen sowie die *Central Brecon Beacons* zwischen Merthyr Tydfil und Brecon. Die *Black Mountains* schließen sich im Osten zwischen Abergavenny und Hay-on-Wye an und sind durch das Usk Valley von den Central Beacons getrennt. Hier verläuft auch der *Monmouthshire-and-Brecon-Canal*. Für den Reisenden ist es schwer zu verstehen, dass mit den *Black Mountains* im Osten (Y Mynyddoedd Duon) und *Black Mountain* im Westen (Y Mynydd Du) zwei ganz unterschiedliche, 40 Meilen voneinander entfernte Gegenden gemeint sind.

Information Brecon Beacons National Park Authority, umfangreiche Infos rund um Verkehrsmittel, Übernachtung, Attraktionen und Freizeitmöglichkeiten: ☏ 01874-624437, www.breconbeacons.org.

Hin und weg Die menschenleere Gegend ist mit öffentlichen Verkehrsmitteln äußerst schwierig zu bereisen. Wer es dennoch vorhat, hat sich etwas vorgenommen. Das Auto ist oft die einzige Möglichkeit der Fortbewegung in den Brecon Beacons. Die Nationalparkverwaltung hat alle Reiseinformationen zusammengefasst: www.breconbeacons.org/getting-here.

Bus: Der Bus ist die beste Alternative zum Auto. Die Hauptrouten werden, vor allem während der Saison, mehrmals täglich befahren. Es gibt Verbindungen von Abergavenny nach Brecon, von Cardiff über Merthyr Tydfil und Libanus nach Brecon, von

Brecon nach Hay-on-Wye, von Swansea nach Brecon über Sennybridge, von Brecon nach Llandrindod und von Llandovery über Sennybridge nach Brecon.

Bahn: Die einzige Bahnstrecke, die ein kleines Stück durch den Brecon-Beacons-Nationalpark verläuft, ist die von Abergavenny nach Llanvihangel Crucorney. Ansonsten liegen alle Bahnstationen und -strecken außerhalb. Für eine Anreise mit der Bahn sind folgende Bahnhöfe interessant: Abergavenny, Merthyr Tydfil, Llandeilo und Llandovery. Die Weiterfahrt erfolgt dann mit dem Bus oder per Anhalter.

Aktivitäten Die Brecon Beacons eignen sich hervorragend für Angeln, Biken, Höhlensport, Paragliden, Reiten u. a. Und natürlich sind sie mit fast 2000 km Wegen ein wunderbares Wandergebiet für fast alle Schwierigkeitsstufen. Die Webseiten des Nationalparks bieten einen umfassenden Überblick mit weiterführenden Links: www.breconbeacons.org/de. Infos auch über ☏ 01874-624437.

Übernachten Trotz der Abgeschiedenheit gibt es eine Vielzahl von Übernachtungsmöglichkeiten. Vom Zeltplatz beim Bauern über die Jugendherberge bis zum Hotel ist die Auswahl groß. Eine umfassende Liste bietet die Nationalparkseite: www.breconbeacons.org/stay. Infos auch über ☏ 01874-624437. Infos zu Hostels und Bunkhouses bekommt man auf www.independenthostelguide.co.uk oder www.bunkhousesinwales.co.uk.

Black Mountain (Y Mynydd Du) und Fforest Fawr

Black Mountain ist die westlichste und menschenleerste Gegend der Brecon Beacons. Während der Eiszeit wurde das Land von Gletschern, anschließend von Schmelzwasser und Erosion geformt. An einigen Stellen findet man noch Moränen. Die rundgeschliffenen Bergmassive fallen teilweise steil zu Flüssen und Seen hin ab. Die Schönheit der Landschaft ist unbeschreiblich. Wanderer und Radfahrer, die in die Gegend Black Mountain wollen, erreichen diese am einfachsten von *Llandovery* und *Llandeilo* aus. Im Süden findet sich in der Nähe von Llandeilo eine der bekanntesten Burgen des Landes: *Carreg Cennen*.

Fforest-Fawr-Geopark

Das Gebiet des Fforest Fawr umfasst fast den gesamten westlichen Teil der Brecon Beacons. Sein Zentrum befindet sich etwa in der Mitte zwischen *Black Mountain* und *Merthyr Tydfil* und bedeutet übersetzt so viel wie Großer Wald. Der Name täuscht allerdings, handelt es sich doch um eine heute weitgehend kahle, unbewaldete und auch nahezu unbewohnte Gegend. Fforest Fawr ist der erste europäische Geopark in Wales und zählt zu den „Global Geoparks" der UNESCO. Dieser Titel wird Gebieten von besonderer geologischer Bedeutung verliehen. Die abwechslungsreichen Landschaften mit Mooren, Wiesen, Schluchten, Flüssen und Seen eignen sich besonders zum Wandern und natürlich für Hobbygeologen. Bei *Dan-yr-Ogof* an der A 4067 befinden sich die **National Showcaves for Wales**, ein für Besucher geöffnetes großes Höhlensystem.

☏ 01874-620415, www.fforestfawrgeopark.org.uk. ☏ 01639-730284, www.showcaves.co.uk.

Im Norden liegt in der Nähe von Llandeilo im Tal des Tywi-Flusses der Ort *Bethlehem*. Hier befindet sich *Garn Goch*, ein Berg mit Überresten eines Forts aus der Eisenzeit.

> 🚶 Wanderung 2: Zum prähistorischen Fort Garn Goch → S. 355
> Um die eisenzeitlichen Festungen im Geopark am Tywi Valley.

Llanddeusant (County Carmarthenshire)

Der kleine Ort in Black Mountain südlich von Llandovery ist vor allem wegen der Futterstation für Rotmilane und der Jugendherberge interessant.

Red Kite Feeding Station: Die Station befindet sich einen kurzen Fußweg hinter dem knallroten Gebäude des Red Kite Café an der Hauptstraße. Vor schöner Kulisse werden hier in den Wintermonaten um 14 Uhr und im Sommer um 15 Uhr Rotmilane gefüttert. Diese sammeln sich hier neben Krähen in großen Scharen. Das Spektakel kostet einen Obolus. Normalerweise kommt der Farmer vor der Fütterung mit der Kasse vorbei. Es gibt aber auch eine Spendenkasse. Sollte der Farmer kommen, nachdem man sein Geld bereits dort eingeworfen hat, teilt man ihm dies einfach mit. Im **Red Kite Café** am Parkplatz kann man essen, trinken und auch einige Souvenirs erstehen.

Der Rotmilan ist das inoffizielle Wappentier von Wales

Eintritt 3 £, Kind unter 16 J. 1,50 £. ✆ 01550-740617, www.redkiteswales.co.uk.

>>> **Mein Tipp:** Llanddeusant Youth Hostel, 1,7 km südlich des Red Kite Café, neben der Dorfkirche mit Friedhof. Das historische ehemalige Old Red Lion Inn von 1789, eine der abgelegensten Jugendherbergen des Landes, liegt inmitten ländlicher Abgeschiedenheit in Black Mountain. Bett ab 18 £, Zimmer ab 59 £. Das YHA liegt an der kleinen Straße in Llanddeusant. The Old Red Lion, Llanddeusant, ✆ 0845-3719750, www.yha.org.uk. <<<

Penderyn Welsh Whisky Company

Whisky aus Wales? Diese zweifelnde Frage hört man oft. Es gab nämlich lange Zeit, über 100 Jahre, keinen Whisky aus Wales mehr. Oder er wurde, wie früher üblich, für den Privatgebrauch im Hausmannsverfahren in irgendwelchen Kellern hergestellt. Dabei hatte das Land eine lange Tradition auf diesem Gebiet, die leider ausgestorben ist. Im 18. Jahrhundert emigrierte beispielsweise ein Waliser namens Evan Williams nach Kentucky und baute die Bourbon-Industrie in den USA mit auf. Übrigens hatte auch der gute alte Jack Daniel walisische Vorfahren

Seit 2000 gibt es mit der privat geführten **Penderyn Distillery** westlich von Merthyr Tydfil wieder einen walisischen Whiskyproduzenten. Das Sortiment umfasst diverse Single Malts sowie limitierte Whisky-Kollektionen, wie „Penderyn Myth" mit dem walisischen roten Drachen auf der Flasche oder die „Icons of Wales". Dazu gehören die Sorten „Red Flag", „Independance" sowie „Dylan Thomas". Die Reifung des Myth erfolgt in alten Bourbonfässern. Andere für das Finish verwendete Fasstypen sind Madeira und Sherry. Die Whiskysorten beziehen ihre Namen von historischen Ereignissen oder bedeutenden Persönlichkeiten. Darüber hinaus stellt Penderyn Gin, Liköre, Wodka und andere Spirituosen her. Bei der etwa einstündigen Führung erfährt man alles über das Brennen und den Herstellungsprozess, am Ende steht eine Verkostung an. Inzwischen stehen die Produkte von Penderyn übrigens auch in deutschen Whiskyabteilungen.

Tägl. 9.30–17 Uhr. Führung inklusive Verkostung: Erw. 8,50 £, Stud./Senior 6,50 £, Kinder frei. Rhondda Cynon Taff, an der A 4059, 14 km westlich von Merthyr Tydfil, ✆ 01685-810650, www.welsh-whisky.co.uk.

Brecon (Aberhonddu)

Das alte Marktstädtchen befindet sich am nördlichen Ende der Central Brecon Beacons. Hier münden der Honddu und der Tarell in den Usk-Fluss. Die Römer errichteten an dieser Stelle um 50 n. Chr. ein Fort (Y Gaer).

Im Nordwesten von Brecon erstreckt sich auf dem Berg **Pen-y-Crug** ein beeindruckender Ringwall aus der Eisenzeit, der auf eine weitaus frühere Besiedlung hindeutet. Heute ist Brecon mit seiner Kathedrale und den herausgeputzten jakobinischen und georgianischen Hausfassaden vorwiegend als Ausgangspunkt für den Brecon-Beacons-Nationalpark interessant.

Sehenswertes

Brecon Castle: Romantisch über dem Fluss thronen die Überreste der Burg, heute ein Teil des *Castle Hotels*. Brecon Castle wurde wie Brecon selbst von den Normannen gegründet. Bernard de Neufmarche, ein Bruder von William dem Eroberer, ließ ab 1093 die erste Burg bauen. Die wechselvolle Geschichte des Orts ist am besten erlebbar, wenn man hier übernachtet (→ Übernachten). Ab 1809 ließ die damalige Besitzerfamilie Morgan die Burg und das benachbarte Haus in ein Hotel umbauen.

Brecon Cathedral: Die große Kirche aus dunklem Stein dominiert das Stadtbild. Das mächtige Kirchenschiff stammt aus normannischer Zeit, während die anderen Bauteile, inklusive des bulligen Turms, im 19. Jahrhundert wegen des schlechten Zustands des Gotteshauses umfassend renoviert wurden. Vermutlich stand vor dem Bau einer Kirche durch die Normannen im Jahr 1093 bereits ein keltisches Gotteshaus an dieser Stelle. Bis zur Auflösung der Klöster im 16. Jahrhundert entstand um die Kirche ein größeres Gebäudeensemble. Die Kathedrale ist heute Bischofssitz und Mutterkirche der Diözese von Swansea und Brecon. Die Nebengebäude werden unter anderem als Büros, Restaurant und Shop genutzt und beherbergen auch das Heritage Centre (s. u.).

Heritage Centre: Das Zentrum in einer Zehntscheune aus dem 17. Jahrhundert zeigt eine Ausstellung zur Geschichte der Propstei seit ihrer Gründung durch Bernard de Neufmarche im Jahr 1093. Höhepunkt neben allerlei Kirchengewändern, Kreuzen und Bibeln ist ein Stuhl, auf dem König Charles I. gesessen haben soll, als er 1645 in Brecon während des Bürgerkriegs weilte.
April–Okt. tägl. 10.30–16.30 Uhr. Nov.–März Mo–Sa bis 16 Uhr. Eintritt frei. An der Kirche gibt es einen großen Parkplatz. Priory Hill, ✆ 01874-623857, www.breconcathedral.org.uk.

Brecknock Museum, Art Gallery: Eines der kleineren Museen in Wales, untergebracht in einem markanten neoklassizistischen Gebäude, das früher Shire Hall (Verwaltungsamt der Grafschaft) und Sitz des Schwurgerichts war. Zu sehen sind Exponate zur Geschichte von Breconshire und Wales, zur Archäologie sowie Lovespoons in großer Zahl; Lovespoons sind traditionelle Holzlöffel, die der Verehrer aufwendig beschnitzte und seiner Angebeteten schenkte. Die mitunter spektakulären Ausstellungen der Galerie konzentrieren sich auf zeitgenössische walisische Künstler. Seit 2011 ist das Museum wegen Renovierung geschlossen, der Zugang für Besucher eingeschränkt. Der Termin für die Wiedereröffnung wurde je nach Budget und Umfang der Bauarbeiten immer wieder verschoben. Die Fertigstellung hängt davon ab, ob man neben den bereits bewilligten Lotteriegeldern weitere erhält; in diesem Fall wird das Haus vollständig renoviert.
Mo–Sa 10–17 Uhr. Captain's Walk, ✆ 01874-624121, brecknock.museum@powys.gov.uk.

Brecon mit seiner Burganlage

Regimental Museum: Das Museum gehört zur South-Wales-Borderers'-Kaserne gegenüber. Es dokumentiert die Geschichte des Royal-Welsh-Regiments, dessen Geschichte bis ins Jahr 1689 zurückreicht; zu sehen sind umfangreiche Sammlungen von Waffen, Uniformen und anderen Militaria.
Mo–Fr 10–17 Uhr, April–Sept. zudem Sa und Feiertage 10–16 Uhr, im Aug. auch So 10–16 Uhr. The Barracks, www.rrw.org.uk.

The Monmouthshire and Brecon Canal: Der Kanal beginnt in Brecon und leitete das Wasser des Usk-Flusses bis in die Docks von Newport. Die industrielle Nutzung des Gewässers ist lange vorbei, längst haben Natur und Wassersportler von dem Gewässer Besitz ergriffen. Der Kanal fließt über 56 km durch den Brecon-Beacons-Nationalpark an Abergavenny vorbei nach Pontypool und folgt meist dem Verlauf des Usk.

Bootsausflüge: Es gibt zahlreiche Möglichkeiten, über den Kanal zu schippern: im Ausflugsboot, Tret- oder Ruderboot sowie im Kanu. Anbieter sind z. B. *Dragonfly* (✆ 07831-685222, www.dragonfly-cruises.co.uk), *Beacon Park Boats* (✆ 01873-858277, www.beaconparkboats.com), *Backwater Adventure* (✆ 01873-831825, www.backwatershire.co.uk) und *Cambrian Cruises* (✆ 01874-665315, www.cambriancruises.co.uk).

Brecon Beacons Mountain Centre: Brecon ist Ausgangspunkt für die zentralen Brecon Beacons. In südlicher Richtung liegt an der A 470 neben dem Ort *Libanus* das Brecon Beacons Mountain Centre. Neben einer Ausstellung, allerlei Kitsch und einer etwas unromantischen Kantine mit großem Außenbereich lohnt der Besuch vor allem wegen des großen Modells der Brecon Beacons. Zudem kann man sich hier bei den erfahrenen Rangern über Touren und Wetterkonditionen informieren.
März–Okt. tägl. 9.30–17 Uhr. Nov.–Febr. tägl. 9.30–16 Uhr. 8 km südwestlich von Brecon entlang der A 470, ab Libanus ausgeschildert. ✆ 01874-623366, www.breconbeacons.org.

Fährt man nach Libanus zurück und weiter durch das tief eingeschnittene Tal nach Süden, ist nach kurzer Fahrt ein großer Parkplatz erreicht. Der Parkplatz liegt am Fuße des sehr beliebten und daher zur Saison überlaufenen höchsten Berges von Südgroßbritannien, dem **Pen y Fan**.

> 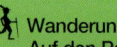 **Wanderung 4:**
> **Auf den Pen y Fan, den höchsten Berg der Brecon Beacons** → S. 358
> Beliebte Tour im Herzen des Brecon-Beacons-Nationalparks

Basis-Infos

Einwohner 7900

Information Tourist Information Centre, Mo–Sa 9.30–16.45, So 10–16 Uhr. Beim Cattle Market Car Park, einem großen Parkplatz bei Morrison's Supermarket. ✆ 01874-622485, brectic@powys.gov.uk.

Hin und weg Bus: Busse und Coaches halten an der Brecon Interchange, 2 Heol Gouesnou. Verbindungen nach Abergavenny (1 Std.), Cardiff (1 Std.), Builth Wells (50 Min.), Crickhowell (30 Min.), Hay-on-Wye (45 Min.), Hereford (2 Std.), Llandrindod Wells (1 Std.) und Swansea (1½ Std.)

Veranstaltungen Brecon Jazz Festival, alljährlich am 2. Augustwochenende: eines der bedeutendsten europäischen Jazzfeste. Mehr Infos und Tickets unter ✆ 01874-611622, www.breconjazz.com.

» Mein Tipp: Brecon Fringe Festival, findet parallel zum Jazz-Festival statt. Die Veranstaltungen und Konzerte in Pubs, Galerien oder auf der Straße werden privat organisiert und haben einen alternativen, offenen Charakter. Infos unter ✆ 07926-196714, www.breconfringe.co.uk. «

Übernachten
1 Priory Mill Farm
3 Brecon Castle Hotel
6 The Coach House
7 Tŷ Helyg Guest House
8 YHA Danywenallt
9 Peterstone Court

Essen & Trinken
4 Bridge Cafe

Pubs
2 The Felin Fach Griffin
5 Sarah Siddons

Übernachten/Essen & Trinken

Brecon Castle Hotel ❸, das in die Überreste des Castles integrierte Haus bietet 40 Zimmer verschiedener Kategorien. Die Räume im Haupthaus sind individuell eingerichtet, mit TV, Tee- und Kaffeekocher sowie WiFi. Zum Gebäudekomplex gehört ein gutes Restaurant. Standardzimmer ab 87 £, Frühstück 15 £. Castle Square, ✆ 01874-624611, ℻ 623737, www.breconcastle.co.uk.

The Coach House ❻, sehr gastfreundliches aus im modernen Boutique-Stil, von Visit Wales und der AA mit 5 Sternen ausgezeichnet. Auch Ganzkörpermassagen im Angebot. DZ ab 75 £. 12 Orchard Street, ✆ 01874-620043, www.coachhousebrecon.com.

Tŷ Helyg Guest House ❼, das ehemals als Lansdowne Hotel firmierende, privat geführte georgianische Haus befindet sich im Stadtzentrum. Zimmer modern und hell eingerichtet. EZ 59 £, DZ ab 69 £, jeweils inkl. Frühstück. 39 The Watton, ✆ 01874-623321, www.tyhelygguesthouse.co.uk.

Peterstone Court ❾, knapp 5 km östlich der Stadt, ein herrschaftliches Country House mit Spa und gutem Restaurant. Elegante, aufwendig eingerichtete Zimmer, zudem Pool, Jacuzzi und Sauna. EZ ab 100 £, DZ ab 130 £. Llanhamlach, ✆ 01874-665387, ℻ 665 376, www.peterstone-court.com.

YHA Danywenallt National Park Study Centre ❽, 15 Min. Fahrzeit südöstlich von Brecon; Herberge in einem früheren Farmhaus inmitten des Nationalparks. Gut geführte Unterkunft für Rucksackreisende und Wanderer. Bett ab 18 £, Zimmer ab 40,50 £. Talybont-on-Usk, Brecon, ✆ 0845-3719598, www.yha.org.uk.

Camping Priory Mill Farm ❶, kleiner versteckter Platz am Honddu, nur einen kurzen Flussspaziergang von Brecons Innenstadt entfernt. Hier ist es ruhig und schön. Die Duschkabinen sind in einem Holzhaus untergebracht, Holz für's traditionelle Lagerfeuer gibt es vor Ort. Auch ein Holiday Cottage wird vermietet. Erw. 8 £, Kind bis 11 J. 5 £. Hay Road, ✆ 01874-611609, www.priorymillfarm.co.uk.

Essen & Trinken Bridge Café ❹, nettes, auf Radler und Wanderer spezialisiertes Café mit abwechslungsreicher Speisekarte. Ein paar Zimmer hat's hier übrigens auch. Leider ist das Establissement nur begrenzt geöffnet: Do–Sa ab 18.30, So ab 9 Uhr. Geschlossen Nov.–Febr. 7 Bridge Street, ✆ 01874-622024, www.bridgecafe.co.uk.

Sarah Siddons ❺, benannt ist der Pub nach einer 1755 in Brecon geborenen großen Schauspielerin. Hier ist es laut und lebendig. Besonders beliebt bei der örtlichen Jugend und beim Militär. 47 High Street, ✆ 01874-610666.

»› Mein Tipp: The Felin Fach Griffin ❷, an der A 470, 4 Meilen nördlich von Brecon. Dining Pub mit Zimmern und erfrischender, kreativer, sehr guter Küche in ländlichem Ambiente – ein kulinarischer Höhepunkt in der Region und mehrfacher Preisträger des Bib Gourmand Awards. Felin Fach, ✆ 01874-620111, www.felinfachgriffin.co.uk. **«‹**

Talgarth Mill, historische Wassermühle in Talgarth, zwischen Brecon und Hay-on-Wye. Eine private Initiative hat die Mühle vor dem Verfall gerettet. Es gibt frisch gebackenes Brot und andere Backwaren. Das Mehl wird vor Ort gemahlen. Die Leute legen sich ins Zeug und investieren jeden Penny in die weitere Instandsetzung des Areals. ✆ 01874-711352. www.talgarthmill.com.

Usk Valley

Der Usk-Fluss und der *Monmouthshire und Brecon Canal* schlängeln sich Dutzende von Kilometern von Brecon nach Osten durch den Brecon-Beacons-Nationalpark in Richtung Abergavenny und trennen den zentralen Teil des Parks von den östlich gelegenen Black Mountains. Das schöne Tal ist gut angebunden und verfügt daher über eine gute touristische Infrastruktur. Wer anstelle der A 40 die kleinere B 4558 nimmt, wird mit lauschigen Landschaften entlang des Kanals belohnt. Wer es abgeschiedener mag, nimmt das Usk Valley nur als Durchgangsetappe.

Tretower

Kleine Ortschaft kurz vor Crickhowell. Sehenswert sind hier der **Tretower Court** und das **Castle:** Das befestigte Manor House mit romantischem Garten blickt auf eine 900-jährige Geschichte zurück und diente als Familienstammsitz. Später war das Areal eine Farm, bis es von der walisischen Denkmalschutzbehörde übernommen wurde. Die Räumlichkeiten sind im herrschaftlichen Stil der 1470er-Jahre eingerichtet.
April–Okt. tägl. 10–17 Uhr. Nov.–März Fr und Sa 10–16, So 11–16 Uhr. Erw. 4,75 £, erm. 3,60 £. 01874-730279, www.cadw.gov.wales.

Crickhowell und Llangattock (Crughywel und Llangatwg)

Die beiden sich gegenüberliegenden Orte bieten keine touristischen Höhepunkte, sind jedoch insgesamt sehenswert. Die provinzielle Stille wird zwei Mal im Jahr unterbrochen, wenn in Crickhowell die berühmten Crickhowell-Festivals stattfinden. Ansonsten eignen sich beide Orte wegen ihrer Übernachtungsmöglichkeiten als Ausgangspunkt für Ausflüge in die Central Brecons und die Black Mountains. Verbunden sind Crickhowell und das auf der anderen Seite des Usk liegende Llangattock durch eine merkwürdige Brücke aus dem 17. Jahrhundert – auf der einen Seite wird sie von 13 Bögen getragen, auf der anderen sind es nur 12.

Crickhowell-Festivals: Das bekannte **Green-Man-Festival** findet alljährlich Mitte August statt. Dann treffen sich für vier Tage die Fans der Indie-Szene zum Musikfest. Um die zahlreichen Konzerte herum gibt es jede Menge Veranstaltungen. Die zweite Großveranstaltung ist das **Crickhowell-Walking-Festival**. Anfang März treffen sich zehn Tage lang die Fans des Wanderns und Laufens zu Orientierungsläufen, geführten Touren und Gesprächsrunden rund um das Thema (www.greenman.net, www.crickhowellfestival.com).

Information Crickhowell Information Centre, Mo–Sa 10–17, So 10–13.30 Uhr. Beaufort Street, 01873-811970, www.visitcrickhowell.org.uk.

Übernachten Bear Hotel, ein Haus mit speziellem Charakter, kein Wunder, führten jahrhundertelange An- und Umbauten am Coaching Inn zu einem einzigartigen Aufbau und Grundriss. Kein Zimmer gleicht dem anderen. Die Räume in den Old Courtyard Staples nebenan sind etwas moderner. Im Haus befinden sich auch eine Bar und ein Restaurant. EZ ab 75 £, DZ ab 90 £. Beaufort Street, 01873-810408, www.bearhotel.co.uk.

Glangrwyney Court, 3 km südlich von Crickhowell an der A 40. Hier lässt sich's entspannend übernachten. Das von AA mit 5 Sternen ausgezeichnete Herrschaftshaus wartet mit allem erdenklichen Komfort auf. Dazu gibt es einen Garten, Tennisplatz, Croquet- und Bouleplatz. Wer mag, kann über das Hotel Ponyreiten, Fischen und Schießen arrangieren lassen. DZ ab 115 £ inkl. Frühstück. Glangrwyney, 01873-811288, 810317, www.glancourt.co.uk.

Camping Riverside Caravan Park, Caravan- und Campingplatz mitten im Ort. Der gepflegte Platz bietet alle nötigen Einrichtungen. Nur für Personen über 18 Jahren. Zelt ab 6 £, Wohnmobil und Wohnwagen ab 18 £. Geöffnet März–Okt. New Road, 01873-810397, www.riversidecaravanscrickhowell.co.uk.

Essen & Trinken Bridge End Inn, hier kommt der Fisch aus dem Usk frisch auf den Teller, auch die Wein- und Bierkarte überzeugt. Neben dem edel angehauchten Restaurant geht es in der Bar rustikaler und lustiger zu. Zimmer gibt es auch. Bridge Street, 01873-810338, www.thebridgeendinn.com.

Nantyffin Cider Mill, ca. 2,5 km von Crickhowell in nördlicher Richtung entlang der A 40. In der alten Cidermühle (die Presse funktioniert noch) kann man in historischem Ambiente hervorragend essen. Hier wird der britische Pub mit dem klassischen französischen Bistro kombiniert – eine erfrischende und leckere Mischung! Brecon Road, 01873-810775, www.cidermill.co.uk.

Abergavenny gilt als die Gourmethauptstadt des Landes

Abergavenny (Y Fenni)

Das von sieben Hügeln umgebene Abergavenny gilt als „Gateway to South Wales". Mit seiner Lage nahe den Brecon Beacons und den Black Mountains, am Usk-Fluss sowie dem Monmouthshire & Brecon Canal ist Abergavenny eine perfekte Ausgangsbasis für Unternehmungen in der Region. Zudem ist die Stadt eine Adresse in Sachen gutes Essen.

Abergavenny ist ein guter Stützpunkt für die Erkundung des ehemaligen Grenzgebiets zwischen Wales und England mit seinen zahlreichen Burgen. Und obwohl die Stadt eigentlich zu Monmouthshire und nicht zum Brecon-Beacons-Nationalpark gehört, beginnen die Brecon Beacons direkt vor der Haustür, die Black Mountains sind auch nicht weit entfernt. Ganz nebenbei ist hier auch mehr los als in der für Wanderer zentraler gelegenen Stadt Brecon. Eine Reihe von Fernwanderwegen, wie *Beacons Way*, *Offa's Dyke*, *Usk Valley Walk* oder *Marches Way*, durchqueren die Stadt oder verlaufen unweit an ihr vorbei. Auch die Hausberge direkt um Abergavenny eignen sich als Nahwanderziele.

Stadtgeschichte: Die Ursprünge von Abergavenny gehen auf ein römisches Fort namens „Gobannium" zurück. Archäologische Grabungen und Funde von Münzen, Mauern und anderem bezeugen die Anwesenheit der Römer ab 50 n. Chr. In normannischer Zeit entstanden ab 1087 das Castle und die St Mary's Priory Church. In dieser Zeit entwickelte sich Abergavenny zur Marktstadt für die gesamte Region.

Die Stadt wuchs, wurde 1241 erweitert und mit einer Stadtmauer umgeben. Um 1340 wurde Abergavenny von der Pest heimgesucht. Der walisische Nationalheld und Freiheitskämpfer *Owain Glyndŵr* (→ Geschichte) verwüstete sie 1404 bei einer Revolte. Abergavenny erholte sich langsam wieder. Neue Handwerke wie Gerbereien und Webereien entstanden, eine nach ihr benannte Art von Flanell machte die Stadt bekannt. Im 19. Jahrhundert führten der Anschluss an das Eisenbahnnetz und die im nahen Gwent angesiedelte Kohle- und Eisenindustrie zu weiterem Wachstum. Seinen Wohlstand jedoch verdankt Abergavenny hauptsächlich seinen Märkten, die bis ins Jahr 1254 nachgewiesen sind.

In der jüngeren Geschichte hat vor allem *Rudolf Hess*, Hitlers Stellvertreter, seine Spuren in der Gegend hinterlassen: Hess war nicht nur der allerletzte Gefangene im Tower von London, er wurde von 1942 bis 1945 auch in Wales gefangengehalten: im *Maindiff Court Military Hospital* in der Nähe von Abergavenny. Bis zu seinem Prozess genoss er viele Freiheiten und war oft in Abergavenny, den Brecon Beacons und der Umgebung zu sehen. Er soll die Natur hier sehr genossen haben. 1945 wurde Hess zum Nürnberger Prozess geflogen. Nach seiner Verurteilung zu lebenslanger Haft war er als einziger Gefangener bis zu seinem Tod in Spandau inhaftiert.

Sehenswertes

Abergavenny Castle und Museum: Der Bürgerkrieg im 17. Jahrhundert zwischen Parlamentariern und Royalisten hat von der Burg nicht viel übrig gelassen. Der Bergfried wie fast alle anderen Bauten der Burg wurden 1645–1646 zerstört. Überhaupt scheint die Geschichte des Castles nur aus Abriss und Wiederaufbau zu bestehen. Die erste Veste aus dem 11. Jahrhundert wurde 1233 vom Earl of Pembroke mit Unterstützung mehrerer walisischer Prinzen zerstört. Der Bergfried wurde anschließend in Stein wiederaufgebaut. In der großen Halle fand auch ein berühmter Mord statt: Zu Weihnachten 1175 tötete der normannische Lord von Abergavenny, William de Braose, der wohl grausamste der Marcher Lords, seinen walisischen Rivalen Seisyll ap Dyfnwal, dessen Sohn und weitere Waliser aus Gwent (Seisyll ap Dyfnwal seinerseits hatte zuvor de Braoses Onkel ums Leben gebracht). Das Ereignis ist als das „Massacre of Abergavenny" bekannt. Daraufhin stürmten 1182 die Verwandten und Kumpanen von Dyfnwal die Burg und brannten sie nieder. Leider oder zum Glück war William de Braose nicht zu Hause. Warum die Verwandtschaft sich erst nach sieben Jahren rächte, bleibt ein ungeklärtes Geheimnis. Die heute sichtbaren Überreste der Burg stammen meist aus dem 13. Jahrhundert, das Torhaus aus der Zeit um 1400.

Auf der Motte (Burgerdhügel) wurde 1818 ein neues Jagdhaus für den Marquess von Abergavenny gebaut. Heute befindet sich hier das **Abergavenny Museum**. Das kleine Haus widmet sich in fünf Themenbereichen der Geschichte der Stadt. Regelmäßig finden zudem Wechselausstellungen statt. Archäologische Funde, Karten und Fotos zeichnen die Geschichte der Stadt nach. Am interessantesten sind sicherlich die komplett eingerichteten Räume. So gibt es einen Bombenkeller aus dem Zweiten Weltkrieg, eine walisische Küche, eine Sattlerei und den Lebensmittelladen von Basil Jones. Der originale Laden befand sich bis Ende der 90er-Jahre im Ort. Mit dem Tod von Jones wurde das Geschäft 1994 vom Museum erworben und ist seitdem seine Hauptattraktion.

März–Okt. Mo–Sa 11–13 und 14–17, So 14–17 Uhr. Nov.–Febr. Mo–Sa 11–13 und 14–16 Uhr. Eintritt frei. Castle Street, ☏ 01873-854282, www.abergavennymuseum.co.uk.

Saint Mary's Priory Church: Eines der größten und schönsten Gotteshäuser in Wales, gemeinhin auch als die Westminster Abbey von Südwales bezeichnet. Die Kirchengemeinde wurde 1087 mit der Errichtung der Lordschaft von Abergavenny durch die Normannen gegründet. Die elf Grabmale von Angehörigen prominenter Familien im Kircheninnern stammen aus der Zeit von 1257 bis 1660, sie zählen zu den schönsten in Wales. Nach aufwendiger Restaurierung erstrahlen die reich geschmückten Sarkophage wieder in altem Glanz. Das hölzerne Chorgestühl aus dem 15. Jahrhundert gehört zu den wenigen erhaltenen mittelalterlichen Chorgestühlen des Landes. Hier sind handwerkliche Meisterleistungen zu sehen, so der Baum Jesse (Jesse Tree), der aus einem einzigen riesigen Eichenbaum geschnitzt wurde. Die großartige Figur des liegenden Jesse stammt aus dem späten 15. Jahrhundert, blieb als einziges Teil einer einst größeren Skulpturengruppe erhalten und gehört zu den schönsten Stücken spätmittelalterlicher Bildhauerkunst in ganz Wales und England.

Mo–Sa 11–15, So 10–14 Uhr. Außerhalb dieser Zeiten bekommt man den Schlüssel im Tithe Barn gegenüber. Monk Street.

Tithe Barn: In dem Gebäude aus dem 12. Jahrhundert (direkt neben der Saint Mary's Priory Church) wurden an die Kirche gezahlte Steuern (tithes) gelagert. Heute sind hier die Foodhall (Markthalle) sowie eine kleine Ausstellung zur mittelalterlichen Geschichte von Abergavenny und der St-Mary's-Kirche untergebracht. Zu betrachten ist unter anderem die *Abergavenny Tapestry*, nicht gerade der Teppich von Bajeux, aber durchaus sehenswert. Das anlässlich der Jahrtausendwende gefertigte Textilgemälde stellt die Geschichte von Abergavenny dar.

Mo–Sa 9–16 Uhr. Eintritt frei. ✆ 01873-858787, Monk Street, www.stmarys-priory.org.

Die Gruften von St Mary's zählen zu den schönsten in ganz Wales

Weinbau in Wales

Walisischer Wein? Der soll schmecken? Ja, es gibt tatsächlich walisischen Wein. Und: Die Antwort auf Frage Nr. 2 muss jeder für sich selbst finden. Dank der globalen Erwärmung und des milden Klimas durch den Golfstrom werden auch in Wales inzwischen Tropfen in nennenswertem Maß produziert. Dabei ist der Weinanbau auf der Insel spätestens mit der Ankunft der Normannen belegt. Allerdings starb diese Tradition und wurde erst nach dem Zweiten Weltkrieg zögernd wiederbelebt. Heute erfährt der Weinbau in Großbritannien einen kleinen Boom, immer neue Weingüter entstehen – und sie verbessern zunehmend ihre Qualität. Bis allerdings ein echter Grand Cru aus Großbritannien kommt, werden wohl noch ein paar Jahre ins Land gehen.

Besonders gut sind die Anbaubedingungen in den südwalisischen Hügeln, und Abergavenny hat gleich mehrere Weinberge. Allerdings erreicht das Volumen des hiesigen Weinbaus im Vergleich zu den großen Weingebieten der Welt höchstens Hobbywinzerniveau: Die etwa 20 walisischen Betriebe produzieren gegenwärtig gerade mal rund 100.000 Flaschen. Die größten Güter bearbeiten eine Fläche von maximal fünf Hektar, in der Regel sind es gar nur zwei bis drei Hektar. Insgesamt bewirtschaften die rund 400 Weingüter in Wales und England nur 810 Hektar Rebfläche. Das ist gerade einmal so viel, wie die kleinen deutschen Weinbaugebiete Sachsen und Mittelrhein zusammen erreichen.

Böse Zungen und auch kritische Kenner munkeln, so viel Wein, wie gegenwärtig in Abergavenny verkauft wird, kann unmöglich allein von den örtlichen Weinbergen stammen. Und es ist wohl etwas dran an der Aussage, dass viele Trauben aus dem Ausland zugekauft und, als exotischer walisischer Wein etikettiert, gewinnbringend an Touristen verkauft werden. „DOC" als Herkunftsbezeichnung wäre dann wohl etwas gemogelt. Zudem ist gegenwärtig unklar, an welcher Weinbautradition sich die Waliser orientieren werden. Sollte es die französische oder deutsche sein, wird das dem kymmrischen Tropfen sicher mehr Wertschätzung einbringen, als wenn man anfängt, zu strecken und zu panschen.

Sugar Loaf Vineyard: Eines der bekanntesten walisischen Weingüter, unmittelbar nördlich von Abergavenny. Auf zwei Hektar Südhang wachsen hier am Sugar Loaf die Reben für Weißwein, Rosé, Rot- und Schaumwein. Die Preise sind für unsere daheim gewohnten hoch, der Exotikfaktor spielt bei der Preisgestaltung wohl eine Rolle. Es gibt einen *Vineyard Trail*, auf dem man auf eigene Faust oder auf einer geführten Tour spazieren kann. Neben einem Shop gibt es auf dem Areal auch sehr gemütliche *Holiday Cottages*.
Sugar Loaf Vineyards, Dummar Farm, Pentre Lane, Abergavenny. ℡ 01873-853066, ℻ 853066, enquiries@sugarloafvineyard.co.uk, www.sugarloafvineyard.co.uk.

White Castle Vineyard: Seit 2009 baut die Familie Merchants in den Hügeln am Berg Skirrid nordöstlich von Abergavenny ihren Weinberg aus. 2011 gab es die erste Ernte, 2012 kamen die ersten Weine auf den Markt. Das Vinologenpaar experimentiert vielversprechend mit diversen Rebsorten.
White Castle, Llanvetherine Abergavenny, ℡ 01873-821443, www.whitecastlevineyard.com.

Abergavenny

Town Hall und Markt: Abergavenny ist eine quicklebendige alte Marktstadt. Viele walisische Städte hängen ihren Markttag an die große Glocke, taucht man dann dort auf, ist man oft enttäuscht. In Abergavenny wird das kaum passieren. Jeden Dienstag ist großer Markttag in der Market Hall, ein beeindruckendes Gebäude, das die Innenstadt dominiert. Mit 200 Ständen ist der Dienstag-Markt einer der größten in Wales. Die Stellplätze in der Market Hall reichen dann bei weitem nicht aus und breiten sich auch auf den umliegenden Straßen aus. Zu den Essensständen gesellen sich Kitsch-, Klamotten- und Souvenirbuden. Auch Freitag und Samstag finden größere Märkte statt; dann bekommt man hier u. a. Enteneier und Bratwurst, die der deutschen schon recht ähnlich ist. Mit dem „Market Bookstall" bietet der Markt auch einen tollen Buchladen. Auswahl, Qualität und vor allem die Preise der Bücher sind unschlagbar, besonders im Vergleich zu den vielen Touristenfallen in Hay-on-Wye. Die Markthalle wird auch für Handwerker-, Antiquitäten- und Flohmärkte genutzt und steht beim Abergavenny Food Festival im Mittelpunkt. Der heutige Bau und das angeschlossene Rathaus wurden bis 1870 im Stile der kontinentaleuropäischen Hotels de Ville erbaut.
Markthalle an Markttagen 6–17 Uhr. Market Street/Ecke Cross Street, www.abergavennymarket.co.uk.

Abergavenny Food Festival: Abergavenny hat sich in den letzten Jahren zu einer Art Gourmethauptstadt von Wales entwickelt. Kulinarischer Höhepunkt des Jahres ist das seit 1999 Mitte September stattfindende Food Festival. Es ist eines der bekanntesten und besten Festivals seiner Art in Großbritannien und preist sich selbst als das „Cannes des Essens". Wer zu dieser Zeit in der Gegend weilt, sollte das spektakuläre Ereignis rund ums Schlemmen unbedingt besuchen. Zusätzlich zum Festival findet, ebenfalls einmal pro Jahr, die **Christmas Fair** statt.
Infos zu Veranstaltungen und Veranstaltungsorten neben der Market Hall unter ✆ 01873-851643, ✉ 857773, www.abergavennyfoodfestival.com.

Basis-Infos

Einwohner 14.000

Information Tourist Information and National Park Centre, tägl. 10–17 Uhr, Okt.–März 10–16 Uhr. Am Busbahnhof, 24 Monmouth Road, ✆ 01873-853254, abergavennytic@breconbeacons.org, www.visitabergavenny.co.uk.

Hin und weg Bus: Zahlreiche Verbindungen im Nah- wie im Fernverkehr. Die Stagecoach-Linien X3 und X4 etwa fahren von Cardiff nach Abergavenny. Weitere Infos im Kapitel „Unterwegs in Wales". www.stagecoachbus.com, www.traveline-cymru.org.uk.
Bahn: Abergavenny liegt an der Strecke von Cardiff nach Manchester und wird häufig bedient. Zudem gelangt man über Newport nach London Paddington, Bristol und Südwestengland. Von Birmingham geht es mit Umsteigen in Hereford nach Abergavenny.

Parken Überall im Zentrum findet man Parkplätze, u. a. direkt neben der Touristinformation am Busbahnhof.

Sport und Wandern Abergavennys Lage, umgeben von Bergen, am Rande der Brecon Beacons sowie am Wasser, bietet vielfältige Möglichkeiten der Betätigung.

Der **Sugar Loaf** ist eines der beliebtesten Ausflugsziele. Der 596 m hohe Berg erhielt seinen Namen wegen der an einen Zuckerhut erinnernden Form und ist der südlichste Gipfel der Black Mountains.

Der **Three Peaks Trial** ist ein sportliches Glanzlicht im März. Auf Routen bis zu 20 Meilen Länge kann man Kondition und Orientierungstalent testen. Das Ereignis zieht inzwischen über 500 Teilnehmer an (www.threepeakstrial.co.uk).

Im Touristbüro und im Internet gibt es Infos zu den zahlreichen Möglichkeiten, im Usk zu angeln oder für den **Monmouthshire and Brecon Canal** ein Boot, Kanu oder ein Hausboot zu mieten. Auf dem gesamten Kanalnetz (2012 wurde der 200. Geburtstag des Kanals gefeiert) gibt es zahlreiche Bootsverleihe.

Übernachten

>>> **Mein Tipp:** Angel Hotel 13, die Top-Adresse der Stadt. Das Coaching Inn wurde vollständig restauriert und sammelt seither Preise. Das traditionell und komfortabel eingerichtete Haus ist vor allem durch seine ausgezeichnete Küche, ausgezeichnete Tees und eine lange Weinkarte bekannt. EZ ab 84 £, DZ ab 101 £. Sonderangebote. 15 Cross Street, ☏ 01873-857121, www.angel abergavenny.com. «

>>> **Mein Tipp:** Llansantffraed Court 16, denkmalgeschütztes Herrenhaus inmitten eines großen Parks mit See – besser kann man in Abergavenny kaum übernachten. Neben Service und Komfort legt man großen Wert auf Umweltschutz. Das Restaurant ist exquisit. Zum Freizeitangebot gehören Bogenschießen, Gokarting und Fischen nach Lachs und Forelle im Usk. EZ ab 105 £, DZ ab 115 £. Llanvihangel Gobion, ☏ 01873-840678, ✉ 840674, www.llch.co.uk. «

King's Head Hotel 11, zentral im Ort neben der Markthalle. Schlicht eingerichtetes Haus, zu dem auch das Restaurant Venue 59 sowie ein Pub gehören. Jeden Freitag Livemusik; auch bei Sportveranstaltungen ist man hier richtig. EZ ab 55 £, DZ ab 80 £. 60 Cross Street, ☏/✉ 01873-853575, www.kings headhotelabergavenny.co.uk

The Guest House 2, eine der günstigsten Übernachtungsmöglichkeiten der Stadt, in der Kundenbewertung bei Tripadvisor ist das B & B die Nummer eins. Schlichte Zimmer und Gemeinschaftsräume, sauber und gemütlich eingerichtet. Der hauseigene Streichelzoo ist nicht nur für Kinder interes-

Cafés
8 Crumbs Cafe
10 The Hen & Chickens
12 Trading Post
14 Kings Arms

Essen & Trinken
6 The Walnut Tree
7 The Greyhound Vaults
9 Market Hall
13 The Angel
17 The Hardwick
18 Foxhunter Inn

Übernachten
1 Smithy's Bunkhouse
2 The Guest House
3 Park Guest House
4 Black Lion Guesthouse
5 Pyscodlyn Caravan Park
11 King's Head Hotel
13 Angel Hotel
15 Black Sheep Backpackers
16 Llansantffraed Court

Abergavenny

Abergavenny

sant – dessen gefiederte Vertreter sorgen für das morgendliche Frühstücksei. Die beiden Papageien dagegen haben sich auf Unterhaltung spezialisiert und machen ihren Job hervorragend. EZ ab 50 £, DZ ab 80 £, inkl. Frühstück. 2 Oxford Street, ℡ 01873-854823, www.theguesthouseabergavenny.co.uk.

Black Lion Guesthouse 4, schnuckeliges Haus im Zentrum der Stadt mit fünf kleinen Zimmern. Die Betreiberfamilie kümmert sich herzlich um ihre Gäste. Der Preis ist etwas hoch und man sollte versuchen, kein Zimmer nach vorn zur Straße zu bekommen. WiFi. Einfaches Zimmer 40 £/Person, mit Bad („en-suite") 55 £/Pers. inkl. Frühstück. 43 Hereford Road, ℡ 01873-851920, ℡ 857885, www.blacklionaber.co.uk.

Park Guest House 3, recht zentral in der Stadt. Familiengeführtes Haus in einem 300 Jahre alten früheren Farmgebäude, sehr gutes Preis-Leistungs-Verhältnis. EZ ab 30 £, DZ ab 53 £. 36 Hereford Road, ℡ 01873-853715, www.parkguesthouse.co.uk.

Black Sheep Backpackers 15, Hostel im Great Western Hotel gleich neben dem Bahnhof. Küche, Bar mit gelegentlicher Livemusik und Mountainbike-Verleih gehören zum Angebot. Es gibt Doppel-, Vier- und Mehrbettzimmer. Bett ab 16 £, DZ 60 £. 24 Station Road, ℡ 01873-859125, www.blacksheepbackpackers.com.

Smithy's Bunkhouse 1, in Pantygelli, zwischen Sugarloaf und Skirrid Mountain nördlich der Stadt. Selbstversorger-Hostel mit zwei nach Geschlechtern getrennten Schlafräumen à 24 Betten. Vollausgestattete Küche, Gemeinschaftsräume. Bett ab 15 £, für Gruppen ab 12,50 £. In Pantygelli gibt es auch einen tollen Pub – The Crown. Lower House Farm, Pantygelli, Abergavenny, ℡ 01873-853432, www.smithysbunkhouse.co.uk.

Camping Pyscodlyn Caravan Park 5, 3 km westlich an der A 40. Der Abergavenny nächstgelegene Campingplatz liegt in der Nähe des Usk-Flusses innerhalb des Nationalparks. Fürs Zelten gibt es ein extra Feld. Der Grasplatz ist von Bäumen gesäumt. Alle notwendige Infrastruktur vorhanden. Der Bus in Richtung Crickhowell hält fast direkt vor der Tür. 1 Person mit Zelt und Auto ab 8 £, jede weitere Person 2.50 £, Wohnmobil ab 14 £. Llanwenarth Citra, Abergavenny, ℡ 01873-853271, www.pyscodlyncaravanpark.com.

Essen & Trinken

The Angel 13, so stilvoll wie das Hotel sind auch sein Pub und Restaurant. Letzterem sieht man auf den ersten Blick an, dass hier nur Edles und Feines auf den Tisch kommt. Die Bars mit offenen Kaminen, viel Holz und Ledersesseln sind britisch entspannend. Das Angel ist zudem Mitglied in der „UK Tea Guild" – ein seltenes Prädikat, das höchsten Teegenuss verspricht. 15 Cross Street, ℡ 01873-857121, www.angelabergavenny.com.

>>> Mein Tipp: The Hardwick 17, der bekannte TV-Koch und Michelin-Stern-Inhaber Stephen Terry verwandelte den zum Verkauf stehenden Horse & Jockey Pub in einen Tempel der hohen Kochkunst – und erfüllte sich damit einen Traum, an dem er seine Gäste teilhaben lässt. Mit kreativen und überraschenden Gerichten und einer großen Getränkekarte lässt es sich hier himmlisch genießen. Ab 125 £ kann man in einem der acht Zimmer übernachten. Old Raglan Road, ℡ 01873-854220, www.thehardwick.co.uk. **<<<**

Kings Arms 14, der urige Pub in dem historischen quietschgelben Gebäude ist vor allem durch die hauseigene Tudor Brewery bekannt, die einzige Kleinbrauerei der Stadt. Die Ales sind nach den Hügeln der Umgebung benannt, und das Essen ist nicht von schlechten Eltern. Die Räume werden für Ausstellungen lokaler Künstler genutzt. Regelmäßig Livemusik. Und übernachten kann man hier auch. 29 Nevill Street, ℡ 01873-855074, www.kingsarmsabergavenny.co.uk.

The Greyhound Vaults 7, klein und recht dunkel, hier kommt die Erleuchtung spätestens mit dem Essen. Der Gastropub hat einen sehr guten Ruf, die Preise sind für die große Auswahl an überwiegend britischer Cuisine absolut moderat. Market Street, ℡ 01873-858549.

Trading Post 12, das Café und Bistro ist von außen durch die geschnitzten Stierköpfe zu erkennen. Früher befand sich hier das Cow Inn. Heute kann man südländisch leger Kaffee und Tee trinken, Kleinigkeiten essen und Zeitung lesen. Bei gutem Wetter schön zum Draußensitzen und Leutebeobachten. 14 Neville Street, ℡ 01873-855448, www.tradingpostcatering.co.uk.

Crumbs Café 8, auf die Kuchen, Pies und Roasts, die Helen und ihre Mutter zaubern, stürzen sich die Gäste. Eine Spezialität des Hauses ist das als „Big Boys Breakfast" bekannte Frühstück, das den ganzen Tag serviert wird. Hier dreht sich alles um die gute alte Hausmannskost. 5 Market Street, ℡ 01873-852614.

The Hen & Chickens 10, der beliebte Pub steht nicht nur beim Food-Festival im Mittelpunkt. Berühmt sind die Rindfleischgerichte und die Sandwiches. Bei gutem Wetter kann man draußen sitzen, regnet es oder läuft Livemusik, sucht man sich einen Platz im Innern des traditionell eingerichteten Brains Pubs. Flannel Street/Ecke High Street, ℡ 01873-853613, www.sabrain.com/henandchickens.

》》》 **Mein Tipp:** **Foxhunter Inn 18**, im kleinen Ort Nantyderry, auf halbem Weg zwischen Abergavenny und Usk. Hier schwang Topkoch Matt Tebbutt den Kochlöffel; er ist nach wie vor der Eigentümer. Allerdings kocht nach einem Betreiberwechsel nun John, der zwölf Jahre lang an der Seite von Tebbutt im Foxhunter gekocht hat. Im Country Pub kreiert er phantastische Fisch-, Fleisch- und Wildgerichte. Nantyderry, ℡ 01873-881101, www.foxhunterinn.com. 《《《

》》》 **Mein Tipp:** The Walnut Tree **6**, 5 km außerhalb der Stadt in nordöstlicher Richtung. Abergavennys bestes Lokal mit einem Michelin-Stern – eines der besten in ganz Wales, das Gourmets aus weiter Entfernung anlockt. Die Küche orientiert sich an keiner speziellen Landestradition, sondern folgt dem Grundsatz „gute Zutaten für schmackhafte Gerichte". Vor diesem Hintergrund sind die Preise angemessen. Die Weinkarte listet über 100 Güter. So/Mo Ruhetag. Llanddewi Skirrid, an der B 4521 nach Skenfrith. ℡ 01873-858059, www.thewalnuttree-inn.com. 《《《

Black Mountains (Y Mynyddoedd Duon)

Die Black Mountains, der östliche Teil des Brecon-Beacons-Nationalparks (nicht zu verwechseln mit den *Black Mountain* im Westen), zählen zu den bezauberndsten Bergregionen in Wales. Der Usk-Fluss trennt das Sandsteinmassiv von den Central Brecons. Das etwa 16 mal 13 Kilometer große Gebiet besteht aus drei fast parallel verlaufenden Gebirgsrücken, deren höchste Erhebung mit 811 Metern der *Waun Fach* ist. Die Höhenzüge werden von den Tälern *Grwyne Fawr*, *Vale of Ewyas* und *Grwyne Fechan* durchschnitten, die durch sie führenden Flüsse münden alle in den Usk. Die Black Mountains stehen für eine urtypische walisische Grenzregion. Noch heute zeigt sich die abgelegene, kaum besiedelte Landschaft von einzigartiger Schönheit und Ursprünglichkeit. In der Geschichte waren die abseits der Machtzentren liegenden Black Mountains Rückzugsgebiete für Rebellen und religiös Andersdenkende wie Lollarden, Baptisten und Jesuiten.

Schwarzkelchen

Llanvihangel Crucorney

Das kleine Dorf (dt. „Der Ort des heiligen Michael an der Ecke des Felsens") liegt an der englischen Grenze nördlich von Abergavenny. Die größte Attraktion in dem unscheinbaren Straßendorf ist das **Skirrid Mountain Inn**, das älteste Wirtshaus von Wales. Die bis auf das Jahr 1100 zurückreichende Geschichte der Schänke ist voll

The Skirrid Inn ist das älteste Wirtshaus von Wales

von Sagen, Intrigen und Berühmtheiten. Das heutige Gebäude stammt aus dem 16. Jahrhundert und diente u. a. als Justizgebäude. Gerichtssaal und Gefängniszelle sind noch erhalten, für die Spuren am Deckenbalken sind angeblich die vielen Hinrichtungen durch den Strang verantwortlich – 180 Menschen sollen hier gehängt worden sein. Kein Wunder, dass es hier auch spukt. Wen das nicht schreckt: An diesem dubiosen Ort kann man nicht nur trinken und essen, sondern auch übernachten. Der Pub bietet drei Zimmer an, die oft ausgebucht sind.

DZ 90 £. Llanvihangel Crucorney, Abergavenny, direkt neben der Skirrid Mountain Garage. ✆ 01873-890258, www.skirridmountaininn.co.uk.

Skirrid Fawr (Ysgyryd Fawr)

Der 486 m hohe Skirrid Mountain zwischen Abergavenny und Llanvihangel Crucorney gilt als der heilige Berg von Südwales und ist mit seiner markanten Form einer der interessantesten Hausberge von Abergavenny. Um den Berg ranken sich natürlich viele Legenden. Eine Wanderung auf den Gipfel kann man entweder direkt von Abergavenny aus beginnen, oder man fährt auf der B 4521 direkt bis zum Parkplatz unterhalb des Bergs und startet mit dem steilen Aufstieg von hier (die Tour dauert etwa 2 Std.).

Partrishow

Die kleine Straße von Llanvihangel Crucorney verläuft nun parallel zum Honddu-Fluss. Noch bevor sie ins *Vale of Ewyas* hineinführt, zweigt nach etwa einer Meile ein Weg ins Nachbartal Grwyne Fawr und nach Patrishow ab. Hier, mitten im Nichts, stehen die **Church of St Issui** und ein heiliger Brunnen. Die Ursprünge der Kirche gehen auf das 11. Jahrhundert zurück, eine Inschrift lässt sich ins Jahr 1056 datieren. Im Innern finden sich zahlreiche Wandmalereien und -inschriften. Berühmt ist das als *The Figure of Doom* bekannte Wandbild eines Skeletts. Das Bild erinnert uns daran, dass wir alle unter der Erde landen werden. Während der Reformation mit weißer Farbe und Text übermalt, schimmern die älteren Zeichnungen heute wieder durch. Der reich verzierte *Lettner* stammt aus dem 15. Jahrhundert und ist aus massiver Eiche. Im Lauf der Jahrhunderte wurden Kirche und Kirchhof immer wieder umgebaut und erweitert. Dem Sanierungseifer der viktorianischen Restauration, die auf die originale Bausubstanz wenig Rücksicht nahm, entging das Gebäude zum Glück – die einsame Lage der Black Mountains sorgte dafür, dass in dem kleinen Partrishow eine der beeindruckendsten Pfarrkirchen in Wales erhalten blieb. Unter der Kirche befindet sich ein alter Brunnen, ein heiliger Ort bereits vor dem Bau der Kirche. An dieser Stelle soll der heilige Issui den Märtyrertod erlitten haben.

Die Kirche ist normalerweise tagsüber geöffnet. Gegen böse Überraschungen hilft eine vorherige Anfrage beim Tourist Office in Abergavenny.

Vale of Ewyas

Die kleine Straße, die Abergavenny mit Hay-on-Wye verbindet, schlängelt sich von Llanvihangel Crucorney am Honddu-Fluss bis hinauf zum *Gospel-Pass*. Die Strecke verläuft entlang des berühmten Vale of Ewyas, eines abgeschiedenen, tief eingeschnittenen Tals. Es ist eine der schönsten Ecken im Brecon-Beacons-Nationalpark, und es wäre schade, hier nur mal durchzufahren. So abgeschieden ist das Vale of Ewyas, dass weder Touristenströme noch Mobiltelefonsignale durchdringen. Rechter Hand liegt **Cwmyoy** mit seiner massiven Kirche wie ein südländisches Bergdorf am Hang. Die Abgeschiedenheit des Tals lockte im 12. Jahrhundert William de Lacy, den Gründer des Klosters **Llanthony Priory**, an. Bis 1108 wurde in seinem Auftrag eine kleine Kirche gebaut und eine Mönchsgemeinde gegründet. Das Kloster durchlitt unruhige Zeiten, wurde aber trotzdem ausgebaut. Eine neue

Romantik pur: die abgelegene Llanthony Priory

Kirche entstand zwischen 1180 und 1230, sie zählte zu den großen Bauwerken im mittelalterlichen Wales. Heute beeindrucken ihre Überreste vor allem durch ihre romantische Lage inmitten der Natur. Im Gegensatz zu anderen Klöstern in Wales ist hier vom alten Bau noch recht viel zu sehen (der Eintritt ist frei). Der im 13. Jahrhundert umgebaute Klausurbereich des Klosters beherbergt heute das *Llanthony Priory Hotel* (s. u.). Zum Haus gehört ein uriger Pub. In der Nähe der Llanthony Priory wurde 1136 Richard de Clare, normannischer Lord of Ceredigion, von walisischen Rebellen in einen Hinterhalt gelockt und ermordet. Die Stelle markiert bis heute der *Garreg Dial*, der „Stein der Rache".

Direkt oberhalb der Klosteranlage verläuft am Berggrat der *Fernwanderweg Offa's Dyke* (siehe Kastentext „Offa's Dyke Path").

Blick auf das Bergdorf Cwmyoy

Offa's Dyke Path

Der Fernwanderweg verläuft weitgehend entlang der alten angelsächsischen Grenze zwischen England und Wales. Diese Grenze wurde von Offa, dem sächsischen König des Reiches Mercia, im späten 8. Jahrhundert gesetzt. Der Wanderweg zieht sich über 177 Meilen (285 km) von Prestatyn ganz im Norden bis zur Mündung des Severn im Süden fast an der gesamten heutigen walisisch-englischen Grenze entlang. Ob es sich bei Offa's Dyke um eine Befestigungsanlage à la Limes oder eine reine Grenzmarkierung zwischen dem Reich Mercia und anderen auf walisischem Territorium gelegenen Reichen gehandelt hat, ist nicht ganz klar. Das Wissen, wie man Grenzanlagen größeren Ausmaßes baut, war im Britannien dieser Zeit auf jeden Fall vorhanden (siehe den von den Römern gebauten Hadrianswall).

Der Wanderweg führt durch historische Marktstädte, karge Hügelketten und Wälder, an Flüssen, Mooren und grünen Tälern entlang. Etwa ein Drittel der abwechslungsreichen Tour führt durch „Areas of Outstanding Natural Beauty". Besonders die Abschnitte, die hoch oben auf den Hügelketten verlaufen, mit schönen Weitblicken nach Wales und England, sind erhebend. Die am besten erhaltenen Abschnitte des Offa's Dyke finden sich bei Montgomery zwischen Welshpool und Newtown. Der Weg ist auch zur Hauptsaison kaum überlaufen. Entlang der Etappen gibt es ausreichend Einkehr- und Übernachtungsmöglichkeiten.

Information: Die gesamte Strecke lässt sich in 12 Tagen bewältigen. ✆ 01597-827580, www.nationaltrail.co.uk/OffasDyke. Informative Publikationen bei der Ramblers' Association, www.ramblers.org.uk. Den besten Wanderführer hat David Hunter geschrieben: „Offa's Dyke Path – Walking Guide to the National Trail", A Cicerone Guide.

Übernachten/Essen & Trinken Halfmoon Hotel, der mürrische George ist weg, 2015 wurde das Haus nach einem Betreiberwechsel komplett neu eingerichtet. Das Preis-Leistungs-Verhältnis stimmt. Die Räume sind gemütlich und Frühstück und Essen im Pub ausgezeichnet. Abends zum Bier kommen vor allem die Einheimischen. EZ 30 £, DZ 50 £. ✆ 01873-890611, www.halfmoon-llanthony.co.uk.

》》 Mein Tipp: Llanthony Priory Hotel, schade, dass das als Jagdhaus erbaute und in die Klosterruine integrierte Gasthaus nur vier Zimmer hat. Rustikaler und in schönerer Lage kann man kaum wohnen. Die Hausdame ist ein Unikum und äußerst unterhaltsam. Im Keller befindet sich ein toller Pub, wo man leicht mit anderen ins Gespräch kommt. DZ ab 80 £. ✆ 01873-890487, www.llanthonypriorhotel.co.uk. 《《

Court Farm, das Büro ist auf Wander- und Reiterurlaube spezialisiert, befindet sich auf dem Klostergelände und betreibt die Ferienhaus, Bunkhouse und den Zeltplatz. Das Ferienhaus ist so toll, dass sich dort eine Gruppe von Deutschen eingebucht hatte, die vor mehr als 15 Jahren schon einmal da war. Sollte mal wieder alles ausgebucht sein, weiß die Betreiberin, wo man noch nach einem Bett fragen kann. Bunkhouse 13 £, Zeltplatz 3 £/Person. ✆ 01873-890359, www.llanthonyriding.co.uk.

🚶 **Wanderung 5: Rund um Llanthony Priory** → S. 360
Durch bezaubernde Landschaft in der abgeschiedenen Grenzregion

---

Das walisisch-englische Grenzgebiet am Offa's Dyke ist wunderschön und einsam

Die Fahrt durch das Vale of Ewyas von Llanthony weiter in Richtung Hay-on-Wye ist spektakulär, besonders bei diesigem Wetter. Dann hüllen Nebelschwaden alles in einen märchenhaften, weichen Schleier ein. Die schmale Straße zwängt sich durch das schöne Tal – bis man an dessen Ende plötzlich einen Berggrat durchbricht. Dahinter öffnet sich nach all der Enge plötzlich eine weite Tiefebene mit atemberaubenden Weitblicken. Über die Serpentinen geht es hinab bis nach Hay-on-Wye.

Hay-on-Wye

(Y Gelli Gandryll)

Der Ort an der englischen Grenze ist das Königreich der Bücher. Nirgendwo auf der Welt tummeln sich so viele Buchantiquariate und Bücherwürmer auf so kleiner Fläche wie hier. Dazu regiert Hay-on-Wye ein veritabler König, hat die erste essbare Währung der Welt, will nicht Mitglied der EU sein und verteilt eigene Pässe an seine Einwohner. Touristisch ist der Ort ein Muss.

Alles begann mit einem Engländer, der schließlich zu einem der bekanntesten Waliser mutierte. 1962 eröffnete Richard Booth in Hay den **Richard Booth Bookshop**, ein Buchantiquariat in der *Old Fire Station,* bald folgte ein zweites im *Old Cinema.* Booth begann, Bestände von aufgelösten Bibliotheken zu kaufen, gebrauchte Bücher zu sammeln und damit zu handeln. Darüber hinaus bemühte er sich um den Aufbau von Hay als „Town of Books". Schon in den 1970er-Jahren war der alte viktorianische Marktflecken mit seinen vielen engen Gassen als Bücherstadt bekannt. Am 1. April 1977 aber gab es ein besonderes Ereignis: Booth proklamierte das Unabhängige Königreich von Hay, ernannte sich selbst zum König und sein Pferd zum Premierminister. Es folgten weitere visionäre Aktionen des Bücherwurms, die allesamt großes mediales Echo auslösten und Hay-on-Wye international bekannt machten. Dazu zählten die Ausgabe eigener essbarer Banknoten auf Reispapier, Hay-on-Wye-Reisepässe, die Erklärung, aus der EU auszutreten und einige weitere mehr.

Ein Resultat dieser Aktivitäten ist alljährlich Ende Mai das zehntägige **Hay Festival of Literature and the Arts** (Tickets/Auskünfte: ✆ 01497-822629, www.hayfestival.com), das inzwischen weltweit Ableger von den Malediven über Cartagena bis Nairobi hat. Ist das immer geschäftige Hay-on-Wye schon übers Jahr von einer ungewöhnlichen

Buchläden, wohin man schaut: Hay ist die Hauptstadt der Antiquariate

Mischung aus Buchliebhabern und Touristen bevölkert, so findet man zu Zeiten des Festivals teilweise auf Jahre hinaus keine Unterkunft, dann schießen auch die Unterkunftspreise durch die Decke.

Zurzeit gibt es in Hay-on-Wye etwa 30 große Buchläden. Und überall, wo in der Stadt noch Platz ist, stehen Bücher: im Old Cinema, in den Pubs, in den Geschäften. Die Preise für Bücher sind wegen der Beliebtheit der Stadt teilweise ungerechtfertigt hoch, wenngleich sich in den kilometerlangen Buchregalen immer noch Schnäppchen finden. Richard Booth hat sich als König inzwischen zurückgezogen und seine Residenz **Hay Castle** 2011 für zwei Millionen Pfund verkauft. *Castle Books*, sein letzter verbliebener Buchladen, ist nun an der Castle Street im *King of Hay* beheimatet. Aus dem baufälligen Burggelände aus dem frühen 13. Jahrhundert, von dem außer einer Grünfläche und dem **Jacobean Manor House** nichts mehr übrig ist, musste er jedenfalls raus; seitdem rottet das Bauwerk bedrohlich vor sich hin. Rettungsmaßnahmen sind geplant. Antreffen kann man Booth in seinem Laden so gut wie nicht mehr. Er lebt inzwischen zurückgezogen und vermögend in der Nähe der Stadt.

Der Ruhm als Bücherstadt hat Hay-on-Wye zu Wohlstand geführt. Neben Buchhandlungen gibt es Antiquitätenläden, hochpreisige Geschäfte und natürlich eine Menge Einkehr- und Übernachtungsmöglichkeiten. Im überdachten und mit Kolonnaden bestandenen **Butter Market** von 1833 finden sehenswerte Märkte statt. Alles ist auf Touristen eingestellt. Darüber hinaus erfreut Hay-on-Wye neben seinen Souvenir- und Antikläden mit Millionen von Büchern vor allem mit seinen zauberhaften kleinen Straßen, seinen alten und uralten Gebäuden und der Lage am Wye River.

Hay-on-Wye

Das Städtchen ist überschaubar, den Großteil der Buchläden wird man auch ohne Karte finden. Eine Broschüre mit allen Geschäften bekommt man im Touristbüro. Interessant ist auch das hier für 50 p erhältliche Flugblatt „A walk around historical Hay". Die meisten **Buchhandlungen** liegen an der **Castle Street** und ihrer Verlängerung **Church Street**. Der *Hay Cinema Bookshop* 20 im ehemaligen Kino teilt sich die zwei Etagen mit *Francis Edwards Books*; die Preise sind für hiesige Verhältnisse günstig; unter den über 200.000 Büchern sind die Reisebuch- und Geschichtsabteilung besonders interessant, ansonsten gibt es kaum einen Themenbereich, der fehlt. *Boz Books* 18 befindet sich in der **Old Fire Station**. Eben hier begann mit Richard Booths erstem Buchladen die steile Karriere von Hay; ein abblätterndes Schild am Gebäude erinnert daran. Boz Books ist heute auf hochwertige Bände und Erstausgaben spezialisiert, kurz reinschauen lohnt auf jeden Fall. Spezialisiert auf historische Karten und Kupferstiche hat sich *Mostly Maps* 16. *Richard Booth's Bookshop* 10 in der Lion Street ist nicht nur der größte Buchladen in Hay, er ist auch Kulturzentrum der Stadt, mit jeder Menge Veranstaltungen. Im Café (geöffnet Mi–So) lässt sich hervorragend in den Büchern stöbern. Zwei Läden, *The Children's Bookshop* 1 (Toll Cottage, Pontvaen, etwas außerhalb) und *Rose's Books* 9 (14 Broad Street), haben sich auf Kinderbücher spezialisiert. Zu guter Letzt sei aus der großen Zahl von Buchläden noch *Murder and Mayhem* 11 erwähnt. Hier dreht sich alles um Agatha Christie, Edgar Allan Poe & Co.: Krimis, Detektivromane und Horrorgeschichten.

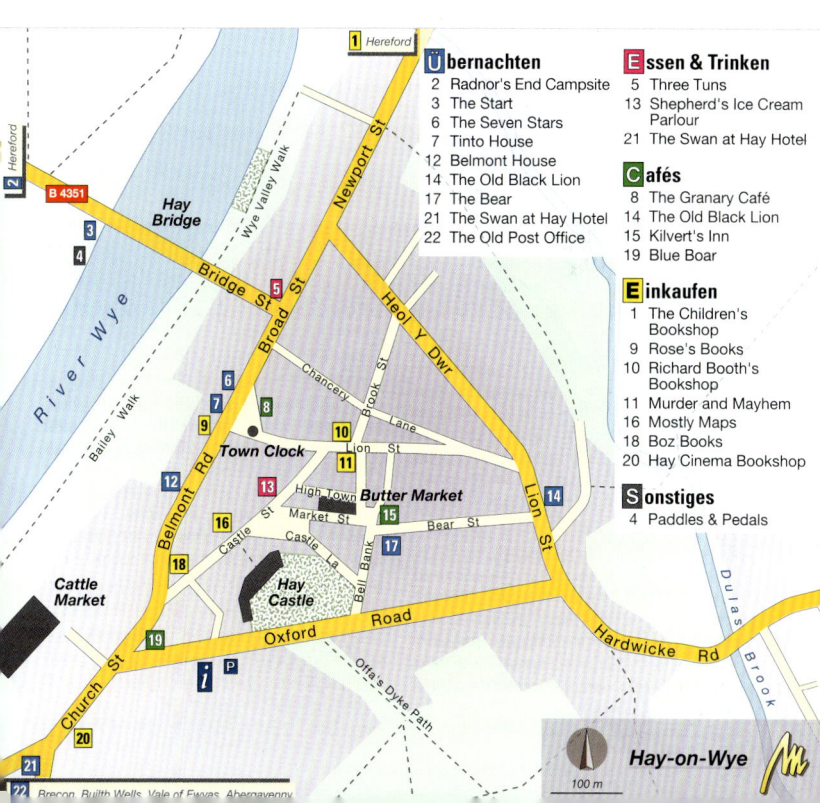

234　Mittelwales

Basis-Infos

Einwohner 1500

Information Tourist Information Bureau, März–Okt. tägl. 10–13 und 14–17 Uhr. Okt.–Dez. tägl. 11–16 Uhr. Jan.–Febr. tägl. 11–13 Uhr. Internetanschluss. Oxford Road, direkt neben dem großen Parkplatz. ✆ 01497-820144, www.hay-on-wye.co.uk.

Hin und weg Bus: Direktverbindung nach Hereford und Brecon. Busse halten im Oxford Road Car Park bei der Touristinformation.

Bahn: Nächster Bahnhof ist in Hereford.

Parken Einfachste Möglichkeit auf dem großen Car Park an der Oxford Road, direkt hinter der Touristinformation.

Aktivitäten Paddles & Pedals **4**, bei einem so schönen Fluss wie dem Wye direkt in der Stadt sollte man sich eine Paddeltour nicht entgehen lassen. Auch wenn das Vergnügen nicht ganz günstig ist; doch Pat und Jim bieten oft genug Sonderkonditionen an. Es gibt Kanadier, Einer- und Zweier-Kajaks. Boot für den ganzen Tag inkl. Rücktransport 25 £/Person. 15 Castle Street, ✆ 01497-820604, www.canoehire.co.uk.

Übernachten → Karte S. 233

»» Mein Tipp: The Old Black Lion 14, übernachten in traditionellem, stimmungsvollem Ambiente. Das Gebäude, teils aus dem 13. Jahrhundert, wurde kürzlich renoviert, wobei es nichts von seinem Charme verloren hat. Alle Zimmer haben TV, Telefon, Wasserkocher, Internet. Das Restaurant zählt zu den „Top 100 Food Inns" in Großbritannien. Zimmer ab 55 £/Pers. inkl. Frühstück, Suite ab 125 £. Lion Street, ✆ 01497-820841, ✆ 822960, www.oldblacklion.co.uk. ««

»» Mein Tipp: The Swan at Hay Hotel 21, das eleganteste und wohl nobelste Hotel im Ort. Alle Zimmer sind stilvoll eingerichtet. Das in einem historischen Coaching Inn untergebrachte Hotel beherbergt auch zwei ausgezeichnete Restaurants. DZ ab 99 £. Church Street, ✆ 01497-821188, www.swanathay.co.uk. ««

The Bear 17, zentrale Lage; ausgezeichnetes, charaktervolles B & B in einem alten Coaching Inn aus dem 16. Jahrhundert, eine anständige Unterkunft mit gutem Preis-Leistungs-Verhältnis und passablem Essen. EZ ab 55 £, DZ ab 75 £. 2 Bear Street, ✆ 01497-821302, www.thebearhay.com.

The Seven Stars 6, ursprünglich eingerichtete Herberge in einer ehemaligen Taverne aus dem 16. Jahrhundert. Knarrende Dielen, dicke Steinwände, Eichenbalken überall. Es gibt eine eigene Schwimmhalle und Sauna. DZ ab 89 £, Familienzimmer für 3 Pers. ab 104 £. 11 Brad Street, ✆ 01497-820886, www.theseven-stars.co.uk.

The Start 3, auf der anderen Seite des Wye; kleine rustikale Herberge mit drei Zimmern in einem Gebäude aus dem 18. Jahrhundert. Alle Zimmer haben Flussblick, sind gemütlich und mit antiken Möbeln eingerichtet. Auf dem weitläufigen Gelände direkt am Fluss sorgt das Federvieh jeden Morgen für frische Eier. DZ 75 £. Hay Bridge, ✆ 01497-821391, www.the-start.net.

Belmont House 12, klassisches georgianisches Gästehaus. Die Zimmer sind komfortabel und von modern bis antik gestaltet. EZ ab 30 £, DZ ab 55 £. Belmont Road, ✆ 01497-820718, www.hay-on-wye.co.uk/belmont.

Tinto House 7, kleiner Familienbetrieb mit geräumigen Zimmern in verschiedenen Stilen. Als Extra gibt es einen wunderschönen ruhigen Garten. EZ ab 65 £, DZ ab 90 £, inkl. Frühstück. 13 Broad Street, ✆ 01497-821556, www.tinto-house.co.uk.

The Old Post Office 22, schlichte, gemütliche Unterkunft in den Brecon Beacons, 3 km südlich von Hay-on-Wye, am Offa's Dyke Path gelegen. Die alte Post hat auch einen kleinen Ableger direkt in Hay, das *Hay Stables* in der Oxford Road. Pro Person ab 35 £ inkl. Frühstück. Preise für Einzelnutzung saisonabhängig. Llanigon, Hay-on-Wye, ✆ 01497-820008, www.oldpost-office.co.uk.

Camping Radnor's End Campsite **2**, Apartment- und Campinganlage, etwa 5 Min. Fußweg von Hay-on-Wye unweit der Hay Bridge in Richtung Clyro. Von hier aus schöner Blick auf die Stadt. Duschen und Waschmaschinen vorhanden. 7 £ pro Person. Radnors End, Hay-on-Wye, ✆/✉ 01497-820780, www.hay-on-wye.co.uk/radnorsend.

Hay Castle

Essen & Trinken → Karte S. 233

The Swan at Hay Hotel 21, beste britische Küche mit besten Zutaten. Man kann entweder im Restaurant, dem sogenannten Garden Room, dem Bistro oder sommers im Garten essen. Church Street, ✆ 01497-821118, www.swanathay.co.uk.

Kilverts Inn 15, zentral gelegener Pub mit großer Auswahl an verführerischen Bieren, die es nicht an jeder Ecke gibt. Die Terrasse ist einer der besten Orte in der Stadt, um das Treiben auf den Straßen zu beobachten. Bull Ring, ✆ 01497-821042, www.kilverts.co.uk.

🍃 **The Granary Café 8**, direkt am Clock Tower. Das Haus im Stil einer Scheune bietet ein äußerst angenehmes Ambiente. An rustikalen Holztischen kann man in Ruhe seinen Hunger vegetarisch und fleischlich stillen; Gerichte vorwiegend aus regionalen Zutaten. Wenn es sehr voll ist, scheint das Personal manchmal überfordert. Broad Street, ✆ 01497-820790. ■

》》 **Mein Tipp: Three Tuns 5**, von außen sieht man dem ältesten Pub im Ort nicht an, wie viel Platz es drinnen gibt. Das Interieur mit tief hängenden Decken stammt aus dem 16. Jahrhundert. Nach einem Brand 2005 wurde der Pub sorgsam renoviert. Vom Michelin drei Jahre in Folge zu einem der besten Dining Pubs gewählt. Das gute Bier und die Terrasse tragen ebenfalls zum Wohlfühlen bei. Broad Street, ✆ 01497-821855, www.three-tuns.com. 《《

Shepherd's Ice Cream Parlour 13, hier gibt es Eis aus Schafsmilch (Fettgehalt unter 7 %). Die diversen Geschmacksrichtungen und saisonal wechselnden Angebote locken zu jeder Jahreszeit Schleckermäuler in den grünen Laden. 9 High Town, ✆ 01497-821898, www.shepherdsicecream.co.uk.

Blue Boar 19, einer der beliebtesten Pubs der Stadt. Das „Blaue Wildschwein" erfüllt mit seinen offenen Kaminen, dunklen Deckenbalken, kuscheligen Ecken und traditioneller Einrichtung alle Erwartungen an einen Pub. Es gibt Real Ales, Hausbier und Pubfood. Castle Street, ✆ 01497-820884.

The Old Black Lion 14, das urige Pubambiente mag falsche Erwartungen wecken, doch spätestens wenn man das Essen probiert hat, weiß man, warum das Restaurant eines der besten Food Inns auf der Insel ist – und wünscht sich, Perlhuhn, Entenbrust, Lammkeule oder Beef Wellington würden überall so schmecken. Besonders beliebt sind auch die Sunday Lunches. 26 Lion Street, ✆ 01497-820841, www.oldblacklion.co.uk.

Radnorshire – die vier Wells

Die Heart-of-Wales-Bahnlinie in Powys, dem größten und am dünnsten besiedelten County von Wales (25 Einwohner pro km²), verbindet die Orte *Llandrindod Wells*, *Builth Wells*, *Llanwrtyd Wells* und das winzige *Llangammarch Wells* miteinander. Diese vier Orte in der früheren Grafschaft Radnorshire entwickelten sich seit dem 18. Jahrhundert mit der aufkommenden Spa-Bewegung zu Kurorten. Wie der Name schon sagt, besaßen alle vier Orte Quellen, die irgendwann als Heilquellen deklariert wurden und eine gesundheitsbegeisterte, meist wohlhabende Klientel anzogen. Dazu bedurfte es lediglich noch eines Eisenbahnanschlusses. Als dieser endlich da war, konnte das Geldverdienen beginnen. Hotels wurden für den großen Ansturm gebaut, Kurparks angelegt, Badehäuser errichtet. Für die „vier Wells" brachen goldene Zeiten an. Doch wie so viele Kurorte und mondäne Strandbäder ereilte auch die vier Wells das Schicksal des Altwerdens: Die einst berühmten Städte sind heute nur noch museale Schatten ihrer selbst, die beeindruckende viktorianische Bäderarchitektur hat Patina angesetzt. Und ein Angebot vor allem für junge Urlauber ist spärlich bis gar nicht vorhanden. Kurz: Die Gästeschar vergreist, und die Kurorte warten darauf, mit frischen Ideen wieder attraktiver zu werden. Einen Stopp sind sie auf jeden Fall wert, doch muss noch einiges passieren, bis die Gäste nicht nur wegen des großen Angebots an Unterkunftsmöglichkeiten wieder länger bleiben.

Builth Wells (Llanfair-ym-Muallt)

In dem ehemaligen Kurort für die Werktätigen sucht man mondäne Kurortarchitektur vergebens. Builth Wells ist vor allem unter der Woche recht lebendig – Builth Wells ist Marktort für die Gegend. Die Verkehrsanbindungen sind gut. Die kleinen Straßen sind voll mit Läden, auch einige Einkehr- und Übernachtungsmöglichkeiten gibt es. Neben seiner Geschäftigkeit wartet der Ort mit einigen überregional bedeutenden Veranstaltungen auf. Am Ortsrand befindet sich ein großes Messegelände, Ausstellungsort der von der Royal Welsh Agricultural Society initiierten **Royal Welsh Show** (www.rwas.co.uk). Hier, auf der größten und renommiertesten Landwirtschaftsschau Großbritanniens, zeigt sich Wales von seiner ländlichen Seite. Dazu gibt es Gartenmessen und Schafscherwettbewerbe. Die *Winter Fair* ist die kleine Version der Sommerveranstaltung.

Meist aber ist Builth Wells ein recht verschlafener kleiner Ort am Wye-Fluss. Auch das von Edward I. erbaute **Builth Castle**, einst ein Meisterwerk mittelalterlicher Burgenbaukunst, ist im Gegensatz zu den gewaltigen Burgen an der Nordküste heute nur ein zugewachsener grüner Hügel mitten im Ort, ohne erkennbares Mauerwerk. Noch erkennbar sind die Motte, der Burghügel, sowie Teile der ursprünglichen, aus dem späten 12. Jahrhundert stammenden Anlage. Die Burg spielte in der walisischen Geschichte eine bedeutende Rolle. Bis zur Zeit Elisabeth I. wurde sie instandgehalten, dann funktionierten die Anwohner sie zum Steinbruch um: Alle fortan errichteten Gebäude der Stadt wurden aus dem Baumaterial der Burg errichtet. Ein kleiner Wanderpfad führt in der Nähe des Lion Hotel zur Burg.

Wyeside Arts Centre: Hier ist das Beste versammelt, was Builth Wells an Kultur, Kunst, Film, Theater und Unterhaltung zu bieten hat – solch einen lebendigen Veranstaltungsort hat manche Großstadt nicht! Es gibt wechselnde Ausstellungen und eine klasse Bar.
Castle Street, ✆ 01982-552555, www.wyeside.co.uk.

Berühmt ist Builth Wells auch für seinen Männerchor, der **Builth Male Voice Choir**. Er probt jeden Montag öffentlich von 20 bis 22 Uhr im Obergeschoss des Greyhound Hotels (www.builthmalechoir.org).

Einwohner 2700

Information Tourist Information Centre, nur sporadisch geöffnet, wird wohl demnächst komplett geschlossen. Falls geschlossen: Die Concierges der Hotels helfen gern weiter. Am Groe Car Park, auf The Strand bei der Wye-Brücke. ✆ 01982-553307, www.builth-wells.co.uk, www.builth.com.

Hin und weg Bus: Bushaltestelle am Touristbüro. Von hier aus Verbindung nach Llandrindod Wells (20 Min.), Llanwrtyd Wells (30 Min.) und Brecon (40 Min.).

Bahn: Nächste Bahnstationen sind Builth Road (3,7 km) und Cilmeri (4,5 km). Von hier Verbindung mit der Heart-of-Wales-Linie. Ein Taxi vom Bahnhof nach Builth Wells kostet ca. 5 £ (✆ 01982-553142, ✆ 551159 oder ✆ 553210).

Parken Großer Parkplatz auf The Strand bei der Wye Bridge – der Groe Car Park.

Übernachten Lion Hotel, zentral und direkt am Fluss, um die Ecke zum Wyeside Arts Centre. Familiengeführtes, schönes, umfassend renoviertes Haus aus dem 18. Jahrhundert. Geräumige Zimmer mit großen, komfortablen Betten. DZ ab 85 £. 2 Broad Street, ✆ 01982-553311, ✆ 553803, www.lionhotelbuilthwells.com.

Greyhound Hotel, schlicht und unspektakulär eingerichtet, die Zimmer sind groß und modern. Pub und Restaurant sind auch bei Einheimischen sehr beliebt. Und jeden Montag probt hier der bekannte städtische Männerchor. DZ ab 75 £. 3 Garth Road, ✆ 01982-553255, www.thegreyhoundhotel.co.uk.

Camping White House Campsite, zentral im Ort, in der Nähe des Castle, direkt am Wye-Fluss. Caravan und 2 Pers. 17 £, jede weitere Pers. 5 £, Zelt für 1 Person 10 £, 2 Pers. 17 £, weitere Pers. 5 £. Hay Road, ✆ 01982-552255, www.whitehousecampsite.co.uk.

Die Schlacht an der Orewin Bridge

Das Jahr 1282 markiert einen Wendepunkt in der walisischen Geschichte. Wieder einmal hatten sich die Waliser gegen die englische Vorherrschaft erhoben. *Llywelyn ap Gruffydd,* der letzte walisische Prinz of Wales, schloss sich der von seinem Bruder Dafydd ap Gruffydd angestoßenen Rebellion an. Bei der Schlacht an der Orewin-Brücke in Cilmeri bei Builth Wells im selben Jahr fiel Llywelyn unter dem Schwert der Engländer. In Cilmeri erinnert ein großer Gedenkstein an die Niederlage der Waliser. Doch es war mehr als nur eine verlorene Schlacht: Fortan beherrschten die Engländer unter König Edward I. das Land – Wales war die erste keltische Nation, die ihre Unabhängigkeit verlor. Bis heute ist der Monolith Wallfahrtsort für walisische Nationalisten.

Llandrindod Wells (Llandrindod)

Im größten der Kurorte in der Region ist die ruhmreiche Vergangenheit noch am ehesten zu spüren. Bis 1867 befand sich an der Stelle der heutigen Stadt eigentlich nicht viel – der Ort wurde gerade aus dem Boden gestampft. Mit Ankunft der Eisenbahn begann der Aufstieg. Interessanterweise war die Wirkung des hier aus dem Boden quellenden Wassers schon zur Zeit der Römer bekannt, doch die hatten noch nichts mit Vermarktung und Tourismus am Hut. LLandrindods Karriere als Kurort begann mit einem Deutschen. 1754 besuchte ein an diversen Wehwehchen leidender Dr. Diederick Wessel Linden den Salinenbrunnen – und ward geheilt.

Zwei Jahre später verfasste er einen Bericht über die medizinische Bedeutung der Quellen. So begann Llandrindods (auch Llandod oder Dod genannt) Aufstieg als Heilbad. Ab Ende des 19. Jahrhunderts wurden überall im Ort, zum Beispiel rund um Temple Gardens, viktorianische Hotels mit glanzvollen Fassaden erbaut. Im **Rock Park** steht das **Spa and Pump House**, wo die salzigen und stark metallhaltigen Mineralquellen an die Oberfläche treten. Es gibt Pläne, das renovierungsbedürftige Gebäude zu sanieren. **The Lake** in Llandrindod Wells wurde extra angelegt, um das an seinem Ufer stehende, nicht mehr existierende *Pump House Hotel* in Szene zu setzen. Heute kann man hier flanieren, Kaffee trinken oder ein Boot mieten. Im See befindet sich der *Dragon Fountain*, eine Springbrunnenskulptur mit wasserspeiendem Drachen.

National Cycle Collection: Das faszinierende Museum im Automobile Palace, einem schönen Jugendstilgebäude am unteren Ende der Temple Street, präsentiert die lange Geschichte des Fahrrads. Die Entwicklung des Zweirads vom Lauf- und Hochrad bis zu den heutigen Hightech-Maschinen dokumentiert ein chronologisch angelegter Rundgang. Da stehen Urgefährte von 1819, es gibt eine historische Fahrradwerkstadt und natürlich viele Räder – alle historisch eingeordnet mit Plakaten, Postern und Werbetafeln. Etwa 250 Cycles sind zu bestaunen. Die Geschichte des bereiften Rades beginnt übrigens mit der Erfindung von *Dunlop*. Der kam als Erster auf die Idee, auf die hölzernen oder metallenen Felgen Reifen aus Gummi aufzuziehen, anfangs benutzte er dafür Gartenschläuche. In der Exhibition Hall sind auch die Räder einiger Berühmtheiten zu sehen. Es gibt regelmäßig Sonderausstellungen, auch der Shop ist einen Besuch wert.

Die häufig wechselnden Öffnungszeiten sind auf der Webseite aufgeführt. Sa/So meist geschlossen. Erw. 4 £, Senior 3,50 £, Kind 2 £. The Automobile Palace, Temple Street, ✆ 01597-825531, www.cyclemuseum.org.uk.

Der Automobile Palace beherbergt das Nationale Fahrradmuseum

Llandrindod Wells

Radnorshire Museum: Die kleine Ausstellung dokumentiert die Regionalgeschichte des ehemaligen County Radnorshire. Zu sehen sind eine geologische Sammlung, die Archäologiesammlung mit einem mittelalterlichen Einbaum (um 1200) sowie eine Ausstellung zur Geschichte der Stadt als Kurort mit zahlreichen viktorianischen Exponaten. Zudem regelmäßig Wechselausstellungen von regionalen Künstlern.
Di–Fr 10–16, Sa 10–13 Uhr, von April bis Sept. bis 16 Uhr. Eintritt 1 £, erm. 50 p. Temple Street, ℡ 01597-824513, www.powys.gov.uk/radnorshiremuseum.

Signal Box Museum: Wer sich am Bahnhof die Wartezeit vertreiben möchte, findet auf dem Bahnsteig Richtung Swansea in einem alten Stellwerk eine kleine Ausstellung. Vorausgesetzt, sie ist offen – meist ist nur im Sommer und auch dann nur an wenigen Tagen geöffnet. Das denkmalgeschützte Häuschen ist innen noch original bestückt und informiert über die Geschichte der Eisenbahnstrecke.

Einwohner 5000

Information Tourist Information, Nov. bis Ostern Mo–Sa 10–13 Uhr. Ostern bis Okt. Mo–Fr 10–16, Sa 10–13 Uhr. Beim Radnorshire Museum, Temple Street. ℡ 01597-822600, llandrindodtic@btconnect.com, www.llandrindod.co.uk.

Hin und weg Bus: Busbahnhof direkt vor der Bahnstation. Von hier starten fast täglich Fernbusse nach Aberystwyth (1½ Std.), Brecon (1 Std.), Builth Wells (20 Min.), Newtown (1 Std.) und Rhayader (25 Min.).

Bahn: Bahnhof im Zentrum an der Station Crescent. Über die Heart-of-Wales-Linie ist der Ort verbunden mit Builth Wells (15 Min.), Llanwrtyd Wells (30 Min.), Knighton (35 Min.), Shrewsbury (1½ Std.), Swansea (2½ Std.).

Übernachten The Metropole Hotel **3**, auch wenn man es der giftgrünen Hülle nicht gleich ansieht: Im Innern steckt eines der edelsten und entsprechend teuren Hotels der Stadt. Das viktorianisch-blumige

Übernachten
1 Guidfa House
2 Glen Usk Hotel
3 The Metropole Hotel
4 The Commodore
5 The Cottage

Haus ist die erste Adresse der Stadt – von AA mit 4 Sternen bewertet. EZ ab 98 £, DZ ab 126 £. Temple Street, ✆ 01597-823700, 🖷 824828, www.metropole.co.uk.

Glen Usk Hotel ❷, ein weiteres Hotel bei den Temple Gardens, mit geräumiger Bar, gutem Restaurant und Veranda zum Park. Der leicht altersschwache rote Ziegelbau verfügt über 79 komfortable Zimmer mit Bad zu passablen Preisen. Zimmer ab 31 £/Pers. inkl. Frühstück. South Crescent, ✆ 01597-822085, 🖷 822964, www.grandukhotels.com/our-hotels/5/glen-usk-hotel.

The Commodore ❹, direkt an den Temple Gardens, ein weiteres viktorianisches Gästehaus. Das familiengeführte Hotel wird seit 1896 betrieben, ist ein wenig abgewohnt, es bedarf wohl mehr als nur frischer Farbe. Doch der Preis ist entsprechend, das Frühstück gut und das Personal nett. EZ ab 59 £, DZ ab 75 £. Spa Road, ✆ 01597-822288, www.hotelcommodore.co.uk.

The Cottage ❺, zentral und ruhig in der Stadt, ein edwardianisches Haus mit großem Garten drum herum. Die Zimmer sind stilecht nach diversen Epochen dekoriert. Der einzige Fernseher befindet sich in der Lounge – welche Wonne … Und Leute lernt man so auch noch kennen. EZ ab 43 £, DZ ab 65 £. Spa Road, ✆ 01579-825435, www.thecottagebandb.co.uk.

》》 Mein Tipp: Guidfa House ❶, 5 km nördlich von Llandrindod Wells, an der Kreuzung von A 44 und A 483. Ausgezeichnetes B & B (5 Sterne von AA). Das Haus mit sechs Zimmern ist von einem gemütlichen Garten umgeben. Im Gemeinschaftsraum lässt sich's beim Feuer herrlich entspannen, und das Frühstück ist ein Segen im Vergleich zum fettig-schweren British Breakfast. EZ ab 75 £, DZ ab 95 £. Crossgates, Llandrindod Wells, ✆ 01597-851241, 🖷 737269, www.guidfahouse.co.uk. 《《《

Llanwrtyd Wells (Llanwrtud)

Eine von Großbritanniens kleinsten Städten liegt zwischen Builth Wells und Llandovery am Irfon-Fluss. Streng genommen besteht sie aus nicht viel mehr als einer großen Kreuzung und den die abgehenden Straßen säumenden Häuschen. Die Kreuzung ist das Zentrum des Orts und heißt treffend „The Square" (Y Sgwar). Von der Existenz des ehemaligen Heilbads ist nicht mehr viel zu sehen, also dachten sich die Verantwortlichen etwas Neues aus: Llanwrtyd Wells macht heute als Austragungsort skurriler Veranstaltungen auf sich aufmerksam (→ Kastentext „Llanwrtyds kleiner Kalender verrückter Veranstaltungen") – und wirbt mit der Behauptung, Geburtsort des Mountainbikens in Großbritannien zu sein.

Einwohner 600

Information Llanwrtyd Tourist Information, Jan.–März tägl. außer Di 10–17 Uhr. April–Dez. tägl. außer Mi und So 10–17 Uhr. Büro im „In the Pink", einem, wie der Name sagt, pinkfarbenen Haus mit Coffee Shop, Arts and Crafts Centre, Wanderladen und günstigem Internetanschluss. ✆ 01591-610666, www.llanwrtyd.com.

Hin und weg Bus: Linie nach Builth Wells (25 Min.).

Bahn: Bahnhof an der Station Road. Verbindung nach Builth Wells (20 Min.), Llandrindod Wells (30 Min.), Knighton (10 Min.) und Swansea (2 Std.).

》》 Mein Tipp: Green Dragon Activities, der Veranstalter verleiht Mountainbikes, arrangiert Touren, Tontauben- oder Bogenschießen und bietet ganz in der Tradition des Orts auch verrückte Sachen wie Zorb Balling und Bathtubbing (Paddeln in einer Badewanne) an. Conwy Marina, Ellis Way, Conwy, ✆ 07900-266353, www.greendragonactivities.co.uk. 《《《

Übernachten/Essen & Trinken

》》 Mein Tipp: Carlton Riverside, das moderne Hotel in historischer Hülle hat über die Jahre einiges an Auszeichnungen gesammelt. Die vier Zimmer und das Apartment sind zeitgenössisch ausgestattet, die Betten herrlich komfortabel. EZ ab 50 £, DZ ab 65 £. Irfon Crescent, ✆ 01591-610248, www.carltonriverside.com. «

Ardwyn House, historisches Haus im Jugendstil, die drei Zimmer mit entsprechendem Mobiliar gestaltet. Das Einzige, was in dieses Ambiente nicht so recht passt, ist der Fernseher. EZ 60 £, DZ 80 £. Station Road, ✆ 01591-610768, www.ardwynhouse.co.uk.

Lasswade Country House, zentral und dennoch ruhig, die ideale Pension für Familien. Das rustikale Blumendekor vermittelt den Eindruck, man sei auf dem Land. Das Essen ist sehr gut. EZ ab 65 £, DZ ab 70 £, inkl. Frühstück. 5 % Ermäßigung bei Anreise mit öffentlichen Verkehrsmitteln. Station Road, ✆ 01591-610515, www.lasswadehotel.co.uk.

Stonecroft Inn, Selbstversorgerhaus mit angeschlossenem Pub. Große Auswahl vom Einzel- bis zum Sechsbett-Zimmer (Bad im Zimmer oder auf dem Flur). Keine Doppelstockbetten. Wer keine Lust hat, selbst zu kochen, kann im Pub sehr lecker essen. Bett ab 16 £, bei längerem Aufenthalt günstiger. Dolecoed Road, ✆ 01591-610332, ✉ 610327, www.stonecroft.co.uk.

Essen & Trinken Neuadd Arms Hotel, in diesem Pub wurden die ersten verrückten Spiele erfunden. Kein Wunder, dass das hier gebraute „Heart of Wales"-Bier irgendwann in die Veranstaltungen eingebaut werden musste. Zimmer gibt es hier übrigens auch. The Square, ✆ 01591-610236, www.neuaddarmshotel.co.uk.

》 Mein Tipp: Carlton Riverside, behagliches, mehrfach preisgekröntes Restaurant, direkt am Irfon-Fluss. Auf den Teller kommen schmackhafte, abwechslungsreiche Gerichte. Wer nach ausgiebigem Schlemmen nicht mehr weit laufen will, findet hier vier individuell eingerichtete Zimmer. Irfon Crescent, ✆ 01591-610248, www.carltonriverside.com. «

Drovers Rest Riverside Restaurant, stimmungsvolles Gasthaus mit exzellentem Essen und umfangreicher Wein- und Cocktailkarte. Besondere Aufmerksamkeit gilt dem vegetarischen Essen. Auch der Patisseriechef vollbringt Wunder. Die eigenen Fähigkeiten kann man in den Kochkursen des Hauses verbessern. Auch Übernachtungsmöglichkeiten. Dolecoed Road, ✆ 01591-610264, www.food-food-food.co.uk.

Lasswade Country House, modernes britisches Essen mit mediterranen Akzenten

Schlammschnorcheln, mit Pferden um die Wette laufen oder betrunken gegeneinander antreten … solche Sportarten gibt's nur in Llanwrtyds

und täglich wechselnder Speisekarte. Gekocht wird nachhaltig und regional, der Chef deckt sich meist auf lokalen Bauernmärkten ein. Station Road, ✆ 01591-610515, www.lasswadehotel.co.uk.

Stonecroft Inn, in den gemütlichen Pub kehren alle gern ein – die riesige Auswahl an Ales ist verlockend. Am besten schmeckt es im Biergarten direkt am Fluss. Dazu gibt es eine große Speisekarte und regelmäßig Livemusik. Dolecoed Road, ✆ 01591-610332, www.stonecroft.co.uk.

Umgebung von Llanwrtyd Wells

Die Umgebung bietet zahlreiche Möglichkeiten, zu reiten, zu wandern oder Rad zu fahren. Llanwrtyd Wells ist umgeben von den Cambrian Mountains im Norden, dem Hochland von Mynydd Epynt und den Brecon Beacons im Süden. Die Landschaft bietet Moore, weite Wiesen, schattige Wälder und glasklare Flüsse in schönen, abgelegenen Tälern.

Pony Trekking: Pferdereiten hat eine große Tradition im Ort. In den 1950ern taten sich einige Farmer zusammen und gründeten die erste Pony Trekking Association in Wales. Informationen erhält man beim Touristenbüro.

Mountainbiking: MTBler lockt der Mynydd Trawsnant Trail, der Irfon Forest Trail und der Esgair Dafydd Trail. In **Abergwesyn** wenige Kilometer nördlich von Llanwrtyd gibt es die drei Strecken des *Coed Trallwm Trails*. Hier befindet sich auch ein Café und man kann Cottages mieten (✆ 0159-1610546, www.coedtrallwm.co.uk; für Buchung von Unterkünften ✆ 0771-7537034, www.forestcottages.co.uk).

Die Region zwischen Llanwrtyd Wells und Llandovery bis westlich nach Tregaron und Lampeter ist eine der einsamsten in Wales. Kilometerweit führen die schmalen Straßen, zum Beispiel der **Abergwesyn-Pass**, durch landschaftlich überaus reizvolle, karge Hochlandschaften und Forste, nur beobachtet von Schafen. Nördlich von Llandovery liegt bei dem Örtchen Ystradffin das **RSPB Gwenffrwd-Dinas Nature Reserve**. An dieser Stelle fließen mehrere Flüsse aus ihren engen Tälern in den Cambrian Mountains zusammen und formen eine Fluss- und Auenlandschaft mit tiefer Schlucht. Viele Vogelarten brüten hier. Der Parkplatz kostet einen Obolus von 1 £. Über Holzstege kann man den alten Wald an den Ufern des Wassers durchqueren.

Im **Tywi Forest** zwischen Llanwrtyd Wells und Tregaron entspringt der Tywi-Fluss. Gemeinsam mit dem Camddwr wird er im tief eingeschnittenen Llyn-Brianne-Stausee gestaut, um den herum schmale, spektakuläre Serpentinenstraßen führen. Unweit des Stausees steht die **Capel Soar-y-Mynydd**, die wohl gottverlassenste Kirche in ganz Wales. Die absolut sehenswerte calvinistisch-methodistische Kapelle wurde 1822 erbaut und zwischenzeitlich auch als Schule genutzt. Wie die Schüler

Die Capel Soar-y-Mynydd steht in einer der einsamsten Regionen von Wales

allerdings hierherkamen, bleibt ein Rätsel. Weiter in Richtung Tregaron steht mitten im Nichts eine der einsamsten Telefonzellen des Landes, ein bizarrer und erhebender Anblick. Da passt es zum Bild, dass die Elenydd Wilderness Hostels in der Gegend auch das wohl abgelegenste Hostel, das **Ty'n Cornel**, betreiben (unsere Empfehlung! Buchung über die zentrale Reservierungshotline der YHA: ℡ 0800-0191700, www.elenydd-hostels.co.uk). Ein weiteres Haus findet sich nördlich von Soar-y-Mynydd unweit der Straße in Richtung Tregaron.

Llanwrtyds kleiner Kalender verrückter Veranstaltungen

World Bogsnorkelling Championships: alljährlich Ende August. Llanwrtyds berühmteste aller Veranstaltungen. Beim Bogsnorkelling durchschwimmt man mit Taucherbrille, Schnorchel und Flossen einen schlammigen Wassergraben. Wer dies in kürzester Zeit schafft, ist Weltmeister. Konventionelle Schwimmstile sind verboten. Viele Wettbewerber beteiligen sich aus Spaß an der Freud und tragen Kostüme. Zusätzlich gibt es Bogsnorkelling-Versionen mit Mountainbike sowie eine Triathlon-Variante.

The Man Versus Horse Marathon: alljährlich Mitte Juni – wird seit 1980 ausgetragen und ist somit die älteste aller Veranstaltungen. Der Wettkampf ist schnell erklärt: Menschen und Pferde rennen gemeinsam durch die Landschaft, der Erste im Ziel ist Sieger. So weit, so gut. Nur wäre das unter normalen Umständen eine 99:1-Chance für das Pferd. Also wurde ein Parcours durch extrem unwegsames Gelände angelegt. Zudem beschleunigen Pferde schlecht, ihnen wird schneller warm, und auf Strecken von über 30 km sind sie weniger ausdauernd als der Mensch (der übrigens das wohl ausdauerndste Säugetier der Welt ist). Die Strecke in Llanwrtyd Wells ist 35,4 km lang, und so gewinnt mitunter auch der Mensch. Auch Radfahrer können an dem Rennen teilnehmen.

Welsh Open Stoneskimming Championships: alljährlich meist Ende August. Die walisische Meisterschaft im Steine-übers-Wasser-hüpfen-lassen – so ernst haben Sie das noch nie erlebt! Im Gegensatz zum *Stoneskipping* geht es hier allerdings um die zurückgelegte Distanz, nicht um die Anzahl der Sprünge. Für diese „Sportart" zeichnet die International Stoneskimming Association verantwortlich. Übrigens kann man das Ganze auch mit Golfball und Schläger praktizieren. Aber das ist eine andere Geschichte.

Real Ale Woble & Ramble: alljährlich Ende November. Trunkenheit am Steuer ist hier ausdrücklich erlaubt. Wem also Mountainbiking zu langweilig ist, der kann sich die kambrischen Berge beim Promillerennen noch schöner trinken. Gereicht wird an den Checkpoints Ale der lokalen Heart of Wales Brewery. Wer aber in Trunkenheit das Fahrzeug verantwortungsvoll stehen lässt, kann beim Ramble auch blau durch die Gegend joggen. Die zweitägige Veranstaltung markiert den Auftakt des (wer hätt's gedacht?) **Mid Wales Beer Festivals**. Das Festival mit unterhaltsamem Rahmenprogramm wird von CAMRA unterstützt, der Kampagne für echtes Ale.

The World Alternative Games 2012: 2012 inszenierte Llanwrtyd als Alternative zu den Olympischen Spielen in London sein eigenes Großevent. Zu den Disziplinen der „Llanwrtyd Olympics" zählten: Regenwürmersammeln, Ehefrauentragen, Eierwerfen, Rückwärtslaufen und Mountain Boarding. Wir hoffen, dass diese Wettkämpfe des „anderen" Leistungssports auch künftig stattfinden werden. www.worldalternativegames.co.uk

Mehr zu diesen und weiteren Veranstaltungen auf der Webseite des Ausrichters: www.green-events.co.uk.

In Mittelwales gibt es zahlreiche Stauseen: Carreg Ddu Viaduct im Elan Valley

Radnorshire – der Norden und Osten

Rhayader (Rhayadr Gwy)

Der walisische Name des Städtchens bedeutet „Wasserfall am Wye-Fluss". Und vor allem wegen der Natur kommen die Leute auch hierher. Der Ort besteht aus nicht viel mehr als einer Nord-Süd- und Ost-West-Kreuzung, die beide an einem Clock Tower mit Kriegsdenkmal zusammenkommen. Erwähnenswert ist der große **Livestock Market**, der mittwochs in der achteckigen Markthalle und drum herum stattfindet. Dann lebt das knapp über 2000 Einwohner zählende Örtchen auf. In Rhayader befindet sich auch die Fabrik und Verkaufsausstellung der Kristallmanufaktur **Welsh Royal Crystal** (℡ 01597-811005, www.welshroyalcrystal.co.uk).

Gigrin Farm – Red Kite Feeding and Rehabilitation Centre: Für Deutsche ist der Rummel um den Rotmilan vielleicht etwas unverständlich, beherbergt Deutschland doch mehr als die Hälfte der weltweit etwa 25.000 Tiere. Doch in Großbritannien war der Rotmilan Ende des 19. Jahrhundert ausgestorben – nur nicht in Wales, hier hatten sich einige Exemplare gehalten. Heute gibt es in Wales wieder 300 Brutpaare. Und nicht einmal in Deutschland versammeln sich regelmäßig zur Fütterungszeit so viele Rotmilane wie zum Beispiel hier auf der Gigrin Farm in Rhayader, teilweise sind es mehrere hundert Tiere. Auf der Farm gibt es ein Besucher- und Informationszentrum, ein kleiner Laden ist im Aufbau.

Fütterungen täglich, im Sommer um 15 Uhr, in den Wintermonaten um 14 Uhr. Erw. 5 £, erm. 4 £, Kind 3 £. ℡ 01597-810243, www.gigrin.co.uk.

Elan Valley

Das Elan Valley ist ein landschaftlich reizvolles Tal in den *Cambrian Mountains*, im Herzen von Wales zwischen Rhayader und Devil's Bridge. Der Elan und seine Nebenflüsse bilden hier seit 1893 eine beeindruckende Kette von Stauseen, 1952 kam der Claerwen-Stausee als letzter hinzu. Ihr Wasser dient vorwiegend der Versorgung von Birmingham und fließt über eine 118 km lange Pipeline dorthin. Das Elan Valley umfasst 70 Quadratmeilen an kaum besiedelter Naturlandschaft mit großer Artenvielfalt. Die letzten Exemplare des Rotmilans in Großbritannien überlebten hier. Es gibt jede Menge *Wanderwege* aller Schwierigkeitsstufen. Je näher an Elan dran und je einfacher, desto voller sind die Tracks natürlich. Karten, Informationen zu Wanderungen, geführten Touren und weiteren Sportarten wie Reiten, Fischen oder Biken gibt's im Visitor Centre (s. u.).

In **Elan Village** befindet sich das *Elan Valley Visitor Centre*; sein Fahrzeug kann man direkt daneben parken (2 £) und die Ausstellung zur Historie und Naturgeschichte besuchen. Im Centre gibt es ein Café, einen Laden sowie Spiel- und Picknickplätze.
Elan Valley Visitor Centre, normalerweise ab Mitte März bis Anfang Nov. tägl. 10–17.30 Uhr.
℡ 01579-810898, info@elanvalleytrust.org, www.elanvalley.org.uk.

Abbeycwmhir (Abaty Cwm Hir)

Von Rhayader führt ein Sträßchen, Dark Lane genannt, ins 10 km östlich gelegene Abbeycwmhir. Der abgeschiedene Ort ist nach der ehemaligen Zisterzienserabtei benannt, zwischen deren spärlichen Überresten heute Schafe und Kühe grasen. Die Anlage stammt von 1143. Ab 1176 wurde der Ort als dauerhafter Platz für die Abbey angelegt, doch verschiedene Projekte zum weiteren Ausbau blieben stets unvollendet. Von den 1402 während des Glyndwrs-Aufstands erlittenen Schäden hatte sich die Abtei nie erholt. Angeblich soll Llywelyn ap Gruffydd, der letzte Prinz von Wales, nach seinem Tod 1282 hier beigesetzt worden sein (→ Kastentext „Die Schlacht an der Orewin Bridge"). Eine Gedenkplatte erinnert daran. Zur Zeit der Auflösung der Klosteranlage 1536 sollen nur noch drei Mönche in Abbeycwmhir gelebt haben. 1644, während des Bürgerkriegs, wurde die Anlage von parlamentarischen Truppen unter Befehl von Sir Thomas Myddelton belagert und eingenommen, später wurde sie vollständig aufgegeben und wahrscheinlich auch abgerissen.

Presteigne (Llanandras)

Der kleine charmante Ort liegt ganz im Osten von Wales, direkt an der englischen Grenze, die hier der Lugg-Fluss markiert. Presteigne war einst Regierungssitz des früheren County Radnorshire, entsprechend vornehm gibt man sich in der ehemaligen Hauptstadt. Die Stadt war früher auch für ihre traditionellen Hahnenkämpfe bekannt, eine grausame „Sportart", die heute in ganz Wales nicht mehr ausgetragen wird. Presteigne verfügt über eine Reihe von ansehnlichen Gebäuden, z. B. das beeindruckende **Radnorshire Arms Hotel**, ein Fachwerkhaus von 1616, in dem auch übernachten und gut essen kann. Erbaut wurde es als Residenz für Sir Christopher Hatton, Lord Chancellor of England und angeblich Liebhaber von Königin Elisabeth I.

Judge's Lodging: Die spannendste Sehenswürdigkeit der Stadt sind die ehemaligen viktorianischen Räumlichkeiten von reisenden Rechtsanwälten, die hier während der Gerichtsprozesse nächtigten. Die Wohnräume waren einst als die geräumigsten und elegantesten in ganz England und Wales bekannt. Die hervorragend restaurier-

ten Zimmer, wie Dining Room, Servants Hall oder Kitchen, sind im Stile der 1870er-Jahre eingerichtet und vermitteln einen lebendigen Eindruck von der früheren prachtvollen Ausstattung; dazu kann man Audioguides ausleihen. In dem Gebäude befindet sich auch das Tourist Information Centre (s. u.).
März–Okt. Di–So 10–17 Uhr. Nov. Mi–So 10–16 Uhr. Dez. Sa/So 10–16 Uhr. Geschlossen Weihnachten bis Ende Febr. Broad Street, ☎ 01544-260650, www.judgeslodging.org.uk.

Saint Andrew's Church: Auf der Broad Street, kurz bevor diese die Brücke nach England überquert, steht die imposante Andreaskirche. Der walisische Name von Presteigne bedeutet „Der heilige Ort von Andreas". Das Bauwerk zeigt sächsische und normannische Bauelemente, u. a. zwei normannische Säulen, Kirchenfenster, ein Taufbecken aus dem 15. Jahrhundert sowie den weithin sichtbaren Wehrturm aus dem 14. Jahrhundert.

Information Tourist Information Centre, im Judge's Lodging an der Broad Street. Öffnungszeiten wie das Judge's Lodging (s. o.). ☎ 01544-260650, www.presteigne.org.uk.
Hin und weg Der Bus hält vor dem Radnorshire Arms Hotel und fährt nach Kington und Knighton.
Übernachten Radnorshire Arms Hotel, die wohl spannendste Art, in Presteigne zu übernachten, bietet dieses frisch renovierte Gebäude aus dem frühen 17. Jahrhundert. Neben historisch eingerichteten Räumen gibt es auch gemütliche moderne, die allerdings weniger originell sind. Im Gebäude befindet sich ein gutes Restaurant mit Biergarten. Moderne und historische EZ ab 85 £, DZ ab 115 £. High Street, ☎ 01544-267406, ✉ 260418, www.radnorshirearmshotel.com.

Knighton (Tref-y-Clawdd)

Das Städtchen mit seinen romantischen Fachwerkhäusern entlang verwinkelter enger Gassen liegt in den Marches direkt an der walisisch-englischen Grenze: Ein Teil von Knighton liegt in England, der andere in Wales. Das Schicksal dieser Region wurde lange von den Marcher Lords bestimmt, die sich im nahen englischen Ludlow Castle regelmäßig zu ihrem Council, der Ratsversammlung, trafen.

Knighton (oder Tref-y-Clawdd – „Stadt am Dyke") ist durch seine Lage in der Mitte des *Offa's Dyke Path*, am *Glyndŵrs Way* und weiteren Wanderwegen wie dem *Herefordshire Trail* oder *Kerry Ridgeway* ein Zentrum für Natur- und Wanderfreunde (→ Kastentext „Glyndŵrs Way"). Die Marcherlords of Mortimer beherrschten Knighton von ihrem Sitz in Wigmore, das direkt hinter der heutigen Grenze liegt. Von ihrer Anwesenheit zeugen die spärlichen Überreste zweier normannischer Burghügel *(Motte)* im Stadtgebiet. Der Clock Tower im Stadtzentrum steht an der Stelle, wo die Männer bis in die Mitte des 18. Jahrhunderts ihre Frauen verkauften. Wollte ein Mann sich von seiner Frau scheiden lassen, brachte er sie zum „Verkauf" an diesen Platz.

Spaceguard Centre: Das Observatorium direkt vor der Stadt ist Mitglied eines Verbunds von weltweit verteilten Beobachtungsstationen, dem Spaceguard-Programm. Seine Aufgabe ist es, für die Erde gefährliche Kometen und Asteroiden rechtzeitig zu entdecken. Und weil der Himmel über Knighton besonders klar ist, sind hier auch sehr viele Himmelskörper zu sehen. Der Komplex mit Planetarium und einer der größten Camerae Obscurae in Europa ist für Besucher geöffnet.
Führungen Mai–Sept. Mi–So 10.30, 14 und 16 Uhr. Okt.–April Mi–So 14–16 Uhr. Eintritt 7 £, Kind 4 £. Llanshay Lane, ☎ 01547-520247, www.spaceguarduk.com.

Pilleth: 7 km südlich von Knighton; Edmund Mortimer, ein hochrangiger englischer Adliger, wurde hier 1402 in einer der für Wales bedeutendsten Schlachten, der *Battle of Bryn Glas*, von Owain Glyndŵr besiegt und gefangen genommen. Die

Knighton 247

Engländer ließen sich mit dem Lösegeld zu viel Zeit. Und so verbündete sich Edmund irgendwann mit seinem Gegner und heiratete später sogar Glyndŵrs Tochter. Auf dem Bryn Glas Hill befinden sich die **St Mary Church** und eine heilige Quelle.

Einwohner 3000

Information Tourist Centre, Nov.–März Mo–Sa 10–16, April–Okt. 10–17 Uhr. Ausführliche Infos und Material für Wanderer, auch eine Broschüre für den historischen Town Trail ist erhältlich; dazu gibt's eine informative, interaktive Ausstellung zu Wanderwegen und der Grenzregion, zu deren Geschichte und Natur. Im Offa's Dyke Centre, West Street, ✆ 01547-528753, www.offasdyke.demon.co.uk, www.visitknighton.co.uk.

Hin und weg Bus: Verbindung nach Presteigne (25 Min.), Newtown (1 Std.) sowie über Builth Wells nach Llandrindod.

Bahn: Bahnhof an der Station Road, bereits auf der englischen Seite der Stadt. Die Heart-of-Wales-Linie fährt nach Swansea (3¼ Std.), Llandrindod Wells (35 Min.), Llanwrtyd Wells (1 Std.) und Shrewsbury (1 Std.).

Übernachten Fleece House, kleines uriges Haus, entspannte Atmosphäre. Das ehemalige Coaching Inn hat eine umfangreiche Sammlung an Broschüren und Büchern zum Thema Wandern. Die beiden DZ gibt es ab 75 £. Market Street, ✆ 01547-520168, www.fleecehouse.co.uk.

Knighton Hotel, freundliches, stilvolles, privat geführtes Haus mit einer erfrischenden Mischung aus Historie und Moderne. Der Hauch von Businesshotel tut dem angenehmen Aufenthalt keinen Abbruch. EZ ab 80 £, DZ ab 95 £. Broad Street, ✆ 01547-520530, ✉ 520529, www.theknighton.com.

The Horse & Jockey Inn, das ehemalige Coaching Inn aus dem 14. Jahrhundert hat neben einer tollen Bar mit Außenbereich im Hof auch sechs urig eingerichtete Zimmer, teilweise mit Natursteinwänden. EZ 60 £, DZ ab 75 £. Station Road, ✆ 01547-520062, www.thehorseandjockeyinn.co.uk.

Camping Panpwnton Camp Site, der Knighton nächstgelegene Zeltplatz, nur ein kleines Stück nördlich der Stadt, direkt an Offa's Dyke. Wiese für etwa 20 Zelte. Pro Person 5 £. Panpwnton Farm, Knighton, ✆ 01547-528597.

Essen & Trinken The Horse and Jockey Inn, beliebter Gastropub mit Restaurant, zwei Bars und vor allem einem begehrten Biergarten im Hof – im kulinarisch gerade gesegneten Knighton ein Segen! Station Road, ✆ 01547-520062, www.thehorseandjockeyinn.co.uk.

Milebrook House Hotel, 2 Meilen östlich von Knighton in einem Park. Das frühere Wohnhaus des Reiseautors Sir Wilfred Thesiger wurde bereits mehrfach ausgezeichnet, die moderne britische Küche des Restaurants fand Erwähnung im Michelin Guide. Das Hotel wurde 2015 zum besten Hotel von Wales gekürt. An der Straße nach Ludlow (A 4113), Milebrook, Knighton, ✆ 01547-528632, www.milebrookhouse.co.uk.

Glyndŵrs Way

Der 217 km (134 Meilen) lange Weg ist nach dem walisischen Nationalhelden benannt und hat den Status eines National Trails. Er führt in einem großen Bogen von Knighton über Machynlleth nach Welshpool (mit Anschluss an den Offa's Dyke Path). Von Welshpool nach Knighton sind es auf direktem Weg nur knapp 50 km. An einem Stück gewandert, braucht man für den gesamten Glyndŵrs Way etwa neun Tage. Der Fernwanderweg führt durch recht unbesiedeltes Gebiet mit Stauseen, Flüssen, Wäldern und offenem Farm- und Hügelland. Streckenweise müssen sich die Wanderer den Weg mit Radlern (abschnittsweise Asphaltwege) und Reitern teilen. Wie alle National Trails ist auch Glyndŵrs Way mit dem Eichelsymbol markiert. Der Nachteil teilweise mangelnder Ausschilderung (Karte oder GPS verwenden) wird dadurch wettgemacht, dass der Wanderweg nicht überlaufen ist.

Auskünfte zum Trail sowie Infos und Online-Bestellmöglichkeiten zu Karten und Wanderführern: ✆ 01597-827562, www.nationaltrail.co.uk/glyndwrsway oder ✆ 01874-622485, www.tourism.powys.gov.uk.

Die Staumauer von Lake Vyrnwy

Montgomeryshire

Unsere Tour führt von Llanidloes über Newtown in Richtung Norden nach Welshpool.

Llanidloes

Llanidloes, an der A 470 zwischen Rhayader und Newtown gelegen, ist ein kleiner, schnuckeliger Ort mit schiefergedeckten Häusern am Ufer des hier noch kleinen Severn-Flusses – genauer gesagt, ist es der erste Ort am Severn. Einige malerische Gebäude schmücken das Städtchen, u. a. die in Wales einzigartige **Old Market Hall**, ein auf Holstelzen errichteter Fachwerkbau aus der Zeit zwischen 1612 und 1622. Der *Timber Frame Trail* führt zu weiteren Fachwerkhäusern in der Stadt. Das **Minerva Arts Centre** ist das Zuhause der Quilt Association und ihrer Sammlung von Kilts, den berühmten walisischen Schottenröcken (www.quilt.org.uk). Im Ort sind viele Hippies hängengeblieben und so ist auch die Atmosphäre in Llanidloes etwas ungewöhnlich. Die *Fancy Dress Party* und der *Llanidloes Carnival*, große, ausgelassene Straßenfeste mit Köstümierten, passen da perfekt hinein. Mehr Infos auf www.llanidloes.com.

Newtown (Y Drenewydd)

Der rund 13.000 Einwohner zählende Ort ist die größte Stadt im ländlichen County Powys. Sein Zentrum findet sich übersichtlich in einer Schleife des Severn-Flusses. Umgeben ist Newtown von endlosen Schafweiden in der leicht hügeligen Landschaft. Die Stadt entstand im 13. Jahrhundert, hat insofern einiges an Geschichte zu bieten, ist touristisch jedoch weitgehend uninteressant. Die einzigen Relikte der mittelalterlichen Vergangenheit sind die kaum mehr erkennbaren Überreste der normannischen *Motte* – auch **Newport Castle** genannt, völlig überwachsen liegen sie in einem Park. Der bekannteste Sohn der Stadt ist Robert Owen, der geistige „Vater des Sozialismus". Er wuchs in dieser von Textilindustrie geprägten Stadt auf, verließ sie aber schon als Kind und kehrte erst kurz vor seinem Tod wieder zurück.

Robert Owen Memorial Museum: Robert Owen wurde 1771 in Newport geboren und zog in die Welt hinaus, um zu einem führenden Sozialreformer im Großbritannien der industriellen Revolution zu werden. Erst spät kehrte er in seine Geburtsstadt zurück und starb hier 1858. Owen ist in der **St Mary's Church** begraben. Dem berühmtesten Newtowner ist dieses kleine Museum gewidmet.

Tägl. Mo–Fr 11–15 Uhr, Anfang Juli bis Anfang Sept. Sa 12–15 Uhr. Eintritt frei. The Cross, Broad Street, ✆ 01686-626345, www.robert-owen-museum.org.uk.

Textile Museum: Der aus sechs Weaver's Cottages bestehende Gebäudekomplex ist eine typische Textilfabrik des 19. Jahrhundert. Das Museum ist der Geschichte von Newport als walisischem Zentrum der Textilindustrie gewidmet. In der Stadt wurden ab dem späten 18. Jahrhundert vor allem Wolle und Flanellstoffe hergestellt. Das Museum beleuchtet die Hochs und Tiefs dieser Industrie und zeigt zahlreiche interessante Exponate wie Webstühle und Maschinen. Sehenswert ist auch das nachgebaute Weaver's Cottage sowie ein typischer Arbeitsplatz aus den 1830er-Jahren.

Juni–Aug. tägl. außer Mi und So 14–17 Uhr. Erw. 1 £, erm. 50 p. 5-7 Commercial Street, ✆ 01686-622024, www.powys.gov.uk/newtownmuseum.

W. H. Smith Museum: Als die große Kaufhauskette W. H. Smith in den 1970ern ein großes Modernisierungsprogramm durchzog, beschloss die Geschäftsleitung, einen einzigen Laden in dem Zustand zu konservieren, wie früher alle W.-H.-Smith-Filialen aussahen. Die Wahl fiel auf Newtown. Der Laden wurde in den Zustand seiner Eröffnung im Jahr 1927 originalgetreu umgebaut. Der Erfolg war umwerfend, und so entschied das Unternehmen, im Obergeschoss ein kleines Firmenmuseum über die Geschichte seit seiner Gründung im Jahr 1792 einzurichten.

Mo–Sa 10–17 Uhr. Eintritt frei. 24 High Street, ✆ 01686-626280.

Einwohner 13.000

Information In Newtown gibt es keine Touristinformation. Das nächstgelegene Informationsbüro befindet sich in Welshpool.

Hin und weg Bahn: Bahnhof am südlichen Rand des Stadtzentrums. Newtown liegt an der regelmäßig frequentierten Eisenbahnstrecke von Welshpool nach Machynlleth.

Bus: Verbindung nach Llandrindod (1 Std.), Llanidloes (30 Min.), Machynlleth (1 Std.), Welshpool (40 Min.).

Welshpool (Y Trallwng)

Das Städtchen mit seiner vorwiegend georgianischen und viktorianischen Architektur und großzügig angelegten Straßen liegt im oberen Tal des Severn. Aufgrund der Nähe zu England findet man hier eine überwiegend englischsprachige Bevölkerung vor. Jeden Montag ist in Welshpool großer Viehmarkttag, dessen Tradition bis in das 7. Jahrhundert zurückreicht. Der Ort hieß früher einfach Pool. Erst 1835 bekam er den Zusatz „Welsh", um nicht mit dem englischen Poole östlich von Bournemouth verwechselt zu werden. Touristische Höhepunkte sind neben der *Welshpool and Llanfair Light Railway* vor allem *Powis Castle* (→ Umgebung von Welshpool).

Powysland Museum: Das Museum in einem historischen Hafenspeicher am Montgomery Canal zeigt die Geschichte der Region von den ersten prähistorischen

Welshpool and Llanfair Railway

Bewohnern bis heute. Die umfangreiche und detailreiche Sammlung umfasst Schätze aus dem Neolithikum, der Römerzeit sowie zahlreiche landwirtschaftliche Gerätschaften. Auch interessante Wechselausstellungen finden regelmäßig statt.

Werktags 11–13 und 14–17 Uhr, Mi geschlossen. Juni–Aug. auch Sa/So ab 10 Uhr. Sept.–April auch Sa 11–14 Uhr. Erw. 1 £, erm. 50 p. The Canal Wharf, ✆ 01938-554656.

Welshpool and Llanfair Light Railway: Die Broad Street führt vom Stadtkern weg einen Hügel hinauf zum Raven Square, an dem sich der Bahnhof der Eisenbahnlinie befindet. Die Linie verbindet Welshpool mit dem 25 km entfernten Llanfair und führt abwechslungsreich durch die schöne mittelwalisische Landschaft. Die Strecke wurde zwischen 1903 und 1956 betrieben und bereits ab 1963 von Freiwilligen der WLLR auf vorerst nur einem Teilstück reaktiviert. Inzwischen wird der gesamte Abschnitt von in aller Welt gesammelten Lokomotiven befahren.

Zwischen April und Sept. fahren die Züge auf der historischen Eisenbahnstrecke fast täglich. Im Jan. und Febr. keine Fahrten. Erw. 12,80 £, Kind 3–15 J. 4 £, Senior 11,80 £. Fahrplan: ✆ 01938-810441, www.wllr.org.uk.

Information Touristinformation, eines der wenigen Büros in der Region. Mo–Sa 9.30–17, So 10–16 Uhr. Vicarage Gardens, Welshpool, Church Street, ✆ 01938-552043, www.welshpool.org.

Hin und weg Bus: Old Station an der Severn Road. Busse nach Llanidloes (80 Min.), Newtown (35 Min.), Shrewsbury (45 Min.).

Bahn: Bahnhof ebenfalls in der Severn Road, neben dem Busbahnhof. Züge nach Aberystwyth und Birmingham (jeweils 1½ Std.), Machynlleth (1 Std.), Newtown (15 Min.), Pwllheli (3½ Std.) und Shrewsbury (30 Min.).

Übernachten Royal Oak, traditionelles historisches Hotel inmitten der Stadt. Das ehemalige Coaching Inn ist die wohl beste Bleibe von Welshpool. Es gibt mehrere Zimmerkategorien: Standard, Contemporary und Classic. DZ ab 69 £. The Cross, ✆ 01938-552217, www.royaloakhotel.info.

Moors Farm, von Welshpool auf der A 483 nach Oswestry; das Gebäude in wunderbarer Lage war einst das Hauptfarmhaus von Powis Castle und schmückt sich mit

5 AA-Sternen – bester Komfort, tolles Frühstück. EZ ab 60 £, DZ ab 80 £, jeweils inkl. Frühstück. Moors Farm, Oswestry Road. ℡ 01938-553395, www.moors-farm.com.

Essen Checkers, die Fahrt ins 12 km südlich gelegene Restaurant mit französischer Küche und französischem Koch lohnt sich. Schon kurz nach der Eröffnung wurde es 2011 erstmals mit einem Michelinstern ausgezeichnet. Broad Street, Montogmery, ℡ 01686-669822, www.thecheckersmontgomery.co.uk.

Umgebung von Welshpool

Powis Castle: Hoch oben auf einem Bergrücken thront südwestlich von Welshpool, einen 2 km kurzen Spaziergang entfernt, die mit rotem Stein errichtete Burg – der walisische Name Castell Coch bedeutet „Rote Burg". Powis Castle ist eine der eindrucksvollsten in Wales, sie vereint Architekturstile aus sieben Jahrhunderten. Um 1200 errichtet, wurde sie im Gegensatz zu vielen anderen Festungen im Land nach dem Ende ihrer militärischen Funktion nicht aufgegeben, sondern ab 1578 von Sir Edward Herbert zu einem herrschaftlichen Familiensitz mit wunderschönem Garten umgestaltet.

Der 10,5 Hektar große **Garten** ist weltberühmt. Terrassenförmig steigt er von den baumbestandenen Wiesen den Hang zur Burg hinauf, in seinem heutigen Zustand wurde er im frühen 18. Jahrhundert im Stil der französischen und italienischen Gartenbaukunst angelegt. Die Anlage, zu der auch eine Orangerie gehört, leuchtet fast das ganze Jahr über in den verschiedensten Farben.

Das **Clive Museum** im Castle zeigt von Baron Clive zusammengetragene Schätze aus Indien: neben Stoffen, Rüstungen und kostbaren Arbeiten aus Jade und Elfenbein auch ein prächtiges Zelt. Briefe, Tagebücher und Notizen geben einen Einblick in das Leben der britischen Kolonialherren in Indien. Die Burg verfügt über eine der bedeutendsten Sammlungen von Gemälden und Möbeln in Wales – ein Raum ist hier schöner eingerichtet als der andere!

Museum: Jan.–Febr. und Nov.–Dez. tägl. 12.30–15.30 Uhr. März und Okt. tägl. 12.30–16 Uhr. April–Sept. tägl. 12.30–17 Uhr. *Garten, Laden, Restaurant:* Jan.–Febr. und Nov.–Dez. tägl. 11–15.30 Uhr. März und Okt. tägl. 11–16.30 Uhr. April–Sept. tägl. 11–17.00 Uhr. Eintritt Castle und Garten 12,15 £, Kind 6,07 £. ℡ 01938-551929, www.nationaltrust.org.uk.

Wo viel Wasser ist, sind viele Wasserfälle

Cardigan Bay   (Bae Ceredigion)

Markant schwingt sich die Cardigan Bay (walisisch *Bae Ceredigion*) in großem Bogen von Pembrokeshire im Süden bis zur Halbinsel Llŷn im Norden über die gesamte Westküste von Wales. Von Cardigan aus führt der 96 km lange *Ceredigion's Coast Path* (www.ceredigioncoastpath.org.uk) entlang endloser Strände, spektakulärer Steilklippen mit Höhlen und versteckter Buchten bis zum Delta des Dovey-Flusses. Die abwechslungsreiche Küste ist Lebensraum für zahlreiche Tierarten, besonders Seevögel, Kegelrobben und Delphine fühlen sich hier wohl. Ceredigion ist ein altes und neues County. Der Name geht auf einen walisischen Herrscher Namens Ceredig zurück, der hier im 5. Jahrhundert ein Königreich begründete. Erst seit 1996 heißt das County wieder mit altem Namen Ceredigion, zuvor trug es jahrhundertelang den anglisierten Namen Cardiganshire.

Die Region verfügt, zum Glück für Urlauber, über so gut wie keine Industrie. Ceredigion lebt überwiegend vom Tourismus und lockt mit einer Reihe von Bäderorten, von denen **New Quay** und **Llangrannog** die beliebtesten sind. Vor Ankunft von Straßen und Eisenbahn war die Gegend vom restlichen Wales fast völlig abgeschnitten. Nur kleine, beschwerliche Pfade führten durch die den Küstenstreifen wie ein Riegel abgrenzenden *Cambrian Mountains* zu den Viehmärkten und Handelsplätzen dahinter. Entsprechend stark und ursprünglich sind die walisische Kultur und Sprache hier ausgeprägt. Die Cambrian Mountains sind ein Paradies für Wanderer und Biker, die die Abgeschiedenheit lieben.

Cardigan   (Aberteifi)

Cardigan liegt, je nachdem, am Anfang oder am Ende des *Pembrokeshire Coast Path*. Entsprechend wird das Städtchen mit seinen farbenfrohen Häusern von Wanderern frequentiert. Der Fernwanderweg befindet sich direkt auf der anderen Uferseite des Tywi-Flusses in St Dogmaels in Pembrokeshire. Das südlich direkt an Cardigan angrenzende Shire setzt sich mit seiner reizvollen Landschaft denn auch nördlich in Ceredigion fort; hier befinden sich mit der *St Dogmaels Abbey* und dem *Welsh Wildlife Centre* auch die wenigen touristischen Höhepunkte von Cardigan. Die mittelalterliche **Old Cardigan Bridge** führt nach Pembrokeshire. Direkt an der Brücke finden sich die Überreste des **Cardigan Castle**. Lange vernachlässigt und überwachsen, wurde 2011 mit der 12 Millionen Pfund teuren Restaurierung begonnen (www.cardigancastle.com). Seit 2015 sind Burg und Grünanlagen mit Restaurant und Übernachtungsmöglichkeit wieder eine Attraktion. Oben im Ort steht an der malerischen *High Street* der neugotische Bau der **Guildhall** (www.guildhall-cardigan.co.uk). Der 1860 vollendete Bau beherbergt heute den **Cardigan Market** (Mo-Sa 9–18 Uhr), in dem neben Lebensmitteln alles mögliche andere feilgeboten wird. Kaum zu glauben, dass Cardigan im 19. Jahrhundert bis zum Versanden des Flussbetts des Tywi einer der größten britischen Häfen war.

St Dogmaels Abbey and Coach House: Gegenüber von Cardigan auf der anderen Flussseite, durch eine Brücke mit der Stadt verbunden. Die Abtei von St Dogmaels ist eine normannische Gründung im Jahr 1120 an der Stelle einer keltischen Vorgängeranlage. Die aus dem 15. Jahrhundert stammenden Bodenfließen in der Ruine sind noch erhalten. Das Kloster beherbergte einst die berühmte Bibliothek *Eusebius' Historia Ecclesiastica* aus dem 13. Jahrhundert – sie befindet sich heute im

St Dogmaels Abbey

St John's College in Cambridge. Im restaurierten **Coach House** präsentiert heute ein Museum eine Sammlung von Funden aus frühchristlicher Zeit sowie Steinmetzarbeiten aus der Abtei. Hier befindet sich auch ein Café.
Tägl. 10–16 Uhr. Eintritt frei. ✆ 01443-336000, www.cadw.gov.wales.

Welsh Wildlife Centre: Das Schutzgebiet des WWC befindet sich etwa 4 km südlich von Cardigan, an den Ufern des Tywi. Markant erhebt sich das aus Glas und Holz gebaute Visitor Centre mit seinem *Glasshouse Café* über das Marschland rund um den Fluss. Das relativ kleine Areal ist Lebensraum zahlreicher Vögel, Otter und seltener Pflanzen. Verschiedene kurze Wanderwege führen durch die Feuchtgebiete. Das Zentrum organisiert auch spannende Führungen und Lehrveranstaltungen, und die Kinder können auf einem großen Abenteuerspielplatz die Natur spielend erfahren.
1. April bis 4. Nov. tägl. 10.30–17 Uhr. 7. Nov. bis 23. Dez. Mi–So 10.30–16 Uhr. Eintritt frei, Parkplatz 3 £. ✆ 01239-621600, www.welshwildlife.org.

Information Touristinformation, Juli–Aug. tägl. 10–17 Uhr. Sept.–Juni Mo–Sa 10–17 Uhr. Im Theatr Mwldan, Bath House Road, ✆ 01239-613230, cardigan@ceredigion.gov.uk, www.visitcardigan.com.

Hin und weg Bushaltestelle am Finch Square. Verbindung nach Aberaeron (50 Min.), Aberystwyth (2 Std.), Carmarthen (1½ Std.), Cilgerran (5 Min.), Llangrannog (1 Std.) und New Quay (1 Std.).

Übernachten Lleti Teifi **3**, das quietschpinkfarbene Haus beherbergt Cardigans erstes Boutique-B & B. Die 10 modernen Zimmer sind komfortabel eingerichtet. Zum Haus gehört auch ein *Restaurant*. EZ ab 50 £, DZ ab 70 £. Prendre Road, ✆ 01239-615566, www.llety.co.uk.

Gwbert Hotel **1**, in Gwbert, 5 km nördl. an der Küstenstraße B 4548 Richtung Cardigan Island. Abgelegenes Hotel am Ende einer Straße unmittelbar an der Küste – eine der stilvollsten Unterkunftsmöglichkeiten bei Cardigan. Das *Flat Rock Bistro* verwöhnt mit vorzüglichem Essen. EZ ab 60 £, DZ ab

85 £. Gwbert, ✆ 01239-612638, www.gwberthotel.com.

YHA Poppit Sands 4, exzellente Jugendherberge, romantisch am Meer gelegen, am Ende des Pembrokeshire Coast Path. Auf dem Gelände um das Haus kann man zelten. Mini-Laden vorhanden, ein größerer Shop befindet sich im benachbarten Dorf. Bett ab 20 £, Zimmer ab 34,50 £. Geschlossen im Winter. Sea View, Poppit, Cardigan. Bus Nr. 407 hält etwa einen Kilometer entfernt. Das letzte Stück zu Fuß. ✆ 0845-3719037, www.yha.org.uk.

Camping Blaenwaun Farm 2, knapp 8 km von Cardigan nach Norden auf der A 487. Caravanpark und Zeltplatz direkt am Meer, oberhalb von Mwnt Beach mit seiner historischen Kirche, von seiner erhöhten Lage wunderbare Aussicht auf Cardigan Bay. Großer Spielplatz, moderne, kostenfreie Sanitäranlagen und ein Laden; der ist auch nötig, denn weit und breit gibt es keine andere Einkaufsmöglichkeit. Stellplatz ab 15 £. Mwnt, Cardigan, ✆ 01239-613456, www.blaenwaunfarm.com.

Fforest Campsite 5, Luxuscamping 3 km südlich der Stadt, nahe des Tywi an einem Wäldchen. Hier baut man sein Zelt nicht auf, hier mietet man ein Kuppelzelt oder Tipi mit integrierter Küche. Auf dem bildhübschen Gelände gibt es Kneipe und Sauna. Die Besitzer organisieren Kanutouren und betreiben in Cardigan das *Fforest Café* an der Castle Street. Meist Mindestaufenthalt von 3 Tagen erforderlich. 2 Personen ab 76 £ für alle 3 Tage (!). Fforest Farm, Cwmplysgog, Cilgerran, ✆ 01239-623633, www.coldatnight.co.uk.

Umgebung von Cardigan

Newcastle Emlyn (*Castell Newydd Emlyn*): Zwischen Carmarthen und Cardigan, etwa auf halber Strecke, liegt im Südosten von Cardigan dieser malerische Ort. In seiner Umgebung befinden sich das National Wool Museum und das Coracle-Korbbootzentrum, auch die Teifi Valley Railway fährt hier durch.

National Wool Museum in Dre-fach Felindre: Die Wollindustrie war eine der bedeutendsten Industrien in Wales und das Örtchen Dre-fach Felindre eines ihrer wichtigen Zentren. Das Nationale Wollmuseum ist in der alten Cambrian Mill untergebracht. In der neu und ansprechend gestalteten Ausstellung kann man die Gebäude, historische Maschinen und den Herstellungsprozess von der Bearbeitung der Wolle bis zum fertigen Produkt besichtigen. In einem Teil des Museums wird heute noch Wolle verarbeitet, die man im Museumsladen kaufen kann.

April–Sept. tägl. 10–17 Uhr, Okt.–März nur Di–Sa. Eintritt frei. Dre-fach Felindre, ca. 5 km südöstlich von Newcastle Emlyn, ✆ 01559-370929, www.museumwales.ac.uk/wool.

National Coracle Centre in Cenarth: 4,5 km westlich von Newcastle Emlyn befindet sich im Örtchen Cenarth das Zentrum für Korbboote. Das kleine Museum sammelt diese seltsame Art von Booten aus aller Welt. Die ovalen, unförmig wirkenden *Coracles* sind typisch für Wales, und so kommt der Großteil der ausgestellten Exemplare auch von hier. Es gibt Informationen zu ihrer Geschichte und Workshops zu deren Bau. Bereits Julius Cäsar wunderte sich über die merkwürdigen Schwimmgeräte, die eine spezielle Paddeltechnik erfordern. Der Vorteil der Coracles ist, dass sie so leicht sind, dass man sie auf dem Rücken umhertragen kann.

Ostern bis Sept. So–Fr 10.30–17.30 Uhr. ✆ 01239-710980, www.coraclemuseum.co.uk.

Teifi Valley Railway: Die Bahnstrecke führt durch das Tal des Teifi mit seinen wunderschönen Wäldern und Wasserfällen. Der Teifi ist der längste Fluss, der ausschließlich durch walisisches Gebiet verläuft. Die Schmalspurbahn fährt über ca. 3 km von Henllan nach Llandyfriog auf der historischen Strecke von Carmarthen nach Aberystwyth. Auf der Rückfahrt kann man am *Haltepunkt Pontprenshitw* aussteigen und die Klamm mit der sie überspannenden Brücke sowie einen Wasserfall besichtigen. Auch Fahrten mit Miniaturzügen werden angeboten.

Abfahrt in Henllan, 5 km östlich von Newcastle Emlyn. Unregelmäßiger Fahrplan, Auskunft unter ✆ 01559-371077, www.teifivalleyrailway.com.

Cilgerran Castle: 16 km westlich von Newcastle Emlyn entlang des Teifi bzw. 5 km südlich von Cardigan liegt Cilgerran Castle. Die Burg wurde 1165 erstmals erwähnt, als Lord Rhys sie den Normannen abnahm. Zwei markante Türme bestimmen ihr Erscheinungsbild; diese Konstruktion anstelle eines Burgfrieds ist für den Burgenbau dieser Zeit eher außergewöhnlich. Cilgerran steht dominant an einem wichtigen Flussübergang des damals noch bis dorthin schiffbaren Teifi. Die Festung war heiß umkämpft und wechselte häufig die Besitzer. Wege führen hoch oben auf den Befestigungsanlagen entlang und erlauben eine gute Sicht über die Burg und die schöne Umgebung.

April–Okt. tägl. 10–17 Uhr, Erw. 3,50 £, Kind 2,65 £. Nov.–März 10–16 Uhr, Eintritt frei. ✆ 01239-621339, www.cadw.wales.org.uk.

Aberaeron

Das schnuckelige Hafenstädtchen mit seinen rechtwinklig verlaufenden Straßen und knallbunten Häusern wurde im 19. Jahrhundert auf dem Reißbrett geplant. Die einheitliche Architektur der Gebäude im Regency-Stil und deren Anlage um einen zentralen Platz und den Hafen herum sind für Wales ungewöhnlich.

Die Planung für den Ort mit heute gerade einmal 1500 Einwohnern lag bei dem wohlhabenden Pfarrer Alban Thomas Jones Gwynne. Ab 1807 ließ er auf eigene Kosten, genauer gesagt mit dem Geld seiner Frau, den Hafen erweitern. In den

Jahrzehnten danach entstand drum herum die neue Planstadt im Biedermeierstil. Zentraler Platz des Städtchens ist der **Alban Square**, die *Bridge Street* (A 487) zieht sich als Hauptachse hindurch. Direkt am Hafen verläuft die wohl bunteste Straße von Aberaeron, die **Quay Parade**. Wer einige Zeit durch die Straßen gelaufen ist, hat sich an den Häusern allerdings wohl bald sattgesehen. Hier und da gibt es interessante kleine Geschäfte, Cafés und Pubs. An der *Clos Pengarreg* befindet sich mit dem **Aberaeron Craft Centre** eine Ansammlung von Handwerks- und Souvenirläden. Alles in allem hat man Aberaeron in weniger als einem halben Tag gut kennengelernt.

Jedes Jahr im Juli findet das **Cardigan Bay Seafood Festival** statt, ein kulinarischer Höhepunkt in der Region. Neben den vielen Essens- und Getränkeständen gibt es ein großes kulturelles Angebot. Die Straßen sind voll mit Musik und Straßenunterhaltung, und man kann jede Menge Leckereien kostenlos probieren (aktuelles Programm in der Touristinformation).

Information Tourist Information Office, Mo–Mi und Fr–Sa 10–16 Uhr. Geschlossen am Do und an Feiertagen, in den Sommerferien auch So geschlossen. Am Ende der Quai Parade. ✆ 01545-570602, aberaerontic@ceredigion.gov.uk, www.discoverceredigion.co.uk.

Hafen und Kirche von Aberaeron

Hin und weg Bus: Regelmäßig Verbindung nach Aberystwyth (40 Min.), Cardigan (1 Std.), Carmarthen (1 Std. 40 Min.), Lampeter (40 Min.) und New Quay (20 Min.). Bushaltestellen an der Bridge Street in Höhe des Alba Square.

Übernachten/Essen & Trinken Der kleine Ort bietet eine stattliche Zahl guter Unterkünfte.

Arosfa Guesthouse, am Hafen; das wohl netteste B & B der Stadt. Das giftgrüne Haus strahlt innen gediegene Atmosphäre aus. Besitzer Bill Griffiths bereitet auch ein tolles walisisches Frühstücksbüfett zu. EZ ab 35 £, DZ ab 30 £ pro Pers., jeweils inkl. Frühstück. 8 Cadwgan Place, ✆ 01545-570120, www.arosfaguesthouse.co.uk.

Coedmor Guesthouse, am Hafen; freundliche Lokalität mit drei Zimmern, großem Frühstücksbüfett und Parkplätzen vor dem Haus. Zimmer ab 33 £/Pers. inkl. Frühstück. 2 Cadwgan Place, ✆ 01545-571615.

》》Mein Tipp: Harbourmaster Hotel, das wohl gediegenste und teuerste Haus am Platz. Das Hotel verteilt sich über drei denkmalgeschützte Gebäude. Die modernen und komfortablen Zimmer sind stilvoll eingerichtet, das Frühstück ist großartig. Das angeschlossene *Restaurant* und der *Pub* erfreuen sich großer Beliebtheit. EZ ab 60 £, DZ ab 110 £ inkl. Frühstück. Quay Parade, ✆ 01545-570755, www.harbour-master.com. 《《

Feathers Royal Hotel, traditionelles Hotel in einem Gebäude aus dem 18. Jh. Familiäre und komfortable Atmosphäre, *Restaurant* mit feiner Küche und Bar; kostenfreie Parkplätze am Haus. Behindertengerecht. EZ ab 79 £, DZ ab 125 £, inkl. Frühstücksbüfett. Alban Square, ✆ 01545-571740, www.feathersroyal.co.uk.

Castle Hotel, Boutiquehotel in einem knallroten Gebäude in zentraler Lage. Die Inneneinrichtung von Designerin Ann Hughes strahlt Modernität und Weltoffenheit aus. *Restaurant* und Bar vorhanden. EZ ab 70 £, DZ ab 90 £. Sonderangebote auf der Webseite. 20 Market Street, ℡ 01545-570205, ℻ 571442, www.castle-hotel-aberaeron.co.uk.

>>> **Mein Tipp:** Ty Mawr Mansion, unweit von Llanerchaeron. Luxuriöses Landhotel mit zahlreichen Auszeichnungen. Denkmalgeschützte Bausubstanz trifft hier auf edles Ambiente. Das *Restaurant* tischt schmackhafteste Kreationen aus der Region auf. Ein besonderes Glanzlicht im Ty Mawr Mansion ist das *Privatkino*. EZ ab 140 £, DZ ab 180 £ inkl. Frühstück. Cilcennin, Lampeter, ℡ 01570-470033, www.tymawrmansion.co.uk. <<<

Llanerchaeron

Das gut erhaltene alte Landgut liegt ein paar Kilometer landeinwärts von Aberaeron. Die Villa, auch bekannt als **Llanaeron House**, wurde 1794 nach Plänen des renommierten Architekten John Nash (entwarf den Buckingham Palace) errichtet. Die sorgsam gestalteten Räume um eine zentrale Treppenanlage geben Einblick in den Lebensstil von zehn Generationen der hier fast 200 Jahre lebenden Familie der Lewes. Drum herum ein Park mit See und die teilweise restaurierten Gebäude und Gärten des walisischen Gutes aus dem 18. Jahrhundert. Das Areal schlief jahrhundertelang einen Dornröschenschlaf und blieb von größeren Umbauten weitgehend verschont. Der für die Gegend typische Landwirtschaftsbetrieb des 18. Jahrhunderts umfasst Werkstätten, Pferdeställe, Brauerei, Getreidekammern und zwei ummauerte Gärten. 1989 übernahm der National Trust das Areal. Die Mischung aus Verfall und teilweise wiederaufgebauten Gebäuden verströmt eine besondere Atmosphäre. Besonders im Frühjahr und Herbst sind die Obstgärten wunderschön, auf den Wiesen grasen seltene Haustierrassen wie Welsh Black Cattle, Llanwenog Sheep und walisische Schweine. Llanerchaeron ist heute wieder eine lebendige Farm. Obst, Gemüse, Kräuter und andere Produkte der Biofarm werden im Laden vor Ort verkauft. Im *Visitor Building* befindet sich ein Café.

In direkter Nachbarschaft von Llanerchaeron steht die **St Nun Church**, deren Ursprünge bis ins Jahr 1284 zurückreichen; an der Umgestaltung der Kirche im 18. Jahrhundert war John Nash vermutlich ebenfalls beteiligt.

Llanaeron House: Ende Febr. bis Anfang Nov. tägl. ab 11.30 Uhr. Gärten, Farm und Park sind ganzjährig geöffnet (25. Dez. geschlossen). Eintritt 6,90 £, Kind 3,45 £, Familie 17,09 £. Bei Anreise mit Fahrrad oder öffentlichen Verkehrsmitteln sowie im Winter günstiger. Eintritt in den Park kostenlos. Ciliau Aeron, bei Aberaeron. ℡ 01545-570200, www.nationaltrust.org.uk/llanerchaeron.

Aberystwyth

Das wunderschön gelegene Aberystwyth ist der größte Ort und quasi die Hauptstadt von Mittelwales. Eingerahmt von drei Bergen, erstreckt sich die walisischste aller walisischen Städte entlang der Buchten der Cardigan Bay. Als Sitz der National Library und der ersten Universität des Landes mit über 13.000 Studenten hat der Ort ein lebendiges Kultur- und Nachtleben.

Die Promenade des historischen Seebads mit ihren bunten viktorianischen und edwardianischen Häuserzeilen zieht sich majestätisch über mehrere Kilometer an zwei Stränden der Cardigan Bay entlang. Dazwischen liegen die Überreste von **Aberystwyth Castle**, einer der historischen Ursprünge der heute etwa 12.000 Einwohner zählenden Stadt. Von den drei umgebenden Bergen lässt sich das Panorama mit Meer gut bewundern: Auf dem **Pen Dinas** stand in der Eisenzeit ein

Die Promenade von Aberystwyth, dahinter der Constitution Hill

befestigtes Fort. Auf dem **Penglais Hill** sind heute Universität und National Library angesiedelt. Der dritte Hausberg ist der **Constitution Hill** im Norden der Stadt; auf ihn gelangt man mit der viktorianischen *Cliff-Railway-Seilbahn*.

Das alte Aberystwyth dehnt sich kompakt am Hafen aus, am Zusammenfluss von Rheidol und dem im 18. Jahrhundert umgeleiteten Ystwyth. Die Stadt, Sitz der ersten, 1872 gegründeten Universität in Wales, ist mit ihren vielen Studenten und entsprechend zahlreichen Kneipen, Cafés und Restaurants ein Ort mit großem Unterhaltungsangebot. Neben der Universität beherbergt die Stadt die **National Library of Wales** und die Zentrale der **Welsh Language Society**, die sich seit 1963 für die Anerkennung des Kymrischen als offizielle Amtssprache einsetzte. Heute ist Wales wieder vollständig zweisprachig.

Stadtgeschichte: Aberystwyth spielt in der Kultur und für die Identität der Waliser eine wichtige Rolle. Ihre Anfänge liegen in der weitaus älteren, heute mit der Stadt verschmolzenen Siedlung **Llanbadarn Fawr**. Hier befindet sich der Sitz des ältesten walisischen Bistums aus dem 6. Jahrhundert und mit der **Saint Padarn's Church** das steinerne Zeugnis seiner alten Macht. Den anderen Ursprungspunkt von Aberystwyth ist der an der Nordseite des Rheidol-Flusses ins Meer ragende Felsen von **Aberystwyth Castle**. Schon in der Eisenzeit bauten Siedler den südlich des Flusses gelegenen **Pen Dinas** zu einer der größten Befestigungsanlagen der Region aus. Diese mächtige Festung bestand über 2000 Jahre. Im frühen 12. Jahrhundert wurden mit dem Vormarsch der Normannen in Westwales vielerorts Burganlagen gebaut; der Normanne *Gilbert de Clare* errichtete auf dem Gebiet des heutigen Aberystwyth eine Ringburg. Die Konstruktion aus Erdwällen und Holz hielt den Kämpfen zwischen Walisern und Normannen allerdings nicht lange stand. Einige Spuren dieser *Tan-y-Castell* genannten Veste findet man noch heute entlang des Ystwyth-Flusses. Die Waliser suchten sich einen neuen Standort, der der modernen

Aberystwyth 259

Militärtechnik schließlich ebenso wenig standhielt. Im 13. Jahrhundert hatte der normannische König Edward I. genug vom Ungehorsam der Waliser und begann einen Krieg gegen das aufsässige Völkchen. Zu dem 1277 angeordneten Bau mehrerer großer Burgen gehörte auch **Aberystwyth Castle** an seinem heutigen Standort.

Doch schon um 1343, zur Zeit von Edward, Sohn König Edwards III. und Prince of Wales, auch Schwarzer Prinz genannt, war die Burg weitgehend zerfallen. Dazu trug auch die Nähe zur tobenden See bei. Als *Owain Glyndŵr* (→ Kap. Geschichte) 1404 Aberystwyth zu einem seiner Hauptquartiere machte, war vom Castle schon nicht mehr viel übrig. Mit Beginn der Kontrolle durch die Engländer verlor Aberystwyth ab 1408 seine Bedeutung. Der Ort wurde nun „Ville de Lampadarn" genannt und erst zu Zeiten von Elisabeth I. im 16. Jahrhundert ausschließlich als Aberystwyth bezeichnet. Oliver Cromwell sprengte 1649 mit seinen Truppen größtenteils, was von Aberystwyth Castle noch übrig war; die Nutzung als Steinbruch tat ein Übriges. Zu dieser Zeit waren Llanbadarn Fawr und Aberystwyth längst zu einem Ort verschmolzen.

In den 1860er-Jahren erreicht die *Cumbrian Railway* Aberystwyth, die Stadt entwickelt sich zum noblen Seebad. Aus dieser Zeit stammen die meisten Gebäude der historischen Stadt mit **Promenade**, **Pier** (1865), **Castle Hotel** (1864) und dem viktorianischen **Constitution Hill**.

1872 nahm mit dem University College of Wales, Vorgänger der heutigen **Aberystwyth University**, die erste walisische Universität im Gebäude des Castle Hotel ihren Lehrbetrieb auf. 1901 wird mit dem Bau der **New Promenade** südlich von Aberystwyth Castle begonnen, 1902 wird die *Vale of Rheidol Railway* eröffnet. 1907 wird Aberystwyth Sitz der **National Library of Wales**.

Seit der Gründung der **Welsh Language Society** 1963, die ihren Hauptsitz immer noch in der Stadt hat, spielt Aberystwyth eine tragende Rolle im walisischen Kulturleben. 1970 eröffnete mit dem **Aberystwyth Arts Centre** das größte Kulturzentrum in Wales.

Sehenswertes

Die folgenden Sehenswürdigkeiten bis zum Old College liegen entlang der Küste in einer Linie – bei einem Spaziergang kommt man an allen vorbei.

Aberystwyth, auch *Aber* genannt, zieht vor allem wegen seiner Uferpromenade Besucher an. Oberhalb der Szenerie thront direkt am Wasser der **Constitution Hill**. Obwohl der Aufstieg zu Fuß nicht sonderlich schwer ist, sollte man es sich nicht

Die Jugendstilfassade des Varsity-Pubs ist eine Attraktion für sich

nehmen lassen, mit der historischen **Cliff Railway** von 1896 zu fahren – es ist die am längsten betriebene elektrische Seilbahn in Großbritannien und wohl auch die langsamste. Oben auf dem Berg gibt es eine Reihe von mäßig beeindruckenden Attraktionen wie ein Teehaus und Aussichtsplattformen, von denen die **Camera Obscura** die mit Abstand interessanteste ist. Der Blick vom Berg ist allerdings der beste in der Stadt.

Cliff Railway: April–Okt. tägl. 10–17 Uhr; in der Nebensaison besser vorher anrufen und die Zeiten checken. Hin/zurück Erw. 4 £, erm. 3,50 £, Kind 2,50 £. Station am nördlichen Ende der Queen's Road, ☎ 01970-617642, www.aberystwythcliffrailway.co.uk.

Die *Marine Terrace* unterhalb des Constitution Hill bildet die eigentliche **Promenade**. Zwar haben die Gebäude hier schon bessere Zeiten gesehen, doch gibt man sich Mühe, das etwas vernachlässigte Ensemble wieder auf Vordermann zu bringen. Die bunten Häuser und Hotels locken mit weiten Ausblicken aufs Meer. Wer sich hier oder in der südlich anschließenden **New Promenade** ein Zimmer mietet, hat die einzigartige Gelegenheit, vom Frühstückstisch aus Delphine beobachten zu können. Am südlichen Ende der Marine Terrace steht **The Royal Pier**, die Seebrücke von 1865. Von dem ursprünglichen Komplex sind nur noch das Gebäude und ein Rest der durch Stürme zerstörten Seebrücke vorhanden. Das mit Spielautomaten, Frittenbuden und anderen „Attraktionen" gefüllte Gebäude ist im Innern weniger interessant.

Direkt hinter dem Pier steht das neugotische **Castle House**. Es stammt aus der Zeit der Stadt als Seebad und symbolisiert gewissermaßen dessen Anfänge. Mit der Verlängerung der Eisenbahn von Machynlleth nach Aberystwyth 1864 beschloss der Unternehmer Thomas Savin, das Gebäude von 1790 zu kaufen. Er war überzeugt, dass touristisch goldene Zeiten angebrochen wären und erweiterte es massiv. Doch

Aberystwyth 261

Savin ging mit seinem Projekt pleite, noch bevor das Hotel fertig war – 1872 musste er verkaufen. Der Zufall wollte es, dass die soeben gegründete Universität auf der Suche nach einem Gebäude war. Und so wurde aus dem prächtigen Hotelbau ein Hochschulgebäude – das **Old College**.

Aberystwyth Castle: Beeindruckend, dass all die Kriege zwischen Engländern und Walisern und der Zahn der Zeit überhaupt noch so viel übriggelassen haben. Der Burgberg, heute ein Sammelsurium von Türmen, Gebäuden und Mauerresten, beeindruckt in erster Linie durch seine exponierte Lage direkt an der schäumenden See. Inmitten der scheinbar wahllos dahingemauerten Ansammlung von Steinen fällt der *Gorsedd-Steinkreis* für das neuzeitliche Eisteddfod kaum auf (→ Kapitel „Musik und Tanz"). Das gesamte Areal wurde zu einem Park mit Brücken, Stegen und Spielplätzen umgebaut. Am spitzen Ende der Burg steht auf einer Anhöhe das **Aberystwyth War Memorial** und unmittelbar neben dem Castle die **St Michael's Church**, ein spätviktorianischer Kirchenbau um 1890.

Folgt man den Promenaden weiter nach Süden, gelangt man unterhalb der **South Marine Terrace** an der Mündung der Flüsse Rheidol und Ystwyth zum **Hafen**, auf dessen anderer Seite sich der **Pen Dinas** erhebt.

Amgueddfa Ceredigion Museum: Das Heimatmuseum inmitten der Stadt, untergebracht in einem alten edwardianischen Theater von 1904, ist allein wegen des Gebäudes den Besuch wert, aber auch die gut präsentierte Sammlung ist äußerst sehenswert. Die meisten ausgestellten Objekte des täglichen Bedarfs und der Arbeit stammen aus der Zeit seit 1850 und wurden in Ceredigion hergestellt oder genutzt. Zu entdecken ist eine vollständig eingerichtete Zahnarztpraxis, ein Cottage, eine Molkereiausstattung und Drogerie. Zudem gibt es eine Kostüm- und Münzsammlung sowie Abteilungen zu Landwirtschaft und Archäologie.
Di–Sa 10.30–16, So 12–16 Uhr. Coliseum, Terrace Road, ✆ 01970-633088, www.museum.ceredigion.gov.uk.

Clock Tower: An der höchsten Stelle der Great Darkgate Street, an der Kreuzung der Hauptstraßen von Aberystwyth. Der Uhrturm wurde im Jahr 2000 anlässlich der Jahrtausendwende errichtet. Sein Vorgänger wurde 1858 an der Stelle errichtet, wo bis 1855 die Guildhall stand. 1956 wurde der alte Clock Tower wegen Baufälligkeit abgetragen. Reste des Uhrwerks mit seinem über drei Meter langen Pendel schwingen nun im Amgueddfa Ceredigion Museum (s. o.).

National Library of Wales: Die Nationalbibliothek am Unicampus im Osten von Aberystwyth zählt zu den großen Bibliotheken der Welt, allein ihr Gebäude ist imposant. 1905 setzte sich Aberystwyth nach harter Auseinandersetzung gegen Cardiff als Standort durch, Cardiff bekam dafür das National Museum. Der Grundstein für das Bibliotheksgebäude wurde 1911 in Anwesenheit von King George V. gelegt, 2011 feierte es sein 100-jähriges Bestehen. Der nach Plänen von Sidney Kyffin Greenslade gestaltete und später erweiterte Bau besteht im Erdgeschoss aus Granit, die anderen Etagen sind aus Portlandstein.

Die sogenannte Depotbibliothek mit über vier Millionen Bänden hat per Pflichtexemplarregelung ein Anrecht auf jedes auf den britischen Inseln gedruckte Werk. Zu ihren Schätzen zählen das erste Buch auf Walisisch aus dem Jahr 1546 und die erste walisische Bibel von 1588. *Führungen* gibt es jeden Montagvormittag und Mittwochnachmittag. Es gibt Ausstellungen zu den Literaturschätzen des Museums, Wechselausstellungen und Veranstaltungen. Die National Library beherbergt auch das *National Screen and Sound Archive of Wales*, *The Welsh Political*

Archive, die Fotografiensammlung, Karten, Gemälde sowie eine umfangreiche Zeitungs- und Zeitschriftenkollektion. Große Teile der Bestände sind inzwischen auch digital erhältlich.

Der *National Library of Wales Shop* (Mo–Sa 9–17 Uhr) bietet ein umfangreiches Sortiment an Büchern, u. a. zur Ahnenforschung, Musik und schöne Repliken aus der Bibliotheksammlung.

Mit dem *Pen Dinas Café* (Mo–Fr 9.30–16.30, Sa 9.30–16 Uhr) und dem *Caffi Bach* (Mo–Sa 10–16 Uhr) gibt es auch zwei passable Möglichkeiten, den Hunger und den Durst zu stillen.

Mo–Fr 9–18, Sa 9–17 Uhr. Führungen Mo 11 Uhr, Mi 14.15 Uhr. Die kostenfreien Führungen dauern etwa 90 Min. Eine Vorreservierung auf der Website, im Library Shop oder telefonisch (✆ 01970-632548) wird empfohlen. Parkgebühr für bis zu 4 Std. 1 £, Samstag kostenlos. National Library Road, ✆ 01970-632800, ℻ 615709. E-Mail per Online-Formular auf der Webseite www.llgc.org.uk.

School of Art Gallery and Museum: Das Institut unweit der National Library, ein Teil der Aberystwyth-Universität, beherbergt im Edward Davies Building von 1907 die Kunsthochschule sowie das Kunstmuseum, mehrere Galerien sowie ein großes Kunstarchiv. Die umfangreiche Kunstsammlung zeigt Werke vom 15. Jahrhundert bis zur Moderne. Regelmäßig finden Wechselausstellungen statt. Nur ein Bruchteil der Sammlung ist hier ausgestellt. Bei Buchung einer Führung bekommt man einen weitaus größeren Teil der Kollektion zu sehen.
Mo–Fr 10–17 Uhr. Ostern, Weihnachten und Neujahr geschlossen. Eintritt frei. Buarth Mawr Road, ✆ 01970-622460, ℻ 622461, artschool@aber.ac.uk. Für Führungen: www.aber.ac.uk/en/art.

Aberystwyth Arts Centre: Das größte Kulturzentrum in Wales liegt auf dem Penglais-Campus der University, etwa 1,5 km außerhalb des Stadtzentrums hinter der National Library. Die Great Hall bietet als Konzerthalle 900 Menschen Platz. Es gibt Theatervorführungen, Ausstellungen, Galerien, Kinos, Werkstätten, Studios, Bars, Cafés und Geschäfte. Der Veranstaltungskalender ist prall gefüllt, besonders während des Semesters ist hier richtig viel los.
Aberystwyth University, Penglais Campus, ✆ 01970-623232, www.aberystwythartscentre.co.uk.

Basis-Infos

Information Tourist Information Office, direkt neben dem Ceredigion Museum. Mo–Sa 10–17 Uhr, im Juli/Aug., an Ostern, in den Frühjahrs- und Maiferien auch Sonntag. Weihnachten bis Neujahr geschlossen. Die Mitarbeiter sind bei der Suche nach einer Unterkunft behilflich, Ticketverkauf für Veranstaltungen, umfangreiches Informations-, Buch- und Kartenmaterial. Lisburne House, Terrace Road, ✆ 01970-612125, ℻ 626566, aberystwythtic@ceredigion.co.uk.

Hin und weg Bus: Busbahnhöfe für Lokal- und Fernverkehr an der Alexandra Road am Hauptbahnhof. Der Postbus startet an der Chalybeate Street um die Ecke. Das Busnetz ist gut ausgebaut. Bei Anreise aus Cardiff, Swansea, Carmarthen und Westwales fährt man mit der *Direktverbindung X 40* sogar besser als mit dem Zug. Zudem Direktverbindung zur London Victoria Coach Station (7 Std.).

Bahn: Der Doppelbahnhof von Aberystwyth (Fernbahnhof und Vale of Rheidol Railway) befindet sich an der Alexandra Road; hier endet die *Cambrian Line*; *Arriva Trains Wales* bedient die Fernstrecke über Machynlleth (30 Min.), Newtown (80 Min.) und Shrewsbury (2 Std.) nach Birmingham (3 Std.). Über Machynlleth ist Aberystwyth an Nordwales angebunden.

Aberystwyth

Übernachten → Karte S. 264/265

Die Innenstadt ist voll von Übernachtungsmöglichkeiten, besonders an der Promenade und der South Marine Terrace reiht sich ein Hotel und B & B ans andere. Ein Bett für die Nacht zu finden, ist also nicht schwer, außer vielleicht zu Semesterbeginn (meist Juli), wo sich zu den vielen Touristen die Studenten gesellen, die noch keine Bleibe gefunden haben.

Castle Hotel 20, mitten in der Altstadt; liebevoll restauriertes edwardianisches Haus, ursprünglich im traditionellen „London Gin Palace"-Stil errichtet. Die Klasse des Gebäudes setzt sich im Innern fort. EZ und DZ ab 75 £. 37 South Road, ✆ 01970-612188, 🖷 600320, www.castlehotelaberystwyth.co.uk.

››› Mein Tipp: Bodalwyn Guest House 2, Haus mit luxuriöser Ausstattung zwischen Tradition und Moderne. Komfortable 8 Zimmer, einige mit Kamin. Großzügige Bäder. Das wohl beste B & B in Aberystwyth. EZ ab 45 £, DZ ab 73 £. Queen's Avenue, ✆ 01970-612578, www.bodalwyn.co.uk. ‹‹‹

Shoreline Guest House 23, sehr angenehmes B & B, direkt am Wasser und eines der günstigsten. Das etwas schräge Betreiberpärchen ist äußerst nett. Der Frühstücksraum ist voller maritimer Utensilien und Bilder von Ozeanlinern. Wer einen Tisch am Fenster ergattert, kann in der Bucht oft Delphine beobachten. DZ 50 £ inkl. Frühstück. 6 South Marine Terrace, ✆ 01970-601164, canel will@aol.com; www.shorelineguesthouse aberystwyth.co.uk.

››› Mein Tipp: Yr Hafod 22, das wohl geräumigste und gemütlichste B & B auf der South Marine Terrace. Fast alle der sechs Zimmer haben Meerblick und sind mit Wasserkochern ausgestattet. Die Betreiber sind ausgesprochen freundlich und kennen jede Ecke in Aberystwyth. Ab 32 £ pro Person. 1 South Marine Terrace, ✆ 01970-617579, www.yrhafod.co.uk. ‹‹‹

››› Mein Tipp: Gwesty Cymru 6, imposantes Boutique-Hotel mit Blick über die Bucht. Lokale Künstler wurden eigens engagiert, um Bilder für und Verse über das Hotel zu schreiben. Das Haus ist derzeit das wohl luxuriöseste an der Marine Terrace. DZ ab 65 £. 19 Marine Terrace, ✆ 01970-612252, www.gwestycymru.co.uk. ‹‹‹

Helmsman Guest House 5, schlicht und stilvoll eingerichtetes Familienhotel an der Promenade. Das Frühstück ist wahrlich nicht von schlechten Gasteltern, und jedes Zimmer bietet Möglichkeiten für Tee- und Kaffeezubereitung. DZ ab 70 £. 43 Marine Terrace, ✆ 01970-624132, www.helmsmanguest house.co.uk.

Richmond Hotel 3, direkt an der Promenade. Das Hotel in einem denkmalgeschützten früheren Handelskontor hat nicht nur eine perfekte Lage, es bietet auch eine entspannte, wohlbehütete Atmosphäre. Von vielen Zimmern und vom Restaurant schöner Ausblick auf Cardigan Bay. EZ ab 55 £, DZ ab 80 £, inkl. Frühstück. Marine Terrace, ✆ 01970-612201, www.richmondhotel.uk.com.

Conrah Hotel 24, herrschaftliches Landhaus südlich von Aberystwyth, eingebettet in eine wunderbare Parklandschaft, extravagantes Ambiente zu absolut akzeptablen Preisen. Dies gilt übrigens auch fürs *Restaurant*. EZ ab 80 £, DZ ab 80 £. 43 Chancery, Aberystwyth, ✆ 01970-617941, 🖷 624546, www.conrah.co.uk.

Llety Ceiro Country House 4, etwa 6,5 km nordöstlich von Aberystwyth an der A 487. Saubere, moderne Zimmer ohne viel Schnick schnack. Alle Zimmer mit Bad, TV, Wasserkocher, Tresor, WiFi, Föhn und Bügeleisen. Dazu eine nette Bar und ein *Restaurant*. Behindertengerecht. EZ ab 35 £, DZ ab 55 £, inkl. Frühstück. Bow Street, Llandre, Aberystwyth. ✆ 01970-821900, www.lletyceiro.com.

Awel-Deg 18, ca. 8 km östlich der Stadt, an der A 44. Von Gästen als Topadresse bewerteter Bungalow in schöner Gartenlandschaft. Ausgesprochen gastfreundlich, hoher Komfort, moderne Ausstattung, geräumige Zimmer – für einen Aufenthalt ist rundum gesorgt. EZ ab 40 £, DZ ab 59 £. Capel Bangor, Aberystwyth, ✆ 01970-880681, www.awel-deg.co.uk.

Camping Aberystwyth Holiday Village 25, der Stadt am nächsten, am Fuß des Pen Dinas südlich des Rheidol-Flusses. Großer Camping- und Caravanplatz mit *Restaurant*, Bar und diversen Einrichtungen wie Schwimmbad, Geschäfte, Fitness- und Bowlingcentre. Familienfreundlich. Stellplatz ab 10 £/2 Pers.,

Mittelwales → Karte S. 210/211

je nach Saison. Oft Sonderangebote auf der Webseite. Penparcau Road, ✆ 01970-624211, ✉ 611536, www.aberystwyth-holidays.co.uk.

Glan-y-Môr Leisure Park **1**, am nördlichen Ende des Constitution Hill; der beste und schönst gelegene Caravanpark in der Clarach Bay mit riesigem Freizeitzentrum, Schwimmbad, Spar-Supermarkt, Spielplätzen. Wer keinen Camper hat, kann sich hier einen mieten. Glan y Môr Leisure Park, Clarach Bay, ✆ 01970-828900, ✉ 828890, www.sunbourne.co.uk.

Essen & Trinken

Rummers **21**, Weinbar und Pub mit Außenbereich direkt am Wasser. Livemusik. Spät geöffnet. Bridge Street, ✆ 01970-625177.

Yr Hen Lew Du (The Old Black Lion) **16**, durch und durch walisisch, hier tobt meist der Bär. Tolle Atmosphäre, gut zum Sportschauen. Am Wochenende sehr voll. 14–16 Bridge Street, ✆ 01970-615 378.

Y Cŵps (Coopers Arms) **9**, Gute-Laune-Pub mit regelmäßigen Musikabenden wie Jazz und gutem Guinness. Vorwiegend Einheimische. Northgate Street, ✆ 01970-624050.

The Varsity **7**, schon das Äußere des Pubs ist sehenswert: gefliese Jugendstilfassade und große Fenster. Drinnen viel Platz und schlicht eingerichtet. Teil der Varsity-Pubkette. Upper Portland Street, ✆ 01970-615234.

The Castle Hotel **20**, angenehmer, etwas ruhigerer Pub in beeindruckendem edwardianischem Gebäude. Der Service ist gut, die Atmosphäre familiär. 37 South Road.

Harry's **8**, Restaurant, Bar und Bistro – eine der besten Lokalitäten der Stadt. Gute Wein- und Speisekarte mit Angeboten wie Lachs, Forelle und sämtlichen Arten von Grillfleisch. Entspannte Atmosphäre. Oben gibt es auch ein nettes Hotel. 40-46 North Parade, ✆ 01970-612647, www.harrysaberystwyth.com.

Ship & Castle **19**, der wohl beste Pub für Real Ales – Welsh Pub of the Year 2010. Innen maritimes Flair und guter Publikumsmix aus Einheimischen, Studenten und Touristen. Regelmäßig walisische und irische Folkmusik. High Street/Ecke Vulcan Street, ✆ 01970-612334, www.shipandcastle.co.uk.

The Academy **14**, allein die Lokalität dieser Kneipe in einer alten Kirche ist sehenswert. Gut geführter, angenehmer Pub. Große Billardhalle. Great Darkgate Street, ✆ 01970-636852

🌿 **Treehouse** **10**, biologisches Restaurant und Café. Kreative vegetarische Speisen aus ökologischem Anbau. Biolebensmittelladen im Erdgeschoss. 14 Baker Street, ✆ 01970-615791, www.treehousewales.co.uk. ■

The Orangery **13**, das eleganteste Restaurant der Stadt mit Cocktail- und Weinbar

Übernachten
1 Glan-y-Môr Leisure Park
2 Bodalwyn Guest House
3 Richmond Hotel
4 Llety Ceiro Country House
5 Helmsman Guest House
6 Gwesty Cymru
18 Awel-Deg
20 Castle Hotel
22 Yr Hafod
23 Shoreline Guest House
24 Conrah Hotel
25 Aberystwyth Holiday Village

Essen & Trinken
8 Harry's
10 Treehouse
11 Ultra Comida
13 The Orangery
17 Gannets Bistro

sowie Biergarten in einem historischen Coaching Inn. Traditionelle walisische Gerichte mit Spezialitäten aus China, Italien und anderen Ländern. 10 Market Street, ✆ 01970-617606, www.theorangerybistro.co.uk.

Gannets Bistro 17, kleines, alteingesessenes Restaurant mit kreativer Küche zu wirklich guten Preisen. 7 St James Square, ✆ 01970-617164.

The Cabin 12, etabliertes Café, aufgrund der Lage ein Schaufenster zur Stadt. Gutes Frühstück und guter Kaffee. 21B Pier Street, ✆ 01970-615119.

》》 **Mein Tipp: Ultra Comida** 11, so ein Restaurant findet man in mancher Großstadt nicht. Vorn ein spanischer Delikatessenladen mit einer Käsetheke, dass einem die Augen ausfallen. Dahinter die Gastronomie mit Tapas, Tortillas und schmackhaften Tagesgerichten. Große Weinauswahl. 31 Pier Street, ✆ 01979-630686, www.ultracomida.co.uk. 《《

》》 **Mein Tipp: Caffi Blue Creek** 15, ausgezeichnetes Café mit tollem Kaffee und tollem Essen – die Kuchen und Torten sind traumhaft. Dazu entspannte, schöne Atmosphäre mit Zeitungen und Internetanschluss. St James Square. 《《

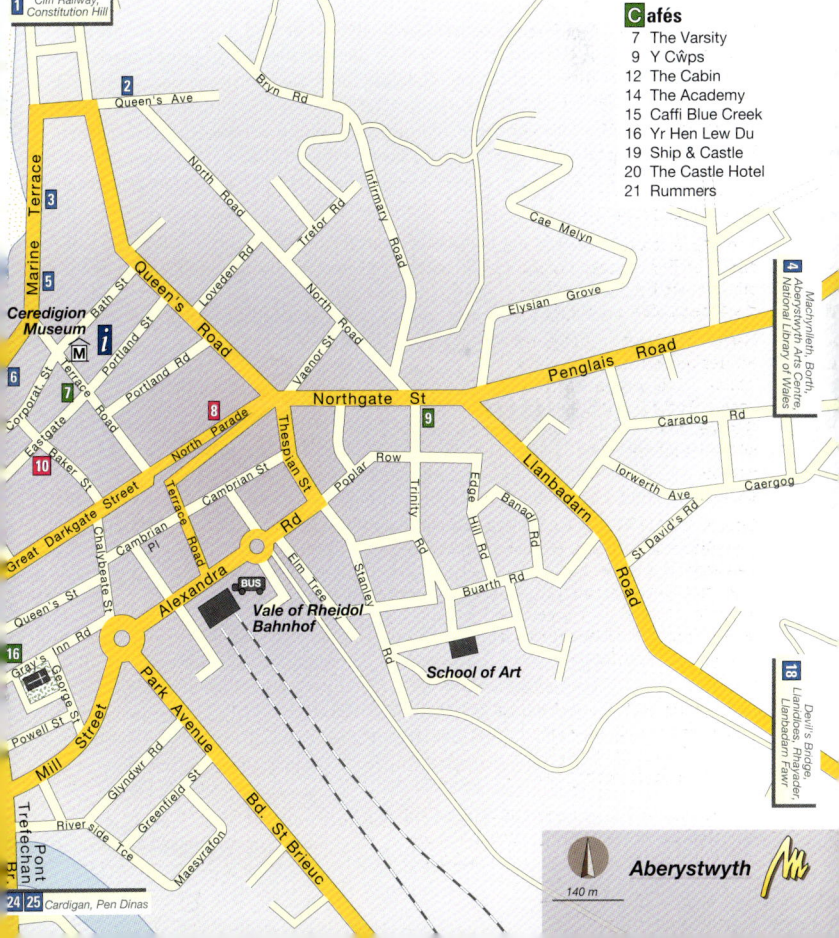

Cafés
- 7 The Varsity
- 9 Y Cŵps
- 12 The Cabin
- 14 The Academy
- 15 Caffi Blue Creek
- 16 Yr Hen Lew Du
- 19 Ship & Castle
- 20 The Castle Hotel
- 21 Rummers

Llanbadarn Fawr

Der historische Ursprung von Aberystwyth liegt etwas landeinwärts hinter dem Painglais Campus – heute ist Llanbadarn Fawr ein Stadtteil von Aberystwyth.

Saint Padarn's Church: Die Kirche ist die Hauptattraktion von Llanbadarn Fawr. Der auf kreuzförmigem Grundriss errichtete Hochbau aus dem 13. Jahrhundert ersetzte den durch Brand zerstörten Vorgängerbau. Religiöse Stätte ist der Ort bereits seit dem 6. Jahrhundert, als *Saint Padarn* hier Kloster und Kirche gründete und deren erster Bischof wurde. Der heilige Padarn zählt zu den sieben Gründerheiligen von Britannien, die das Land missionierten. Interessant ist auch, dass seine Biografie einen King Arthur erwähnt – sie ist damit eine der wenigen schriftlichen Quellen für dessen Existenz.

Das mächtige Gebäude beeindruckt durch seine schiere Größe, überragt es doch alles in der unmittelbaren Umgebung. Der Bogen über dem südlichen Eingang soll aus der Strata Florida Abbey stammen. Im Innern des 1257 erbauten Gotteshauses gibt es eine kleine Ausstellung zu ihrer Geschichte. Hier sind u. a. zwei Steinkreuze aus dem 9. bis 11. Jahrhundert zu sehen. Auch die Geschichte von Saint Padarn und William Morgan wird beleuchtet, der 1588 die Bibel ins Walisische übersetzte und in dieser Kirche Priester war. Unter den Ausstellungsstücken befindet sich auch ein Exemplar dieser Bibel. Ein anderer Teil der Ausstellung ist dem mittelalterlichen Poeten *Dafydd ap Gwilym* gewidmet; in seinen Versen zeigt er sich überaus enttäuscht wegen der Frauen – und da er keine hat, wünscht er allen Damen der Gemeinde die Pest.

Gegenüber dem Haupteingang hängt ein vergrößerter Psalmtext aus dem 11. Jahrhundert. Die Mönche von Saint Padarn waren berühmt für ihre meisterlich ausgeschmückten Bücher.

Tägl. 10–16 Uhr. Llanbadarn Fawr liegt knapp 2 km südöstlich des Stadtzentrums von Aberystwyth. ✆ 07977518887, www.stpadarns-llanbadarn.org.uk.

Vale of Rheidol

Von Aberystwyth aus windet sich das Tal des Rheidol flussaufwärts in Richtung Quelle. Der Rheidol-Fluss entspringt bei der Nant-y-Moch-Talsperre in den Cambrian Mountains, knapp 40 km von seiner Mündung entfernt. Das tief eingeschnittene *Vale of Rheidol* mit seinen alten Eichenwäldern zeigt schöne Landschaften. Zum Beispiel befindet sich am Zusammenfluss des Rheidol mit dem Mynach bei **Devil's Bridge** (Pontarfynach) einer der spektakulärsten Wasserfälle von Wales. Am besten erreicht man diesen mit der Schmalspurbahn (s. u.).

Vale of Rheidol Railway: Am Doppelbahnhof von Aberystwyth gibt es ein Gebäude für den regulären Bahnverkehr, das andere ist den historischen Dampfzügen vorbehalten. Die *Vale of Rheidol Railway* betreibt hier eine 18 km lange Schmalspurbahn durch das romantische Rheidol-Tal. Auf dem Weg nach *Devil's Bridge* überwindet die seit 1902 bestehende Bahnlinie 200 Höhenmeter. Die sich aktuell im Einsatz befindlichen Lokomotiven und Waggons wurden zwischen 1923 und 1938 von der Great Western Railway für diese Strecke gebaut.

In der Regel fahren die Züge von April bis Okt. Hin/zurück Erw. 19 £; Senior 18 £; Kind (pro Erw. zwei Kinder) 7 £. Auskunft/Reservierung ✆ 01970-625819. Fahrplanansage ✆ 01970-624350, www.rheidolrailway.co.uk.

Butterfly House: Auf der Fahrt von Aberystwyth nach Devil's Bridge gelangt man nach knapp 13 km zum „Magic of Life Butterfly House". Hier sind Hunderte von Schmetterlingen, Raupen, bizarre Insekten und eine Sammlung von seltenen Pflanzen zu sehen. Alles in allem eine sehenswerte Ausstellung.
April–Okt. tägl. 10–17 Uhr. Eintritt 7 £. erm. 6,50 £, Kind 3–16 J. 5 £. Das Butterfly House steht neben dem Rheidol Visitor Centre. Cwm Rheidol, Aberystwyth, ℅ 01970-880928, www.magicoflife.org.

Devil's Bridge (Pontarfynach)

Ein hochgejubeltes Touristenziel, das den Erwartungen nicht ganz gerecht wird. Jeder, der schon einmal einen ordentlichen Wasserfall gesehen hat, wird wohl etwas enttäuscht sein, vor allem bei dem hohen Eintrittspreis. Das Interessanteste an dem Ort sind die besonderen Brücken, die Legende dazu und die in der Nähe gelegene Endhaltestelle der Schmalspurbahn.

Drei Brücken liegen in Devil's Bridge unmittelbar übereinander. Das ungewöhnliche Ensemble ist ein Resultat aus infrastruktureller Entwicklung und Platzmangel: Die erste Brücke war dem hohen Verkehrsaufkommen irgendwann nicht mehr gewachsen, und mit der Zunahme des Autoverkehrs musste auch die zweite, größere Brücke bald erweitert bzw. ersetzt werden. Da hierfür am schmalen Ende des Tals nur eine Stelle in Frage kam und auch ein Abriss Geld kostet, baute man die jeweils neue Brücke einfach über die alte. So viel zur Architektur. Die Legende hingegen berichtet, dass nur der Teufel in der Lage ist, an dieser Stelle eine Brücke zu bauen, und so beauftragten die Anwohner ihn damit. Der Teufel aber schrieb in den Vertrag eine Klausel ein, dass er die Seele des Ersten bekäme, der über die Brücke geht. Die Einheimischen aber streuten nach Abschluss der Arbeiten Brot auf das neue Bauwerk und lockten so als erste Seele einen Hund darauf – Luzifer, der eine menschliche Seele erhofft hatte, war überlistet. Den Wasserfall kann man übrigens auch von der Brücke aus sehr gut sehen – und das kostenlos.
Tägl. 10–17 Uhr. Erw. 3,75 £, erm. 2,80 £. 20 km östlich von Aberystwyth an der A 4120.

Bwlch Nant yr Arian

Nördlich der A 44 erstreckt sich der *Bwlch Nant yr Arian Forest*, ein Waldgebiet, das sich großer Beliebtheit erfreut, wovon auch der große Parkplatz beim Visitor Centre zeugt. Von hier aus hat man grandiose Ausblicke ins Nachbartal. Kurze markierte Wanderwege führen in die Umgebung. Im Zentrum der Aufmerksamkeit allerdings stehen die **Red Kites:** Zur Fütterung (zur Sommerzeit 15 Uhr, Winterzeit 14 Uhr) versammeln sich bis zu 150 Rotmilane am See direkt hinter dem Visitor Centre.
℅ 01970-890453, www.forestry.gov.uk/bwlchnantyrarian.

Strata Florida Abbey

Die Überreste des Zisterzienserklosters liegen in einem malerischen, abgelegenen Tal bei Pontrhydfendigaid. Die Abbey wurde 1164 gegründet, einige Meilen entfernt von der Stelle. Zum Kloster gehörten riesige Ländereien, es entwickelte sich zu einem religiösen und kulturellen Zentrum in Wales. *Dafydd ap Gwilym*, einer der bekanntesten mittelalterlichen walisischen Dichter, liegt hier unter einem Eibenbaum begraben, eine große Schiefertafel erinnert an ihn. Das Kloster ist auch Grabstätte des walisischen Adelsgeschlechts der *Gruffydd*, die über das walisische Königreich Deheubarth herrschten. *Lord Rhys ap Gruffydd* selbst, seit 1165 eifriger Förderer des Klosters, ist in St David's in Pembrokeshire beigesetzt; sein älterer Bruder sowie die Söhne und Enkel des großen Königs liegen hier in Strata Florida begraben. Obwohl nach der Klosterauflösung viel verfallen ist, ist die beeindruckende Architektur und Größe noch heute zu erahnen. Man betritt die Klosteranlage durch den mächtigen West Doorway. Besonders sehenswert sind die noch erhaltenen Fliesenböden in den Seitenschiffen. Strata Florida bedeutet übrigens „Flusstal der Blumen".

April–Okt. tägl. 10–17 Uhr. Nov.–März tägl. 10–16 Uhr. Erw. 3,20 £, erm. 2,80 £. Im Kassengebäude gibt es neben einer interessanten Ausstellung zum Kloster auch einen guten Laden. Von Devil's Bridge fährt man die B 4343 in Richtung Tregaron und erreicht bei Pontrhydfendigaid das Kloster; von Aberystwyth nimmt man besser die B 4340. ✆ 01974-831261, www.cadw.gov.wales.

> Wer von hier aus nach Süden unterwegs ist, kann die faszinierende, einsame **Route über Soar-y-Mynydd** nehmen (→ Llanwrtyd Wells).

An der Dyfi-Mündung

Von Aberystwyth führt die A 487 nach *Machynlleth*. Im Norden heben sich langsam die südlichen Ausläufer von Snowdonia aus der Landschaft, man hat die Berge nun ständig vor Augen. Dazwischen liegt nur noch der ausladende, weite Mündungstrichter des Dyfi-Flusses (engl. Dovey).

Dyfi National Nature Reserve

Das Naturreservat erstreckt sich direkt an der Flussmündung nördlich von *Borth*, die kleine Küstenstraße B 4353 führt zum *Dorf Ynyslas*. Das Sanddünensystem, das Mündungsdelta und das Torfmoor Cors Fochno (Borth bog) bilden hier ein für die Vogelwelt wertvolles Ökosystem. Das Panorama aus Meer, Flussdelta, Moor und den Bergen des *Cadair Idris* dahinter ist überwältigend. Das *Visitor Centre* bietet Information und Führungen – u. a. zum bei Ebbe sichtbaren 5000 Jahre alten *versteinerten Wald*.

Ostern bis Sept. tägl. 9.30–17 Uhr. Eintritt frei. Zentraler Parkplatz 2 km nördl. von Ynyslas, das ebenfalls 2 km nördlich von Borth liegt. Achtung: Der Parkplatz liegt in der Wattzone und kann bei Springflut überschwemmt werden. ✆ 01970-872900, www.ccw.gov.uk.

Dyfi Furnace

Kurz bevor die Straße das Delta des Dyfi-Flusses (engl. Dovey) erreicht, passiert man ein unscheinbares, graues, großes Natursteingebäude. Es wurde 1755 für die Verhüttung von Eisenerz gebaut – ein faszinierendes, sehr gut erhaltenes Beispiel aus der Zeit der frühen Industrialisierung. Hinter dem Gebäude bildet der Einion-Fluss einen natürlichen Wasserfall, dessen Kraft das große Wasserrad einst antrieb. Damit und mit der in den umliegenden Wäldern gewonnenen Holzkohle wurde das Erz geschmolzen. Dyfi Furnace ist ein Muss für Fans der Industriegeschichte, und auch wer dies nicht ist, geht nicht leer aus: Die Anlage mit dem Wasserfall ist wirklich romantisch.

Tägl. 10–16 Uhr, Eintritt frei. ✆ 01443-336000, www.cadw.gov.wales.

Cwm Einion – Wandern im Künstlertal

Hinter dem Dyfi Furnace beginnt das tiefe Cwm-Einion-Tal, aufgrund seiner Popularität bei den Landschaftsmalern des 19. Jahrhunderts wird es auch Artists' Valley genannt. Zu beiden Seiten des Einion-Flusses erstrecken sich Schlucht- und Hangmischwälder; dieses Tilio-Acerian Woodland ist einer der artenreichsten Standorte dieser Art in Großbritannien. Über kleine Straßen gelangt man nach 2,5 km zu einem Parkplatz. Von hier aus kann man zu den vier am Ende des Tals gelegenen Seen *Llyn Conach*, *Llyn Dwfn*, *Llyn Penrhaeadr* und *Plas-y-Mynydd* (New Pool) wandern, in denen sich's herrlich fischen lässt.

Ynys-hir

Folgt man der kleinen Straße gegenüber vom Dyfi Furnace, an dem auch der Parkplatz für die Eisenhütte liegt, 1,5 km nach Norden, gelangt man zu dem von der Royal Society for the Protection of Birds (RSPB) verwalteten Vogelschutzgebiet. Die Eichenwälder, Feuchtwiesen und Salzmarschen locken zahlreiche Tierarten an. Fliegenschnäpper, Waldlaubsänger und Rotschwänze, Gänse, Kiebitze, Seidenreiher und Greifvögel kann man von einem der sieben Beobachtungsstände erspähen. Im Visitor Centre gibt es Snacks und einen Laden zum Stöbern.

Die historische Eisenhütte von Dyfi

Täglich von Sonnenauf- bis Sonnenuntergang geöffnet. Visitor Centre: April–Okt. tägl. 9–17 Uhr. Nov.–März Mi–So 10–16 Uhr. Erw. 5 £, Kind 2.50 £, Familie 10 £. ☎ 01654-700222, www.rspb.org.uk.

Cors Dyfi

Die Hauptattraktion dieses Naturschutzgebiets ist das *Dyfi Osprey Project*, also die hier brütenden Fischadler (engl. *osprey*). Neben dem Glaslyn Osprey Project in Pont Croesor (→ Porthmadog) ist es das einzige Brutgebiet dieser in Wales äußerst seltenen Vogelart. Die Fischadler sind meist zwischen April und September in der Gegend. In dem Sumpf-, Moor- und Auenwaldgebiet leben natürlich noch weitere interessante Tierarten wie die Wasserbüffel, die dafür sorgen, dass die offenen Flächen des Naturschutzgebiets nicht zuwachsen.

8 km nördl. von Dyfi Furnace und 5,5 km südwestlich von Machynlleth an der A 487. Das Naturschutzgebiet ist immer geöffnet, das Fischadlerprojekt von April bis Sept. 10–18 Uhr. Eintritt frei, um Spenden wird gebeten: 2,50 £ pro Person, 5 £ pro Familie. ☎ 01654-781414, www.dyfiospreyproject.com.

Schroffe Felsformationen und raue Landschaften prägen Snowdonia

Nordwales

„Wer den Norden von Wales nicht gesehen hat, hat Wales nicht gesehen" – dieser Satz hat einen wahren Kern. Miniaturhaft reihen sich im Norden des Landes auf kleiner Fläche abwechslungsreiche, wunderschöne Landschaften dicht an dicht. An der Nordküste, auf der **Insel Anglesey** und auf der **Halbinsel Llŷn** finden sich meilenweite leere Strände und steinige Küsten von großer Artenvielfalt. Und mit **Snowdonia** erhebt sich Großbritanniens höchstes Gebirge außerhalb von Schottland aus dem Meer. Vorbei an kleinen Bergdörfern in gewundenen Tälern bahnen sich Flüsse ihren Weg. Die Regionen in Nordwales sind hervorragend geeignet zum Wandern, Bergsteigen, Baden, Surfen und für andere sportliche Aktivitäten.

Snowdonia

Snowdonia ist das Herz von Wales, ein absoluter Höhepunkt – und das nicht nur, weil sich hier die größten Berggipfel befinden. Die Gebirgsregion zeigt das Land in seiner schönsten und ursprünglichsten Form. Hier ist die alte Wildheit noch zu spüren, das vormals harte Leben hat sich in die bruchsteinernen Häuser und Gesichter der Bewohner gezeichnet. Hier befand sich das Zentrum des alten *Königreichs Gwynedd*. In dieser urwalisischen Region sind Sprache und Kultur am stärksten verankert.

Unter Snowdonia versteht man im eigentlichen Sinne das Bergland des nördlichen Teils des Countys Gwynedd rund um *Mount Snowdon* (Yr Wyddfa) – Snowdonia ist sozusagen das Kernland des **Snowdonia-Nationalparks**. Der 1951 eingerichtete

Nordwales

Nationalpark umfasst mit 1324 km² allerdings ein weitaus größeres Gebiet – im Süden schließt er die Bergketten *Cadair Idris* (auch Cader Idris) und *Rhinogs* sowie die Küste um *Tywyn*, *Barmouth* und *Harlech* mit ein. Der Snowdon ist mit 1085 m der höchste Berg in Wales und England. Für an alpine Dimensionen gewöhnte Menschen scheint das auf den ersten Blick nicht sehr hoch zu sein. Doch ist zu bedenken, dass in Snowdonia fast alle Wanderungen etwa auf Höhe des Meeresspiegels beginnen – dann erscheinen die knapp 1000 Höhenmeter in einem anderen Licht.
Die Nationalparkverwaltung hat eine hervorragende Seite mit Informationen zu Aktivitäten und Wanderungen, unterlegt mit Karten, Tipps und Animationen: www.eryri-npa.gov.uk.

Machynlleth

Der kleine Ort im Tal des Dyfi-Flusses (engl. Dovey) ist eine historische und touristische Attraktion. Schon bei der Anfahrt von Süden mit den sich dahinter erhebenden Bergen des *Cadair Idris* zeigt sich eine beeindruckende Kulisse. Bekannt ist Machynlleth als die „grüne Hauptstadt" von Wales und als Zentrum der Hippiekultur. Diese Mischung aus Alternativszene und überwiegend ländlicher Bevölkerung gibt der Stadt ein besonderes Flair. Die gute touristische Infrastruktur mit zahlreichen Übernachtungsangeboten, Geschäften und Einkehrmöglichkeiten sowie die hervorragenden Verkehrsverbindungen in die snowdonischen Berge und an die Küste machen den Ort zu einer guten Ausgangsbasis für Unternehmungen.

Machynlleth besteht aus nicht viel mehr als zwei T-förmig aneinanderliegenden Straßen, der *Heol Pen'rallt* und der Hauptstraße *Heol Maengwyn*. Am Treffpunkt beider Straße steht der **Clock Tower**, den 1873 der Marquess of Londonderry zum

Machynlleth mit dem Clock Tower

21. Geburtstag seines Sohnes errichten ließ, heute das Wahrzeichen der Stadt. Die **Villa Machynlleth**, das elegante Haus der Familie, ist in einen großzügigen Landschaftspark eingebettet. Das war nicht immer so. Als das Gebäude 1846 ständiger Wohnsitz des späteren Marquess wurde, kaufte dieser alle umliegenden Häuser, ließ sie abreißen und die Hauptstraßen von seinem Grundstück wegverlegen. In gewisser Weise gab es in Machynlleth also schon im 19. Jahrhundert eine ökologische Bewegung. Das Gebäude, heute in städtischem Besitz, beherbergte bis 2006 das *Celtica-Museum*, das seine Tore leider geschlossen hat; die Zukunft dieser großartigen Ausstellung zum Keltentum ist ungewiss.

Kaum zu glauben, dass Machynlleth in den 1950ern Kandidat in der Endausscheidung um die Hauptstadt von Wales war. Ein Nest an einer Straßenkreuzung mit knapp über 2000 Einwohnern? Der Grund liegt in der historischen Bedeutung des Orts für Wales. Der Nationalheld *Owain Glyndŵr* ließ sich hier 1404 zum Prince of Wales krönen, hier tagte das von ihm ins Leben gerufene unabhängige walisische Parlament. Daraus leitet Machynlleth seinen Anspruch als historische Hauptstadt von Wales ab. Das **Parliament House** steht an der Hauptstraße Heol Maengwyn, direkt gegenüber dem Eingangstor zum Landschaftspark von Plas Machynlleth. Es beherbergt heute das **Owain Glyndŵr Centre**, das sich ganz dem walisischen Braveheart widmet.

Owain Glyndŵr Centre: Ostern bis Sept. tägl. 10–17 Uhr. Okt. bis Ostern nach Voranmeldung. Eintritt frei. Heol Maengwyn. ✆ 01654-703336, www.canolfanglyndwr.org.

Museum of Modern Art: Biegt man von der Hauptstraße am Clock Tower nach rechts in die Heol Pen'rallt, gelangt man zum **Y Tabernacle**. Die ehemalige Kapelle eröffnete 1986 als Zentrum für angewandte Kunst, heute beherbergt sie mit den umliegenden Gebäuden das Museum of Modern Art Wales (MOMA Cymru). Die wechselnden Ausstellungen widmen sich vor allem den in Wales tätigen Künstlern. Das Café Glas serviert hervorragenden Kaffee und Kuchen. Darüber hinaus fungiert das Tabernacle auch als Kulturzentrum – hier gibt es Filmvorführungen, Theaterveranstaltungen und Konzerte. Höhepunkt ist das jährliche **Gŵyl Machynlleth Festival** im August, eine Mischung aus Klassik, Jazz, traditioneller Folk-Musik und Theater.

Tägl. 10–16 Uhr. Eintritt frei. Heol Pen'rallt, ☎ 01654-703335, www.momawales.org.uk.

Einmal pro Woche tobt am Mittwoch zum Markttag im sonst so beschaulichen Machynlleth dann doch der Bär. Die halbe Umgebung scheint an diesem Tag im Ort zum **Farmer's Market** zusammenzuströmen. Von Fleisch, Käse, Obst und Gemüse über Kuchen und Backwaren bis hin zu Souvenirs gibt es hier nahezu alles.

Basis-Infos → Karte S. 277

Information Tourist Information Centre, ehrenamtlich betrieben – gleich rechts neben dem Parliament im Laden *Dyfi Crafts & Clothing*. ☎ 01654-703369.

Hin und weg Bus: Machynlleth ist gut mit der näheren und weiteren Umgebung verbunden. Zentrale Bushaltestelle direkt am Clock Tower. Weitere Haltepunkte am Bahnhof und in der Heol Maengwyn. Verbindung nach Aberdyfi (25 Min.), Aberystwyth (45 Min.), Corris (15 Min.), Dolgellau (30 Min.) und Tywyn (30 Min.).

Bahn: Der Bahnhof von Machynlleth befindet sich etwa 5 Min. vom Clock Tower: die Heol Pen'rallt am MOMA vorbei, dann die Heol Y Doll entlang. Direktverbindungen nach Aberystwyth (30 Min.) und Birmingham (2:20 Std.) über Newtown (40 Min.), Welshpool (50 Min.), nach Barmouth (1 Std.), Harlech (1:25 Std.) und Porthmadog (2 Std.).

Parken Überall im Ort problemlos möglich; Zentralparkplatz südlich der Heol Maengwyn. Zufahrt über die Bank Lane oder eine kleine Straße schräg gegenüber vom Parliament.

Aktivitäten Mountain Biking: Machynlleth ist ein MTB-Zentrum, im Ort starten die drei sogenannten Mach-Routen. Nördlich der Stadt entlang der A 487 beginnt in **Esgairgeiliog/Ceinws** die *Climach-X*. Die Routen werden ständig erweitert und verbessert, auf Initiative lokaler Mountainbiker und der einheimischen Wirtschaft entstand mit den Jahren ein beachtliches Streckennetz. Die besten Infos zum Thema bekommt man unter www.dyfimountainbiking.org.uk oder www.mbwales.com.

Einkaufen Als touristisches Zentrum ist Machynlleth voll von Reiseausstattungs-, Souvenir- und Antikläden; an den beiden Hauptstraßen gibt es außerdem eine Auswahl an Lebensmittel- und Biogeschäften. Die beiden großen Supermärkte Co-op und Spar befinden sich auf der **Heol Maengwyn** (Co-op tägl. bis 22, So bis 16 Uhr, Spar tägl. bis 23 Uhr). Im Haus mit der Nr. 35 befand sich übrigens der allererste Laden der walisischen Modedesignerin *Laura Ashley*. Eine kleine Tafel erinnert daran.

Pen'rallt Gallery Bookshop [3], kleiner, beeindruckender Buchladen mit Galerie gleich neben dem MOMA. Neben Büchern zu Fotografie, Kunst und Ökologie gibt es hier eine gute Auswahl an allgemeiner Literatur. Zudem regelmäßig Fotoausstellungen lokaler und britischer Künstler. Geöffnet abhängig von der Saison, meist geöffnet Di/Mi und Fr/Sa. Heol Pen'rallt, ☎ 01654-700559.

Spectrum Gallery [11], unabhängige Galerie mit den Schwerpunkten zeitgenössische Malerei, Keramik, Schmuck und Glas. Heol Maengwyn, ☎ 01654-702877, www.spectrumgallery.co.uk.

Blasau [10], das einzige Delikatessengeschäft der Stadt ist spezialisiert auf regionale und walisische Biolebensmittel. Mit Tearoom. Umfangreiche Produktpalette, u. a. Käse, walisischer Whiskey, Bier, Cider und Wein, Konditorei- und Fleischprodukte. 6 Heol Pen'rallt, ☎ 01654-700410. ■

Quarry Shop [12], fast alles, was es im Quarry Café (s. u.) gibt, wird hier zum Mitnehmen verkauft, Hauptsache, es ist ökologisch. Das Angebot an natürlichen, gesunden und wirklich nachhaltigen Produkten ist umfangreich. Nur ein paar Häuser weiter vom Café an der Heol Maengwyn. www.cat.org.uk. ■

The Co-operative [14], obwohl Supermärkte nur selten erwähnenswert sind: Machynlleth ist einer der größten Orte der Umgebung und hat weit und breit den größten Supermarkt; es ist also überlegenswert, ob man sich für die Wandertour nicht gleich hier eindeckt. Heol Maengwyn.

Markt Farmer's Market jeden Mittwoch – der Höhepunkt der Woche bei den Einheimischen.

Post Post Office im Spar-Supermarkt an der Heol Maengwyn.

Übernachten/Essen & Trinken

Unterkünfte gibt es in Machynlleth reichlich, in guter Qualität und auf verschiedenen Preisniveaus. Fast alle Häuser sind auf Wanderer und Biker eingestellt – für Lunchpakete und Waschmaschine ist gesorgt.

Wynnstay Hotel 15, in der Nähe des Clock Tower. Das bekannteste Haus der Stadt in einer denkmalgeschützten ehemaligen Postkutschenstation aus dem 18. Jahrhundert beeindruckt durch Atmosphäre, Einrichtung und kulinarisches Angebot. EZ ab 59 £, DZ ab 90 £ inkl. Frühstück. 6 Heol Maengwyn, ☎ 01654-702941, 🖷 703884, www.wynnstayhotel.com.

White Lion Hotel 17, historisches Hotel, vollgestopft mit Antiquitäten. Es gibt einen offenen Kamin, einen angeschlossenen Pub und einen Garten. EZ ab 45 £, DZ ab 50 £. 10 Heol Pentrerhedyn, ☎ 01654-703455, 🖷 703980, www.whitelionhotel.co.uk.

Plas Dolguog Hotel 2, etwa 2 km nordöstlich von Machynlleth. Großes Landhaushotel aus dem 17. Jahrhundert, eingebettet in einen Landschaftspark an den Flüssen Dyfi und Southern Dulas, mit spektakulären Aussichten auf die umliegenden Berge. Eine der wohl feinsten Übernachtungsmöglichkeiten in Machynlleth. DZ ab 90 £ inkl. Frühstück. Felingerrig, ☎ 01654-702244, 🖷 702530, www.plasdolguog.co.uk.

Dyfiview B & B 1, unweit des Bahnhofs. Heimeliges B & B in einem weißen Bungalow in exponierter Lage, mit tollem Blick auf das Tal des Dyfi-Flusses. Mike und Gill McKever sind erfahrene Wanderer und Biker und kennen sich in der Gegend bestens aus. EZ ab 44 £, DZ ab 64 £. 21 Ffordd Mynydd Griffiths, ☎ 01654-702023, www.dyfiview.co.uk.

Maenllwyd Guest House 8, sehr nettes B & B mit 8 Zimmern, die Zimmer (alle mit Wasserkocher) und der Gemeinschaftsraum mit Kamin sind gemütlich eingerichtet, Jane und Gareth sind ständig am Verschönern und Umdekorieren. Es gibt einen großen Garten und Schließfächer für Räder und Wandersachen. EZ ab 45 £, DZ ab 65 £. Newtown Road, ☎ 01654-702928, www.maenllwyd.co.uk.

Reditreks Bunkhouse 7, recht neues Luxus-Bunkhouse mit allem, was es für einen angenehmen Aufenthalt braucht. Die geräumigen Zimmer fassen bis zu 16 Personen. Es gibt einen Gemeinschaftsraum, eine voll ausgestattete Küche und einen abschließbaren Schuppen, um seine Ausrüstung zu lagern und zu reparieren. Gegen geringen Aufpreis gibt's auch geführte MTB-Touren buchen. An das Gebäude angeschlossen ist ein kleiner **Campingplatz**. Ab 15 £/Person, fürs Zelten und ein Komplettset Bettwäsche 5 £/Pers. Heol Powys, ☎ 01654-702184.

Essen & Trinken Caffi Maengwyn 9, gutes Angebot an Frühstück, Vegetarischem und handfestem britischen Essen. 57 Heol Maengwyn.

🌿 Quarry Café 12, wird vom Centre for Alternative Technology (CAT) in Corris betrieben und ist sehr beliebt. Hier gibt es Vollwert- und vegetarische Kost. Entspannt und gemütlich. Sehr kinderfreundlich. Angeschlossen ist ein kleiner Laden (s. o.). 13 Heol Maengwyn, ☎ 01654-702424, www.quarrycafemachynlleth.co.uk. ■

Café Glas 4, Restauration direkt im MOMA mit tollem Angebot an Kuchen.

Hennighan's Top Shop 6, Fish & Chips und erste Adresse im Ort, wenn es um Frittiertes geht. Eigenwerbung: „the finest food ever fried." 123 Heol Maengwyn, ☎ 01654-702761, www.hennighans.co.uk.

Y Llew Côch (The Red Lion) 13, einfacher, historischer, traditioneller Dorfpub, hier gibt's regelmäßig Livemusik. 11 Heol Maengwyn, ☎ 01654-703323.

The Skinners Arms 5, einer der lebendigsten Pubs im Ort mit Pooltisch, Außenbe-

Übernachten
1. Dyfiview B & B
2. Plas Dolguog Hotel
7. Reditreks Bunkhouse
8. Maenllwyd Guest House
15. Wynnstay Hotel
17. White Lion Hotel

Essen & Trinken
16. Wynnstay Arms

Cafés
4. Café Glas
5. The Skinners Arms
6. Henninghan's Top Shop
9. Caffi Maengwyn
12. Quarry Café
13. Y Llew Côch
18. The White Lion
19. Ynyshir Hall

Einkaufen
3. Pen'rallt Gallery Bookshop
10. Blasau
11. Spectrum Gallery
12. Quarry Shop
14. The Co-operative

reich und großer Speisekarte. Am Wochenende versammelt sich hier das Ortsvolk. 16 Heol Penn'rallt.

The White Lion 18, rustikaler Pub, dessen Tresen gleichzeitig als Rezeption fürs Hotel dient. Gemütliche, urige Atmosphäre. 10 Heol Pentrerhedyn.

Ynyshir Hall 19, südwestl. von Machynlleth. Mehrfach prämiertes Restaurant, Träger eines Michelinsterns. Innovative Küche, das walisische Wagyu und Lamm schmecken erfrischend einzigartig. Das Hotel war 2015 „AA Hotel of the Year" in Wales. Entlang der A 487, 10 km südwestlich von Machynlleth in Richtung Aberystwyth, bei Eglwysfach. ✆ 01654-781209, www.ynyshirhall.co.uk.

» Mein Tipp: Wynnstay Arms 16, die gastronomische Einrichtung zum gleichnamigen Hotel (s. o.). Bar und Restaurant mit einem der besten Angebote an Essen in der Stadt. Angeschlossen ist auch eine Pizzeria. Heol Maengwyn. «

Centre for Alternative Technology (CAT)

Etwa 4 km nördlich von Machynlleth entlang der A 487, eingebettet in die grünen Täler des Cadair-Idris-Gebirges beim Örtchen Pantperthog liegt das Centre for Alternative Technology. Es ist eine der größten Attraktionen zum Thema Umwelt in Wales; ein Erlebnis- und Experimentierzentrum für regenerative Energien und nachhaltiges Wirtschaften. Das Zentrum, eine ehemalige Schiefermine, umfasst 28.000 Quadratmeter und wurde 1973 als Ökokommune gegründet. Das Areal wird bis heute von deren Mitgliedern und einer internationalen Gruppe von Mitarbeitern und Studenten bewohnt. Viele hier präsentierte Lösungen entstehen direkt in der Praxis.

Das CAT ist ein Erlebnis- und Experimentierzentrum für regenerative Energien

Schon die Auffahrt mit der mit Wasser betriebenen Bergbahn vom Parkplatz zum Hochplateau ist imposant. Wer bei der Anreise auf das Auto verzichtet, bekommt übrigens eine Eintrittsermäßigung. Oben angekommen, gibt es jede Menge zu sehen: Windkraftanlagen, Projekte für ökologischen Haus- und Gartenbau, für Solarenergie und Biomasse, Entsorgung und Wasserversorgung – an jeder Ecke kann man sich Anregungen holen. Wesentliche Aufgabe des CAT ist die Bildung und Ausbildung. Man will inspirieren und zeigen, was man tun kann, um die negativen Einflüsse des Menschen auf den Planeten zu reduzieren. Anstatt düsterer Umweltprognosen konzentriert sich das Zentrum auf positive Lösungsansätze.

Auch wenn die Briten den Deutschen in Sachen regenerative Energien einige Jahre hinterherhinken und die Präsentation im CAT aufgrund der gewachsenen Strukturen ein wenig chaotisch, manchmal auch idealistisch-naiv wirkt, sollte man das Zentrum unbedingt besuchen. Es gibt unglaublich viel zu entdecken, besonders für Kinder, und viel Freiraum, um die Natur zu genießen. Gleich neben der Standseilbahn befinden sich ein *Informationszentrum* und ein *Laden* mit großem Sortiment. Über das ganze Jahr wird ein umfangreiches Programm an Veranstaltungen und Führungen angeboten. Und für Teilnehmer an Kursen gibt es Übernachtungsmöglichkeiten direkt im CAT.

Information April–Okt. 10–17 Uhr; für doe Öffnungszeiten im Winter anrufen (im Winter keine Seilbahn). Letzter Eintritt jeweils 1 Std. vor Schließung. Die Öffnungszeiten werden den Schulferien angepasst – daher bitte auch auf der Webseite informieren. ✆ 01654-705950, ✉ 702782, www.cat.org.uk.

Hin und weg Mit dem Zug bis nach Machynlleth, von dort weiter mit öffentlichen Verkehrsmitteln. **Busse** fahren vom Clock Tower Mo bis Sa stündlich. An Sonntagen 4 Busse pro Tag (z. B. Buslinien 34, X 27 und T 2). **Pkw-Parkplätze** direkt am Fuß der Seilbahn. Das CAT ist von der A 487 aufgrund der tadellosen Ausschilderung problemlos zu finden. **Mit Fahrrad/zu Fuß**: Die Sustrans National Cycle Network Route 8 führt direkt am Haupteingang des CAT vorbei.

Eintritt Erw. Sommer 8,50 £, erm. 7,50 £, Kind 3–16 J. 4 £, bei Onlinekauf 10 % Rabatt.

Corris

Corris liegt 5 km nördlich des CAT in einem Tal des Dyfi Forest an der sich durchs Gebirge windenden A 487, einer von Schieferminenbesitzern gebauten Straße. Die Abzweigung hinunter in den 600-Seelen-Ort befindet sich am *Braich Goch Bunkhouse & Inn*. Das Fachwerkhaus, früher eine Postkutschenstation, ist heute Herberge. Die Bridge Street entlang, vorbei an der Kapelle und dem Friedhof, gelangt man in den Ortskern. Der durch Corris fließende Gebirgsfluss Northern Dulas markiert an dieser Stelle die Grenze zwischen den Countys Gwynedd und Powys.

Das frühere Schieferminenstädtchen macht das Beste aus seiner Vergangenheit; neben einer Schmalspurbahn samt Museum, mit Craft Centre und King Arthur's Labyrinth bietet Corris vor allem für Kinder interessante Attraktionen – und darüber hinaus eine Reihe von zünftigen Übernachtungsmöglichkeiten und Dorfpubs. Mit zwei privaten Festivals zu Musik und Bier schafft es Corris auch immer wieder in die überregionalen Veranstaltungskalender.

Sehenswertes

Corris Railway: In der Gegend wurde früher extensiv Schieferabbau betrieben. Davon zeugen noch heute viele ehemalige Minen, Tagebauanlagen und die Corris Railway. Biegt man hinter der Kapelle direkt nach einer grünen Bushaltestelle rechts ab, gelangt man zum Corris Railway Station Yard, in dem heute das **Corris Railway Museum** untergebracht ist. Corris Railway ist die erste Schmalspurbahn in Mid-Wales und wurde 1859 erbaut. 1948 wurde die Bahnstrecke stillgelegt und später abgebaut. Seit 2002 kann man wieder mit den Dampfzügen fahren.
Museum und Zugfahrten normalerweise von April bis Sept. an Wochenenden, während der Schulferien täglich. Erw. 6 £, Kind 3 £, Senior 5 £. Museum frei. ✆ 01654-761303, www.corris.co.uk.

Die meisten Gebäude in Corris bestehen naheliegend aus Schiefer. Zwischen den dunklen Häusern fällt ein weißes Fachwerkgebäude auf, das **Corris Institute** *(Institiwt Corris)*, das Gemeinde- und Kulturzentrum des Orts (Infos zu Kursen, Ausstellungen und Veranstaltungen unter www.institiwtcorris.org.uk.). Direkt hinter dem besuchenswerten Dorf-Pub **Slater Arms** führt links die Minffordd Street den Berg hinauf. Hier befindet sich in einer ehemaligen Schule das wunderbare, von Althippies und „Baumumarmern" betriebene **Canolfan Corris Hostel** (→ Übernachten).

Corris Craft Centre: Etwas weiter das Tal hinauf in *Upper Corris*, ein kleines Handwerkerdorf auf dem Areal einer alten Schiefermine. Hier befindet sich auch das *Corris Tourist Information Centre*. In den Geschäften gibt es Souvenirs, Spielzeug, Glas- und Töpferwaren. Man kann bei der Herstellung zusehen oder auch selbst Sachen basteln. Auf dem Gelände großer Spielplatz und das *Y Crochan Café*. Für einen Kurzbesuch ist das Craft Centre allemal geeignet.
Ostern bis Okt. tägl. 10–17 Uhr. Im Winter sind nur einige Geschäfte geöffnet. ✆ 01654-761584, www.corriscraftcentre.co.uk.

King Arthur's Labyrinth: Direkt neben dem Corris Craft Centre. Ein mittelalterlich gekleideter Reiseführer begleitet die Besucher auf dieser Bootstour unter die Erde – durch die historischen Stollen einer Schiefermine geht es tief in den Berg hinein. Der Trip zurück in keltische Zeit ist ein großer Spaß für Kinder und Höhlenenthusiasten, wirkt zuweilen aber leicht kitschig. Wer anschließend immer noch nicht genug hat, kann die Reise in die Vergangenheit auf einer 45-minütigen Führung im sog. **Lost Lends of the Stone Circle** fortsetzen. Auch hier machen in historische Kostüme gekleidete Führer walisische Geschichten und Legenden lebendig, diesmal oberirdisch. Auf einem Zeitpfad werden den großen und kleinen Besuchern mystische walisische Figuren und Sagen vorgestellt – eine gute Möglichkeit, um auf lockere Weise mehr über die einheimische Kultur und ihre Legenden zu erfahren.

April bis 4. Nov. tägl. 10–17 Uhr (letzte Abfahrt); die Zeiten sind den Schulferien angepasst. Im Winter Termine auf Nachfrage. ✆ 01654-761584, www.kingarthurslabyrinth.co.uk. *Arthur's Labyrinth:* Erw. 9,65 £, Kind 6,65 £, Senior 8,50 £. *Lost Legends of the Stone Circle:* Erw. 4,95 £, Kind 2,90 £, Senior 4,35 £. Beim Besuch beider Attraktionen 50 % Rabatt auf das „Lost Legends of the Stone Circle"-Ticket. Parken kostenlos. Unbedingt warme Kleidung und festes Schuhwerk tragen.

Corris Mine Explorers: Eine weitere Sehenswürdigkeit im Verbund des Corris Craft Centres. Die Tour in die alte *Braich Goch Slate Mine* beginnt vor der Touristinformation. Hier wird man mit Taschenlampe, Batteriegürtel, Helm und Sicherheitsgurt ausgestattet und kann das seit 1836 ausgebeutete und bis in die 1960er-Jahre betriebene Minenlabyrinth je nach Führung ein, zwei oder vier Stunden erforschen.

Ganzjährig geöffnet. Vorausbuchung erforderlich, spontaner Besuch nach Anfrage möglich. In der Nebensaison Touren nur bei ausreichender Nachfrage. *Tour 1* (Taster Trip 1 Std.): Erw. 12 £, Kind 8 £. *Tour 2* (Mine Explorer Trip 2 Std.): Erw. und Kind 24 £. *Tour 3* (Half Day Mine Expedition 4 Std.): Erw. und Kind 45 £. Warme Kleidung ist Pflicht, Gummistiefel können ausgeliehen werden. Mitnahme von Getränken und Essen bei Tour 2 und Tour 3 empfohlen. Es sind nur Rucksäcke erlaubt, da beide Hände zum Kraxeln gebraucht werden. ✆ 01654-761244, www.corrismineexplorers.co.uk.

Basis-Infos

Information Tourist Information Centre, Ostern bis Okt. tägl. 10–17.30 Uhr. In Upper Corris, auf dem Gelände des Corris Craft Centres. ✆/✉ 01654-761244, corris.tic@gwynedd.gov.uk.

Hin und weg Bus: Corris liegt an der Strecke zwischen Machynlleth (15 Min.) und Dolgellau (25 Min.). Die Fahrt nach Minffordd dauert 17 Min.

Festivals Zweimal im Jahr finden in Corris kleine Festivals statt: Im Februar das **Gwyl Cwrw Corris Beer Festival**, eine Veranstaltung von Kleinbrauereien mit viel Musik zum Bier (www.corrisbeerfestival.co.uk). Im September folgt das **Gwyl Corris Festival of Music** (www.corrisfestival.co.uk). Veranstalter der Festivals ist das *Braich Goch Bunkhouse.*

Post Im Corris Institute; geöffnet Mo, Di und Fr vormittags.

Übernachten/Essen & Trinken

»» Mein Tipp: Canolfan Corris Hostel, Michael und Debbie betreiben in der „Old School" ein urgemütliches Hostel mit riesigem Aufenthaltsraum mit Kamin und viel Literatur. Dazu gibt es eine voll ausgestattete Küche und einen Garten mit allerlei Getier für die Kinder. Große, nach Geschlechtern getrennte Gemeinschaftsschlafräume – durch die Zwischenunterteilung entsteht trotzdem keine Schlafsaalatmosphäre. Hier verbringen manche nicht nur ein paar Nächte, sondern ihren gesamten Urlaub. Wie bei fast allen Hostels ist die Rezeption vor 17 Uhr meist nicht besetzt. Von Nov. bis Febr. eventuell nur an Wochenenden geöffnet. Die Betreiber wohnen im dritten Haus oberhalb der Herberge. Dorm ab 16 £, Privatzimmer ab 23 £, zudem gibt es drei luxuriösere Privatzimmer. Frühstück 4 £. Canolfan Corris Old School. Corris, Machynlleth, Powys. SY20 9TQ, ✆/✉ 01654-761686, www.corrishostel.co.uk. ««

Braich Goch Bunkhouse and Inn, direkt an der A 487 an der Einfahrt nach Corris. 26 Schlafmöglichkeiten in Zimmern mit mindestens 4 Betten. Besonders geeignet für Gruppen und Familien. Moderne, helle Inneneinrichtung in historischem Gemäuer mit Lounge, Küche und Dining Room inkl. Kamin. Bar mit Darts und Billardtisch. Trockenraum. Großer Hanggarten. 19 £/Pers. ✆ 01654-761229, www.braichgoch.co.uk.

Camping Llwyngwern Farm, einfacher, schön gelegener Caravan- und Campingplatz direkt gegenüber von Plas Llwyngwern. Grundausstattung vorhanden. Miet-Tipis. Von Mitte April bis Mitte Okt. sind Lagerfeuer erlaubt. Zelt 12 £ (2 Pers.), Caravan 15 £ (2 Pers.). Llwyngwern Farm, Pantperthog, Machynlleth, ✆ 01654-702492.

Essen & Trinken Slaters Arms, gemütlicher und freundlicher Pub. Hauptsächlich Einheimische und Hostelgäste. Pubfood und große Auswahl an walisischem Bier. Sportsbar und Pooltable. ✆ 01654-761324, www.theslatersarms.com.

Tafarn Dwynant, toller Pub im Nachbarort Ceinws/Esgairgeiliog. Wer die walisische Seele kennenlernen möchte, ist bei Abby und Kev genau richtig, denn hierher verirrt sich kaum ein Tourist. Zum Pub ist es von Corris ein schöner Spaziergang durch das Dulas Valley entlang der alten Passstraße. ✆ 01654-761660, www.tafarndwynant.co.uk.

Cadair-Idris-Massiv

Das Cadair-Idris-Bergmassiv dominiert mit seinem steil und kahl aufragenden 11 km langen Bergrücken die Region, schon von weitem ist es deutlich in der Landschaft zu sehen. Das Massiv mit seinen Kraterseen und den das Gestein durchschneidenden Gebirgsflüssen ist nach dem Mount Snowdon (Yr Wyddfa) das beliebteste in Wales. Dennoch wirkt Cadair Idris im Vergleich mit dem Mount-Snowdon-Revier entspannend. Während sich auf dem Yr Wyddfa zur Saison die Wanderer stapeln, ist man hier oft unter sich. Das Gebirge ist oft wolkenverhangen, bei guter Sicht ist das Panorama vom 893 m hohen Gipfel des **Penygadair** (auch *Pen y Gader*) allerdings atemberaubend: Bis hinaus auf die Irische See reicht der Blick. Zu Füßen des Penygadair liegt der **Llyn-Cau-See**. Obwohl er aussieht wie ein alter Vulkankrater, ist er Teil eines Trogtals, das Gletscher während der letzten großen Eiszeit geformt haben. Die umliegende Bergkette bildet einen „glacial cirque", ein sogenanntes Kar, es ist eines der schönsten in ganz Britannien. Die unterschiedlichen Gesteinsschichten, die die Region geologisch spannend machen, sind Lebensgrundlage für eine vielfältige Flora – u. a. gedeihen hier viele arktisch-alpine Pflanzen, deren südlichste Verbreitungszone in Großbritannien der Cadair Idris ist.

Wie eine walisische Legende erzählt, stellt die beeindruckende schroffe Bergkette im Süden von Snowdonia die Armlehne des Stuhls eines mächtigen Kriegers dar (*Cadair* = Stuhl). Dieser walisische Rübezahl setzte sich hier oft nieder, um die Sterne anzuschauen, zu dichten und über die Welt nachzudenken.

Blick von oben auf den Llyn Cau

Andere behaupten, der Name des Gebirges leite sich vom Wort *Cadr* („Festung") ab. Ein Prinz Namens Idris soll den Ort im 7. Jahrhundert als militärische Stellung genutzt haben.

Als Wandergebiet ist der Cadair Idris hervorragend geeignet. Von allen Himmelsrichtungen schlängeln sich Pfade zum Gipfel des Penygadair. Zwischen den Orten fahren regelmäßig Busse, sodass man problemlos den einen Weg nach oben steigen und einen anderen für den Abstieg nehmen kann.

Routen auf den Penygadair (893 m)

Minffordd Path: Der steilste und dramatischste Weg nach oben, der die Mühe mit atemberaubenden Panoramen der Berglandschaft und bei gutem Wetter mit Blick bis zur Irischen See belohnt. Infos und Tourbeschreibung im „Kleinen Wanderführer", Wanderung 6 (→ S. 362).

Pony Path, Tŷ Nant: Im unteren Bereich einfacher Pfad über Schafsweiden gefolgt von einem steilen Aufstieg auf den Grat. Bis zum Gipfel steiniger, teilweise präparierter, moderat steiler Weg. Infos und Tourbeschreibung im „Kleinen Wanderführer", Wanderung 7 (→ S. 364).

Llanfihangel y Pennant Path: Einfachster, aber auch längster aller Wege auf den Penygadair. Länge/Dauer: hin und zurück 16 km, reine Gehzeit ca. 7 Std. Schwierigkeitsgrad: mittel. Ausgangs-/Endpunkt: Parkplatz gegenüber der Kirche in Llanfihangel (kostenlos).

Fox's Path: Sehr steil, schwierig und in ziemlich schlechtem Zustand. Der Weg wird daher von der Nationalparkverwaltung derzeit nicht empfohlen, da er zu gefährlich ist. Die Einheimischen behaupten allerdings, der Zustand sei gar nicht so schlecht und man könne den Weg bei entsprechendem Wetter durchaus gehen. Sofern Sie also keinen einheimischen Wanderer dabeihaben, lassen Sie es lieber sein.

Wanderkarte für die Region: Empfehlenswert ist Ordnance Survey Explorer OL 23 (Cadair Idris & Llyn Tegid).

Information: Ausführliche Infos inklusive Karten und Animationen findet man auf den Seiten des Snowdonia-Nationalparks unter www.eryri-npa.gov.uk.

Weitere Wandermöglichkeiten in der Umgebung von Dolgellau (s. u.) bieten der Mawddach Walk, der Precipice Walk und der Torrent Walk.

Talyllyn Valley: Direkt zu Füßen des Cadair-Idris-Massivs liegt im Tal am Tal-y-Llyn-See (Llyn Mwyngil) das Örtchen **Minffordd**. Der nach ihm benannte *Minffordd Path* (s. o.) beginnt hier. Wer eine große Wandertour plant, kann sich im Ort eine der heißbegehrten Übernachtungsmöglichkeiten direkt am Fuß des Berges suchen und gleich am frühen Morgen vor Ankunft der anderen Wanderer mit seinem Aufstieg zum Gipfel beginnen.

Talyllyn Railway: Vom kleinen Küstenort Tywyn nördlich der Mündung des Dovey-Flusses zieht sich die älteste Museumsbahn der Welt entlang des Fathew Valleys 11,8 km durch eine wundervolle Landschaft in Richtung Cadair Idris bis ins Örtchen *Nant Gwernol*; die Endhaltestelle ist in der Gemeinde Talyllyn. Die 1865 eröffnete Bahnlinie zählt zu den schönsten Schmalspurbahnen in Wales.

Fahrten zwischen April und Okt. täglich, außerhalb der Saison siehe Webseite. Erw. 16,30 £, erm. 14,50 £, Kind 1,80 £. Aktueller Fahrplan unter ✆ 01654-710472, www.talyllyn.co.uk (auch deutschsprachig).

> 🚶 **Wanderung 6:**
> **Steil über den Minffordd Path auf den Penygadair** → S. 362
> Anspruchsvolle Tour auf den höchsten Gipfel des Cadair Idris mit grandiosem Panorama
>
> **Wanderung 7:**
> **Klassischer Aufstieg über den Pony Path auf den Penygadair** → S. 364
> Von Norden die Hauptwanderstrecke hinauf zum Penygadair

Aktivitäten Angeln: Tal-y-Llyn Lake ist bekannt für seine Seeforellen und die besonders großen Seelachse. Angellizenzen bekommt man im Ty'n y Cornel Hotel, dem der See gehört. Angelsaison im Tal-y-Llyn ist normalerweise von April bis Mitte Okt. 01654-782282, www.tynycornel.co.uk.

Übernachten/Essen Dolffanog Fach, 5-Sterne-Unterkunft in einem Farmhaus auf dem 17. Jahrhundert. Im Sommer lädt der Garten zum Verweilen ein, im Winter Kamin und finnische Sauna. Wanderer und Radfahrer können sich Proviantpakete schnüren lassen. Eine umfangreiche Speisekarte mit feiner Weinkarte verwöhnt die Gäste am Abend. Ab 70 £ pro Zimmer. Minffordd, Tal-y-Llyn, an der B 4405. ☏ 01654-761235, www.dolffanogfach.co.uk.

Dolffanog Fawr, traditionell und hochwertig eingerichtetes Landhaus mit großzügigen Zimmern. 3 der 4 Zimmer bieten mit ihren großen Fenstern wunderschöne Blicke in die Umgebung. Die Lounge mutet wie ein edler Gentlemen's Club an. Im Garten steht ein Sprudelbadbecken mit Blick auf den See. Frühstück und Abendessen sind lecker, die Weinkarte ist von Kennern erstellt. EZ ab 75 £, DZ ab 100 £. Minffordd, Tal-y-Llyn, an der B 4405. ☏ 01654-761247, www.dolffanogfawr.co.uk.

Old Rectory on the Lake, das elegante Haus am See wurde 2013 vollständig renoviert und bietet vier stilvoll und gemütlich eingerichtete Zimmer, eines ist behindertengerecht. Es gibt auch Sauna und Außenwhirpool. Für seinen hohen Standard bei Übernachtung und Essen wurde das B & B mehrfach ausgezeichnet. EZ ab 60 £, DZ ab 90 £. Tal-y-Llyn, am südwestlichen Ende des Sees. ☏ 01654-782225, www.rectoryonthelake.co.uk.

Camping Cwmrhwyddfor Farm Campsite, in Minffordd nahe beim Anfang des gleichnamigen Wanderwegs. Einfach ausgestatteter Platz, die Eigentümer sind freundlich, die Anlagen sauber und gepflegt. In der Nähe gibt es Einkehrmöglichkeiten (siehe Dol Einion). Ab 5 £/Person. Minffordd, Tal-y-Llyn, unweit des Gwesty-Minffordd-Hotels. ☏ 01654-761286.

Dol Einion, kleiner Campingplatz am Fuß des Cadair Idris – näher am Minffordd Path kann man nicht zelten. Zum Einkehren gibt es das Gwesty Minfford Hotel oder das Ty-ny-Cornel Hotel um die Ecke. 2 Duschen (mit Duschmarke), 2 Toiletten, eine Geschirrwaschstelle. Ein See und ein Bach in unmittelbarer Nähe. Ab 6,50 £ pro Person. Minffordd, Tal-y-Llyn. Am Gwesty Minfford Hotel von der A 487 auf die B 4405 abbiegen; nach 350 m auf der rechten Seite. ☏ 01654-761312, tal-y-llynheritagecentre.co.uk.

Dolgellau

Mit seinen engen Gassen und historischen Gebäuden aus lokalen Baumaterialien bildet das kompakte Dolgellau mit seiner Umgebung eine harmonische Einheit. Mit über 200 gelisteten Gebäuden hat die Stadt die wohl höchste Denkmalschutzdichte in Wales. Eine ordentliche Auswahl an Übernachtungsmöglichkeiten, Geschäften und Einkehrmöglichkeiten macht Dolgellau zur Basis für Wanderungen, Radtouren und Ausflüge in den südlichen Snowdonia-Nationalpark und an die Küste.

Das aus dunklem Granit gebaute 2700-Einwohner-Städtchen liegt zwischen den Ausläufern des Cadair Idris im Süden sowie den *Rhinog*-Bergen und dem *Coed y Brenin Forest* im Norden. Nach Westen erstreckt sich das Mündungsgebiet des

Mawddach bis hin zur Barmouth Bay. Diese strategische Lage machte die Gegend schon für die Kelten und Römer interessant, zahlreiche Münzfunde zeugen von deren Anwesenheit. Ob sie auch in Dolgellau sesshaft waren, ist allerdings nicht nachgewiesen. *Owain Glyndŵr* versammelte hier 1404 die walisischen Anführer zu ihrer letzten Parlamentssitzung. Ab dem 17. Jahrhundert wurde der Ort zu einem Zentrum der Quäker. Die Wollindustrie entwickelte sich zum wichtigsten wirtschaftlichen Standbein der Stadt – bis 1860 Gold gefunden wurde: Die **Gwynfynydd and Clogau Gold Mines** etwa waren bis 1998 aktiv. 2010 bekamen sie einen neuen Eigentümer, der hier inzwischen wieder Gold in geringen Mengen fördert, das für teure Juwelierarbeiten verwendet wird (www.clogau.co.uk), und beabsichtigt, bald die gesamte Mine wieder in Betrieb zu nehmen. Leider sind beide Minen weder öffentlich zugänglich, noch kann man sich wie bis vor einigen Jahren im **Welsh Gold/Aur Cymru Centre** mit der nötigen Ausrüstung ausstatten und selbst nach Nuggets schürfen. Ob diese nette Möglichkeit reaktiviert wird, ist ungewiss. Das Gold für die Eheringe der Mitglieder der königlichen Familie kommt aber nach wie vor aus der Gegend um Dolgellau. Heute ist der Tourismus der Hauptwirtschaftsfaktor der Stadt.

Sehenswertes

Quaker Heritage Centre: Kommt man nach Dolgellau, überquert man wahrscheinlich als Erstes die 1638 erbaute *Y Bont Fawr Bridge* („Große Brücke") über den Wnion-Fluss, der um die Stadt herumfließt. Am Eldon Square befindet sich im *Ty Meirion House* oberhalb der Touristinformation das Quäker-Zentrum, in dem man vieles über das Leben und die Kultur dieser Religionsgemeinschaft erfahren kann. Nachdem der Quäker-Gründer George Fox den Ort im Jahr 1657 besucht hatte, konvertierten viele Bewohner zum Quäkertum, Dolgellau wurde ein Zentrum der Bewegung. Im Mittelpunkt dieser Glaubensrichtung steht die eigene spirituelle Erfahrung; alle Menschen werden als gleichwertig angenommen, die Andachten schweigend abgehalten. Es gibt keine Predigt und keinen strukturierten Ablauf. Bis zum „Act of Toleration" 1689 hatte es die Gemeinschaft aufgrund religiöser Verfolgung allerdings schwer. Weil sie den Treueeid gegenüber König Charles II verweigerte und reguläre Gottesdienste ablehnte, wurde sie als Gefahr für die Gesellschaft eingestuft. Mehr als 2000 Quäker emigrierten Ende des 17. Jahrhunderts nach Pennsylvania in den USA. Dort findet man heute noch Ortsnamen wie Bangor, Bryn Mawr und Bala. Es gibt im Bundesstaat sogar einen „Welsh Tract", ein überwiegend von Walisern besiedeltes Territorium.

April–Okt. tägl. 10–18 Uhr. Nov.–März Do–Mo 10–17 Uhr, Mittagspause 12.30–13 Uhr. Eintritt frei. Eldon Square.

Tŷ Siamas Welsh Folk Music Centre [6]**:** Als urwalisische Stadt ist Dolgellau auch ein Zentrum des Welsh Folk. In dem neben der County Hall wohl repräsentativsten Gebäude der Stadt, dem *Neuadd Idris* am Eldon Square, befindet sich das *Tŷ Siamas – National Centre for Welsh Folk Music*. Neben einer Sammlung walisischer Instrumente informiert das Zentrum für traditionelle walisische Musik vor allem über die Geschichte und Entwicklung der Musik und Tänze in Wales, ihre Ursprünge, Formen und Einflüsse. Und als Verbindungsglied ins Jetzt bietet das Zentrum einen prall gefüllten Konzert- und Veranstaltungskalender. Der *Tŷ Siamas Shop* verkauft Musikinstrumente, Tonträger und Souvenirs. Das Gebäude selbst stammt aus der Zeit um 1870 und diente ursprünglich als Markthalle und Versammlungshaus.
✆ 01341-421800, www.tysiamas.com.

Das Welsh Folk Music Centre

St Mary's Church: Das heutige Gotteshaus stammt aus dem Jahr 1716, die erste Kirche an dieser Stelle wurde im 12. Jahrhundert, zur Zeit der Stadtgründung, erbaut. Der für diese Gegend von Wales wegen seines Stils und der verwendeten Baumaterialien ungewöhnliche Bau birgt im Inneren die Grabplatte des Ritters Meurig aus der Zeit um 1350. Der Zugang zu Kirche und Friedhof befindet sich links hinter der Touristinformation an der Lombard Street.

Cymer Abbey: Das eigentliche religiöse Zentrum der Gegend, etwa 2 km nördlich von Dolgellau am Mawddach-Fluss gelegen, ist in einem kurzen Spaziergang erreichbar. Von dem um 1198 gegründeten Zisterzienserkloster Cymer Abbey ragen neben einigen Grundmauern nur noch die Ruinen der Kirche und Teile des im 14. Jahrhundert hinzugefügten Turms aus dem Boden. Der direkt südlich an das Areal anschließende Caravanpark verdirbt die Atmosphäre leider ein wenig.
April–Okt. tägl. 10–17 Uhr, Nov.–März 10–16 Uhr. Eintritt frei. ✆ 01443-336000, www.cadw.gov.wales.

Basis-Infos

Information Tourist Information Centre im Ty Meirion House; es beherbergt auch das **National Park Visitor Centre** und hat eine gute Auswahl an Karten, Büchern und Broschüren zur Region. April–Okt. tägl. 9.30–17 Uhr. Nov.–März tägl. außer Di und Mi 9.30–16.30 Uhr. Eldon Square, ✆ 01341-422888. 422576, tic.dolgellau@eryri-npa.gov.uk.

Über der Touristinformation befindet sich das **Quaker Interpretive Centre** mit einer Ausstellung zu deren Leben und Kultur in der Gegend um Dolgellau. Geöffnet wie die Touristinformation.

Hin und weg Bus: Zentrale Bushaltestelle am Eldon Square. Gute und häufige Verbindung nach Bala (40 Min.), Barmouth (30 Min.), Blaenau Ffestiniog (40 Min.), Machynlleth (30 Min.), Porthmadog (50 Min.) und Tywyn (1 Std.). An Sonntagen fahren die Busse etwas seltener.

Bahn: Dolgellau ist nicht ans Eisenbahnnetz angeschlossen. Die nächsten Bahnhöfe befinden sich in Barmouth und Machynlleth.

Parken Großer Parkplatz direkt rechts neben der Y-Bont-Fawr-Brücke und weiter entlang der Straße am Dolgellau Rugby Club. Preise gestaffelt, 1 Std. 70 p.

Märkte Thursday Food Market, regionaler Markt jeden Donnerstagvormittag in der Free Library, Mill Street; alle hier verkauften Produkte, Lebensmittel und Handwerkssachen kommen aus einem Umkreis maximal 20 Meilen um Dolgellau.

Livestock Market, großer regionaler Viehmarkt, vorwiegend für Schlachtvieh, jeden Mo sowie jeden 3. So im Monat.

Stadtrundgang In der Touristinformation bekommt man Karten für den sog. „Dolgellau Town Trail", eine Tour, die über 28 Stationen zu den interessantesten Plätzen und Bauwerken von Dolgellau führt und kompakt und übersichtlich ihre Geschichte und Sehenswürdigkeiten erläutert.

Übernachten/Essen & Trinken

Übernachten The Royal Ship Hotel **2**, zentrale Lage mit Parkplatz. Familiengeführtes Haus mit 23 Zimmern in stilvollem Gebäude aus dem 19. Jahrhundert. Kinder- und mountainbikerfreundlich. Für die Räder gibt es Aufbewahrungsmöglichkeiten und sogar eine kleine Waschanlage. Gutes *Restaurant*. EZ ab 45 £, DZ ab 55 £ inkl. Frühstück, bei längerem Aufenthalt günstiger. Queens Square, ✆ 01342-422209, ✉ 424693, www.royalshiphotel.robinsonsbrewery.com.

Dolserau Hall Hotel **1**, viktorianisches Landhaushotel ca. 4 km nordöstlich an der A 494. Die wohl luxuriöseste Art, in Dolgellau zu übernachten – eingebettet in eine Garten- und Flusslandschaft mit beeindruckenden Ausblicken auf die Berge. DZ ab 85 £ inkl. Frühstück, bei Einzelbelegung 25 % Nachlass. Oft Sonderangebote. Dolgellau, ✆ 0345-4708558, www.dolserau.co.uk.

»› Mein Tipp: George III **7**, 4 km westlich von Dolgellau, direkt am Ufer der Flussmündung des Mawddach. Wunderbares Hotel in einem Gebäude von 1650. Eine einzigartige Zollbrücke führt zu ihm. Die Zimmer sind individuell eingerichtet. Exzellente Bar mit Spezialitäten wie Meirionnydd Mountain Lamb und Berwyn Bred Welsh Black Beef. EZ ab 75 £, DZ ab 98 £. Penmaenpool. Von Dolgellau westlich entlang der A 470 und A 493. ✆ 01341-422525, ✉ 423565, www.georgethethird.co.uk. **«**

Tyddyn Mawr Farmhouse **9**, ca. 5 km südwestlich von Dolgellau, unweit des Lake

Übernachten
1 Dolserau Hall Hotel
2 The Royal Ship Hotel
7 George III
8 YHA Kings
9 Tyddyn Mawr Farmhouse

Essen & Trinken
3 The Royal Ship
5 Y Sospan
7 George III

Cafés
3 The Royal Ship
4 T.H. Roberts - Siop Coffee Shop
7 George III

Nachtleben
6 Tŷ Siamas

Dolgellau
150 m

Gwernan. Mit 5 Sternen ausgezeichnetes B & B auf einer Rinder- und Schafsfarm. Die Unterkunft bietet allen erdenklichen Komfort und ländliche Gemütlichkeit. Die Lage am Pony Path ist ideal, um vor dem Aufstieg zum Cadair Idris Energie zu tanken. EZ ab 60 £, DZ ab 82 £. Islawr-dref, ☏ 01341-422331, www.wales-guesthouse.co.uk.

YHA Kings **8**, in Penmaenpool am Mawddach, zwischen Meer und Gebirge gelegen. Sympathisches Haus und ein perfektes Basislager für Ausflüge ans Wasser und zum Cadair Idris. Bett ab 17 £, Zimmer ab 46 £. Penmaenpool, ☏ 0845-3719327, www.yha.org.uk./hostel/kings.

Essen & Trinken The Royal Ship **3**, Pub und Restaurant in einem alten Fuhrmannsgasthof mit Robinson' Ales, walisischem und britischem Essen. Große Auswahl an Fisch und Meeresfrüchten. Queen's Square, ☏ 01341-422209, www.royalshiphotel.robinsons brewery.com.

Y Sospan **5**, charaktervolles Bistro und Café in einem Gebäude von 1606. Zwischen Schieferboden, Holzdecke und allerlei Antiquitäten fällt es schwer, sich auf das Essen zu konzentrieren. Das Gebäude war früher übrigens Gerichtshaus und Gefängnis. Queens Square, ☏ 01341-423174.

»› Mein Tipp: T. H. Roberts – Siop Coffee Shop **4**, auch bekannt als The Parliament; in legerem französischem Ambiente wird hier freundlich und lecker aufgetischt. Das Haus war früher der Laden des Eisenwarenhändlers Roberts. Viele originale Einrichtungselemente des Geschäfts sind noch erhalten. Heol Glyndŵr, ☏ 01341-423552. «‹

»› Mein Tipp: George III **7**, in Penmaenpool, 4 km westlich von Dolgellau entlang der A 470 und A 493. Hervorragendes Restaurant mit tollem Pub in einzigartiger Lage am Mawddach Estuary. Penmaenpool, ☏ 01341-4 22525, www.georgethethird.co.uk. «‹

Umgebung von Dolgellau

Coed y Brenin Forest: 13 km nördlich von Dolgellau befindet sich mit dem Waldgebiet von Coed y Brenin eines der besten Mountainbike-Zentren in Wales. Auf unzähligen Tracks kann man sich in sämtlichen Schwierigkeitsstufen ausprobieren, Freunde des Wanderns können sich auf kilometerlangen Wegen austoben. Daneben gibt es Abenteuerspielplätze, einen riesigen Klettergarten *(Go Ape)* und jede Menge vom Visitor Centre organisierte Veranstaltungen. MTBs ausleihen kann man natürlich ebenfalls.

Visitor Centre: 13 km nördlich von Dolgellau, an der A 470 zwischen Ganllwyd und Trawsfynnydd. April–Okt. Mo–Fr 9.30–17, Sa/So 9–17 Uhr. Nov.–März Mo–Fr 9.30–16.30, Sa/So 9–16.30 Uhr. Parkplatz ab 1 £. ☏ 01341-440747, www.natural resources.wales/coedybrenin.

Mountainbike-Verleih beim Visitor Centre, ☏ 01341-440728, www.beicsbrenin.co.uk.

Go Ape: Anbieter des Klettergartens. ☏ 0333-3317171, www.goape.co.uk.

> 🚶 Wanderung 8: An der Mündung des Mawddach-Flusses → S. 366
> Über Hügel und auf dem Mawddach Estuary Trail durch malerische Landschaft

Camlan Field: Etwa 15 km südöstlich von Dolgellau, dort, wo sich A 470 und A 458 treffen, hat es unweit des Dorfs *Dinas Mawddwy* ein schlichtes Feld zu Berühmtheit gebracht. Hier, auf dem Camlan Field, fand angeblich die letzte Schlacht von King Arthur (König Artus) statt. Diese Annahme basiert auf einer Erwähnung des Namens in den Annales Cambriae, der Battle of Camlann. Nach Hunderten von Jahren gibt es allerdings nicht mehr viel zu sehen, die Besucher kommen wegen der Bedeutung des Ortes dennoch.

Mawddach Estuary Trail: 13 km (8 Meilen) verläuft der Estuary Trail auf einem alten Bahndamm am Mawddach-Fluss entlang durch eine weite, malerische Landschaft. Der Schriftsteller und Maler *John Ruskin* empfand den Mündungstrichter des Flusses hier so unvergleichlich, dass er begeistert notierte, die Reise von Barmouth nach Dolgellau sei nur vergleichbar mit einer Reise von Dolgellau nach Barmouth.

Bala

Das kleine, idyllische Bala ganz im Osten des Snowdonia-Nationalparks liegt am nördlichen Ende des *Llyn Tegid*, des größten walisischen Sees. Für Wassersport und gemütliche Bootstouren gibt es in Wales kaum einen geeigneteren Ort – Bala hat sich zum Familien- und Wassersportzentrum entwickelt. Man muss nur aufpassen, denn Llyn Tegid ist das walisische Loch Ness, und der Legende nach wohnt hier das Monster Teggy. Der britischen Wetterstatistik zufolge ist Bala der Ort mit den meisten Niederschlägen in Großbritannien. Um diesen Titel bewerben sich allerdings auch eine Reihe von anderen Orten – zum Beispiel Blaenau Ffestiniog (s. u.); man kann also davon ausgehen, dass es in Bala nicht ständig regnet ...

Landschaft um Penmaenpool am Mawddach

Basis-Infos

Information Tourist Information Centre, Ostern bis Okt. Fr–Di 10–16 Uhr, im Aug. täglich. Im Winter geschlossen. Auskünfte zu Übernachtungs- und Freizeitmöglichkeiten, zu Veranstaltungen und Wanderungen. Broschüren, Karten, Wanderbücher. In der Pensarn Road neben dem Leisure Centre an der A 494 in Richtung Llyn Tegid. ✆ 01678-521021, ✆ 710665, bala.tic@gwynedd.gov.uk, www.visitbala.org.uk.

Hin und weg Bus: Es gibt nur eine einzige Busverbindung von Wrexham (1½ Std.) über Bala nach Barmouth (1 Std.) mit Stopps in Dolgelau (40 Min.) und Llangolen (1 Std.). Die Haltestelle befindet sich an der High Street.

Einkaufen Co-op-Supermarkt an der High Street (Y Stryd Fawr), der Hauptstraße.

Postamt Ebenfalls an der High Street.

Übernachten/Essen & Trinken

Bala Backpackers, im Ortskern von Bala; umfassend renoviertes Hostel mit überdurchschnittlichem Niveau. Übernachtet werden kann in kleinteiligen Mehrbett-Zimmern oder in Doppelzimmern in einem Nebengebäude. Frühstück zubereiten kann man entweder selbst oder man bestellt am Vortag. Bett ab 21 £, DZ ab 49 £. 32 Tegid Street, ✆ 01678-521700, www.bala-backpackers.co.uk.

>>> **Mein Tipp:** Abercelyn Country House, in Llanycil. Nicht einfach zu finden, doch die Suche nach dem ehemaligen Pfarrhaus lohnt sich. Das B & B wurde bereits mehrfach ausgezeichnet und bietet im Haus wie im wundervollen Garten eine idyllische Atmosphäre. EZ ab 70 £, DZ ab 90 £. Llanycil, eine halbe Meile entlang der A 494 von Bala nach Dolgellau, gegenüber der Kirche. ✆ 01678-521109, www.abercelyn.co.uk. «««

Bala Bunk House, knapp 3 km nördl. von Bala, unweit des Whitewater Centre. Rustikales Selbstversorgerhaus mit Doppelstockbetten, Lounge und Speisesaal, ein ökologisch angehauchtes ehemaliges Farmhaus. Es gibt auch ein kleines Familien-Cottage. Bett 16 £. Tomen y Castell, Llanfor, ✆ 01678-520738, www.balabunkhouse.co.uk.

Bron-y-Graig, auf halbem Weg zwischen Bala und Llangollen, nahe Corwen. Das sehenswerte Gebäude wurde 1888 als Wohnhaus für den Sheriff von Denbigh erbaut. Die original viktorianische Inneneinrichtung und die historischen Elemente wurden gekonnt mit zeitgenössischen Annehmlichkeiten verbunden. EZ ab 39 £, DZ ab 59 £ inkl. Frühstück. Bron-y-Graig, Corwen. An der A 5 zwischen Llangollen und Bala, am östlichen Rand von Corwen. ✆ 01490-413007, www.north-wales-hotel.co.uk.

Plas Derwen, in Corwen. Altes, von Garten und Wäldern umgebenes Pfarrhaus, der Dee-Fluss fließt nicht weit entfernt – in puncto Lage kaum zu schlagen. Alle 3 Zimmer mit schönen Ausblicken in die Natur. Zimmer ab 70 £. London Road, Corwen. An der A 5 etwas außerhalb des Orts in Richtung Llangollen. ✆ 01490-412742, www.plasderwen.co.uk.

Camping Pen-y-Bont, Caravanpark und Zeltplatz direkt südlich von Bala, in unschlagbarer Lage am See. Zelt ab ca. 10 £, Wohnmobil ab 21 £. Für 45 £ kann man auch einen Zigeunerwagen mieten. Wohlsortierter Laden. Llangynog Road, ✆ 01678-520549, www.penybont-bala.co.uk.

Essen & Trinken Tegid Café, die Lokalität mit einem der wohl schönsten Blicke auf den Llyn Tegid in Bala. Hausgemachtes zu recht günstigen Preisen. Außenbereich in Richtung See. Pensarn Road (A 494), am Ortsausgang im Leisure Centre, direkt am Bala Lake. ✆ 01678-520913.

Tyddyn Llan, 12 km östlich von Bala. Der Michelinstern wird seit 6 Jahren in Folge gehalten, und das, ohne irgendwelchen Trends zu folgen, sondern mit ehrlichem, einfachem und saisonal orientiertem Kochen. Auf der Weinliste stehen über 200 Tropfen. Zimmer gibt es ebenfalls. Llandrillo, bei Corwen. ✆ 01490-440264, www.tyddynllan.co.uk.

Plas Yn Dre, gemütliches, bei Einheimischen beliebtes Lokal mit großer Essensauswahl. Spezialität ist walisisches Lamm. Zum Lokal gehört auch ein Café. 29 High Street, ✆ 01678-521256, www.plasyndre.co.uk.

Umgebung von Bala

Llyn Tegid (Bala Lake): Der See ist 6 km lang, 700 m breit und bis zu 50 m tief. Im größten natürlichen See von Wales lebt der Sage nach das Ungetüm Teggy, die walisische Variante von Nessie aus Loch Ness. Llyn Tegid eignet sich hervorragend zum Windsurfen, Segeln und Bootfahren. Am Ufer des Flusses liegt das **Bala Adventure and Watersports Centre**; hier kann man Kanus, Surfbretter oder Boote mieten und Kurse buchen. Der See und die umliegenden Flüsse sind zudem ein beliebtes Angelrevier. Im Tegid fühlen sich 13 Fischarten wohl, u. a. der *Gwyniad*, ein Fisch, der nur in diesem See lebt – ihn darf man natürlich nicht fangen. Die Hügel rund um Bala bieten sich für leichte Wandertouren mit Kindern an.
Bala Adventure and Watersports Centre. Pensarn Road (A 494), direkt am See, ✆ 01678-521059, www.balawatersports.com.

National White Water Centre: Im Norden von Bala befindet sich der **Llyn Celin**, ein in den 1960ern für die Trinkwasserversorgung von Liverpool gebautes Wasserreservoir. An dessen Ufer steht eine zum Gedenken an das überflutete Dorf Capel Celyn errichtete moderne Kapelle. Auf dem Weg von Bala nach Norden entlang der

A 4212 befindet sich kurz vor dem Stausee Llyn Celyn das National White Water Centre, das Wildwasserkajakzentrum. Wenn vom Stausee Wasser in den Tryweryn-Fluss abgelassen wird, verwandelt sich dieser in eine Wildwasserbahn.
Frongoch an der A 4212 Richtung Llyn Celyn. Für alle, die ihr eigenes Kajak mitbringen, ist die Benutzung des Gewässers kostenlos. ✆ 01678-521083, www.canoewales.com.

Rheilffordd Llyn Tegid (Bala Lake Railway): Die dampfbetriebene Schmalspurbahn führt knapp 15 km am See entlang und verbindet Bala mit Llanuwchllyn am anderen Ende des Llyn Tegid – eine schöne Tour entlang eines Sees im Snowdonia-Nationalpark. Bei der Bala Lake Railway wurde übrigens die ursprüngliche Normalspurbahn in eine Schmalspur umgewandelt.
Der Haltepunkt Bala befindet sich am Südufer, etwa 800 m von der Ortsmitte entfernt. Regelmäßig Fahrten von April bis Sept. Hin/zurück Erw. 9,80 £, Kind 5 £, Senior 9 £. ✆ 01678-540666, www.bala-lake-railway.co.uk.

Barmouth (Abermaw)

Der reizvoll zwischen Küste, Klippen und Mündung des Mawddach-Flusses gelegene Ort verströmt stellenweise noch den Charme eines alten Seebads. Hier und da stehen noch beeindruckende Hotels und Kurhäuser aus viktorianischer Zeit, als Charles Darwin hier an seiner „Abstammung des Menschen" schrieb. Heutige Hauptattraktion ist das einzige noch existierende walisische Eisenbahnviadukt aus Holz. Die Fahrt über das Viadukt ist auch die schönste Anreisemöglichkeit nach Barmouth. Filigran spannt sich die 820 m lange **Barmouth Bridge** über die Flussmündung, eine einspurige Konstruktion aus dem Jahr 1867. Gegen einen kleinen Obolus kann man die Brücke auch als Fußgänger und Radfahrer benutzen.

Barmouths Glanzzeiten als ruhiger Erholungsort in traumhafter Lage sind längst Vergangenheit, inzwischen hat der Kommerzkitsch in Form von Karussells, Spektakel und reizlosen Strandvergnügungen Einzug gehalten. Es ist schade, was der Massentourismus aus dem Ort gemacht hat. Auch die unsensible moderne Bebauung hat dem einstigen Seebad nicht gutgetan. Allerdings sieht man der Stadt noch an, dass sie einmal bessere Zeiten erlebt hat. Fantastisch sind nach wie vor die mit der Blue Flag für höchste Qualität ausgezeichneten Dünenstrände unten im Ort vor der Promenade. Ansonsten halten sich die Sehenswürdigkeiten von Barmouth in Grenzen, und wer auf den Rummel, vor allem im Sommer, keine Lust hat, sollte sich schnell wieder dem schönen Umland widmen.

Sehenswertes

Tŷ Gwyn Museum: Das Museum residiert ist in einem ganz speziellen mittelalterlichen Gebäude. Gebaut wurde es von *Gruffudd Vaughan* zwischen 1460 und 1485, also in der Zeit der Rosenkriege (→ Kapitel Geschichte), und wird in einem Gedicht von *Tudur Penllyn* erwähnt. Auch *Jasper Tudor*, Earl of Pembrokeshire und Onkel des ersten Tudorkönigs Heinrich VII., soll es schon beherbergt haben – hier im Tŷ Gwyn soll er den Umsturz gegen König Richard III. geplant haben. Wenig später, 1485, fand Richard bei der Schlacht von Bosworth in Leicestershire sein Ende, und Henry VII. bestieg den Thron. Im Museum oberhalb des Cafés „Davy Jones' Locker" findet man Informationen zu den zahlreichen hier vor der Küste gesunkenen Schiffen – das Haus wird deshalb auch „Shipwreck Museum" genannt. Das bekannteste ist wohl die „Bronze Bell", eine mit Carraramarmor beladene Galeone aus Genua. Das namenlose Schiff sank 1709 in einem Sturm und wurde nach der geborgenen Bronzeglocke benannt.
Juni–Sept. tägl. 13–16.30 Uhr. Eintritt frei. The Quay.

Tŷ Crwn Roundhouse: Das runde Steingebäude von 1834 mit Schieferdach und markantem Schornstein diente früher als Gefängnis für Kleinkriminelle und Betrunkene und ist in zwei Sektionen, eine für Frauen und eine für Männer, unterteilt. Das denkmalgeschützte Gebäude kann besichtigt werden. Es ist historisch eingerichtet und Puppen helfen dabei, sich die damaligen Haftbedingungen besser vorstellen zu können. Übrigens wurde das Gebäude angeblich mit rundem Grundriss errichtet, damit sich der Teufel nicht in den Ecken verstecken und die eh schon negativ aufgefallenen Insassen zu weiteren Untaten verführen konnte.
Tägl. 10.30–17 Uhr. Eintritt frei. The Quay; in einer Stichstraße hinter The Quay.

Sailors' Institute: Das Kulturzentrum am Quay wurde Ende des 19. Jahrhunderts gegründet, um Seeleuten eine Aufenthaltsmöglichkeit und einen Treffpunkt zu bieten. Vor allem aber diente es den an Land verbliebenen Familienangehörigen als Informationsquelle, wo sich der Vater, Sohn oder Ehegatte gerade auf den Weltmeeren aufhielt und wann mit ihrer Rückkehr zu rechnen war – die Fahrten dauerten damals bis zu zwei Jahre. Es gab aktuelle Informationen und Zeitungen, einen Billard- und einen Lesesaal. Heute sind hier maritime Exponate, Gemälde und historische Fotografien zu sehen. Das Institut selbst ist inzwischen etwas Einzigartiges, gibt es doch fast nirgendwo mehr Einrichtungen dieser Art.
Tägl. geöffnet, normalerweise 9–17 Uhr, bei Veranstaltungen auch abends. Geschlossen Nov.–April am So. Eintritt frei. ✆ 01341-280787, www.barsailinst.org.uk.

Cliffs of Dinas Oleu: Das bergige Stück Land oberhalb von Barmouth war das erste in Großbritannien, das der National Trust, die nationale Denkmal- und Naturschutzorganisation, ab 1895 betreute. Von hier aus hat man schöne Ausblicke auf das Meer und die Berge. Hier beginnen auch der *Panorama Walk* und weitere Wanderwege.

Fairbourne Railway: Die Fairbourne Railway ist die einzige walisische Schmalspureisenbahn, deren Gleise direkt am Meer entlangführen. Die Strecke verläuft über ca. 4 km entlang der Küste von Fairbourne nach Barmouth Ferry an der Mündung des Mawddach-Flusses. Der Haltepunkt an der Fähre liegt direkt gegenüber von Barmouth und verbindet Ort und Eisenbahnstrecke. Die Heritage Railway verfügt über einen ansehnlichen Fuhrpark an Dampf- und Diesellokomotiven, die auf der Strecke regelmäßig zum Einsatz kommen.
Fahrten zwischen April und Okt. fast täglich. Erw. hin/zurück 9,50 £, erm. 8,50 £, Kind 5,25 £, in Begleitung 1 £. ✆ 01341-250362, www.fairbournerailway.com.

Information TIC, Ostern bis Okt. tägl. 10–17 Uhr. Nov. bis Ostern 10–15.30 Uhr. Barmouth Station, ✆ 01341-280787, barmouth.tic@gwynedd.gov.uk, www.barmouth-wales.co.uk.

Hin und weg Bus: Haltestelle in der Nähe des Bahnhofs. Busse nach Blaenau Ffestiniog (1 Std.), Dolgellau (25 Min.) und Harlech (30 Min.)

Barmouth mit den dahinterliegenden Bergen

Bahn: Station Road. Nach Aberdyfi (40 Min.), Harlech (30 Min.), Machynlleth (1 Std.) und Porthmadog (50 Min.).

Übernachten Ty'r Graig Castle, prachtvolle Villa mit knarrenden Dielen, bunten Scheiben und kuscheligen Zimmern. Das Hotel liegt oberhalb der Küste und bietet entsprechende Ausblicke auf das Meer. EZ ab 55 £, DZ ab 85 £. Llanaber Road, ✆ 01341-280470, reservations@tyrgraigcastle.co.uk, www.tyrgraigcastle.co.uk.

Bae Abermaw, am Hang oberhalb der Barmouth Bridge. Das viktorianische Haus wurde zu einem modernen, minimalistischen Hotel umgestaltet. Von vielen der stilvollen Zimmer hat man eine herrliche Sicht auf die Bucht. Nicht nur das rechtfertigt die etwas hohen Preise für die Zimmer und das *Restaurant*. EZ ab 80 £, DZ ab 100 £. Panorama Hill, ✆ 01341-280550, www.baeabermaw.co.uk.

Essen & Trinken The Last Inn, bekannter historischer und atmosphärischer Pub. Das Gebäude aus dem 15. Jahrhundert war ursprünglich eine Schusterei. Church Street, ✆ 01341-280530, www.lastinn-barmouth.co.uk.

Rhinog-Berge

Die Rhinogs (walisisch „Rhinogydd" oder „Rhinogau") sind eine Bergkette nördlich von Dolgellau und östlich von Harlech. Im Nordteil sind die Rhinogs vor allem felsig, rau und mit Heidekraut bewachsen, im südlichen Abschnitt saftiggrün.

Der Name Rhinogydd bezeichnet die zwei berühmtesten Gipfel, *Rhinog Fawr* und *Rhinog Fach*, obwohl die größte Erhebung mit 756 m am Y Llethr liegt. Die bekanntesten Gipfel sind neben diesen dreien noch der *Moel Ysgyfarnogod* im Norden und der *Diffwys* im Süden. Über 30 Quadratkilometer sind als „Special Area of Conservation" und als „National Nature Reserve" unter Schutz gestellt. Die Rhinogs sind weit weniger bekannt als die Gebiete weiter nördlich im Snowdonia-Nationalpark, wie Glyderau, Carneddau und das Snowdon-Massiv. Dies liegt auch an der rauen, menschenleeren Landschaft der Rhinogydd und am Ruhm des Snowdon als höchstem Berg in Wales. Die Rhinog-Berge sind vor allem bei Bergwanderern beliebt, die

Die Gegend im südlichen Snowdonia-Nationalpark ist nahezu menschenleer

eine abgelegene, wilde, nicht überlaufene Landschaft bevorzugen. Zu erreichen sind die Spitzen der Bergkette am leichtesten von der Westseite. Zwei Täler – das *Cwm Nantcol* („Tal des Nantcol River") und das *Cwm Bychan* („Kleines Tal") – führen tief in die Bergrücken hinein, Ausgangspunkt ist das Dorf **Llanbedr**: Der kleine Ort an der Straße von Barmouth nach Harlech ist das Wanderzentrum für die Rhinogs.

Harlech

Wie eine Fata Morgana taucht die dominante Burg von Harlech mit dem herrlichen Örtchen unerwartet aus der Landschaft auf. Die Burg thront oben am Hang und bietet grandiose Ausblicke – ohne Zweifel ist sie ein Höhepunkt an der kambrischen Küste.

Harlech Castle: Die Burg war Teil des „Iron Ring" von König Edward I (→ Kastentext Conwy/Sehenswertes) und wurde von etwa 1000 Arbeitern zwischen 1283 und 1295 in Rekordzeit errichtet. Anders als die meisten Burgen des Eisernen Rings hat sie keinen direkten Zugang zum Wasser, doch die Bauleute ließen sich etwas einfallen. Eine 61 Meter lange Treppe führte am Fuß des Berges zur Küste hinunter und ermöglichte im Notfall eine Versorgung vom Meer aus. Doch über die Jahrhunderte änderte sich die Küstenlinie, damals aber umspülte das Meer den Hügel unmittelbar unterhalb der Burg. Harlech war durch seine Hanglage gegen mögliche Angriffe geschützt, und das sehr effektiv, wie sich in den Rosenkriegen herausstellte. Von 1461 bis 1468 hielt die Burg den feindlichen Truppen stand, mehr noch: Harlech Castle hält den Rekord für die längste Belagerung, die in Großbritannien jemals stattgefunden hat – die von James of St George gewählte Bauweise mit zwei turmbewehrten Mauerringen und einem massiv befestigten Osttor hatte sich bewährt. Heute gehört Harlech Castle zum UNESCO-Weltkulturerbe.

Das massive Osttor von Harlech Castle

März–Juni und Sept./Okt. tägl. 9.30–17 Uhr. Juli–Aug. tägl. 9.30–18 Uhr. Nov.–Febr. Mo–Sa 10–16, So 11–16 Uhr. Erw. 4,25 £, erm. 3,20 £. ✆ 01766-780552, www.cadw.gov.wales.

Information TIC, Ostern bis Okt. tägl. 9.30–17.30 Uhr. Derzeit baut der CADW das Gebäude direkt gegenüber der Burg um. Hier soll nach Fertigstellung auch das Visitor Centre einziehen. High Street, unweit der Burg. ✆ 01766-780658, tic.harlech@eryri-npa.gov.uk.

Hin und weg . **Bus:** Busse halten in der Nähe des Castles und am Bahnhof. Verbindung nach Barmouth (30 Min.) und Blaenau Ffestiniog (40 Min.).

Bahn: Bahnhof in der Unterstadt. Züge nach Barmouth (25 Min.), Machynlleth (1½ Std.) und Porthmadog (20 Min.)

Übernachten Castle Cottage, 100 m von der Burg. Das „Restaurant with Rooms", untergebracht in zwei der ältesten Häuser von Harlech, vermietet 7 Zimmer, alle zeitgemäß eingerichtet und auf dem modernsten Stand. Jedes Zimmer ist anders gestaltet und bietet in seiner Ausstattung einen erfrischenden Kontrast zum historischen Gebäude. EZ ab 90 £, DZ ab 135 £, jeweils inkl. Frühstück. Ffordd Pen Llech, ✆ 01766-780479, www.castlecottageharlech.co.uk.

》》 Mein Tipp: **Maelgwyn House**, in der Innenstadt von Harlech, unmittelbar südlich des Castles. Die 5 Sterne vom Welsh Tourist Board hat sich das B & B verdient – der Ausblick aus den Zimmern ist nur einer der vielen Pluspunkte. Das Betreiberpärchen ist auch bei der Freizeitplanung gern behilflich. DZ ab 70 £. Ffordd Isaf, ✆ 01766-780087, 📧 780835, maelgwyn.harlech@virgin.net, www.maelgwynharlech.co.uk. 《《

Essen & Trinken Castle Cottage (s. o.), modernes Lokal mit entspannter Atmosphäre, cremefarbenen Wänden und walisischer Kunst. Das mehrfach preisgekrönte Restaurant ist für sein walisisches und britisches Essen weithin bekannt. Pen Llech, ✆ 01766-780479, www.castlecottageharlech.co.uk.

Sould Food Restaurant, karibisches Essen in Harlech – warum nicht? Jambalaya, Trinidad-Lamm oder Curry-Ziege schmecken vorzüglich. Und die Farbe des Meeres in Harlech hat ja auch etwas Karibisches. An neuem Ort und mit neuem Namen: High Street, ✆ 01766-780416, www.caribbeancrabharlech.com.

Blaenau Ffestiniog

Riesige Schieferhalden umgeben Blaenau Ffestiniog, das einst größte Zentrum der walisischen Schieferindustrie. Die gewaltigen Berge sind abgeschliffen, umgegraben und übersät mit Schutt. Im Inneren sind sie ausgehöhlt wie ein löchriger Käse. Der größte Ort im Süden des Kernlands von Snowdonia wirkt nicht nur grau – mit 3000 mm Niederschlag im Jahr ist er auch der regenreichste in Wales. In Blaenau Ffestiniog befindet sich die Endstation der **Ffestiniog Railway**.

Llechwedd Slate Caverns: Was liegt in Blaenau näher, als eine Schiefermine zu besichtigen! Die Llechwedd-Bergmine liegt inmitten einer beeindruckenden, von der Schieferindustrie zernarbten und wohl mehrfach umgegrabenen Landschaft. Die Victorian Mine Tour führt in die **Deep Mine**. Mit Europas steilster Minenseilbahn geht es 150 m in die Tiefe. Die 800 m lange Tour führt durch zehn Abbauhallen. An deren Ende wartet ein Zug, der einen wieder an die Oberfläche bringt. Bei viel Betrieb muss man sich darauf einstellen, unter Umständen noch einmal 70 Stufen steigen zu müssen, um den Zug weiter oben zu bekommen.

Nicht entgehen lassen sollte man sich auch den originalen Arbeiterpub, den historischen viktorianischen Laden und das **Quarryman's Home**; das original erhaltene Cottage gibt einen Einblick in das Leben der Schiefeminenarbeiter vor 100 Jahren. Der bekannte walisische Harfenspieler David Francis wurde hier 1865 geboren und starb, ebenfalls hier, 1929. Im Außengelände gibt es auch einen Bereich zum Grillen.

Bounce Below: Neueste Attraktion ist der weltweit erste unterirdische Spielplatz im zweiten Teil der Schiefermine. Früher fuhr eine kleine *Grubenbahn* in den Berg ein. Jewils eine Familie baute unter härtesten Bedingungen bei spärlichem Licht in einer „Kathedrale" oder „Halle" den Schiefer ab. Diese Hallen waren teilweise 50 bis 70 Meter hoch. Etwa 90 % Prozent des Schiefers waren Ausschuss. Wenn man bedenkt, dass es etwa fünfzehn solcher Abbau-Etagen gibt, wird deutlich, wie durchgegraben der Berg ist. Zahlreiche Tunnel verbinden auf etwa 40 km Länge die Abbaustellen in der Llechwedd-Mine.

Blaenau Ffestiniog

Blaenau war im 19. Jahrhundert das Zentrum der walisischen Schieferindustrie

Heute sind in mehreren der früheren „Kathedralen" in unterschiedlicher Höhe drei riesige Trampoline aufgestellt. Dazu gibt es Tunnels und eine Seilrutsche, die erste 4-Personen-Zipline Europas, oder eine stehende Welle zum Surfen – „eBounce Below" und die „Zip World Caverns" sind ein beliebtes großes unterirdisches Spiellabyrinth. Seit Eröffnung sind die Besucherzahlen durch die Decke geschossen und liegen im unteren sechsstelligen Bereich.

Und wenn man schon eine Zipline unterirdisch installieren kann, was für Möglichkeiten hat man dann erst über der Erde? Die Antwort war die größte „Zip Zone" in Europa. Mit der Zip World Titan rauscht man mit bis zu 110 km/h über 2000 Meter an einem Seil hängend über die Schieferminen. Billig ist das Vergnügen allerdings nicht. Die längste Zipline Europas errichtete derselbe Veranstalter übrigens in der Penrhyn Quarry in Bethesda bei Bangor.

Llechwedd Slate Caverns: Tägl. 9–17.30 Uhr. Letzte Tour Sa–Do 16.30, Fr 16 Uhr. Tramway- oder Victorian-Mine-Tour: Erw. 15,45 £, erm. 13,45 £, Kind 9,95 £. 1,5 km nördlich von Blaenau Ffestiniog an der A 470. ✆ 01766-830306, www.llechwedd-slate-caverns.co.uk.

Bounce Below: Ganzjährig geöffnet, Zeiten variieren, vorherige Buchung erforderlich. Eintritt 20 £, „Bounce Below Junior" für Kinder von 3 bis 6 J. und Begleitpersonen je 12,50 £. ✆ 01248-601444, www.bouncebelow.com.

Zip World: Informationen zur unter www.zipworld.co.uk.

Bus: Haltestellen am Bahnhof und an der High Street. Barmouth (1 Std.), Betws-y-Coed (20 Min.), Harlech (45 Min.), Llandudno (1¼ Std.), Porthmadog (30 Min.).

Bahn: Ffestiniog Railway und die reguläre Eisenbahn teilen sich den Bahnhof. Fahrten nach Betws-y-Coed (30 Min.), Llandudno Junction (1 Std.) und Llandudno (1½ Std.).

Dolwyddelan Castle: Die Burg auf einem Felsen im Lledr Valley, etwa auf halbem Weg zwischen Blaenau Ffestiniog und Betws-y-Coed im Norden, soll der Geburtsort von Llywelyn ap Iorwerth (the Great), dem Großvater von Llywelyn ap Gruffydd (the Last) sein. Dolwyddelan bildete u. a. mit der nahegelegenen Dolbadarn eine wichtige Kette von Bergfestungen für die Prinzen von Gwynedd (→ Kapitel Geschichte). Das Castle mit seinem markanten Bergfried fügt sich harmonisch in die Landschaft von Snowdonia ein.

April–Sept. Mo–Sa 10–17, So 11.30–16 Uhr. Okt.–März Mo–Sa 10–16, So 11.30–16 Uhr. Erw. 2,80 £, erm. 2,10 £. 8 km nördlich von Blaenau Ffestiniog und 11 km südwestlich von Betws-y-Coed an der A 470. ℡ 01690-750366, www.cadw.gov.wales.

Betws-y-Coed

Dort, wo der Fluss Llugwy in den Conwy mündet, liegt am Kreuzungspunkt dreier Täler und wichtiger Nord-Süd- und Ost-West-Verbindungen Betws-y-Coed. Der Ort bietet Touristen die wohl größte Auswahl an Unterkünften und Wanderläden in der Region. Durch seine Lage ist er eine ausgezeichnete Basis für die Erkundung von Central Snowdonia – zu Recht bezeichnet sich Betws-y-Coed als „The Gateway to Snowdonia". Umgeben von dichten Nadelwäldern und dem **Gwydyr Forest** (auch „Gwydir" genannt) hat sich die Region zu einem Anziehungspunkt für Motorradfahrer und Mountainbiker entwickelt.

Betws-y-Coed (auf angelsächsisch „Bethaus im Wald") entwickelte sich im 6. Jahrhundert um ein Kloster herum. „Betsy", wie die Stadt auch genannt wird, wurde ein regionales Zentrum der Bleiminenindustrie. Im 19. Jahrhundert wurde durch die Anbindung von Nordwales an das britische Straßen- und Bahnnetz auch Betws-y-Coed von Touristen und vor allem von Malern entdeckt – und der Hype von damals hält bis heute an, im Sommer ist die Stadt proppenvoll. So hat Peter Sager, Journalist und bekannter Autor britischer Kunstreiseführer, wohl recht, wenn er schreibt: „Betws-y-Coed ist ein wenig überbewertet. Und vor allem überfüllt. Vielleicht sollte es für eine Weile vergessen werden, um dann neu wiederentdeckt zu werden." Gut gesagt, denn weitaus interessanter als der Ort selbst ist seine Umgebung.

Sehenswertes

St Michael's Church: Die Kirche am Ufer des Conwy-Flusses ist das älteste Gebäude der Stadt (14. Jahrhundert). Nachdem sie durch den Bau der **St Mary's Church** 1873 ihre Bedeutung verloren hatte, schlummerte sie sich durch die Zeit. Anfang der 1990er-Jahre war das Gebäude in einem traurigen Zustand, wurde dann aber von einer Bürgerinitiative bis zum Jahr 2000 vollständig restauriert.

Normalerweise Ostern bis Okt. tägl. 10–17 Uhr. Außerhalb dieser Zeiten liegt der Schlüssel gegenüber im Conwy-Valley-Railway-Museum. ℡ 01690-710333, www.stmichaelsbyc.org.uk.

Stadtbrücken: Aufgrund seiner Lage an mehreren Flüssen verfügt Betws über eine Reihe erwähnenswerter Brücken. Direkt an der St Michael's Church spannt sich die *Suspension Bridge* über den Conwy. Diese schnuckelige Fußgänger-Hängebrücke von 1930 ist eine Miniaturausgabe der Golden Gate Bridge in San Francisco.

Mitten im Ort kann man von der *Pont-y-Pair Bridge* (Bridge of the Cauldron) von 1468 über den Llugwy die *Pont-y-Pair Falls* betrachten, einen wild schäumenden, flachen Wasserfall. Auf den Steinplatten an der felsigen Wasserrutsche sitzend, bekommt man einen kleinen Eindruck davon, welche Landschaft einen in der Umgebung erwartet.

Die *Waterloo Bridge* ist eine bemerkenswerte Ingenieursleistung des schottischen Brückenbauers Thomas Telford, der überall in Wales Spuren hinterlassen hat; sie wurde 1815 aus Anlass des Sieges über die napoleonischen Truppen gebaut. An der

Betws-y-Coed

eisernen Brüstung der Brücke sind die vier Symbole des Vereinigten Königreichs angebracht: walisischer Lauch, schottische Distel, irisches Kleeblatt und englische Rose. Die Brücke überquert den Conwy als A 5 im Süden der Stadt.

Conwy Railway Museum: Kleines Museum mit Originalloks und -waggons, Modelleisenbahn und allen möglichen Sammelobjekten rund um das Thema Bahn. Kinder und Eisenbahnfans können eine halbe Meile mit einer Straßenbahn und eine Meile mit Miniaturzügen fahren. Das Museum grenzt direkt an die Railway Station. So kommt es, dass drei unterschiedliche Spur- und Zuggrößen parallel zueinander verlaufen, denn die Gleise der Modellbahn und der elektrischen Straßenbahn liegen unmittelbar neben dem regulären Gleis. Das Café des Museums ist in einem alten Bahnwaggon untergebracht. Der Modellshop ist vollgestopft mit allem, was das Eisenbahner- und Modellbauerherz begehrt.
Durchgehend tägl. 10–17 Uhr. Zugticket 1,50 £, Straßenbahn 1 £, Museum Erw. 1,50 £, Kind/Senior 1 £, Familie 4 £. The Old Goods Yard. An der Old Church Street gegenüber der St Michael's Church, ✆ 01690-710568, www.conwyrailwaymuseum.co.uk.

Motor-Museum: Die Museumssammlung, ursprünglich eine private Sammlung der Houghton-Familie, zeigt alte Originale wie Aston Martin, MG, Bentley, Rover oder Ford. Ostern bis Okt. tägl. 10.30–17.30 Uhr. Erw. 2 £, Kind und Senior 1,50 £, Familie 6 £. Betws Farm, Station Road, ✆ 01690-710760, a.k.houghton@fsmail.net.

Basis-Infos → Karte S. 298

Information Tourist Information Centre/Snowdonia National Park Information Centre, Ostern bis Okt. tägl. 9.30–17 Uhr. Nov. bis Ostern tägl. 9.30–16.30 Uhr. Buchung von Übernachtungen, umfangreiches Informationsmaterial, Karten und Bücher. Kleine Ausstellung und Film zu Snowdonia. Royal Oak Stables. ✆ 01690-710426, ✆ 710665, tic.byc@eryri-npa.gov.uk.

Hin und weg Bus: Station neben dem Bahnhof. Nach Blaenau Ffestiniog (20 Min.), Capel Curig (15 Min.), Llandudno (50 Min.), Llanberis (30 Min.), Llanrwst (10 Min.), Penmachno (10 Min.), Pen-y-Pass (15 Min.).

Bahn: Betws-y-Coed liegt an der landschaftlich äußerst reizvollen Conwy Valley Railway. Vom Bahnhof (Station Road) häufig Züge nach Blaenau Ffestiniog (30 Min.), Llandudno Junction (30 Min.) und Llanrwst (5 Min.).

Einkaufen Anna Davies **3**, edles Geschäft für Country Wear, Kleidung, hochwertige walisische Souvenirs, Schafswolle und Haushaltswaren. Holyhead Road, ✆ 01690-710292, www.annadavies.co.uk.

Kletterwald Tree Top Adventure, nördlich von Betws, ist ein besonderer Kletterwald. Neben Unmengen an Seilen, Hindernissen und anderem für Erwachsene und Kinder kann man sich hier auch vom höchsten Baumstumpf hinunterstürzen, angeseilt natürlich. Eine Meile nördlich von Betws an der A 470 in Richtung Llandudno. ✆ 01690-710914, www.ttadventure.co.uk.

Übernachten → Karte S. 298

Royal Oak Hotel 5, Premium-Hotel direkt am Llugwy-Fluss im großen viktorianischen Coaching Inn. Traditionelles Design, kombiniert mit modernen Elementen. Freie Benutzung des Spa mit Schwimmbad, Sauna und Fitnessraum. Ausgezeichnetes *Restaurant* und stilvoll eingerichteter *Pub*. EZ ab 80 £, DZ ab 95 £. Holyhead Road, ✆ 01690-710219, ✆ 710603, www.hotel-snowdonia.co.uk.

Stables Lodge 6, gehobene Übernachtungsmöglichkeit für Individualreisende. Das zum Royal Oak gehörende Hotel ist die preiswertere Luxusvariante. Alle Zimmer befinden sich auf einer Ebene und sind behindertenfreundlich. Es gibt Fahrrad- und Trockenräume. Internet kostenlos im Royal Oak um die Ecke. DZ ab 70 £. Holyhead Road, ✆ 01690-710219, ✆ 710012, www.stableslodge.net.

Waterloo Hotel and Lodge 14, Premium-Hotel der Best-Western-Kette. Das elegante Haus bietet neben komfortablen Zimmern einen großen Spa- und Fitnessbereich sowie Brasserie und Lounge-Bar. Ab 77,50 £ pro Person inkl. Frühstück. Sonderangebote auf der Webseite. ✆ 01690-710411, www.waterloo-hotel.info.

Glan Aber Hotel Bunk House 10, ruhige und schmucke Zimmer zu angemessenen Preisen. Das Café serviert leckeres Essen und guten Kaffee. Zum Hotel gehört ein Bunkhouse mit einem Doppelstockbett pro Zimmer, Trockenraum, leider aber keine Küche. DZ ab 49 £, Bunkhouse 19,50 £/Pers., 24 £ inkl. Frühstück. Sonderangebote. ✆ 01690-710325, www.bunkhouseinsnowdoniaco.uk.

The Courthouse (Henllys) 9, komfortable Zimmer im ehemaligen Gerichtsgebäude, die meisten mit Blick auf den Fluss und die Berge. Wer geschichtsträchtig übernachten möchte, ist hier richtig. Die Räume tragen denn auch die Namen ihrer ehemaligen Funktion. So gibt es ein Verhörzimmer und eine Zelle. EZ ab 50 £, DZ ab 75 £ inkl. Frühstück. The Courthouse, Old Church Road, ✆ 01690-710534, www.guesthouse-snowdonia.co.uk.

Ty Gwyn Hotel 16, altehrwürdiges, traditionell eingerichtetes Haus an der Waterloo Bridge, dessen Ursprünge bis ins Jahr 1636 zurückreichen. Die Inneneinrichtung fasziniert jeden Antikfan. Gar nicht antiquiert sind nach umfangreicher Renovierung die Bäder. Bekannte Küche mit herzhaften Portionen, teils mit Zutaten aus dem hauseigenen Garten, der Rest kommt aus der Region. DZ ab 30 £ inkl. Frühstück. A 5 an der Waterloo Bridge, ✆ 01690-710383, www.tygwynhotel.co.uk.

The Vagabond Bunkhouse 13, im Zentrum. Tolles Hostel, die Zimmer haben 4, 6 oder 8

Übernachten
1 Riverside Touring Park
4 Bod Gwynedd
5 Royal Oak Hotel
6 Stables Lodge
7 Betws-y-Coed YHA/Swallow Falls Hotel
9 The Courthouse
10 Glan Aber Hotel Bunk House
11 The Ferns
13 The Vagabond Bunkhouse
14 Waterloo Hotel & Lodge
15 Tan y Foel
16 Ty Gwyn Hotel
17 Afon Gwyn Boutique B & B
18 Cwmanog Isaf Farm

Cafés
2 Alpine Coffee Shop
8 Stables Bistro Bar
12 Café Active
16 Ty Gwyn

Einkaufen
3 Anna Davies

Betws-y-Coed
250 m

Betws-y-Coed

Betten. Bettzeug, große Küche, Bar und Internet. Und sogar eine Außenkletterwand hat das Hostel. Für Gäste mit Vierbeinern gibt es beheizbare Hundehütten. 19 £/Person, Bed and Breakfast (obligatorisch am Wochenende) 24 £. Craiglan Road, ✆ 01690-710850, www.thevagabond.co.uk.

Bod Gwynedd [4], die snowdonischen Felsen lieferten das Baumaterial für dieses schicke B & B, die Zimmer verströmen gemütlichen Landhausstil. Großes Frühstücksbuffet, kostenfreie Parkplätze, Fahrradschuppen und Lunchpakete für Entdeckungstouren in die Umgebung. EZ ab 60 £, DZ ab 75 £. In der Hauptsaison Mindestaufenthalt von 2 Tagen. Holyhead Road, ✆ 01690-710717, www.bodgwynedd.com.

The Ferns [11], gastliche Herberge im Landhausstil, Sarah und Mark bieten ein geschmackvolles Ambiente für den Aufenthalt in Snowdonia. 2008 wurde das Haus vom Guardian als eines der besten B & Bs gelistet. EZ ab 45 £, DZ ab 35 £/Pers., Kind ab 5 J. 25 £. In der Hauptsaison am Wochenende Mindestaufenthalt 2 Nächte. Holyhead Road, ✆ 01690-710587, www.bedandbreakfastbetwsycoed.co.uk.

》》》 Mein Tipp: Afon Gwyn Boutique B & B [17], 1,5 km südlich von Betws-y-Coed gelegen, sehr schön im Gwydyr Forest gelegen. Luxuriöses 5-Sterne-B & B mit 5 liebevoll und heimelig eingerichteten und geräumigen Zimmern. DZ ab 80 £, Suite ab 98 £. Coed Celyn Farm, ✆ 01690-710442, www.guest-house-betws-y-coed.com. 《《《

Cwmanog Isaf Farm [18], südlich von Betws-y-Coed. Tierfarm an einem der schönsten Flecken in und um Betws. Ruhig und komfortabel präsentiert sich das altehrwürdige Cottage. Erfrischend ist auch ein Treffen mit Miss Marple. Wenn man sie mit Marmelade und Keksen füttert, ist sie glücklich. Miss Marple ist übrigens ein Schaf. DZ ab 65 £ inkl. Frühstück. Fairy Glen, Betws-y-Coed, südlich der Stadt an der A 470, neben dem Fairy Glen Hotel. ✆ 01690-710225, www.cwmanogisaffarmholidays.co.uk.

Betws-y-Coed YHA/Swallow Falls Hotel [7], 3 km westl. von Betws-y-Coed am Llugwy-Fluss, an der A 5. Der Swallow-Falls-Hotel-Komplex befindet sich direkt gegenüber dem Wasserfall. Hier befinden sich die Jugendherberge, ein Hotel und ein Zeltplatz. Zur Ausstattung gehören ein uriger Pub, ein Restaurant, Billardzimmer, Sauna und gratis Internet. Die Jugendherberge hat Trockenraum und Küche, die bei wenig Betrieb von den Campern mitgenutzt werden können. Auf dem großen Parkplatz ist immer noch ein Plätzchen frei. *YHA:* Standard Dormitory 18,50 £/Pers., DZ 40 £, Zeltplatz 6 £/Pers. *Hotel:* je nach Saison zwischen 60 und 80 £ pro Zimmer inkl. Frühstück. Verschiedene Spezialangebote. Swallow Falls Complex. Holyhead Road, ✆ 01690-710796, ✉ 01690-710191, www.swallowfallshotel.co.uk.

》》》 Mein Tipp: Tan y Foel [15], in Capel Garmon, Betws-y-Coed. 5-Sterne-Landgasthaus mit modernen und geräumigen Zimmern hinter historischer Fassade – das Gebäude stammt teilweise aus dem 16. Jahrhundert. Eingebettet in eine Gartenlandschaft, mit hervorragenden Ausblicken in die Natur. Im *Restaurant* zaubert Chef Jant Pitman feine Speisen. EZ ab 100 £, DZ ab 130 £. Spezialangebote. Capel Garmon, ✆ 01690-710507, www.tyfhotel.co.uk. 《《《

Camping Riverside Touring Park [1], in Betws-y-Coed. Kürzlich für mehrere Millionen Pfund renoviert, ist der Caravan-, Holiday- und Zeltpark die nächstgelegene Campermöglichkeit der Stadt. Der Platz liegt günstig hinter dem Bahnhof. Im Jan. meist geschlossen. Old Church Road, ✆ 01690-710310, riverside@morris-leisure.co.uk, www.morris-leisure.co.uk.

Essen & Trinken

Essen & Trinken Alpine Coffee Shop [2], im Bahnhofsgebäude. Preisgekrönter Kaffee, dazu eine riesige Auswahl an Tees und schmackhaftem Bioessen – von lecker über glutenfrei und vegetarisch bis vegan. ✆ 01690-710747, www.alpinecoffeeshop.net.

Café Active [12], geselliges Teehaus und Snackbar im Obergeschoss des Wanderladens Cotswolds. Die Mitarbeiter kennen sich mit Wanderungen und Aktivitäten in der Gegend aus. Kostenloses Internet gibt es auch. Holyhead Road, ✆ 01690-710999.

Stables Bistro Bar [8], beliebter Pub und beste Sportbar der Umgebung mit großen und leckeren Portionen, guter Bier-, Wein- und Spirituosenauswahl. Jeden Do ist Livejazz, freitags singt der Männerchor. Gäste können gratis das Internet nutzen, sogar Laptops kann man ausleihen. Holyhead Road, ✆ 01690-710219, www.stables-bistro.co.uk.

》》 Mein Tipp: Ty Gwyn 16, jedes Möbelstück dieses historischen Orts atmet Geschichte. Zu essen gibt es Meeresgerichte, deftig-kreativ Arrangiertes und Vegetarisches. Vieles wird im hauseigenen Garten angebaut. Oft kulinarische Themenabende. Gehört zum Ty Gwyn Hotel (s. o.). A 5 an der Waterloo Bridge, ✆ 01690-710383, www.ty gwynhotel.co.uk. 《《

Umgebung von Betws-y-Coed

Das Beste, was Betws zu bieten hat, befindet sich außerhalb der Stadt: die großartige Landschaft. Die Umgebung wartet mit schönen Wanderwegen entlang von Flüssen, Wasserfällen, Schluchten und alten Wäldern auf.

Capel Garmon ist ein sehenswertes kleines Dorf mit tollen Ausblicken. Leider hat der einzige Pub im Ort, das 400 Jahre alte *White Horse Inn*, zugemacht.

Capel Garmon Burial Chamber: Die neolithische Begräbnisstätte liegt 3 km südöstlich von Betws-y-Coed. Die zwischen 2500 und 1900 v. Chr. errichtete und teilweise rekonstruierte Bestattungsstelle besteht aus zwei großen Grabkammern, von denen eine mit einem riesigen Stein abgedeckt ist.

Tägl. 10–16 Uhr. Eintritt frei. 3 km südöstlich von Betws-y-Coed in der Nähe von Capel Garmon.

Von Betws-y-Coed zu Fuß oder mit dem Fahrrad über einen Wanderweg, der bei der Waterloo Bridge beginnt, ein schöner Spaziergang, besonders der Abstieg beim Rückweg. Bei Anfahrt mit dem Auto auf der A 5 in Richtung Conwy fahren, dann nach rechts in Richtung Capel Garmon abbiegen. 400 m hinter dem Ort über den Hügel die Straße entlang befindet sich auf der rechten Seite ein Steintor. An der kleinen Straße findet sich am zweiten Farmhaus der ausgeschilderte Fußweg zur Begräbnisstätte. Tägl. 10–16 Uhr, ✆ 01443-336000, www.cadw.gov.wales.

Swallow Falls: Die berühmten Wasserfälle liegen 3 km westlich von Betws-y-Coed am Llugwy-Fluss, an der A 5. Dem findigen Lord Ancaster ist es zu verdanken, dass die Wasserfälle umzäunt sind und man nur gegen einen Obolus einen Blick auf sie werfen kann. Die Fälle wurden im frühen 20. Jahrhundert so oft gemalt, dass der Besitzer mit der Zeit feststellte, dass das Geld nicht nur den Bach hinunter, sondern auch in die eigene Tasche fließen kann – er begann, Eintritt zu verlangen. Ob die Swallow Falls, wie es oft heißt, die atemberaubendsten Wasserfälle in Wales sind, kann jeder selbst entscheiden. In die Kunstgeschichte sind sie jedenfalls eingegangen. Ähnlich berühmt wurde ein angrenzendes Buchenwäldchen. Es ist auf so vielen Gemälden zu sehen, dass es den Beinamen *Artists' Wood* erhielt.

1,50 £ an der Kasse. Wenn diese nicht besetzt ist, 1 £ am Automaten.

Direkt gegenüber den Swallow Falls befindet sich auf der anderen Straßenseite der Swallow Falls Complex mit Hotel, Zeltplatz und dem *Betws-y-Coed Youth Hostel*. Das Areal verfügt über einen Pub und eine große Taverne.

Ugly House (Tŷ Hyll): Etwas weiter von den Swallow Falls entlang der A 5 in Richtung Capel Curig steht das Ugly House. Anders als der Name vermuten lässt, ist es ein sehr ansehnliches Gebäude. Der Legende nach wurde es im 15. Jahrhundert von zwei geächteten Brüdern über Nacht gebaut; das Gesetz „tŷ unos" aus dieser Zeit besagte, dass, wer zwischen Sonnenuntergang und Sonnenaufgang ein Haus mit Dach und Wänden baue, aus dessen Schornstein am Morgen Rauch aufsteigt, dieses samt umliegendem Land beanspruchen kann. Zur Bestimmung der Grund-

Umgebung von Betws-y-Coed 301

Stromschnellen und Kaskaden prägen das Fairy-Glen-Tal, die Heimat von Fabelwesen

stücksgrenze stellte man sich an jede Ecke des Hauses und warf eine Axt so weit wie möglich. In Wahrheit wurde das Ugly House wohl Mitte des 19. Jahrhundert gebaut. Es gehört heute der *Snowdonia Society* und wurde 2012 zu einem Teehaus, Besucherzentrum und Zentrum zum Schutz der walisischen Honigbiene umgebaut. Das Haus ist von Garten und Wald umgeben, schöne Spaziergänge bieten sich von hier aus an.

Garten und Wald sind immer zugänglich, Tearoom und Honeybee Centre Mitte März–Okt. 10.30–16.30, sonst Fr–Mo 10.30–16 Uhr. Eintritt frei. ✆ 01286-685498, www.snowdonia-society.org.uk.

Conwy Falls: Einige Kilometer von Betws-y-Coed den Conwy River hinauf stürzen die Conwy Falls etwa 15 Meter den Felsen hinab. Die Wasserfälle sind umgeben von einem etwa vier Quadratkilometer großen Naturreservat und über Wanderwege erreichbar. In der Mitte des Wasserfalls ist eine in den Berg gehauene viktorianische Fischtreppe zu erkennen. 1993 wurde für knapp eine Million Pfund ein moderner Fischtunnel durch den Berg getrieben. Das danebenliegende *Conwy Falls Café* entstammt einem Entwurf von Clough Williams-Ellis, dem Erbauer von Portmeirion, der südländisch anmutenden Ferientraumwelt bei Porthmadog (s. u.).

Eintritt 1 £ am Drehkreuz. Die Falls liegen südlich von Betws-y-Coed am Zusammentreffen von A 5 und B 4406; erreichbar zu Fuß und mit dem Auto. Von Betws-y-Coed fahren regelmäßig Busse. Pentrefoelas Road, Betws-y-Coed. ✆ 01690-710696, www.conwyfalls.com.

Fairy-Glen-Schlucht: Unterhalb der Conwy Falls (s. o.) schlängelt sich der Conwy durch schmale Klammen und sprudelt wild durch sein steiniges Bett. Das schöne, abgelegene Tal mit einer Kette kleinerer Wasserfälle hat seinen Namen von viktorianischen Romantikern, die hier den Wohnort von Feen ausmachten; ob sie ihnen auch begegneten, ist nicht bekannt. Fairy Glen erreicht man über einen kleinen Weg vom Fairy Glen Hotel an der A 470 (Parkplatz 1 £, Wanderpfad 50 p).

Penmachno

Kurz vor den Conwy Falls mündet das Flüsschen Machno in den Conwy. Das Machno-Tal bietet viele schöne Wandermöglichkeiten und lässt sich mit einem Besuch der Wasserfälle gut kombinieren. Im Örtchen Penmachno, einem Mountainbike-Zentrum, beginnen einige der besten MTB-Trails in Wales, u. a. der neue *Penmachno Trail*. Diese anspruchsvolle Route erstreckt sich in eindrucksvoller Landschaft über 22 km. Von Penmachno gelangt man über einen Wanderweg am Machno entlang nach Norden zum **Ty'n Y Coed Uchaf**; der walisische Gutshof aus dem 19. Jahrhundert zeigt sich im Inneren mit einer Fülle von Möbeln, die über Generationen von den Bewohnern zusammengetragen wurden.

Penmachno selbst schmückt sich im Ortszentrum mit einer sehenswerten Kirche. Die **Church of St Tudclud** (in ihrer heutigen Form von 1857) beherbergt eine interessante Kollektion frühchristlicher Steine aus dem 5. und 6. Jahrhundert, ein Beleg, dass Penmachno bereits in dieser Zeit ein Zentrum des christlichen Glaubens war. Ursprünglich standen hier zwei Kirchen, daher der recht große Kirchhof von St Tudclud. Beim Abriss einer der alten Kirchen fand man drei frühchristliche Steine mit Inschriften, die anderen wurden entlang der hier verlaufenden alten römischen Straße gefunden. Die Inschriften geben einen spannenden Einblick in das Leben der Gemeindebewohner des 6. Jahrhunderts. Sie sind in Latein verfasst und zeugen von den Bestrebungen der in Britannien verbliebenen, allerdings längst von den Legionen alleingelassenen Römer, die Beziehungen zum auseinanderfallenden Römischen Reich irgendwie aufrechtzuerhalten. Auf den Beschriftungen der Steine tauchen Worte wie „Bürger" und „Magistrat" auf – Worte, wie es sie in Großbritannien in keiner anderen Inschrift aus dieser Zeit gibt. Es ist beeindruckend, dass römische Gesellschaftsstrukturen noch so lange nach Abzug der Römer existiert haben sollen. Die alte Kirche soll auch Begräbnisstätte von Iorwerth ap Owain Gwynedd (1145–1174) gewesen sein, dem Vater von Llywelyn the Great; einer der ausgestellten Steine aus dem 13. Jahrhundert soll sich auf ihn beziehen. Einen klaren Beweis für diese Annahme gibt es allerdings nicht.

Ein weiteres interessantes Gebäude in Penmachno ist die **Old Bethania Chapel** an der Hauptstraße – in ihren Ausmaßen ist die Kapelle ungewöhnlich für einen so kleinen Ort. Leider ist sie nur von außen zu betrachten, sie befindet sich in Privatbesitz.

Tŷ Mawr Wybrnant: Berühmtheit in der walisischen Geschichte erlangte Penmachno mit einem abgelegenen grauen Haus mit schiefem Schornstein. Das „Große Haus in Wybrnant" (so die Übersetzung), ein Farmhaus aus dem 16. Jahrhundert, liegt auf halbem Wege zwischen Penmachno und Dolwyddelan. Hier wurde William Morgan, der spätere Bischof, 1545 geboren. Er übersetzte 1588 als Erster das Alte und Neue Testament ins Walisische und bewahrte die Sprache damit vor dem Aussterben. Die Abgelegenheit des Ortes sorgt dafür, dass Tŷ Mawr von Touristenmassen weitgehend verschont bleibt. Übers Jahr verteilt kommen gerade einmal so viele Besucher wie zu den Swallow Falls im Sommer an einem Tag. Die Wanderung nach Tŷ Mawr durch das schöne Wybrnant-Tal kann man gut mit einem Besuch der Conwy Falls und des Machno-Tals verbinden.

Tŷ Mawr Wybrnant Ende März–Okt. Do–Sa 12–17 Uhr. Erw. 3 £, Kind 1,50 £, Familie 7,50 £. Bus Nr. 64 von Betws-y-Coed nach Penmachno; von dort 3,2 km zu Fuß. ✆ 01690-760213, tymawrwybrnant@national trust.org.uk.

Übernachten Penmachno Hall, in Penmachno, 6,5 km südlich von Betws-y-Coed an der B 4406. Mächtiges viktorianisches Schieferhaus in lässigem Stil, mit allerlei Details und Farben gestaltet. Die Räume heißen Orange, Blau und Gelb. Umgeben von Wäldern, Bergen und Gewässern lässt es sich hier gut speisen. DZ ab 90 £, Mindestaufenthalt 2 Nächte. ✆/℡ 01690-760410, www.penmachnohall.co.uk.

Capel Curig

Capel Curig ist das Wanderzentrum von Snowdonia, alles in diesem kleinen Ort westlich von Betws-y-Coed ist auf Kletterer, Wanderer, Sportler und Zweiradfahrer ausgelegt. Hauptattraktion ist ohne Zweifel Plas-y-Brenin.

Plas-y-Brenin: Das National Mountain Sports Centre 400 m außerhalb des Dorfs ist ein Outdoor-Trainingszentrum mit einem umfassenden Angebot an Kursen. Es gibt Seminare in Bergwandern, Skifahren, Bergradeln, Eisklettern, Expeditionstraining und, und, und. Man kann sich hier in den unterschiedlichsten Kategorien qualifizieren. Hat man weniger Zeit, bietet sich ein Besuch der Kletterhalle, der Mattenskibahn oder des Bootsbeckens an. Es gibt Familien- und Kinderangebote, und wer möchte, kann hier übernachten, essen und trinken. Der hauseigene Laden hat ein umfangreiches Kletter- und Sportsortiment sowie Leihausrüstung.

National Mountain Centre: 400 m westlich von Capel Curig an der A 4086. Ausführliche Infos zu Kursen, Preisen und Zeiten unter ✆ 01690-720214, info@pyb.co.uk, www.pyb.co.uk.

>>> Mein Tipp: **Pen-y-Gwryd**, in Nant Gwynant. Zeitloses Bergsteigerhotel mit großer Geschichte. Bereits die Erstbesteiger des Mount Everest, Hillary und Tenzing, nutzten das ehemalige Farmhaus als Basislager. Das Hotel ist antik und charaktervoll eingerichtet, eine Sauna und einen Privatsee zum Baden gibt es auch. Ab 42 £/Person. Nant Gwynant, westlich von Capel Curig an der Kreuzung von A 4086 und A 498. Zimmer inkl. Frühstück pro Person ab 43 £. ✆ 01286-870211, www.pyg.co.uk. ⊲⊲⊲

Llanrwst

Das quirlige Marktstädtchen 7 km nördlich von Betws-y-Coed ist das wirtschaftliche Zentrum der Region. Ab dem 13. Jahrhundert entwickelte sich der Ort zu einem der größten Umschlagplätze für Wolle in Großbritannien. Verantwortlich dafür war der englische König Edward I. Beim Bau des nahen *Conwy Castle* erließ er ein Dekret, das jedem Waliser verbot, im Umkreis von zehn Meilen um die Burg Handel zu treiben. Llanrwst war 13 Meilen entfernt, und so wurde der Ort als Wollzentrum bedeutend. Aber auch im Harfenbau machte sich die Stadt einen Namen. Heute ist Llanrwst vor allem ein Infrastrukturzentrum: Der Supermarkt für Gäste bis aus Betws-y-Coed befindet sich hier, die wichtigen Zug- und Busverbindungen führen durch den Ort. Jeden Mittwoch und Freitag finden Märkte statt, auf denen auch lebende Tiere verkauft werden; ein weiterer Markttag ist der Dienstag. Der Ort bietet Pubs, Restaurants und auch Übernachtungsmöglichkeiten, von denen *Gwydir Castle* das spektakulärste ist (s. u.).

Und auch einige Sehenswürdigkeiten hat der Ort zu bieten. Die **Pont Fawr**, eine schmale Brücke über den Conwy, stammt aus dem Jahre 1636 und soll auf einen Entwurf von Inigo Jones zurückgehen; er war der erste bedeutende britische Architekt der neuen Zeit und führte nach der Gotik den Renaissancestil im Land ein. Direkt an der Brücke steht das **Tu Hwnt i'r Bont**. Das ehemalige Gerichtsgebäude aus dem 15. Jahrhundert ist fast vollständig von Kletterpflanzen überwuchert und leuchtet je nach Jahreszeit in den unterschiedlichsten Farben, ein beliebtes Fotomotiv. In seinem Inneren befindet sich heute eine gemütliche historische Teestube des National Trust.

Saint Grwst's Church: Die kaum beachtete Kirche birgt in der von Inigo Jones gestalteten *Gwydir Chapel* eines der wichtigsten walisischen Zeitzeugnisse: den Sarkophag von Llywelyn the Great, dem bedeutenden walisischen Prinzen. Die Kapelle befindet sich unweit des Hauptplatzes von Llanrwst, des Ancaster Square. Man erreicht sie durch die kleine Church Street, vorbei an den 1610 von Sir John Wynn of Gwydir erbauten **Almshouses**, den Häusern für die Armen.

Gwydir Castle: Sir Wynn selbst wohnte im 800 m von Pont Fawr entfernten Castle auf der anderen Seite des Flusses. Das befestigte Gutshaus wurde nach den Rosenkriegen ab 1490 als Familiensitz der Wynn wiederaufgebaut. Das Gebäude zählt zu den beeindruckendsten Beispielen in Wales für die Architektur der frühen Tudorzeit. Die historischen, ebenfalls denkmalgeschützten Gärten werden von Pfauen bevölkert.

Gwydir Castle beherbergte des Öfteren Mitglieder der königlichen Familie, heute wird es angeblich von unzähligen Geistern bewohnt – jedenfalls soll es sich um eines der Häuser in Wales handeln, in denen es am meisten spukt. Seit einiger Zeit kann man hier auch übernachten, eine der wenigen Gelegenheiten in Wales, in einer echten Burg zu schlafen – und die einzige Möglichkeit in Wales, selbst auf Geisterjagd zu gehen. Burg April–Okt. Di–Fr und So 10–16 Uhr. Erw. 6 £, erm. 5,50 £, Kind 3 £. DZ ab 95 £ inkl. Frühstück. An Wochenenden Mindestaufenthalt zwei Nächte. ✆ 01492-641687, www. gwydir castle.co.uk.

Trefriw Wollen Mills: Auf der linken Uferseite gegenüber von Llanrwst steht eine der letzten Wollmühlen in Wales. Auf alten Maschinen werden hier traditionelle Decken, Überwürfe, Kissen Tweeds und andere Textilien aus Rohwolle gewoben. Die Wollspinnerei ist ein lebendiges Industriedenkmal und steht Besuchern offen. Man kann den Mitarbeitern bei der Arbeit zuschauen und die historische hydroelektrische Turbine besichtigen. Im Sommer sind zudem weitere Exponate des meist aus den 50er- und 60er-Jahren stammenden Maschinenparks zu sehen; dann wird auch das Spinnen von Hand vorgeführt und gibt es die Möglichkeit, sich selbst an kleinen Webstühlen zu versuchen. Zu dem Komplex gehören natürlich ein Laden und ein Café. Anfang Dezember findet meist ein Weihnachtstextilmarkt mit speziell dafür gefertigten Produkten statt. Im hauseigenen **Weaver's Garden** wachsen Pflanzen, aus denen Fasern, Textilgrundstoffe, natürliche Färbemittel und Seifen gewonnen werden.

Spinnerei: Mitte Febr. bis Mitte Dez. Mo–Fr 10–13 und 14–17 Uhr. *Laden und Turbinen:* April–Okt. tägl. 9.30–17.30, Nov.–Dez. tägl. 10–17, Jan.–März Mo–Sa 10–17 Uhr. *Working Museum*: April–Okt. tägl. 9.30–17.30 Uhr, Nov.–Dez. Mo–Sa 9.30–17 Uhr, Jan.–März 10–17 Uhr. Eintritt frei. Weitere Öffnungszeiten und Termine für das Handspinnen stehen auf der Webseite. Trefriw Woolen Mills, Main Road, Trefriw, Conwy Valley, ✆ 01492-640462, www.t-w-m.co.uk.

Llanberis

Obwohl der höchste walisische Berg der Dreh- und Angelpunkt des Ortes ist, hat Llanberis noch andere Attraktionen zu bieten. Es gibt zwei Seen, und die Lage des Orts in unmittelbarer Nähe hervorragender Wander- und Bikerwege lockt viele Sportler an. Auch für Familien wird einiges geboten.

Llanberis Lake Railway: Die Fahrt führt von der Gilfach-Ddu-Station am National Slate Museum über 5 Meilen am Llanberis-See (Llyn Padarn) entlang. Die Hin- und Rückfahrt dauert 1 Stunde und bietet schöne Blicke auf den See und den Mount

Dolbadarn in Gwynedd ist eine typisch walisische Burg

Snowdon in der Ferne. Auf der Rückfahrt hält die Bahn an einem Picknickplatz direkt am Llanberis Lake; hier gibt es ein Woodland Centre mit großem Spielplatz.
Geöffnet Mitte Febr.–Nov., Fahrten Juni–Aug. täglich. Erw. 8,20 £, erm. 7,20 £, Kind 4,50 £.
✆ 01286-870549, www.lake-railway.co.uk.

National Slate Museum: In einem ehemaligen Minenbaukomplex hat das National Museum of Wales das Schiefermuseum eingerichtet. Hier befindet sich die Endstation der Llanberis Lake Railway (s. o.). Zu sehen sind eine Menge Technik, Lokomotiven, ein großes Wasserrad und weitere Exponate. In Workshops erfährt man mehr über die für Wales einstmals lebenswichtige Industrie. Unter Tage gehen muss man dafür nicht. Stattdessen kann man im Anschluss an den Besuch noch im *Padarn Country Park* spazieren gehen, der das Slate Museum umgibt.
Ostern bis Okt. tägl. 10–17 Uhr. Nov. bis Ostern So–Fr 10–16 Uhr. Eintritt frei. ✆ 01286-870630, www.museumwales.ac.uk/slate.

Electric Mountain: Das Visitor Centre in Llanberis beherbergt neben dem TIC ein Café und einen Laden und ist Ausgangspunkt für Führungen zur Dinorwig Power Station beim Electric Mountain. Das Pumpspeicherwerk am Fuße einer riesigen stillgelegten Schiefermine kann in einer einstündigen Bus-Führung besichtigt werden, bei der man in den Berg einfährt. Besonders bei schlechtem Wetter ist dieser Ausflug sehr beliebt, daher besser rechtzeitig buchen.
Ostern bis Okt. täglich Führungen. Erw. 8,50 £, erm. 7,65 £, Kind 4,35 £. Visitor Centre: Jan.–Mai und Sept.–Dez. tägl. 10–16.30 Uhr. Juni–Aug. und in den Schulferien tägl. 9.30–17.30 Uhr. ✆ 01286-870636, www.electricmountain.co.uk.

Dolbadarn Castle: Viel mehr als der mächtige Burgfried blieb von der Festung nicht übrig. Wahrscheinlich ließ Llywelyn ap Iorwerth („The Great") sie im 13. Jahrhundert erbauen. Das macht die Burg zu etwas Besonderem, denn sie wurde von Walisern gebaut und ist eine der wenigen wirklich walisischen Burgen. Dolbadarn

erhebt sich zwischen den beiden Seen von Llanberis, Llyn Padarn und Llyn Peris. Von der Anhöhe aus hat man eine schöne Aussicht auf die Umgebung.
Tägl. 10–16 Uhr. Eintritt frei. Die Burg steht im Osten von Llanberis romantisch auf einem Hügel zwischen den beiden Seen Llyn Padarn und Llyn Peris. www.cadw.gov.wales.

Basis-Infos

Information TIC, Fr–Di 10–16 Uhr. Im Electric Mountain Visitor Centre, High Street, ℡ 01286-870765, llanberis.tic@gwynedd.gov.uk, www.vistitsnowdonia.info.

Hin und weg Bus: Haltestellen an der High Street. Verbindung nach Betws-y-Coed (40 Min.), Caernarfon (30 Min.), Capel Curig (30 Min.) und Pen-y-Pass (15 Min.).

Aktivitäten Boulder Adventures, Agentur, die Klettern, Paddeln, Orientierungslauf, Coasteering und alle anderen waghalsigen Sportarten anbietet. Übernachtungsmöglichkeiten gibt es ebenfalls. Bryn Du Mountain Centre, Ty Du Road, ℡ 01286-870556, www.boulderadventures.co.uk.

Übernachten/Essen & Trinken

Alpine Lodge Hotel, freundliches Haus in guter Lage, schlichte, moderne, geräumige Zimmer. Die meisten Räume bieten schöne Ausblicke, die Lodges haben Balkon oder Terrasse. DZ ab 65 £. 1 High Street, ℡ 01286-870294, 🖷 871119, www.alpinelodgehotel.co.uk.

Dolafon Guest House, solides Granithaus mit erfrischender Atmosphäre, wohleingerichteten Räumlichkeiten und großen Zimmern. Es gibt ein tolles Frühstück mit viel Obst und Saft sowie einen eigenen Garten. EZ ab 45 £, DZ ab 56 £. High Street, ℡ 01286-870993, www.dolafon.com.

YHA Llanberis, malerisch am Llanberis Path gelegen. Modernes, etwas steriles Haus mit genau der Ausstattung, die man von einer Jugendherberge erwartet. Vor Ort gibt es auch ein *Restaurant*. Bett ab 16 £, Zimmer ab 35 £. Die Rezeption ist von 10 bis 17 Uhr geschlossen, Gäste erhalten eine Zugangskarte. Llwyn Celyn, Llanberis, 800 m von der High Street. Ab Joe Brown's Corner Shop ausgeschildert. ℡ 0845-3719645, www.yha.co.uk.

Jessie James' Bunkhouse, knapp 5 km von Llanberis, an der A 4244 in Richtung Bangor. Das 1966 eröffnete Bunkhouse, das erste in Snowdonia, nimmt sich die Hütten in den Alpen als Vorbild. Der Komplex bietet vollausgestattete Küchen und verschieden große Mehrbettzimmer, DZ, ein Chalet, eine Ferienwohnung sowie die Alpine Lodge. Betrieben wird das Haus von einem früheren Mitglied der Bergwacht. Bett ab 12 £, Zimmer ab 25 £/Pers. Penisa r' Waun. ℡ 01286-870521, www.jessejamesbunkhouse.co.uk.

Camping Cae Gwyn, sehr einfache Unterkunftsmöglichkeit 3 km von Llanberis in Nant Peris. Es gibt eine Wiese für Zelte und ein Bunkhouse. Kein Verleih von Bettwäsche etc., dafür ist alles sehr billig. Für Besucher des Pen-y-Pass sehr gut gelegen. Direkt gegenüber gibt es einen zweiten Zeltplatz, **Ty Isaf**, falls Cae Gwyn voll ist. Zeltplatz ab 6 £/Person, Bett im Bunkhouse 12 £. Nant Peris, 3 km an der A 8046 in südlicher Richtung. Schräg gegenüber vom Vaynol Arms, ℡ 01286-870718.

Essen & Trinken Peak Restaurant, eines der populärsten Restaurants der Region auf hohem kulinarischen Niveau. Das Lokal war im Good Food Guide 2013 gelistet. 86 High Street, ℡ 01286-872777, www.peakrestaurant.co.uk.

»» Mein Tipp: Pete's Eats, das knallbunte Haus besteht bereits seit 1978. Das Markenzeichen sind wirklich große Portionen – das zieht Biker, Wanderer und Sportler in Scharen an. Genau wie Jessie James' Bunkhouse und das Adventure Sports Information Centre mit einer Fülle an Karten, Büchern sowie Internetanschluss. 40 High Street, ℡ 01286-870117, www.peteseats.co.uk. **«««**

Pen y Ceunant, Gasthaus aus dem 18. Jahrhundert im unteren Abschnitt des Llanberis Path (100 m vom Ort). Hier gibt es Tee, Kaffee und Snacks für Wanderer – auch nach B & B. Ganzjährig geöffnet. Snowdon Path, ℡ 01286-872606, www.snowdoncafe.com.

Mount Snowdon

Der Mount Snowdon ist mit 1085 m der höchste Berg von Wales und England, nur in Schottland gibt es noch höhere Gipfel. Auf Walisisch wurde der Snowdon auch Yr Wyddfa Fawr („Großes Grab", „Großer Thron") oder Carnedd y Cawr („Gipfel der Riesen") genannt, heute heißt er einfach nur Yr Wyddfa. Hierher, ins Herz des alten Königreichs von Gwynedd, zieht es den britischen Urlauber, wenn er Wales erleben will. Und zunehmend kommen Gäste auch von außerhalb, um dieses imposante Gebirgsmassiv zu sehen. Viele Wanderwege führen auf den von tiefen Tälern, Bergrücken und mehreren Bergspitzen geprägten Mount Snowdon. Es gibt sieben Hauptrouten auf den Berg: den *Llanberis Path* entlang der Eisenbahnlinie, den *Watkin Path*, den *Miner's Track*, den *Snowdon Horseshoe*, *Pyg Track*, *Snowdon Ranger* sowie den *Rhyd Ddu Path* (eine vollständige und detaillierte Übersicht findet man unter www.eryri-npa.gov.uk).

Der Gipfel des Mount Snowdon ist statistisch gesehen nur an jedem 10. Tag nicht wolkenverhangen. Lohnt es da, sich an den schweren Aufstieg zu wagen, wenn man dann nicht mit atemberaubenden Ausblicken bis zum Meer belohnt wird? – das fragt sich manch Lauffauler und fährt nach Llanberis, denn von hier aus dampft die Eisenbahn direkt bis unter den Gipfel.

Snowdon Mountain Railway: Sie ist eine der bekanntesten und die wohl touristischste Bahn in Wales. Alle wollen auf den Mount Snowdon, aber nur wenige trauen sich zu Fuß auf Wales' höchsten Berg. Also nehmen sie die Snowdon Railway, die sie seit 1896 gemütlich von Llanberis bis unter den Gipfel bringt. Und dann stehen sie ganz oben und posieren am Gipfelkompass, als wären sie hochgerannt. Man kann natürlich auch nur eine Strecke fahren und die andere laufen. Das ist günstiger und spannender. Die Wanderung auf dem Llanberis Path dauert hin und zurück etwa 6 Stunden. Nach Distanz betrachtet ist dieser Wanderweg von

Bei gutem Wetter reicht der Blick vom Rhyd Ddu Path bis zur Irischen See

allen sechs Routen auf den Gipfel des Snowdon zwar der längste, aber auch der mit dem gleichmäßigsten Anstieg. Allerdings sind immer noch 975 Höhenmeter zu überwinden. Kondition und angemessene Kleidung sollte man also mitbringen. Und Nerven, denn der beliebte, weil einfachste Weg kann in der Ferienzeit schon mal sehr belebt sein.

Mitte März–Okt. täglich, bei schlechtem Wetter auf dem Gipfel geschlossen. In der Hochsaison einfache Fahrt 20 £, hin/zurück 27 £; Kind 15 £, hin/zurück 18 £. Ermäßigung bei Buchung des frühen 9-Uhr-Zuges und für Personen mit Behinderung. ℘ 0844-4938120, www.snowdonrailway.co.uk.

Beddgelert

Beddgelert ist eingebettet in tiefe Täler, mehrere Flüsse durchziehen den kleinen Ort mit seinen dunklen Häusern, dafür explodieren die Vorgärten und Fensterbänke vor Blumenpracht – die Einwohner beteiligen sich regelmäßig an nationalen Blumenwettbewerben. Die Hauptattraktionen von Beddgelert sind schnell beschrieben: Oberhalb des Dorfs hält die **Welsh Highland Railway**, sie bringt die Touristen zu den Cafés, Restaurants und einigen Geschäften, von denen *Beddgelert Woodcraft* in der Stryd Smith die meisten anzieht. Interessant ist auch der kleine *National Trust Shop*. Beddgelert bedeutet „Grab des Gelert" – und dieses ist auch der Hauptanziehungspunkt des Orts:

Gelert's Grave: Das Grab des treuen Hundes Gelert befindet sich 500 m südlich von Beddgelert. Zwei Gedenktafeln auf Steinen markieren die unspektakuläre Stelle. In der Nähe ist in den Überresten eines Hauses eine Skulptur des Tieres zu sehen. Die Legende von Gelert kennt jeder Waliser. Im 13. Jahrhundert lebte der walisische Prinz Llywelyn ab Iorwerth hier in seinem Palast. Als er eines Tages von der

Am Zusammenfluss mehrerer Flüsse liegt das malerische Beddgelert

Jagd zurückkehrte, sprang ihm sein Hund blutverschmiert entgegen, um ihn zu begrüßen. Panisch von diesem Anblick und voll böser Vorahnung stürmte er in das Zimmer seines neugeborenen Kindes. Dessen Bett war leer, durchwühlt und ebenfalls blutbefleckt. Voller Wut zückte Llywelyn sein Schwert und erschlug den Hund – um kurz darauf festzustellen, dass sein Sohn vollkommen unversehrt unter seinem Bett lag. Daneben ein riesiger toter Wolf. Nun begriff er, dass der Hund seinen Sohn vor dem Untier gerettet hatte. Der Gedenkstein vermerkt, der Prinz habe nach diesem Vorfall nie wieder gelächelt. Er begrub seinen Hund an der Stelle, die von da an Beddgelert hieß.

Aberglaslyn Valley: Wer das wunderschöne Tal etwas länger genießen möchte, kann mit der Welsh Highland Railway nach **Nantmor** fahren und von hier aus entlang des Flusses über Gelert's Grave (s. o.) nach Beddgelert zurücklaufen.

 Wanderung 9: Von Nantmor durch das Aberglaslyn Valley → S. 368
Leichte Wanderung durch das romantische Flusstal

Sygun Copper Mine: Besonders für Familien eignet sich eine individuelle Tour zu Fuß durch diese ehemalige farbenreiche Kupfermine. Die Tour durch das unterirdische Labyrinth dauert etwa 45 Minuten. Man sollte warme Kleidung dabeihaben, denn hier ist es nicht mehr als 10 Grad warm. Im Anschluss an den Besuch der Mine kann man Gold waschen, Keramik bemalen oder einen Spaziergang in der Umgebung unternehmen.
Mitte Febr. bis Mitte Nov. tägl. 9.30–17 Uhr zur brit. Sommerzeit, 10–16 Uhr zur brit. Winterzeit. Erw. 8,95 £, erm. 7,95 £, Kind 6,95 £. Etwa 1,5 km nördlich an der A 498. ✆ 01766-890595, www.syguncoppermine.co.uk.

Information Tourist Office mit gutem Shop und kleinem Museum: Ostern bis Okt. tägl. 9.30–17.00 Uhr. Nov. bis Ostern Fr–So 9.30–16.30 Uhr. Canolfan Hebog, ✆ 01766-890615, www.beddgelerttourism.com.

Hin und weg Bus: Verbindung nach Caernarfon (30 Min.), zum Pen-y-Pass (25 Min.) und nach Porthmadog (25 Min.).

Übernachten/Camping Neben einigen B & Bs und Hotels, die allerdings recht teuer sind, gibt es in Beddgelert auch einen sehr guten, wunderschön am Glaslyn-Fluss gelegenen Camping- und Zeltplatz:

》》》 Mein Tipp: Cae du Campsite, Zelt oder Wohnmobil für 2 Pers. ab 17 £. Unmittelbar außerhalb von Beddgelert, auf der A 498 nach Norden. Abfahrt ausgeschildert. ✆ 01766-890345, www.caeducampsite.co.uk. 《《《

Rhyd Ddu

Von diesem Straßendorf mit 70 Einwohnern mit einem Real Ale Pub namens Cwellyn Arms und einigen Unterkunftsmöglichkeiten startet der **Rhyd Ddu Path** zum Gipfel des Snowdon. In dem Ort gibt es auch ein wunderbares B & B (s. u.).

》》》 Mein Tipp: Tŷ Mawr B & B, Emma und Menno betreiben die kleine, urgemütliche Herberge und Teestube. Hervorragend geeignet als Ausgangspunkt für den Aufstieg zum Mount Snowdon über den nicht so überfüllten und spannenden Rhyd Ddu-Pass. Und wer vom britischen Frühstück die Nase voll hat, bekommt von Menno wunderbare Waffeln und Pfannkuchen kreiert. EZ ab 38 £, DZ ab 26 £/Pers. Rhyd Ddu, nördl. von Beddgelert, ✆ 01766-890837, www.snowdonaccommodation.co.uk. 《《《

Cwellyn Arms, in Ortsmitte. Der einzige Pub im Ort bietet eine Reihe von Unterkünften: Matratzenlager im Bunkhouse, Privatzimmer für 2 bis 6 Pers. im Cottage und im

Farmhouse, ein Loft für 6 bis 8 Pers. sowie einen Campingplatz. Auf dem Zeltplatz darf man auch richtige Lagerfeuer machen. Camping ab 10 £/Person. Bett im Bunkhouse ab 12 £, DZ ab 75 £. Mehr Details auf der Webseite; die Unterkünfte finden sich in der Nähe. Rhyd Ddu, ✆ 01766-890321, www.snowdoninn.co.uk.

Snowdon Ranger YHA, bei Wanderern beliebte Jugendherberge, etwas weiter nördlich von Rhyd Ddu, auf halbem Wege nach Betws Garmon, am Beginn des *Snowdon Ranger Path*. Bett ab 15 £, Zimmer ab 30 £. ✆ 0845-3719659, www.yha.org.uk.

In Rhyd Ddu beginnt unsere Wanderung auf den Mount Snowdon:

Ffestiniog Railway vor grandioser Kulisse

> **Wanderung 10: Von Rhyd Ddu auf den Mount Snowdon** → S. 369
> Auf dem abgelegenen Rhyd Ddu Path die fabelhafte Bergwelt genießen

Porthmadog

Porthmadog, einstmals der quirligste Schieferverladehafen von Wales und die Geburtsstadt von Lawrence von Arabien, ist eine sehr gute Ausgangsbasis, um Snowdonia, die Halbinsel Llyn und die wunderschöne Umgebung zu erkunden.

Der Hafen ist heute vergleichsweise leer und der Ort selbst nicht unbedingt eine Zierde. Seine tolle Lage an der Traeth-Bach-Mündung macht ihn mehr zur Ausgangsbasis für Unternehmungen in der Region statt zum eigentlichen Reiseziel. Von Porthmadog gelangt man schnell in jede Ecke von Snowdonia und der Halbinsel Llyn. Auch **Portmeirion** liegt direkt um die Ecke, und die Insel Anglesey ist nur eine halbe Stunde entfernt. Und: Porthmadog ist eine Freude für kleine und große Eisenbahnfans. Gleich drei Schmalspurbahnen sind hier stationiert (→ Sehenswertes).

Stadtgeschichte: Porthmadog und das etwas nördlich gelegene **Tremadog** verdanken ihre Existenz William Alexander Madocks, einem Unternehmer aus Lincolnshire, der den beiden Orten den Namen gab. Es wird aber auch behauptet, die Namen stammten von Madog ap Owain Gwynedd, einem Prinzen aus der walisischen Sage, der 1170 von der nahen Madog Island nach Amerika gesegelt sein soll – also bereits 322 Jahre vor Kolumbus! Die Engländer gruben diese Legende irgendwann wieder aus, um gegenüber Spanien ihre Ansprüche auf Amerika geltend zu machen.

William Madocks kaufte 1798 einen Abschnitt an der Flussmündung des Glaslyn und gründete 1806 Tremadog. Nach der Union des Vereinigten Königreichs mit Irland im Jahr 1800 wollte Madocks die Verkehrsströme von London nach Dublin über Nordwales führen. Er hoffte, die Halbinsel Llŷn würde sich als zentraler Hafen zwischen den beiden Hauptstädten etablieren. Zu diesem Zweck initiierte er zwi-

Porthmadog 311

schen 1800 und 1811 ein großes Straßenbauprogramm und ließ an der Mündung des Glaslyn-Flusses hunderte von Hektar Land für Viehweiden trockenlegen. Bis 1811 entstand auch der als *The Cob* bekannte Bahndamm. Die Flussmündung wurde so vom Meer abgeschnitten, der Weg für die spätere Eisenbahnstrecke wurde verkürzt. Seit 1836 wird diese von der *Ffestiniog Railway* befahren. Der umgeleitete Glaslyn-Fluss wusch einen Naturhafen mit ausreichend Tiefgang für hochseetaugliche Schiffe aus. 1821 bekam Madocks die Erlaubnis, auch einen Hafen zu bauen, und gründete Porthmadog. Den Erfolg seiner Unternehmungen erlebte er allerdings nicht mehr, finanziell war er fast ruiniert. Bevor der Schieferboom in der Region richtig begann, starb Madocks 1828 in Paris. Und was die erhoffte Transportroute zwischen Dublin und London betrifft, so machte mit dem Bau der Menai Strait Bridge schließlich Holyhead das Rennen.

Im 19. Jahrhundert entwickelte sich Porthmadog zu einem der größten Schieferverladehäfen von Großbritannien. Die neuen Bahnstrecken transportierten das Baumaterial aus den Minen von Blaenau Ffestiniog, Croesor und Gorseddau. Im Spitzenjahr 1873 wurden im Hafen 116.000 Tonnen Schiefer auf über 1000 Schiffe verladen. Die Molen schoben sich bis nach Borth y Gest, wo die Werften lagen. Die Ankunft der Cambrian Railway brachte die ersten Touristen in die Region und markierte zugleich das Ende des Schiffsbaus und des Schieferverladehafens. Heute verkehren in Porthmadog, Tremadog und Borth y Gest vor allem die Touristen, die Einheimischen aus der Umgebung kommen zum Einkaufen hierher.

Sehenswertes

Von Osten kommend, erreicht man über den Damm **The Cob**, der die Flussmündung vom Meer abschneidet, eine Porthmadog vorgelagerte Insel. Hier befindet sich die *Ffestiniog Railway Station* (s. u.). Direkt dahinter liegt der einstmals lebhafte Hafen, in dem heute nur noch ein paar Segelboote hin und her schaukeln.

Maritime Museum: Kleines Museum in dem letzten erhaltenen Schieferlagerhaus am Hafen. Die aus zwei Räumen bestehende Ausstellung informiert u. a. über die hier bis 1913 gebauten 3-Mast-Schoner, den Schiefertransport von Porthmadog aus und zeigt eine überschaubare Sammlung von Schiffsmodellen.

Ostern bis Okt. tägl. 12–16 Uhr, während der Schulzeit Mo und Fr geschlossen. Erw. 2 £. Am Hafen hinter dem Community Centre (Y Ganolfan) beim Harbour Master's Office, Porthmadog. ✆ 01766-770034, www.porthmadogmaritimemuseum.org.uk.

Welsh Highland Railway: Die Welsh Highland Railway ist die längste Schmalspurbahn in Großbritannien. Als die Schieferindustrie in den 1940er-Jahren zusammenbrach, wurde die Bahnstrecke nicht nur stillgelegt, sondern vollständig abgebaut. Nach langem Wiederaufbau und großen Anstrengungen vor allem von Freiwilligen wurde das nicht unumstrittene Projekt 2011 vollendet und die rund 65 km lange Strecke von Porthmadog nach Caernarfon wieder durchgehend befahrbar gemacht. Museumsbahnen sind in Großbritannien eine wichtige Angelegenheit, und so stritten sich verschiedene Eisenbahnvereine, Anwohner und Firmen heftig um die Vergabe und den Bau der Strecke, teilweise vor Gericht.

Auf ihrem Weg von Küste zu Küste passieren die einhundertjährigen Dampflokomotiven die malerischen Berglandschaften des nördlichen Snowdonia. Dabei schlängeln sie sich durch enge Täler, in den Fels gehauene Tunnels und an Flüssen und Seen entlang. Besondere Höhepunkte sind der **Aberglaslyn Pass**, die Fischadlerstation in **Pont Croesor**, die Fahrt vorbei am **Mount Snowdon** und die Gegend um **Beddgelert**. In Porthmadog besteht Anschluss an die Ffestiniog Railway. Der

Museumstechniker im Einsatz: Vor der Rückfahrt von Blaenau Ffestiniog wird die Dampflok mit Wasser betankt

Bahnhof in Porthmadog, die Harbour Station, wurde vor kurzem umfassend renoviert. Die Ffestiniog Railway Company ist übrigens die älteste noch aktive Eisenbahngesellschaft der Welt. Sie wurde 1832 durch einen Parlamentsbeschluss gegründet, hat 60 festangestellte Mitarbeiter und einen Pool von 1000 freiwilligen Eisenbahnliebhabern.

Fahrten Ende März bis Okt. Caernarfon – Porthmadog hin/zurück 35,80 £. Harbour Station, Porthmadog, ✆ 01766-516000, www.festrail.co.uk.

Ffestiniog Railway: Die Fahrt von Porthmadog nach Blaenau Ffestiniog ist eine der spektakulärsten Bahnreisen in Wales. Die Strecke wurde 1836 fertiggestellt und diente dem Transport von Schiefer aus Blaenau Ffestiniog zum Verladehafen nach Porthmadog. Zwei der heute eingesetzten Dampflokomotiven stammen noch aus dem Gründungsjahr. Eine dritte steht kurz vor der Wiederinbetriebnahme. Direkt hinter dem Bahnhof überquert der Zug auf dem **Cob**, dem imposanten Uferdamm, das Mündungsdelta des Glaslyn. Am anderen Ende befindet sich der **Old Engine Shed/Boston Lodge**. Hier, im ältesten Ausbesserungswerk der Welt, werden die Züge und Wagen der Ffestiniog Railway Company restauriert und gewartet. Der Zug fährt nach einem Aufenthalt in Blaenau Ffestiniog wieder zurück nach Porthmadog.

Fahrten von April bis Okt. fast täglich. Porthmadog – Blaenau Ffestiniog hin/zurück 21,50 £. Harbour Station, Porthmadog, ✆ 01766-516000, www.festrail.co.uk.

Welsh Highland Heritage Railway betreibt von ihrer Station an der Tremadog Road eine kleine Bahnstrecke über etwa 1,5 km bis zur Pen-y-Mount Junction. Die Endstation ist eine originale Bahnstation aus den 1920ern. Sie war einst Umladestelle für Schiefer, der hier von der Schmalspur auf die reguläre Eisenbahn der Cambrian Railway verladen wurde.

Porthmadog 313

Tipp: Am Bedarfshalt Nantmor zwischen Porthmadog und Beddgelert aussteigen und durch das Aberglaslyn-Tal nach Beddgelert wandern (→ Wanderung 9).
Fahrten März bis Okt. fast täglich. Erw. 8,50 £, Senior 7,50 £, Kind ab 5 J. 4,25 £. ℅ 01766-513402, www.whr.co.uk.

Glaslyn Osprey Project – Pont Croesor: Am Haltepunkt Pont Croesor der Welsh Highland Railway (nördlich von Porthmadog) befindet sich eine Fischadlerbeobachtungsstation mit Informationszentrum der RSPB. Fischadler sind in Wales sehr selten, es gibt insgesamt nur etwa sechs Brutpaare. Kein Wunder, dass die beiden Vögel hier in Pont Croesor rund um die Uhr bewacht werden. Ein Besuch der Station lohnt auf alle Fälle. Mit Ferngläsern kann man die Fischadler beobachten. Es gibt Bildschirme, die das Geschehen im Nest zeigen, sowie Schautafeln und engagierte Mitarbeiter, die einem die Vogelwelt von Wales erklären.
April–Aug. tägl. 10–17 Uhr, Eintritt frei. Das Nest ist normalerweise zwischen März und Aug. besetzt. www.glaslynwildlife.co.uk.

Snowdon Lodge: Das Geburtshaus von T. E. Lawrence, Lawrence von Arabien, ist heute leider keine reguläre Herberge mehr und nur für Gruppen von bis zu 35 Personen sowie Veranstaltungen buchbar. Schräg gegenüber steht an der Church Street eine formvollendete Kirche mit einem klassischen Portico aus dem 19. Jahrhundert.
Lawrence House, Church Street, www.snowdonlodge.co.uk.

Tremadog: Porthmadogs kleiner Nachbar ist ein interessantes Beispiel für die Stadtplanung im frühen 19. Jahrhundert. Die Stadt wurde vorwiegend auf dem Reißbrett entworfen, hat allerdings kaum touristische Höhepunkte.

Borth-y-Gest: Knuffiges ehemaliges Bootswerftendorf mit malerischem Hafen unterhalb von Porthmadog. Der Strandspaziergang von Porthmadog aus dauert etwa 20 Minuten. Man kann natürlich auch den Bus nehmen.

Morfa Bychan: Die *Black Rock Sands* bei Morfa Bychan sind der beste Strand der Gegend. Wer also im meist kalten Wasser baden möchte, ist in dem Örtchen hinter Borth-y-Gest gut aufgehoben. Der kilometerlange Strand eignet sich auch bestens für Spaziergänge.

Basis-Infos

Information Tourist Information Centre, Ostern bis Okt. tägl. 9.30–17 Uhr. Nov. bis Ostern Mo–Sa 10–15.30 Uhr. Am südlichen Ende der High Street am Hafen, direkt neben dem Maritime Museum. ℅ 01766-512981, porthmadog.tic@gwynedd.co.uk.

Hin und weg Bus: Coaches halten nahe des Bahnhofs am großen Tesco- Supermarkt an der High Street. Verbindung nach Beddgelert (30 Min.), Blaenau Ffestiniog (30 Min.), Caernarfon (40 Min.), Criccieth (15 Min.), Dolgellau (1 Std.), und Pen-y-Pass (45 Min.).

Bahn: Bahnhof am nördlichen Ende der High Street in der Nähe der Welsh Highland Heritage Station. Verbindung nach Barmouth (1 Std.), Criccieth (10 Min.), Harlech (20 Min.) und Machynlleth (2 Std.).

Übernachten/Essen & Trinken

Royal Sportsman Hotel, das beste Haus am Platz. Die vollständig renovierten Zimmer strahlen Wohlfühlatmosphäre aus. Im Gebäude hängen allerlei Bilder der heimischen Berge, Pflanzen und Landschaften. Behindertengerechte Zimmer. Tiere erlaubt. EZ ab 65 £, DZ ab 46 £/Pers. Saisonangebote. 131 High Street, ℅ 01766-512015, 🖷 512490, www.royalsportsman.co.uk.

Tudor Lodge, zentral in Porthmadog, das einzige 4-Sterne-Gästehaus mit Zimmern mit Bad, Internet und kostenfreiem Parken. Die Räume sind einfach und komfortabel. Gäste bekommen 10 % Rabatt bei Nutzung eines der umliegenden Golfplätze. EZ ab 48 £, DZ 74 £, jeweils inkl. kontinentalem Frühstücksbuffet. Penamser Road, ℡ 01766-515530, www.tudor-lodge.co.uk.

Yr Hen Fecws, in Porthmadog. Traditionelles, gemütliches B & B mit Steinwänden und Holzbalken. TV und WiFi. Das leckere Welsh Breakfast wird im beliebten gleichnamigen Bistro gereicht. EZ 60 £, DZ ab 70 £, jeweils inkl. Frühstück. 16 Lombard Street, ℡ 01766-514625, ℡ 514865, www.henfecws.com.

The Golden Fleece Inn, im Herzen von Tremadog, oberhalb eines guten regionalen Pubs. Wirklich komfortable Betten und pittoresker Blick auf den Marktplatz. Individuelles Design und geschmackvolles Dekor. Alle Zimmer mit WiFi, TV, DVD-Player und Möglichkeiten für die Zubereitung von Kaffee und Tee. EZ ab 55 £, DZ ab 75 £ inkl. Frühstück, von So auf Mo auch günstiger. Market Square, Tremadog, ℡ 01766-512421, www.goldenfleeceinn.com.

Secret Garden Cottages, in Tremadog. Exzellente Basis für einen längeren Aufenthalt. Die Zimmer sind auf das denkmalgeschützte, geschichtsträchtige Coach House von Plas Tan-yr-allt und weitere Häuser verteilt – alle liegen in großartiger Natur. Im Plas Tan-yr-allt selbst wohnte William Alexander Madocks ebenso wie der Dichter Percy Bysshe Shelley. Ab 325 £ pro Woche (in der Nebensaison). Nähere Auskünfte bei den Besitzern. The Old Coach House, Plas Tan-yr-allt, Tremadog, ℡ 01766-512559, www.secretgardencottages.co.uk.

Eric Jones' Bunkbarn, ca. 3 km nördlich von Porthmadog an der A 498 Richtung Beddgelert. Hostel, Zeltplatz, Selbstversorger-Apartments und Climbers Café. Aufgrund der Lage an den Tremadog Rocks findet man hier vor allem Kletterer. Die Schlafscheune für Individualgäste hat 35 Matratzenlager in Doppelstockbetten. Parkplätze kostenlos. Bunkbarn ab 7,50 £/Pers., Zeltplatz 6 £/Pers., Dusche 50 p. Bwlch y Moch, Tremadog, ℡ 01766-512199, www.ericjonestremadog.co.uk.

Bron Afon, B & B im malerischen Borth-y-Gest mit beeindruckendem Blick über die Glaslyn-Mündung in Richtung Snowdonia. Das Haus von 1840 ist ruhig gelegen und bietet gemütliche Zimmer sowie Appartements. Borth-y-Gest, ℡ 01766-513918, www.bronafon.co.uk.

Camping Tyddyn Llwyn Campsite, etwas außerhalb von Porthmadog in Richtung Morfa Bychan (Black Rock Sands). Großer, parkähnlicher Platz für Wohnmobile und Zelte, familienfreundlich und voll ausgestattet. Großer Spielplatz, Spielautomatenzimmer und Bar. Auch *Hotel* und *Restaurant* gehören zum Areal. Zelt ab 7,50 £, Wohnmobil ab 18 £. Morfa Bychan Road, ℡ 01766-512205, www.tyddynllwyn.com.

Essen & Trinken Allport's, in Porthmadog. Dieser Laden wurde zu einem der besten Fish & Chips-Läden in Wales gewählt. Essen auch zum Mitnehmen. 38 Snowdon Street, ℡ 01766-512589, www.allportsltdfishandchips.co.uk.

》》》 Mein Tipp: Passage to India, in Porthmadog. Tandoori-Restaurant, ausgezeichnet als einer der besten Inder in Wales. Die Preise sind für die Qualität des Essens richtig gut. 26a Lombard Street, ℡ 01766-512144. 《《

Yr Hen Fecws, in Porthmadog. Uriges Bistro mit Kaminofen, Ledersesseln, Holztischen und Steinwänden. Kreatives Speisenangebot mit Saisonalem, Ente, Fisch, Rumpsteak und vegetarischen Gerichten. 16 Lombard Street, ℡ 01766-5146625, www.henfecws.com.

The Golden Fleece Inn, in Tremadog. Lebhafter, im Good Beer Guide 2011 gelisteter Real Ale Pub. Umfangreiche Karte mit Pubfood und Restaurant-Essen, große Auswahl an Weinen und Spirituosen. Es gibt eine tolle *Kellerbar*, jeden Di ab 21 Uhr offene Bühne mit lokalen Musikern. Market Square, Tremadog, ℡ 01766-512421, www.goldenfleeceinn.com.

Eric Jones' Café, in Tremadog. Climber Café direkt gegenüber von Bunkbarn und Zeltplatz. Den ganzen Tag über herzhaftes Essen für die Kletterer am Tremadog-Felsen auf der anderen Seite. Spezialität ist das „All Day Climbers' Special Breakfast". Flexible Öffnungszeiten abhängig von der Nachfrage. Bwlch y Moch, Tremadog, ℡ 01766-512199.

Portmeirion

An Exotik und Absurdität ist der Ort an der rauen Irischen See kaum zu überbieten. Wie eine in die walisische Landschaft gesetzte mediterrane Theaterkulisse thront Portmeirion auf einem felsigen Vorsprung, am sandigen Mündungstrichter zweier Flüsse in die Tremadog Bay. Über eine kleine Waldstraße bei Porthmadog gelangt man in den Ort. Das von 1925 bis 1975 erbaute erste Ferienresort Großbritanniens mit etwa 50 Gebäuden ist gleichsam das Neuschwanstein von Wales – oder dessen Cinque Terre. Bekannt wurde es in ganz Großbritannien durch die Serie „The Prisoner", die in den Siebzigern in Portmeirion Village gedreht wurde. Durch ein Torhaus gelangt man in den oberen Teil des Dorfs mit seinen knallbunten Häusern, kleinen Plätzen, dem Dom und dem Campanile. Unterhalb liegt die Piazza. Um diesen zentralen Platz gruppieren sich weitere Gebäude und ziehen sich bis zur Bucht hinunter. Das **Hotel Portmeirion** mit Mole und Leuchtturm bildet den Abschluss des Ensembles zum Wasser hin. Alles ist im verkleinerten Maßstab erbaut, damit möglichst viel auf den begrenzten Raum passt. Somit kommt man sich ein wenig vor wie in einem Diorama.

Ursprünglich war der damalige Star-Baumeister und Paradiesvogel *Clough William-Ellis* auf der Suche nach einer Insel, um sein Wunderland zu erschaffen. Da die Angebote allerdings sein Budget überschritten, ergriff er die naheliegendste Möglichkeit und kaufte unweit seines Familiensitzes eine Villa mit verwildertem Park – und begann auf der in die Mündungen der Flüsse Dwyrd und Glaslyn hineinragenden Halbinsel mit dem Bau von Portmeirion. Viele der Bauelemente stammten von abgerissenen Gebäuden, die William-Ellis sammelte und später in seinen Bauten wiederverwendete. Beeindruckend sind vor allem der Farbenpracht der vielen Details. Überall an den Gebäuden findet man Skulpturen, Wappen und Verzierungen. Unterhalb des Doms sitzt in einem Tempel ein goldener Buddha. Auf der Piazza stehen goldene asiatische Figuren und eine Atlasstatue. Das gesamte Areal ist in einen großen Park eingebettet. Es gibt ausgewiesene Spaziergänge von 30 bis 40 Minuten. Man kann aber auch problemlos über eine Stunde durch die Küsten-, Wald- und Teichlandschaft schlendern.

In Portmeirion Village gibt es zahlreiche Geschäfte, Restaurants und Cafés, einen Prisoner Shop rund um die Kultserie sowie Hotels und Ferienwohnungen. Am schönsten ist der Ort allerdings abends oder frühmorgens, wenn die Touristen verschwunden sind und die Hotelgäste das Dorf für sich alleine haben.

Ganzjährig tägl. 7.30–19.30 Uhr. Erw. 10 £, erm. 8,50 £, Kind 7 £ (unter 5 J. frei), Familientickets. Ab 15.30 Uhr 30 % Rabatt auf jede Karte. Kostenlose Führungen. Parkplatz vor dem Eingang gratis. Geschäfte und Gastronomie haben abweichend geöffnet. www.portmeirion-village.com.

Übernachten »> Mein Tipp: Hotel Portmeirion, am Ufer direkt im Portmeirion Village, eines der am schönsten gelegenen Hotels in Nordwales. Zur 1926 eröffneten 4-Sterne-Luxusherberge gehört auch das Castell Deudraeth. Im Village werden Selbstversorger-Apartments vermietet, zwischen April und Okt. pro Woche, im Winter auch für kürzeren Aufenthalt. Schwimmbad- und Tennisplatznutzung inklusive. Unten im Hotel befindet sich ein teures, feines *Restaurant*. EZ ab 73 £, DZ ab 87 £, jeweils inkl. Frühstück. Sonderangebote. Portmeirion Village, ✆ 01766-770000, 770300, www.portmeirion-village.com. «

»> Mein Tipp: Castell Deudraeth, 10 Min. Fußweg von Portmeirion Village entfernt. Boutique-Hotel in alter viktorianischer „Burg", traditionelle Materialien wurden hier mit modernster Technik und feinem Design kombiniert. Für Gäste ist der

Real gewordener Traum eines Phantasten: das mediterrane Märchendorf Portmeirion

Eintritt ins Dorf und die Nutzung des beheizten Außenpools frei. EZ ab 73 £, DZ ab 87 £, jeweils inkl. Frühstück. In der Hauptsaison teurer. Sonderangebote. Portmeirion Village, ✆ 01766-770000, ✆ 770300, www.portmeirion-village.com. «

Essen & Trinken Portmeirion Restaurant, die gehobene Art zu speisen – das Umfeld zeigt sich als perfekte Kopie eines Cinque-Terre-Dorfs, vor einem die Flusslandschaft. Allein wegen des Ambientes lohnt ein Besuch. Portmeirion Village, unten am Fluss, ✆ 01766-770000.

Halbinsel Llŷn

Unsere Tour über die Halbinsel führt von Criccieth entlang der Südküste nach Westen bis zu Bardsey Island und an der Nordküste über Porth Dinllaen bis nach Nant Gwrtheyrn.

Der Tourismus hat das sich weit in die Irische See ziehende Llŷn noch nicht entdeckt. Ursprünglich und ländlich ruhig gibt sich die Halbinsel, die die Cardigan Bay nach Norden hin abschließt. Abgesehen von den Caravan-Parks, die teilweise die Ausmaße von Kleinstätten annehmen, sucht man eine entwickelte touristische Infrastruktur meist vergebens. Umso besser eignet sich der „Finger von Wales" für einsame Wanderungen, Strandspaziergänge und einen rustikalen, urigen Urlaub. Vor allem die Nordküste der Halbinsel ist spärlich besiedelt, wartet mit steinigen Küsten und einsamen Stränden auf. Vor der südwestlichen Spitze der Halbinsel findet sich mit der Pilgerinsel *Bardsey Island* ein wahres Natur-Highlight.

Criccieth

... liegt an der Bahnstrecke zwischen Porthmadog (10 Min.) und Pwllheli (15 Min.). Oberhalb des Strandes erhebt sich auf einem Plateau direkt am Meer Criccieth Castle. Es teilt die Küste des kleinen Ortes in zwei Strände.

Criccieth Castle: Die Ruine, die einzige Sehenswürdigkeit des Orts, bietet von ihrer exponierten Lage bei gutem Wetter Weitblicke bis nach Harlech und Snowdonia. Die Burg ist walisischen Ursprungs und wechselte im Lauf der Jahrhunderte häufig den Besitzer. Das macht es den Historikern schwer, festzustellen, welche Bauten von wem stammen und wie die Burg ursprünglich aussah. Auch darüber, wann die Burg entstand, streiten sich die Fachleute. Erstmals erwähnt wird Criccieth Castle in einer walisischen Chronik von 1239, als Gruffydd ap Llywelyn hier gefangengehalten wurde. Edward I ließ die Veste nach ihrer Einnahme 1283 ausbauen. Owain Glyndŵr nahm sie während seiner Rebellion ein und ließ sie fast vollständig schleifen. Danach wurde sie als militärischer Stützpunkt nicht mehr genutzt.
April–Okt. tägl. 10–17 Uhr. Nov.–März Fr/Sa 9.30–16, So 11–16 Uhr. Erw. 3,50 £, erm. 2,65 £, www.cadw.gov.wales.

Übernachten Abereistedd, 12 ordentlich eingerichtete Zimmer in guter Lage mit TV, Telefon, Wasserkocher und gutem Essen. Zimmer ab 35 £/Pers. West Parade, Criccieth, ✆ 01766-522710, ✉ 523526, www.abereistedd.co.uk.

Bron Rhiw, im Landhausstil eingerichtetes Haus mit gemütlicher Lounge und Bar. Die geräumigen Zimmer sind teilweise schlicht, aber komfortabel eingerichtet. Das alles war dem AA vier Sterne wert. EZ ab 47 £, DZ ab 74 £. Caernarfon Road, Criccieth, ✆ 01766-522257, www.bronrhiwhotel.co.uk.

Awel Mor B & B, an der Uferpromenade. Familiär geführtes Haus mit kleiner Bar, unweit des Castles ruhig gelegen; gutes Frühstück. Leser waren begeistert. Ab 32 £/Pers. 29 Marine Terrace, Criccieth, ✆ 01766-522086, www.cricciethaccommodation.co.uk.

Essen Tir a Môr, recht unauffälliges Lokal, das allerdings mächtig auftischt. Die Karte reicht von Vegetarischem über alle Sorten von Fleisch bis zum leckersten Fisch. Hier kann man entspannt zuschlagen. 1–3 Mona Terrace, Criccieth, ✆ 01766-523084, www.tiramor-criccieth.co.uk.

Castle Inn, guter Pub am Bahnhof. Gut eingerichtet, deftiges Pubessen und nettes mit Einheimischen und Gästen gemischtes Publikum quer durch die Generationen. Livemusik gibt's auch, wobei sich da die Geister manchmal scheiden. 1 Parciau Terrace, Criccieth, ✆ 01766-523515.

Llanystumdwy

Nur fünf Autominuten weiter westlich an der A 497 befindet sich in Llanystumdwy das Museum für den einzigen walisischen Prime Minister.

Lloyd George Museum: Im Highgate House, Teil des heutigen Museums, verbrachte *David Lloyd George* (1863–1945) seine Kindheit. Hier erfährt man alles über den walisischen Liberalen, der als Minister in Großbritannien das Frauenwahlrecht, die Rente sowie Kranken- und Arbeitslosenversicherung einführte und zwischen Ende 1916 und 1922 das Empire als Premierminister durch die Zeit des Ersten Weltkriegs führte. In der Irlandfrage war er allerdings nicht so erfolgreich.
Ostern und Juli–Sept. tägl. 10.30–17 Uhr. April–Mai Mo–Fr 10.30–17 Uhr. Juni Mo–Sa 10.30–17 Uhr. Okt. Mo–Fr 11–16 Uhr. Erw. 5 £, Kind und erm. 4 £. Llanystumdwy, Criccieth. ✆ 01766-522071, www.gwynedd.gov.uk.

Penarth Fawr: Mittelalterliches Haus von 1416, ein paar Kilometer weiter westlich von Llanystumdwy. Eigentlich besteht es aus nur einem großen Raum und ist innen bis auf einen großen Kamin leer, sodass man die Dachbalkenkonstruktion gut begutachten kann.
Tägl. 10–17 Uhr. Eintritt frei. www.cadw.gov.wales.

Ropeworks Klettergarten: 5 km westlich von Llanystumdwy befindet sich auf dem Gelände des Hafan-y-Môr-Caravanparks auch ein Klettergarten, in dem man sich auf drei abwechslungsreichen Kursen beweisen kann. Für Besucher unter 8 Jahren gibt es auch eine Kletterwand.
Tägl. 9–17 Uhr. ✆ 01758-720997, www.ropeworks.co.uk.

Pwllheli

Mit knapp 4000 Einwohnern ist der Ort quasi die Hauptstadt der Halbinsel. Dies gilt vor allem verkehrstechnisch und für die Touristinformation, denn außer ein paar Stränden hat Pwllheli nicht viel zu bieten. Es gibt eine Marina, von der aus Boote zu **Bardsey Island** fahren (www.enllicharter.co.uk.) sowie einige vernachlässigte viktorianische Seebadgebäude.

Information TIC, April–Sept. Mo–Sa 10–17 Uhr. Station Square, ✆ 01758-613000. pwllheli.tic@gwynedd.gov.uk.

Hin und weg Bus: Sogar der National Express fährt hierher. Verbindung nach Aberdaron (45 Min.), Abersoch (30 Min.), Caernarfon (40 Min.), Criccieth (25 Min.) und Porthmadog (40 Min.).

Bahn: Verbindung nach Porthmadog (25 Min.) über Criccieth (15 Min.).

Llanbedrog

Der malerische Ort besteht aus zwei Teilen. Der eine liegt oberhalb der A 499, der andere unterhalb. Im unteren Teil von Llanbedrog befindet sich der durch einen ins Meer ragenden Berg geschützte Strand. Hauptattraktion sind die quietschbunten Strandhäuser, die sich hier aneinanderreihen. Vom Berg hat man weite Ausblicke, eine Tafel an der höchsten Stelle beschreibt alle sichtbaren Gipfel von Snowdonia. Llanbedrog ist auch das Zuhause einer der ältesten walisischen Galerien:

Plas Glyn y Weddw Gallery: Allein das Gebäude ist eindrucksvoll. Das kirchenschiffähnliche Haus im viktorianisch-gotischen Stil wurde 1856–57 gebaut. Errichtet wurde es, um die Kunstsammlung der Lady Elizabeth Love Jones-Parry aufzubewahren. 1896 kaufte Solomon Andrews, ein erfolgreicher Unternehmer aus Cardiff, den Bau und etablierte hier eine öffentliche Galerie. Die Galerie kombiniert eigene Exponate mit sehenswerten Leihgaben zu spannenden Ausstellungen. Es gibt auch ein sehr gemütliches Café – Caffi'r Oriel.
Tägl. 10–17 Uhr. Außerhalb der Schulferien Di geschlossen. ✆ 01758-740763, www.oriel.org.uk.

Abersoch

Nach all den ländlichen Orten und Caravansiedlungen taucht mit Abersoch auf einmal ein schickes Seebad auf. Abersoch gilt als die „Welsh Riviera" – die großen Strände ziehen Surfer, Segler und Badeurlauber an. *Porth Neigwl* („Höllenschlund") und *Porth Ceiriad* zählen unter Wellensurfern zu den besten Stränden in Wales. Die Infrastruktur des alten Fischerdorfs ist ganz auf die Wassersportler ausgerichttet und wartet mit einer Vielzahl von Läden, Bars, Übernachtungsmöglichkeiten und Veranstaltungen auf. Jährlich findet am letzten Wochenende im September das **Abersoch Jazz Weekend/Festival** statt (www.abersoch.co.uk).

Information TIC, Jan.–März und Okt. Fr–So 11–13.30 Uhr. Mai/Juni Do–Sa 10.30–14.30 Uhr. Juli/Aug. tägl. 10–15 Uhr. Sept. Do–Mo 10.30–14 Uhr. Direkt hinter der Flussbrücke, am Ortseingang rechter Hand im Vestry-Gebäude in der Lon Engan (High Street). ✆ 01758-712929, www.abersochandllynco.uk.

Hin und weg Bus: Verbindung nach Pwllheli (30 Min.), nach Aberdaron mit Umsteigen 1 Std. (es gibt keine Direktverbindung).

Aktivitäten West Coast Surf Shop, verleiht Surfausrüstung und gibt Unterricht. Auf der Webseite gibt es immer eine aktuelle Wetter- und Wellenübersicht. Lôn Pen Cei, ✆ 01758-713067, www.westcoastsurf.co.uk.

Abersoch Sailing School, hier bekommt man Segelunterricht. Man kann Boote, Katamarane und andere maritime Fortbewegungsmöglichkeiten direkt am Abersoch Bay Beach mieten. Auch Törns sind im Angebot. ✆ 01758-712963, www.abersochsailingschool.com.

Übernachten Angorfa, nur wenige Minuten vom Strand entfernt. In Weiß gehaltenes minimalistisch-modernes Gästehaus auf hohem Niveau. Zum Frühstücksraum gehört auch eine Außenterrasse. DZ ab 60 £. Stryd Fawr, ✆ 01758-712967, www.angorfa.com.

Venetia, Boutiqueunterkunft in einer wohlig hergerichteten viktorianischen Villa. Innen ist das Haus überall mit Designerutensilien und moderner Kunst ausgestattet. Auch sonst ist alles vom Feinsten. Unten befindet sich ein exzellentes italienisches *Restaurant*. DZ ab 80 £. Lon Sarn Bach, ✆ 01758-713354, www.venetiawales.com.

Essen & Trinken Abersoch Café, zentral gelegen; gutes Café mit ordentlicher Auswahl an Frühstück, Mittagessen und Snacks zum Mitnehmen. 3 High Street, ✆ 01758-713158.

Coconut Kitchen, gibt es noch andere echte Thailänder auf Llyn? Jedenfalls bestimmt keine besseren. Das von einer Köchin aus Thailand geführte Restaurant kreiert eine spannende Mischung aus einheimischer und europäischer Küche. Normalerweise ab 17.30 Uhr geöffnet. In der Nebensaison vorher anrufen, da Di/Mi geschlossen sein kann. Lon Pont Morgan, ✆ 01758-712250.

》》 Mein Tipp: Venetia, dort, wo man am besten übernachten kann, isst man auch am besten. Chef Marco Filippi legt den Schwerpunkt auf Fisch und Meerestiere – die nahen Dinge sind oft die besten. Lon Sarn Bach, ✆ 01758-713354, www.venetiawales.com. 《《

Plas yn Rhiw

Das Manor House aus dem 16. Jahrhundert mit abwechslungsreichem Garten und inmitten von Parkland steht am oberen Ende von Porth Neigwl in Richtung Aberdaron. 1938 kauften die drei Keating Sisters das verfallende Anwesen und restaurierten es mit Hilfe des Architekten von Portmeirion, Clough Williams-Ellis. Der walisische Dichter Ronald Stuart Thomas verbrachte seine ersten Jahre als Pensionär in einem Cottage auf dem Areal von Plas yn Rhiw. Von den Gärten hat man einen herrlichen Ausblick auf Cardigan Bay und das im Vergleich zur blühenden Pracht recht grau erscheinende Umland.

Ende März–April Do–So 12–17 Uhr. Mai–Aug. tägl. außer Di 12–17 Uhr. Sept. tägl. außer Di und Mi 12–17 Uhr. Okt. tägl. außer Di und Mi 12–16 Uhr. Erw. 5 £, Kind 2,50 £. Rhiw, ✆ 01758-780219, www.nationaltrust.org.uk.

Aberdaron

Der kleine Ort ganz im äußersten Westen von Llyn war der letzte Ort der Pilger vor der Überfahrt nach Bardsey Island. Mit seinen weißen und steinfarbenen Häusern direkt am Strand verströmt Aberdaron romantische Atmosphäre.

St Hywyn's Church: Die Pilger-Doppelkirche mit angeschlossenem Friedhof steht unmittelbar am Meer. Ihre ältesten Teile stammen aus dem 11. Jahrhundert. 1417 wurde die Kirche vergrößert und erhielt ihre heutige Gestalt. Der berühmte walisische Dichter Ronald Stuart Thomas war hier von 1967 bis 1978 Vikar. Erst ab seinem 30. Lebensjahr der walisischen Sprache mächtig, entwickelte er sich zu einem leidenschaftlichen Verfechter des Walisischen und wurde einer der ganz großen englischsprachigen Lyriker.

Normalerweise ganzjährig tägl. von 10 bis 16 Uhr. ✆ 01758-730794, www.st-hywyn.org.uk.

Braich-y-Pwll: Ursprünglich begannen die Pilger ihre Überfahrt hier, an der äußersten Spitze von Llyn, 3 km westlich von Aberdaron. Die letzten drei Kilometer zwischen den Wallfahrern und Bardsey Island waren meist auch die gefährlichsten; der Bardsey Sound ist bekannt für seine Strömungen und die unberechenbaren Winde. Vom National-Trust-Parkplatz direkt unterhalb des Bergs **Mynydd Mawr** führt ein schmaler Pfad hinunter zur Ruine der **St Mary's Church**. Seewärts von ihr steht ein merkwürdig geformter prähistorischer Hinkelstein, der *Maen Melyn*. Östlich der Kapelle führt, allerdings nur bei Ebbe, ein Weg zu einigen Stufen, von wo aus man **St Mary's Well** sehen kann. Vom Mynydd Mawr hat man den besten Ausblick auf Bardsey Island und die Spitze von Llyn.

Gwylan Islands: Vor Aberdaron liegen auch die Ynysoedd Gwylan, die sog. Möweninseln. Die beiden kleinen Inseln sind allerdings nicht der Lebensraum von Möwen, sondern der größten Papageientaucherkolonie im nördlichen Wales.

Hin und weg Bus nach Pwllheli (40 Min.).

Übernachten/Essen & Trinken Ship, im Ort. Frisch renoviertes Hotel mit großzügigen Zimmern. Die Bar kredenzt eine große Auswahl an Ales, das Restaurant überzeugt vor allem mit vor Ort im Meer Gefangenem und Vegetarischem. DZ ab 75 £ inkl. Frühstück. ✆ 01758-760204, ✆ 760385, www.the shiphotelaberdaron.co.uk.

》》 Mein Tipp: Ty Newydd, Hotel an vorderster Meeresfront, die Unterkunft war der AA vier Sterne wert. Ein Teil der Zimmer hat Seeblick, für alle anderen gibt es eine große Terrasse vor der Bar und dem Restaurant. EZ ab 65 £, DZ ab 100 £. ✆ 01758-760207, www.gwesty-tynewydd.co.uk. **《《**

Bardsey Island (Ynys Enlli)

Die Insel etwa 4 km vor der äußersten Spitze von Llyn ist seit dem frühen Christentum ein bedeutender Pilgerort – drei Pilgerreisen nach Bardsey entsprachen einer nach Rom. Im 6. Jahrhundert soll Saint Cadfan hier mit dem Bau eines Klosters begonnen haben. Die Bezeichnung der Insel als die Begräbnisstätte von 20.000 Heiligen ist eine Referenz aus dem frühen Mittelalter und spiegelt wohl eher die Popularität der Insel als die Realität, so viele Gräber wurden auf Bardsey jedenfalls nicht annähernd entdeckt. Um die Insel ranken sich jede Menge Legenden. So wird ihr nachgesagt, sie wäre der Begräbnisort von Merlin und St Deiniol, dem berühmten Bischof von Bangor. Das Einzige, was allerdings eindeutig nachweisbar ist, ist die Existenz eines Augustinerklosters aus dem 13. Jahrhundert sowie einige weitere religiöse Spuren. Das Kloster, wie die meisten 1537 aufgelöst, ist heute eine Ruine. Im 16. Jahrhundert machten sich vor allem Piraten und Marodeure auf der Insel breit, bis mit der Fischerei und Landwirtschaft allmählich wieder Normalität einkehrte. Heute ist Bardsey vor allem ein Naturparadies, es gibt einen 30 m hohen Leuchtturm. Einkehrmöglichkeiten findet man hier nicht, sein Essen sollte man also mitbringen.

Information Der **Bardsey Island Trust** informiert ausführlich über die Insel und bietet auch Unterkünfte an. Diese sind sehr spartanisch und werden meistens wochenweise vergeben. Plas Glyn-y-Weddw, Llanbedrog, ℅ 08458-112233, www.bardsey.org.

Hin und weg Boote von *Enlli Charters* fahren von Pwllheli (24 km östl. von Aberdaron). Fahrzeit 1 Std. (℅ 07836-293146, www.enllicharter.co.uk). Die günstigste und kürzeste Anfahrtsvariante startet in Porth Meudwy bei Aberdaron (℅ 07971-769895, www.bardseyboattrips.com).

Porth Dinllaen

Die Gegend um *Nefyn*, die größte Stadt an der Nordküste der Halbinsel, hat eigentlich nichts zu bieten – außer den wahrscheinlich bestgelegenen Pub von Wales in Porth Dinllaen: Das *Ty Coch Inn* liegt neben einigen wenigen Häusern direkt am Strand. Drinnen hängen jede Menge Grubenlampen und Bierkrüge. Aber das interessiert recht wenig, denn an schönen Tagen kann man draußen im Biergarten sitzen oder sich mit seinem Pint direkt auf die Kaimauer setzen und den Ausblick über die Irische See genießen.

In der Saison tägl. von 11 bis 11 Uhr, am So bis 17 Uhr. Porth Dinllaen, bei Morfa Nefyn, ℅ 01758-720498, www.tycoch.co.uk.

Nant Gwrtheyrn

Der Name des Ortes bedeutet „Vortigerns Tal". Genau an diesem Ort soll der legendäre keltische König aus dem 5. Jahrhundert begraben sein. Er war es, der die Sachsen und Angeln nach Britannien eingeladen hatte, um ihn im Kampf gegen die Pikten und Schotten zu unterstützen. Das Resultat ist bekannt. Sie drangen ins Land, wandten sich alsbald gegen ihren Gastgeber und schufen ihre eigenen Reiche – Wessex (Westsachsen) und Essex (Ostsachsen). Vortigerns Magier Merlin hatte es als böses Omen vorhergesehen: In einer Vision sah er den roten Drachen von Wales gegen den weißen Drachen von Sachsen kämpfen.

1861 wurden im Ort mehrere Granitminen eröffnet. Nach deren Schließung wurde Nant Gwrtheyrn verlassen. Wiederbelebt wurde die Geisterstadt vom Welsh Language and Heritage Centre.

Welsh Language and Heritage Centre: „The Nant" ist ein Zentrum für das Cymraeg, die walisische Sprache. In dem für mehrere Millionen Pfund renovierten Ort finden vorwiegend Sprachkurse statt. Im Heritage Centre in der ehemaligen Kapelle gibt es eine Ausstellung zur Geschichte der Gegend und des Zentrums. Im *Quarryman's Cottage*, einem alten Arbeiterhaus, ist zu sehen, wie die Granitminenarbeiter um 1910 lebten. Es gibt ausgewiesene Wanderwege, etwa entlang des *Llŷn Coastal Path*, ein Café, sogar Selbstversorgerhäuser kann man mieten. Alles in allem gibt es hier also einiges zu erleben.

Tägl. 10–16 Uhr. Knapp 2 km nördlich von Llithfaen. ℅ 01758-750334, www.nantgwrtheyrn.org.

Saint Beuno's Church: Eine überraschend große Kirche für einen so kleinen Ort wie **Clynnog Fawr**. Für Wallfahrer nach Bardsey Island war die Kirche eine wichtige Zwischenstation. Saint Beuno gilt neben Saint David als Hauptheiliger von Wales und gründete hier im frühen 7. Jahrhundert eine Klostergemeinde. Die heutige Kirche mit ihren großen Fenstern stammt hauptsächlich aus dem späten 15. und dem frühen 16. Jahrhundert.

Clynnog Fawr, an der A 499.

Historische Gebäudezeile am Castle Square

Die Nordküste zwischen Caernarfon und Bangor

Caernarfon

Caernarfon liegt am Menai Strait, der Meerenge zwischen Festland und der Insel Anglesey. Mit ihrer imposanten Burg, der historischen Altstadt und der sie vollständig umschließenden Stadtmauer ist Caernarfon ein Traum von einer Stadt. Erbaut wurde sie vom englischen König Edward I als Bastion und englische Kolonie in Wales. Waliser durften sich innerhalb der Stadtmauern nicht niederlassen. Allmählich, vor allem unter den walisischstämmigen Tudors, wurden die Restriktionen gelockert, und Engländer wie Waliser vermischten sich in der wachsenden Stadt. Irgendwann hatte die Mauer keine Bedeutung mehr. An der Befestigungsanlage wuchsen Häuser empor, die Burggräben wurden zugeschüttet. Seit dem Ersten Weltkrieg wurden die Mauern schrittweise wieder freigelegt und die Anbauten entfernt. Heute ist das mittelalterliche Städtchen mit den Stadttoren *Porth yr Aur* (Golden Gate) und *Porth Mawr* (East Gate) UNESCO-Weltkulturerbe – Caernarfon ist ein in seinen ursprünglichen Zustand versetztes Kleinod.

Sehenswertes

Caernarfon Castle: Caernarfon Castle wurde als mächtige Militärfestung an einem strategisch wichtigen Vorsprung zwischen Menai Strait und den Flüssen Cadnant und Seiont erbaut. Zugleich diente es als Palast und Verwaltungszentrum der neuen politischen englischen Ordnung – Caernarfon sollte Edwards Hauptstadt in Nordwales werden und den Machtanspruch der Engländer in Wales demonstrieren.

Die Burg zeigt sich mit architektonischen Anleihen aus Europa wie dem Nahen Osten, die Außenmauern mit ihren Türmen sollen den Stadtmauern von Konstantinopel nachempfunden sein und die Kontinuität des Römischen Imperiums widerspiegeln. Die drei auf den Eagle Tower aufgesetzten Türmchen sind wohl dem Märchenschloss von König Artus nachempfunden und weltweit beispiellos – sie sind ohne militärische Funktion und reines Schmuckwerk. All diese architektonischen Elemente machen das Castle zu einer ganz einzigartigen britischen Burg.

Um die Festung herum wurde eine englische Kolonialstadt angelegt, um die frisch besetzten walisischen Territorien mit Engländern zu besiedeln und somit besser kontrollieren zu können. Die vormals hier stehende walisische Siedlung wurde zerstört. In nur vier Jahren wurden ab 1283 die Stadtmauern sowie die Kaianlage und Brücke über den Cadnant erbaut. 1294 fielen die Waliser über das nahezu fertig gebaute Caernarfon her und brannten es nieder. Doch bis Ende 1295 hatten die Engländer alles fast vollständig wiederhergestellt. Bis etwa 1330 wurde weiter am Ausbau der Burg gearbeitet – sie präsentiert sich heute noch so wie in dieser Zeit. Insgesamt kostete Edwards repräsentativstes Bollwerk in den fast 50 Jahren Bauzeit sagenhafte 25.000 £. In der Burg gibt es eine umfangreiche Ausstellung zur Geschichte von Caernarfon. Hier befindet sich auch das *Royal Welch Fusiliers Regimental Museum*, das die Geschichte des ältesten walisischen Infanterieregiments seit seiner Gründung 1689 dokumentiert.

März–Juni und Sept.–Okt. tägl. 9.30–17 Uhr. Juli–Aug. tägl. 9.30–18 Uhr. Nov.–Febr. Mo–Sa 10–16, So 11–16 Uhr. Erw. 6,75 £, erm. 5,10 £, Familie 20,25 £. ☏ 01286-677617, www.cadw.gov.wales.

St Mary's Church: Das 1307 als Garnisonskirche gebaute sehenswerte Kirchlein schmiegt sich eng an die Stadtmauer. Von dem ursprünglichen Bau ist leider kaum mehr als die Außenhülle erhalten – eine laienhafte Restaurierung im 19. Jahrhundert hat von den Kostbarkeiten im Innern nicht viel übriggelassen.

Church Street. Die Kirche ist leider häufig geschlossen. In der nahegelegenen Llanbelig Church kann man nach den aktuellen Öffnungszeiten fragen.

Welsh Highland Railway: Hinter einem historischen, heruntergekommenen Gewerbeareal, das auf bessere Zeiten oder seinen Abriss wartet, befindet sich die Haltestelle der Welsh Highland Railway (→ Porthmadog).

Segontium Roman Fort: Die Reste des römischen Militärlagers finden sich 1 km südöstlich von Caernarfon Castle. Das Fort stammt wahrscheinlich aus der Zeit um 70 n. Chr. und war bis ins 4. Jahrhundert hinein besetzt. Nachdem die Römer es aufgegeben hatten, wurden die Steine zum Bau von Caernarfon Castle verwendet. Segontium war eine der am längsten besetzten Garnisonen des Imperiums und zählt zu den bedeutendsten römischen Stätten in Großbritannien. Vor Ort befindet sich ein kleines Museum, in dem archäologische Funde, Repliken und Informationen rund um das Fort präsentiert werden.

Tägl. 10–16 Uhr. Eintritt frei. Constantine Road in Richtung Beddgelert (A 4085), Caernarfon, ☏ 01286-675625, www.cadw.gov.wales.

Inigo Jones Slate Works: Die 1861 eröffnete Schiefermine liegt ca. 10 km südlich von Caernarfon an der A 487 nach Porthmadog. Oberirdisch kann man in dem historischen Schieferwerk Handwerkern an ihren Maschinen beim Herstellen von Schieferplatten zusehen und sich auch selbst beim Schieferklopfen und Meißeln versuchen.

Tägl. 9–17 Uhr. Showroom: Erwachsene 5,50 £, erm. 4,50 £, Familie 16 £. ☏ 01286-830242, www.inigojones.co.uk.

Information TIC, Ostern bis Okt. tägl. 9.30–16.30 Uhr. Nov. bis Ostern Mo–Sa 10–15.30 Uhr. Gegenüber vom Eingang zur Burg, am Castle Ditch/Ecke Castle Street. Hier befindet sich auch die Galerie Oriel Pendeitsh. ☏ 01286-672232, caernarfon.tic@gwynedd.gov.uk.

Nordwales

Hin und weg Bus: Busse halten in der Pool Street. Verbindung nach Bangor (30 Min.), Llanberis (25 Min.), Porthmadog (45 Min.) und Pwllheli (45 Min.).

Übernachten Rhiwafallen 6, 7 km von Caernarfon, in Richtung Süden nach Pwllheli an der A 499. Eine Mischung aus traditionellem walisischem Farmhaus und modernem Hotel. Hier findet man exklusive Zimmer, ein stilvolles *Restaurant* und schöne Ausblicke in Richtung See. DZ ab 100 £. Llandwrog. ✆ 01286-830172.

》》》 **Mein Tipp:** Plas Dinas Country House 4, ca. 4 km südlich von Caernarfon. Das große Landhaus im Grünen hält, was es verspricht. Der Designmix aus Antik und modern ist anspruchsvoll, auch das Quietschentchen im Bad fehlt nicht. Das Haus wirkt wie ein bewohntes Museum, und sogar die Royals waren schon hier. Der Service, die Ausstattung und das Essen lassen absolut nichts zu wünschen übrig. So viel Luxus hat natürlich seinen Preis. DZ ab 109 £. Bontnewydd, Caernarfon, ✆ 01286-830214, www.plasdinas.co.uk. 《《《

》》》 **Mein Tipp:** Betws Inn 5, zwischen Beddgelert und Caernarfon an der A 4085. Wunderschöne Unterkunft in einem historischen Coaching Inn, die Lage in den westlichen Snowdonia Mountains tut ein Übriges. Weißgetünchte Steinwände und blanke Holzbalken schaffen eine stimmige Ästhetik. Die exzellente regionalbasierte Küche zum Frühstück und Dinner macht auswärts Essen überflüssig. EZ ab 55 £, DZ ab 65 £. An der A 4085, gegenüber dem Bryn Gloch Caravan Park. ✆ 01286-650324, www.betws-inn.co.uk. 《《《

Essen & Trinken The Anglesey Arms 2, der Pub am alten Hafen außerhalb der Stadtmauern ist bestens geeignet, um bei einem Getränk den Sonnenuntergang zu genießen. The Promenade, ✆ 01286-672158.

》》》 **Mein Tipp:** Black Boy Inn 1, Baujahr 1522, das Gebäude in seiner heutigen Substanz stammt vorwiegend aus dem 17. Jahrhundert. Der wohl stilvollste und urigste Pub der Stadt bietet neben seinem unikalen Ambiente auch eine beachtliche Getränke- und Speisekarte. Die Stimmung ist locker

Essen & Trinken
3 Y Castell

Übernachten
1 Black Boy Inn
4 Plas Dinas Country House
5 Betws Inn
6 Rhiwafallen

Cafés
1 Black Boy Inn
2 The Anglesey Arms
3 Y Castell

Caernarfon

Der Innenhof von Caernarfon Castle

und offen. Museale Übernachtungsmöglichkeiten gibt es oben. Northgate Street, ✆ 01286-673604, www.black-boy-inn.com. «

Y Castell **3**, der große Hauptplatz der Stadt außerhalb der historischen Mauern ist gesäumt von bunten Gebäuden. Hier befindet sich der Gastro-Pub, der kreatives und leichtes Essen serviert. Das Preis-Leistungs-Verhältnis überrascht positiv. 33 Y Maes, ✆ 01286-678895, www.castell-caernarfon.co.uk.

Bangor

Bangor ist zwar eine der kleinsten Städte Großbritanniens, aber immerhin eine Stadt. Mit knapp 14.000 Einwohnern, einer Universität, einigermaßen erfolgreichen Sportvereinen, guter Verkehrsanbindung und Einkaufsmöglichkeiten ist Bangor so etwas wie das Zentrum in Nordwestwales. Die Universität mit dem wuchtigen Main University Building über der im Tal gelegenen Innenstadt und ihre Studenten dominieren die Stadt. Touristisch und kulturell bietet Bangor allerdings nicht allzu viel, ein Makel, an dessen Behebung tatkräftig gearbeitet wird. 2012 wurde mit den Bauarbeiten für ein 40 Millionen Pfund schweres Kulturzentrum namens *Pontio* begonnen. Auf 10.000 Quadratmetern bereichern seit 2015 in diesem „Art and Innovation Centre" Theater, Kino, Bars, die Studentengewerkschaft sowie neue Hörsäle das Leben der Stadt.

Deiniol Road. ✆ 01248-383838, für Tickets ✆ 01248-382828. www.pontio.co.uk.

Bangor Cathedral: Die Kirche ist das einzige seit seiner Gründung dauerhaft genutzte Gotteshaus Großbritanniens, benannt nach Saint Deiniol, der die Gemeinde im Jahr 530 gegründet haben soll. Als man ihn 546 zum Bischof ernannte, wurde die Kirche zum Dom. Seit ihrer Errichtung in Stein im 12. Jahrhundert wurde das

Gebäude immer wieder zerstört oder brannte ab, wurde anschließend jedoch stets neu aufgebaut. Die letzte große Restaurierung fand in den Jahren 1870–80 statt.

Öffnungszeiten siehe Website. Cathedral Close, ✆ 01248-353983, bangor.churchinwales.org.uk/cathedral.

Gwynedd Museum and Art Gallery: Kleines Museum zur Kultur und Geschichte von Gwynedd und Nordwales. Zu sehen gibt es Möbel, Textilien und Kunstgegenstände. Am interessantesten ist die Abteilung zur nordwalisischen Sozialgeschichte. Die Archäologiesammlung umfasst regionale Grabungsfunde, u. a. das am besten erhaltene römische Schwert, das jemals in Wales gefunden wurde.

Di–Fr 12.30–16.30, Sa 10.30–16.30 Uhr. Eintritt frei. Ffordd Gwynedd, ✆ 01248-353368, www.gwynedd.gov.uk.

Menai Bridge: Die majestätische Hängebrücke führt über die Strait hinüber nach Anglesey. Geplant wurde das Bauwerk von dem schottischen Architekten Thomas Telford. Nach ihrer Fertigstellung 1825 war die 177 Meter lange Brücke für einige Jahre die Brücke mit der größten Spannweite der Welt. Die Pylone strecken sich 47 Meter in die Höhe. Von hier oben kann man übrigens hervorragende Fotos von der Menai Strait schießen. Auf Anglesey gibt es direkt hinter der Brücke an der Mona Road im **Thomas Telford Centre** eine Ausstellung zur Menai Suspension Bridge und der Britannia Bridge. Einen schönen Blick auf die Menai-Brücke hat man vom Bangor Pier im Norden der Stadt aus.

Thomas Telford Centre: April–Okt. Mi–Do 10–17 Uhr. Erw. 3 £, Kind unter 16 J. frei. ✆ 01248-715046, www.menaibridges.co.uk.

Gebäude der Bangor University

Information In Bangor gibt es keine Touristinformation. Infos erhält man in der Town Hall, Fford Deiniol (✆ 01248-352786, bangor.tic@gwynedd.gov.uk), oder im Gwynedd Museum.

Hin und weg Bus: Busse halten an der Garth Road Coach Station. Verbindung nach Beaumaris (30 Min.), Caernarfon (30 Min.), Conwy (40 Min.), Holyhead (80 Min.), Llanberis (45 Min.) und Llandudno 1 Std.).

Bahn: Bahnhof in der Station Road. Verbindung nach Chester (1 Std.), Conwy (20 Min.), Holyhead (40 Min.), Llandudno (40 Min.), London (3¼ Std.) und Rhyl (45 Min.).

Übernachten Ashbrook Boutique B & B, idyllisch gelegenes Haus, geführt von Mark und Susan, einer berühmten Friseuse. Stilsicherheit zeigt sich in jedem Winkel. Große, luxuriös eingerichtete Zimmer. DZ ab ca. 80 £. Belmont Road, ✆ 01248-353789, www.ashbrookbangor.co.uk.

Eryl Môr Hotel, in einzigartiger Lage direkt am Bangor Pier; familiengeführtes, etwas angestaubtes Haus mit herrlichem Ausblick auf Menai Strait und Menai Bridge. EZ ab 55 £, DZ ab 85 £. 2 Upper Garth Road, ✆ 01248-353789, ✉ 354042, www.erylmorhotel.com.

Essen & Trinken Ty Golchi, Bistroessen mit Tapas, Snacks und Menüs in entspannter, angenehmer Atmosphäre. Und die ist an den Comedy- und Livemusikabenden noch besser. Caernarfon Road, in Richtung Caernarfon, ✆ 01248-671922, www.tygolchi.com.

》》 **Mein Tipp:** Blue Sky Café, geräumiges Lokal mit Holztischen unter dem hohen Schrägdach und vielen jungen Gästen. Das liegt nicht nur am kostenlosen WiFi – hier kann man toll essen, Kaffee und Tee trinken und das Flair genießen. 236 High Street (im Innenhof), ✆ 01248-355444, www.blueskybangor.co.uk. 《《

Umgebung von Bangor

Penrhyn Castle: Das Castle 3,5 km östlich von Bangor ist keine Burg, sondern ein beeindruckend großes Herrenhaus im neonormannischen Stil. Penrhyn Castle wurde im 19. Jahrhundert von Thomas Hopper um ein älteres mittelalterliches Gebäude herum als Märchenschloss erbaut. Für den Bau mit über 300 Zimmern brauchte es über zehn Jahre. Die Auftraggeber, die Familie Pennant, waren mit immensen Einnahmen aus jamaikanischem Zucker, walisischem Schiefer und wohl auch mit Sklavenhandel reich geworden. Im Innern wartet das Haus mit Kuriositäten wie einem eine Tonne schweren Schieferbett und einer umfangreichen Gemäldesammlung auf. Umgeben ist Penrhyn Castle von einem 24 Hektar großen englischen Garten, der im Frühling am schönsten ist, aber auch zu anderen Jahreszeiten mit seiner Pracht nicht geizt.

Castle: März–Okt. tägl. 11–17 Uhr, geschlossen Nov. bis Anfang März. Museum und Park tägl. 12–15 Uhr. Gesamtgelände Erw. 10,90 £, Kind 5,45 £. In Llandygai, etwa 3,5 km östl. von Bangor an der A 5. Regelmäßig Busse ab Bangor. ✆ 01248-353084, www.nationaltrust.org.uk/penrhyn-castle.

Zip World Velocity: In der Penrhyn Quarry bei Bethesda befindet sich übrigens die Zipline – die längste Seilrutsche Europas (siehe Blaenau Ffestiniog, www.zipworld.co.uk).

Traeth Lafan: Der Garten von Penrhyn grenzt im Norden an das Naturreservat Traeth Lafan (Lavan Sands), das sich zwischen Bangor und Llanfairfechan knapp 10 km am Wasser entlangzieht. Es ist vor allem für seinen Artenreichtum an Küstenvögeln bekannt.

Menai Bridge nach Anglesey vor der Kulisse von Snowdonia

Blick zu den Ruinen von Eglwyseg Dwynwen auf der Ynys Llanddwyn, Anglesey

Anglesey (Ynys Môn)

Die Insel Anglesey lockt mit grünen Hügeln und vor allem ganz viel Ruhe. Größter Ort ist der Fährhafen *Holyhead*, berühmtester zweifellos *Llanfairpwllgwyngyllgogerychwyrndrobwllllantysiliogogogoch*, die Gemeinde mit dem längsten Ortsnamen Großbritanniens. Sehenswert ist vor allem *Beaumaris* mit seiner mächtigen Burganlage; außerdem gilt Anglesey als wahres Natur- und Vogelparadies. Vor der östlichsten Spitze Angleseys erhebt sich die kleine Insel *Puffin Island*, die unter Naturschutz steht und zahlreiche Seevogelarten beheimatet.

Beaumaris (Biwmares)

Ihre Existenz verdankt die alte Stadt an der Menai Strait ihrer Hauptattraktion: Beaumaris-Castle. Zusammen mit dem Bau der Festung durch König Edward I entstand auch eine Siedlung mit Verwaltungsfunktion (Borough). Aufgrund ihrer Lage in einem Sumpfgebiet erhielten Festung und Ort den Namen Beau Marais (frz. „schöner Sumpf"). Um diese mächtige Burg herum entwickelte sich eine viktorianische Stadt mit Pier, Yachthafen und einer Fülle an Sehenswürdigkeiten, wie man sie nirgendwo sonst auf Anglesey findet. Im Mittelalter war Beaumaris die wichtigste Hafenstadt in Nordwales, bis 1889 war sie Verwaltungssitz des County of Anglesey.

Beaumaris Castle: Die letzte und größte Festung von Edward I wurde ab 1295 gebaut, nachdem die walisische Revolte (1294 bis 1295) niedergeschlagen war. Obwohl die Festung unvollendet blieb, zählt sie zu den herausragendsten und markantesten Beispielen mittelalterlicher Militärarchitektur in Großbritannien. Die Anlage dominiert die Umgebung zwar nicht wie in Conwy oder Harlech, bietet mit ihrem konzentrischen Grundriss und der die gesamte Innenburg umschließenden

Beaumaris

Zwingeranlage trotzdem ein beeindruckendes Bild. Die Symmetrie der Burg ist faszinierend. Als einzige von Edwards walisischen Burgen besitzt sie einen Wassergraben. Die Lage direkt am Dock ermöglichte im Falle einer Belagerung die Versorgung der Festung vom Wasser aus. Die Bewohner des Ortes Llanfaes, zu Zeiten der walisischen Prinzen das wichtigste Handelszentrum im Königreich Gwynedd, wurden einfach umgesiedelt, um Platz für den Ausbau des Castle zu machen. Doch zu dieser Zeit plagten König Edward bereits andere Sorgen. Wegen zunehmender finanzieller Probleme und eines aufziehenden Konflikts mit den Schotten wandten die Engländer sich anderen Baustellen zu – Beaumaris wurde nicht zu Ende gebaut.

März–Juni und Sept./Okt. tägl. 9.30–17 Uhr. Juli/Aug. 9.30–18 Uhr. Nov.–Febr. Mo–Sa 10–16, So 11–16 Uhr. Erw. 5,25 £, erm. 3,90 £. ✆ 01248-810361, www.cadw.gov.wales.

Gaol Museum: Das Museum, ein früheres Gefängnis, zeigt die Haftbedingungen von Gefangenen im 19. Jahrhundert. Das 1829 gebaute Gebäude war in viktorianischer Zeit ein Vorzeigegefängnis. Doch was heißt das schon – der Zugewinn an Komfort hielt sich sehr in Grenzen, Knast blieb Knast. Durch dunkle, spärlich beleuchtete Gänge gelangt man zu den spartanisch eingerichteten Frauenzellen und den fensterlosen Strafkammern. Im Sommer finden hier Theateraufführungen statt, die das Leben im Gaol zum Thema haben.

April–Sept. tägl. außer Fr 10.30–17 Uhr. Im Okt. nur am Wochenende geöffnet. Nov.–März geschlossen. Erw. 4,50 £, erm. 3,50 £. Steeple Lane, ✆ 01248-810921, www.visitanglesey.co.uk.

Beaumaris Courthouse: Im Schatten der Burg von Beaumaris saß die judikative Gewalt. Das Gerichtsgebäude aus dem Jahre 1614 blieb trotz einiger Veränderungen in seiner ursprünglichen Gestalt fast vollständig erhalten. Hier erfährt man anschaulich fast alles über die Justizgeschichte von Beaumaris; ein Audioguide beantwortet offene Fragen.

Ende März bis Sept. Sa–Do 10.30–17 Uhr. Geschlossen Nov. bis März. Erw. 5 £, erm. 4 £. Castle Street, ✆ 01248-810921, www.visitanglesey.co.uk.

Information Beaumaris hat kein reguläres Tourismusbüro; das Town Council unterhält eine kleine Informationsstelle mit einer Auswahl an Broschüren. Castle Street/Ecke Church Street. ✆ 01248-810317, ✆ 811673, www.beaumaris.org.uk.

Hin und weg Bus: Verbindung nach Bangor (30 Min.) und Penmon (15 Min.).

Übernachten Bishopsgate House, kleines, komfortables Boutiquehotel mit 9 gemütlichen Zimmern. Die charmante Stadtresidenz aus dem 18. Jahrhundert ist antik eingerichtet, die Lounge voller Chesterfield-Sessel urig, das *Restaurant* bietet eine gute Auswahl an vorwiegend regionaler Küche. EZ ab 60 £, DZ ab 97 £. 54 Castle Street, ✆ 01248-810302, ✆ 810166, www.bishopsgatehotel.co.uk.

》》 Mein Tipp: Ye Olde Bulls Head Inn and the Townhouse, eines der besten historischen Inns in Wales. Die aus zwei Gebäuden bestehende 5-Sterne-Herberge ist originell mit Antiquitäten und Waffen eingerichtet. Samuel Johnson und Charles Dickens waren hier zu Gast, im britischen Bürgerkrieg kommandierte Cromwells General Mytton von hier aus seine Truppen. Die Zimmer sind aufwendig gestaltet. Das 2009 eröffnete *Townhouse* besticht durch modernes Design. Die Lounge ist gemütlich und großzügig. Das Essen im Loft-Restaurant und in der Brasserie wird sehr gelobt. DZ ab 105 £. Castle Street, ✆ 01248-810329, ✆ 811294, www.bullsheadinn.co.uk. 《《《

Bulkeley Hotel, stilvoll-klassisch eingerichtetes Hotel im Herzen der Stadt. Das georgianische Gebäudeensemble wurde ursprünglich für einen Besuch von Princess Victoria erbaut, ein freundliches, professionell geführtes und empfehlenswertes Haus. EZ ab 56 £, DZ ab 72 £. 19 Castle Street, ✆ 01248-810415, www.bulkeleyhotel.co.uk.

Castle Court, das frühere White Lion ist eine familiäre Unterkunft; jedes Zimmer hat einen tollen Ausblick – entweder auf die Berge, das Meer oder die Burg. Bar und das Restaurant servieren qualitätvolles Essen in angenehmem Ambiente. EZ 60 £, DZ

Beaumaris Castle – militärarchitektonisches Juwel

70 £. Castle Square, ℡ 01248-810078, www.castlecourtbeaumaris.co.uk.

Camping Kingsbridge Caravan & Camping Park, nördlich von Beaumaris. Großer Platz mit modernen Sanitäranlagen und Laden. Auch Wohnmobile werden vermietet. Zelt ab 10 £, WoMo ab 18 £. In Llanfaes, an der B 5109, kurz vor Llangoed. ℡ 01248-490636, 490736, www.kingsbridgecaravanpark.co.uk.

Essen & Trinken Ye Olde Bulls Head Inn, ob Restaurant, Brasserie oder Bar, modern oder traditionell, formell oder locker – das Angebot ist vielfältig und lecker. Castle Street, ℡ 01248-810329.

Red Boat Ice Cream Parlour, Sahneeis und SSorbet werden vor Ort hergestellt; in dem mintgrünen Haus mit retro-moderner Eisdiele bekommt man immer wieder neue Geschmacksrichtungen aufgetischt. Schmeckt herrlich. Für Nicht-Eisschleckermäuler gibt es Kaffee, Kuchen und belegte Brötchen. 34 Castle Street, ℡ 01248-810022, www.redboatgelato.com.

Puffin Island und Penmon Priory

Vor der östlichsten Spitze von Anglesey, dem Black Point mit seinem Leuchtturm, erhebt sich die Papageientaucherinsel *Puffin Island* aus dem Meer. Auf dem Weg dorthin passiert man die auf das 13. Jahrhundert datierten Überreste von *Penmon Priory*. Das Kirchengebäude und der Saint-Seiriol's-Brunnen sind noch gut erhalten. Direkt gegenüber der Priory ist ein riesiges Taubenhaus mit über 900 Nestlöchern zu bestaunen. Der Besuch der Anlage ist kostenlos, das Ticket für den Parkplatz gilt auch für die kleine Mautstraße nach Black Point. Der walisische Name von Puffin Island, Ynys Seiriol, bedeutet „Insel des Seiriol". Der Heilige aus dem 6. Jahrhundert lebte mit seiner Gemeinde auf Puffin Island. Auf der Insel finden sich etliche mittelalterliche klösterliche Ruinen, wie etwa der Turm einer Kirche aus dem 12. Jahrhundert. Heute wird Puffin Island nur noch von Tieren bewohnt.

Plas Newydd 331

Das Naturparadies ist Lebensraum für rund ein Dutzend Seevogelarten, u. a. eine große Graumöwenkolonie. Papageientaucher findet man heute allerdings so gut wie nicht mehr. Vom Beaumaris-Pier aus kann man Bootstouren um die Insel buchen, unter anderem mit der RSPB. Betreten darf man Puffin Island ohne Genehmigung des Eigentümers nicht.
Penmon Priory: Tägl. 10–16 Uhr. Eintritt frei. Parkplatz 2,50 £. www.cadw.gov.wales.

Llanfairpwllgwyngyllgogerychwyrndrobwllllantysiliogogogoch

Das meist lediglich Llanfairpwll genannte Städtchen schmückt sich mit dem längsten Ortsnamen im Vereinigten Königreich. Auf Englisch bedeutet er „Saint Mary's church in the hollow of the white hazel near to the rapid whirlpool and the church of St Tysilio of the red cave" – was so viel heißt wie „St. Marys Kirche am Teich mit dem weißen Haselbusch über dem Strudel und bei St. Tysilios Kirche in der Nähe der roten Höhle". Die Stadt erhielt ihren ellenlangen Namen in den 1860ern beim Bau des Bahnhofs – man wollte von allen britischen Bahnstationen die längste Bezeichnung haben. Was damals als Gag gedacht war, um Aufmerksamkeit zu erregen und Touristen anzulocken, ist geglückt. Inzwischen planen viele Reisende hier einen Zwischenstopp ein, um sich mit dem Bahnhofsschild zu fotografieren und sich im Nachsprechen zu versuchen. In Llanfairpwll befindet sich auch das einzige richtige *Tourist Information Centre* auf Anglesey. Die Büros in Holyhead und Llangefni sind nur kleine Außenstellen.
Tourist Information Centre: Mo–Sa 9.30–17.30, So 9.30–16.30 Uhr. In der Nähe von Bahnstation und Pringle Weavers. ✆ 01248-713177, llanfairpwll@nwtic.com.

Llangefni

Llangefni ist der Verwaltungssitz von Anglesey und lohnt den Besuch vor allem wegen seiner bemerkenswerten Galerie.

Oriel Ynys Môn mit seiner 2008 eröffneten **Oriel Kyffin Williams** ist ein Museums- und Galeriekomplex. In der History Gallery erhält man einen Einblick in die Geschichte von Anglesey. Hier wird auch das Schaffen des Naturmalers *Charles Tunnicliffe* beleuchtet. Die Art Gallery organisiert alljährlich bis zu acht Ausstellungen. Die Oriel Kyffin Williams ist ganz dem Werk von *Kyffin Williams* gewidmet und zeigt 400 seiner Werke. Der fleißige Landschaftsmaler stammte aus Llangefni und war ein großer Förderer der walisischen Kunst.
Rhosmeirch, Llangefni, ✆ 01248-724444, www.kyffinwilliams.info.

Plas Newydd

Plas Newydd, knapp 2,5 km südwestlich von Llanfairpwll, ist der Stammsitz der Marquesses von Anglesey; hier gewinnen Sie einen Einblick in das aristokratische Leben der Familie um 1930. Das Gebäude selbst stammt aus dem 18. Jahrhundert. Für die Umgestaltung des Herrenhauses in den 1930ern wurde der Maler Rex Whistler gewonnen. Plas Newydd verfügt über die umfangreichste Sammlung seiner Werke und sein größtes Bild. Beim Durchschreiten der pompös eingerichteten Räume kann man kaum glauben, dass es sich bei Plas Newydd um eine Art Notlösung handelte. Das angestammte Haus der Familie in Staffordshire konnte sich der Marquess nicht mehr leisten. Eine Militariaausstellung besetzt einige Räume des

Nordwales → Karte S. 272/273

Gebäudes, sie zeigt u. a. Gegenstände des Ersten Marquess von Anglesey – er kommandierte die Kavallerie in der Schlacht von Waterloo. Keine Frage, dass das Anwesen auch von einem bezaubernden Garten umgeben ist.

Haus: Mitte März–Okt. Sa–Mi 12–16.30 Uhr. **Garten:** Tägl. 10.30–17.30 Uhr, ab Sept. am Fr geschlossen. Nov. bis Mitte März nur 11–15 Uhr (außer Fr). Jan.–Febr. nur am Wochenende geöffnet. Erw. 9,35 £, Kind 4,70 £. An der A 4080, knapp 2,5 km südwestlich von Llanfairpwll an der Menai Strait. ✆ 01248-714795, www.nationaltrust.org.uk.

Anglesey Sea Zoo

150 Arten, alle heimisch an und in den Gewässern um Anglesey, gibt es hier zu sehen. Wer etwas über das Unterwasserleben der Insel erfahren möchte, ist hier genau richtig. Die Tiere schwimmen in Aquarien, die ihren natürlichen Lebensraum simulieren sollen. Und an Piratenspielplatz und Hüpfburg kommt man als Eltern nicht vorbei. Den Kindern gefällt's. Ein wesentlicher Schwerpunkt des Zoos liegt auf Erhaltung und Forschung – es gibt ein Seepferdchenschutzprogramm und eine Hummerzucht.

Tägl. 10–17.30 Uhr. Erw. 7,75 £, Kind 6,75 £, erm. 7,25 £. In Brynsiencyn, gegenüber Caernarfon. ✆ 01248-430411, www.angleseyzoo.co.uk.

Newborough Warren und Llanddwyn Island

An der Südspitze von Anglesey erstrecken sich mit Newborough Warren einige der größten Sanddünen Großbritanniens. Das Areal ist ein Naturschutzgebiet, ein großer Teil wurde allerdings aufgeforstet. Hinter dem Forst ragt weiter nördlich Llanddwyn Island in die See – wobei die schmale Landzunge nur bei Fluthöchststand zur Insel wird und sich sonst als Halbinsel präsentiert. Das steinige, schmale Eiland hat einen Leuchtturm, kleine Buchten und ist bei Ebbe begehbar. Am schönsten ist es, wenn man sich die Gegend erwandert, sie zählt gemeinhin zu den romantischsten Orten in Wales.

Nach Llanddwyn kann man entweder von Newbury (Niwbwrch) aus wandern, oder man fährt auf der Mautstraße durch den Wald bis zu einem Parkplatz am Strand. Der Wanderweg führt über den Strand.

Holyhead (Caergybi)

1801 trat mit den „Acts of Union" der Zusammenschluss des United Kingdom of Great Britain mit Irland in Kraft. Die kürzeste Verkehrsverbindung zwischen London und Irland führt durch Wales. Im Anschluss an die Vereinigung wetteiferten mehrere Orte (vgl. Porthmadog/Stadtgeschichte) darum, die Hauptdrehscheibe nach Irland zu werden. Spätestens mit dem Bau der Menai Bridge gewann Holyhead endgültig das Rennen um die wichtigste Route. Der Ort liegt westlich von Anglesey auf Holy Island (Ynys Gybi). Der Name geht auf Saint Cybi, einen keltischen Heiligen aus dem 6. Jahrhundert, zurück. Ihm ist die **St Cybi Church** aus dem 13. Jahrhundert gewidmet. Seit einiger Zeit versucht Holyhead, mehr als nur ein Verkehrsknotenpunkt zu sein, doch es wird wohl noch eine Weile dauern, bis man die Stadt nicht nur als öden Hafen für Fähren nach Dublin sieht …

Holyhead Maritime Museum: Das Museum in einer ehemaligen Rettungsbootstation von 1858 am Newry Beach wurde mit Lotteriegeldern auf Vordermann gebracht. Dokumentiert wird die maritime Geschichte von Holyhead; es gibt eine umfangreiche Schiffsmodellsammlung, Informationen über die Lebensrettungsgesell-

schaft und Dokumente zu den Schiffsunglücken vor Holyhead. Die Ausstellung „Holyhead at War" befasst sich vor allem mit der Zeit des Zweiten Weltkriegs. Das *Harbour Front Bistro* neben dem Museum gilt als eines der besten Restaurants der Stadt und bietet durch seine Lage direkt am Wasser die schönsten Ausblicke über den Hafen.
Ostern bis Okt. Di–So 10–16 Uhr. Erw. 4,50 £, Kind 2 £, erm. 3,50 £. ✆ 01407-769745, www.holyheadmaritimemuseum.co.uk.

South Stack Lighthouse: 1809 errichteter Leuchtturm ganz im Westen, auf einem der Insel vorgelagerten Felsen. Wer trittsicher und etwas schwindelfrei ist, kann ihn besichtigen. Die dramatische

South Stack Lighthouse auf Holy Island

Landschaft im rauen Westen von Holy Island ist besonders für Vögel attraktiv – hier tummeln sich Papageientaucher, Tordalke, Lummen, manchmal auch Dohlen, und hier befindet sich auch das *RSPB South Stack Cliffs Reserve*. Vom Ellin's Tower oberhalb des Leuchtturms kann man die Brutkolonien mit Fernglas und Teleskop beobachten. Mehrere Wanderwege führen durch die karge und schroffe Landschaft. Tea Room und Shop vorhanden.
Lighthouse: Ostern bis Sept. Sa–Do 10.30–17 Uhr. Erw. 5,50 £, erm. 4 £, Kind 4 £. ✆ 01407-763207, www.visitanglesey.co.uk. **Ellin's Tower:** Ostern bis Sept. tägl. 10–17 Uhr. **Visitor Centre,** Shop und Café: ganzjährig tägl. 10–17 Uhr. ✆ 01407-762100, www.rspb.org.uk.

Information Kleine **Touristinformation** im Plas Cybi Shop, 63 Market Street.

Hin und weg Bus: Busse halten am Fährterminal. Verbindung nach Bangor (1¼ Std.), Llanfairpwll (1 Std.), Llangefni (45 Min.) und Menai Bridge (1 Std.).

Bahn: Arriva und Virgin Trains fahren von der London Road nach Bangor (40 Min.), Chester (1½ Std.), Conwy (1 Std.), Llandudno (1½ Std.), Llanfairpwll (30 Min.) und London (4 Std.).

Fähre → „Fährverbindungen in Wales"

Übernachten Anglesey Outdoor Centre, 1,5 km südwestlich von Holyhead. Die günstigste Übernachtungsmöglichkeit mit bester Infrastruktur. Es gibt Betten, Zimmer, einen Zeltstellplatz und sogar Hütten und Jurten. Man kann wählen zwischen Selbstversorgung und Vollverpflegung. Bett ab 16 £, Zelt ab 4 £/Pers., DZ ab 35 £. Porthdafarch Road. ✆ 01407-769351, ✉ 763049, www.angleseyoutdoors.com.

Blackthorn Farm, das familiengeführte Haus bietet auch einen *Caravanpark* und *Zeltplatz*. Das Areal liegt idyllisch an der Küste der Irischen See im Südteil von Holy Island. Auch 3- und 4-Bett-Zimmer. Aufgrund der beliebten Lage ist Reservierung empfehlenswert. EZ ab 62 £, DZ ab 75 £, jeweils inkl. Frühstück. Blackthorn Farm, Penrhos Feilw, Trearddur Bay, Holyhead, ✆ 01407-765262, ✉ 765336, www.blackthornfarm.co.uk.

》》 Mein Tipp: Yr-Hendre, famoses Haus mit drei eleganten Zimmern, geräumiger Lounge und Garten. Vergleichbares sucht man in Holyhead wohl vergebens. DZ ab 65 £. Porth-y-Felin Road, ✆ 01407-762929, rita lipman694@btinternet.com, www.yr-hendre.net. **《《**

Essen & Trinken Canolfan Ucheldre, das städtische Kulturzentrum in einer ehemaligen Kirche. Aus der Küche kommt vorwiegend Hausgemachtes. Millbank, ✆ 01407-763361, www.ucheldre.org.

Harbourfront Bistro, direkt am Wasser neben dem Maritime Museum, bei Flut steht das Wasser unter der Terrasse. Es gibt belegte Brote, Kaffee, viel Süßes und Pubessen. Newry Beach, ✆ 01407-763433, www.harbourfrontbistro.co.uk.

Der Hafen von Conwy

Der Nordosten

Conwy

Die Stadt an der Mündung des gleichnamigen Flusses ist mit ihrer Burg aus dem frühen 13. Jahrhundert und der nahezu vollständig erhaltenen Stadtmauer einer der Höhepunkte des Nordens. Die Lage am Wasser und die dahinter anschließende Kulisse mit den bewaldeten Ausläufern der snowdonischen Berge machen Conwy zu einer der schönsten Städte in Wales. Der schön restaurierte Ort mit seinem mittelalterlichen Kern, den Pflasterstraßen, den viktorianischen Häusern, den alten Brücken zeigt sich voller Leben. Die „schwerwiegendsten" der zahlreichen Sehenswürdigkeiten Conwys sind die Burg und die Stadtmauer.

Sehenswertes

Conwy Castle: Die Burg gilt als eine der großen Festungen des mittelalterlichen Europas, und zweifellos ist sie eine der faszinierendsten Burgen in Wales. Conwy Castle war die Schlüsselfestung des „Iron Ring", des eisernen Rings von insgesamt neun durch Edward I errichteten Burgen, gebaut, um das Kernland der Waliser einzuschließen. Geplant wurde sie von James of St George, dem königlichen Festungsbauer von Edward I. Baubeginn war 1283, und in nur fünf Jahren wurde die Burg von 1500 Arbeitern bis 1287 vollendet.

Conwy Castle ist von der Anlage her eine Spornburg auf einem vorgelagerten Felsen. Die 90 mal 30 Meter große Anlage wird durch den Conwy-Fluss und den Nebenfluss Gyffin begrenzt und ist von acht mächtigen Türme bekrönt, jeweils mit einem Durchmesser von 12 Metern. Das Burginnere ist durch eine Mauer nochmals in zwei Bereiche unterteilt. Die Burg ist Teil des UNESCO-Weltkulturerbes „The Iron Ring" (→ Kastentext „The Iron Ring").

März–Juni und Sept.–Okt. tägl. 9.30–17 Uhr. Juli–Aug. tägl. 9.30–18 Uhr. Nov.–Febr. Mo–Sa 10–16, So 11–16 Uhr. Erw. 6,75 £, erm. 5,10 £, Familie 20,25 £. www.cadw.gov.wales.

> Überall in Conwy stößt man auf kleine grüne Schilder, sogenannte „History Points". Wer die Handy-App für das Lesen der Codes heruntergeladen hat, kann sein Telefon als Audioguide für die Sehenswürdigkeiten benutzen.

Stadtmauer: Conwy verfügt über eine nahezu vollständig erhaltene und begehbare Stadtmauer. Die zwischen 1283 und 1292 zeitgleich mit der Burg errichtete Mauer misst insgesamt 1300 Meter – die größte Stadtbefestigungsanlage in Wales. Das Bauwerk ist in regelmäßigen Abständen mit 21 bis zu 15 Meter hohen Türmen bestückt. Die Mauer selbst hat im Schnitt eine Höhe von neun und eine Dicke von 1,7 Metern. Sie ist kostenfrei und gegenwärtig zu drei Vierteln begehbar. An der vollständigen Begehbarkeit wird gearbeitet.

Der spektakulärste Blick auf Conwy Castle und die sich rechts anschließenden alten Kais mit der Altstadt bietet sich von der gegenüberliegenden Seite des Conwy-Flusses. Hinter diesem Panorama erheben sich majestätisch die nördlichen Ausläufer von Snowdonia.

Brücken über den Conwy: Drei Brücken führen über den Fluss. Neben der 1958 errichteten Autobrücke und der Eisenbahnbrücke von 1848 spannt sich Thomas Telfords *Suspension Bridge* von 1826 in Richtung Burg. Der berühmte Brückenbauingenieur wurde mit dem Bau beauftragt, nachdem zu Weihnachten 1806 die 600

Blick von der Burg in Richtung Hafen und Stadt

Jahre lang betriebene Ruderfähre gekentert und dabei 13 Menschen ums Leben gekommen waren. Der Fährmann bekam bei der Eröffnung der Brücke als Ausgleich für die Einsparung seines Jobs 6315 Pfund – das würde heute 415.000 £ entsprechen. Es waren noble Zeiten.

Aberconwy House: Das Haus aus dem beginnenden 14. Jahrhundert ist das älteste und einzige noch existierende mittelalterliche Kaufmannshaus der Stadt. Die möblierten Zimmer sowie audio-visuelle Präsentationen geben Einblick in das tägliche Leben von den Tudors bis ins viktorianische Zeitalter. Das Gebäude beherbergt auch einen passablen National-Trust-Laden.
Mitte Febr.–Okt. tägl. 11–17 Uhr, im Winter meist nur an Wochenenden. Erw. 3,40 £, Kind 1,70 £. Castle Street, 01492-592246, www.nationaltrust.org.uk./aberconwy-house.

Plas Mawr: Der Name bedeutet übersetzt „Great Mansion", „Großes Herrenhaus". Das zwischen 1576 und 1585 erbaute Gebäude ist das wahrscheinlich am besten erhaltene elisabethanische Stadthaus in Großbritannien. Errichtet wurde es für den Händler Robert Wynn. Haus, Inneneinrichtung, Höfe und Garten wurden originalgetreu restauriert und bieten einen einzigartigen Einblick in ein repräsentatives Herrenhaus des 16. Jahrhunderts. Das Haus mit seinem feinen Dekorstuck, den kostbaren Teppicharbeiten und Möbeln wird durch Displays, Audioguides und historisch kostümierte Führer lebendig.
April–Sept. Di–So 9.30–17 Uhr, im Okt. bis 16 Uhr. Erw. 5,75 £, erm. 4,35 £, Familie 17,25 £. 01492-580167, www.cadw.gov.wales.

Royal Cambrian Academy of Art: Ziel dieser renommierten gemeinnützigen Institution direkt hinter dem Plas Mawr ist es, die Kunst in Wales zu fördern und ihr ein öffentliches Forum zu bieten. Bis zu sechs Wechselausstellungen jährlich werden organisiert, von historischen bis zu zeitgenössischen Themen. Begleitend dazu gibt es ein abwechslungsreiches Fortbildungsprogramm.
März–Okt. Di–Sa 11–17 Uhr. Nov.–Febr. Mi–Sa 11–16 Uhr. Crown Lane, 01492-593413, www.rcaconwy.org.

Smallest House in Great Britain: Das knallrote Gebäude am Stadthafen, ursprünglich als Fischerbaude errichtet, ist gerade einmal 180 Zentimeter breit. Der letzte Bewohner des Cottages um 1900 hieß Robert Jones und war stattliche 1,92 Meter groß. Die beiden kleinen Räume können besichtigt werden.
Tägl. 10 Uhr bis Sonnenuntergang, im Winter 11–16 Uhr. Erw. 1 £, Kind 50 p. Quayside. 07925-049786, www.thesmallesthouseingreatbritain.co.uk.

Das kleinste Haus von Großbritannien

Conwy 337

Basis-Infos

Information Conwy Tourist Information Centre, Mo–Sa 10–16, So 11–16 Uhr. Im Muriau Building, einem roten Backsteingebäude am Parkplatz an der Burg Conwy (nicht zu verwechseln mit dem „Conwy Visitor Centre", einem Souvenirladen). Rosehill Street, ℰ 01492-577566, ℰ 577563, www.visitllandudno.org.uk.

Hin und weg Bus: Coach Park direkt neben dem Bahnhof an der Rose Hill Street. Verbindung nach Bangor (50 Min.), Betws-y-Coed (45 Min.), Blaenau Ffestiniog (70 Min.), Caernarfon (70 Min.), Llandudno (20 Min.), Llanrwst (30 Min.).

Bahn: Conwy Railway Station an der Rose Hill Street. Das gegenüber von Conwy auf der anderen Flussseite gelegene Llandudno Junction (10 Min.) fungiert als Haupthaltepunkt der Gegend. Verbindung nach Bangor (45 Min.), Betws-y-Coed (50 Min.), Blaenau Ffestiniog (1¼ Std.), Chester (55 Min.) und Holyhead (1 Std.).

Übernachten → Karte S. 338

Es gibt eine Reihe guter Übernachtungsmöglichkeiten in Conwy. Als Ausweichmöglichkeit bieten sich die zahlreichen Unterkünfte in den Seebädern *Llandudno* und *Rhos-on-Sea* an.

Castle Hotel 7, elegantes historisches Haus in der Innenstadt. Nach seiner Restaurierung strahlt es in neuem alten Glanz. Faszinierende und komfortable Zimmer, das *Restaurant* und das Frühstück sind fabelhaft. EZ ab 75 £, DZ ab 110 £. Regelmäßig Sonderangebote. High Street, ℰ 01492-582800, ℰ 582300, www.castlewales.co.uk.

≫ Mein Tipp: Rathlin Country House 1, 5-Sterne-B & B nur Minuten vom Zentrum von Colwyn Bay entfernt und doch ruhig im Grünen gelegen. Neben hochwertiger Zimmerausstattung verfügt das großartige Haus über Snookertisch und Außenpool. Hier weiß man, was zu einem perfekten Frühstück gehört. Hausherr Anthony ist zudem Wanderspezialist und bietet Infos zu Ausflügen, inklusive ausgearbeiteter GPS-Touren. EZ ab 69 £ (nur So–Do), DZ ab 85 £. Sonderangebote. 48 King's Road, Colwyn Bay, Conwy, ℰ 01492-532173, www.rathlincountryhouse.co.uk. ≪

≫ Mein Tipp: Gwynfryn B & B 3, mitten in Conwy. Das mehrfach ausgezeichnete Boutique-Gästehaus steht bei den Gästen hoch im Kurs, die Betreiber wurden in Anerkennung ihrer Leistung sogar auf ein Bankett der Königin eingeladen. Die hellen Zimmer tragen Namen von Farben und sind entsprechend gestaltet. Es gibt DVD-Player und eine große Film-Auswahl, dazu Extras wie Internet, Kühlschrank und Heißgetränkeausstattung. DZ ab 65 £. 4 York Place, ℰ 01492-576733, www.bedandbreakfastconwy.co.uk. ≪

Glan Heulog 17, 300 m südlich von Conwy Station auf einer Anhöhe. Viktorianisches Gästehaus in einer ruhigen Gegend. Viv und Stan Watson-Jones bemühen sich engagiert um einen perfekten Aufenthalt. Der Frühstücksraum bietet Blicke auf Stadt und Burg. Der Anschluss an den Nahverkehr macht das Haus auch für Gäste ohne Auto attraktiv. EZ ab 38 £, DZ ab 60 £. Llanrwst Road, ℰ 01492-593845, www.conwy-bedandbreakfast.co.uk.

Conwy YHA 13, nur 10 Min. Fußweg zur Innenstadt; moderne Jugendherberge mit Panoramablick von der hauseigenen Dachterrasse, mit mehreren Aufenthaltsräumen und großem Außenbereich mit Grillmöglichkeiten. Bett im Mehrbettzimmer ab 13 £, DZ ab 26 £. Larkhill, Sychnant Pass Road, ℰ 01492-593571, ℰ 593580,

The Groes Inn 14, außerhalb in Tyn y Groes, 3 km südl. von Conwy an der B 5106. Luxuriöse Unterkunft, malerisch in die Gärten des Conwy Valley eingebettet; ursprünglich ein auf das Jahr 1573 zurückgehendes Inn, das erste lizenzierte in Wales. Herzliche Atmosphäre, geräumige Zimmer, ausgezeichnetes Essen (nicht nur für Übernachtungsgäste) – kurz: alles für einen wunderbaren Aufenthalt. Hunde sind willkommen. Selbstversorger können die High Cabin mieten, eine Art komfortable Skihütte.

EZ ab 100 £, DZ ab 125 £. Tyn y Groes. ✆ 01492-650545, ℡ 650855, www.groesinn.com.

The Old Rectory Country House 15, etwa 1 km südlich von Conwy. Kleines B & B mit spektakulären Blicken auf Conwy-Mündung und Berge. Die Zimmer im Haupt- und Nebenhaus sind individuell und historisch eingerichtet. Entspannte Stimmung im Frühstücks- und Aufenthaltsraum. DZ ab 99 £. Llanrwst Road, Llansanffraid Glan Conwy, ✆ 01492-580611, www.oldrectorycountryhouse.co.uk.

Sychnant Pass Country House 12, in den Hügeln, ca. 2 km westl. von Conwy. Edles Etablissement mit herrlichen Ausblicken in die Umgebung. Zimmer in gehobenem Standard, charmante Lounge mit Kamin. Schwimmbad, Sauna, Hot Tub und Fitnessraum. Im Restaurant fasziniert der Chef mit seinen Kreationen. DZ im Winter ab 85 £, April–Okt. ab 135 £, 25 % Rabatt als Einzelzimmer. Hunde 20 £ pro Aufenthalt. Sychnant Pass Road, ✆ 01492-596868, www.sychnantpasscountryhouse.co.uk.

Gwern Borter Manor 16, 5 km südlich von Conwy entlang der B 5106, dann in Richtung Rowen, eingebettet in eine üppige Parklandschaft. Alle Zimmer verfügen über Wasserkocher, TV und DVD-Player mit Filmothek. Es gibt eine Lounge und einen viktorianischen Speisesaal. Kindern wird einiges geboten: großer Garten mit Spielplatz, Spielzimmer, Streichelzoo und Pferdereiten. 8 Cottages in den umgebauten Farmgebäuden für Selbstversorger. DZ ab 80 £, Dreibettzimmer ab 85 £. Barker's Lane, Rowen. ✆ 01492-650360, www.snowdoniaholidays.co.uk.

»» Mein Tipp: **The Kinmel Arms 2**, 24 km östlich von Conwy an der A 55. Das „Restaurant mit Zimmern" ist ein zur Gastronomieeinrichtung mutiertes Coaching Inn aus dem 17. Jahrhundert. Die 4 Suiten sind individuell, minimalistisch schön und mit Naturmaterialien gestaltet. Das *Restaurant* fasziniert, besonders die Fischgerichte sind eine Pracht. Die Bar bietet eine große Auswahl an Weinen, Cask Ales und walisischen Whiskeys. Suite ab 135 £ inkl. Frühstück, bei längerem Aufenthalt günstiger. The Village, St George, Abergele, ✆ 01745-832207, www.thekinmelarms.co.uk. ««

Whitehall Guest House 3, östl. von Conwy, direkt an der Promenade von Rhos-on-Sea. Gute Lage, saubere Einrichtung mit 12 Zimmern nicht zu groß. Besitzer Tony führte früher ein Inuit-Hotel nördlich des Polarkreises und hat unterhaltsame Geschichten auf Lager, Maria wartet beim Essen mit internationaler Erfahrung auf. EZ 58 £, DZ ab 64 £, jeweils inkl. Frühstück. 51 Cayley Promenade, Rhos-on-Sea, Colwyn Bay, ✆ 01492-547296, www.whitehallguesthouse.co.uk.

Übernachten
1 Rathlin Country House
2 The Kinmel Arms
3 Whitehall Guest House
4 Plas Rhos House
7 Castle Hotel
8 Gwynfryn B & B
12 Sychnant Pass Country House
13 Conwy YHA
14 The Groes Inn
15 The Old Rectory Country House
16 Gwern Borter Manor
17 Glan Heulog
18 Rowen YHA

Cafés
5 Amelie's

Essen & Trinken
2 Kinmel Arms
6 Edwards of Conwy
9 Alfredo
10 Conwy Mussels
11 The Raj

Conwy

Eines der schönsten walisischen Panoramen: Conwy Castle

Plas Rhos House 4, 8,5 km östlich von Conwy. Einstige Herrenresidenz direkt an der Cayley Promenade, mit herrlichem Meeresblick von fast allen Zimmern. Die Räume in dem alten, schönen Gebäude verströmen den Charme der Seebäderzeit. Das größte Zimmer, das Bayview, hat ein antikes Himmelbett. WiFi. EZ ab 60 £, DZ ab 80 £. 53 Cayley Promenade, Rhos-on-Sea, Conwy, ✆ 01492-543698, www.plasrhos.co.uk.

Rowen YHA 18, 7 km südlich von Conwy beim Örtchen Rowen. Rustikales und charaktervolles Hostel in einem traditionellen walisischen Bergfarmhaus. Wie bei den meisten Herbergen in der Region auch hier inklusive traumhafter Ausblicke. Die Lage ist ideal für Wanderungen, der Aufenthaltsraum mit Kamin perfekt für das abendliche Abspannen. Bett in Gemeinschaftsraum ab 15 £, Zimmer ab 23,50 £. Rhiw Farm, Rowen. Anfahrt: Ab Conwy mit Bus Nr. 19 nach Rowen; von dort aus gut 1,5 km den Berg hinauf. ✆ 0845-3719038, ✆ 01492-650700, www.yha.org.uk.

Essen & Trinken

Alfredo 9, der Italiener in Conwy. Gutes Essen, nette Getränkekarte, gutes Preis-Leistungsverhältnis. 9-10 Lancaster Square, ✆ 01492-592381.

Amelie's 5, nach dem berühmten Film benanntes französisches Bistro in einem ehemaligen Kino. Gutes Angebot an Mittag- und Abendessen oder einfach nur ein gemütlicher Platz für Kaffee und Kuchen. 10 High Street, ✆ 01492-583142.

The Raj 11, indisches Restaurant. Von außen unscheinbar, doch ein beliebter Treffpunkt im kulinarisch nicht gerade gesegneten Ort – mit der Bestellung kann es daher mitunter etwas dauern, doch das Warten lohnt sich. 6 Lancaster Square, ✆ 01492-572747.

>>> **Mein Tipp:** **Conwy Mussels** 10, Conwy ist nicht nur eine historische Stadt, hier werden auch die leckeren walisischen Muscheln auf traditionelle Weise gesammelt – von Hand mit einem an einer langen Stange befestigten Köcherrechen. Seit Generationen fahren die Fischer in ihren kleinen Booten zu den Muschelbänken. Frischer als direkt im Hafen von Conwy geht nicht. The Quay, neben dem Lifeboat House, ✆ 01492-592689, www.conwymussels.com. <<<

>>> **Mein Tipp:** **Edwards of Conwy** 6, erstklassige Fleischerei an der High Street, unmittelbar neben Plas Mawr. Der Laden schmückt sich mit den Titeln „Bester Fleischer in Wales" und „Welsh Champion Pie Makers". Die Pies gibt es in allen erdenklichen Variationen – lecker. 18 High Street, ✆ 01492-581111, www.edwardsofconwy.co.uk. <<<

The Iron Ring – königliche Festungskette im Feindesland

Entlang der walisischen Nordküste zieht sich eine Kette mächtiger Festungsbauten, keine von der anderen weiter als eine Tagesreise entfernt. Edwards I furchterregender „Eiserner Ring" von wehrhaften Burgen war eines der ambitioniertesten und ehrgeizigsten mittelalterlichen Bauprojekte. Ziel war es, die teuren Strafexpeditionen gegen die immer wieder aufmüpfigen Waliser überflüssig zu machen und das Land endgültig zu unterwerfen. Das Burgenbauprogramm übernahm Edward I teilweise von seinem Vater Henry III. Edward vervollständigte und erweiterte es und integrierte Heinrichs System in seinen wohldurchdachten Plan. Durch die geschickte Platzierung der Burgen wurde es möglich, mit geringem finanziellem und personellem Aufwand große Teile von Wales zu kontrollieren. Die in dieser Befestigungskette bedeutendsten Burgen waren die von *Aberystwyth, Builth Wells, Cardigan, Carmarthen* und *Montgomery*.

Nordwales stellte für die Engländer die größte Gefahr dar – die Burgen westlich von Chester waren ständigen walisischen Angriffen ausgesetzt. Deshalb war hier der Druck am höchsten, aktiv zu werden. Mit einer erfolgreichen ersten Kampagne gelang es Edward I 1277, seinen Widersacher Llywelyn ap Gruffydd („The Last") nach Snowdonia und Anglesey zurückzudrängen. Dies gab Edward die Zeit, die verwüsteten Burgen in *Flint, Builth Wells, Rhuddlan* und *Aberystwyth* wieder aufzubauen. Zwei der wichtigsten Burgen seines Vaters, Dyserth und Deganwy, ließ Edward I nicht wiedererrichten, sondern ersetzte sie stattdessen durch Rhuddlan und Conwy. Flint übernahm die Rolle von Hawarden und Mold. 1282, nach dem zweiten gescheiterten Aufruhr durch den walisischen Prinzen Llywelyn ap Gruffydd (→ Kapitel Geschichte), setzte Edward alles daran, einen dritten Feldzug zu verhindern. Für die Erweiterung des Iron Ring, die Untermauerung des englischen Vorherrschaftsanspruchs in Wales, wurden keine Kosten gescheut. *Harlech, Conwy* und *Caernarfon* wurden erbaut, deren moderne konzentrische Bauweise in der 1295 begonnenen Burg *Beaumaris* ihren Höhepunkt fand. Baumeister dieser vier Festungen (heute UNESCO-Weltkulturerbe) war der bedeutendste Militärarchitekt seiner Zeit, *James of Saint George*. Zwar wurden bei der walisischen Revolte 1294–95 einige Burgen von den Aufständischen erobert, doch erfüllte der bei Belagerungen vom Wasser aus versorgte Eiserne Ring insgesamt seinen Zweck. Die Festungsbesatzungen hielten stand und die Truppen des englischen Königs, die bei Ausbruch des Aufstands in der Gascogne gebunden waren, hatten genug Zeit, um nach Wales zu Hilfe zu eilen.

Das Burgenbauprogramm verschlang Unsummen. Allein für den Bau von Beaumaris, Conwy, Caernarfon sowie den Umbau der ursprünglich walisischen Burg in *Criccieth* gab Edward in 12 Jahren das Zehnfache seines jährlichen Budgets aus – etwa 33 Millionen Pfund; doch welcher König verdient heute nur 3,3 Millionen pro Jahr? Im Vergleich zu den Kosten, die bei weiteren Kriegen gegen die Waliser entstanden wären, war der Aufwand allerdings überschaubar.

Die Festungen und die dazugehörigen Siedlungen waren übrigens ausschließlich von Engländern bewohnt. Walisern war der Zutritt nur am Tage erlaubt, ohne jedoch das Recht auf Handel und das Tragen von Waffen innerhalb der Mauern zu besitzen. Die Siedlungspolitik in diesen englischen Enklaven ist bis heute in der Sprache und Kultur spürbar. Erst ab dem 18. Jahrhundert nahmen die Waliser diese Burgenstädte langsam wieder in Besitz. Heute werden die Festungen nur noch von Touristen belagert – und der Eiserne Ring hinterließ ein weltweit einzigartiges architektonisches Zeugnis.

Bodnant Garden

Die 32 Hektar große Gartenanlage 9 km südlich von Conwy an der A 470 in wunderschöner Lage oberhalb des Conwy-Flusses und mit Blick in Richtung Snowdonia explodiert geradezu vor Lebenskraft. Die abwechslungsreiche Gestaltung und die riesige Sammlung von Pflanzen aus aller Welt machen Bodnant zu einem der schönsten Gärten im Land. Bodnant Garden wurde 1875 von dem englischen Industriellen Henry Pochin um Bodnant Hall, das bis heute in Privatbesitz befindliche Herrenhaus, angelegt. Er gliedert sich in einen kultivierten und einen wilden Teil. Überall wachsen viele Arten von Magnolien, Rhododendren, Laub- und Nadelbäumen sowie Kamelien. Es gibt Lilienteiche, Eibenhecken, einen Naturgarten im schmalen Tal des Hiraethlyn-Flusses, Staudenrabatten und weitläufige Terrassen. Zu fast jeder Jahreszeit leuchtet ein Feuerwerk an Farben. Bereits im März blühen die frühen Magnolien und Narzissen, im April Kamelien und Rhododendren, die bis in den Mai hinein Blüten tragen. Nun erstrahlen auch Azaleen und Goldregen, der den Garten in ein flammendes Meer verwandelt. Juni, Juli und August gehören den Gartenterrassen mit Rosen, Stauden und Wasserlilien. Im Herbst leuchten vor allem die Laubbäume. Für Bodnant Garden sollte man etwa zwei Stunden einplanen.

Garten: März–Sept. tägl. 10–17 Uhr, Nov.–Febr. 10–16 Uhr. Eintritt Erw. 10,50 £, Kind 5,25 £, im Winter günstiger. Tal-y-Cafn, Cowlyn Bay, Clwyd. Vor Ort gibt es auch ein nettes Café. Betreiber ist der National Trust. ✆ 01492-650460, www.nationaltrust.org.uk/bodnant-garden.

Bahn: Am besten steigt man an der Haltestelle Llandudno Junction aus und nimmt von dort den Bus. Zwar gibt es die näher am Garten gelegene Station Tal-y-Cafn. Allerdings muss man von hier aus noch einmal knapp 1400 m entlang einer stark befahrenen Straße ohne Fußweg zum Bodnant Garden laufen.

Bus: Linie 25 fährt stündlich von Mo bis Sa (außer Feiertage) von Llandudno über Deganwy, Llandudno Junction (Zugstation)

Das Herrenhaus von Bodnant Garden ist stolzer Privatbesitz

und Glan Conwy direkt bis zum Parkplatz von Bodnant Garden. Infos zu den Fahrplänen in den Touristbüros in Conwy und Llandudno oder bei der Traveline Public Transport: ✆ 0871-2002233, www.travelinecymru.info.

Llandudno

Das nur wenige Kilometer von Conwy entfernte Seeresort zeigt sich im Vergleich zum dunklen, mittelalterlichen Conwy in heller, erfrischender und eindeutig maritimer Atmosphäre, es gibt zahlreiche Einkaufsmöglichkeiten und eine Unmenge von Übernachtungsmöglichkeiten. Fährt man von Conwy entlang der gleichnamigen Flussmündung in das 20.000-Einwohner-Städtchen, fühlt man sich wie in einem Zeitsprung – plötzlich sieht man sich in einem herausgeputzten Seebad mit zwei Stränden, imposantem Pier, einer Promenade, *The Parade* genannt, und der Haupteinkaufsstraße *Mostyn Street*.

Victorian Extravaganza: Die Stadt ist stolz auf ihre viktorianische Vergangenheit. Passend dazu findet jedes Jahr Anfang Mai auch das viktorianische Kostümfestival Extravaganza statt. Zum authentischen Rahmen gehören Umzüge, Jahrmarkt und weitere interessante Veranstaltungen. Im November gibt es an der Promenade von Llandudno übrigens ein sehenswertes Feuerwerk.
www.victorianextravaganza.co.uk.

Oriel Mostyn: Die renommierte Kunstgalerie widmet sich der zeitgenössischen Kunst in Wales. Nach umfangreicher Renovierung und Erweiterung erstrahlt die Terrakotta-Fassade des historischen Gebäudes wieder in neuem Glanz. Innen dagegen ist alles sachlich-modern, nichts soll von den Exponaten ablenken. Die fünf Galerieräumlichkeiten präsentieren unterschiedliche und stets spannende Wechselausstellungen aus dem In- und Ausland. Mit Shop und Galerie-Café.
Di–So 10.30–17 Uhr. Eintritt frei. 12 Vaughan Street, ✆ 01492-879201, www.mostyn.org.

Information Touristinformation im Library Building an der Mostyn Street. Umfangreiches Serviceangebot wie Übernachtungsbuchung, Ticketverkauf usw. ✆ 01492-577577, llandudnotic@conwy.gov.uk, www.visitllandudno.org.uk.

Hin und weg Bus: Haltestelle am Mostyn Broadway. Busse in die nähere Umgebung halten an der Mostyn Street. Verbindung nach Bangor (15 Min.), Betws-y-Coed (1 Std.), Caernarfon (1¼ Std.), Conwy (20 Min.), Llanrwst (50 Min.).

Bahn: Bahnhof im Zentrum an der Augusta Street. Verbindung nach Bangor (30 Min.), Llandudno Junction (5 Min.) und Rhyl (10 Min.).

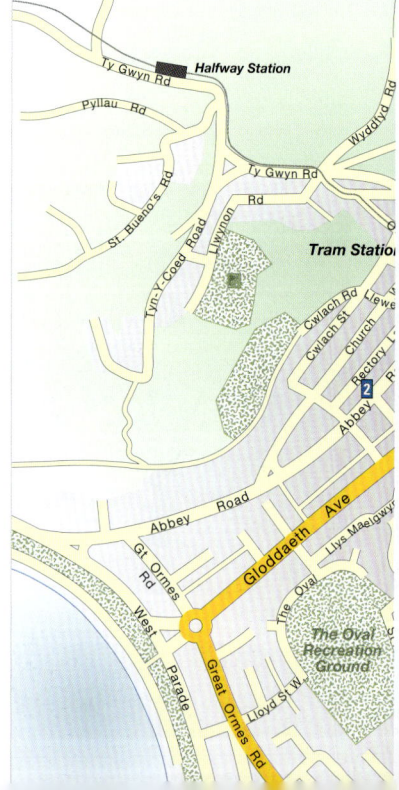

Llandudno

Übernachten Abbey Lodge **1**, das reizende viktorianische Gebäude ist im Inneren fast museal ausgestattet, überall stehen antike Möbel und alte Sachen. Die vier Zimmer sind geschmackvoll und individuell eingerichtet. Die Promenade (The Parade) ist nur einen Steinwurf entfernt. EZ 45 £, DZ 80 £, jeweils inkl. Frühstück. 14 Abbey Road, Llandudno, ✆/✉ 01492-878042, www.abbeylodgeuk.com.

Brigstock House 5, Gästehaus in einer ruhigen Gegend. In den schicken, modern eingerichteten Zimmern fühlt man sich wohl. Frühstück und Abendessen (nach Absprache) wird im geschmackvollen Dining Room serviert. EZ ab 36 £, DZ ab 60 £, inkl. Frühstück. 1 St David's Place, Llandudno, ✆ 01492-876416, www.brigstockhouse.co.uk.

Bryn Derwen Guest House 2, von außen erinnert das Gebäude ein wenig an ein Pfefferkuchenhaus. Die Zimmer sind schlicht, die Wände farbig. Neben der Garden Lounge mit schweren britischen Ledersesseln und einem geräumigen Speisezimmer besitzt das Haus einen eigenen Schönheitssalon. Internet kostenlos. EZ ab 50 £, DZ ab 78 £, inkl. Frühstück. 34 Abbey Road, ✆ 01492-876804, www.bryn-derwen.co.uk.

Llandudno Hostel 4, im Zentrum. Familienzimmer, DZ, Doppelstockbetten in Mehrbettzimmern – in dem 5-stöckigen Hostel findet jeder die passende und bezahlbare Unterkunft. Bett im Mehrbettzimmer ab 22 £, DZ ab 50 £, Frühstück inklusive. 14 Charlton Street, ✆ 01492-877430, www.llandudnohostel.co.uk.

St George's Hotel 3, luxuriöses Hotel an der Strandpromenade mit majestätischer Fassade und geschmackvollem Interieur. Das preisgekrönte Restaurant bietet nicht nur schöne Blicke auf den Teller. EZ ab 99 £, DZ ab 124 £. The Promenade, ✆ 01492-877544, ✉ 877788, www.stgeorgeswales.co.uk.

Übernachten
1 Abbey Lodge
2 Bryn Derwen Guest House
3 St George's Hotel
4 Llandudno Hostel
5 Brigstock House

Great Orme (Y Gogarth)

An Llandudno schließt sich im Norden eine felsige Halbinsel an. Der Country Park eignet sich vor allem für Wanderungen und belohnt mit herrlichen Ausblicken auf die See und die umliegende Küste. Zu entdecken gibt es Kupferminen aus der Bronzezeit, Fundstätten aus der Steinzeit und Überreste eines Forts aus der Eisenzeit sowie die St Tudno Church aus dem 6. Jahrhundert. Etwa im Zentrum von The Great Orme befindet sich auf dem 207 m hohen „Gipfel" der „Summit Complex" mit Restaurant/Café, Sonnenterrasse und Souvenirladen; hier findet sich auch ein großer Spielplatz, eine Minigolfanlage und das Visitor Centre. Hierher gelangt man entweder zu Fuß, mit dem Auto, dem Cable Car oder der historischen Tramway (s. u.).

Great Orme Visitor Centre, Ostern bis Okt. tägl. 10–17.30 Uhr, April und Okt. bis 17 Uhr. Great Orme Country Park Warden, ✆ 01492-577577, www.conwy.gov.uk/greatorme.

Great Orme Tramway: Die einzige noch betriebene kabelgezogene Straßenbahn Großbritanniens wurde 1902 eröffnet. Auf halbem Wege zum Great Orme informiert an der „Halfway Station" eine Ausstellung über die historische Tram. Hier steigt man auch in den Bergbahnabschnitt der Strecke um.

Ende März–Okt. tägl. 10–18 Uhr, März und Okt. bis 17 Uhr. Hin/zurück Erw. 6,50 £, Kind 4,50 £. Victoria Walks, Church Walk. ✆ 01492-577877, www.greatormetramway.co.uk.

Great Orme Cable Car: Unweit des Piers von Llandudno befindet sich an der Happy Valley Road die Station der Schwebebahn. Sie führt über knapp 2 km zum Gipfel des Great Orme – und ist damit die längste Kabinenbahn in Großbritannien.

April–Okt. tägl. ca. 10–18 Uhr. Hin/zurück Erw. 9 £, Kind 7 £. ✆ 01492-877205.

Bodelwyddan Castle

Das herrschaftliche Anwesen aus dem 19. Jahrhundert (erbaut 1830–1852) steht bei St Asaph in einem 105 Hektar großen Garten (25 km östlich von Conwy). Bodelwyddan verfügt heute über ein umfangreiches Museum und ist Partner der National Portrait Gallery. Im Ersten Weltkrieg wurde das Anwesen vom Militär als Trainingscamp genutzt; das Übungsgelände für Grabenkämpfe ist noch erhalten. Im Garten gibt es einen Abenteuerspielplatz – und spuken soll es im Castle natürlich ebenfalls.

Juli–Aug. und in den Schulferien tägl. 10.30–17 Uhr. Sept.–Okt. Di–So außer Fr 10.30–17 Uhr, Nov.–März nur bis 16 Uhr. Erw. 6,95 £, erm. 5,85 £, Kind 3 £. Ca. 25 km östlich an der A 55, kurz vor St Asaph. ✆ 01745-584060, www.bodelwyddan-castle.co.uk.

Rhuddlan Castle

„Rhudd" ist das alte walisische Wort für „rot", und „glan" bedeutet „bank". Die Burg am roten Flussufer ließ in ihrer heutigen konzentrischen Form Edward I von 1277 bis 1282 errichten. An dem strategisch wichtigen Übergang über den Clwyd-Fluss befand sich schon lange vorher eine Befestigungsanlage. Der neue Standort der Burg liegt allerdings ein wenig entfernt vom alten. Der Clwyd diente als Versorgungsader vom Wasser aus und wurde dafür extra umgeleitet und vertieft. Rhuddlan Castle spielte in der walisischen Geschichte eine bedeutende Rolle. Hier verabschiedete King Edward 1284 das „Statute of Rhuddlan", in dem das neue englische Verwaltungs- und Herrschaftssystem über das besiegte Wales festgeschrieben war.

1646 wurde die Burg im britischen Bürgerkrieg von den parlamentarischen Truppen eingenommen und zwei Jahre später teilweise zerstört; so erhielt sie ihr heutiges Aussehen.
April–Okt. tägl. 10–17 Uhr. Erw. 3,40 £, erm. 2,55 £. Rhuddlan Castle liegt 27,5 km östlich von Conwy, etwas südlich von Rhuddlan. ✆ 01745-590777, www.cadw.gov.wales.

Ruthin (Rhuthun)

Der Ort an der englischen Grenze mit seinen vorwiegend schwarz-weißen Fachwerkhäusern ist in eine sanfte, grüne Hügellandschaft gebettet. Fachwerkhäuser waren früher typisch für die gesamte Gegend, heute gibt es sie so nur noch in Ruthin, das weniger durch einzelne Gebäude als durch sein Gesamtbild bezaubert. Allein die Lage der Altstadt mit ihren verwinkelten Straßen um Burg und Saint Peter's Square herum sorgt beim Schlendern immer wieder für neue Perspektiven. Der östlich von Ruthin bis hoch an die Küste verlaufende Bergrücken *Clwydian Range* ist ein Gebiet von außergewöhnlicher Naturschönheit („Area of Outstanding Natural Beauty") und eine wenig frequentierte schöne Wandergegend.

Sehenswertes

Saint Peter's Church: Die Kirche, deren älteste Teile aus der Zeit ab 1310 stammen, schmückt im Inneren eine reichverzierte Decke aus Eichenpaneelen, angeblich ein Geschenk von King Henry VII. Das Tor zum Südeingang wurde 1727 von renommierten Kunstschmieden, den Brüdern Robert und John Davies of Bersham, gestaltet.
Normalerweise tägl. 9–16 Uhr. Eintritt frei. St Peter's Square.

Myddelton Arms: Die sieben außergewöhnlich angeordneten Dachfenster dieses aus der Mitte des 16. Jahrhunderts stammenden Hauses im niederländischen Stil sind das Markenzeichen von Ruthin; bekannt auch als „Eyes of Ruthin", die Augen von Ruthin.
St Peter's Square.

Nantclwyd y Dre: Das Gebäude von 1435 in der Castle Street ist das älteste Fachwerkhaus in Wales. Als eines der letzten Häuser stammt es noch aus der Zeit von Owain Glyndŵr, bevor dieser die Stadt bei seinem Befreiungskreuzzug im Jahr 1400 in Schutt und Asche legte. Vor dem Verfall gerettet, wurde das Gebäude nach sorgfältiger Restaurierung 2007 der Öffentlichkeit zugänglich gemacht. Seine sieben Räume sind heute jeweils im Stile der entsprechenden Epochen von 1435 bis 1942 eingerichtet, wobei der Rundgang im Jahr 1942 beginnt. Zu sehen sind u. a. ein georgianisches Schlafzimmer, das Arbeitszimmer eines Rektors und ein viktorianischer Klassenraum.
April–Sept. Fr–So 10.30–17 Uhr, in den Sommerferien Fr–Di. Erw. 4,50 £, Kind 3,50 £. Castle Street, ✆ 01824-709822, www.nantclwydydre.co.uk, www.denbighshire.gov.uk.

Ruthin Gaol: Das Gebäude diente von 1654 bis 1916 als Gefängnis, Tausende von Menschen waren hier über die Jahrhunderte inhaftiert. Heute hat sich im Pentonville Cell Block das Gefängnismuseum eingerichtet; es beleuchtet das Leben hinter Schloss und Riegel, mit Schwerpunkt auf die viktorianische Zeit. Hier erfährt man, wie der Alltag der Insassen aussah, was sie aßen, wie sie arbeiteten, wie sie bestraft wurden. Der Gefängnistrakt entsprach zur Bauzeit modernsten Standards, Einzelzellen waren damals noch die große Ausnahme. Schautafeln und Audioguides helfen bei der Erkundung des Hauses und der Schicksale seiner Bewohner.
April–Sept. Mo–So 10–17 Uhr, Di geschlossen. Erw. 4,50 £, Kind und erm. 3,50 £. 46 Clwyd Street, ✆ 01824-708281, www.ruthingaol.co.uk.

Ruthin Craft Centre: Das Zentrum für angewandte Kunst hat sich seit seinem millionenschweren Umbau 2008 zu einem kulturellen Glanzlicht entwickelt. Das Bauwerk mit seinen ziegelroten Wänden und dem großen Zinkdach beheimatet drei Ateliers, drei Galerien, einen Shop, ein Café und bietet einen prallgefüllten Veranstaltungskalender.
Tägl. 10–17.30 Uhr. Eintritt frei. Park Road, ✆ 01824-704774, www.ruthincraftcentre.org.uk.

Ruthin Castle: Im Süden der Stadt, romantisch im Grünen gelegen, steht die aus rotem Sandstein erbaute einstige Burg von Ruthin, die Edward I 1277 erbauen ließ – sie war ein kleineres Mosaikteil in seinem wehrhaften „Iron Ring" (→ Kastentext Conwy, „The Iron Ring"). Ende des 13. Jahrhunderts ließ Reginald de Grey, Lord of Ruthin, die Festung von dem berühmten Militärbaumeister James of St George weiter ausbauen. Über 100 Jahre später sorgte ein anderer, namensgleicher Reginald de Grey für einen Streit um Land mit Owain Glyndŵr, der daraufhin revoltierte und sich zum Prinzen von Wales ernannte. Gleich am ersten Tag seines berühmten Aufstands am 16. September 1400 brannte der Waliser ganz Ruthin ab – nachdem er zuvor die Stadtbevölkerung hatte evakuieren lassen.

1646, im englischen Bürgerkrieg, hielt die royalistische Burg ganze elf Wochen den sie belagernden parlamentarischen Truppen stand. Nach ihrer Einnahme ließen die Parlamentarier Ruthin Castle größtenteils schleifen. Teile der Burg wurden ab 1826 wieder aufgebaut, heute dienen sie mit ihren umliegenden Gärten als Nobelhotel. Ruthin Castle ist in Wales neben Manobier der einzige Ort, wo man sich in einem Castle einmieten kann (→ Übernachten).

Information Tourist Information Point, kleines, täglich geöffnetes Büro an der Park Road im Ruthin Craft Centre. Auskünfte erhält man auch im **Ruthin Gaol** (s. o.).

Hin und weg Bus: Von der Haltestelle an der Market Street fahren Busse nach Chester (1 Std.), Denbigh (15 Min.), Mold (25 Min.) und Wrexham (1 Std.).

Übernachten **Ruthin Castle**, stilvoll nächtigen in einer Burg. EZ ab 80 £, DZ ab 85 £. Castle Street, ✆ 01824-702664, www.ruthincastle.co.uk.

》》 Mein Tipp: **Firgrove Country House**, das in einen süßen Garten eingebettete rote Ziegelhaus ist ein kleines Juwel. Die drei Zimmer sind entspannend frisch und bunt. Unterkunft, Frühstück und Abendessen sind vorzüglich. Und wo gibt's das heute noch, dass man gemeinsam mit den Besitzern, Anna und Philip, diniert? Ein echtes B & B also. Kostenloses WiFi. Zimmer ab 40 £/Pers. inkl. Frühstück. Llanfwrog, Ruthin, ✆/🖷 01824-702677, www.firgrovecountryhouse.co.uk. 《《

Eyarth Station, 1,5 km südl. von Ruthin an der A 525. In einem Bahnhof zu übernachten kann durchaus schön sein! Dort, wo früher Bahnsteig und Gleise verliefen, finden sich heute Rabatten, ein Schwimmbecken und eine Veranda. Das Hotel war früher der Dorfbahnhof – und es ist um Weiten heimeliger als die dritte Klasse. EZ 50 £ (nicht verfügbar im Juli/ Aug., an Wochenenden und Feiertagen), EZ 50 £, DZ 75 £, auch Familienzimmer. Llanfair Dyffyn Clwyd. ✆ 01824-703643, 🖷 707464, www.eyarthstation.com.

Minfford Campsite, knapp 2 km nördlich von Ruthin, im Vale of Clwyd. Der einfache Platz für Zelte und Wohnmobile ist ruhig und abgelegen, mit dem Wesentlichen ausgestattet und sauber. Stellplatz und Zelt ab ca. 6 £. Anfahrt: Die A 525 von Ruthin nach Rhewl im Norden fahren, dort rechts weiter in Richtung Gellifor. Nach ca. 1,5 km überquert man einen Fluss und biegt nach 200 m rechts ab; erstes Haus auf der rechten Seite. ✆ 01824-707169.

Essen & Trinken Manorhouse Tavern, moderne Küche in gediegenem Ambiente mit hervorragender saisonal wechselnder Speisekarte. Vorwiegend walisische, britische und europäische Speisen; die Muscheln kommen aus der Menai Strait, das Lamm von den Weiden um den Ecke. Große, etwas teure Weinkarte sowie herzerwärmende Nachspeisen. Zimmer gibt's in dem denkmalgeschützten Gebäude auch. 10 Well Street, ✆ 01824-704830, www.manorhouseruthin.com.

Myddelton Grill, trinken und essen in Ruthins berühmtestem Fotomotiv. Das ehemalige Myddelton Arms an zentralster Stelle ist ein typisches Grillhaus, bietet aber auch Vegetarisches – und hat auch die Biertrinker nicht vergessen. Der Gerstensaft kommt von der Mikrobrauerei Buzzard aus der Gegend. 10 St Peter's Square, ✆ 01824-707842.

On the Hill, wohl das beste Restaurant vor Ort. Rustikales und unaufdringliches Lokal mit gutem britischem Essen und passabler Weinkarte. Das von einem Pärchen geführte Bistro-Restaurant wartet mit großer Auswahl und einem guten Preis-Leistungs-Verhältnis auf. 1 Upper Clwyd Street, ✆ 01824-707736, www.onthehillrestaurant.co.uk.

Ruthin Castle, es muss nicht gleich das mittelalterliche Bankett sein, das Gruppen hier buchen können. In nobel-adligem Ambiente kann man sich im preisgekrönten Restaurant oder an der Library-Bar verköstigen. ✆ 01824-702664, www.ruthincastle.co.uk.

Holywell (Treffynnon)

Das „Lourdes von Wales" liegt 30 km nördlich von Ruthin an der Mündung des Dee-Flusses. Seit dem 13. Jahrhundert pilgern Gläubige hierher. Der Name des Ortes leitet sich von seinem Hauptanziehungspunkt ab – St Winefride's Holy Well.

St Winefride's Holy Well: Die Quelle der heiligen Winefride ist seit alters her ein heiliger Ort – Winefride lebte im 7. Jahrhundert. Das Wasser soll an der Stelle aus dem Boden hervorgesprudelt sein, wo ihr von einem Feind abgeschlagener Kopf zu Boden fiel. Winefrides Onkel, der heilige Beuno, erweckte sie daraufhin mit Gebeten und dem Wasser wieder zum Leben. Seither ist der Ort eine Pilgerstätte, dem Wasser wird heilende Wirkung nachgesagt. Nicht ganz in die Legende passt da die Tatsache, dass die Quelle schon zur Römerzeit bekannt war und die Römer sich hier gegen Rheuma und anderes Weh mit dem Wasser kuriert haben sollen. Im Lauf der Zeit entstand auf dem Gelände rund um den Schrein der Heiligen ein ganzer Gebäudekomplex mitsamt Kapelle, Museum und Bibliothek; heute ist Winefride's Holy Well eine der am häufigsten besuchten heiligen Stätten in Großbritannien. St Winefride's Day wird am Sonntag vor dem 22. Juni gefeiert.
April–Sept. tägl. 9–17 Uhr, Okt.–März tägl. 10–16 Uhr. Museum: April–Sept. Mi, Sa, So 12–17 Uhr. Erw. 80 p, Kind 20 p. Etwa 500 m nördlich der Innenstadt. ✆ 01352-713054, www.saintwinefrideswell.com.

Basingwerk Abbey: Das 1131 gegründete Zisterzienserkloster war bis zu seiner Auflösung 1536 über mehr als vier Jahrhunderte ein spiritueller Ort. Besonders viel ist von der einst beeindruckenden Anlage heute nicht mehr zu sehen.
Tägl. 9–16 Uhr. Eintritt frei. 1,6 km nordöstlich von Holywell. www.cadw.gov.wales.

Llangollen

Der romantisch im Tal des Dee-Flusses (Dyfrdwy) gelegene Ort ist ein touristisches Kleinod, Llangollen ist seit alters her auch verkehrstechnisch von Bedeutung: Die Stadt liegt an einer wichtigen Flussquerung, die berühmte **Dee Bridge** wurde bereits 1345 gebaut. Auch die Hauptverbindungstrecke London – Holyhead führt durch den Ort, ebenso fließt der **Llangollen Canal** hier hindurch.

Plas Newydd: Das recht skurrile Haus im gotischen Stil machte durch zwei aristokratische Bewohnerinnen von sich reden. Eleanor Butler und Sarah Ponsonby kamen Ende des 18. Jahrhunderts von Irland hierher und lebten als lesbisches Pärchen fast 50 Jahre zusammen. Die „Ladies of Llangollen" wurden allmählich bekannt,

Plas Newydd war die Heimat der berühmten „Ladies of Llangollen"

bekamen viel Besuch von Berühmtheiten und hatten viel Zeit, ihr eigentümliches Haus auszubauen. Und das ist absolut sehenswert.

April–Sept. Mo–So 10–17 Uhr, Di geschlossen. Erw. 6 £, erm. 5 £. Hill Street, ☎ 01978-862834, www.denbighshire.gov.uk.

International Eisteddfod: Alljährlich in der ersten oder zweiten Juliwoche wird in Llangollen das internationale Eisteddfod (Eisteddfod Rhyngwladol) begangen. Dann strömen 120.000 Besucher in die 3000 Einwohner zählende Stadt. Begleitet wird das Musik-, Tanz- und Literaturfestival von Ausstellungen, Ständen und Schaustellerbuden. Im Gegensatz zum National Eisteddfod findet das Festival immer in Llangollen statt und ist, wie der Name sagt, eine weltumspannende Veranstaltung.

Tickets unter ☎ 01978-862001, www.international-eisteddfod.co.uk.

Llangollen Railway: Über rund 12 km schlängelt sich die Eisenbahn flussaufwärts am Dee-Fluss entlang bis zum Dorf Carrog. Bei der Llangollen Railway handelt es sich um die längste Normalspur-Museumsbahn in Wales. Auf der Route durch das malerische Tal bleibt die Eisenbahn fast immer parallel zum Fluss.

Regelmäßig Fahrten von April bis Okt. Hin- und Rückfahrt ca. 1½ Std. Erw. 15 £, Senior 13,50 £, Kind 8 £. Bahnhof zwischen Dee Bridge und Abbey Road (A 542). ☎ 01978-860979, www.llangollen-railway.co.uk.

Information Touristinformation in Y Capel an der Castle Street. Ostern bis Okt. tägl. 9.30–17.30 Uhr. Nov. bis Ostern 9.30–17 Uhr. ☎ 01978-860828, llangollen@nwtic.com.

Hin und weg Bus: Busbahnhof in der Parade Street. Verbindung nach Bala (1 Std.), Betws-y-Coed (1¼ Std.), Birmingham (2½ Std.), Chirk (12 Min.), Dolgellau (2 Std.), London (5½ Std.), Wrexham (30 Min.).

Bahn: Der nächste Bahnhof befindet sich in Ruabon bzw. Chirk 10 km östlich.

Übernachten Cornerstones, freundliches, familiäres Gästehaus mit gutem Frühstück. Das sehr gut bewertete B & B bietet historisches, luxuriöses Ambiente, den Blick auf den Dee gibt's kostenlos obendrauf. DZ ab 100 £. 15 Bridge Street, ✆ 01978-861569, www.cornerstones-guesthouse.co.uk.

Llangollen Hostel, modernes Hostel mit 8 Zimmern (vorwiegend 4–6 Betten) und geräumiger Lounge. Dazu gibt es eine große Küche, Wasch- und Trockenraum sowie kostenloses Internet. Bett ab 18 £, DZ ab 45 £, jeweils inkl. Frühstück. Berwyn Street, ✆ 01978-861773, www.llangollenhostel.co.uk.

Camping Tower Farm, kleiner, schöner Platz in der Nähe von Dinas Bran im Vale of Llangollen; ca. 10 Min. Fußweg nach Llangollen. Einfache Ausstattung. Zelt 6 £/Pers., Kind 3 £, Wohnmobil ab 17 £. Tower Road, ✆ 07971-340559 (mobil, tagsüber) oder ✆ 01978-860029 (abends), www.towerfarmholidays.co.uk.

Essen & Trinken Corn Mill, Bistropub im Zentrum von Llangollen, in einer ehemaligen Mühle direkt am Fluss. Drinnen dreht sich das Wasserrad unter alten Deckenbalken. Hier kann man Kaffee trinken, die Sonne genießen und gut und nicht zu teuer essen. Dee Lane, ✆ 01978-869555, www.brunningandprice.co.uk/cornmill.

Gales Wine Bar, schlicht gehaltene Bar mit viel Holz und großer Weinkarte. Das Menü orientiert sich an der einfachen, leichteren Hausmannskost. 18 Bridge Street, ✆ 01978-860089, www.galesofllangollen.co.uk.

Umgebung von Llangollen

Valle Crucis Abbey: Die Lage kann man nur als magisch beschreiben – das abgelegene Glyn y Groes (Tal des Kreuzes) nördlich von Llangollen ist für ein Kloster einfach perfekt. Das Zisterzienserkloster (Baubeginn 1201) galt im 16. Jahrhundert als das reichste nach Tintern Abbey – und zählt heute zu den besterhaltenen in ganz Wales. Sogar die Fischteiche existieren noch. Doch aller Reichtum nützte wenig, denn im Zuge der Reformation wurde es 1537 aufgelöst. Im weißgetünchten *Summerhouse Interpretation Centre* ist heute eine informative Ausstellung über das Leben im Kloster um das Jahr 1400 zu sehen.
April–Okt. tägl. 10–17 Uhr. Nov.–März tägl. 10–16 Uhr. Erw. 3,50 £, erm. 2,65 £. 3 km nördl. von Llangollen an der A 542. ✆ 01978-860326, www.cadw.gov.wales.

Llangollen Canal: Der Kanal ist eine der schönsten Wasserstraßen in Großbritannien. 66 km schlängelt er sich von den Horseshoe Falls in Llangollen am Dee-Fluss entlang über Chirk, wo er Wales verlässt und in einem langen Bogen nach Norden bis zum Shropshire Union Canal fließt. Dabei führt er durch eindrucksvolle Landschaften – von den bergigen Ausläufern Snowdonias über Wälder und Auenlandschaften bis ins einsame englische Weideland. Der 18 km lange Abschnitt von Llangollen bis Chirk ist eine ingenieurstechnische Meisterleistung – und UNESCO-Weltkulturerbe. Das von Thomas Telford 1805 erbaute *Pontcysyllte Aqueduct* war einst die höchste Kanalbrücke der Welt. Wer mit dem Hausboot oder zu Fuß die schmale, 307 m lange Passage überquert, kann fast 40 Meter über dem Boden schon Höhenangst bekommen. Bei Chirk führt der Canal u. a. durch einen Tunnel. Hier befindet sich auch das *Chirk Aqueduct*. Direkt daneben verläuft das Viadukt, auf dem die Eisenbahn das Tal überquert. In dem Ort an der englischen Grenze steht mit *Chirk Castle* auch eine sehenswerte Burg.
www.pontcysyllte-aqueduct.co.uk. Für Buchung & Reiseplanung www.canaljunction.com.

Dinas Brân: 2 km im Nordosten von Llangollen finden sich hoch über dem Tal die Überreste dieser eisenzeitlichen Festung. Im Mittelalter stand hier eine mächtige walisische Burg. Allerdings wurde sie nur von 1260 bis 1277 genutzt und dann verlassen. Von hier aus bieten sich spektakuläre Aussichten – das ist auch der Hauptgrund, sich hier den Berg hinaufzuquälen.

Im Wanderparadies Wales warten Tausende Kilometer Wanderwege

Wanderung 1	Rund um Carreg Cennen	→ S. 354
Wanderung 2	Zum prähistorischen Fort Garn Goch	→ S. 355
Wanderung 3	An der Nordküste von Caerhafod nach Abereiddy	→ S. 357
Wanderung 4	Auf den Pen y Fan, den höchsten Berg der Brecon Beacons	→ S. 358
Wanderung 5	Rund um Llanthony Priory	→ S. 360
Wanderung 6	Steil über den Minffordd Path auf den Penygadair	→ S. 362

Kleiner Wanderführer

Wanderung 7	Klassischer Aufstieg über den Pony Path auf den Penygadair	→ S. 364
Wanderung 8	An der Mündung des Mawddach-Flusses	→ S. 366
Wanderung 9	Von Nantmor durch das Aberglaslyn Valley	→ S. 368
Wanderung 10	Von Rhyd Ddu auf den Mount Snowdon	→ S. 369
Abstiegsvariante: Über den Watkin Path zurück nach Rhyd Ddu		→ S. 370

Kleiner Wanderführer für Wales

Wales ist ein höchst abwechslungsreiches und beliebtes Wanderziel. Mit seinen herrlichen Nationalparks und Gebirgszügen, den langen Küstenabschnitten, malerischen Flusslandschaften und vielen einsamen Gegenden bietet das Land sowohl einfach zu gehende Touren als auch Gelegenheit zu anspruchsvollen Unternehmungen mit alpinem Charakter.

Eine vorbildliche Ausschilderung wie etwa in den Alpen sucht man in Wales allerdings oft vergeblich – die Markierung der Wege lässt teilweise sehr zu wünschen übrig. Bei vielen Touren ist das aber kein Problem. Es gibt übersichtliche Wanderungen wie etwa den Aufstieg zum Pen y Fan (Wanderung 4), die Tour am Mündungsbereich des Mawddach-Flusses (Wanderung 8) oder den Rundweg um die Burganlage Carreg

Cennen (Wanderung 1), wo die spärliche Beschilderung nicht weiter stört, da der Weg auch so leicht zu finden ist. Die Fernwanderwege, die sog. **National Trails** wie Pembrokeshire Coast Path, Offa's Dyke Path oder Glyndŵr's Way sind dagegen meist gut markiert (siehe auch www.nationaltrail.co.uk); ihr Symbol ist eine Eichel.

Der **Pembroke Coast Path** etwa verläuft fast ausschließlich innerhalb des Pembrokeshire-Coast-Nationalparks und ist entweder mit der Eichel markiert oder durch Schilder mit grünem Kreis und einem gelben Pfeil darin, manchmal zusätzlich mit einem Männchen; oft gibt es nur Richtungsangaben, fast immer kann man sich an der Küstenlinie orientieren. Auf der Nationalpark-Website www.pcnpa.org.uk findet man Karten und Beschreibungen zu den einzelnen Abschnitten als PDFs zum Ausdrucken.

Aberglaslyn Valley bei Beddgelert

In **Snowdonia** macht die mangelnde Beschilderung die Sache komplizierter. Immerhin: Bei gutem Wetter sind die Wege in den Graslandabschnitten weithin sichtbar (es sei denn, es liegt Schnee). Oft gibt es Cairns (Steinhaufen) zur Markierung des Wegverlaufs. Bei vielen Wegen wird aber auch nur die Richtung zum nächsten wichtigen Punkt angegeben. Kompensiert wird der Mangel an Markierungen in gewisser Weise durch die ausgezeichnete Website, auf der man Routenbeschreibungen und Karten erhält – unter www.eryri-npa.gov.uk werden sogar Videos und Routenanimationen angeboten. Bei von Kommunen unterhaltenen Wanderwegen ist die Markierung bzw. Beschilderung oft ganz spärlich. Hier können die Touristinformationen hilfreiche Anlaufstationen sein, denn sie haben häufig Material vorrätig.

Die in diesem Buch aufgeführten Touren in den **Brecon Beacons** sind gar nicht bis sehr sporadisch markiert. Die kahle Landschaft erleichtert allerdings die Orientierung, denn die Wege lassen sich hier sehr gut ausmachen (siehe auch www.breconbeacons.org).

In Zweifelsfällen sind neben den GPS-basierten Wanderkartenskizzen für die hier vorgestellten Touren amtliche Wanderkarten oder Ortskundige hilfreich; Erfahrung im Umgang mit einem Kompass erhöht den Nutzen des Kartenmaterials ungemein.

Wanderkarten Hinweise auf geeignete Karten finden Sie bei den einzelnen Wanderungen (sofern Mitnahme empfehlenswert bzw. erforderlich).

Wanderführer Der britische Verlag Cicerone hat zwei gute Bände zu „Hillwalking in Wales" sowie zahlreiche regionale Wanderführer. Ebenfalls empfehlenswert ist der Wales-Wanderführer von Rother.

Wanderausrüstung Knöchelhohe Wanderschuhe sowie ausreichend Wasser und Proviant sind Pflicht; und da das Wetter – vor allem im Gebirge – jederzeit umschlagen kann, sollte man immer Regenjacke und lange Hose dabeihaben; ggf. auch einen Kompass.

Wanderwetter Vor Abmarsch unbedingt über das Wetter informieren; aktuelle Daten gibt es z. B. unter ✆ 0370-9000100 oder ✆ 01392-885680, www.metoffice.gov.uk.

Wanderung 1: Rund um Carreg Cennen

Charakteristik: Einfache Rundwanderung; Abstieg zum Fluss auf einem hügeligen Trampelpfad, dann am Fluss entlang durch Wäldchen und Grasland, anschließend ein längerer Straßenabschnitt und ein Stück über eine Viehweide. **Länge/Dauer**: etwa 2,7 km, reine Gehzeit ca. 1 Std. **Einkehr**: Café im CADW-Haus am Parkplatz. **Ausgangs-/Endpunkt**: Parkplatz am CADW-Haus, Carreg Cennen Farm (→ S. 177).

Wegbeschreibung: Vor der Carreg Cennen Farm befindet sich ein Parkplatz **1**. Von dort führt ein Weg an lesenswerten Infotafeln vorbei zu den eigentlichen Farmgebäuden und dem CADW-Haus auf der rechten Seite. Der Aufstieg zur Burg erfolgt auf einem gut sichtbaren Pfad. Oben am Tickethäuschen **2** führt der Weg nach rechts zur Burg, der Wanderweg geht jedoch links ab. Hier steht auch eine Informationstafel, auf der einige der Pfade eingezeichnet sind.

Carreg Cennen

Nach dem Abstieg durch Waldland erreicht man am Fuß des Berges eine Brücke **3** über den Fluss. Ohne sie zu überqueren, biegt man rechts ab und läuft entlang des Flusses durch Wiesen und lichte Wäldchen an einigen Picknickstellen vorbei. Zur Rechten erhebt sich spektakulär Carreg Cennen Castle. Auf halbem Weg erreicht man eine kleine asphaltierte Straße. Hinter der Pantyffyr Farm biegt sie scharf rechts ab und führt zum Parkplatz zurück.

Um nicht die ganze Zeit auf der Straße zu wandern, biegt man in Sichtweite des CADW-Hauses an einem Schild **4** nach rechts auf ein Weidegrundstück ab. Über die Weide geht man links von dem sie teilenden Zaun auf das Haus zu. Wenn sich

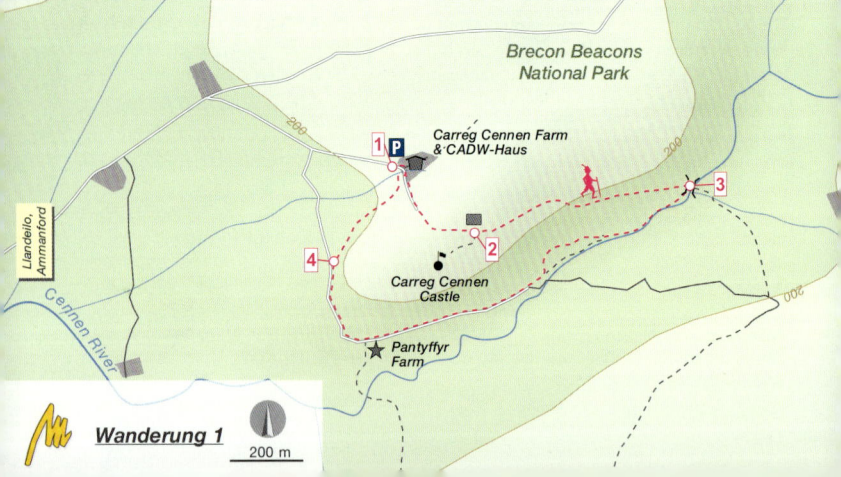

Tiere darauf befinden – meist sind es seltene Hausrindrassen – sollte man ausreichend Abstand halten. Die Tiere sind vor allem während der Kälberzeit etwas nervös, aber eigentlich nicht gefährlich – vielleicht manchmal neugierig. Sie sind Menschen gewöhnt, und die Weide ist groß genug, um die Tiere weiträumig umgehen zu können. Das Tor zurück zum CADW-Haus befindet sich auf der linken Seite des Gebäudes. Von hier sind es nur noch ein paar Meter bis zum Parkplatz **1**.

Wanderung 2: Zum prähistorischen Fort Garn Goch

Charakteristik: Insgesamt recht leichte, streckenweise aber anspruchsvolle Rundwanderung ohne größere An- und Abstiege. Gutes Schuhwerk ist auf den größtenteils unbefestigten Wegen mit steinigen und feuchten Abschnitten empfehlenswert. Kurze Strecken auf Straßen. Kaum Markierungen, aber einfache Orientierung. **Länge/Dauer**: etwa 4,5 km, reine Gehzeit ca. 1:30 Std. **Einkehr**: keine Möglichkeit in der Nähe; der nächste größere Ort ist das 8 km entfernte Llandeilo. **Karten**: OS Landranger Maps 159 und 160; OS Explorer Map 12. Die Brecon-Beacons-Nationalparkverwaltung hat auch eine Broschüre. **Ausgangs-/Endpunkt**: Parkplatz am Fort Garn Goch (→ S. 178), ab Bethlehem ausgeschildert.

Wegbeschreibung: Vom Parkplatz **1** direkt beim Fort führt hinter einer Informationstafel ein gut sichtbarer Pfad an einem Gedenkstein für Gwynfor Evans, einem walisischen Politiker des 20. Jahrhunderts, vorbei. Wir erreichen nun den ersten Teil der Anlage, **Y Gaer Fach** (das kleine Fort). Die Umrisse der beiden Garn-Goch-Forts sind durch große Steinhaufen markiert. Der Weg führt auf dem Bergplateau entlang und durch eine Senke, die die beiden Forts voneinander trennt. Eine Auslassung in der hier bis zu 3 m hohen Mauer bildet das Eingangstor zu **Y Gaer Fawr**

Historische Wanderroute über dem Tywi Valley

2, dem großen Fort. Es folgt ein steiniger Abschnitt, der längs durch die Befestigungsanlage führt und ihre Dimensionen erahnen lässt. Der flache Bergrücken ist übrigens nicht ganz natürlich: Unmengen von Steinen wurden herbeigeschleppt, um ihn abzuflachen. Hier oben befindet sich auch ein mehr oder weniger erkennbarer Burial Cairn.

Über das Steinfeld verlassen wir das Fort durch das Osttor **3** und gehen weiter geradeaus den Hang hinunter. Der schwer auszumachende Pfad durch Gestrüpp, Farne und Feuchtwiese endet auf einer Straße **4**. Einige Meter die Straße hinauf in Richtung Tywi Valley bieten sich von einer Anhöhe **5** aus **schöne Ausblicke** auf das Flusstal.

Anschließend gehen wir auf der Straße wieder zurück und laufen auf ihr weiter hinunter, bis wir unten zu einem Schild „Brecon Beacons Way" **6** kommen, das hinauf zum Fort weist. Diesem Weg folgen wir kurz. An der ersten Gabelung biegen wir nach links und wandern unterhalb von Garn Goch entlang zurück in Richtung Parkplatz. Der Querfeldein-Weg hier ist etwas kompliziert, feucht und voller großer Steine. **Alternative:** Wer dieses Wegstück auslassen möchte, läuft an der Gabelung den Weg einfach weiter, gelangt wieder auf den Garn Goch und kann oben den Hinweg zurück zum Parkplatz nehmen.

Alle anderen orientieren sich an der Crug Glas Farm, der Mauer und dem Weidezaun und bleiben immer rechts davon. Nach einer Weile erreichen wir an der **Crug Glas Farm** **7** eine Straße. Diese führt uns direkt zurück zum Parkplatz **1**.

Wanderung 3:
An der Nordküste von Caerhafod nach Abereiddy

Charakteristik: Leichte Streckenwanderung auf dem Pembrokeshire Coast Path, die an der Steilküste direkt am Meer entlangführt; spektakuläre Ausblicke. Größtenteils Feld- und Wanderwege, kaum Steigungen. **Länge/Dauer:** einfache Strecke ca. 6,6 km, reine Gehzeit ca. 2 Std. **Parken:** Von Llanrhian kommend, liegt kurz vor Trefin an der Bucht ein öffentlicher Parkplatz, nur eine kurze Strecke hinter der Swyn Y Don Farm. Oder aber man beginnt die Tour in Abereiddy, stellt das Auto auf dem großen Parkplatz am Meer ab, wandert in Richtung Trefin und nimmt dann den Bus zurück nach Abereiddy. **Einkehr:** The Sloop Inn und The Shed, beide in Porthgain. **Karte:** OS Explorer Map OL 35. **Ausgangspunkt:** Parkplatz in Trefin, wenige Kilometer östlich von Porthgain (→ S. 203). **Endpunkt:** Abereiddy.

Wegbeschreibung: Vom Parkplatz **1** an der Bucht geht man 250 Meter die Straße in Richtung Westen/Caerhafod Lodge – bis zur Swyn Y Don Farm (eines der Gebäude hat ein halbrundes Dach).

Direkt davor weist ein Wegweiser **2** an die Küste. Dort biegen wir nach rechts ab und haben die Küste nun rechter Hand. Der **Pembrokeshire Coast Path** führt immer an der malerischen Steilküste entlang, über Weiden und durch Weidetore hindurch. Nach etwa 30 Minuten steigen wir hinunter zum **Hafen von Porthgain 3**. Hier lädt der tolle Sloop-Inn-Pub zur Einkehr ein, gut essen kann man auch im Shed.

Auf der anderen Seite, rechts der Ruinen, führt eine Treppe von der Mole wieder hinauf an die Steilküste. Auch hier findet man Überreste der Schiefer-, Stein- und Ziegelindustrie. Gleich oberhalb von Porthgain, links des Wanderwegs, zeugt ein

Der Hafen von Porthgain

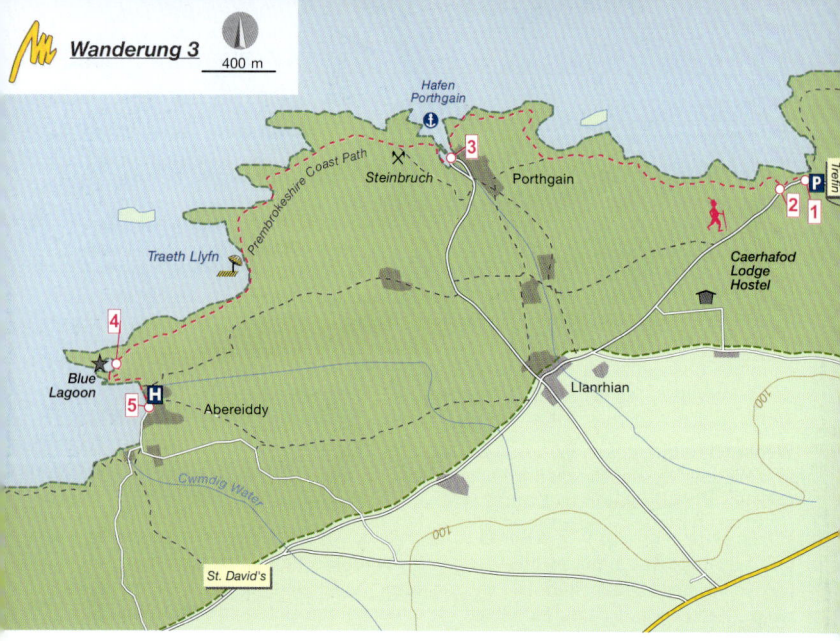

großes Loch, ein ehemaliger Steinbruch, von früheren Aktivitäten. Wir wandern immer weiter an der Küste entlang. An einem scharfen Linksknick wird der Turm von Abereiddy sichtbar. Eine kleine Treppe führt von den dramatischen Klippen hinunter zum kleinen Strand **Traeth Llyfn**. Bei Flut steht er vollständig unter Wasser – zum Baden ist es dann zu gefährlich, doch bei Ebbe ist es hier ruhig und schön.

Kurz darauf erreichen wir den kleinen Abstiegsweg zur **Blue Lagoon** 4, eine geflutete Schiefermine. Mit den Überresten der Gebäude des Steinbruchs und der Arbeiterhäuser verströmt die Lagune eine besondere Atmosphäre. Man sollte vorsichtig sein, besonders wenn man sich das Areal von oben genauer ansehen möchte. Die Wände fallen hier sehr steil ab und der Schiefer ist lose. 2012 fanden hier übrigens die „Red Bull Cliff Diving World Series" statt.

Unmittelbar hinter der Lagune liegt bereits **Abereiddy** 5, das Ziel der Wanderung. Um zum Ausgangspunkt zurückzukehren, geht man entweder wieder auf derselben Route zurück, oder man nimmt den Bus. Die Bushaltestelle befindet sich am Rand des Parkplatzes.

Wanderung 4: Auf den Pen y Fan, den höchsten Berg der Brecon Beacons

Charakteristik: Durch die Länge sowie die vielen Auf- und Abstiege mittelschwere Rundtour. Die Wanderung ist so beliebt, dass man sich auf den breiten Pfaden kaum verlaufen kann. Teilweise gepflasterte Abschnitte, was das Gehen eher erschwert. Abstieg über weichere, teils grasbewachsene Erdpfade. **Länge/Dauer**: etwa 7,5 km, reine Gehzeit ca. 2:30 Std. **Einkehr**: In der Hochsaison Imbissbuden am Parkplatz und am Storey Arms Hotel. **Karten**: OS Explorer Map OL 12; OS Landranger Map 160. **Ausgangs-/Endpunkt**: Großer Parkplatz am Brecons Way südlich des Storey Arms Centre an der A 470 (→ S. 216), nahe Brecon.

Wegbeschreibung: Vom Parkplatz **1** aus wandern wir in südliche Richtung; ein breiter Weg führt hier ein kleines Stück durch den Forst. Unmittelbar dahinter überqueren wir einen Fluss **2** – entweder auf der Brücke oder durch die Furt. Von hier aus ist der breite, gepflasterte Weg bis weit nach oben sichtbar. Nach etwa 40 Minuten erreichen wir das Plateau des **Corn Du** **3** – von hier sind es noch 15 Minuten Richtung Osten über einen Grat bis zum **Pen y Fan**, der mit einem **Gipfelstein** **4** markiert ist.

Über diesen Grat steigt man auch wieder zum Plateau ab. Der Abstieg ist von hier aus nicht ganz leicht zu entdecken – hat man ihn allerdings gefunden und

Gipfelstein auf dem Pen y Fan

lässt die wenigen Meter Steinfeld hinter sich, ist der Weg im baumlosen Grasland wieder deutlich sichtbar. Spektakulär geht es nun am Grat entlang hinunter ins Tal. Hinter einem kleinen Bach **5** geht es noch einmal ein Stück den Hang hinauf. Das ist dann auch der letzte Anstieg der Tour.

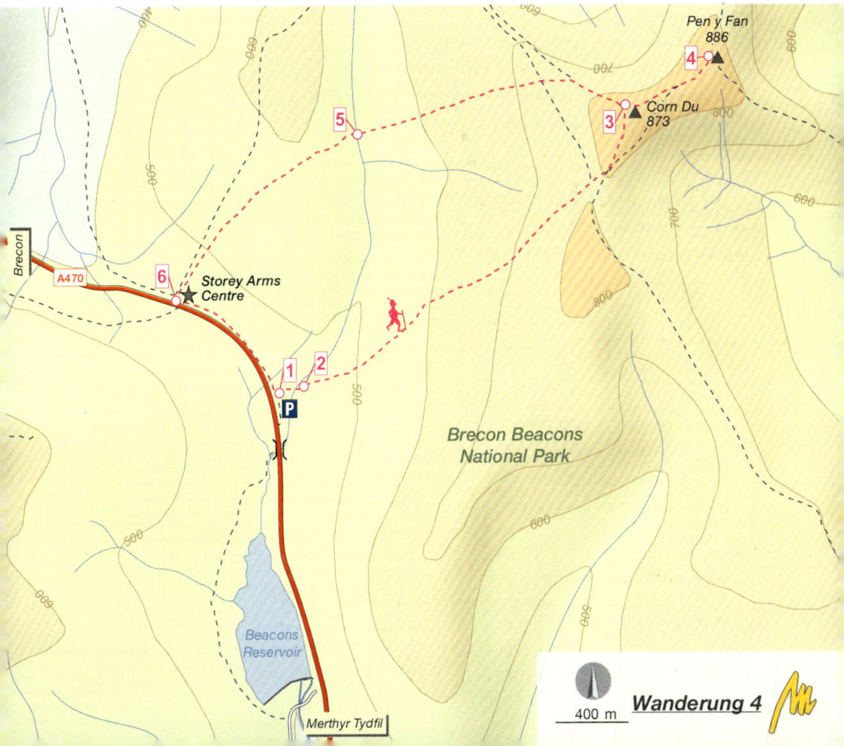

An der Straße am **Storey Arms Centre** 6 biegen wir an der roten Telefonzelle nach links und gehen an der A 470 entlang die knapp 600 m zum Parkplatz 1 zurück.

Wanderung 5: Rund um Llanthony Priory

Charakteristik: Mittelschwere Rundtour mit einem steilen An- und einem gemäßigten Abstieg, teilweise auf Wanderwegen, einige Abschnitte aber auch querfeldein. Unmarkiert, aber keine allzu schwierige Orientierung. Vom Kloster aus kann man die Route vor dem Loswandern gut studieren. **Länge/Dauer**: etwa 6,5 km, reine Gehzeit ca. 2:15 Std. **Einkehr**: Llanthony Priory Hotel, Halfmoon Hotel. **Karte**: OS Landranger Map 161. **Ausgangs-/Endpunkt**: Llanthony Priory (→ S. 230).

Wegbeschreibung: Die Wanderung beginnt direkt vor dem Haupttor des **Klosters Llanthony Priory** 1. Wir wenden uns nach links und gehen hinter einem Parkplatz durch ein Weidetor 2. Der Weg führt am Llanthony Priory Hotel vorbei über Weiden. Nach 5 Minuten überqueren wir an einem Wegweiser einen Bach 3 und halten auf die vor uns liegende Bergkuppe zu.

Auf dem Weg dorthin muss man durch weitere Weidetore hindurch oder darüber hinwegklettern. Man kann sich für den Aufstieg einfach an der Topografie orientie-

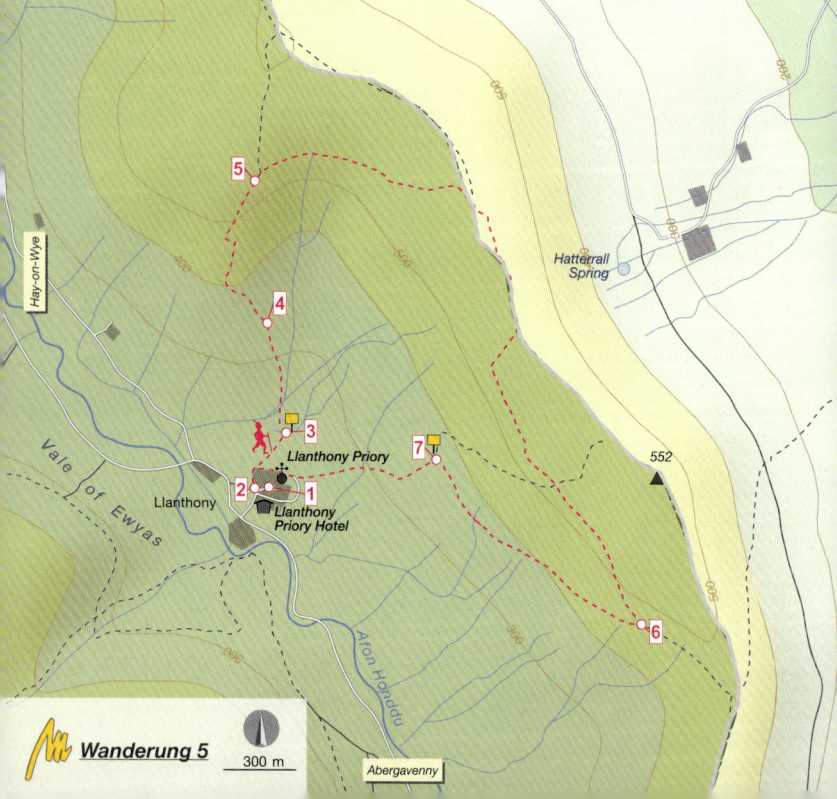

Llanthony Priory

ren: Das Cwm-Siarpal-Tal schneidet den v-förmigen Bergrücken etwa in der Mitte ein – dort ist der Pfad. So gelangt man zwangsläufig auf den zum Berggipfel führenden Weg. Dieser Abschnitt ist der steilste und somit schwierigste. Schon bevor man ganz oben angekommen ist **4**, sollte man die **Aussicht** genießen – man kann dem Pfad zwar weiter bis ganz hinauf zum kreuzenden Offa's Dyke Path folgen, aber von dort ist das Panorama bei Weitem nicht so schön.

Die Aussicht nach Llanthony und ins Vale of Ewyas ist atemberaubend, daher wandern wir nach rechts und am **Bergrücken** entlang. Hier oben gibt es nur kleinere Pfade, mitunter sind die Wege feucht und zugewachsen. Allzu schwierig ist das Terrain jedoch nicht, die Orientierung fällt leicht. In der Mitte des Bergrückens verläuft der an dieser Stelle recht breite **Offa's Dyke Path,** der die Grenze zwischen Wales und England markiert. Man kann also nach Belieben zwischen dem Panoramablick nach Wales oder dem nach England hin und her wechseln.

Bei **5** kehren wir auf die walisische Seite zurück. Vom Bergrücken aus ist der Abstiegsweg kaum zu erkennen. Ein kleiner Pfad **6** trifft spitz von links unten auf den Offa's Dyke Path. Dies ist der Abstiegspfad zur Llanthony Priory, dem man nach rechts folgt. Orientieren kann man sich an einer Natursteinmauer, die rechter Hand über etwa 200 m parallel zum Abstiegsweg verläuft. Achtung: Sobald die Mauer direkt am Offa's Dyke Path entlangführt, ist man etwas zu weit gegangen.

Der teilweise steinige Weg geht unten in einen Schotterweg über. Ein Schild weist schließlich die Richtung zurück zum Kloster – hier biegen wir nach links ab **7** (man kommt auch zur Priory zurück, wenn man einfach weiter geradeaus an einer Farm vorbeigeht). Über Felder und durch Wäldchen gelangen wir schließlich wieder zum Kloster **1**.

Wanderung 6:
Steil über den Minffordd Path auf den Penygadair

Charakteristik: Mittelschwere bis schwere Bergtour. Sie ist der kürzeste Weg zum höchsten Gipfel des Cadair-Idris-Massivs und damit auch der mit den steilsten Auf- und Abstiegen. Die Tour führt über unbefestigte Wege und streckenweise Geröllfelder, ist nicht ausgeschildert, sondern nur abschnittsweise mit Cairns markiert. Die dadurch teils schwierige Orientierung und die Witterungsverhältnisse im Gebirge erfordern gute Kenntnisse im Kartenlesen und einen sicheren Umgang mit dem Kompass. Belohnt wird die Mühe mit spektakulären Landschaften und Panoramablicken. **Länge/Dauer:** hin und zurück etwa 10 km, reine Gehzeit ca. 5 Std. **Einkehr:** Minffordd Hotel (☎ 01654-761665, www.minffordd.com). **Karten:** OS Explorer Map OL 23; OS Landranger Map 124; Harvey: Snowdonia – The Glyderau and the Carneddau; British Mountain Maps Eryri/Snowdonia. **Ausgangs-/Endpunkt:** Minffordd Car Park (4 £/Tag) bei Minffordd (→ S. 284).

Wegbeschreibung: Am Ende des Parkplatzes **1** geht es durch ein Tor, dann folgen wir dem ausgewiesenen Weg vorbei an einem Teich und entlang einer Allee. Er führt im ersten Abschnitt steil den Hang hinauf durch ein Wäldchen mit uralten Bäumen – einige der Eichen sollen mehrere Tausend Jahre alt sein. An einer Gabelung **2** fast am Ende des Aufstiegs werden die Bäume weniger. Wir folgen dem Weg nach links. (Der von rechts kommende Weg wäre der Pfad, über den man bei einer Rundwanderung um den Penygadair zurückkommen würde.)

Durch ein kleines Tor in einer Bruchsteinmauer betreten wir offenes Bergland. Wir wandern nun durch das kahle **Cwm-Cau-Tal** ohne größeren Steigungen. Im grasigen Terrain ist der Weg nicht leicht zu finden. An den sumpfigen Senken halten wir

Blick vom Gipfelgrat auf den Llyn Cau

uns links. Der Weg führt bis fast an den **Llyn-Cau-See** heran. An einem großen Cairn teilt er sich. Während der Pfad geradeaus direkt zum See führt, biegen wir an dieser Gabelung 3 nach links ab. Hier geht es über Steinstufen wieder steil bergauf.

> **Alternative für den Rückweg**: Statt auf dem Aufstiegsweg wieder nach unten zu gehen, kann man den Llyn-Cau-See umrunden und so einen anderen Weg zurück nach Minffordd nehmen. Da dieser Weg nicht markiert ist, sollte man sich vorher genau informieren und mit Kompass und Karte laufen.

Der Minffordd Path führt nun oben am Grat am Rande des Sees entlang, der rechts unter uns liegt und als Orientierung dient. Weiter oben haben wir nun auch Ausblicke auf die Landschaft links des Gebirgszugs. Der im Folgenden durch Cairns markierte Weg windet sich weiter hinauf. Am **Craig-Cau-Plateau** folgt ein flacherer Abschnitt. Das letzte Stück hinauf zur Spitze des Craig Cau ist steil und geröllig. Man sollte zur Steilkante rechts entsprechend Abstand halten. Nach weiteren steilen Aufstiegen durch Geröll führt rechter Hand irgendwann ein steiler Weg 4 zum See hinunter. Wir wandern aber auf dem Grat weiter.

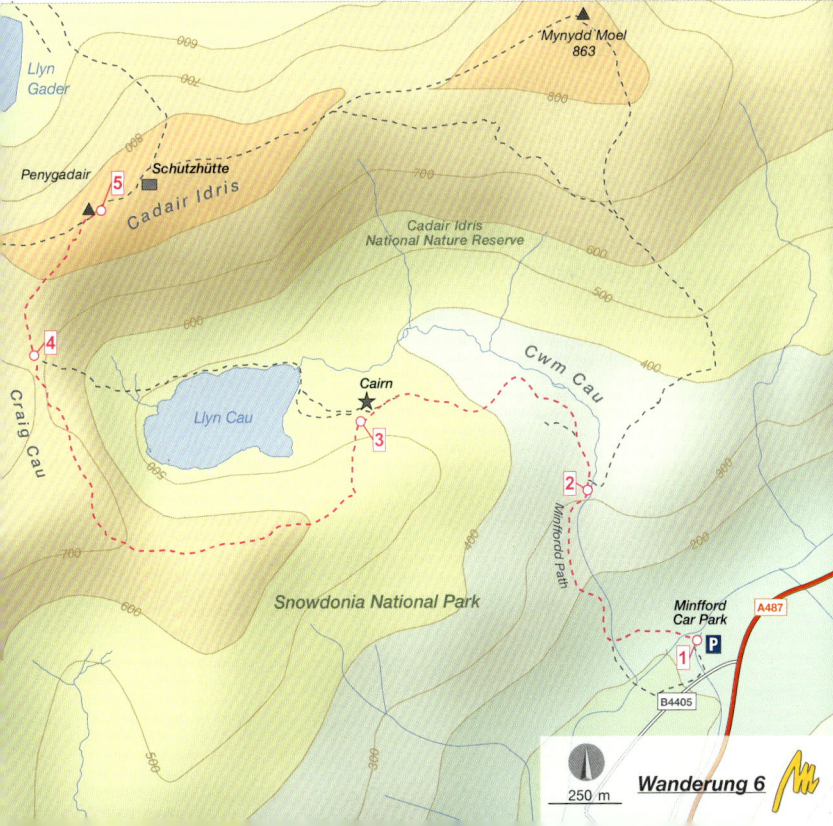

Zum letzten Mal folgt ein steiler Aufstieg durch ein stark verwittertes Geröllfeld. Am Ende schlägt der Weg noch ein paar Haken und führt schließlich in einem Bogen zum Gipfel des **Penygadair** 5. Die Spitze des Penygadair ist nicht ganz offensichtlich – hier stößt von links der Pony Path auf unseren Weg und man muss aufpassen, dass man nicht aus Versehen den Pony Path weiterwandert und sich irgendwann fragt, wann denn nun endlich der Penygadair kommt. Zur Orientierung: Der See Llyn Cau ist immer rechterhand. Und etwas unterhalb des Gipfels befindet sich eine einfache, steinerne Schutzhütte. Zurück zum Ausgangspunkt geht es auf demselben Weg.

Wanderung 7: Klassischer Aufstieg über den Pony Path auf den Penygadair

Charakteristik: Mittelschwere Bergtour mit teils schwierigen Abschnitten. Der Pony Path ist die klassische Aufstiegsroute auf das Cadair-Idris-Massiv von der Dolgellau-Flanke aus. Die pittoreske Strecke bietet schöne Ausblicke und besteht größtenteils aus moderaten Anstiegen, im unteren Teil führt sie über Weiden.

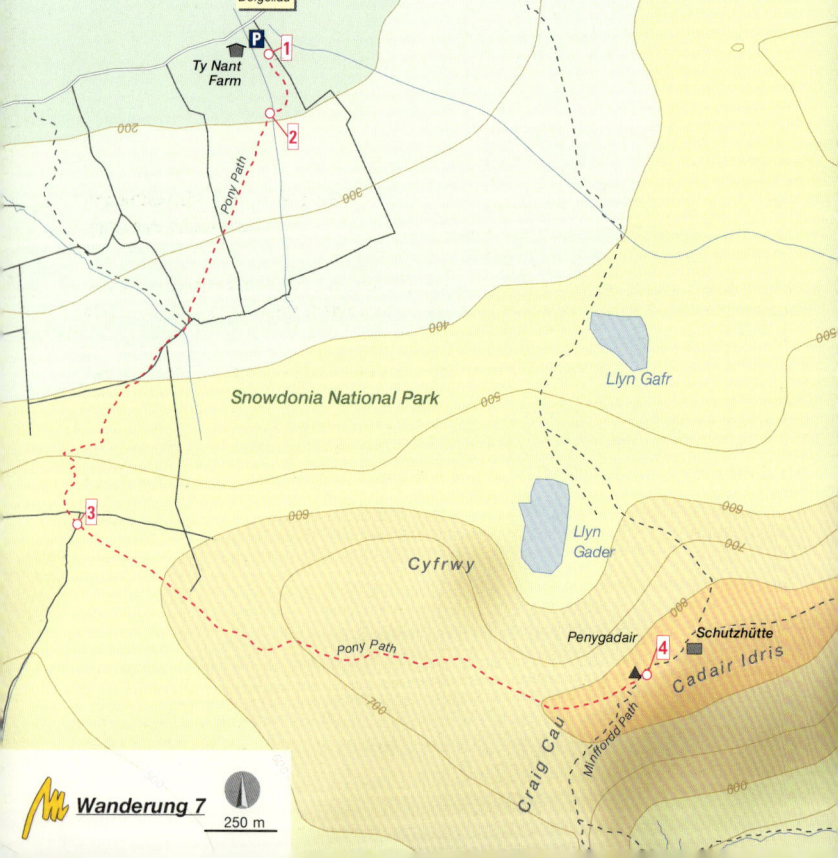

Wanderung 7

Steile Abschnitte in der Mitte der Tour beim Aufstieg auf die Hauptflanke und im Bereich des Gipfels. Insgesamt sind knapp 730 Höhenmeter zu bewältigen! Der Weg ist befestigt und abschnittsweise sogar mit Trittsteinen ausgelegt. Einfache Orientierung. **Länge/Dauer**: hin und zurück etwa 10 km, reine Gehzeit ca. 5 Std. **Einkehr**: Café bei der Tŷ Nant Farm (nur im Sommer geöffnet). Einen Kilometer weiter Richtung Dolgellau steht an einem See das Gwernan Hotel mit Bar und Restaurant (Do, Fr, Sa 12–15 und 18–21 Uhr). **Karten**: OS Explorer Map OL 23; OS Landranger Map 124. Harvey: Snowdonia – The Glyderau and the Carneddau; British Mountain Maps Eryri/Snowdonia. **Ausgangs-/Endpunkt**: Parkplatz in Pont Dyffrydan bei der Tŷ Nant Farm (Tŷ Nant Car Park, 4 £/Tag).

Bei fast alpinen Verhältnissen geht es hoch hinaus

Wegbeschreibung: Der **Pony Path** beginnt an der Tŷ Nant Farm **1** knapp 5 km südwestlich von Dolgellau. Vom Parkplatz aus gehen wir links an der Farm vorbei und sehen vor uns – von links nach rechts – den Cadair-Idris-Bergkamm mit Mynydd Moel, den Penygadair und den Cyfrwy (The Saddle). Der Weg ist offensichtlich und leicht zu verfolgen. Ein paar Meter weiter führt eine Betonbrücke über einen Bach **2**. Wir wandern durch ein kleines Wäldchen und anschließend, nach einer kleinen Steinbrücke, über einen moderat ansteigenden, mit Schieferplatten und Stufen ausgelegten Pfad durch offenes Weideland. Immer wieder muss man Weidetore in den Mauern durch- oder überqueren.

Dann beginnt der steile Aufstieg auf die Flanke des Bergmassivs. Oben angelangt, laufen einige Weidezäune aus unterschiedlichen Richtungen zusammen. Man durchquert ein Tor und steigt über eine Leiter. Der Weg macht nun eine **Biegung nach links 3** und führt auf dem Kamm weiter in Richtung Gipfel. Im weiteren Verlauf wird es steiler, der befestigte Weg wird schließlich zu einem Pfad, der durch ein **Steinfeld** führt. In diesem Abschnitt helfen Steinhaufen zur Orientierung.

Der Pfad führt nun am Rande des Kamms entlang. Links unten liegen die Seen Llyn Gader und Llyn Gafr. An auffallend geformten **Felsen**, sog. Kissenlava, gehen wir links vorbei. Nun ist es nur noch ein kurzes, steiles, knapp 250 m langes Stück bis zum Gipfel. Dieser ist auf dem sehr steinigen Abschnitt nicht so einfach auszumachen. Man muss sich jedoch nur an der Bergkante orientieren, die immer links liegt.

Kurz vor dem Ziel kommt von rechts der Minffordd Path den Berg hinauf. Geschafft! Ein großer Stein auf einem Steinhaufen markiert den 893 m hohen Gipfel des **Penygadair 4**. Bei gutem Wetter hat man weite, schöne Ausblicke auf die Bergwelt. Eine Steinhütte der Nationalparkverwaltung etwas unterhalb des Gipfels bietet Schutz bei schlechtem Wetter. Zurück geht es auf demselben Weg.

Wanderung 8:
An der Mündung des Mawddach-Flusses

Charakteristik: Moderate Rundwanderung. Da die Beschilderung mehr als dürftig ist, sollte man sich vorher in der Touristeninformation in Dolgellau erkundigen oder direkt im George III Hotel in Penmaenpool, dem Ausgangspunkt der Tour. Der Weg verläuft weitgehend auf befestigten Wegen durch Wald- und Bergland. Einige Auf- und Abstiege, am Fluss entlang vollkommen flach auf einem alten Bahndamm, der befestigt und gut zu begehen ist. **Länge/Dauer**: etwa 8,6 km, reine Gehzeit ca. 2:30 Std. **Einkehr**: Das George III Hotel in Penmaenpool hat einen tollen Pub, ein sehr gutes Restaurant und wunderbar schlafen kann man hier auch. **Karte**: OS Explorer Map OL 23. **Ausgangs-/Endpunkt**: George III Hotel, Penmaenpool (4 km westl. von Dolgellau, → S. 286).

Wegbeschreibung: Die Tour beginnt am George III Hotel ❶, das am südlichen Ufer der Mündung des **Mawddach-Flusses** an einer kleinen Zollbrücke liegt. (Hier befindet sich auch ein Parkplatz.) Oberhalb des Hotels verläuft eine Straße; in einer Maueröffnung führt eine Treppe durch einen Wald nach links den Hang hinauf. Nach einigen Minuten gehen wir durch ein Tor ❷ und ab hier nicht weiter geradeaus, sondern den Berg hinauf. Ein grüngelber Pfeil ❸ weist nach rechts auf einen Pfad durch eine Schonung weiter den Berg hoch. Oben gehen wir den Weg geradeaus. Dieser wird im weiteren Verlauf zu einer Straße und führt nun an einigen **Farmen** vorbei. Wir folgen der Straße etwa 10 Minuten und biegen bei einer Schafsfarm ❹ nach rechts auf deren Grundstück ab.

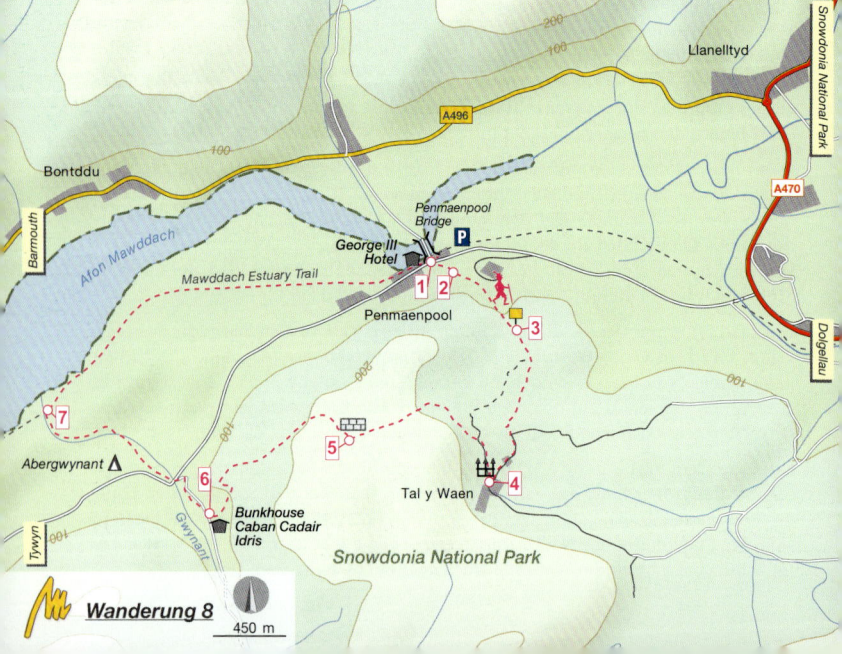

Alte Bäume an der Caban Cadair Idris

Wer sich bezüglich des Wegverlaufs unsicher ist, bekommt hier die letzte Gelegenheit, nach dem Weg zu fragen – denn nun folgt das orientierungsmäßig schwierigste Stück. Am Farmhaus vorbei führt der Weg durch mehrere Weidetore nun über Schafsweiden: In einem größeren Bogen nach links laufen wir über die Weide. An deren Ende führt eine Leiter über eine Mauer **5**. Auf der anderen Seite verläuft parallel zur Mauer ein Feldweg. Diesem folgen wir nun etwa 20 Minuten nach rechts. Immer wieder bieten sich grandiose Ausblicke über die Fluss- und Berglandschaft sowie das Meer.

Wir gehen den Weg weiter und bergab durch kahles Grasbergland, bis wir unten das Hostel **Bunkhouse Caban Cadair Idris** **6** erreichen. Unterhalb des Grundstücks führt eine asphaltierte Straße entlang. Dieser folgen wir nach rechts. Die Straße mündet nach einer scharfen Kurve in die zweispurige A 439. Auf der anderen Seite steht ein aus großen Steinen gebautes Haus. Während die Hauptstraße auf die andere Seite des Flusses führt, biegen wir vor der Brücke in die Straße Richtung Steinhaus. Den Fluss linker Hand und das Haus rechter Hand, wandern wir nun auf diesem Weg bis zum schönen **Abergwynant-Campingplatz** und einfach immer weiter am Fluss entlang.

In einem großen Bogen fließt der Fluss um einen Hügel herum, und an seiner Mündung stoßen wir auf den **Mawddach Estuary Trail** **7**, eine stillgelegte Bahntrasse, die als hervorragender Wander-, Rad- und Spazierweg dient. Wir folgen dem Trail nach rechts. Es geht ein langes, einfaches Stück immer flussaufwärts, bis wir schließlich nach etwas mehr als 30 Minuten wieder das George III Hotel **1** erreichen. Das Bier in dem urgemütlichen Pub hat man sich nun redlich verdient.

Wanderung 9:
Von Nantmor durch das Aberglaslyn Valley

Charakteristik: Einfache Streckenwanderung durch das waldige Tal des Aberglaslyn-Flusses. Bei Nantmor ein wenig steinig, im Abschnitt von Beddgelert Feldwege und befestigte Pfade. Überall entlang des Flusses findet man schöne Uferbereiche, an denen man die Füße im Wasser baumeln lassen kann. **Länge/Dauer**: einfach etwa 3,3 km, reine Gehzeit ca. 1:30 Std. **Einkehr**: In Beddgelert gibt es Cafés, Pubs und Restaurant → **Karte**: OS Explorer Map OL 13. **Ausgangspunkt**: Nantmor. Die schönste Anreisemöglichkeit ist über den Bedarfshalt Nantmor der Welsh Highland Railway; mit dem Auto über die A 4085, es gibt einen kleinen Parkplatz (4 £). **Endpunkt**: Beddgelert (→ S. 308).

Uriges Haus in Nantmor

Wegbeschreibung: Die Wanderung beginnt am Bahnhof Nantmor **1** oder bei Anreise mit dem Auto am Parkplatz **2** in Nantmoor. An dessen Ende befindet sich ein kleines Tor und dahinter ein Weg. Diesen läuft man nach links und gelangt nach einigen Metern ans Ufer des Glaslyn. Verlaufen kann man sich nicht, denn von nun an geht es immer auf dem sichtbaren Pfad am Fluss entlang. Wir passieren den Eingang einer alten **Kupfermine** **3** auf der rechten Seite. Etwas später wandern wir an der Ruine eines alten Schafstalls vorbei, wo sich Informationstafeln befinden.

Der Weg wird nun breiter und auch voller, da wir uns Beddgelert nähern und dieser Wegabschnitt somit auch in Reichweite von Spaziergängern liegt; der Weg ist hier befestigt. An einer **Brücke** **4** überqueren wir den Fluss und wandern an seinem anderen Ufer entlang. Etwas später biegt ein ausgebauter Weg nach links zu den Überresten einer Farm mit dem **Gelert's Grave** **5** ab. Dem treuen Hund Gelert, der hier seine letzte Ruhe fand, wurde auch ein Denkmal gesetzt. Mehr zum tragischen Tod des Tieres lesen Sie auf S. 308.

Vom Gelert-Grab aus führt der Weg zurück zum Aberglaslyn-Fluss, bis wir die Brücke **6** in **Beddgelert** erreichen. Auf der Straße gelangen wir an der Touristeninformation vorbei zur Beddgelert Station der Welsh Highland Railway **7**. Wer sein Auto in Nantmoor geparkt hat, kommt mit der Bahn bequem dorthin zurück.

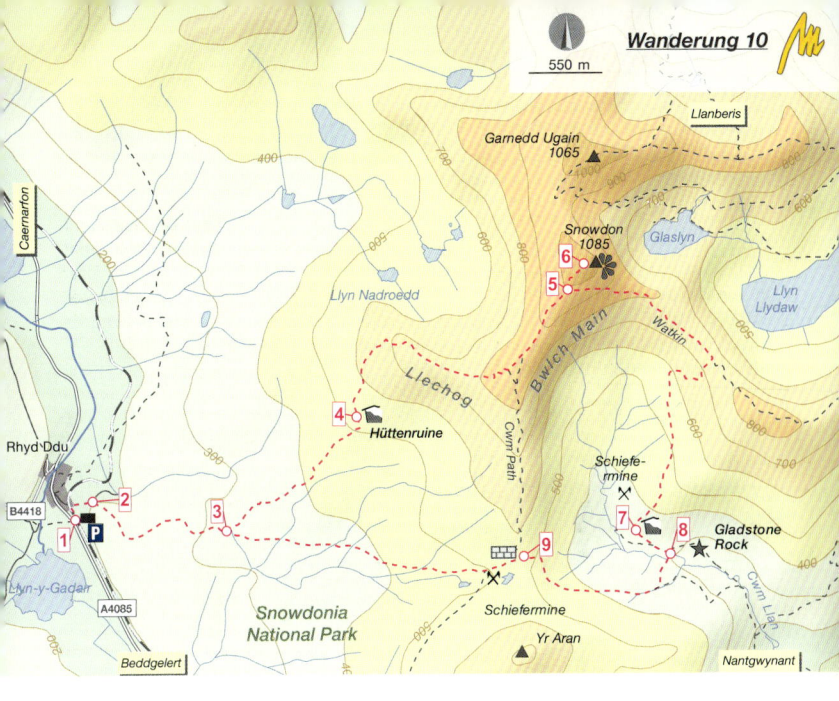

Wanderung 10:
Von Rhyd Ddu auf den Mount Snowdon

Charakteristik: Mittelschwere bis schwere Bergtour mit vielen Auf- und Abstiegen über steinige und unbefestigte Pfade. Keine Beschilderung, die Wege sind bei gutem Wetter allerdings stets sichtbar, und aufgrund der Beliebtheit des Mount Snowdon ist man fast nie allein. Dennoch unbedingt eine Karte mitnehmen. **Länge/Dauer**: hin und auf demselben Weg zurück etwa 12 km, reine Gehzeit ca. 6 Std. **Einkehr**: Auf dem Mount Snowdon gibt es eine Kantine. Viel, viel schöner ist es, nach getaner Bergtour im Tŷ Mawr in Rhyd Ddu oder im dortigen Pub einzukehren. **Karten**: OS Explorer Map OL 17; OS Landranger Map 115; Harvey: Snowdonia – The Glyderau and the Carneddau; British Mountain Maps Eryri/Snowdonia. **Ausgangs-/Endpunkt**: Parkplatz/Bahnhof in Rhyd Ddu (→ S. 309).

Wegbeschreibung: Ausgangspunkt der Tour ist der Parkplatz am Bahnhof **1** der Welsh Highland Railway in Rhyd Ddu. Am stadtnäheren Ende des Parkplatzes überqueren wir die Schienen. Der Weg steigt nun sanft an. Nach einem kurzen Stück gabelt er sich **2**. Wir nehmen den rechten Weg und kommen an einem merkwürdigen, großen, gespaltenen Felsen vorbei, dessen „Zwischenraum" als Viehstall dient. Nun geht es immer wieder durch Weidetore. Der Weg ist hier gut erkennbar. An einer Gabelung **3** bei zwei unmittelbar aufeinanderfolgenden Toren teilt sich der Weg erneut. Wir nehmen den linken Weg (über den rechten kommt man zurück, wenn man sich für die Abstiegsvariante entscheidet, → S. 370).

Die Strecke wird nun etwas steiler; im Boden sind aber größtenteils Stufensteine eingelassen, die den Aufstieg erleichtern. An einer Steilwand, die sich vor uns auftut, ist nicht eindeutig, wo der Weg nun entlangführt. Am einfachsten ist die Orientierung anhand der **Ruine einer Berghütte** 4. Links hinter ihr führt der Weg durch den steinigen Bergabsatz nach oben. Über felsiges Terrain vollzieht der Weg anschließend einen Rechtsbogen und führt nun am Llechog-Grat entlang.

Wir wandern jetzt direkt auf den Mount Snowdon zu. Der letzte Aufstieg entlang des Bwlch-Main-Höhenrückens führt steil und schmal zur Bergspitze hinauf. Von rechts kommt der South-Ridge-Wanderpfad hinzu. Kurz vor dem Gipfel markieren Steine auf der rechten Seite die Verbindung zum Watkin Path 5. Noch ein letzter Anstieg, dann haben wir die Bergstation der **Mount Snowdon Railway** erreicht. Hier ist es zur Hauptsaison richtig voll. Rechts der Station findet sich, nochmals einige Meter weiter oben, die Gipfelmarkierung des **Mount Snowdon** 6.

Wer jetzt genug hat, kann von hier mit der Bahn nach Llanberis hinunterfahren. Für alle, die nach Rhyd Ddu zurück müssen, gibt es zwei Möglichkeiten – entweder auf dem Aufstiegsweg wieder hinunterwandern oder den schwierigeren, aber reizvollen Alternativabstieg wagen:

Abstiegsvariante: Über den Watkin Path zurück nach Rhyd Ddu

Charakteristik: Imposanter, anspruchsvoller Abstieg durch Schieferlandschaft. **Länge/Dauer**: etwa 9 km, reine Gehzeit ca. 2:45 Std. – mit dem vorherigen Aufstieg insgesamt also etwa 15 km, reine Gehzeit ca. 7:30 Std.

Wir gehen den steilen Weg zur Steinmarkierung zurück, an der der **Watkin Path** beginnt 5. Steil geht es nun hinab über Schutt- und Geröllfelder, wo man teilweise klettern muss, oberhalb des Cwm-Treglan-Tals entlang. Dieses Teilstück ist das schwierigste der Tour. (Keine Sorge, auch unerfahrenere Bergsteiger können diesen Abstieg schaffen; allerdings sieht man manchmal einige, die das steile Wegstück auf allen Vieren oder unter Zuhilfenahme ihres Allerwertesten bewältigen ...) Unten schließt ein steiniger, flacherer Weg an. Er verläuft ein Stück recht eben, bevor wir nach rechts ins Tal hinabsteigen.

Nachdem wir den Bergrücken hinuntergegangen sind, wandern wir relativ eben an dessen Flanke entlang. Unten im Cwm-Llan-Tal erreichen wir die imposanten Überreste einer alten **Schiefermine** und **Häuserruinen** 7. Spätestens hinter der letzten talwärts und nahe am Weg stehenden Ruine der Quarry-Mine überqueren wir den Fluss 8. Bis zum Beginn des Watkin Paths in Nantgwynant sind es nun keine 2 km mehr. (Wer möchte, kann auch hier absteigen und mit dem Bus über Beddgelert zurück nach Rhyd Ddu fahren.) Wir aber verlassen nun den Watkin Path. Auf der anderen Seite des Cwm-Llan-Flusses sind im Grasland die Reste eines Eisenbahndamms erkennbar.

In einem großen Bogen im Uhrzeigersinn wandern wir immer westwärts über mehr oder weniger erkennbare Pfade auf den Höhenrücken des Bwlch Cwm Llan zu, der in der Ferne zu sehen ist. Die einzelnen Pfade laufen am Steilhang sichtbar zusammen. Nach einem steilen Anstieg befindet sich oben in einer Mauer ein Durchbruch 9. Wir stehen nun inmitten der Überreste einer weiteren **Schiefermine**. Wir gehen über den Schieferweg durch sie hindurch und befinden uns nun auf einem leichten Abstiegsweg. Nach etwa einer Stunde, vorbei an den beiden vom Hinweg bekannten Gabelungen, sind wir wieder in **Rhyd Ddu** und dem Bahnhof 1.

Auf dem Gipfel des Mount Snowdon

MM-Wandern
informativ und punktgenau durch GPS

- für Familien, Einsteiger und Fortgeschrittene
- ausklappbare Übersichtskarte für die Anfahrt
- genaue Weg-Zeit-Höhen-Diagramme
- GPS-kartierte Touren (inkl. Download-Option für GPS-Tracks)
- Ausschnittswanderkarten mit Wegpunkten
- Konkretes zu Wetter, Ausrüstung und Einkehr

Übrigens: Unsere Wanderführer gibt es auch als App für iPhone™, WindowsPhone™ und Android™

- Allgäuer Alpen
- Andalusien
- Bayerischer Wald
- Chiemgauer Alpen
- Eifel
- Elsass
- Fränkische Schweiz
- Gardasee
- Gomera
- Korsika
- Korsika Fernwanderwege
- Kreta
- Lago Maggiore
- La Palma
- Ligurien
- Madeira
- Mallorca
- Münchner Ausflugsberge
- Östliche Allgäuer Alpen
- Pfälzerwald
- Piemont
- Provence
- Rund um Meran
- Schwäbische Alb
- Sächsische Schweiz
- Sardinien
- Schwarzwald Mitte/Nord
- Schwarzwald Süd
- Sizilien
- Spanischer Jakobsweg
- Teneriffa
- Toscana
- Westliche Allgäuer Alpen
- Zentrale Allgäuer Alpen

Abruzzen • Ägypten • Algarve • Allgäu • Allgäuer Alpen • Altmühltal & Fränk. Seenland • Amsterdam • Andalusien • Andalusien • Apulien • Australien – der Osten • Auvergne & Limousin • Azoren • Bali & Lombok • Barcelona • Bayerischer Wald • Bayerischer Wald • Berlin • Bodensee • Bornholm • Bretagne • Brüssel • Budapest • Chalkidiki • Chiemgauer Alpen • Chios • Cilento • Comer See • Cornwall & Devon • Costa Brava • Costa de la Luz • Côte d'Azur • Cuba • Dolomiten – Südtirol Ost • Dominikanische Republik • Dresden • Dublin • Ecuador • Eifel • Elba • Elsass • Elsass • England • Fehmarn • Föhr & Amrum • Franken • Fränkische Schweiz • Fränkische Schweiz • Friaul-Julisch Venetien • Gardasee • Gardasee • Genferseeregion • Golf von Neapel • Gomera • Gran Canaria • Graubünden • Hamburg • Harz • Haute-Provence • Ibiza • Irland • Island • Istanbul • Istrien • Italien • Span. Jakobsweg • Kalabrien & Basilikata • Kanada – Atlantische Provinzen • Karpathos • Kärnten • Katalonien • Kefalonia & Ithaka • Köln • Kopenhagen • Korfu • Korsika • Korsika Fernwanderwege • Korsika • Kos • Krakau • Kreta • Kreta • Kroatische Inseln & Küstenstädte • Kykladen • Lago Maggiore • La Palma • La Palma • Languedoc-Roussillon • Lanzarote • Lesbos • Ligurien – Italienische Riviera, Genua, Cinque Terre • Ligurien & Cinque Terre • Limnos • Liparische Inseln • Lissabon & Umgebung • Lissabon • London • Lübeck • Madeira • Madeira • Madrid • Mainfranken • Mainz • Mallorca • Mallorca • Malta, Gozo, Comino • Marken • Mecklenburgische Seenplatte • Mecklenburg-Vorpommern • Menorca • Rund um Meran • Midi-Pyrénées • Mittel- und Süddalmatien • Montenegro • Moskau • München • Münchner Ausflugsberge • Naxos • Neuseeland • New York • Niederlande • Norddalmatien • Norderney • Nord- u. Mittelengland • Nord- u. Mittelgriechenland • Nordkroatien – Zagreb & Kvarner Bucht • Nördliche Sporaden – Skiathos, Skopelos, Alonnisos, Skyros • Nordportugal • Nordspanien • Normandie • Norwegen • Nürnberg, Fürth, Erlangen • Oberbayerische Seen • Oberitalien • Oberitalienische Seen • Odenwald mit Bergstraße, Darmstadt, Heidelberg • Ostfriesland & Ostfriesische Inseln • Ostseeküste – Mecklenburg-Vorpommern • Ostseeküste – von Lübeck bis Kiel • Östliche Allgäuer Alpen • Paris • Peloponnes • Pfalz • Pfälzer Wald • Piemont & Aostatal • Piemont • Polnische Ostseeküste • Portugal • Prag • Provence & Côte d'Azur • Provence • Rhodos • Rom • Rügen, Stralsund, Hiddensee • Rumänien • Sächsische Schweiz • Salzburg & Salzkammergut • Samos • Santorini • Sardinien • Sardinien • Schottland • Schwarzwald Mitte/Nord • Schwarzwald Süd • Shanghai • Sinai & Rotes Meer • Sizilien • Sizilien • Slowakei • Slowenien • Spanien • St. Petersburg • Steiermark • Südböhmen • Südengland • Südfrankreich • Südmarokko • Südnorwegen • Südschwarzwald • Südschweden • Südtirol • Südtoscana • Südwestfrankreich • Sylt • Teneriffa • Teneriffa • Tessin • Thassos & Samothraki • Toscana • Toscana • Tschechien • Türkei • Türkei – Lykische Küste • Türkei – Mittelmeerküste • Türkei – Südägäis • Türkische Riviera – Kappadokien • Umbrien • Usedom • Venedig • Venetien • Wachau, Wald- u. Weinviertel • Wales • Warschau • Westböhmen & Bäderdreieck • Westliche Allgäuer Alpen und Kleinwalsertal • Wien • Zakynthos • Zentrale Allgäuer Alpen • Zypern

Reisehandbuch   MM-City   MM-Wandern

Ramsey Island

NOTIZEN

Der wohl schönste walisische Megalith

Register

Die in Klammern gesetzten Koordinaten verweisen auf die beigefügte Wales-Karte.

Abbeycwmhir (H5) 245
Aberaeron (E6) 255
Aberdaron (D3) 319
Abereiddy (B7) 357
Abergavenny (J8) 208, 219
Abergavenny
  Food Festival 223
Aberglaslyn
  Valley (F3) 309, 368
Aberglasney Gardens 174
Abergwesyn (G6) 242
Aberhonddu 214
Abermawr (B7) 202
Abersoch (D3) 318
Aberystwyth (F5) 208, 257
Acts of Union 39
Adams, Douglas
  (Schauspieler) 97
Adams, Jonathan
  (Architekt) 96
Aktivitäten 68
Andrews, Solomon
  (Unternehmer) 318
Angeln 68
Angle (B8) 189

Anglesey (Halbinsel) 328
Anreise 46
  Mit dem Auto 47
  Mit dem Bus 51
  Mit dem Flugzeug 46
  Mit der Bahn 50
Artus-Sage 34, 36
Ärztliche Versorgung 76
Ashley, Laura
  (Modedesignerin) 42, 275

Baden 69
Bae Ceredigion 252
Bala (H3) 288
Bala Lake 289
Bala Lake Railway 290
Bale, Christian
  (Schauspieler) 42
Bangor (F2) 325
Barafundle Bay (C8) 188
Bardsey Island
  (C-D4) 316, 318, 320
Barmouth (F4) 290
Baron Clive 251
Barry (I9) 125

Barti Ddu (Pirat) 42
Basingwerk Abbey (I1) 347
Bassey, Shirley
  (Sängerin) 42, 97
Batchelor, John
  (Industrieller) 87
BBC 82, 96
Beacons Way 219
Beaumaris (F1) 328
Bed & Breakfast 58, 59
Beddgelert (F3) 308
Behinderte 76
Bergsteigen 73
Bethlehem (G7) 208, 212
Betws-y-Coed (G2) 296
Bier 65, 67
Big Pit National
  Coal Museum 148
Birdwatching 25, 70
Black Mountain
  (G7-8) 209, 212
Black Mountains
  (I-J7) 209, 226
Blaenau Ffestiniog (F3) 294
Blaenavon (I8) 147

Register B–D

Blair, Tony 41
Bodelwyddan Castle 344
Bodnant Garden (G2) 341
Bogenschießen 70
Bogsnorkelling 243
Booth, Richard (Buchhändler) 231
Borth 268
Borth-y-Gest (F3) 313
Bosherston (C9) 189
Braich-y-Pwll 320
Braose, William de (normannischer Lord) 220
Brauereien 67
Brecon (H7) 209, 214
Brecon Beacons (H7) 358, 152
Brecon Beacons Mountain Centre 215
Brecon Jazz Festival 216
Brecon Mountain Railway (H8) 150
Brecon-Beacons-Nationalpark (H7) 208
Brecons Way 208
Bristol Channel 106
Broad Haven (B8) 188, 194
Brown, Capability (Landschaftsarchitekt) 93, 174
Bryn Glas 246, 247
Builth Wells (H6) 236
Burges, William (Architekt) 98
Burgh, Hubert de (normannischer Lord) 145
Burton, Richard (Schauspieler) 42, 203
Bute (Adelsgeschlecht) 86
Butetown 97
Bwlch Nant yr Arian Forest 267

Cadair Idris (Bergmassiv) (F-G4) 362, 364, 271, 281
Caerhafod 357
Caerleon (J9) 131, 137
Caernarfon (E2) 322
Caernarfon Castle 322
Caerphilly (I9) 127
Caerwent (J9) 131, 137
Caldey Island (D8) 181, 184
Cambrian Mountains (G-H4) 19, 152, 208, 242
Camlan Field 287
Camping 61
Capel Bangor 263
Capel Curig (G2) 303
Capel Garmon (G2) 300
Cardiff 82
Cardiff Bay (I9) 94
Cardigan (D7) 252
Cardigan Bay (E5) 208, 252
Cardigan Bay Seafood Festival 256
Carew Castle (C8) 185
Carmarthen (E7) 171
Carmarthenshire 152, 168
Carn Ingli 205
Carreg Cennen (F8) 177, 212, 354
Carreg Samson 202
Carregwastad Point 203
Castell Henllys 207
Castle Coch (I9) 123
Castlemartin Ranges 189
Caswell Bay (F9) 163
Cenarth (D7) 255
Centre for Alternative Technology (CAT) 277
Ceredigion 252
Ceredigion's Coast Path 252
Charles II 284
Chartists 143
Chepstow (K8) 138
Chirk (I3) 349
Chirk Aqueduct (I3) 349
Cilgerran (D7) 254
Cilgerran Castle (D7) 255
Clare, Gilbert de (normannischer Baron) 129, 258
Clwydian Range (Bergrücken) (I2-3) 345
Clynnog Fawr (E3) 321
Coasteering 70
Coed Trallwm Trail 242
Coed y Brenin (G3) 283
Coed y Brenin Forest 287
Conwy (G1) 334
Conwy Castle 334
Conwy Falls (Wasserfälle) 301
Corris (G4) 279
Corris Railway 279
Cors Dyfi 269
Cors Fochno 268
Cosmeston 127
Criccieth (E3) 317

Crichton-Stuart, John Patrick (Adliger und Industrieller) 86, 99
Cricket 75, 113
Crickhowell (I7) 218
Crickhowell Walking-Festival 218
Cromwell, Oliver (Staatsmann und Soldat) 259
Cumbrian Railway 259
Cwm Einion 269
Cwmyoy (J7) 228
Cymer Abbey (G4) 285

Dafydd ap Gwilym (Dichter) 266 f.
Dahl, Roald (Schriftsteller) 42, 94
Dale (B8) 192
Dale (Halbinsel) (B8) 192
Dalton, Timothy (Schauspieler) 42
Dan-yr-Ogof Showcaves 212
Davies of Landinam, David (Industrieller und Politiker) 92
De la Bere (normannische Adelsfamilie) 168
Devil's Bridge (G5) 245, 267
Didius, Aulius (römischer General) 85
Dinas Brân (eisenzeitliche Festung) 349
Dinas Head (C7) 205
Dinas Island 205
Dinas Nature-Reservat 242
Dinas Oleu, Cliffs of 291
Dinefwr Castle (F7) 174
Diplomatische Vertretungen 76
Doctor Who 96, 106
Dolaucothi Gold Mines 180
Dolbadarn Castle (F2) 305
Dolgellau (G4) 283
Dolwyddelan Castle 295
Dre-fach Felindre 255
Druidston Haven 195
Dryslwyn Castle (F7) 175
Dyffryn Gardens 126
Dyfi Furnace 268
Dyfi Nature Reserve 268
Dyfi (Flussmündung) 268
Dyfrig (keltischer Heiliger) 103

Register E–K

EC-Karte 77
Edmund (normannischer Lord) 145
Edward I 174, 236
Edward III 259
Edward VII 90
Edward VIII 104
Eishockey 113
Elan Valley 245
Elisabeth I 245
Ermäßigungen 76
Essen und Trinken 62
Euddogwy (keltischer Heiliger) 103
Eurotunnel 49
Everest, George (Vermessungsingenieur) 42

Fahrradfahren 72
Fährverbindungen 48
Fairbourne Railway 291
Fancy Dress Party 248
Farmstay 61
Feibusch, Hans (Künstler) 134
Feiertage 76
Ferienhäuser 61
Ferienwohnungen 61
Festivals 34
Ffestiniog Railway (F3) 312
Fforest Fawr 209, 212
Fforest Fawr Geopark 212
Fishguard (C7) 203
Fitzhamon, Robert (Lord of Gloucester) 85, 98
FKK-Strände 69
Flat Holm (I10) 106, 127
Foel Cwmcerwyn (D7) 205
Forest Fawr 179
Forgeside 147
Foster, Norman (Architekt) 176
Francis, David (Harfenspieler) 294
Freshwater West 188
Frost, John (Chartist) 143
Fußball 75

Garn Goch 178, 212, 355
Garn Lakes 149
Gateholm, Insel 193
Geld 77
Gelert's Grave 308
Geoffrey of Monmouth (Geistlicher und Gelehrter) 137

Geografie 19
Georg I 86
George VI 104
Geschichte 37
Gewichte 78
Giffard, John (engl. Lord) 177
Giggs, Ryan (Fußballspieler) 42
Gigrin Farm 244
Gilchrist, Percy Carlyle (Metallurg und Erfinder) 147
Glamorganshire Canal 86
Glyndŵr, Owain (walisischer Nationalheld) 38, 220, 259
Glyndŵrs Way 246 f.
Gogh, Vincent van (Maler) 90
Golf 71
Goodwick (C7) 203
Gower (Halbinsel) (G8) 152, 163
Gower Heritage Centre 164
Gower, Henry (Bischof) 198
Grassholm 194
Great Orme 344
Great Orme Cable Car 344
Great Orme Tramway 344
Green Bridge of Wales 189
Green Man-Festival 218
Greenslade, Sidney Kyffin (Architekt) 261
Grosmont Castle (J7) 145
Gruffydd ap Llywelyn (walisischer Prinz) 317
Grwyne Fawr 226
Grwyne Fechan 226
Gwbert 254
Gwent 145
Gwydir Castle 304
Gwylan Islands 320
Gwynne, Thomas Jones (Pfarrer) 255

Harlech (F3) 293
Harlech Castle 293
Hatton, Christopher (Lord Chancellor of England) 245
Hausbooturlaub 71
Haustiere 77

Haverfordwest (C8) 190
Hay Festival of Literature and the Arts 231
Hay-on-Wye (I7) 208, 231
Heart of Wales Railway 173
Heinrich V 143
Heinrich VII 146, 290
Henllan (H2) 255
Herbert, Edward (Adliger) 251
Herefordshire Trail 246
Hess, Rudolf 220
Holy Island (D1-2) 333
Holyhead (D1) 332
Holywell (I1) 347
Honddu 227
Hopkins, Anthony (Schauspieler) 43, 93
Hopper, Thomas (Architekt) 327
Horton (F9) 166
Hostels 60

Industrialisierung 40
Information im Internet 77
Inigo Jones Slate Works (Schiefermine) 323
Internet 77
Iorwerth ap Owain Gwynedd (walisischer Prinz) 302
Iron Ring (Kette von Festungsbauten) 340

Jackson, Colin (Leichtathlet) 43
Janes, Alfred (Maler) 157
John, Augustus (Maler) 157
John, Gwen (Maler) 157
Jones, Ivor (Architekt) 93
Jones, Terry (Komiker) 43
Jones, Tom (Sänger) 43
Jugendherbergen 60

Kanufahren 71
Karten 77
Kerry Ridgeway 246
Kidwelly Castle 168
King Arthur's Stone 168
Knighton (J5) 246
Kohle 87, 125
Kreditkarte 77
Kultur 31
Kymrisch 30 f.

Lampeter 242
Landsker Line 195
Langland Bay 163
Last Invasion of Britain 40
Laugharne (E8) 169
Lawrence, Thomas
  Edward (Offizier
  und Schriftsteller) 43
Legenden 36
Libanus (H7) 215
Linksverkehr 53
Little Haven (B8) 194
Llanaeron House 257
Llanbadarn
  Fawr (F5) 258, 266
Llanbedr (F3) 293
Llanbedrog (E3) 318
Llanberis (F2) 304
Llanberis Lake Railway 304
Llancaiach Fawr
  Manor 129
Llandaff (I9) 103
Llanddeusant (G7) 213
Llanddwyn Island 332
Llandeilo (F7) 172, 212
Llandovery (G7) 179, 212
Llandrindod
  Wells (H6) 236, 237
Llandudno (G1) 342
Llanerchaeron (E6) 257
Llanfairpwllgwyngyllgogery
  chwyrndrobwllllantysiliog
  ogogoch 331
Llangammarch Wells 236
Llangathen 175
Llangattock (I8) 218
Llangefni (E1) 331
Llangollen (I3) 347
Llangollen Canal
  (Wasserstraße) 349
Llangollen Railway 348
Llangrannog (E6) 252
Llanidloes (H5) 248
Llanidloes Carnival 248
Llanrwst (G2) 303
Llansteffan (E8) 169
Llansteffan Castle (E8) 169
Llanthony Priory
  (J7) 360, 228
Llanvihangel
  Crucorney (J7) 212, 226
Llanwrtyd Wells
  (G6) 236, 240
Llanystumdwy (E3) 317
Llechwedd
  Slate Caverns 294

Lloyd George, David
  (britischer Politiker,
  Premierminister) 317
Llŷn (Halbinsel) 310, 316
Llyn Cau (See) 281
Llyn Clywedog
  Stausee 138
Llŷn Coastal Path 321
Llyn Tegid (See) 288
Llyn-Brianne-Stausee 242
Llywelyn ap Gruffydd
  (walisischer Herrscher)
  129, 237, 245
Llywelyn ap
  Iorwerth (walisischer
  Prinz) 295, 305

Mabinogion 36
Machynlleth (G4) 271
Madocks, William
  Alexander
  (Unternehmer) 310
Madog ap Owain Gwynedd
  (walisischer Prinz) 310
Male Voice Choirs 146
Man Versus Horse
  Marathon 243
Manorbier Castle 185
Marches Way 219
Marconi, Guglielmo
  (Ingenieur
  und Erfinder) 127
Marloes (B8) 192
Marloes Sands 192
Martin's Haven 193
Massacre
  of Abergavenny 220
Maße 78
Maurice, Cedric
  (Maler) 90
Mawddach (F4) 366
Mawddach
  Estuary Trail 288
Mawddach-
  Flussmündung 366
Mawson,
  Thomas (Landschafts-
  architekt) 126
Menai Strait (E2) 322
Merlin 34
Merthyr Tydfil
  (H8) 86, 150, 209
Mid Wales
  Beer Festival 243
Mietfahrzeuge 54
Milford Haven
  Waterway (B8) 185

Miners' Strike 41
Minffordd (G4) 282
Mittelwales 208
Monet, Claude
  (Maler) 90
Monmouth (K8) 142
Monmouth Castle 145
Monmouth,
  Geoffrey von 34
Monmouthshire
  and Brecon Canal
  (H7-J9) 209, 215
Montgomeryshire 248
Monty Python 169
Morfa Bychan (F3) 313
Morgan, William
  (Bischof) 266, 302
Mortimer, Edmund
  (Adliger) 246
Mount Snowdon
  (F2) 307, 369
Mountainbiking 72
Mumbles (F9) 162
Musik 32
Musikfestivals 34
Musselwick Sands (B8) 192
Mwnt 254
Myddelton, Thomas
  (britischer Offizier) 245

Nant Gwrtheyrn (E3) 321
Nantmor (F3) 309
Nash, John (Architekt) 257
National Assembly for
  Wales 27, 41, 82
National Botanic
  Garden of Wales 176
National Coracle
  Centre 255
National Library
  of Wales 258, 261
National Museum Wales
  Big Pit National Coal
    Museum 148
  National Museum
    Cardiff 90
  National Roman
    Legion Museum 137
  National Slate
    Museum 305
  National Waterfront
    Museum 158
  National Wool
    Museum 255
  St Fagans National
    History Museum 121

Register N–S

Nelson, Horatio (Flottenadmiral) 143
Nevern (C7) 207
New Quay (E6) 252
Newborough Warren (Sanddünen) 332
Newcastle Emlyn (E7) 255
Newgale Sands 195
Newport (C7) 130, 205
Newton House 174
Newtown (I5) 248
Nicholls, Thomas (Bildhauer) 101
Nordwales 270
Normannen 38
Notruf 78

Offa's Dyke 219, 229
Offa's Dyke Path 229
Öffnungszeiten 78
Open Stoneskimming Championships 243
Orewin Bridge 237
Owen, Robert (Sozialist und Unternehmer) 249
Oxwich (F9) 166
Oystermouth 162

Parc le Breos 164
Parkmill 164
Parry, Joseph (Komponist) 150
Patrishow (J7) 227
Paxton, William (Bankier) 176
Peck, Gregory (Schauspieler) 203
Pembroke (C8) 186
Pembrokeshire Coast National Park (B7-D8) 186
Pembrokeshire Coast Path 252
Pembrokeshire, Norden 196
Pembrokeshire, Süden 180
Pen Dinas 257, 263
Pen y Fan (H7) 358, 216
Penarth (I9) 108, 123
Penderyn Welsh Whisky Company 213
Penglais 258
Penmachno (G2) 302
Pennard 164
Penrhyn Castle (F2) 327
Penrice Castle 166

Penrice Mill 166
Pentre Ifan 207
Penygadair (Berggipfel) (G4) 282, 362, 364
Perrot, John (Politiker und Adliger) 170
Pflanzen 22
Picton Castle 191
Pilleth 246
Plas Newydd (E2) 331
Plas yn Rhiw (D3) 319
Pochin, Henry (Industrieller) 341
Pont Croesor 311
Pontcysyllte Aqueduct (Kanalbrücke) 349
Pontypool & Blaenavon Railway (I8) 148
Pontypridd (I9) 151
Port Eynon (E9) 166
Porth (H9) 151
Porth Ceiriad (Strand) 318
Porth Dinllaen (D3) 321
Porth Neigwl (Strand) 318
Porthgain (B7) 201
Porthmadog (F3) 310
Portmeirion (F3) 310, 315
Porto 78
Post 78
Powis Castle (I4) 251
Powys 208
Preseli Mountains 205
Presteigne (J6) 245
Pubs 64
Puffin Island (F1) 328, 330
Pwlldu Bay 163
Pwllheli (E3) 318

Quäker 284

Radfahren 72
Radnorshire 236
Radnorshire, Norden und Osten 244
Rafting 71
Raglan Castle 146
Ramsey Island (B7-8) 201
Rauchen 78
Real Ale Woble 243
Red Kites 244
Red Lady of Paviland 167
Reisedokumente 76
Reiten 72
Renoir, Pierre-Auguste (Maler) 90
Rhayader (H6) 244

Rheidol (F-G5) 258
Rhinog Fawr (F3) 292
Rhinogs (Bergkette) (F3) 271, 292
Rhondda Valley (H8-9) 151
Rhossili Bay (E9) 167
Rhuddlan Castle 344
Rhyd Ddu (F2) 309, 369
Rhys ap Gruffydd (walisischer Prinz) 174, 268
Rhys ap Maredudd (walisischer Adliger) 175
Richard III 290
Richards, Ceri (Maler) 157
Robert the Bruce (schottischer König) 86
Robert II 98
Rogers, Richard (Architekt) 95
Rolls, Charles (Unternehmer und Flugpionier) 143
Römer 37, 85
Royal Welsh Show 236
Rudd, Anthony (Bischof von Saint Davids) 175
Rugby 74, 112
Russell, Bertrand (Philosoph) 43
Ruthin (I2) 345
Ruthin Castle 346
Ryder Cup 135

Sagen 36
Saint Fagan's (I9) 121
Saint Padarn (Heiliger) 266
Saint Teilo (Heiliger) 172
Savin, Thomas (Unternehmer) 260
Scolton Manor 191
Segeln 72
Segontium (römisches Militärlager) 323
Seisyll ap Dyfnwal (walisischer Lord) 220
Silurer (Volksstamm) 98
Skenfrith Castle (J7) 145
Skirrid 227
Skokholm 193
Skomer 193

Register S–W

Snowdon Mountain
  Railway (F2) 307
Snowdonia
  (F2-3) 270, 368 f.
Soar-y-Mynydd (G6) 242
Solva (B7) 196
South Wales
  Valleys 130, 146
Sport 68
Sprache 30, 31
St Ann's Head (B8) 192
St Catherine's
  Island (D8) 181
St David's (B7) 196
St Dogmaels (D7) 252
St Dogmaels Abbey 252
St Fagans National
  History Museum 121
St George, James of
  (Militärbaumeister) 293
St Govan's Chapel 189
St Lythan's 125
St Michael's Island 202
St Non's Bay 199
St Teilo (keltischer
  Heiliger) 103
St Winefride (Heilige) 347
Staat 27
Stack Rocks (C9) 194
Stackpole Estate 188
Stackpole Head (C9) 188
Stackpole Quay 188
Steep Holm 106
Strände 69
Strata Florida
  Abbey (G6) 267
Strom 78
Strongbow, Richard
  (Marschall und
  Adliger) 186
Strumble Head (B7) 202
Stuart, John (Adliger) 86
Stuart, Maria
  (schottische Königin) 86
Sugar Loaf 223
Sugar Loaf Vineyard 222
Surfen 73
Swallow Falls
  (Wasserfälle) 300
Swansea (F8) 153
Sygun Copper Mine 309

Talyllyn Railway (G4) 282
Taylor, Elizabeth
  (Schauspielerin) 203
Tee 62, 63
Teggy (Ungeheuer) 289

Teifi Valley
  Railway (E7) 254, 255
Telefonieren 78
Telford, Thomas
  (Brücken-
  bauingenieur) 296
Tenby (D8) 181
Terfel, Bryn
  (Opernsänger) 43
Thatcher, Margaret 41
The Sarah Jane
  Project 97
Thomas, Caitlin
  (Frau von
  Dylan Thomas) 170
Thomas, Dylan
  (Schriftsteller) 43, 153,
  158, 170
Thomas, Percy Edward
  (Architekt) 93
Thomas, Ronald Stuart
  (Dichter) 319
Thomas, Sidney
  Gilchrist (Metallurg
  und Erfinder) 147
Three Castles 145
Three Chimneys 193
Three Cliffs Bay
  (F9) 164, 166
Three Peaks Trial 223
Tiere 23
Tinkinswood 125
Tintern (K8) 141
Tintern Abbey (K8) 141
Torchwood 97
Tradition 31
Tredegar House (J9) 136
Trefriw Wollen Mills 304
Tregaron (F6) 242
Tregwynt
  Woolen Mill 202
Tremadog (F3) 310, 313
Tretower (I7) 218
Trinkgeld 63
Tudor Acts of Union 85
Tudor, Henry 146
Tudor, Jasper (Earl of
  Pembrokeshire) 290
Tŷ Mawr Wybrnant 302
Tŷ Siamas Welsh
  Folk Music
  Centre 284
Tywi 212
Tywi Forest 242

Übernachten 58
Uhrzeit 79

Unterwegs 52
  Mit dem Auto 52
  Mit dem Bus 55
  Mit der Bahn 55
Urien Rheged (Ritter
  der Tafelrunde) 177
Urlaub auf
  dem Bauernhof 61
Usk (G7-J9) 138
Usk Valley 209, 217
Usk Valley Walk 219

Vale of Ewyas
  226, 227, 228
Vale of Rheidol 266
Vale of Rheidol
  Railway (F-G5) 259, 266
Valle Crucis
  Abbey (I3) 349
Varini, Felice
  (Künstler) 97
Vegetarier 60, 63
Verwaltung 27
Vögel 25
Vortigern
  (keltischer König) 321

Walisisch 30, 31
Wanderausrüstung 353
Wandern 73, 352
Waun Fach (I7) 226
Weinbau in Wales 222
Welsh Highland
  Heritage Railway 312
Welsh Highland
  Railway (F3) 308, 311
Welsh Language
  Society 258
Welsh Wildlife
  Centre 252
Welshpool (I4) 249
Welshpool and
  Llanfair Light
  Railway (I4) 250
Weobley
  Castle (F9) 168
Wessel Linden,
  Diederick (Arzt) 237
Whistler, Rex
  (Maler) 331
White Castle (J8) 146
White Castle
  Vineyard 222
Whitesands Bay 199
William-Ellis, Clough
  (Architekt) 315

Williams, Kyffin
  (Landschaftsmaler) 331
Windsor, Charlotte
  Jane (Adlige) 86
Wirtschaft 28
Worm's Head (E9) 167

Wye Valley (K8) 138
Wye Valley Walk 138

Ynys-hir 269
Ynyslas (F5) 268
Ystradffin 242
Ystwyth (F-G5) 258

Zeitungen 79
Zeta-Jones,
  Catherine (Schauspielerin) 43, 162
Zollbestimmungen 79
Zwischenkriegszeit 40

Fotonachweis

Andreas Bechmann: S. 16/17, 18, 24 (unten), 27, 31, 41, 44, 56, 57, 58, 59, 60, 66, 70 (oben), 79, 82/83, 88, 89, 90, 91, 92, 95, 96, 99, 100, 101, 103 (oben), 103 (unten), 105, 110, 111, 112, 112/113, 113, 116, 119, 121, 122, 124, 126, 147, 157, 163, 164, 169, 177, 178, 181, 182, 198, 203, 215, 219, 221, 227, 228, 229, 230/231, 232, 235, 238, 242, 256, 258/259, 260, 269, 270/271, 274, 278, 281, 285, 288, 291, 292, 293, 295, 307, 308, 312, 316, 322, 325, 326, 334, 335, 336, 339, 341, 353, 354, 355, 357, 359, 361, 362, 365, 367, 368, 371, | **Ffestiniog & Welsh Highland Railways**: S. 310 | **Newport TIC**: S. 37, 70 (Mitte unten), 130/131, 132, 134, 136, 139, 142, 145 | **Pembrokeshire Coast National Park Authority (PCNPA)**: S. 185 | **RSPB Cymru**: S. 24 (Mitte oben), 213, 226, 333, 374 | **VisitBritain.com**: S. 19, 24 (oben), 33, 39, 47, 54, 62, 64, 68, 75, 80/81, 84, 128, 167, 170, 176, 208/209, 241 (alle), 244, 248, 250, 251, 253, 301, 305, 327, 328, 330, 348 | **www.visitpembrokeshire.com**: S. 20, 22, 24 (Mitte unten), 52, 55, 70 (Mitte oben), 70 (unten), 73 (oben), 73 (unten), 152/153, 180, 187, 188, 189, 190, 192, 194, 195, 197, 204, 206, 350/351, 377

Die in diesem Reisebuch enthaltenen Informationen wurden vom Autor nach bestem Wissen erstellt und von ihm und dem Verlag mit größtmöglicher Sorgfalt überprüft. Dennoch sind, wie wir im Sinne des Produkthaftungsrechts betonen müssen, inhaltliche Fehler nicht mit letzter Gewissheit auszuschließen. Daher erfolgen die Angaben ohne jegliche Verpflichtung oder Garantie des Autors bzw. des Verlags. Autor und Verlag übernehmen keinerlei Verantwortung bzw. Haftung für mögliche Unstimmigkeiten. Wir bitten um Verständnis und sind jederzeit für Anregungen und Verbesserungsvorschläge dankbar.

ISBN 978-3-95654-231-2

© Copyright Michael Müller Verlag GmbH, Erlangen 2013–2016. Alle Rechte vorbehalten. Alle Angaben ohne Gewähr. Druck: Westermann Druck Zwickau GmbH.

Aktuelle Infos zu unseren Titeln, Hintergrundgeschichten zu unseren Reisezielen sowie brandneue Tipps erhalten Sie in unserem regelmäßig erscheinenden Newsletter, den Sie im Internet unter **www.michael-mueller-verlag.de** kostenlos abonnieren können.

Klimaschutz geht uns alle an.

Der Michael Müller Verlag verweist in seinen Reiseführern auf Betriebe, die regionale und nachhaltig erzeugte Produkte bevorzugen. Ab Januar 2015 gehen wir noch einen großen Schritt weiter und produzieren unsere Bücher klimaneutral. Dies bedeutet: Alle Treibhausgasemissionen, die bei der Produktion der Bücher entstehen, werden durch die Ausgleichszahlung an ein Klimaprojekt von myclimate kompensiert.

Der Michael Müller Verlag unterstützt das Projekt »Kommunales Wiederaufforsten in Nicaragua«. Bis Ende 2016 wird der Verlag in einem 7 ha großen Gebiet (entspricht  ca. 10 Fußballfeldern) die Wiederaufforstung ermöglichen. Dadurch werden nicht nur dauerhaft über 2.000 t CO_2 gebunden. Vielmehr werden auch die Lebensbedingungen der lokalen Bevölkerung deutlich verbessert.

In diesem Projekt arbeiten kleinbäuerliche Familien zusammen und forsten ungenutzte Teile ihres Landes wieder auf. Eine vergrößerte Waldfläche wird Wasser durch die trockene Jahreszeit speichern und Überschwemmungen in der Regenzeit minimieren. Bodenerosion wird vorgebeugt, die Erde bleibt fruchtbarer. Mehr über das Projekt unter **www.myclimate.org**

myclimate ist einer der weltweit führenden Anbieter im Bereich der freiwilligen CO_2-Kompensation. myclimate Klimaschutzprojekte erfüllen höchste Qualitätsstandards und vermeiden Treibhausgase, indem fossile Treibstoffe durch alternative Energiequellen ersetzt werden. Das Projekt »Kommunales Wiederaufforsten in Nicaragua« ist zertifiziert von Plan Vivo, einer gemeinnützigen Stiftung, die schon seit über 20 Jahren im Bereich Walderhalt und Wiederaufforstung tätig ist und für höchste Qualitätsstandards sorgt.

www.michael-mueller-verlag.de/klima